教育部哲学社会科学研究重大课题攻关项目资助
项目批准号：12JZD010

毕节学院学术文库·彝学丛书

彝学研究

第二辑

主编：张学立　副主编：母进炎　王明贵　王继超

民族出版社

彝学研究
第二辑

关于办好彝学专栏的几点思考

（代序）

张学立

近年来，彝学研究的热潮不断涌现，主要标志之一是全国彝族地区彝学研究会纷纷成立并产生了一大批研究成果。云南、贵州、四川的省级彝学研究会在20世纪就已成立，随之，彝族聚居区的州、市彝学研究会也普遍成立。以贵州省毕节市为例，截止2011年，全市9个县、区（含百里杜鹃风景名胜区）都已成立彝学研究会。在2007年北京召开全国彝学研讨会期间，有专家还提出了成立乡镇彝学会的设想。随着各地彝学会的成立，彝学研究呈现出勃勃生机，绝大多数彝学会每年都要举办一些活动，彝学研究就是其中的主要内容。年会提交的学术成果，大多由学会编入自己编印的内部资料，提供给广大专家学者参考。这些情况反映了彝学研究队伍不断壮大、成果不断增多、质量不断提高的现状。这一现状体现了彝学研究深入开展的良好态势和与以往不同的全新格局。这是一件值得庆贺和令人欣慰的事情。

作为彝学研究平台建设的一个重要标志，毕节市唯一的国内外公开出版发行的学术刊物《毕节学院学报》，于2006年第1期起设置了“彝学专栏”，公开发表彝学研究成果，也是迄今为止全国唯一专门发表彝学成果的连续性公开期刊。为了展现开办“彝学专栏”以来的阶段性成果，《毕节学院学报》编辑部把2006年至2008年在该栏目发表的成果，择优结集名为《彝学研究》，由民族出版社出版，提供给2009年在贵阳花溪召开的全国彝学研讨会作交流。《彝学研究》无论是成果质量还是平台建设的超前意识，都得到与会专家学者的普遍赞赏。其后，许多前辈时贤、学界中坚进一步倾力支持“彝学专栏”的建设，把自己的最新成果和力作奉献给这个栏目，使专栏的质量不断提升。2009年至2011年，该专栏发表论文达81篇，涉及的研究领域较此前有较大拓展，凝练的主题更加明确，对问题的探究更加深入，部分悬而未决的疑难得以厘清，整体研究水平有较大提高，专栏质量也因此不断攀升。《毕节学院学报·彝学专栏》这个平台也越来越为彝学界所熟知和认同，影响力也越来越大。现在，我们又把近年发表的成果择优结集为《彝学研究》（第二辑），仍然由民族出版社印行，提供给广大专家学者参阅，希望能对彝学及相关学科的研究有所助益。

《毕节学院学报·彝学专栏》虽在彝学界有一定的影响力，但离办成全国知名专栏的要求尚有较大差距。如何办好“彝学专栏”，使之在全国有更大的学术影响力，这是办刊者必须着力思考和认真对待的重要问题。对此，我有以下几点想法，供大家参考和讨论。

首先，必须对“彝学专栏”的意义和价值有深刻的认识。就学术刊物的专栏建设看，专栏设置凸显办刊者在学科、专业或方向上的主要追求或重点选择。专栏刊载的成果会形成一个历时的序列和共时的展示，容易引起彝学界同仁的关注并参与其中某些问题的讨论，由此产生学术热点，提升刊物的被关注度和知名度，刊物的个性和特色在此过程中也逐步得到培育和彰显。因此，设立并办好“彝学专栏”，是《毕节学院学报》区别于其他大学学报或学术期刊的一个重要特点，对于突出本刊的个性、形成本刊的特色、提升办刊质量和水平、推进彝学研究不断走向深入、弘扬地方及民族优秀传统文化、增强文化软实力等有着十分重要的意义。

其次，必须对“彝学专栏”有准确的定位。这是一个理念问题，是办好栏目最重要的顶层设计，需要办刊者有世界眼光、战略思维和创新思考。定位问题涉及栏目主题主旨、类型、时频和受众面向等。本栏目总体定位为地方性、民族性、学术性、有特色。主题主旨很明确，即以彝学研究为主题，旨在凸显彝学学科的文化特质并确立其在彝学界的重要地位。同时，解决彝学研究中的重点、难点和热点问题，推进彝学研究上台阶、上水平，也为相关学科的研究提供参考借鉴和辅助佐证等。在栏目类型上，该专栏属学术型，而非普及型。从刊载时间的长短和频率分布看，属固定的长期专栏，而非暂时的短期栏目。受众主要是从事彝学或相关学科研究的学者，或对彝学感兴趣的其他读者。

再次，必须对“彝学专栏”拟达成的目标有明确的要求。专栏目标也是一个定位问题，是办刊者希望达成的愿景的具体呈现，有阶段性的，也有终极性的；有近期的，也有长远的。本栏目的阶段性或近期目标，就是成为在全国彝学界有重要影响力的栏目，这一目标已初步实现；终极性的目标见仁见智，暂且不论，但长远目标是明确的，即成为全国高校同类期刊中颇具地方特色和民族特色且有较大影响力的知名栏目，要实现这一目标还需作长期不懈的艰苦努力。

最后，必须对“彝学专栏”需实现的目标有切实可行的举措。这就要求办刊者需要组织实施高效的策划、有效的管理和严格的审理工作，把好编辑质量关，提高栏目文章内容与办刊宗旨、目标、方向的符合度，强化栏目个性特色风格，提升专栏质量、水平和层次。同时，还需做到以下三点：

一是要凝聚一支相对稳定的作者队伍。就目前情况看，从事彝学研究者，大多为彝族人，所取得的成果，不少是自观的视角，需要更多他观的维度，自观与他观的结合才会出高质量、高水平的成果。从彝学研究成果看，出高质量成果的学者中，其他民族的学者所占比重更大。这就要求编辑人员必须广泛联系各民族专家学者，并做到尊重老专家、扶持新学者、待人以诚、处事以信，赢得众多专家学者的信任和支持，从而凝聚一支数量可观且较为稳定的研究队伍，为“彝学专栏”源源不断地贡献思想及成果。当然，还需为此建立恰当的评价和激励机制，并固化为制度且予以认真落实。

二是要不断物化出高水平的研究成果。彝学研究的热潮在各地彝学会的推动下逐步升温，研究者也越来越多，然而优秀成果仍然较少，这还有一段艰苦的路要走。许多研究者是从事哲学、宗教学、语言学、文学、历史学、民族学、人类学、艺术学等学科研究的学者，对彝学的研究仅为其工作的一个兴趣点，而非主要研究方向。目前，专门从事彝学研究的人员虽众，但高水平人才依然十分匮乏，这与整个西南地区彝族人口数量巨大、支系众多，彝族历史文化遗产非常丰厚的现实形成明显的反差。特别是彝族在古代建立过国家，创造了自成体系的古老文字，有着数量庞大的彝文典籍，这些典籍记载了西南地区十分重要的历史文化，是研究西南各民族历史不可或缺的珍贵文献。但是，熟悉古彝文的人才稀缺，甚至懂彝语的人也在逐渐减少。然而，彝学研究须臾也离不开彝语的重要基础和古彝文的有力支撑，否则许多研究工作将无法开展，更谈不上研究的广度、深度和厚度。这是令人忧虑的现实，也是某些研究不能切中肯綮、取得令人满意成果的原因。这些问题在“彝学专栏”的来稿中表现得非常突出。因此，要建设好“彝学专栏”这个平台，我们任重而道远，必须为之作出不懈的努力。

三是要着力培养能与专家对话的学者型、专业化的编辑人员。学报专栏的质量与特色主要体现在学术价值上，可以说学术性是其生命线。如果舍弃了学术性，专栏也就失去其存在的前提和价值。专栏的学术性体现在其刊发的论文上，论文学术水平的高低，直接关系到栏目的价值和质量。这些问题需要由编辑来解决，需要编辑面对纷繁芜杂的来稿能慧眼识珠，面对新意频出但论述不力的文稿能给予建议指导，使之完善并将其化璞成玉，面对陈陈相袭、冗繁重复的文稿能准确鉴别并予以淘汰，这些都要求编辑须有较高的学术水平。因而，要求编辑不仅熟悉出版标准、编辑规范和相关技能，还要对文稿所涉学科领域的知识有足够的了解和一定的研究，对这一学科的性质、体系及历史、现状有足够的掌握，对这一学科的未来趋势和发展前景有敏锐的洞察，这一切都要求编辑必须专业化和学者化，也是提高专栏质量、彰显专栏特色的必然要求。目前，“彝学专栏”缺乏学者型、专业化的编辑人员，需要加大力度有计划地培养和引进，从根本上解决好事关专栏成败的这一重要问题。

办好《毕节学院学报·彝学专栏》的任务虽然艰巨繁重，但是我坚信，只要我们坚持先进的办刊理念，以扎实、有效的举措落实好前瞻合理的顶层设计，持之以恒，不断创新，“彝学专栏”一定会越办越好，实现既定目标，成为全国高校同类期刊中富有特色的知名栏目。

（作者系毕节学院院长、博士、教授，西南大学博士生导师，中国逻辑学会中国逻辑史专业委员会主任委员，贵州省逻辑学会会长，贵州省彝学研究会副会长）

目　录

一、 历史探赜

《水西简史》与奢香夫人
…………………………………………………………………… 龙志毅(3)
毕节彝族历史文化研究
…………………………………………………………………… 张学立(7)
试论古代彝族在黔西北的迁徙发展
…………………………………………………………………… 王继超(14)
彝族自称及其支系问题刍议
…………………………………………………… 杨翠英　普驰达岭(19)
哀牢山彝区生产方式的历史变迁
…………………………………………………………………… 普　珍(24)
水西"千年土司"存在原因试析
…………………………………………………… 陈燕英　黄卫华(38)
毕节彝族土司与元明清中央王朝的关系考论
…………………………………………………………………… 卢　玲(44)
毕节地区彝族土司历史文化研究导论
…………………………………………………… 黄卫华　陈燕英(53)
略论毕节彝族土司的历史贡献
…………………………………………………………………… 彭雪莲(60)
毕节地区彝族土司则溪制度述论
…………………………………………………………………… 王　军(67)
毕节彝族土司时期社会经济制度述论
…………………………………………………………………… 郑宜君(73)

毕节地区彝族土司时期教育述评
…………………………………………………………………………… 熊　艳(79)
《夜郎君法规》的历史内容及其真实性探讨
…………………………………………………………………………… 王鸿儒(85)
彝族十月年的历史与变迁探析
…………………………………………………………………………… 邱运胜(96)

二、 传统宗教

黔西北滇东北彝族教会及其自立特征
…………………………………………………………………………… 东人达(105)
彝族原始宗教神枝文化略考
…………………………………………………………………………… 龙倮贵(120)
彝族原始宗教研究的百科全书
…………………………………………………………………………… 陈思清(131)
彝族原始宗教信仰中的生态伦理观研究
…………………………………………………………………………… 王　俊(140)
彝族俐侎人祭"茶祖"仪式探析
…………………………………………………………………………… 李　明(149)
宗教视野里的彝族支系俐侎人
……………………………………………………………… 罗春梅　杨明艳(155)
从贵州彝族丧葬文化透视彝族生死观
…………………………………………………………………………… 穆春林(162)
彝族丧葬仪式及象征特性
…………………………………………………………………………… 余　舒(173)
彝族"罗罗"虎崇拜与民族精神
…………………………………………………………………………… 罗国蕊(181)
彝族的火崇拜与火灾防范
…………………………………………………………………………… 朱茂昌(187)
彝族社会的毕摩场域
…………………………………………………………………………… 王　进(194)
贵州彝族毕摩文化传承人问题研究
…………………………………………………………………………… 杨　丹(201)

民间信仰与洪水型兄妹婚神话存续之间的关系研究
…………………………………………………………………… 单江秀　杨甫旺(211)
浅议彝族宗教文献《指路经》的文化内涵
………………………………………………………………………………… 李金发(220)

三、　文学艺术

彝族明清时期诗文论述评
………………………………………………………………………………… 左玉堂(227)
族群记忆与文学选择
………………………………………………………………………………… 王　菊(237)
彝族历史文化变迁的追忆与记录
………………………………………………………………………………… 罗紫元(244)
彝文古籍在不同学科领域内的价值体现
………………………………………………………………………………… 唐碧君(249)
彝族创世史诗《冷斋调》的死亡文化解析
………………………………………………………………………………… 蒋星梅(254)
彝族《撮泰吉》"寓言"的所指与能指解析
…………………………………………………………………… 王明贵　王　显(265)
彝族英雄史诗《支格阿龙》的民族学叙事价值刍议
………………………………………………………………… 普驰达岭　杨翠英(275)
支格阿龙的事迹比较
…………………………………………………………………… 杨甫旺　罗　曲(282)
六盘水彝族民间口头文学述评
………………………………………………………………………………… 杨永贵(291)
彝族民间行孝积德故事的特征及其社会价值
………………………………………………………………………………… 普梅笑(304)
威宁"撮泰吉"角色装扮的艺术形式及文化内涵
………………………………………………………………………………… 王小梅(314)
衣装密语
………………………………………………………………………………… 叶　莉(322)
彝族古代歌舞艺术概述
………………………………………………………………………………… 白兴发(331)

浅谈“花腰歌舞”
…… 李朝旺(339)
楚雄彝族梅葛音乐初论
…… 张　黎(347)
黔西北彝族民间音乐文化的认知与保护
…… 高树林(363)

四、 文化纵横

贵州彝族文化研究20年
…… 郭宸利(371)
建国以来毕节彝族历史文化概述
…… 安　静(385)
彝族土司在传播和推广儒家文化中的作用
…… 孟群红(392)
清代彝文石刻的繁荣及原因探析
…… 王　显(398)
黔西北彝区当下人文考察研究
…… 马　辉　罗紫元　余　舒(407)
民族传统节日的现代变迁与传承思考
…… 李　珍　普　珍(411)
来自“局内人”的真实讲述
…… 黄龙光(423)
试述彝族服饰中的原始文化遗存
…… 王春艳(431)
守望文化——彝族居住模式的文化解析
…… 张源洁(439)
浅析彝族土掌房的文化内涵及其保护价值
…… 平　慧(446)

五、 社会发展

彝语支民族婚姻家庭形态
…………………………………………………………………… 朱文旭(457)
彝族传统家庭教育对现代教育的影响
…………………………………………………………………… 马史火(467)
构建红河州农村生态文明的彝族生态文化建设
…………………………………………………………………… 徐丽华(473)
滇中彝区易地扶贫搬迁移民的社会适应
…………………………………………………………………… 李 娜(481)
民族地区妇女参与产业扶贫的问题分析和政策建议
………………………………………………… 叶 宏 马海五达 木乃铁哈(489)

六、 彝文信息化

论黔西北彝文古籍文献数字化建设
……………………………………………………… 禄玉萍 吴 勰 黄卫华(501)
通用彝文信息化字库建设
…………………………………………………………………… 吴 勰(509)
现代信息处理技术在彝语文教学中的应用与实践探讨
…………………………………………………………………… 王成平(515)

一、历史探赜

《水西简史》与奢香夫人

龙志毅

由彝族学者王明贵、王继超二人编撰的《水西简史》①，不仅是一部较完整的水西土司的历史，而且填补了研究水西历史乃至整个西南地区彝族土司制度的空白。众所周知，各种土官制度和之前的羁縻政策是历代中央王朝对“边民”的统治手段，也是一种特定历史条件下的政治体制，但历代正史对此都缺少详细记载。明史文献对水西等重要土司虽多有提及，但都是对如何执行其“恩威并施”政策的圣旨御批等。系统地研究一个重要的土司政权的历史和兴衰，《水西简史》应是首例。

《水西简史》分为三个阶段，即水西前史、水西简史和水西后史，后两个阶段对水西作了较为详细的考证。水西前史部分除引证黔西大洞口、威宁中水和赫章可乐的考古发现以证明这片土地的远古文明之外，还着重从古歌《曲姐》、《陆外》以及彝族古籍文献《物始纪略》、《彝族源流》、《西南彝志》等证实彝族是最早活动在云贵高原的“夷濮”族群。这就不仅涉及水西历史而且涉及整个彝族的族源了。对这个问题，学界一直存在着争论，在诸多观点中以彝族源于“氐羌”说为主流。近年来，随着彝族古籍文物的不断发掘、整理和翻译，土著说逐渐上升。《水西简史》的论述，无疑是投了土著说的一票。关于妥阿哲世族对水西故地的统治（包括贵州宣慰使时期），《水西简史》从有历史可考的蜀汉建兴三年（225年）妥阿哲因协助诸葛亮南征有功受封直至清康熙三十七年（公元1698年）前后1474年的统治及其变迁，作了考证和记述。同时还对其世族的彝汉两种谱系版本（《大定府志》——《安氏谱》，《西南彝志》所载的《勿阿鼐世系》）作了对比。至于与中央政权的关系，《水西简史》对水西故地经历的“羁縻”时期、土官时期、土流并存时期以至于改土归流及改土归流之后等都有翔实的说明。其实，整个西南的民族地区大致都经历了上述的相同阶

① 王明贵、王继超：《水西简史》，贵阳，贵州民族出版社，2011。

段。也就是说《水西简史》不仅研究了水西土司的历史，而且对研究整个西南地区的土司制度的历史有重要的参考价值。

《水西简史》对水西土司的政治、军事、经济以及社会文化作了比较详细的考证和叙述。就政治制度而言，土司虽然是受中央王朝所册封，但其内部的政治体制却与汉族地区迥然相异。《水西简史》着重分析了水西政治制度的三个特点：一是政权和族权合二为一的宗法制度；二是行政和军事合二为一的则溪制度；三是以九扯九纵为特征的官职制度。作者通过对水西内部十二宗亲和四十八目的剖析，说明了这种宗法制度等级之深和规则之严密。虽然其领地范围有大有小，也依然是“普天之下莫非王土，率土之滨莫非王臣”。剖析了一个水西土司的政治制度，实则也就研究和掌握了整个土司制度下内政的特征。各个土司内政的设置也许各有不同，但有一点则是共同的，那就是世袭的政权和族权合二为一的宗法统治，而且这种宗法统治有着浓厚的家支色彩，赖此以维系其统治的运转和持续。

生产和经济处于何种状态是社会发展程度的主要标志，元明时期的水西毫无疑问已经进入农耕时代。《水西简史》对其经济状况的定语是：“农业为主，兼重畜牧，手工业与农牧业逐渐分离。”其中畜牧业部分特别谈到了马的饲养。“水西马”当时名扬四方，价值颇高：“上者可数百金，中亦半之。”《黔书·水西乌蒙马》一书对水西马如何珍贵乃至如何饲养等都作了详细记述。据《明实录》记载，水西向中央王朝献贡马匹有 27 次之多。朝廷还多次以锦、布向水西交换马匹，每次数百乃至上千。彝族人对水西马十分爱惜，只有“临阵乃用之”，可见水西马是以战马而扬名的。对于手工业和农牧业的逐步分工，《水西简史》也有明确记载，但总体来说，特别是明代初期，水西的生产力还是很低下的，农业以刀耕火种为主，多为荞、麦（燕麦）。高产作物如玉米、马铃薯等最初还没有引入，故地虽广但收入低，乃至没有一次能完成中央朝廷的八万石税粮。从明初到明末 270 多年间，水西地区（包括贵州宣慰使司时期的领地）的经济发展是一个渐进的过程。到了明末清初，农牧业产品和手工业产品已经由以物易物或半以物易物转入全货币（钱）的交易，而且有了固定的市场。这种渐进的发展得力于两个因素：一是内部“头人”中的有识之士（如奢香夫人）积极引入汉族地区的先进文化和先进的耕作技术；二是从明初开始的屯垦田制和大量移民。这两种因素不但对水西地区的发展产生影响，而且还影响到整个西南地区，特别是云贵高原的开发和发展具有代表性。只是地区之间存在着迟早的区别而已。云南的“唐标铁柱、宋挥王斧、元跨革囊”，不也是说明它的开发过程吗？至于军事，正如前面所说的军事和行政合二为一的则溪制度，作者对水西的军事组织作了详尽的叙述，并对水西历史上几次大的战争，如奢节反元、安奢（安邦彦、奢崇明）“反明”、吴三桂与安坤之战等，均有所提及。在有关军事的论述中，作者特别引用了“国之大事，唯祀与戎”的古训，画龙点睛地概括了彝族带有普遍意义的尚武族风和精神。

特别值得一提的是，《水西简史》对水西历代“头人”的考证和记叙用了很大的篇幅。历史与人是分不开的。恩格斯说：“有了人，我们就开始有了历史。”没有人便没有社会，也就没有社会历史。历史是“追求着自己目的人的活动”。《水西简史》不仅对水西氏族的谱系作了详细的考证，列出了汉、彝两种文献的版本，还对明代之前和之后水西家族的著名人物一一列名作传（简略）。正因为有了这些出类拔萃的“头人”，才使得水西统治延续了1400多年，而且创造了一次又一次的辉煌和壮举，可以说水西历史名人有如“群星灿烂”。在这些灿烂的群星中有一颗最为闪亮，至今光芒犹存者，她便是奢香夫人。对这位彝族历史伟人的政治智慧和历史功绩，《水西简史》从维护国家统一、民族团结、修筑龙场九驿十八桥以及带头送子进京入太学，引进先进文化等多个方面作了记述。奢香夫人的这些丰功伟绩应当说已是广为人知了的。早在20世纪60年代初期，贵州黔剧团一成立，便演了两个大剧，一个是《秦娘美》，一个便是《奢香夫人》。黔剧《奢香夫人》重点是写马烨事件，突出了奢香忍辱负重、维护大局和民族团结的博大胸怀，当时曾引起轰动。“文化大革命”中虽遭贬责，但“文化大革命”后又复出而且走进北京和其他省市。接下来又先后重修奢香墓、兴建奢香博物馆等，都是上下一致的行为。可见在贵州，特别是进入新的历史时期之后，奢香夫人受到了普遍一致的重视。经过多年的努力，在省地县的重视和支持下，一部《奢香夫人》的电视连续剧已基本摄制完成，可以预见走上荧屏的奢香夫人将进一步为全国人民所认识。但这并不是说对奢香夫人的研究和宣传已经很充分了，特别是有关奢香夫人的历史定位问题。成语有云“盖棺定论”。对一些人物来说，由于种种原因虽盖棺也是不能定论的，甚至长久不能定论，这样的例子随手可拾。例如曹操已经“盖棺”1800多年了，但对其历史定位却至今争论犹存。

奢香夫人既是彝族历史上的杰出政治家，也是中华民族历史上的杰出的政治家。也就是说，她不仅属于彝族，而是属于整个中华民族，这就是她的历史定位。理由也很简单，奢香夫人的主要业绩已经不仅仅是彝族的内部事务，而是涉及国家的利害得失。她与文成公主和王昭君一样，对国家作出了贡献，因此，应享有同等的殊荣和地位。其实，历史上对文成公主和王昭君的评价，也是不尽相同的。虽然二人同样执行中央王朝的和亲使命，其事迹也都可歌可颂，但身份不同。文成公主虽然不是李世民的亲生女，但她毕竟是以公主身份赴藏和亲。王昭君则只不过是个未得宠的宫女，故而在正统史家们的笔下，依然是轻重有别的。而文人墨客们却只将她作为“薄命红颜”大肆渲染，编出一些悲悲戚戚的“故事”，掩盖了她自请和亲的壮举。杜甫写了一首诗，开头两句是“群山万壑赴荆门，生长明妃尚有村”，便遭到了非议，指责杜甫将歌颂英雄的起句用在王昭君的身上不谐调，抬高了她的身价。而王昭君在蒙古族人民中却一直受到崇敬，流传着不少传说，甚至将她作为吉祥的象征。可见，对王昭君这位出类拔萃的女子，从来便存在两个不同的看法，也是盖了棺两千余年而未定论的历史人物。奢香夫人和曹操、王昭君等人的情况当然不一样，正如前面所说，她主要是身为边陲之地的少数民族，很难进入正统史家的视野，即使进入也不可能给她以公正、平等的定位。历史已经进入了新的时代，各民族在政治上一律平等的今天，完全有条件以新的视角去审视奢香夫人，对她的伟大业绩作出应有的评价和公正的历史定位。

总之，《水西简史》是一部值得肯定的著作，它为彝族的文史研究作出了新的贡献。当然，在史料有限的情况下，编撰一部《水西简史》，其难度是很大的。惟其如此，建议笔者再下工夫进一步充实史料，使之更加完善；在史料的运用和叙述上进行必要的梳理，使之更加清晰；对现有史料之间的相异处（例如汉彝两个版本的水西安氏谱系），需要进一步考证，使之更加准确。

毕节彝族历史文化研究

张学立

一

毕节市（以下简称“毕节”）是中国人类发展史较为悠久的地区之一。黔西县的“观音洞文化”遗址是南方旧石器初期文化的代表，有着极高的史学研究价值，被考古学家裴文中教授誉为“北有山顶洞，南有观音洞”，是中国古人类发祥地之一。威宁彝族回族苗族自治县（以下简称“威宁县”）中水镇发现的殷商时期的文化和赫章可乐乡发现的夜郎时期的文化，均属中国考古的重大发现。

毕节是贵州最大的彝族聚居区，也是全国较有影响的彝族聚居区之一。先秦时期，彝族先民曾经在这片乌蒙高原上建立过卢夷国、朱提国。蜀汉时期，彝族君长妥阿哲因帮助诸葛亮南征有功，受蜀汉封赐罗甸王，建立了地方民族方国政权。此后，阿哲家族开始了对贵州西北部地区长达1400多年的治理，毕节彝族的历史在贵州历史上占有十分重要的位置。

彝族是毕节人口最多的少数民族，是世居在这片土地上时间最长的民族之一。彝族人民用自己丰富的语言文字记录了丰厚的历史文化，包括与其他兄弟民族在这里生活的历史，留下了《西南彝志》、《彝族源流》等珍贵的彝文历史文献。

从汉代司马迁的《史记》开始，《汉书》、《华阳国志》等汉文史志对“西南夷”史不绝书，其中一大部分就是关注毕节彝族的。此后，关于彝族包括毕节彝族的研究延续了下来。

今天，我们开展毕节彝族历史文化的研究，旨在全球化背景下，进一步认识贵州彝族历史的本来面目和文化资源价值，重新认识民族文化在多元一体的中华民族大家庭中，为丰富世界文化宝库作出的新贡献。通过对彝族历史文化的深入挖掘、整理，系统梳理、研究，把握其历史发展的脉络，汇集彝族人民在历史上创造出来的优秀文化成果，为地方经济发展、社会和谐、文化繁荣服务，是彝学界的重大任务。同时，对毕节彝族历史文化进行系统研究，对于深入探讨贵州历史文化具有重大意义。而且有利于弘扬优秀的民族文化，增强民族自信心和自豪感；有利于促进各民族互相学习，共同发展；有利于发展平等、团结、互助、和谐的社会主义新型民族关系；有利于社会主义文化的大发展、大繁荣。

二

毕节的彝族历史大致可分为以下七个时期。

第一，先秦时期。

这一时期涵盖人类在毕节的早期活动到秦王朝的建立。如果说观音洞作为人类旧石器时代早期的遗址，留下了古人类活动的轨迹，那么，毕节人类文明史则应当从威宁中水镇发现的殷商时期文化算起。威宁中水遗址发掘的实物中，有大量的陶器，特别是有碳化的稻谷，还有疑似彝文的刻画符号。在先秦时期，古彝人开始用火，学会农耕，甚至于开始创制历法和古彝文。彝族英雄名王支嘎阿鲁创立古滇王国，武僰部落统治了古彝人，希米遮传至武洛撮时，武氏兄弟十二人分支，古莽国、夜郎国建立，卢、夷等部落迁徙，参加了周伐商的军队。洪水泛滥后，笃米的六子分六部在西南地区扩张。毕节此时属于卢夷国地域。彝族古歌中，对这一段历史有许多丰富生动的记述，支嘎阿鲁的英雄业绩，洪水与笃米的故事等，留下了彝族先民艰辛创业的记录。

第二，秦至西汉时期。

秦至西汉时期是彝、汉文献记载中的夜郎国时期。赫章县可乐考古发现的夜郎文化遗址中，有许多文化符号与彝族文化紧密相关。此时，彝族六祖中的默部和布部已经迁徙至贵州境内，开疆拓土创建基业。约在西汉末年东汉初年，其中默部的一个著名君长勿阿纳，通过与濮人的战争，奠定了在贵州境内的发展根基。夜郎在中国历史上一直是一个未解之谜，除了《史记》和《汉书》中有简略的记述之外，其他相关史料十分匮乏。甚至有学者怀疑夜郎国是否真正存在过。然而，在彝文文献中，有不少关于夜郎的记述，以《益那悲歌》和《夜郎史传》最为全面，其中有关于夜郎时期的战争与夜郎君长法规等内容，还记述了夜郎的都邑曾经搬迁过多个地方。

在这一时期，彝文已经是成熟的文字体系。赫章县发现的西汉时期的铜擂钵上，有"祖源手碓石"五个完整的彝文。彝文文献已经大量出现，只是除这个手碓和一块尚存疑问的彝文碑外，还没有发现其他实物的留存。

第三，东汉至南北朝时期。

这是毕节彝族历史上的一个重要时期。继勿阿纳之后，彝族六祖中的默部后裔妥阿哲因为帮助诸葛亮南征有功，被蜀汉封为罗甸王，从此取得合法统治权，开始了阿哲家族统治毕节乃至贵州大部长达1400多年的历史。晋和南北朝时期，南中夷帅雄踞西南地区，夷人与南中大姓之间通过"遑耶"形式缔结婚姻，形成一个势力强大的统治阶级，往往与官方统治势力相抗衡。南中爨氏就是这样的典型，其中的东爨乌蛮三十七部地区，其统治区域包括古矢部、乌撒部，连接起了今天的毕节。

魏晋时期的彝族古代文艺理论，与汉族文艺理论同时发展起来，出现了举奢哲、阿买妮等开创彝族文艺理论的大师，他们的代表作有《彝族诗文论》、《彝语诗律论》等。彝族人的影响逐渐扩大，常璩在《华阳国志》中称，南中夷人"皆曲头木耳、环铁裹结"，论议好譬喻物，今南人言论，虽学者亦半引夷经。

第四，隋唐宋时期。

隋唐时期是毕节彝族历史上一个相对平稳的时期。彝族在贵州逐渐强盛起来。龙朔三年（公元663年），矩州刺史谢法成招附了彝族比娄部七千户，比娄子莫翁迁回蒙阿（今大方），修建了九层衙。后唐武宗封阿佩为罗殿王，王治在今贞丰的罗王亭，并封居于普里者为滇王（后改为普宁王），各居岭南和岭北，史称"罗氏于斯为盛"。其君长纳志主色后来迁治于矩州。宋朝时，纳志主色的后裔居于矩州，称为石人部落王子的若藏归附宋朝，其子普贵纳土献诚，宋太祖封以为王，并依俗命其地为贵州。宋朝由于战争的需要，在贵州地区及西南地区大力发展马市，开展了贸易往来。宋末，贵州分为水东和水西。同时，此时的乌撒地区，经过默遮乌撒时期的发展，也开始强大起来，被称为石门路十二州。后来其君长也受到宋王朝的封赐。

唐代，洛纳阿可创建了彝族的许多典章制度，还对彝文进行了一次规范。据云南《滇系·杂载》记载："汉时有纳垢酋之后阿町者，为马龙州人，弃职隐山谷，撰爨字如蝌蚪，三年始成，字母一千八百四十有余，号韪书。"同时，彝族文艺理论继续发展，举娄布佗、布独布举、布塔厄筹、实乍苦木等都留下了传承后世的著述。宋代的布麦阿钮对彝族文艺理论有所发展，写出了《彝诗九体论》等著作。

第五，元明时期。

元明时期是毕节彝族历史进入了土司制时期。元朝征服西南由云南开始，统治毕节则是从征服乌撒开始，以至元十年（公元1273年）乌撒归附为标志。至元十七年（公元1280年），贵州被改为顺元路，封阿榨为总管。从此，蜀汉封王的毕节彝族地方方国政权长达1056年的历史结束，土司制度开始。元王朝开始在云南贵州境内大力发展交通，经营西南，为明朝在贵州建省打下了基础。明朝开始，明太祖朱元璋派遣傅友德等经贵州征服云南，统一全国后，即开始在贵州建省，命霭翠为贵州宣慰使，位居各宣慰之上。霭翠之妻奢香夫人摄政时期，以其政治智慧和博大情怀战胜了时任贵州都督马烨的险恶用心，开通了龙场九驿，开发了贵州，推动了贵州彝族政治、经济、文化的大发展；同时彝汉文化的交流也大大加强，学习汉文化成为一种潮流，影响波及整个西南彝族地区。处于强盛时期的水西阿哲后裔，与周围的芒部、乌撒、扯勒、沾益、播勒、阿旺惹等彝族地方政权加强了交流。

明代，随着彝汉交流的不断增加，彝族文化和汉族文化融合，彝族学习汉文化的领域不断拓展，尤其是被贬贵州开办书院，传播儒学，使水西地区的彝族有机会学习汉文化，加快了毕节的文化发展。今存的彝汉文合璧的成化铜钟、《水西大渡河建桥碑记》、《新修千岁衢碑记》等记载了当年的盛况，许多著名的彝文史籍都是在明朝时期开始编纂的。

第六，清至民国时期。

经过明末的奢安起义和清初吴三桂平西南等重大历史事件之后，清朝廷顺理成章地在西南地区实行“改土归流”，虽然其间有一段小反复，但是没有影响“改土归流”的大势。康熙三十七年（公元1698年），水西末代宣慰安胜祖卒而无子，朝廷将水西十三则溪四十八目之地，改设大定、平远、黔西三州，改乌撒设威宁州，派遣流官统治。至此，结束了水西彝族政权在毕节1400多年的治理，只在基层保留了一小部分土目。而这些土目又不尽是彝族，且已经没有实在的权力，随着新中国的建立便逐渐消失。

在清朝至民国时期，由于彝族失去了统治地位，加上汉族人口的大量增加，毕节的民族结构从“夷多汉少”变成了“汉多夷少”，文化结构从以彝族文化为主流变成了以汉族文化为主流，多民族文化相互影响。虽然清朝是满族统治，但地方政权主要还是汉族掌握，因而政治、经济、社会等都发生了非常大的变化，朝着汉文化的方向发展，许多彝族男子已经变服从俗融入汉文化的潮流之中。一些彝族精英人物已经意识到民族文化传承的危机，于是一边学习和适应汉文化以求生存和发展，一边学习彝文化以图本民族文化的传承。因此，一大批彝文文献典籍在这个时期出现了，著名的《西南彝志》、《彝族源流》等都在此时成书。彝族改火葬为土葬后，大量的彝文墓碑开始使用于墓葬。在受汉文化影响较大的大方、黔西等地，考试做官已经成为进入社会上层的新出路。奢安起义后，奢氏后裔迁入毕节，其中改姓余氏的一些精英人物，在清代末年、民国初年重新进入社会上层执政，并且出现了余达父等一批用汉语创作的诗人。民国时期，威宁游击团等在中国共产党的影响下为了地方解放作出了正确的抉择，以杨淑尧、李仿尧等为代表的彝家儿女，在中国共产党的领导下或参加红军，或在地方上积极投身革命，为毕节的解放作出了贡献。在彝族聚居地区，彝族人民用古老的方式保存着自己的传统文化，如妇女基本上还穿着彝族服饰，婚丧礼仪中还保存着传统的礼仪，精湛的漆器工艺，《撮泰吉》、《铃铛舞》等保留了有深厚文化内涵的彝文化。

第七，新中国成立以后。

中华人民共和国成立后，在党和政府的领导下，彝族聚居区的经济发展进入了一个新阶段，加入了互助组、合作社和人民公社，彝族人民与各族人民一起为祖国建设贡献力量。新中国成立初期，国家开展大规模的民族历史文化调查，对毕节彝族历史文化进行了考察，彝族的族源关系进一步得到确认。随着毕节彝文翻译组的成立，彝学研究在全区逐渐展开。然而，“破四旧”和“文化大革命”的到来，使彝族文献典籍遭受毁灭性的打击，大批彝文文献被当做“牛鬼蛇神”和革命对象焚毁，造成了无法挽回的巨大损失。党和政府历来十分重视民族工作，改革开放政策实施后，各族人民的物质文化生活得到改善，一批彝族干部在党的关怀下成长起来，对于民族文化有了新的、更高的认识，重新搜集、整理民族古籍的工作又提上了议事日程。以彝文翻译组的恢复为标志，彝文古籍的搜集、整理和翻译迎来了春天，大量彝文古籍得以翻译出版，彝族历史文化的研究被推上了一个新的高度。

三

进入新世纪，中共贵州省委、省政府深入贯彻落实科学发展观，民族工作取得了新成就，各民族历史文化的研究进一步得到重视，民族文化为地方经济、社会发展服务彰显出新的活力。贵州省委、省政府要求毕节打造以彝族文化为主的旅游文化品牌，进一步推动了毕节彝族文化的研究与开发。

然而，应该清醒地看到，毕节的彝族历史文化研究还很薄弱。20世纪，只有丁文江、余宏模、史继忠、丁椿寿等少数专家对毕节的彝族历史文化作过一些研究，彝文翻译组翻译了部分古籍，研究基础和力量仍显薄弱，各县市民族工作部门、科研机构研究人员短缺。近年来，《撮泰吉》、《铃铛舞》、彝族漆器髹漆艺术等都被列入了国家非物质文化遗产名录，一些歌舞、服饰艺术得到开发。但是还有许多优秀的文化得不到保护、开发和利用，在全球化的大潮中正濒临灭绝，造成无法挽回的损失。究其重要原因，是相应的研究与宣传脱节，造成了外界对这些优秀文化无法全面了解，更谈不上开发利用，不能广泛地把文化资源转化为文化资本，产生经济效益。另外，毕节彝族几千年的历史可谓悠久，其间需要理清的脉络还有待梳理，需要臧否的人物还有待辨别，需要发掘的文化还有待深研，需要澄清的误会还有待分辨，需要传承的仪式还有待学习，需要淘汰的糟粕也有待裁汰。特别是要研究民族历史文化为地方经济社会的发展作出贡献，没有扎实的研究成果是难以完成这一艰巨任务的。因此，必须深刻领会省委、省政府把毕节列为彝族文化旅游区的战略思想，开展好毕节彝族历史文化研究，为构建社会主义和谐社会作出应有的贡献。

四

以往关于毕节彝族历史文化的研究，要么局限于平面化的历史描述，要么囿于文化领域的单向度研究。研究历史的许多成果都是断代研究或是片断研究，或个别历史人物、历史事件的研究。研究文化的要么是只研究一个艺术门类，要么只研究一个艺术个案如《撮泰吉》，或个别的彝族文学家如余达父，或个别文学作品等。这些研究显得比较单一、零散，没有形成整体和系统。因此，全面开展毕节彝族历史文化的研究，显得十分必要而紧迫。开展这项研究工作，可以从总体上对毕节的彝族历史文化进行全面的挖掘、整理、分析、判断，填补从历史与文化相结合的角度对毕节彝族历史文化进行综合研究的空白。

同时还要看到，毕节彝族历史文化研究的难点在于如何把彝族历史发展的突出特点与中国通史、西南边疆史、地方民族史和断代史结合起来，关键在于历史上的中原王朝与边疆少数民族政权之间关系的清理、分析、判断和评价，因而研究中的困难是可想而知的。为此，需结合毕节各民族关系史，彝族历史、文化沿革的实际情况，以辩证唯物主义和历史唯物主义为指导，并借鉴其他研究方法。在实际操作中，采取田野作业方法、文献检索方法等，通过历史分析和文化诠释，尊重学科规律，尊重历史，由表及里，去伪存真，尽力使研究成果与历史事实与文化真实相符合，还原毕节彝族历史文化的本来面目。

同时还应看到，毕节有丰富的彝文历史文献，可以弥补汉文献记录简略和有诸多舛误的不足，又有相对可靠的汉文史志资料可资利用，还有一定数量的前期研究成果，并且近年来毕节涌现出了一批历史文化研究的新锐。因此，从事毕节彝族历史文化研究，条件是有利的。在彝学研究的逐步推进中，有一些彝族学者渐渐成长起来，他们既具有扎实的汉文化功底和史学基础，又有熟悉本民族语言文字的优势，充分发挥他们的作用，对于推进毕节彝族历史文化研究将起到非常重要的作用。

五

开展毕节彝族历史文化的研究，在指导思想上，以马克思主义为指导，深入贯彻落实科学发展观，转变观念，充分认识地方民族历史文化对促进和谐社会建设和经济文化发展的重大意义，站在对历史、对现实、对未来负责的高度认识问题，进一步开阔眼界，深化研究地方民族历史文化对推进地方经济社会文化发展的认识和理解，破除陈旧的思想观念，克服思想认识上的障碍，放心大胆地从事研究工作。在政治立场、政策把握和方法论方面，要坚持马克思主义的理论指导，坚持有利于发展平等、团结、互助、和谐的社会主义新型民族关系，借鉴国内外人类学、民族学、社会学、历史学、地理学等各种科学的研究方法，充分吸收前人的研究成果，尊重历史，尊重事实，尊重学术规范。在研究的统筹方面，要坚持以党委、政府为主导，以高等院校、科研院所为主体，统一领导，相互协作。认真做好课题的规划论证，选准课题研究方向和攻坚目标，结合地方、民族实际，综合研究和学科研究相结合，基础研究和应用研究相结合，描述研究和解释研究相结合；坚持研究成果为地方经济、社会、文化可持续发展服务，充分发挥高等院校、科研机构和专家学者的主体作用，调动一切积极因素，建立灵活多样的体制、机制，开展形式多样的协作、合作，以期取得丰厚的理论成果和应用成果。

试论古代彝族在黔西北的迁徙发展

王继超

黔西北的彝族的分布历史，往往被史学家们所忽略，在《贵州古代史》、《贵州民族关系史》等一类著述里，都将彝族进入贵州的时间界定为东汉前后时期，进入与分布之间在概念上似乎没多大问题，但进入与发祥地之间的概念就大相径庭了，进入的概念是对发祥地的否定。卷帙浩繁的彝文献的记载以及近些年来的不断考古发掘的发现都证明，地处毕节的黔西北地区，是彝族的发祥地之一。由于上一辈彝文献翻译者视野的局限，在释译一些彝文文献时，没有把彝文文献中音为“Vu^{33}”或“phu^{21}”，即音译的“武”与“濮”的这部分人的古代民族属性搞清楚，就把彝族水西部勿阿纳东汉时入黔当做贵州彝族历史的开端，从而误导了一些研究彝族历史的专家学者，使得彝族在贵州，尤其是在黔西北地区发祥的历史被忽略，甚至被否定，这不是历史的本来面目。

一、最早的原住民是以够阿娄为代表的武濮系群体

《曲姐》、《陆外》等歌谣和《物始纪略》等文献都记载道：“阿娄阿德，修天布星斗，阿德苏纳，补地播草木，苏纳拉嘎，把偶像塑造，拉嘎魄魄，把珠宝培育……”在贵州西南部地区，还流传着一部叫《戈阿楼》的英雄史诗，主人公戈阿楼是历史传说中的彝族古代英雄，即够阿娄，作品反映的是历史上封建王朝对彝族地区的掠夺性征伐和彝族人民的顽强反抗。据《彝族源流》、《西南彝志》记载，彝族腊够支系是最早同出自武僰支系的武濮所结合的氏族，也就是最早活动在云贵高原的“夷濮”族群。腊够支系，一般简称“够”，异音则作“戈”或“轨”，与“鬼”的音近，贵阳、黔西等地的古彝语地名的命名同彝族腊够支系有关，如贵阳的古彝语地

名作“够诺”或“轨诺”。商周时期的“鬼方”当指贵阳一带，其中的“鬼”是音译，而“方”、“诺”是意译。彝语的“诺（音）”，既可以理解为地，也可理解为方，“鬼方”系半音译半意译的组合。黔西的古彝语地名作“果仲”、“果钟”等，完全是以彝族腊够支系的居住来取名的。到隋唐时期，彝族腊够支系的阿珂还在云南马龙、嵩明一带建立了自己强大的称为“纳垢部”的部政权。

武濮系群体与夜郎民族有着直接的联系，可乐是古夜郎国时期的中心或“旁小邑”，虽还有待印证，但可乐一带最早的居民是庞大的“武僰”族群中的“夷濮”群体和“卢夷”系统的阿着仇部等，则是没有问题的。根据《彝族源流》、《西南彝志》等彝文文献记载，早在春秋时期，在金沙江中下游、乌江和北盘江流域，活动着被称之为“武僰”的庞大族群，夜郎的主体民族“夷濮”即其中的分支。夷濮的群体有多个来源，活动在今贵州省的贵阳、毕节、安顺、六盘水、黔西南境内的够阿娄部族，先后结合了“武僰”群体中的武濮所部族、“六祖”分支的第六支默德施氏的两大分支和古侯的两个分支。发祥于古曲州、靖州地并在此活动千余年的卢夷之后的阿着仇部等，也都是当时的夷濮群体的成员。卢夷的阿着仇部的故地又作朱提，称巴凡兀姑的今贵州威宁一带也曾为其活动中心。巴凡兀姑与可乐相距仅数十公里，从巴凡兀姑经羊街、辅处到可乐，是古时连为一线的要道。正因为如此，可乐遗址中的少数民族墓葬为武濮系彝族先民的属性必将得到进一步的释读，如出土器物中的套头葬式与铜铃等，已经散发出这样的信息。

二、以朱提国为代表的卢夷系群体

根据彝文献的记载，约当春秋前后时期，在黔西北地区和毗连的今云南省的昭通市一带，活动着古夷人武僰氏一支的仇娄阿摩氏，到父子连名谱的第22代后，改称阿着仇氏（因其名演化为地名，汉文献记的这一演化地名为朱提音 shuchi，接近着仇或着赤）。又，仇娄的“娄”，在彝语土语中有“lou^{21}”、“luo^{21}”、“lie^{21}”等数种发音，“luo^{21}”的音同汉语的“卢”音最近，故汉文献记作“卢夷之国”。卢夷之国的范围主要在今天的黔西北地区和云南省昭通市一带，包括今四川省的宜宾、泸州两市的部分地方。当时，今云南省的昭通市一带彝语称“吐靡”，“吐”又音转为“曲”，故云南昭通市一带在汉文献里或名为朱提，或名为“曲州”；今贵州威宁及其周边则称“借靡”，汉文献作“靖州”。今贵州威宁炉山镇有叫“结里”的地名，同样，威宁牛棚、迤那一带的彝族《指路经》［有贵州省威宁迤那镇禄义福毕摩家清光绪年间抄本和贵州省威宁西部维遮阿尼（聂成良）毕摩家民国九年抄本为证］把今观风海

（古称“官房海”）一带地方称作“借卓”。“曲州”这一地名来源于彝语，由彝语的“tɕɪ^{13}dʐu^{55}”（音“借卓”）转化而来，这一地名，用现代彝语无法译读其真实含义，同历史上的“借靡”的地名一结合，问题也就迎刃而解了。在公元前5—公元前4世纪时期，夜郎国始进入卢夷国地。随着彝族“六祖”中各部的入黔，夜郎国灭亡，余部远逃至云南西部。阿着仇氏势弱，被秦的势力所压制，又受他部攻打，其第27代君长沓卢乌从今贵州威宁草海一带经威宁可渡、云南宣威迁往云南的沾益和曲靖一带，此事在《大定府志》中有一段叙述。《大定府志·旧事志六·乌撒安氏本末六》载：“鲁望者（今威宁城一带），昆明王所居，盖祝明（笃慕、仲牟由）长子楛之胄（实为仇娄阿摩之胄，与祝明无关），所谓乌君（仇娄阿摩之胄，阿着仇氏第27代君长沓卢乌）者也。东爨盖氏之亡也，乌君自立为王，谓之鲁王，盖本其姓，以为称。卤、鲁一也。西南人称王为望，故中国呼之鲁望也。已而内附，置为宝州。夷语讹宝为巴，讹州为的，讹都门为兀姑，故谓鲁望为巴的兀姑也。是时，巴的兀姑之部长为他蛮所逼，而南迁与存汭之东（今云南省宣威市与贵州省威宁间）。”① 因阿着仇被称为“吐哦阿着仇”，曲州、靖州的地名被阿着仇带到当地后，即产生了合称的“曲靖”这一地名。今云南的一些彝族支系的最初活动地可追溯到黔西北地区，如石林的撒尼支系，出自他们的彝族叙事长诗《阿诗玛》（彝文本）中的地名，记录的地名先从威宁草海，再到阿着地（沾益与曲靖），然后到今天他们的住地石林一带；红河的尼苏、阿哲等支系的《指路经》，将最远的指路地点指到今贵州省威宁的百草坪一带。

三、六祖分支后武、乍、糯、侯、布、默的进入顺序

彝族武、乍、糯、侯、布、默“六祖”分支后，乍支系最先进入今威宁草海与赫章可乐一带。乍支系在这一带作短时的留住后，经今云南昭通一带，大部迁到凉山地区。分支后的彝族“六祖”中的乍支系也开始进入这一地域。《彝族源流·乍氏谱》等载：“乍择地可道，可道与可乐。”② 这里已经涉及可乐地方。公元前2—公元前1世纪时，彝族“六祖”中的第四支古侯氏更是大规模迁徙来到黔西北及周边地区，在今贵州省的威宁草海之滨举行隆重的“九德额”分支仪式后，即东向今贵州省的安顺市和遵义市等地迁徙与活动，西向今云南省的昭通市、大理州一带迁徙与活动，北向今四川省的凉山州和泸州市一带迁徙与活动。西汉末至东汉初，彝族“六祖”中的第

① 贵州省毕节地区地方志编纂委员会点校：《大定府志》，北京，中华书局，2000。
② 王继超、王子国翻译：《彝族源流（第十七—二十卷）》，贵阳，贵州民族出版社，1994。

六支默德施氏也不遗余力地迁入今黔西北、黔中、黔西南等地，彝族“六祖”中的第五支德布氏也至迟于魏晋时期迁入黔西北及周边地区。公元前2—公元前1世纪时，笃慕的第四子慕雅卧下传16代到卧侯德额，卧侯德额生九子，称之“九德额”，九德额中的德额罗、德额巴、德额仁、德额陀尼、德额辉在威宁草海分支后，较长一个时期活动在这一带，其中德额辉部还在可乐居住了一些代数。

四、水西与乌撒两部的定格

默支系发展19代后，由滇东北向黔西北迁徙，到可乐住下，“在直诺谷姆，勿阿纳去世。纳阿宗一家，过纪古鲁堵勾，来到了巴底。可乐洛姆，住阿纳孙子宗氏……在可乐洛姆，住纳氏四宗：长为宗毕索，庶为宗阿姆，次为宗迫维，幼为宗阿补。宗阿补一代，阿补构二代，构阿妥三代。在巴底妥太，妥氏有两子，妥芒布居左，妥阿哲居右”①。其第20—23代时，先后在黔西北的今威宁草海和赫章可乐一带活动，到第24代妥阿哲（被讹为济火。济火，系妥阿哲的第二世祖）时，以今贵州省大方县为中心定居下来。水西阿哲氏的父子连名谱记录和传承为彝族谱牒的典范，“凡千四百七十四年世长水西，受命于中朝，为蛮长，为罗甸王，为姚州刺使，为顺元宣抚使，为贵州宣慰使，为水西宣慰使，号凡六更，而于其国……”水西部以48部辖13“则溪”，其方国型的地方政权建构犹具特色，阿哲部的慕俄勾彝族方国政权，由阿哲蔺（尼）升格而来，尼政权和勾政权的区别在于，尼政权的构建是以一个家族为主的，而勾政权则是以一个家族为主的同时联合多个家族来构建的。阿哲部的“慕俄勾”勾政权在所有彝族勾政权中，也是具有典型意义的。阿哲部的“慕俄勾”勾政权结构紧密，体系发育完善，在内阁设置上引进了南诏的“九爽”，阿哲部称之“九扯”，即九个部门，所谓“九扯九纵”即是“九个部门，九位主官”的意思。水西的政权体制由定格到完善沿袭了1474年，并一直影响着彝民族的古今分布，其政权的沿袭是世界政权史上的一大奇迹。

魏晋时期，乌撒部进入黔西北，今贵州威宁、赫章毕节、纳雍、水城、盘县和云南宣威的一些地方属于其势力范围，存在了近1100年，也建立了称之为“纪俄勾”的政权，辖24部、9大“则溪”地。乌撒部与水西部互为依存，一荣俱荣，一损俱损，共同传承着彝族各个历史时期在黔西北地区的连接不断的分布，为历史以来这一地区既是彝族的发祥地，又是彝族的主要分布地的条件提供了时空上的可能。

---

① 佚名：《布摩·彝家宗谱》，贵州省毕节地区档案局。

综上所述，在彝族早期的历史中，各部落氏族为寻找迁移的生存环境，不断地往返迁徙。彝族在黔西北地区数千年延续不断的分布历史证明，地处毕节的黔西北地区，不仅是彝族数千年连续不断的居住地之一，更是彝族的发祥地之一。

彝族自称及其支系问题刍议

杨翠英　普驰达岭

民族自称是一个民族或他的支系自我认同的、区别于其他民族或其他支系的标志性称谓。中国有56个民族，每个民族都有一个或一个以上别于其他民族的自称。如藏族自称为“博巴”，壮族自称为“布壮”、“布土”、“布侬”、“布曼”或“布雅依”，佤族自称为“阿佤”，畲族自称为“山哈”或“山达”，哈尼族自称为“哈尼”、“豪尼”、“白宏”等，毛南族自称为“阿南”，等等。彝族是一个支系繁杂，自称最多的民族。①

在生产力比较落后的历史阶段，彝族祖先为了生存、发展的需要而产生了分支。大约几千年前，有了武、乍、糯、恒、布、慕六个分支，分别迁徙到云南、四川、贵州等地，经过长期的历史发展，形成比较多的彝族支系。目前较大的几个支系是阿细、撒尼、阿哲、罗婺、土苏、诺苏、聂苏、改苏、车苏、阿罗、阿扎、阿武、撒马、腊鲁、腊米、腊罗、里泼、葛泼、纳苏颇、纳若等。

彝族因彝语方言和地域差异，加上社会历史的变化和自身不断发展等诸多因素，形成了具有区域特点的彝语方言、土语和服饰。操不同的彝语方言或土语的彝族支系具有明显的地域性特点。因此彝族是一个支系繁多、自称繁杂的民族。不同的支系其自称也存在着不同。彝语六大方言（北部、东部、南部、东南部、西部和中部）内部还分许多次方言和土语，方言间差别较大，基本上很难相互通话和交际。彝族服饰有300多种。彝族服饰、彝语方言以及彝族自称是区分彝族支系的重要依据。

“尼”是最早的、统一的彝族自称。据《彝族简史》中介绍，彝族自称有35种，他称有44种。但这只是彝族繁杂的自称体系中的一小部分。在彝族的历史上有诺苏、聂苏、纳苏、罗婺、阿西泼、撒尼、阿哲、阿武、阿鲁、罗罗、阿多、罗米、他留、

---

① 参见普忠良：《彝族自称与彝语氏族地名》，载《民族语文》，2003（1）。

拉乌苏、迷撒颇、格颇、撒摩都、纳若、哪渣苏、他鲁苏、山苏、纳罗颇、黎颇、拉鲁颇、六浔薄、迷撒泼、阿租拨等上百个不同的自称。新中国成立后，按照彝族人民的意愿，正式定名为彝族。

以“诺苏颇”、“纳苏颇”“聂苏颇”（尼苏泼）、“尼颇”、“撒尼颇”作为自称的彝族占川、黔、滇、桂四省区总人口的半数以上。

从方言来看，这些自称都属于分布在东部方言区、北部方言区、南部方言区和东南部方言区；自称“倮颇”、“罗罗”、“纳罗”、“腊罗”、“鲁泼”的彝族都属于彝语中部方言和西部方言区，人口占彝族总人口的五分之一左右，这部分彝族的自称与龙、虎图腾崇拜有关；自称为“倮颇”的，都属于倮、黎、栗、勒、俚同音异写，彝语意为“野外”、“山上”，即居住于山上的民族，其语言和习俗都与自称倮倮泼的较为接近。无论自称“尼颇”还是“栗颇”，都乐于接受“尼泼”这个彝族的较早的自称。彝族自称虽然繁杂，但归结起来就是一统三大的自称体系：一统，即“尼”是彝族最早的统一自称；三大自称体系，即尼泼自称体系、倮（罗）泼自称体系、俚泼自称体系。这三大自称体系是通过彝族最早的统一自称——“尼”衍生为繁杂的彝族自称体系的。①

彝族主要的支系具体分布情况为：

自称为诺苏颇、诺苏的彝族支系，主要分布在四川省及云南省的宁蒗、华平、永胜等地区。

自称为纳苏颇、纳苏的彝族支系，主要分布在云南省武定、禄劝、弥勒、昭通及贵州毕节地区。

自称为迷撒拨、纳罗拨的彝族支系，主要分布在云南省巍山、云县、漾濞等地区。

自称为罗罗濮的彝族支系，主要分布在云南省景东、云县、个旧、墨江、双柏等地区。

自称为颇罗、泼哇、昨柯的彝族支系，主要分布在云南省文山、开远、砚山、马关、金平等地区。

自称为泼拉塔、图拉颇、腊鲁濮、阿鲁的彝族支系，主要分布在云南省华坪、云县、普洱、新平、墨江等地区。

自称为撒尼濮、尼濮的彝族支系，主要分布在云南省路南、泸西、弥勒、昆明市郊区等彝族地区。

---

① 参见普忠良：《彝族自称与彝语氏族地名》，载《民族语文》，2003（1）。

自称为聂苏濮的彝族支系，主要分布在云南省龙武、石屏、云龙、昌宁、双柏等彝族地区。

自称为黎颇的彝族支系，主要分布在云南省凤庆、华坪、永胜等彝族地区。

自称为山苏、阿租的彝族支系，主要分布在云南省武定、新平、元江、峨山等彝族地区。

自称为阿细濮的彝族支系，主要分布在弥勒、路南等彝族地区。

自称为阿哲濮的彝族支系，主要分布在云南省弥勒、易门、双柏等彝族地区。

自称为格濮、阿多拨的彝族支系，主要分布在云南省泸西、弥勒、师宗、鹤庆等彝族地区。

自称为阿武、阿乌的彝族支系，主要分布在云南省弥勒、元阳、西畴、金平等彝族地区。

自称为罗米的彝族支系，主要分布在云南省凤庆、景东、墨江、普洱等彝族地区。

自称为密期的彝族支系，主要分布在云南省武定、禄劝、弥勒、昆明等彝族地区。

自称为阿罗濮的彝族支系，主要分布在云南省武定、师宗、陆良等彝族地区。

自称为他鲁苏、他谷苏的彝族支系，主要分布在云南省永胜、华坪等彝族地区。

自称为拉武苏的彝族支系，主要分布在云南省永胜县。

自称为撒摩都的彝族支系，主要分布在云南省昆明郊区。

自称为他留、堂榔的彝族支系，主要分布在云南省丽江地区。

自称为纳若的彝族支系，主要分布在云南省永胜县。

自称为纳渣苏的彝族支系，主要分布在云南省永胜县。

自称为六浔薄的彝族支系，主要分布在云南省永胜县。①

从彝族的历史来看，彝族不同的支系、自称的产生有其社会历史和文化的缘由。不同自称的形成除了同彝族形成和繁衍过程中的部落内外战争（冲突）、民族迁徙、彝族社会的等级制度、民族融合以及自然图腾崇拜等诸多因素有关外，最主要的是与

① 普忠良：《中国少数民族风情游丛书 · 彝族卷》，9211页，北京，中国水利水电出版社，2004。

彝族自古以来就延续下来的祭祖大典“耐姆”分支习俗有关。

彝族是祖灵崇拜最厚重的民族。彝族祭祖大典“耐姆”习俗是彝族宗教活动中“祖先崇拜”的具体体现和缩影，被视为支系宗教活动的头等大事，是彝族最高级别的祭祀礼仪和彝族氏族宗教活动的重要支柱及纽带。这一宗教体现认为祖先是子孙后代的保护人，是祸、福的主要根源，人死后回归祖源地与祖先团聚是对来世的最大愿望，祖源地是宇宙间最美好的乐土，而做好这一仪式对生者和死者关系较大，尤其对死者的关系重大。祭祖大典“耐姆”仪式是彝族社会生活中以氏族宗支为单位的对全氏族宗支祖先的最大的集体共祭礼。彝族举行“耐姆”共祭仪式，除了具有缅怀祖先业绩、为祖先解除各种“罪过”、超度祖灵以求得子孙兴旺发达为目的外，最主要的而且最重要的目的是氏族分支，叙谱续谱。从这一角度，可以说彝族的历史就是祭祖分支的历史。①

在彝族社会发展的历史长河中，从彝族公认的父系始祖希慕遮传至31世孙笃慕（父系社会）后，彝族开始以父子连名的方式按血统关系记载谱牒。彝族在父系氏族社会时期，彝文文献记载曾有三次大的祭祖大典“耐姆”分支（第一、二次分支是发生在“洪荒”前时期，第三次分支是在“洪荒”后）：第一次是希慕遮14世孙道孟尼，道孟尼有9个弟兄8个兄长分别到各地开拓发展，变为其他支系或彝语支民族。第二次分支是希慕遮29世孙武洛撮时代。武洛撮有12个弟兄，11个兄长渡河变成崇拜虎、狮、熊、猴、蛇、蟒、马、树、蜂、鸡等图腾的部族（凉山彝文文献《勒俄特依》中记载的“武之十二支”），只有武洛撮不变。第三次大分支是“洪荒”后笃慕的六个儿子分为六个部（彝族史书所记载的六祖分支），即老大慕阿切（武部）、老二慕阿枯（乍部）向南部发展；老三慕阿热（糯部）、老四慕阿额（恒部）向四川雷波以北方向发展；老五慕阿克（布部）、老六阿齐（默部）向金沙江两岸发展。经过三次大的分支以后，彝族各支系越来越壮大。后来六部中的武、乍两部又分出若干个氏族和亚氏族；糯、恒两部分出若干个氏族和亚氏族，直到现在已经发展到五百多个家支；布、默两部也在滇东北、黔西北分化出十多个称“勾”的部落王国。这些“勾”部落分出的后裔成为前述德布德施氏的亚氏族之祖先，其范围几乎遍布贵州省和云南省滇东北等广大的彝族分布区域。美洲土著的印第安人多以动植物或无生物作为氏族的自称，而彝族的氏族自称与之有所不同。彝族多以氏族分衍时具有代表性的某一祖先之名作为氏族名称，氏族自称就是这个氏族的共同祖先，历经若干代的繁衍和发展后，氏族自称慢慢成为了这个支系的自称。由“勾”部落分出的氏族，仅在云南省禄劝县一地就发展为若干个亚支系，而自称纳苏颇的黑彝支系又分出十多个氏

① 参见普忠良：《彝族地名“玛纳液池”考释》，载《民族语文》，2001（6）。

族、亚氏族支系，上百个家支氏族每次分支都要举行隆重的祭祖大典“耐姆”分支仪式，每次祭祖分支都出现新的氏族名称。随着氏族的发展壮大和时间的推移，氏族自称或亚自称也随着主人，成为所居地的支系标志称谓符号。①

由于彝族在社会历史长河中传承和延续下来的特定的社会文化习俗所产生的互动因素，不同的彝族支系形成繁多的彝族自称和彝语方言或土语，而不同的自称产生了不同的彝语氏族地名。如果说不同的彝族自称是彝语氏族地名形成的主要因素的话，那么，在彝族社会生活中所崇重的祭祖大典“耐姆”分支习俗便是造成彝族支系繁多、自称繁杂、方言或土语众多的重要原因。而对彝族自称及分支问题进行探讨和研究，对理清彝族历史发展将会起到积极的推动作用。

① 参见普忠良：《中国少数民族风情游丝书·彝族卷》，22～23页，北京，中国水利水电出版社，2004。

哀牢山彝区生产方式的历史变迁

——以摩哈苴所属沙村为例

普 珍

哀牢山脉横亘于云南省西南部，位于无量山与六诏山、把边江与礼舍江之间，属于云岭四大分支山脉之一。其起自滇西巍山彝族回族自治县，国内止于滇南江城哈尼族彝族自治县，全长约800多公里，中经南涧、弥渡、景东、南华、楚雄、双柏、镇源、新平、墨江、元江、红河、元阳、绿春、金平14个县市所属区域。居住着汉、彝、哈尼、回、傈僳、白、傣等民族，是我国多民族杂居的典型山域环境，其中少数民族人口最多的是彝族。

本文以哀牢山域为背景，对哀牢山上段沙村历史进行考察。清初以后沙村有4个庄，其范围不大，人口也不多，只283户1770人；而在明末之前则共有8个庄，约3倍于清初以后的面积和人口。整个沙村的社会经济结构，在明清两代迄新中国成立前将近六个世纪（1368—1949年）的发展和变化，不仅包括了它原有8个庄的情况，而且还可视为哀牢山区上段“南山”的典型实例。它是哀牢山区的一部分，其社会经济结构的内容及其发展规律，不能把它从哀牢山区的社会经济结构总体中分割开来，它与哀牢山区的历史和社会经济之发展是密切联系着的。在很大程度上，沙村“罗罗”彝的发展史，可以反映和代表哀牢山区上段的一般情况。

本文采用资料来源有三：一是刘尧汉先生20世40年代的调查；二是普珍与龙建民20世纪80年代初期的调查；三是20世纪末至20世纪初普珍与朱炳祥教授的调查。

考察沙村的社会经济发展史，其意义不仅在于认识彝族的经济发展史，而且还在于通过对哀牢山典型彝村的考察，丰富我们对社会经济发展史及其发展规律的认识。

一、沙村历史背景

沙村①，今行政区划分属楚雄彝族自治州南华县马街乡和兔街乡管辖，民国末期两乡均统归阿雄乡。其村落位于哀牢山上段，习惯称“南山”。通常，南山包括哀牢山脉上段所属巍山（蒙化）、南涧、南华（镇南）、楚雄、双柏五县相连的区域，该五县在习惯上统称为南山，因其在该五县之南，而称之。哀牢山“沙村”彝族“罗罗”人经历了氏族经济、奴隶制经济、封建领主制经济、封建地主制经济和社会主义集体所有制经济的发展过程。其中经实地调查访问已重点了解到沙村从民国时期到解放至今的发展情况，但因历时久远，在明末清初以前，沙村的社会经济结构的详细情况，多已不能从现实中询得其材料。幸获刘尧汉先生 20 世纪 40 年代末在沙村作实地调查时发现的两篇珍贵文献②，即地主刘宇清在其高祖刘楷（普楷）③ 墓碑上所撰的带有诫谕后世子孙性质的一篇碑文和在其剥削租簿之首附有其《诫谕诸儿侄》诫文，这有助于我们追溯明代以前南山中彝民从奴隶制到封建制的生产生活状况。现将这两篇文献全录于下：

---

① 沙村历史上归属镇南（1954 年改称南华，属云南省楚雄彝族自治州）阿雄区所辖，其位置在哀牢山上段。它不是一个自然村，也不是一个行政村，是由一个地主家族所统治的 37 个大大小小的自然村合起来，自成一个统治区域的大村庄；其面积呈狭长形，南北长约 55 里，东西宽约 15 里。按传统习惯，这个大村庄又分沙坦兰、关上、洒乌鲁、摩哈苴 4 个村庄，因刘姓（原普姓）地主家族的主要统治者聚居沙坦兰村（其余居关上村），故而将四个村庄统称为“沙村”。按摩哈苴当地传统习惯，称地主为“庄主”，称被庄主统治的农民为“庄户”。沙村原有 8 个庄，摩哈苴庄是其中之一。各庄皆有“管庄”和“排头”，为庄主家族服务，替庄主收租和派遣夫役；排头是协助管庄，主要是管庄负责。管庄的服务期限是三年，排头一年，他们都没有政治或经济上的特权，同样是被剥削、被压迫的庄户。

② 详见刘尧汉《彝族社会历史调查研究文集》，29 ~ 30 页，北京，民族出版社，1980。

③ 沙村的统治者是一个自称“罗罗泼”姓普的彝族家族，在明末崇祯时（1628—1644 年），这个家族的先祖叫普楷，在普楷时（明末），哀牢山区上段，还没有汉族定居，只有汉族商人和铁匠进入山区与当地彝族进行交易。普楷死后，其诸子便与汉商往还，进行交易和赌博，以致将波罗、白龙村、改板山、阿底本和沙村中的沙坦兰庄，赌输并卖给汉、回两族商贾。从此，汉、回商贾定居下来，由商人一变而为地主。及至普楷之孙钟新（清乾隆时，1736—1795 年），眼看着汉族商人和豪绅的经济和政治势力逐渐侵入山区，而无力与之抗衡，认为若要继续维持其统治剥削地位，就非攀附汉族官绅不可了。于是弃彝语，除彝服，改姓为刘，并与汉族通婚，力求汉化。

文献之一：在碑额“高祖刘公讳楷老大人之墓”① 的碑文中说：

南山②中，林木茂，野兽多。我远祖，农耕少，猎事多，率奴众，逐禽兽，朝夕乐；邻侵界，必战斗。当是时，夏衣麻，冬衣皮，朝食荞，晚食肉，得温饱。明洪武，土头薄，播种一，获八、九；自此后，农事繁，猎事少，居住定，不再流。楷高祖，天顺时，土头沃，种一升，获二斗。楷祖时，嘉靖年，开沟渠，稻谷熟。高祖楷，集街兴，商贾出，带银两，购皮物。楷力强，善射猎，力敌百，人莫侮。我曾祖，是赌徒，输庄业，不可赎；白龙庄、改板山、波罗庄、阿底本，是我土，沙坦兰，白龙庄，输商贾。咸、同乱，我建功，沾圣恩，沙坦兰，得返主，我后辈，宜保土。楷父体，火化后，③ 无着落。楷遗体，原葬处，塔枝树，地不利，乘事出。移此后，龙脉旺，万事昌，南山强，惟我庄。

玄孙宇清跪撰　大清光绪三年三月立

文献之二：在《诫谕诸儿侄》④ 文中说：

谕诸儿侄：溯我高祖楷，曾于崇祯驾崩年，一次酷戳庄奴六人，家奴二人，遂招致摩哈苴庄群起暴叛，楷父因是横死，乃将原有谷租五十担，包谷租五十担，荞租八十担，折为不值半数之租银六十两，⑤ 并免耕役，始息争乱。复远溯楷之高祖时，蓄奴数百，分住低屋，鞭策耕作，耕不勤，织不力，猎不中，战不勇；鞭之急则叛，不鞭则耕猎不敷其所食。遂散奴于村间，授土地，给锄犁，予牛羊，令其成偶，各事家业；其耕猎，半为主，半为己；若是，始勤于耕猎，半为主耕之所获，多于专为主耕之时。迨至楷祖时，半为主耕之所获，不如为己耕

① 刘楷（普楷）之墓原在原属沙村波罗庄的塔枝树村，清咸同之前，其子孙载培这一宗支也住塔枝树。他的玄孙刘宇清因协助清廷镇压本山区彝族革命运动有“功”，夺回载培所出卖的沙坦兰庄，便全家迁住该庄大村，同时将他的墓一并迁至沙坦兰马鞍山村旁的马鞍山山冈上，并为之立碑撰文。该文系刘尧汉先生于1945年在该地作实地调查时，由马鞍山村彝族农民鲁师宏引往墓地抄录。

② 南山是指哀牢山脉上段属巍山（蒙化）、弥渡、南华（镇南）楚雄、双柏五县相连的区域，该五县在习惯上，统称为南山，因其在该五县之南，故而称之。

③ 彝俗火葬，普氏系彝族，故行火葬。哀牢山彝族在十多代前还行火葬，晚近荒野中还常发现火葬盛尸灰的土罐，现已不行火葬；而凉山彝族现仍行火葬。

④ 附载这篇遗文的陈年租簿，系刘宇清之幼子芳圃保存，刘尧汉先生于1949年调查时抄录。

⑤ 该项租银，有时也可用铜质制钱代替，曾折为当时“崇祯制钱”十二万文，直到新中国成立前十年，在刘宇清的十个儿子和四个侄子家里，每年元旦，皆在供桌上横陈一串五千文的崇祯制钱，就是其祖上剥削摩哈苴庄的农民所积留下来的。

之半；遂散其地于庄奴，始令辟田种稻，课租五贶，及我曾祖辈；赌输庄业之半。迨咸、同，全山夷变；迨乱平，为抚夷计，我族减租一贶半，以杜乱源。殷鉴在前，尔等宜善保庄业。此谕，父伯宇清，光绪戊子，三月初五日。

以上两文所载内容，简洁扼要地反映了沙村在明清两代（1368—1911年）将近五个半世纪间的社会经济发展之梗概，由之，反映出沙村社会经济结构由奴隶制向封建制过渡的主要情况：明之前是奴隶制，明中叶前是奴隶制末期向封建制过渡的时期，明中叶以后就逐渐进入封建制时期；其封建关系直到新中国成立才彻底废除，随即进入到社会主义历史发展的新时期。

二、从奴隶制到封建制

哀牢山上段巍山、南涧原为南诏故乡蒙舍，弥渡原为蒙舍近邻白岩，连同南华、楚雄，直到新中国成立前还习称南山。世居南山的沙村彝族自称“罗罗颇”，即男性自称包括了女性或用男性称谓代表女性，这是父系氏族制残余。但摩庄传统民俗中又有母系氏族制残迹的反映，据说，距今20代人以前，彝族祖灵葫芦的供置做法是夫魂从属于妻魂，且母舅为大（舅权）、姨表不婚乃是母系氏族制残迹的突出表现。史载《大明一统志》卷八十六《蒙化府建置沿革》中说：“初，罗罗摩及僰蛮居此。后（南诏）蒙氏细奴逻筑城居之。”“僰”是白族先民，“罗罗摩”是彝族先民。当时彝族以妇女的自称“罗罗摩”显名于世，反映了唐初哀牢山上段南山还有母系制。

沙村彝族进入奴隶制发展阶段大约在元末明初，且存在时间不长，到明中叶便向封建制过渡。这里要判明其社会性质，关键是看生产资料的所有制形式，因为所有制是社会生产关系的基础。沙村的统治者普楷的高祖（约当明景泰时，1450—1456年）之前，其势已蓄奴数百，生产者是一些没有土地、没有锄犁、无权成家、丧失了自由而被鞭策耕作的劳动者，甚至到明末（1628—1644年）进入封建地主制后，普氏统治者竟然还一次就酷杀“庄奴六人，家奴二人”。由此可以判明，这便是奴隶制，普姓家族便是奴隶主，奴隶与奴隶主构成了沙村社区的生产关系。在明中叶以前的奴隶制发展阶段中奴隶就像牲畜一样是可以任意宰割的，奴隶的劳动产品除供其最低的生活消费外，完全被奴隶主——普姓家族所掠夺。文献显示，普氏奴隶主占有一切生产资料和全部占有奴隶劳动以及奴隶本身的家传资料，为我们勾勒出沙村曾经历奴隶制的历史印记。

随着社会的发展，到普楷高祖时（明景泰），沙村的统治者已“授予”被统治者土地去从事其自己的耕作，有其自己的生产工具（锄犁和耕畜），也获得可以成立自己家业的权利。在生产劳动的空间和时间上，已截然划分为两部分，一部分是为土地所有者劳作，一部分是为他自己劳作，即所谓“其耕猎，半为主，半为己”。也就是说，生产者一部分时间为自己劳作，一部分时间为土地所有者劳作，这种剥削方式就叫做“劳役地租”，即土地所有者剥削生产者的剩余劳动的全部产品。这种情况，在沙村并不太久，持续了半个世纪左右。到了普楷的祖父时（约当明嘉靖时，1522—1566年），生产者又争取到较前更多的可供自己自由支配的劳动时间与更多的可供自己使用的土地，即普姓统治者把它自己原所留着借以剥削生产者的剩余劳动的自营地，绝大部分干脆“给予”农民生产者去耕种，要生产者向它缴纳实物地租；这时，生产者为土地所有者提供的劳动已不在空间和时间上划分开，即生产者被剥削的剩余劳动和他自己的必要劳动已混淆在一起了，已经分不出哪一块土地是为土地所有者耕作，哪一块是为自己耕作。采取劳役地租的这种剥削形式是封建制初期的领主经济制，采取实物地租的这种剥削形式是封建制全盛时期的地主经济制。沙村在漫长的五个世纪（约明景泰起至解放前，1450—1949年）中，普姓统治者家族占有最主要的生产资料——土地，对生产劳作者还施以非经济的强制，迫使他们在自己的土地上做工并提供其各种无偿劳役。在这种情况下，生产者的人身仍没有获得完全的自由，还是半隶属于普姓家族。十分明显，这也便是封建制的一个重要特征。

要分析研究沙村社会经济结构之历史发展，必须从生产力的变更发展和生产关系的矛盾斗争两个方面来考察。在生产力方面，沙村的统治者普姓家族，在明中叶前“遂散奴于村间，授土地，给锄犁……”这说明，本村及其附近的彝族早就使用铁制工具进行生产，不管这种锄犁是多么简陋，但它的使用确已在生产发展上起了决定性的作用。沙村在濒临于奴隶制末期时，其农业产量，据普楷碑文中所载的“明洪武，土头薄，播种一，获八、九”，这便意味着奴隶制时期的农业产量不足种子的10倍。正是由于铁制工具锄犁在当地的长久运用，到普楷高祖天顺时，进入封建制生产关系，那时“土头沃，种一升，获二斗”。其农业产量所达到的水平已由原种子的10倍突破到20倍，这在一定程度上可以表明奴隶制生产力之低下与封建制生产力之较奴隶制大为提高。到嘉靖年间（1522—1566年），生产力在利用自然和改造自然的基础上迅速发展。于是，便有“开沟渠，稻谷熟”的收效。值得注意的是“开沟渠”。人类对水利和风力的利用是生产力的一大进步，因而一般被认为是封建社会的生产力标志。马克思和恩格斯认为水车和风车是封建社会的生产力代表，正如蒸汽机是资本主义的生产力代表一样。在平原和坝区，水车使低水高用，改变了自然条件，提高了游动生产率。在山区则不同，山有多高水有多长，不需要使低水高用的水车。“开沟渠”则是因地制宜，是对“水往低处流”的自然现象观察而受到启发的结果，它同样提高了生产力，而且比水车更省劳力，效率更高。同时，“开沟渠”拓广了垦殖空间，改变了农作物种植构成。过去在高寒地区仅能种荞，开沟渠后引种水稻，较平缓的河谷地带被利用，半山地带的包谷也可自流灌溉，生产力大大提高。因此，那种强迫大量劳动者集聚在一起的超强度劳作和对劳动者残酷剥夺以维持社会生活的制度就显得不适应了。在生产关系方面，社会的发展是不以人们的意志为转移的，也就是说生产关系因生产力的发展而变化；同时反过来也会影响和阻碍生产力的发展。诚如刘氏《诫谕诸儿侄》文中所说：“溯楷之高祖时，蓄奴数百，耕不勤织不力，猎不中战不勇；鞭之急则叛，不鞭则耕猎不敷其所食。”这时，其生产关系已严重束缚了生产力的发展，于是就产生了尖锐的矛盾，生产者就用“耕不勤，织不力”的怠工方式跟普姓奴隶主作斗争，普氏则加紧鞭策；而斗争却更趋于尖锐化，表现在“鞭之急则叛”的剧烈斗争中。很显然，靠“鞭策耕作”的奴隶制已经走到了尽头，不改变奴隶制度本身就没有出路。奴隶的反抗斗争，其结果往往使现状得以改变。所以，到普楷的高祖时（明永乐之后）就不得不放弃奴隶制而采取农奴制，以适应其生产力的发展，使生产者得到一部分可由自己支配的经济，即“半为主，半为己”。由于彝族农奴有了一定的人身自由，有了自己的经济，生产积极性也随之提高，这样就为生产力的发展开辟了较之奴隶制时期更为有利的余地，结果使生产力得到进一步的提高，其表现在“半为主耕之所获，多于专为主耕之时”。随后，迨至楷祖时，普氏领主很快就发现“半为主耕之所获，不如为己耕之半”。于是干脆把“自营地”的大部分也“授予”劳动者去耕种，以收取实物地租，再后，又以货币地租代替实物地租。随着剥削方式的改变，封建领主制经济转化为封建地主制经济。很显然，在整个发展过程中，生产力水平是个决定性的要素，起推动作用的是劳动人民。他们以尖锐的斗争方式，迫使普姓统治者抛弃奴隶制而采取农奴制，继而放弃农奴制而采取封建地主制，一步一步地改变其生产关系和剥削方式以减轻剥削程度，并逐步实现了封建制度初期的劳役地租制向中期的实物地租制及末期的货币地租制之三度更迭，不断地改变和推进着本村社会经济结构的面貌，社会经济形态也随之由奴隶制过渡到封建地主制。

三、从土地改革到人民公社

新中国成立后，在中国共产党领导下的各级人民政府，依靠各族群众进行土地改革，这一重大生产关系的变革，消灭了剥削制度和剥削阶级，建立起社会主义制度。在社会主义制度下，沙村彝族人民当家做主，一种新型的人与人的平等关系已经确立。我们在调查时，一位老农抚今追昔，激动地说：“旧社会地主把我们捺在水底下，盖上大石板。解放后，共产党领导得好，我们的日子好了。”可见，彝、汉人民由衷地欢迎废除封建地主所有制和建立社会主义集体所有制。

从1950年开始，楚雄彝族地区先后开始了减租退押，废除封建剥削制度，从经济上、政治上打击地富势力。《减租条例》规定：“凡地主、富农出租的土地，其租额一律减去25%，减租后的租额最高不能超过田地正产物的35%，同时废除押金制度与一切额外剥削。”到1951年上半年，减租退押基本结束。随即于1951年冬，拉开了土地改革的序幕。

楚雄彝族地区的土地改革按坝区、山区、缓冲区三种情况分期分批地进行。沙村主要是山区，土地改革从1952年8月开始，根据中央“慎重、稳进”的方针和云南省委提出的民族团结，先反汉族恶霸，依靠少数民族自己起来的原则，各级党组织派出大批土改工作队，深入彝族地区访贫问苦，发动群众，划分阶级成分，没收地主的土地、耕畜、农具和多余的粮食、房屋，并对土地进行分配。此次土改，对于沙村各庄来说，是真正实现了耕者有其田。土改的结果，沙村四庄共划出地主35户、中农36户，贫农206户，雇农6户。经过土地改革，让世世代代住茅草棚、闪片房，向地主交白米，而自己吃苦荞的彝族人民，分得了土地，吃上了大米。土地改革至1952年10月结束。土地改革的实施，为社会主义集体所有制的建立开辟了道路，彝族人民有了真正属于自己的土地；土地改革解放了生产力，也激发了农民的生产积极性；土地改革以后，发展农业生产成为一切工作的重心。为发展农业生产，增强抗御自然灾害能力，在自愿互利原则下，开始组织互助组，此系集体经济的萌芽。为顺应时代发展的需求，摩哈苴庄在传统基础上，曾流行一种叫做“人情工”的换工互助形式，后来政府工作队推广了内地的经验，于1954年成立了互助组。据摩庄彝族老人起尚兴反映，刚解放那几年，起家共有49人，一年就出人情工3300个。人情工纯属互助，做活供吃饭不开工钱，农户在互助互利的基础上共同发展。这是摩庄生产组织形式的一次极大进步。在农民个体所有制不变的条件下，一方面它能继续发挥家庭经营的传统优势，另一方面打破了家庭经营难于从事的诸如开沟渠、修梯地和因气候变化需要集中投入大量劳动及技术生产的某个环节的局限，较好地利用了已有的各种资源。这一时期全庄的生产发展较快，庄内各户的生活也普遍提高。以起家为例，新中国成立后几年，起家和从前一样，从事多种经营，即农、工（纸坊）、商、畜（饲养猪、牛、羊）各业综合发展。农业上年收入粮食40担，其他还有纸坊、马帮等多种收入，全家49人，人均吃粮达400斤，一年养猪20头，肉食自给，每年杀吃4头（每头毛重200斤），衣服也多改穿棉布衣（从前穿麻布），一家人的生产、生活都比解放前有所提高。

1956年互助组发展为初级社。初级农业生产合作社一般以自然村为单位组建，每社 30～50 户，农民有“入社自愿，退社自由”的权利。农民入社的土地为私有，评产入社按股分红。农民可保留入社土地的 5% ～10% 的面积和零星果木树进行私营，耕畜、大农具一律实行私人所有；合作社租用，付给租金。合作社贯彻“民主办社，勤俭办社”的方针，计划、劳动、财务、物资管理和分配由合作社管理委员会提出方案，经社员代表大会讨论修改，民主监督执行。初级社独立核算，独立分配。一年的全部收入，除留够税金、提留和生产成本外，实行土地和劳动力结合的分配方法，一般用应分数的三成或四成按社员入社土地的股数分配，六成或七成按劳动工分分配。初级社在彝区的创办，使生产普遍获得丰收，粮食比上年增产达 8%。

1957 年办高级社。高级社一般以乡为单位建立，社以下分生产队和作业小组（多是原初级社和互助组的规模）。高级社成立社管会，领导全社的经济工作，生产队和作业小组是基层生产组织，由队委会和小组长负责组织社员完成社管会下达的任务。生产计划由社管会制定后，“三包一奖”（包产、包工、包成本、超产奖励）到队，责任到组。劳动管理实行定额制，由社管会制定各项劳动生产定额，交生产队掌握评定社员劳动工分（后来有的高级社按各队“三包”任务，由队制定定额，评定工分，上报给社管会）。高级社是独立的核算和分配单位，实行“各尽其能、按劳分配”；劳动多、成效好、工分多的社员收入多，反之收入少。对“四属”、“五保”、困难户适当照顾，使他们劳动上力所能及，生活上一般不低于中等水平。由于生活普遍改善，摩庄人口大幅增长，当年仅起家一户人口就达 58 人（解放时 49 人），尤其畜牧发展更为迅速，到 1958 年初摩哈苴庄有水牛 7 头、黄牛 460 多头、山绵羊 1600 多只、骡马 90 多匹。人民公社化后，牲畜数下降，直到 1983 年仍未能到达 1958 年的水平。

1958 年发展为人民公社。这一年，中央《关于在农村建立人民公社的决议》精神，在各地彝区迅速贯彻，马街人民公社正式成立，下辖 21 个管理区，沙村四庄全部农户都入公社。（1961 年设马街区，下辖 4 个中公社；1968 年成立革命委员会，下设 25 个大队；1971 年马街公社分为马街、五项山两个公社；1973 年马街公社又分为马街、兔街两个公社，其中沙村的沙庄、关庄、洒庄归属马街，而摩庄则归属兔街。）1973 年以前，公社规模变动较大，1973—1983 年比较稳定。1983 年以后，公社改区，大队为乡，生产小队作为集体经济的基层单位，公社、大队、小队分别成立管理委员会。按统一领导、分级管理的制度，大队管委会负责完成公社下达的工作。小队是生产单位，队委会组织劳力完成上级下达的生产计划。1959 年夏季开始实行“三级所有队为基础”的管理制度，小队为基本核算单位，自负盈亏，公社、大队主要行使行政领导和计划管理的职权。社队生产劳动实行大兵团作战，农民的生产生活皆纳入一大二公的管理体系。具体表现为：

在管理体制上，公社化初期，主要生产资料（原高级社集体所有的土地和物资以及社员私有私营的农具、牲畜、自留地、家庭副业）全部收归公社所有，工副业也由公社统一经营，公社内部地区之间的劳力、物资可互相调动，不计报酬。所有制形式年年升级，农民年年杀猪宰羊，名义上是庆贺，实际是怕“肥水流入外人田”，不如自己吃掉，社员生活由公社按供给制和工资制相结合的原则配发实物和现金；社员评级发工资，基本标准为：一等工资25元，二等20元，三等15元，四等5元；事实上许多山区彝村也难以达标。以沙村摩庄老虎山杞家为例，全家58人，有劳力25人、半劳力12人、无劳力21人。其中男劳力14人，每月出勤27天。女劳力11人，每月出勤25人。不论男女干多干少一个样，出勤全劳力一日评记12分，半劳力减半评记6分。到年底结账，全年工分值现金收入共120元。一家50多人大人每人分给2元，小孩分给0.5元零用。家中一年开支盐费14元，水火油也买不起，只好烧松柴照明。粮食实行统管，推广外地经验，办起社员伙食堂，有一段时间实行“吃饭不要钱”，叫做“放开肚皮吃饭，甩开膀子干活”。不仅本队本村社员可以在食堂吃饭，过路人也可以随便就餐，不付粮钱；但好景不长，由于脱离实际，粮食供给已成问题。社员食堂每况愈下，以致后来只得改“放开肚子吃饭”到“吃饭定量”，每人分一勺。最后社员已是食不果腹了，社员食堂被迫于1961年取消。据摩庄起家老人回忆，那几年，二两谷子连糠磨，吃不饱饿怕了，仅1958年一年中起家就有8人被饿死，其中起尚早、起尚清、起尚旺死于饥荒，因饥荒女方离婚的4人，小孩也随之带走。到1959年起家人口降到44人，直到1968年起家的人口才恢复到1957年的58人。

在政治体制上，实行“政社合一”，“工、农、兵、学、商，一齐来开荒”，全部一体化，贫富拉平，不分彼此。实行半供给、就餐食堂化。仿照部队编制，公社为团，管理区为营，生产队为连，设立司令部、政治部，公社党委书记为当然的政治委员，权大无边。于是，权力过于集中，“五风”应运而生。一是强迫命令风：有些领导，一人说了算，持有异议者，轻则被扣饭，重则挨批斗；二是浮夸风：吹牛不犯罪、亩产超万斤；三是共产风：不分队差别，以社统均分，社员私有屋，随意被拆除，财物不计主，任意可拿走；四是一平二调风：强调搞协作，人畜任意调，生计无着落，损失惨重，粮食不分队，有者尽可取，不须付分文；五是瞎指挥风：指挥生产，不问实际，搞一刀切，推行“一把尺子，一根绳子，一个样子”的种植方法，苛求“沟直如线、垡细如面、田平如镜”。在“五风”盛行下，说假话者当先进，道实情的挨批斗，其结果，粮食产量越报越高，征购任务越加越重。在此情况下，仍一股脑儿“反右倾，鼓干劲”，“不断革命，特大跃进”。土地改革和初级社时期所焕发的积极性日趋泯灭，生产力受到极大破坏，农业生产远远低于解放初期水平，别说赶美超英，就连吃饭都成问题，人均每天只有口粮2～3两，被迫以山茅野菜、蕨根树叶充饥。由于劳动过度，营养不良，无休止地苦战，体力不支，浮肿病患者与日俱增。

面对困境，1961年中央及时下发了《关于农村人民公社当前政策的紧急指示》，《人民公社六十条》得以贯彻。上下开始反思总结三年教训，甄别平反错处干部，纠正“五风”错误，退赔被“共产”的财物，撤销公共食堂，调整社队规模，实行“三级所有，队为基础”，土地、耕畜、山场等生产资料“三包四固定”到队，即在固定土地、劳力、耕畜、大农具的基础上，包工、包产、包成本；生产队有较大的生产自主权和产品处理权，生产队独立核算，独立分配，对全年社员应分的现金全部按劳动工分兑现，粮食实行“三七开”或“四六开”（三成或四成按吃粮人口的等级分配，六成或七成按工分分配），并停发棉织品定量布票，城乡每人改发补助布票1.7尺，允许私人养猪，开放自由市场，下放自留地到农户。这些宽松政策的贯彻实施，使农民得以休养生息，元气开始恢复，农业生产稍现生机。到1965年，马街公社粮食产量在1960年的基础上增49%，年均增8.17%，人民公社集体经济得到巩固。贯彻“六十条”后，所有制升级虽然停止，但生产组织形式的变动和“政治运动”却始终没有间断。

1964年8月，在中共八届十一中全会上，毛泽东主席向全党发出“农业学大寨”的号召。次年，彝家山寨借鉴山西省昔阳县大寨大队突出政治的“经验”，也掀起了“农业学大寨”运动，并以山区菖河大队为榜样，各公社召开现场会，号召开山造田。1966年秋，“文化大革命”开始，生产队长以上干部被普遍当做“走资派”批斗，一些先进措施受到“火攻”、“炮打”。学大寨纳入“文化大革命”轨道，逐步升级。各公社、生产队逐级成立“文革小组”，提倡“破私立公”。社员出工劳动，必须做到主席像、语录本、小红旗、大批判“四下田”。劳动报酬，推行大寨式政治工分。“根红苗正出身好，语录背得滚瓜熟”者，即算突出了政治，可以多得工分，反之则少。其结果是政治挂帅，不讲效益，“出工一条龙，干活一窝蜂”，“出工不出力，工分差五厘”。1970年，学大寨运动进一步升温，鼓吹“堵不住资本主义路，迈不开社会主义步伐”，大割“资本主义尾巴”，社员自留地、零星果木、家庭副业，又全部收归集体。虽然一度时期做到了“人心归队，劳力归田，车马务农”，但全体农民被捆绑于狭窄的农田之上，干活无信心，效益极低下。“大寨活，慢慢磨；磨到太阳落，谁也管不着”。年终结算，“工分上千万，其值不抵半；漂汤油一锅，贫困者居多”。回望彝区农业学大寨的15年，从指导思想到管理形式，都是极“左”的一套，以阶级斗争为纲，“大批促大干”，全国上下一个模式，违反了实事求是、按劳分配原则，挫伤了群众的积极性，一定程度上阻碍了生产力的发展；但也要客观地看，学大寨运动中，自始至终提倡艰苦创业，开山造田，改造自然的奋斗精神，使彝村坡地改梯地，荒山变良田，综合治理山水林田路，对改善农业生态环境起到了积极作用，为农业发展打下基础增强了后劲，人民公社集体经济在步步探求中曲折前行。

农民个体经济发展为社会主义集体经济反映了农民的基本意愿。沙村摩庄位于哀牢山脉大中山西麓，山高坡陡，依靠个人或家庭的力量很难克服自然条件中的不利因素。新中国成立前，摩庄的荒地占耕地面积的 84.51% ，旱地占 10.12%，水田占 5.37%，就是说，新中国成立前摩哈苴庄的农民以耕种荒地为主。1964 年大搞农田基本建设以来，摩庄的田地逐步得到改善。到 1978 年止，水平和半水平梯地占耕地面积的 67.25%，旱地占 19.87%，水田占 4.39%，荒地仅占 8.45%。这说明依靠集体的力量，农地状况有了较大的改善，过去精耕细作的生产方式只存在于河谷水田中，如今在占耕地面积 67.25% 的水平和半水平梯地中的劳作也是精耕细作了。随着生产条件的改善和技术的提高，产量也相应增高。1978 年与 1947 年相比，除水稻亩产略低于 1947 年的水平外，包谷、小麦分别比 1947 增长了 84.40% 和 315.00%。

摩哈苴庄 1961 年到 1977 年的“生产规划”年年都是以农田建设、提高复种面积、增加肥料为中心。粮食产量有了提高，但却忽视了人口和生态问题。人口增加使人均吃粮水平难以提高。60 年代后人均口粮在 320 斤上下微摆。粮紧又促使社队去扩大耕地，扩大耕地须放火烧山，历史上因火耕而遭破坏的自然生态日益恶化。1967 年粮食歉收，政府调拨粮食补给马街公社所属岩子与大古木 17 万斤、半坡 7 万斤，普撒与发乌 19 万斤，戈瓦小春 19.5 万斤，干龙潭（摩庄）8.5 斤万，长梁子 11 万斤。

20 世纪 70 年代初，摩哈苴庄四条大小渠之一断流，几次修凿都不能复流。粮食、人口、生态三者相互作用使摩哈苴庄 60 年代初以来都未能挣脱粮食紧缺的压力。对此，摩庄汉族马家人十分感慨地说，“文化大革命”那一阵，缺粮少钱，常借钱买粮吃，生活不如办厂时候好，马家队是摩哈苴庄穷出了名的贫困队。多年来，粮食不能自给，全靠国家救济。由于粮食长期紧缺，农民便不由自主地产生了“受穷”的自卑感和“怕穷”的紧张感，仅指望依靠集体的力量去战胜贫穷。这样一来，集体劳动和集体经营被视为治穷图强的唯一法宝，不承认个体劳动和家庭经营的合理性，对其采取敌对态度。个体的积极性和家庭经营的优势得不到发挥，家庭副业受到严格的限制。而社队则集中大量劳力于粮食生产，集体副业和多种经营也很难发展。最终不可避免地形成了单一产粮的农业结构。1977 年粮食占总收入的 76.79%、副业占 13.65%、牧业占 3.35%、林业占 1.20%、其他收入占 1.08%。生产力发展水平较低，分工分业没有充分发展，单一化的谋生手段就意味着贫穷，社队集体收入维系简单再生产都感困难。显然，这是一条走不通的路。人们在思考，时代在呼唤，只有推行改革，经营放权松捆，农民才有出路。

四、从包产到户到土地延包

1978 年 12 月，党中央召开十一届三中全会。这次会议在中国历史上具有划时代的重要意义，会议认真总结了新中国成立 30 年来正反两方面的经验教训，在方针、政策上做了重大调整，果断废除了“以阶级斗争为纲”这个不适用于经济建设的口号，从无休止的政治运动转入发展经济，明确提出“必须集中主要精力把农业尽快搞上去”，具体规定了发展农业生产的 25 条政策，保证生产队的所有权和自主权，允许包产包工到作业组。在具体措施上，真正体现支持农业、发展生产的宗旨。生产上鼓励粮食增收，降低生产成本，调减公余粮负担，允许社员开展家庭工副业，饲养牲畜，增加自留地。政治上改正错划右派，给所谓“四类分子”摘帽。三中全会后，党在农村实行以生产责任制为核心的改革。为贯彻落实这项重大决策，彝族地区从实际出发，遵循“办法越简单越好，利益越直接越好”的原则，1978 年 12 月，南华县委、楚雄彝族自治州州委即开始在五街公社马龙河大队草花塘生产队试行包产到户生产责任制，当年获得增产，粮食产量由上年的 21 084 斤提高到 32 709 斤。1979 年初，南华县委在文笔公社斗山大队邹家生产队搞联产责任制试点，推动面上开展多种形式的生产承包责任制。当时承包的内容多为一年或一季的“四定三包”（在确定土地、劳力、措施、奖励的前提下，实行包产、包工、包成本），有的包到组，有的包到户，也有部分作物或土地到组到户，形式不一。年底，全县 1464 个生产队中，包产到组 679 个，占 46 %；包产到户 137 个，占 9%；部分作物包产到组 230 个，占 16%；不承包或包工不包产的 418 个，占 29%。1983 年，全县 1534 个生产队全部实行联产责任制承包，并不断完善为定土地、定产量、定上交任务到户的责任制。“大包干”中定土地的办法是：地分坐落，好坏搭配，按人平均承包到户，多年不变；再按各户承包的面积确定作物的产量和上交任务，有特殊情况分年调整，分年签定上交任务合同，甲（生产队）、乙（社员）双方按合同办事。“大包干”后，生产队仍然是集体经济组织，上级领导和有关部门对农业的领导和服务工作，由生产队贯彻落实到户。1981 年下半年后，集体牲畜（包括役畜）一律“折价到畜，按人分配，牲畜归已，价款逐年偿还”，落实到户饲养；原集体所有的大农具、机具和仓房、畜厩、烤房等设备，也按质折价，分配到户使用或出售，包产到户在州、县两级全面推开。

包产到户生产责任制起步之初，县内一些极“左”观念根深蒂固者和原“大锅饭”受益者则指责包产到户是“复辟资本主义”、“土基着水，返本还原”、“辛辛苦苦 30 年，一夜回到解放前”。但是，随着承包的扩大和深化，生产活力与收效日趋显现，农民群众从20多年人民公社“一大二公”的桎梏下“第二次获得解放”，生产有了自主权，真正体现了多劳多得、勤劳致富的原则。免除了记工分、搞分配等烦琐程序，包产到户已是民心所向，大势所趋；不仅深受坝区人民的拥护，而且深受山区人民的欢迎。具体到摩庄来说，生产责任制经历了按工记分、小段包工、包产到户的发展过程，于1982年上半年实行“包干到户”责任制。耕地、牲畜、农具、畜厩、保管室等，均折价按人口一次分配到户。枧房、纸厂、瓦窑等由社员联合承包，上交合理积累和租金。公余粮则按所承包土地之数量优劣，分户承担。生产投资自理，丰歉自负。

包产到户，调动了农民的生产积极性，“大锅饭”弊端，一扫而光。实际包干到户责任制后，生产队把公有的主要生产资料（土地、耕畜、农具等）按人口和一定比例包到户，各户与生产队签订责、权、利契约，改过去的集体经营为家庭经营。主要粮食作物和经济作物受国家计划指导。包干到户责任制从分配形式上说，又叫“包交提留”，即“交够国家的，留足集体的，剩余是自己的”。其特点就在于农民增收与增产直接相联系，增产又直接与农民投入的劳动相联系，利于调动农民的生产积极性。实行包干到户责任制的当年，农民就基本解决了“吃饱饭”问题。兔街公社李书记籍贯是摩哈苴庄，他告诉我们：“大包干以前我家也吃不饱肚子。现在，农民手里的粮比我们干部多。”长期以来，“困难眼望区公所，吃饭脚踩粮管所，用钱手伸营业所”的“三靠”户，绝大部分都已脱贫。

包干到户责任制赋予农民较大的经营自主权，农民的生产信心更足，热情更高了，城乡出现劳务市场，不少人离土不离乡，农暇之余经营多种副业，首先得到发展的是家庭养殖业。养30多只鸡的农户不是少数，有一家7口人养山绵羊35只。其次是购买耕牛以解决畜力的不足。有的农户还购买骡马从事运输活动。在传统的家庭经营中，各种项目都在恢复和发展。包干到户实际是社会主义集体所有制下的家庭经营，三中全会后摩哈苴村农民选择这种经营形式并非偶然。因为家庭经营这种社会经济组织形式的产生与目前生产力发展状况是相适应的。在社会主义集体所有制下农民选择了曾经一度被废弃的家庭经营这一形式就说明它还有生命力。包产到户从起步到发展已走过了近30年的历程，它给沙村彝族人民的生产生活带来的影响是深远而巨大的。最突出的是粮食从不足到自给，甚至自给有余。随着经济的迅速发展，农民收入大幅度增加。仅以摩庄所属兔街公社为例，1980年社会商品销售总额49 556元，到1984年增至715 724元。农副产品收购总值：1980年为185 215元；1984年增至214 005元，比1980年增加28 790元；1980年发放贷款41 930元，1984年发放贷款40 499元；同期，1980年收回贷款41 033元，1984年收回贷款213 139元。城乡储蓄：1980年32 680元，1984年增至58 861元。

如此一系列数据表明①，包产到户在不到三年的时间内就已初见成效，社会收入增长、还贷能力增强、城乡储蓄增加、购卖能力增大，彝区人民的生活水平明显改善，这是有目共睹的。实践说明：只有改革，农民才有出路。

综上所述，在改革开放以前，摩哈苴所属沙村的社会经济结构先后经历了奴隶制经济、封建领主制经济、封建地主制经济、社会主义集体经济的发展过程。我们对边陲地区的经济生产方式的回溯使我们看到：大约在元代之前，哀牢山地区基本是一种无国家的状态，实行父系氏族制度。而在封建社会的后期，即从明初开始，国家的力量逐渐对边陲地区发生影响并越来越巨大。哀牢山地区无论是奴隶制、封建领主制，还是封建地方制，生产资料都不是按照“无国家社会”的方式进行分配的，而是主要集中在统治阶级的手中。奴隶没有生产资料以及人身自由，甚至生死都被操纵在统治阶级手中；农民虽然有一部分生产资料，但是都在向代表国家的地主阶级交租。此时，边陲地区不能脱离国家，按努尔人那样的“无国家社会”的方式来分配生产资料，经济生产并不是以宗族为共同体进行的。土地改革这一重大生产关系的变革，确立起社会主义的公有制，人民得以当家做主；步入改革开放的新时代，是土地承包这一生产经营方式的调整，使农民彻底摆脱了贫困，走上了勤劳致富的小康之路。

① 本文采用数据来源有三：一是田野调查采集数据；二是当地乡村地方政府提供统计数据；三是楚雄州地方志录入数据。

水西“千年土司”存在原因试析

陈燕英　黄卫华

历史上，以乌江上游鸭池河为界，鸭池河以东一片谓之“水东”，鸭池河以西的广大地区谓之“水西”。“水西”这一称谓最早在《元史》中就有记载。《大定府志·旧事志三》中说：“额归，普色盖当宋之末造，其时，复侵有贵州，乃分其地为水东、水西二部。鬼主仍居水西，号罗氏鬼国。”后来，水西的概念逐渐发生了变化，由地域名逐渐演变为一个特定政治区域的名称，即彝族安氏贵族统治的区域。“水西”之地大致包括今大方、黔西、织金、纳雍、水城、六枝、金沙、毕节各县及息峰、修文、平坝、清镇、普定的一部分。因前八县属水西本土，史称“水内”，而后五县在鸭池河以东，三岔河以南，是水西的边缘地带，史称“水外”。①

水西彝族安氏政权其远祖原先居住在云南东川一带，六祖分支后，不断从云南滇东北一带向贵州黔西北地区迁徙发展。蜀汉建兴三年（公元225年），因其远祖妥阿哲献粮通道，助诸葛亮南征有功而受封罗甸王，“世长其土、世长其民开始至康熙三十七年（公元1698年），凡千四百七十四年，世长水西。其受命于中朝，为蛮长、为罗甸王、为姚州刺史、为顺元宣抚使、为贵州宣慰使、为水西宣慰使，号凡六更。而于其国，常自称为趣慕”②（彝语“苴慕”，意为君长）。这就是人们常说的水西“千年土司”。

水西“千年土司”是贵州历史上与曾经存在过的思州（今铜仁）田氏土司、播州（今遵义）杨氏土司、水东（今贵阳）宋氏土司并驾齐名的四大土司之一。因其在贵州历史上建制历史最早、世袭时间最长、占地面积最广、在贵州历史上影响最大

① 参见史继忠：《明代水西的则溪制度》，见柏果成、余宏模编：《贵州彝族研究论文集》，156页，贵阳，贵州民族学院民族研究所，1985。

② 贵州省毕节地区地方志编纂委员会点校：《大定府志》，977页，北京，中华书局，2000。

等原因而著称。

在阅读《大定府志》、《西南彝志》等彝汉文献关于水西土司的历史记载后，人们不得不叹服，在中外政权组织史上能在一个地方统治长达一千多年，实属罕见，是一个了不起的奇迹。那么，是什么原因支撑其存在上千年时间，或者说水西“千年土司”存在的原因是什么呢？西方著名哲学家黑格尔曾说过：“存在的就是合理的，合理的当必然存在。”任何事物都有其存在的原因，存在的一切事物都可以找到其存在的根据。彝汉史料的记载充分说明，水西土司之所以能在其地盘上存在上千年，一定有其存在的历史必然性和历史合理性。而就其原因分析，笔者以为，可以从以下几个方面进行考察。

首先，从历史上水西地区的社会生产方式来考察。

一定的社会生产方式是一定的社会生产关系的总和，它决定着社会的性质以及社会管理的形式。水西彝族安氏贵族自远祖妥阿哲于蜀汉建兴三年（公元225年）受封“罗甸王”，一直到清康熙三十七年（公元1689年），统治水西地区长达上千年时间，究其原因，从社会经济条件的角度分析，在安氏贵族统治的水西地区，历史上受气候、地理条件等诸多因素制约，是黔西北高原上著名的高寒地区。由于其山多地少、地多田少、土地贫瘠、气候寒冷、物产不富、交通困难等自然条件，在很大程度上制约着生产力的发展，延缓了社会发展的进程。① 因此，中原地区从公元前221年秦始皇统一中国起即已进入到封建制社会形态，而水西地区则从先秦一直到唐朝基本上仍处于游牧和安氏贵族奴隶主统治状态。由于受落后的生产关系的制约，生产力极不发达，生产工具极其落后，水西地区的农业长期以来实行刀耕火种、广种薄收，粮食作物主要以荞、麦为主，没有更多富余的农副产品。由于从先秦一直到康熙三十七年长时间不断地在黔西北地区迁徙和征战，畜牧业有了较好的发展，尤其擅长养“水西马”，并用其与周边地区交换食盐和其他生活必需品，其社会基本上处于一种自给自足的自然经济状态。所以，嘉靖《贵州通志》说：“贵州宣慰司，田无顷亩，岁照各属司地方广狭以纳秋粮。”郭子章《黔记》也说：“田土自来无丈量顷亩，每岁该纳粮、差，俱于土官名下总行认纳。”表明水西地区没有小土地私有制，而是大土地所有制，集中反映了水西土司统治时期水西地区的社会经济特点，并说明国家无法按丁征税，按亩纳粮，而只好通过土司一并收缴。这种社会经济形态，特别适合于土司制度的统治。

当然，从蜀汉建兴三年开始，安氏历代贵族集团都特别注意和历代封建统治中央

---

① 参见史继忠：《明代水西的则溪制度》，见柏果成、余宏模编：《贵州彝族研究论文集选编》，158页，贵阳，贵州民族学院民族研究所，1985。

王朝保持密切接触和建立良好的关系，因而，历代封建统治中央王朝均允许其“世长其民，世长其土”。所以，水西地区最主要的生产资料——土地，一直为安氏贵族集团所掌控，形成了“苴穆—目濯—骂裔—夜所”的宝塔形的对土地的层层分封和控制，使社会形态逐步由奴隶制走向了封建领主制。而由于对最主要的生产资料土地的占有，安氏贵族集团同时也就占有了土地上的臣民，并使其成为生产、征战等方面的工具，致使水西地区一直处于安氏贵族集团的统治之下。正如彝文典籍《西南彝志》中所说：“太阳照到的地方是黑彝占有，月亮照到的地方也是黑彝占有。”表明安氏贵族是水西地区的最高统治者，水西地区的土地和人民都归安氏贵族所世袭，安氏贵族集团所形成的大土地所有制特别适合于安氏贵族对水西地区的统治。大土地所有制是水西地区各项政治制度、经济制度、安氏土司政权赖以建立的基础，它制约着社会生活的方方面面。“世长其土”是安氏贵族“世居水西”的本质所在，是水西“千年土司”得以存在的基础和依据。

其次，从封建中央王朝施行的“土官治土民”政策来看。

“土司”一词，最早见于《明史》列传：“司者，官职官守之谓；土司者，即以土著之人分封官职官守也。”① 以土著之人而为首，究其雏形，则由来已久。据史料记载，它渊源于秦、汉设“道”，中经唐宋朝的羁縻制，正式形成于元代，繁盛于明朝和清初，至清雍正“改土归流”才逐渐衰微而退出历史舞台。

土司制度也叫土官制度，土司即土人，土人就是当地人。司即管理，土司就是任命当地土官为管理者，负责当地行政、赋税、官司、招兵等方面的责任。② 土司制度就是利用西南边疆少数民族中的贵族分子担任地方政府机构中的长官，以便对西南边疆少数民族地区进行统治。这就是土官治土民，从而保证了封建中央王朝对少数民族地区的统治，是历代封建中央王朝统治少数民族地区的基本政策。

由于土司制度允许受封的土官将职务世袭给自己的子孙后代，让子孙后代拥有与自己同样的土地和人民；所以，水西土司从雏形时期，即受封“罗甸王”开始，到土司制度最终形成的元代起，历代水西土司都将土司职位世袭给自己的子孙后代，并以得到封建中央王朝的正式赐封和确认作为获得对水西地区统治的合法承认权。因此，才出现了历史上如元朝时期受封为亦溪不薛宣慰司、明朝为贵州宣慰使并列为各宣慰之上等。水西历代土司除得到封建中央王朝的赐封外，历代水西土司还特别注重和封建中央王朝保持密切接触，能在一定时期内与中央王朝搞好关系，在年末岁首朝贡和上献礼品，维护祖国统一大局，以此获得对水西上千年较为稳定的统治和生存发展空

---

① 佘贻泽：《中国土司制度》，北京，正中书局，1944。

② 参见陈绍举：《土司制度的建立及其历史贡献》，载《乌蒙论坛》，2010（2）。

间。这当中最为典型的要算明朝初期彝族杰出女政治家奢香夫人。在皇亲国戚马烨故意寻衅滋事，激怒“水西”激变的关键时刻，她忍辱负重，成功地化干戈为玉帛，免除了水西地区的兵燹之灾。其丰功伟绩成为她的后人处理水西土司和中央封建王朝关系的典范和楷模。再如，水西土司安坤夫人禄氏，当吴三桂叛清后，在康熙十九年（公元1680年）率领水西各部彝兵歼灭吴三桂叛军4000多人，向清军献粮食4000石以助军粮，有力地支援了平叛战争。由于禄氏在平定吴三桂势力的战争中功勋卓著，故被清朝康熙皇帝封授为“大清柔远夫人”，其子安胜祖被准袭为水西宣慰使。①

所以，“土官治土民”政策，是水西土司制度得以长期存在的重要外因。

再次，水西土司长期以来所形成的政治、经济、军事制度和职官制度以及嫡长子继承制是水西土司制度长期得以存在和发展的重要内因。

在一定的社会生活中，经济是基础，政治是经济的集中表现，是建立于经济基础之上的上层建筑。与水西地区的社会经济相适应，为了维护对水西地区的长期统治，水西土司从雏形时期起一直到“改土归流”，无论社会如何变化，内部均实行了一套“祖（苴）、摩（穆）、布”（君、臣、师）三位一体的管理制度，以保证本民族内部事务处理和促进本民族的发展。从元朝开始，土司制度正式建立后，为确保对水西地区的经营和统治地位在时间和空间上的延续性，适应自给自足的自然经济和对大土地所有制的高度集中的控制，达到“世长其民、世长其土”，水西彝族安氏贵族创制了独具特色的政治制度、经济制度、军事制度和职官制度。归纳起来，就是以血缘关系为纽带的政权与族权合二为一的家支制度、军事和行政合二为一的则溪制度、以“九扯九纵”为特征的职官制度和以等级血缘关系为纽带的族权宗法制度。并以此为依据把不同阶层的人们根据血缘关系的亲疏分为“苴穆”、“峨”、“哪数”、“吐数”、“腊勾”、“颇直”等不同等级，从而形成了权力不同的“大小鬼主”，确保了水西土司制度的延续和发展，使水西土司得以“承前启后和薪火相传”。②

土司制度作为历代封建中央王朝在西南边疆少数民族地区推行的“土官治土民”的一项基本政治制度，在水西土司把历代封建统治中央王朝的封赐看做自己对水西地区统治的合法承认后，为确保水西地区的安氏家天下，安氏一族世长水西，当土司病故或其他原因缺位时，除在土司的继承上严格执行历代封建中央王朝的有关规定外，在土司的承袭上还严格执行了一套嫡长子继承制，偶有子幼时由妻代为摄政，或无嗣时由旁系血亲所承袭，但都必须是在取得中央王朝的赐封后才能得到对水西地区的合

① 参见沙玛·加甲：《彝族人物录》，107页，呼和浩特，内蒙古教育出版社，1997。

② 参见黄卫华、陈燕英：《毕节地区彝族土司历史文化研究导论》，载《毕节学院学报》，2010（10）。

法统治管理权位。这应该说是水西土司在承袭上的一大特色。①

最后，远离封建中央王朝统治中心的边远地域空间，也是水西土司制度得以存在千年的一个客观原因。

历史上，由于交通闭塞等原因，大多数封建中央王朝均把当今贵州视为蛮荒之地。由于其远离封建中央王朝统治中心，边远的地域距离，贵州又成为朝廷惩罚异己的流放之地。如明朝时期著名思想家、哲学家、教育家王阳明曾一度被权宦刘谨排挤而被谪为贵州龙场驿驿丞。

由于贵州黔西北高原上的水西地区，地处云、贵、川三省交界，其地东北接遵义、仁怀，东南接贵阳、开阳、息峰，南接安顺、镇宁、关岭、睛隆、普安、盘县，西接威宁、赫章，西北接毕节，北接四川古蔺。地处乌蒙山脉，山岭起伏，四面环水，地势险要，易守难攻，在相当长的历史时期内是云、贵、川三省鞭长莫及的死角和封建中央王朝势力所不能到达的地方。由于水西地区山重水复，箐广林深，地势险要，足以使水西土司王国在这里长时间存在。尤其当历代封建统治中央王朝因内部矛盾频发，王朝之间的交替更迭征战等而无暇顾及贵州或未将水西地区纳入其统治范围之内时，水西土司实际上赢得了一个较为独立的发展空间。如蜀汉之后，中原连续产生西晋八王混战、东晋十六国裂土、南北朝对垒等长期大动乱，直到公元6世纪唐朝灭隋朝为止的350多年中，中原无暇顾及西南彝，采取“附则受而不遂，叛则弃而不追”的“羁縻”政策。因此，从魏晋南北朝到唐宋是中央王朝对之松弛管理的时期，也是彝族职官制度和则溪制度形成的时期，同时也是水西土目分支、形成的主要时期。水西彝族族权加宗法结合的自我管理形式得以进入一个较为封闭鼎盛的发展阶段。故远离封建中央王朝统治中心的边远地域空间，也是水西土司制度得以存在千年的一个重要客观原因。

正是上述诸多因素的相互作用，确保了水西土司在毕节地区历史上的延续和传承，以至于在历史上长存1474年的时间。

当然，土司制度本来就是历代封建中央王朝对西南地区少数民族首领进行封赐，以达到对边疆民族地区进行统治的一种政治制度和统治方式，但出于加强自身王位巩固的需要，以及民族歧视等多种因素，历代封建中央王朝总是认为“自古诸夷叛服无常”，因而，当地方土司势力稍有发展后，总要找一些理由和借口对土司势力进行打击。这样，在土司制度初创的元朝时期，因元将刘深借诏命率大军压境，横征暴敛，“胁水西女土官奢节索金三千两，马三千匹”，征八百媳妇国（今缅甸掸邦），奢节

---

① 参见黄卫华、陈燕英：《毕节地区彝族土司历史文化研究导论》，载《毕节学院学报》，2010（10）。

“因民不堪负”而引发了以水东土司宋隆济和彝族女土官奢节领导的震撼西南的大起义。到明朝天启年间，因不满明王朝征彝兵赴辽作战和明王朝对水西彝兵“疲惫老弱、不堪战事”的横加指责，爆发了历史上影响较大的由水西土司安邦彦和四川永宁扯勒土司奢崇明领导的“奢安起义”。清顺治年间，平西王吴三桂在水西土司安坤的资助下才得以顺利入滇。但心怀鬼胎的他“恐祸乱平而兵权改”，常以“激叛诸土司”之策，图实现其“欲专滇黔而取天下”、“事纵不成则划长江而国”的分裂阴谋。清顺治十七年（公元 1660 年），吴三桂制造了镇压水西土司和各族人民的平水西事件，使水西彝族势力受到严重削弱。经过几次大的历史事件以后，封建中央王朝为了加强封建专制集权统治的需要，逐步以武力征服和限制权限等方式扼制水西土司势力的发展，加速了水西地区“改土归流”的到来。

据《大定府志 · 水西安氏本末下》记载，清康熙三十七年（公元 1698 年），水西末代土司安胜祖卒而无嗣，遂而“改土归流”。朝廷将水西十三则溪四十八目之地改设大定、平远、黔西三州，改乌撒设威宁州，派流官统治。贵州毕节地区彝族水西土司从蜀汉建兴三年开始，至清康熙三十七年，共计 1474 年在毕节地区的统治宣告结束。但是，由于各地土目多以土司宗亲为之，“改土归流”只做到了将大土司改流官替换，基层还保留了一小部分土目存在，直到 1949 年新中国成立，这些小土目才完全退出历史舞台。

今天，我们对水西“千年土司”存在的原因进行分析，目的旨在以史为鉴，加强民族团结，振奋民族精神，构建和谐社会。在党的领导下走各民族和睦相处、共同繁荣、共同进步、共同振兴的道路，调动各民族的积极因素，为把我国建设成繁荣富强、团结统一的多民族国家而努力奋斗。

毕节彝族土司与元明清中央王朝的关系考论

卢　玲

秦汉以来，受语言、交通、地域等多种因素的影响，居于中原一带的封建王朝对西南地区少数民族的统治鞭长莫及，只得对其实行较为宽松的“羁縻政策”，即对臣服于己的少数民族首领授予一个职官称号，加以笼络，使之不生异心。而封建王朝不过问其内部事务，少数民族首领仍然世领其地，世长其民，保持高度的独立性。封建王朝通过建立这种松散的关系把游离于王朝大家庭之外的少数民族纳入自己的统辖之内。元明至清初，随着封建王朝统治地域的扩大，封建中央势力逐渐深入到西南地区，为把西南地区纳入国家版图，实行有效的治理，在西南地区实行土司制度，毕节彝族土司水西和乌撒因此和元明清中央王朝建立了臣属关系。

自乌撒和水西分别于元至元十年（公元 1273 年）和元至元十六年（公元 1279 年）内附元朝接受其统治，到清康熙二十四年（公元 1685 年）乌撒土司统治结束、清康熙三十七年（公元 1698 年）水西土司统治结束止，毕节彝族土司与元明清的关系呈现出两头差、中间好的状况。两头差是指在元朝和明末清初时关系较差，土司势力与封建中央王朝之间呈现对抗与斗争。中间好是指明初到明中时关系亲善友好，双方关系和睦，尤其是在霭翠、奢香执政时期达到顶峰。

一、毕节彝族土司与元明清中央王朝的关系

元朝入主中原后，延续其对外扩张的政策。扩张需要大量的人力、物力支撑，西南包括贵州在内的丰富的人力资源和物质资源引起了元王朝的重视，元太祖的谋士郭宝玉曾对元太祖说“西南诸藩勇悍可用”，拥有此地，可“籍以图金”。① 由此可见，

① 参见［明］宋濂等：《元史·郭宝玉传》，第十二册，3521 页，北京，中华书局，1979。

元统治者认为包括贵州在内的西南地区可以为其扩张提供赋税和物资来源,[①] 基于这一认识，元朝不惜一切代价征服西南，随即对这些地区展开经营。

但元朝对西南经营的目的是为获取更多的赋税和物资来源，因而在西南地区苛敛无度，又肆意搜刮百姓的马匹以充军用；加之施行民族歧视及民族压迫的政策，导致元统治者与西南各少数民族的矛盾激化。毕节彝族土司也因不堪元统治者的横征暴敛、强行“科夫”、强括马匹、勒索钱财、纵兵掳掠的暴行而起兵反抗。乌撒在至元十八、十九、二十二、二十三年多次起兵反抗。[②] 亦溪不薛在至元十四年（公元 1277 年）到至元十九年（公元 1282 年）四次起兵反抗。大德五年（公元 1301 年），亦溪不薛彝族女土司奢节也因不堪役使，率部起义。双方关系发展成对抗与斗争，兵刃相见。

明朝立国后，承袭元制，在西南地区继续推行土司制度。明洪武五年（公元 1372 年），地处今毕节境内的水西土官霭翠进京朝贡，朱元璋将水西和水东合并组建贵州宣慰司，任霭翠为贵州宣慰使司。

水西在与明王朝建立臣属关系后，积极发展与明中央王朝的友好关系，和睦相处，顺应历史发展趋势，维护国家统一大业。霭翠夫妇不仅亲自赴京入朝，还多次遣使“贡方物与马”。明朝进军云南时，霭翠夫妇备马一万匹，毡一万领，弓弩、牛羊各一万以助军资，对稳定贵州局势，协助明朝平定云南起了重要的作用。明平定云南后不久，乌撒、乌蒙、东川等地又先后反明，霭翠夫妇审时度势，坚持维护统一和安定的局面，不但没有卷入到同族的反明战争中去，还主动规劝乌撒土司认清形势，归附明廷。[③] 乌撒于洪武十五年（公元 1382 年）归顺明朝，实卜任土知府，乌撒与王朝的关系开始由对抗走向缓和。乌撒开始朝贡朝廷，洪武十六年（公元 1383 年），实卜等率 771 人进京朝贡，并加定其赋税，发输粮 2 万石、毡衫 1500 领。洪武十七年（公元 1384 年）五月，正式改乌撒为军民府，定其赋税。以后乌撒虽与朝廷偶有零星的对抗，但不足以影响中央王朝对该地区的统治。

霭翠死后，奢香代袭，进一步发展与中央王朝的亲善关系。在经济方面，奢香多

---

① 参见方铁：《西南通史》，郑州，中州古籍出版社，2000。

② 参见威宁彝族回族苗族自治县民族事务委员会：《威宁彝族回族苗族自治县民族志》，48 页，贵阳，贵州民族出版社，1997。

③ 参见余宏模：《试论明初奢香夫人维护促进祖国统一的历史功绩》，见黄美贤编：《建国五十周年贵州彝族历史文化文学选粹丛书 · 历史卷》，151 页，北京，今日中国出版社，1999。

次贡马，特别是“每岁定输租三万石”①，增加了国家的财政收入。在政治方面，当掌握贵州军事大权的都指挥使马烨，凭着自己是皇亲国戚，妄图挑起一场破坏民族团结的战争时，奢香忍辱负重，果断地选择了符合历史发展趋势的对策，进京向皇帝朱元璋揭露马烨的罪恶行为，并以“愿刊山通险，世给驿使往来”为报答，朱元璋赐奢香锦锜、珠翠、如意冠等物，召马烨回京治罪。在平息马烨制造的政治事端之后，奢香又从朝贺、进贡、报表、吊祭、求匠、建学等方面加强了与中央政府的联系，增强了民族间的团结，维护了西南少数民族地区的稳定，使明中央王朝顺利地在毕节推行军屯、民屯，开垦土地，进一步促进了毕节经济社会的发展。

奢香之后，其后继者大都能遵循明朝定制，沿袭奢香的做法，继续保持与明王朝的友好关系，直至明中叶以后，因明经营策略的改变，加之明中叶后统治者的腐朽，毕节彝族土司与明王朝的关系逐步产生裂痕，进而在明末演化为以“奢安事件”为体现的对抗与斗争。

“奢安事件”是指由四川永宁土宣抚奢崇明、水西土同知安邦彦进行的反明战争，由此改变了毕节彝族土司与中央王朝的亲善友好关系。这场持续七年之久的战争，最终以朝廷的胜利告终。奢崇明、安邦彦等战死，安位无助请降，献出水外六目之地，后从贵州宣慰使贬为水西宣慰使。战争极大地破坏了社会经济的发展，也深深地伤害了双方的感情，在双方亲善关系还未来得及修缮之时，明清递嬗。

清顺治十五年（公元1658年），水西土司安坤受抚归顺清朝。乌撒的安重圣也于顺治十六年（公元1659年）归附清，被授予乌撒土知府之职。安坤受抚后对清廷忠心耿耿，对清军顺利进入贵州起到了很大的作用。顺治十五年（公元1658年），安坤派遣部将替洪承畴开道，击败明将刘文秀等。又导吴三桂取开州，降修文、广顺。随后又派曾经、熊颜圣等人助吴三桂破七星关，为清王朝平定云贵立下汗马功劳。顺治十五年（公元1658年）十二月，清封“因命坤袭职，赐袍帽、靴带并采币二十匹，加都督佥事”②，安坤受宠若惊，从此更是忠贞不贰。顺治十七年（公元1660年），明将吕弘逃到水西陇革，称兴国公，欲攻贵阳，安坤觉察后，密报清军，合力擒拿吕归案。康熙二年（公元1663年），反清明将刘鼎失败后逃入水西，安坤令部下捆送刘鼎至贵阳，交与清军。“坤自归附以后，数擒叛将有功，皮熊臧匿山谷，屡遣人说坤，坤亦不从。”③ 然而安坤对清的友善却因清吴三桂阴谋割据云贵而终止，双方关系由短时的友善转而成为对抗与斗争。

① 贵州省毕节地区地方志编纂委员会点校：《大定府志》，953～954页，北京，中华书局，2000。

② 贵州省毕节地区地方志编纂委员会点校：《大定府志》，971页，北京，中华书局，2000。

③ 贵州省毕节地区地方志编纂委员会点校：《大定府志》，972页，北京，中华书局，2000。

吴三桂原是明朝的边将，后投降清廷，为清廷南征北讨，得到清王朝的赏识，晋封为王，留镇云南，总理云贵。吴三桂对清早怀异心，暗中计划先割据云贵为基础，再北向与清王朝争天下，实现称帝自立野心。他深知水西地理位置之重要，但这样一块战略要地，被忠顺清王朝的安坤所控制，为一心要与清廷分庭抗礼的吴三桂所不能容忍，吴三桂一直在寻找机会铲除安坤，欲将水西要地据为己有。故当大定总兵刘之福诬告安坤谋反时，吴三桂也跟着上疏请征。顺治十七年（公元1660年）八月，吴三桂报奏清廷说："水西土司安坤久蓄异谋，近闻刑牲祭鬼，将为不轨"，"臣念水西、马乃为用兵要路，未可容其窥伺梗阻，臣欲为先发制人之策，乘其未动，早为剿平，以清肘腋之患。又乌撒土司安重圣亦反侧叵侧，所当并图收拾，以伸国威"。① 清廷不查明实情，竟完全相信，并于顺治十七年（公元1660年）十月，通过议政王贝勒大臣会议决定："水西土司安坤、马乃土司龙吉兆、乌撒土司安重圣等，阳顺阴逆，中怀叵测。应如所请，细心筹划，相机歼剿。"② 由此，导致"安坤事件"出现。康熙三年（公元1664年）初，吴三桂率大军征剿水西。在吴三桂的进逼下，安坤率众数万，联合明将皮熊，联络乌撒土官安重圣，正式起兵反清。战争历时一年多，安坤等兵败被杀。

综上可知，毕节彝族土司在与元明清中央王朝建立臣属关系后，双方关系是和战交替，这种局面的出现与元明清统治者对毕节彝族土司及其统治区域采取的统治策略密切相关。

二、元明清统治者对毕节彝族土司的统治策略

元在征服乌撒和亦溪不薛后，为加强对乌撒和亦溪不薛首领的驾驭与控制，在其地实行土官土司制。于元至元十三年（公元1276年）在今威宁等地设立了乌撒招讨司，至元十五年（公元1278年）改为乌撒军民总管府，至元二十一年（公元1284年）改军民宣抚司，至元二十四年（公元1287年）升乌撒乌蒙宣慰司统辖其地，隶属云南行省。于至元十九年（公元1282年）在今大方等地设立亦溪不薛三路达鲁花赤，留兵镇守。至元二十年（公元1283年），改立亦溪不薛宣慰司。至元二十九年（公元1292年），命亦溪不薛归八番顺元等处宣慰司都元帅府节制，隶属湖广行省。元贞元年（公元1295年），又把亦溪不薛宣慰司还隶云南行省。通过这样的建制，对

---

① 魏治臻辑：《〈清实录〉彝族史料辑要》，2页，昆明，云南民族出版社，1986。

② 同上。

这些地方实行政治统治。

为适应大一统形势的需要，元代在乌撒和亦溪不薛等地大兴站赤和驿道。乌撒由于地处入滇门户，又与乌蒙（今云南昭通）、东川（今云南东川）、芒部（今云南镇雄）、水西（今贵州大方）、永宁（今四川叙永）等地域毗连，故元在乌撒设立大量的站赤。《经世大典·站赤》载："乌撒宣慰司所辖站四十九处；马站四十五处，马一千七十四匹、牛三十支；水站四处，船二十四支。本司所辖马站三处，马九十匹，牛三十支；乌撒站，马三十匹，牛二支；必绊站，马三十匹、牛十支；阿都站，马三十匹、牛十支。"亦溪不薛北靠永宁，东邻播州，东南抵顺元，南迄普定、普安，西接乌撒，故元朝也在此设立站赤。《元史·世祖本纪》载："（至元二十年七月丙寅），立亦溪不薛宣慰司，益兵戍守，开云南驿道。"驿道和站赤的修筑，改变了上述地区交通落后的现状，加强了与区外的联系。

除此之外，元朝至元二十七年（公元1290年），在乌撒开始实行军屯，以寸白军114户立屯，后又有民屯86户，对威宁地区的开发作出贡献。世祖即位后又将亦溪不薛辟为全国养国马的十四个大牧场之一。

元对乌撒和亦溪不薛的开发行为，给该地的发展带来积极影响。但随着元的开发带来的是残酷的征服掠夺和民族压迫，这给当地彝族人民带来灾难，潜伏着深重的危机，因而在乌撒和亦溪不薛不断出现与元中央王朝对抗与斗争的事件。

明朝立国后，统治者把视野转向西南。当时，明统治者要进入贵州，首要解决的难题就是大小土司林立的复杂状况，明在元代的基础上继续发展了土司制度。《明史》卷三百十载："适有明踵元故事，大为恢拓，分别司郡州县，额以赋税，听我驱调，而法使备矣。然其道在于羁縻。彼大姓相擅，世积威约，而必假我爵禄，宠之名号，乃易为统摄，故奔走惟明。然调遣日繁，急而生变，恃功怙过，侵扰益深，故历朝征发，厉害各半。其要在于扶绥得人，恩威兼济，则得其死力而不足为患。"① 从以上记载可以看出明朝推行土司制度的目的在于使土司听从调遣。但因少数民族首领有"急而生变"、"彼大姓相擅，世积威约，而必假我爵禄，宠之名号，乃易为统摄，故奔走惟明"的特点，明朝统治者深切认识到进行经营的关键在于"抚绥得人，恩威兼济"，这样才能在贵州站稳脚跟。故明王朝对贵州土司采取政治攻势，实行怀柔政策。贵州各地土司也随之入朝，和明王朝建立了臣属关系，明王朝兵不血刃便将贵州纳入了明朝的统治。

贵州问题解决后，为图谋云南边防的巩固，明王朝将构建牢固的西南军事防御体系提上了议事日程。当时云南仍在元梁王把匝剌瓦尔密的统治之下，梁王自持地险路

---

① ［清］张廷玉等：《明史》第26册，798页，北京，中华书局，1974。

遥，不肯投降。明洪武十四年（公元1381年），朱元璋见全国形势基本稳定，又感于元蒙残余势力当时仍游弋于青藏高原东部，决定用武力统一云南，以避免早年元世祖偷袭大理包围南宋之事重演。但进军云南，无论取道湖广或四川，都必须借道贵州，而水西、乌撒是其必经之道，可以说是咽喉中之咽喉，所以在明统一云南的过程中，贵州的战略地位凸显出来，明朝要解决好云南的问题，首先必须解决好贵州问题，即稳定好贵州各方势力。于是朱元璋确定了“先安贵州，后取云南”的战略方针。

在“先安贵州，后取云南”的战略方针的指导下，明统治者特别重视贵州，尤其重视贵州宣慰使霭翠的势力。以霭翠为首的水西安氏在贵州所有土司中历史最为悠久，势力最大，其领地所处的地理位置又极为重要，而且与乌撒、乌蒙、东川、芒部、普定、普安、永宁、播州、水东等各族土司地界比邻，家支相连，又有联姻关系，霭翠的举动足以影响明在贵州的统治，也会影响明对云南的军事行动。故霭翠归顺后，明中央政府不仅册封霭翠世袭宣慰使，而且在洪武六年（公元1373年）诏霭翠位于各宣慰之上，以便解除征战云南的后顾之忧。① 洪武十五年（公元1382年）正月十四日，平定云南的捷报传至京城，朱元璋在“太祖平滇诏书中言：霭翠辈不尽服之，虽有云南不能守也”②。可见在取得云南后，朱元璋最感忧虑的还是贵州地方是否能够安宁，所以要巩固对云南的统治，必须全力稳定贵州，得到霭翠等人的持续支持。所以当马烨羞辱奢香欲激其反事件发生后，朱元璋毫不犹豫地大义灭亲，尽力安抚赏赐奢香。

在国家统一大业的需求下，霭翠和奢香夫妇顺应了历史发展的趋势，及时归附明朝，采取措施与明朝亲善友好，双方和睦相处，朱元璋也因此实现了力稳贵州、云南乃至整个西南的目的。

经过朱元璋的苦心经营，明在贵州建立了新的社会秩序，随着明廷在贵州统治的扎根深入，具有相对独立性质的土司政权越来越为具有根深蒂固大一统观念的明朝统治者所不容。朱元璋的后继者逐步改变以抚为主的经营策略，“改土归流”成为明皇帝和大臣们孜孜以求的目的。在这个背景下，明朝在处理与土司关系时，不是以安抚赏赐为上策，而是以抑制、削弱土司势力为他们的首选策略，只要时机成熟，他们就会设法以流官代替土官。永乐时，明中央抓住思州和思南土司违法械斗的机会，乘势将思州、思南两宣慰司的领地划分为八个府、四个州，派流官治理。万历初年，明朝廷趁永宁宣抚司内部发生争权事件，分裂永宁土地，让已逝永宁宣抚奢效忠的妻妾世

① 参见《贵州通史》编委会编：《贵州通史》，第二卷，141页，北京，当代中国出版社，2002。

② 翟玉前、孙俊著，罗康隆审订：《明史·贵州土司列传·考证》，32页，贵阳，贵州人民出版社，2008。

统世续分地而治，借机削弱永宁土司势力。万历二十八年（公元1600年），在平定起兵反明的播州土司杨应龙后，对播州进行“改土归流”，将播州分设为遵义、平越二府，并置二州、八县。随着改土区域的扩大，水西安氏感到了来自中央的压力，毕节彝族土司与中央之间的矛盾不可避免地出现。这个矛盾的积累，发展到明末时最终演变为双方之间的对抗与斗争，而明在西南征兵助辽最终成为引发双方兵刃相见的导火线，双方亲善友好的局面一去不复返。

清定都北京后，于顺治十年（公元1653年）发兵进攻贵州。当时的贵州各种势力并存，有南明抗清政权的势力，有农民起义军余部，还有势力较大的水西安氏土司。其间，南明抗清政权和农民起义军余部在各地不断开展抗清斗争，这是清进入贵州时必须解决的势力。为减少阻力，清在进攻贵州时，一再告诫各路大军，“今念贵州等处，民苗杂处，当先加意抚绥，安辑民心。尔等率领大军经过府州县及土司、蛮峒等处地方，当严行约束官兵，凡良民、苗蛮财物，即一草一木，勿得擅取。惟务宣布仁恩，使彼乐于归附；倘官民人等不遵纪律，仍行抢掠者，即加处治，以示惩戒。尔等所领汉兵，一并严行禁饬。其未辟地方，须多发告示，遍行晓谕。尔等受兹敕旨，当格遵奉行，勿致扰害地方，以负朕除暴安民至意”①。为应对贵州复杂的民族情况，清对贵州土司采取了安抚策略。洪承畴奉旨招抚作为当时贵州土司势力最大的水西土司安坤。据记载：“洪承畴率师至沅州……李定国遣兵扼之，中路兵不得进。承畴遣使招安坤，许以阿画、霭翠故事，坤大喜……遣汉把曾经、熊彦圣缴印投诚于三桂……遂导之取开州，降修文、广顺。”② 安坤受抚后，在清军平定云贵中起到很大的作用。

但清对安氏等土司的保留是暂时的，招抚土司也只不过是清为取贵州的权宜之计。因为早在清深入贵州的前五年，即顺治十年（公元1653年）时就已策划过如何处置贵州土司的策略，当时就提出了“滇黔土司宜暂从其俗，评定后绳以新制”③。所谓“新制”，就是“改土归流”，而暂从其俗，目的是为了稳定贵州土著势力，以便集中精力对付反清抗清势力，为清建立和巩固一个统一的、多民族的大帝国服务。清的“暂从其俗”还可从清以后颁布的一系列苗疆禁例上得到佐证。如规定土官要受流官节制，各地土司不准干预地方民事等。雍正以后，对苗疆的禁例增多。由此可见，沿袭明朝“改土归流”是清经营西南的既定方针，实现“改土归流”只是一个时间问题，故当坐镇滇黔、怀有异心、妄图割据称帝的吴三桂诬告安坤谋反时，正好

---

① 《清世祖实录》，卷一一五。

② 贵州省毕节地区地方志统纂委员会点校：《大定府志》，971页，北京，中华书局，2000。

③ 《清世祖实录》，卷七十六。

迎合了清廷削弱土司的意愿，清廷根本不去查明实情，完全相信吴三桂，导致“安坤事件”出现，使双方关系由短时的友善转而成为对抗与斗争。

三、中央王朝与毕节彝族土司关系评价

综上，元明清时期，封建王朝通过建立、完善土司制度，使毕节彝族土司臣服中央，其间无论双方关系是以对抗与斗争的形式出现，还是以和睦友善的形式出现，有一个事实都是不可改变的——在促进封建国家大统一、促进毕节本土发展上起到了积极作用。

第一，促进封建国家的大统一。

自古以来西南为中原封建王朝所鞭长莫及之地，在羁縻政策之下，王朝对他们是“附则受而不逆，叛则弃而不追”①。元明清时封建王朝在土司制下加强对西南的统治和经营，这些地区少数民族各自为政的涣散局面得到改变，此后西南再没有出现过宋以前的诸如“夜郎”、“滇”、“南诏”、“大理”、“自杞国”、“罗氏鬼国”、“罗殿国”等地方割据性的政权。封建王朝给西南各少数民族首领分别授予了宣慰、宣抚、安抚，或土府、土州、土县等官职，土司在接受朝廷封号后，作为朝廷命官，担负起了保境安民、守土有责的责任，而朝廷则通过土司上传下达，对西南少数民族地区进行了有效的治理和控制，国家得到空前的完整和统一。②

第二，促进毕节社会经济的发展。

从元开始到清“改土归流”，三朝在毕节实行土司制度达七百余年，其间毕节除了出现几次局部的短时间的影响社会经济发展的“奢节事件”、“奢安事件”、“安坤事件”外，社会秩序基本稳定，给毕节社会经济的恢复和发展营造了一个较为稳定的内部环境。加之历朝在毕节推行恢复生产的屯田、牧养措施，采取“与民休息”、“安定社会”的政策，如元时曾诏谕“乌琐、纳空等毋扰罗氏鬼国”，大德八年（公元1304年）因乌撒等处饥疫，元赈恤乌撒等。清时未在毕节推行圈地等落后的统治政策，相反在毕节却采取一些有助于发展生产的奖励扶植政策，康熙四年（公元1665年）五月，“水西平定，给民牛种，并发粟赈之”，六月“免水西额粮，招垦，成熟后起科”③。这些为毕节社会经济的恢复和发展创造了有利条件。稳定的环境和有利

① ［南宋］范晔：《后汉书·中国南蛮西南夷列传》，2833页，北京，中华书局，1974。

② 参见龚荫：《中国土司制度》，153页，昆明，云南民族出版社，1992。

③ 《清圣祖实录》，卷十五。

的条件促进了毕节社会经济的发展。

第三，促进改善毕节交通的发展。

元时为了适应大一统形势的需要，在乌撒、水西大兴站赤，从此开始了毕节交通的新发展。明初又在元的基础上大加修整，增设驿站，进一步完善元代开通的由四川叙永经毕节到乌撒再到云南的川滇黔驿道等五条通往省外的驿道。奢香时期又开通农场九驿，《明史·土司列传》记载："（奢香）开偏桥、水东以达乌蒙、乌撒及容山、草塘诸境，立农场九驿。"农场九驿的开通在贵州交通史上占有重要地位，农场九驿虽是一条省内驿道，但它把驿道修进水西，促进了水西的开发，而且该驿道连接了川滇黔等五条驿道干线，打破了自古毕节交通闭塞的状况，沟通了毕节与区外省外的联系，有利于各民族之间的交往。

第四，促进毕节文化教育的发展。

元代在贵州建立统治后，在顺元路设置儒学。① 明朝时很重视对土司子弟的教化，把入学读书习礼作为土司承袭的必由之路，规定土司要学习汉文化才能承袭职位，"土官应袭子弟，悉令入学，渐染风化，以格顽冥。如不入学者，不准承袭"。② 土司为了承袭，必须学习汉文化，土司地区的文化教育由此逐渐兴起。明洪武"二十三年（公元1390年）五月己酉，香遣其子弟朝京师，因请入太学。上谕国子监官：'善为训教，俾有成就，庶不负远人慕学之心。'"③。"洪武二十三年（1390）五月己酉，播州、贵州宣慰使司并所属宣抚司官各遣其子来朝，请入太学。上敕国子监官曰：'移风善俗，礼为之本，敷训导民，教为之先，故礼教民于朝廷而后风化达四海。今西南夷土官各遣子弟来朝，求入太学，因其慕羡，时允其请，尔等善为训教，俾有成就，庶不负远人慕远之心。'"④ 在奢香的带动和影响下，与之毗连的乌撒、乌蒙等地土司也先后送子弟进京入学。明朝还在贵州设有四十余处儒学⑤，地处毕节的就有毕节卫学和乌撒卫学。通过封建王朝和毕节彝族土司的努力，文化教育在毕节得以兴起和发展，毕节境内的各民族文化素质不断提高，对各民族的发展起到了积极作用。

---

① 参见温春来：《从"异域"到"旧疆"：宋至清贵州西北部地区的制度、开发与认同》，96页，北京，三联书店，2008。

② ［清］张廷玉等：《明史·湖广土司列传》，7997页，北京，中华书局，1974。

③ 贵州省毕节地区地方志编纂委员会点校：《大定府志》，954页，北京，中华书局，2000。

④ 贵州民族研究所：《明实录·贵州资料辑录·太祖洪武实录》，卷202，70～71页，贵阳，贵州人民出版社，1983。

⑤ 参见周春元等：《贵州古代史》，262～265页，贵阳，贵州人民出版社，1982。

毕节地区彝族土司历史文化研究导论

黄卫华　陈燕英

“土司”一词，最早见于《明史》列传：“司者，官职官守之谓；土司者，即以土著之人分封官职官守也。”① 以土著之人而为首，始于元，盛于明、清初，止于清末，但究其雏形，则由来已久。据《明史·土司列传序》载：“西南诸蛮，有虞氏之苗，商之鬼方，西汉之夜郎、靡莫、邛、筰、僰、爨之属皆是也。自巴、夔以东及湖、湘、岭峤，盘踞数千里，种类殊别。历代以来，自相郡长，原其为王朝役使，自周武王时孟津大会，而庸、蜀、羌、髳、微、卢、彭、濮诸蛮皆与焉。及楚庄跻王滇，而秦开五尺道，置吏，沿及汉武，置都尉县属，仍令自保，此即土官土吏之所使欤。”② 可见，土司制度，是我国历史上历代封建统治王朝在少数民族地区，尤其是西南少数民族地区通过分封当地首领世袭官职，达到对边疆少数民族地区进行统治目的的一种政治制度。它源于秦、汉设“道”，中经唐、宋的羁縻制，正式形成于元代，繁盛于明朝和清初，至清雍正“改土归流”才逐渐衰微而退出历史舞台。

土司制度存在的历史事实说明其特点：一是“恩威并用”，在使用武力征服的同时，施以“怀柔之术”，“守恃文而略武卫”，务在“宽猛得宜”；二是“以夷治夷”，树其酋长，令自镇抚，“捐虚名而收实利”，借以达到“以土官治土民”之目的；三是“以夷伐夷，使之自毙”，“夷狄相杀，中国之利”；四是“分而治之”，化整为零，众建土官，分散势力，以相掣肘。土司制度，实际上是封建社会民族政策的具体体现，是历代封建中央王朝统治边疆少数民族的基本政策。

毕节地区的彝族土司，主要是历史上形成的水西土司、乌撒土司和扯勒土司。其中，尤以水西土司跨越历史时间最长，是贵州历史上与思州（今铜仁）田氏土司、播

---

① 佘贻泽：《中国土司制度》，北京，正中书局，1944。

② ［清］张廷玉等：《明史》，第26册，7981页，北京，中华书局，1974。

州（今遵义）扬氏土司、水东（今贵阳）宋氏土司并驾齐名的四大土司之一，并在历史上对贵州社会的发展产生了比较大的影响。

从已翻译出版的贵州著名彝文典籍《彝族源流》、《西南彝志》以及汉文史书《华阳国志》、《大定府志》、《贵州通史》等相关史志文献记载的历史事实来看，历史上毕节地区彝族土司的形成、发展、终结是一个相当复杂而又漫长的历史过程，除和彝族社会历史的发展、彝族迁入贵州的历史有着密不可分的联系外，更为重要的是，它一方面是历史发展的必然，另一方面是历代中央王朝为维护其封建王权的统治地位，将贵州少数民族地区纳入封建大一统的版图而建立起来的一种特殊政治制度，是封建社会发展到元朝后的必然产物。

之所以要强调毕节地区历史上彝族土司的形成、发展、终结是一个相当复杂而又漫长的历史过程，主要是彝汉史料记载和有关研究成果表明，彝族先民从远古时期的“哎哺”时代发展到六祖分支后的父系社会和进入到有阶级的社会后，为保证本民族的生存、繁衍和发展，长期在现在的滇、川、黔、桂四省区范围内为寻找适合本民族生存发展的空间而不断地进行迁徙，以至于在征战、融合其他土著民族的过程中，不管社会制度如何变更，中央王朝势力如何若即若离，从先秦至清末，彝族内部六祖各支后裔中都实行自我设官分治，自我发展管理，并形成了“祖（苴）、摩（穆）、布”（君、臣、师）三位一体的管理制度。彝族这种出自内部管理需要的职官称谓和管理制度，恰恰为从元朝开始建立的土司制度作了有益的历史探索，并为元朝以后历代“以夷治夷”的统治者们分封彝族君长世袭官职，以达到统治彝族人民的土司制度的形成和发展作了较为扎实的历史铺垫。

当然，历史上毕节地区彝族土司的形成和发展，主要还源于历代统治王朝，尤其是元、明、清三朝为达到对贵州少数民族统治之目的，巩固至高无上的王位，在皇权建立后，就以赐封官位的形式经营对贵州少数民族地区的统治。据史料记载，默部后裔勿阿纳开启贵州水西安氏土司基业后，水西安氏土司自蜀汉建兴三年（公元225年），因其远祖妥阿哲献粮通道、助诸葛亮南征有功而受封罗甸王，“世长其土、世长其民”，到元朝在贵州设顺元路，置亦溪不薛宣慰司，命阿里任总管为标志的土司制度正式确立，中经明朝初年在贵州所设贵州宣慰府，命霭翠为贵州宣慰使，位居各宣慰之上，到清康熙三十七年（公元1698年）末代土司安胜祖卒，无子，遂而“改土归流”，实行流官统治，水西安氏土司在现今毕节地区所辖地域、史称水西的地盘上统治了1474年①，形成了内涵丰富、独具特色的水西土司文化，产生了彝族古代杰出的女政治家奢香，在贵州历史上和贵州民族关系史上产生了深远而较大的影响，并素

① 贵州省毕节地区地方志编纂委员会点校：《大定府志》，977页，北京，中华书局，2000。

有千年土司之称。乌撒土司则在元世祖至元十年（公元1273年）内附元朝，至元十三年（公元1276）立乌撒招讨司正式建立土司制度后，长期雄踞毕节地区西部威宁、赫章一带，并于至元二十四年（公元1287年）升为乌撒乌蒙宣慰司。① 永宁扯勒土司则早在西晋中央王朝时被册封为令长，到后来的元明时期，曾被中央王朝册封为永宁长官司、永宁宣抚使、水潦长官司、大屯土千总等土官土职，在其极盛时的元明时期，曾管辖有毗邻赤水河两岸包括今天的毕节金沙在内的十八则溪之地。② 乌撒土司和扯勒土司在历史发展过程中，还与水西土司建立了姻亲关系，并一起组织和领导了历史上影响西南地区乃至全国的“奢安起义”，在贵州历史上产生了较大的影响。

历史上毕节地区彝族土司的形成和发展，一个重要的原因还在于无论是水西土司还是乌撒土司、扯勒土司，他们在得到中央王朝的正式赐封确认后，都争取到了一个良好的发展空间和对地方政权统治的合法承认。因此，历代水西土司、乌撒土司、扯勒土司都积极与中央政府搞好关系，维护国家的统一和民族的团结，也正是源于此因，历史上毕节地区的彝族土司才可能生存较长的时间。

历史上，毕节地区彝族土司自元朝正式确立以后，历经元、明、清三个不同朝代。由封建社会的生产关系所决定以及封建中央集权制度所需要，毕节地区彝族土司也经历了从形成、发展到终结这样三个阶段。

元朝时期，土司制度尚属初创，在水西和乌撒地区，元朝统治者在将原罗氏鬼国之地改设亦溪不薛宣慰司，以原乌撒部之地改设乌撒乌蒙宣慰司之后，为了达到将滇黔民族地区悉数纳入其统治范围之目的，防止土司所生事端，就特别注意军事的控制。在至元二十九年（公元1292年），就以元城（贵阳）为治所，设立八番顺元等处宣慰司都元帅府，以掌握“边陲军旅之事”，使八番、罗殿、亦溪不薛、思、播及黔南各部皆受其节制，成为控扼贵州“蛮夷腹心之地”的军事中心。③ 在永宁扯勒部，则在元世祖至元二十九年置永宁路，后改永宁宣抚司。④

明朝时期，土司制度日臻完备。在总结元朝实行土司制度的经验基础上，中央王朝采用怀柔和控制两种方式对土司进行管理。在贵州境内，明朝将元代数以百计的蛮夷长官司分别加以归并和改置：洪武四年（公元1371年）罢顺元路，将水西彝族土司和水东宋氏土司之地合并，置贵州宣慰司，以水西彝族首领霭翠为宣慰使，置各宣慰之上；令水东宋氏首领宋钦为宣慰同知，水西管辖地分为十三“则溪”，水东管辖地划分为洪边十二“马头”；四川永宁扯勒部则在明洪武四年设永宁长官司，后升为

① 贵州省毕节地区地方志编纂委员会点校：《大定府志》，997页，北京，中华书局，2000。
② 参见余宏模：《赤水河畔扯勒彝》，香港，天马图书有限公司，2003。
③ 参见余宏模：《彝族历史文化论丛》，35页，香港，天马图书有限公司，2002。
④ 参见余宏模：《黔西北民族调查研究文集》，143页，呼和浩特，远方出版社，2001。

宣抚司，以禄肇为宣抚使。① 为了加强对贵州土司的统治，明朝还在贵州各交通要道上驻扎重兵，设置乌撒卫、毕节卫、赤水卫、永宁卫等卫所，防止水西霭翠势力的发展。②

清朝时期，随着封建地主经济的发展，中央集权政治的不断加强，流官数量的不断增加，清廷采取了限制彝族土司权限和用武力进行征服等手段，对水西乌撒土司和边疆民族地区进行统治，土司制度走上了终结和“改土归流”阶段。

土司制度本来就是历代封建中央王朝对西南地区少数民族首领进行封赐，以达到对边疆民族地区进行统治的一种政治制度和统治方式，但出于加强自身王位巩固的需要，以及民族歧视等多种因素，历代封建中央王朝总是认为“自古诸夷叛服无常”，因而，当地方土司势力稍有发展后，总要找一些理由和借口对土司势力进行打击。这样，在土司制度初创的元朝时期，因元将刘深借诏命率大军压境，横征暴敛，“胁水西女土官奢节索金三千两，马三千匹”，征八百媳妇国（今缅甸掸邦），“因民不堪负”而引发了以水东土司宋隆济和彝族女土官奢节领导的震撼西南的大起义。到明朝天启年间，因不满明王朝征彝兵赴辽对金作战和明王朝对水西彝兵“疲惫老弱、不堪战事”的横加指责，爆发了历史上影响较大的由水西土司安邦彦和四川永宁扯勒土司奢崇明领导的“奢安起义”。清顺治十七年（公元 1660 年），平西王吴三桂本来是在水西土司安坤的资助下才得以顺利入滇，但心怀鬼胎的他“恐祸乱平而兵权改”，常以“激叛诸土司”之策，图实现其“欲专滇黔而取天下”、“事纵不成则划长江而国”的分裂阴谋，蓄谋已久，制造了镇压水西土司和各族人民的平水西事件。③ 经过几次大的历史事件以后，封建中央王朝由其经济基础所决定和加强封建专治集权统治的需要，逐步以武力征服和限制权限等方式扼制彝族土司势力的发展，加速了“改土归流”的到来。

清代在贵州彝族地区的“改土归流”，从康熙四年（公元 1665 年）起在贵州开始施行，至雍正之际（公元 1726 年），由滇黔桂三省总督鄂尔泰具体计划实施，将隶属四川的东川、乌蒙、镇雄三土府改隶云南，直到公元 1731 年，才最后得以在滇黔桂三省完成改少数民族土官为流官统治。

据《大定府志·水西安氏本末下》记载，清康熙三十七年（公元 1698 年），水西末代土司安胜祖卒而无嗣，遂而“改土归流”。朝廷将水西十三则溪四十八目之地改设大定、平远、黔西三州，改乌撒设威宁州，派流官统治。贵州毕节地区彝族土司从

① 参见余宏模：《黔西北民族调查研究文集》，143 页，呼和浩特，远方出版社，2001。
② 参见余宏模：《彝族历史文化论丛》，36 ~ 37 页，香港，天马图书有限公司，2002。
③ 参见毕节地区民族宗教事务局、毕节地区民族研究所编：《毕节地区民族研究（一）》，159 页，贵阳，贵州民族出版社，2000。

蜀汉建兴三年（公元225年）开始，至清康熙三十七年（公元1698年），共计1474年在毕节地区的统治宣告结束。但由于各地土目多以土司宗亲为之，“改土归流”只做到了将大土司改流官替换，基层还保留了一小部分土目存在，直到新中国成立，这些小土目才完全退出历史舞台。

毕节地区彝族土司历史文化之所以值得研究，还在于毕节彝族土司在形成发展过程中，有其自身的特点：

在政治法律方面：历史上毕节地区彝族土司长期以来虽然受封于中央王朝，但内部一直实行的是独具特色的政治制度和土官统治，朝廷的封赐实际起到的只是羁縻作用。而水西、乌撒、扯勒土司所形成的独具特色的政治制度和法律制度，归纳起来就是政权与族权合而为一的家支制度、军事和行政合二为一的则溪制度以及水西独创的以“九扯九纵”为特征的职官制度。正是在这种独具特色的政治制度之下，严密的政权组织形式和宗法制度，维系了历史上毕节地区彝族土司在毕节地区乃至贵州的统治。

在宗法制度方面：和历史上毕节地区彝族的社会经济状况、土司制度的形成相适应，彝族长期以来还形成了以血缘关系为纽带的族权宗法制度，并以此为依据把不同阶层的人们根据血缘关系的亲疏分为“苴穆”、“峨”、“哪数”、“吐数”、“腊勾”、“颇直”等不同等级，形成权力不同的“大水鬼主”，确保了彝族社会的发展和延续。土司制度建立后，这种宗法制度为封建领主所利用，成为巩固政权、族权、神权的工具。

在经济制度方面：和土司制度的存在相适应，历史上毕节地区的彝族土司主要实行了以“则溪制度”为基础的典型的封建领主制经济，对劳动者实行劳役地租和实物地租相结合的两种剥削方式，维系了土司制度的生存和延续。

在宗教信仰方面：彝族自迁入贵州发展和土司制度建立后，长期生活在云贵高原乌蒙山区的彝族先民，由于生产力的极端低下，缺乏对自然规律的正确理解和认识，便产生了以祖先崇拜为核心，集自然崇拜和图腾崇拜为一体的传统宗教信仰。

在文学艺术等方面：毕节彝族土司文人文学既得秉承奢香夫人的汉文文化观的福荫，又得毕节秀丽山川的灵气，因而涌现出了以余氏家族为核心的一批个性鲜明的诗人，创造出了独步彝族文学史的光辉业绩。历史上较早迁入贵州毕节地区的彝族先民在与各族人民交往和相互学习过程中，不仅创造了丰富的物质成果，形成了具有自身特色的生产、服饰、建筑等艺术文化，而且在精神文明上创造了本民族特有的语言和文字，留下了音乐、舞蹈等内容丰富的精神产品。而历史上毕摩也起了积极作用，用文字写下了卷帙浩繁的古籍文献，为我们留下了一笔宝贵的精神财富。在奢香摄政后，对汉文化的学习和重视，以及对中原先进生产技术的引进，在历史上的水西、乌撒、扯勒等地区都留下了深远的影响，并促进了经济文化的发展。

在婚丧礼俗等方面：和历史上贵州西部彝族所处的经济社会相适应，彝族主要是实行族内婚、一夫一妻制、等级内婚、家支外婚、姨表不婚、姑舅表优先婚、转房制等，民间大多用“曲谷”、“走谷”的恋爱方式确定婚姻关系，但更多的是父母包办，并有入赘、抢婚等习俗；在丧葬方面，彝族在历史上曾通行火葬，并要请毕摩念诵《指路经》，将亡人的灵魂指引到祖先生活过的地方，明清以后，毕节地区的彝族主要改为装棺土葬，并有指路、“跳脚”（指铃铛舞）等习俗；在民间礼俗等方面，历史上毕节地区的彝族还是一个崇尚道德、讲究礼仪、以史为训的民族。

在天文历法方面：由于生产生活的需要，历史上毕节地区的彝族从未停止过对自然、天体的认识，并创建使用“十月太阳历”来指导生产和劳作。

另外，在土司的承袭方面，土司制度自元代形成后，土司作为中央王朝赐封的管理地方的官吏，在元、明、清三代均有严格的承袭规定，一般均认为土司可以世袭。但为防止对土司承袭的争夺，各朝代均对承袭次序和承袭手续作了明确的规定，即实行父死子袭，兄终弟及，叔侄相立，族属袭替，妻、妾袭，子死母袭，并要求“每遇承袭，需将土官顶辈宗图、亲供、地方官并邻封土司印甘各结以及原领号纸，详报督抚，由督府具题请袭”①。然而，由于承袭制度存在严重弊端，在土司承袭过程中不乏有贪官污吏利用手中的权力和各种手段大肆进行搜刮，胁迫承袭人不惜用重金进行贿赂，从而更加加重人民的负担，使土司制度必然为“改土归流”所代替。

除了元明清各朝对土司的承袭进行明确的官方规定外，历史上毕节地区的彝族土司还推行严格的嫡长子继承制，偶有子幼时由妻代为摄政，或无嗣时由旁系血亲所承袭，但都必须是在取得中央王朝的赐封后才能得到对一方地盘的合法统治管理权位。这应该说是毕节彝族土司承袭上的一大特色。也正是在多种因素助推下，毕节地区彝族土司才可能在历史上存在上千年的时间，并延绵不断，薪火相传。

中国封建社会在特定历史时期、特殊地域实施的以“土官治土民”的土司制度到今天已成为历史，但其存在的时期，却有它积极作用的一面，如维护本民族的发展，学习先进的汉文化和生产技术，改善交通，维护国家的统一和民族的团结等。在土司制度的末期，由土司制度维护封建领主制度的本质所决定，其阻碍生产力发展的一面越加凸显出来，到最后必将由历史规律所决定，终将被“改土归流”所代替而退出历史舞台。

今天，我们回过头来对毕节地区彝族土司历史文化进行审视，虽然年代已久远，

---

① 吴永章：《中国土司制度渊源与发展史》，222页，成都，四川民族出版社，1988。

史料已难以收全，但只要我们用辩证唯物主义和历史唯物主义的科学态度对毕节地区彝族土司历史文化进行研究，弄清其形成、发展、终结的历史脉络、作用，彝族和其他民族友好、互助、团结合作的关系，无论是从历史学、民族学，还是从政治学的角度来说都是一件非常有意义的工作，值得进行认真的研究和总结，而且对今天进行民族政策的贯彻执行还可起到一定的历史借鉴作用。我们进行毕节彝族土司历史文化的研究，目的旨在以史为镜，加强民族团结、振奋民族精神、构建和谐毕节，达到在中国共产党的正确领导下各个民族和睦相处、共同繁荣、共同进步。

略论毕节彝族土司的历史贡献

彭雪莲

彝族作为中国西南地区最古老的民族之一，生存在滇、川、黔、桂广袤的土地上。封建社会后期，为加强对边疆少数民族地区的开发及治理，当时的中央政权委授各少数民族首领世袭官职，以期把各民族地区的政治、经济、军事权力纳入中央政权的管辖之下，从而形成土司制度。“以土官治土民”的土司制度，是中国封建社会在特定的历史时期、地域实施的一种特殊的政治措施。这一措施源于唐、宋的羁縻制，形成于元代，繁盛于明朝和清初，至清雍正“改土归流”才逐渐衰微而退出历史舞台。贵州毕节地区彝族在元、明、清时期奉行土司制度，其中的乌撒土司和水西土司（今属毕节地区）的发展和演进奠定了彝族在毕节的发展基础。他们对少数民族地区的政权建设、经济发展、文化建设和对外交流方面作出了有益探索，对改善中央和地方的关系，促进生产力的发展和社会的进步、文化的交流、文明的传播作出了重大贡献。其间形成的毕节彝族土司历史文化精神渗透于毕节的政治、经济和社会生活中，为我们今天发展毕节、建设毕节提供了丰富的精神财富。

一、创造独特政权结构，维护社会和谐稳定

在政权结构建设上，毕节彝族土司，尤其是乌撒土司和水西土司都起着承前启后的作用，既继承和发展了远古时期的政权模式，又顺应时代发展规律，根据社会的变迁和毕节彝族的实际，对当时所管辖地域的经济、政治做了相应的调整和改革，有力地推动了毕节彝族地区的发展。这一政权结构的核心是则溪制度和“九扯九纵”。

则溪制度：“则溪”又作“宅溪”或“宅吉”，彝语的原意是“仓库”。土司将其属地分为若干片区，每一片区设一中心地点驻兵屯粮，并建仓库以征钱粮，于是“则

溪”就演变为行政区域，实质上是在宗亲占有土地的基础上，按地域划分所设立的军事和经济组织合一的单位建制。据彝文版《水西制度》一书记载，乌撒有8个则溪、水西有13个则溪，而以水西最为完整。则溪建立的初衷主要有两点：一是“兵马所出”，即掌管军事；二是“钱粮所出”，即征收赋税。则溪制度实质上是军事、行政合一的政权机构。则溪的头目，“上马管军，下马管民”，一身兼有军民长官二任，而则溪民众，“平时则输之粟，有急则助之兵”，亦兵亦农，同时承受两种负担。则溪之下，有“四十八部，一百二十裔，一千二百奕续（亦作夜所）”。奕续为最基层的单位，隶于裔，裔又分属各部，以四十八部构成十三则溪，隶属于水西安氏土司，形成一个严密的政治统治体系。则溪制度有三大优点：第一，彝族土司掌握着军事和经济大权，有利于巩固自己的统治，大大缓解了各级土目之间的矛盾和纷争，维护了社会的稳定与经济的发展。第二，土司掌握着军事和经济大权，有利于节约行政成本，使得彝族土司能够把更多的财力投入在经济发展和改善老百姓的生活上，尤其是在交通建设上。第三，土司掌握着军事和经济大权，有利于行政的高效率，减少了因政出多门而引起的低效率和推诿现象。

“九扯九纵”官制：据《水西土官制》记载，“九纵”是辅佐君长“苴慕”的九个品级官职的名称，类似于中央王朝的九品。官职从高到低依次为：更苴、穆魁、濯魁、补木、器脉、备所、祃裔、貊拨、黑乍。“九扯”是在王府中担任事务的工作人员的职称，因“为九室以居住”而得名，无品位高低之分，其职称及所任职务分别是：阿牧扯——总务；补买，濯苴——礼仪；拜项，拜苏——门户；扯墨——祭祀；项目——器物；园约——环卫；苏文——战事；慕施——宣诵；诚慕—祠祭。“九扯九纵”以职能分设九个办事机构，九个主官分别管理九个机构，又按官职大小在九个机构里列为九个品级，两相结合，即构成完备的“九扯九纵”。“九扯九纵”官制有三大优点：第一，这一官制把政务官和事务官分开，这在今天来看都十分先进，相当于把人事和行政分开。第二，这一体制在毕节这样一个交通不发达，相对封闭落后的地区呈现得如此完善，甚至可以和中央政权相媲美，因此使得毕节彝族土司政治稳定，从而有效地促进了经济的发展。第三，“九扯九纵”官制可以形成权力制衡和避免腐败，每一个职能部门分开，有效治理自己所管辖的事项，而不是一个部门集中管理所有事项，这显然有利于权力的分割与制衡，并激发各部门的积极性，推动行政效率的提高。

则溪制度与“九扯九纵”官制相结合，这种完备成熟的政权结构模式，直接关系到当时毕节的社会稳定，是彝族历史文化在贵州得到持续不断的发展和传承的根本原因。由此可见，虽然毕节由于交通不便和与中央政权相距遥远显得相对封闭落后，但是毕节彝族土司在政治建设上的这种完备成熟，使毕节地区社会稳定、民族和谐、经济发展，为我们今天的民族共生发展提供了有力的历史依据。

二、重视交通设施建设，促进经济发展，沟通与外界联系

政治和经济是相辅相成的，正因为政治的稳定，毕节彝族土司积极谋求发展经济。在地理位置上，贵州地处西南，素称“地无三里平”，毕节彝族处于贵州西北，水西安氏时期，其辖境据弘治《贵州图经新志》所载：“东至新添卫界一百里，南至金筑安抚司界一百二十里，西至四川乌撒军民府界九百五里，北至播州宣慰使司界二百六十里，东南到新添卫界一百一十里，西南到安顺州界一百六十里，东北到四川草圹安抚司界二百九十里，西到四川永宁宣抚北司界七百里。”① 从地理位置上看，水西土司辖地具有重要的战略地位，但是毕节地势险峻，沟壑纵深，毕节彝族更是生活在山上，没有“坝子”，可谓山高水恶，交通极为不便，经济落后，文化闭塞。

九驿十八站：据《明史·土司传》，洪武十七年（公元1384年）奢香“立龙场九驿”，即龙场驿（今修文县城附近）、陆广驿（今黔西县城附近）、奢香驿（今黔西西溪）、金鸡驿（今大方县东境金鸡）、阁鸦驿（今大方县北阁鸦）、归化驿（今大方县西境归化）、毕节驿（今毕节县城附近）、谷里驿（今黔西谷里）、水西驿（今黔西县城）九驿，一般大约按60里设驿。另据《贵州图志新志》，十八站指卜野奴手、木阁箐、龙场、蜈蚣、陆广、青岗、谷里、垛泥、水西、雨那、杨家海、西溪、乌西、金鸡、阁鸦、落折水、老唐、归化。龙场九驿十八站，全长600余华里，是水西与外界的重要交通枢纽。其南达贵州省城，北通渭河、养龙坑、底寨、乌江、湘川、播州、桐梓、松坎而达重庆，西接毕节，西南到威清卫、平坝卫而达普定。其中毕节驿又为一大枢纽，东接龙场九驿，北走层台、白崖、赤水河、摩尼、普市、永宁、永安、江门、大洲而达四川纳溪，与长江水道衔接，南走周泥、赫章、瓦店、乌撒、可渡、沾溢而达曲靖。水西安氏奢香开通龙场九驿十八站，沟通了四川与云南，使水西经济因交通的畅通而得到较大的发展，打破了毕节闭关自守、封闭落后的状态。

千岁衢：千岁衢位于大方西南，离县城20余公里，全长约2公里，它是一条开山劈岭、削崖凿石而成的天梯驿道。至今，“千岁衢”旁还立有石碑一块，系汉彝文合璧，正面是《新修千岁衢碑》碑文，背面为彝文《千岁衢碑》。碑文上有“工于嘉庆乙巳岁七月壬午，告成于次年四月乙丑”，乙巳年即明嘉靖二十四年（公元1545

① 贵州省彝学研究会编：《贵州彝学》，1页，北京，民族出版社，2000。

年)，为安万铨所修建。据彝文《千岁衢碑》中描述：“修通了大路，钱财也来了……修通了道路，能传播文化。路通文化传，百废俱兴啊!”驿道修成后，马队络绎不绝，因为道路的修通，原来靠原始攀援的悬崖绝壁变得人背马驮，商旅络绎不绝，这使得水西地区加强了和外界的联系，在与外界的联系中经济得到极大的发展繁荣，经济实力的增强又反过来促进交通的更快发展。

水西十桥：元明以来，“取道于滇者，必指黔中为首途，而粤蜀因之荒莽”，以致“黔有梗，则入滇者无途之从矣!”① 可以想见，当时的交通极大地限制了毕节与其他地区的联系，更限制着当地经济的发展。“水西十桥”有“前十桥”和“后十桥”，即明成化年间的“前十桥”和明万历年间的“后十桥”。据《修文县志》记载：“贵州宣慰使安氏父子之朝廷之明年奏建”，“其桥有十：曰蜈蚣、曰秀水、曰麦稼等先宣慰为之，头铺之桥则今宣慰之所击画者，自成化己丑始事，至丙午迄功”，是为“前十桥”，万历年间一组“后十桥”为安国亨所建。“前十桥”和“后十桥”改变了水西山高沟深，尤其是出行时遇到山洪无法与外界联系的困境。现今无论从资料考证还是从遗留下来的遗址来看，“水西十桥”都是修筑在地势险峻之处，山水之上，如六广、鸭池等地，如“后十桥”中大渡河桥，其横跨于大方县城南70里与黔西县交界的地方，桥有5孔，高4丈，宽2丈，长20丈，无栏杆，北侧有水沟一道，桥头立有彝、汉碑文各一块，现碑文陈列于奢香博物馆中。②“水西十桥”沟通了九驿十八站，使驿道与驿道相连，贯通了毕节的交通，显示着彝族这一古老民族深厚的桥梁文化，使毕节从古到今成了桥梁文化的博物馆。

从“九驿十八站”到“千岁衢”，再到“水西十桥”，充分说明彝族土司对交通设施建设促进经济发展、沟通与外界联系的认识已经达到一个很高的水平。而经济的极大发展又促进政治变革，推动水西土司制度向完备的封建制度过渡，从历史演进的角度来看，这是符合历史发展规律的，使历来落后的贵州加强了和外界的联系，自觉地融入了中华民族的大家庭。

三、自觉接受中央领导，维护国家统一和促进民族团结

在民族关系上，中华民族呈“多元一体”格局，多民族共生发展。彝族作为中华民族的一部分，既有中华民族的共性，又有自身鲜明的民族特色。如何融入中华民族

① ［清］倪蜕：《滇云历年传》，770页，昆明，云南大学出版社，1992。

② 参见贵州省彝学研究会编：《贵州彝学》，9页，北京，民族出版社，2000。

大家庭而又不失自身特色是彝族在发展中所面对的问题。

在中央王朝看来，彝族土司处于边远地区，经济落后，文化习俗与中原地区有较大差异，难免存在着民族矛盾，封建王朝要巩固自己的统治，不得不采取土司这种“以夷制夷”的策略。因此，中央政府与少数民族政权之间、汉族与少数民族之间，甚至彝族内部各家支之间难免存在矛盾。毕节彝族土司首领在处理与中央关系时，顾全大局，反对分裂和叛乱，对维护国家统一和民族团结作出了杰出的贡献，其代表人物就是奢香夫人以及后来的禄夫人等。

奢香（1361—1396 年），彝名卜娄舍洪，公元 1361 年出生在永宁（今四川古蔺、叙永一带）的宣抚使奢氏豪门。明洪武八年（公元 1375 年），年仅 14 岁的奢香出嫁贵州宣慰使陇赞阿期（霭翠）为妻；洪武十四年（公元 1381 年），因霭翠身体较弱的原因，奢香已协助霭翠开始主政。在明朝建立之初，元朝残余势力梁王巴匝剌瓦尔密盘踞云南，他自恃地险路遥，负隅顽抗。待全国形势稳定之后，洪武十四年（公元 1381 年），朱元璋决定派兵 30 万出师云南征讨元梁王。盘踞在云南的元蒙割据残余势力视云、贵、川三省交界处的黔西北为军事重地，暗中与这一带的土酋相勾结，企图屯兵固守，阻止明军征讨。而当时乌撒等地少数奴隶主也起兵于贵州，企图阻挡明军入滇。此时，奢香、霭翠夫妇在明政府对自己极不信任，明廷大军从东、北两面过境的情况下，面临着既要做到支持国家统一，又要让自己辖地百姓免受战祸的难题。夫妇俩最终决定以国家统一为重，霭翠积极支持明军经贵州进伐云南，让其总管陇约迎明军至镇远、通道，并“积粮以候，备马一万匹、米一万石、毡一万领、刀弩、牛羊各一万，以助军资”。奢香则亲自出访乌撒（今威宁）、芒部（今云南镇雄）等地，试图凭借水西与西南彝族各部的宗族姻亲关系，对其进行劝说开导，从而使割据势力支持中央。由于奢香、霭翠夫妇的鼎力协助，明军得以顺利进入云南，一举消灭元守军，梁王被迫自缢而死，明军又乘胜挥师攻克大理，生擒土酋段氏。从此结束了云南割据势力的统治。由此可以看出，奢香夫妇以实际行动有力地支持了明军西征，为维护国家的统一作出了重要的贡献，这对今天处理民族关系有着极大的借鉴意义。

即便如此，奢香仍然没有得到中央的真正信任，云南平定之后，朱元璋很担心贵州宣慰司是否稳定，因其直接关系到整个西南地区边防的稳定，于是于洪武十五年（公元 1382 年）年初，着手建立军事网点，下令置贵州都指挥司。次年，有“马阎王”之称的马烨担任贵州都指挥使，他凭借自己是马皇后内侄的皇亲国戚关系，恃权卖势，试图寻找机会以武力消灭水西安氏，达到自己独揽贵州大权的目的。于是借故凌辱奢香，期望奢香下属陷入为其报仇而负上反叛之罪名，继而出兵进行镇压，以达到镇压有功的目的。深明大义的奢香忍辱负重，再三表明维护国家统一的决心，并亲自进京向皇帝阐明贵州现状，表明水西世世代代愿为明王朝效忠尽力，永保西南地区的稳定安宁，对此朱元璋赞赏“奢香归附，胜得十万雄兵”。今天，我们可以从三个方面来评价奢香这位伟大的彝族女政治家：第一，正确地处理了地方与中央的关系，维护了国家的统一；第二，睿智的政治智慧，避免了西南地区的战争，使经济得以持续发展，维护了社会稳定；第三，正确处理了少数民族与汉族的关系，促进了民族的团结和共同发展。总的说来，其典范言行凝聚着光辉的爱国主义思想。

另外，在清康熙年间，水西安坤妻禄氏与子安胜祖在清军还未南下平乱之际，就主动剿叛，当清军平叛进入贵州境内时，主动配合，“极力击贼，往往有功”，并给清军提供军饷。水西土司率各民族抗击割据反叛的斗争，积极有力地配合中央王朝，打击了吴三桂“划长江而国的”的分裂图谋。康熙也因禄氏母子平吴三桂叛乱有功，仍授安胜祖承袭水西宣慰使之职，直至康熙三十七年（公元1698年），安胜祖病逝，承袭无人，才使水西土司归属地方，改归大定、平远、黔西三州流官管辖。因此，我们可以看出，水西安氏在大是大非的政治选择面前，从来都不顾私怨而深明大义，顾全大局以维护国家统一，这种难能可贵的精神，坚持了民族的团结和统一，顺应了时代发展的潮流，促进了中华民族大家庭的共同繁荣。

四、大力发展教育，推动文化交流。实现文化繁荣

明朝初年，贵州交通闭塞，号称“蛮夷之地”，和外界缺少联系，更谈不上文化交流，为改变这种落后现状，毕节彝族土司首领以交通为先导，引进先进的汉文化和科学技术，提倡儒学，主张民族开放，吸收外来文化，打开了贵州对外开放的大门。

第一，修筑了地方性的汉化学校。如在奢香的倡导下修建了包括永宁宣抚司九姓长官儒学、赤水宣抚司儒学、乌撒军民府儒学以及义学等学校。这些学校建立后，首先彝族子弟要入学受教，其他各少数民族子弟、汉族子弟也要入学受教。因此这些地区的汉文化教育得到前所未有的发展，培养出了很多有识之士。

第二，招揽贤士进行讲学，宣传儒学。明正德元年（公元1506年），武宗即位，太监专权，时任兵部主事的王阳明，因得罪宦官而被贬至贵州龙场驿当驿丞，当时贵州宣慰使安贵荣十分仰慕汉文化，因此对王阳明十分尊敬，其辖区内的彝、苗、仡佬等各族“夷民”对王阳明也十分热情尊敬，在生活、劳动方面给予帮助。时任都御史王质巡抚贵州，借口王阳明藐视朝廷地方官员，差人到龙场驿羞辱王阳明，知道实情的彝苗等各族乡民很好地保护了王阳明的人身安全。为了报答“夷民”，王阳明创办了龙场书院，进行“讲学化夷”，一时间各地“夷民”前往听讲，彝苗乡民为听其讲道，致使书院内水泄不通，落后闭塞的龙场书声琅琅。公元1509年，王阳明又到贵

阳文明书院讲学，在龙场、文明书院讲学期间，王阳明弘扬和实践了孔子“有教无类”的教育主张，很多少数民族子弟都得以进入书院读书，甚至水西安氏子弟从百里之外到龙场书院拜王阳明为师。可以想见，汉儒学已经深入水西各地。通过讲学，使贵州文风日渐隆厚，其在贵阳首倡“知行合一”，在龙场悟出的“心即理也”，为当时还处于落后中的贵州提供了精神的力量，两年中他收了一批又一批的弟子，他走后，他的弟子们继续为发展贵州的文化教育事业而奋斗。汉文化在贵州腹地生根、发芽、壮大，直至今天，贵州民众如到贵阳、修文、黔西，必到阳明祠拜祭王阳明。由此可见，王阳明在少数民族地区宣扬儒学、开发民智是多么深入民心。

第三，学习引进内地先进思想和生产技术，促进生产力的发展。“内地的文化和生产工具、生产技术等渐渐输入南方，彝族亦多得学习之。”（《西南彝志》卷八）毕节彝族土司首领在与外界的接触中深刻地认识到学习先进思想的重要性，除自身学习汉语讲汉话之外，还学习使用汉字。尤其是奢香夫人，甚至亲自派儿子到京城太学学习。这种主动学习的开放精神，今天我们站在马克思主义的高度，可以这样看：任何事物的变化和发展都是内外因共同作用的结果，但是起决定作用的是内因，这种内部的主动变革，使毕节彝族土司在中央王朝都改朝换代的情况下一直延续至“改土归流”。正是这样的学习精神，学习了中原地区的先进思想，开放了心智，学习了先进的生产、建筑技术，促进了商业的发展；正是这种主动学习的开放精神，保证了自己的稳定和发展。

第四，发展自身文化，促进文化繁荣。毕节彝族土司文化既得秉承奢香夫人汉文文化观的福荫，又得毕节秀丽山川的灵气，因而涌现出了以余氏家族为核心的一批个性鲜明的诗人，包括余家驹、余昭、安履贞、余珍、余达父等，在其诗歌中讴歌了毕节秀美的山川和美好的爱情，同时还展现了诗人忧国忧民的思想。可以想见，正是社会稳定，经济繁荣，当时生活在毕节的诗人才会写出艺术价值很高的诗歌。除此之外，毕节彝族还在戏剧、建筑等方面充分展示了彝族这一古老民族自身鲜明的特征，这成了我们今天建设多彩贵州的一部分。

综上所述，毕节彝族土司制度是整个土司制度的重要组成部分，它在如何处理中央和少数民族地方的关系、少数民族地区政权如何有效运转、如何实现少数民族地区文化交流与融合等方面进行了有益的探索并取得显著成效，在土司制度中有着举足轻重的地位，为我们今天发展少数民族地区的政治经济、处理好汉族与少数民族的关系、实现中华民族的共同繁荣有着重大的借鉴意义和历史价值。

毕节地区彝族土司则溪制度述论

王　军

从元代开始，中央王朝在少数民族地方的治理方式逐渐由羁縻制转向土司土官制，这意味着中央对地方政治控制力的逐步加强，也意味着彝族地方同中央王朝无论在政治、法律还是在经济上的联系进一步紧密。在明代，中央统治者在总结唐宋羁縻州和元代土官制度的基础上，进一步完善了土司土官制度。而毕节彝族社会内部的则溪制度、习惯法等都在一定程度上受到了中央王朝的影响而呈现出发展变化的特征。随着经济社会的不断发展以及政治、经济、文化进一步与中原地区趋同，为了进一步加强对彝族地方的控制，清朝在彝族地方对土司进行了“改土归流”，从根本上瓦解了彝族土司的政权，但毕节地区彝族社会的相关制度，特别是家支制度、等级制度等还在相当长的一段历史时期内存在着，并发挥着作用。就今天来看，我们提出构建和谐社会，要实现毕节试验区经济社会的跨越式发展，研究毕节地区区情、历史文化就显得尤为重要，因为现实总是与历史相连的，要解决现实问题，离不开对历史的探索。

起唐迄清初，毕节主要分别为大方和威宁彝族土官地方政权所统治。《大定府志》记载：“水西地于今为大定、毕节、平远、水城、黔西。”水西作为彝族地方政权，从蜀汉封妥阿哲（汉文献称“济火”）为罗甸国王到清康熙四年（公元1665年）的“改土归流”，一共存在了1400多年。在这漫长的历史长河中，水西政权同中央王朝的关系发生了一系列的演变。元代在水西置亦溪不薛宣慰司，明代为贵州宣慰司。按明制，宣慰使为从三品，是品级最高的土司，明太祖朱元璋还诏告天下“贵州宣慰使霭翠位居各宣慰之上”，进一步提升了水西土司的政治地位。同时，为了彰显中央王朝的权威性，明太祖赐水西君长为安姓，故而又称水西安氏。在今赫章、威宁，元代为乌撒乌蒙宣慰司，明代乌撒君长被赐封为乌撒土知府，亦为安姓。

随着历史的发展，水西土司政权在“改土归流”前，在政治上同中央王朝的联系虽有逐渐加深的趋势，但其自身特色却十分鲜明，并未完全被中央王朝的政治体制所同化。其中，最有特色的就是则溪制度。

一、则溪制度的概念

“则溪”，又译作“宅溪”、“宅吉”等，彝语的意思是“仓库”。《大定府志》记载：“水西十三则溪。木胯则溪（今大方县境）：管钱粮阿户，兵马阿五；火著则溪（今纳雍县境）：管钱粮归宗，兵马以义；化角则溪（今大方县境）：管钱粮德初，兵马法沙；架勒则溪（今水城县境）：管钱粮阿隆，兵马扒瓦；则窝则溪（今黔西县境）：管钱粮褒舍，兵马法胯；熊所则溪（今金沙县境）：管钱粮阿乌密，兵马密苏；以著则溪（今黔西县境）：管钱粮以苴，兵马阿布；的独则溪（织金）：管钱粮这借，兵马叉戛那；朵泥则溪（今织金县境）：管钱粮那威，兵马卧这；陇胯则溪（今织金县境）：管钱粮陇胯，兵马支铺；安架则溪（今水城县境）：管钱粮阿则七，兵马底苏；六慕、于的则溪，在清镇、修文等处，即水外六目地也。宣慰时，管地方钱粮之夷目号六慕濯色，管操练兵马之夷目号慕苴骂色。”① 从《大定府志》的叙述可以看出，水西土司在对管辖范围划分为十三片区的基础上，在每一片区根据具体情况选择一个地点驻兵、征收钱粮。在某一“则溪”内，其驻兵与屯粮的地点往往是不同的。因而根据其职能的演变，我们可以看出“则溪”语义由“仓库”发展到了一种行政区域的称谓。

就则溪制度的职能而言，则溪是彝族内部军政合一的组织形式。在军事职能方面，则溪的职能是管兵马；在行政职能方面，是管税赋的征收。而这本身则是由彝族内部的社会结构决定的。则溪首领是本地方军、政最高长官，而民众则是“战时为兵，平时为民”两种身份的混合。这种亦兵亦民的身份使得普通彝族百姓不但要承受经济上的纳粮负担，同时还要服兵役，负担格外沉重。则溪的下面“有四十八目（又作部）。又其下，有百二十骂衣（亦作裔），千二百夜所（亦作奕续）”。从夜所、骂衣、目到则溪，由下至上构成了一个严密而稳定的政治结构，共同鼎立起水西土司的最高统治权威。

据历史记载，在今毕节地区的赫章、威宁二县设置的乌撒乌蒙宣慰司，也实行则溪制度。《元史》中描述这一制度是俄索折怒王建立的：“乌撒乌蒙宣慰司，在本部巴的甸。乌撒者蛮名也。其部在中庆东北七百五十里，旧名巴凡兀姑，今曰巴的甸，自

① 贵州省毕节地区地方志编纂委员会点校：《大定府志》，989 页，北京，中华书局，2000。

昔乌杂蛮居之。今所辖部六，曰乌撒部、阿头部、易溪部、易娘部、乌蒙部、阏畔部。其东西又有芒布、阿晟二部。后乌蛮之裔折怒始强大，尽得其地，因取远祖乌撒为部名。宪宗征大理，累招不降。至元十年始附。十三年，立乌撒路。十五年，为军民总管府。二十一年，改军民宣抚司。二十四年，升乌撒乌蒙宣慰司。”① 折怒是乌撒历史上一位非常重要的人物，其人其事在相关彝文文献中也有记载。如《支嘎阿鲁王·俄索折怒王》的记载就比较详尽，该书详细记录了折怒王设置九大则溪，创立则溪制度的过程。他“以鲁旺的方位，依鲁补的数字，支格阿鲁定的标记，设置九大则溪”进而重塑纲纪，使得本民族的势力得以再次崛起于乌蒙高原。其九大则溪的设置情况具体如下：“绿竹茵茵的莫则洛那洪，设置第一则溪；稻花芳香的俄补甸吐，设置第二则溪；松涛呼呼的德珠杓嘎，设置第三则溪；山清水秀的六曲博果，设置第四则溪；巍巍笃洪木谷，设置第五则溪；雾霭像青纱般绕着的耐恩，设置第六则溪；荞花像彩虹落地般的辞吐，设置第七则溪；五彩索玛簇拥的女武溢恒，设置第八则溪；好比斗柄绕着北极星，笃洪那娄是中央则溪。”②

从上述史实记载来看，乌撒乌蒙地区曾建立则溪制度是肯定的，但该地区的则溪制度是否受到了水西地区则溪制度的影响，就笔者目前掌握的史料来看已经很难考证。但从二者之间地理位置的相近、族属的一致性以及历史上的交往等方面来看，相互之间在制度建构层面互相学习，互相取长补短则是可以推论的。

二、则溪制度与“九扯九纵”以及家支制度的关系

第一，“九扯九纵”是则溪制度的职官制度。

以明代为例，水西最高统治者对外称为宣慰使，其下有宣慰同知、佥事、经历、都事等官职；对内，水西土司称为苴穆，其下由“更苴、不魁、濯魁、补木、器脉、备所、骂色（祃写）、貉（莫）拨、黑乍”构成了自上而下的“九纵”体系，即九个品秩的行政级别体系。其中，更苴、不魁、濯魁为文职；骂色（祃写）、黑乍为武职。“九扯”乃根据事权分工的不同，将事权划分为的九个部门。其中，总务为阿牧扯，礼仪主管为补突、濯苴，门禁主管为拜苏、拜顶，祭祀牲口主管为扯黑，器物主管为项目，警卫主管为圆的，战事主管为苏文，宣颂主管为慕施，祠祀主管为诚慕。③

① ［明］宋濂等：《元史》，1457～1485页，北京，中华书局，1976。

② 王继超、文经贵主编，贵州省民族事务委员会古籍办，贵州省毕节地区彝文翻译组编：《支嘎阿鲁王》，205～206页，贵阳，贵州民族出版社，1994。

③ 参见方国瑜：《彝族史稿》，538页，成都，四川人民出版社，1984。

“九纵”与“九扯”相结合，就是一个完整的“九扯九纵”体系。如，总理行政的长官即是前述更苴，品级最高，不魁、濯魁辅佐更苴，参与军政大事，品级稍次。①

土司将其地分为十三则溪，进行驻兵及征收钱粮。每则溪均有官庄，耕种官庄者称之为官户，官户耕种所得实物除了满足自身的基本物质需求外，其余都要纳入仓库。为了适应则溪的双重职能，因而每一则溪分别设有兼管文武行政的穆濯与管理钱粮的穆魁。同时还置有征收钱粮的执行者——祃裔、奕续（通称祃初）。

应进一步说明的是，“九扯九纵”制度同毕节地区彝族社会的家支制度是紧密联系在一起的，各个等级的职官往往又因为彼此之间复杂的血缘关系从而构成了一个严密而稳定的社会网络，促进了其内部社会结构的相对稳定性。也正是这种稳定性，在一定程度上保证了毕节地区彝族历史文化传承的延续性、独特性。

第二，家支制度是则溪制度的基础。

“家支”制度起源于彝族社会的父系氏族，其特色就是以男性血缘作为分支依据，在血缘关系上拥有共同男性祖先的人便构成了一个独立的“家”。“家”是源，是种子，“支”是流，是树苗。随着家庭男丁的不断增加，代数的不断发展，当家族代数发展到九代时，就通过举行祭祖仪式进行分支，相对独立成一个有血缘联系的新“家”。如此周而复始，就形成了独具彝族历史文化特色的“家支”制度。从宗法意义上说，家支制度至少具有两个功能：一是明确权利义务关系。凡是通过父系连名谱系而确立的内部成员，都拥有参与祭祀活动的权利，同时这种权利也是带有强制性的义务，从而共同祭祀同一祖先。基于祭祀权利义务的延伸，是财产继承权的确认以及互相援助义务的认定。这种内部权利义务关系是基于一种源于血缘关系的身份认同感，进而通过各种不同的仪式不断得以强化。二是分家后各家通过通婚（主要指唐宋至清末，水西、乌撒家有这种现象，新中国成立以来，这种现象就不复存在了）等方式强化彝族社会内部的横向联系。正是家支制度的一纵一横的两项功能，使得毕节地区的彝族社会历经千百年的社会变迁而能紧紧地维系在一起。同时，彝族社会内部也是实行嫡长子继承制，嫡长子就如家支制度这棵大树的主干，构成了家族中的“大宗”，其余各房就如“树枝”，乃是家族中的“小宗”。彝族社会的这种嫡长子继承制与汉族地区嫡长子继承制的功能大体相同，不仅具备财产分配的功能，更重要的是指一种身份、地位的承继。从而也可以看出，毕节地区彝族社会不是一个自给自足的独立“王国”，它同周边其他民族、其他地区也有着紧密的联系。简言之，我们可以将家支制度比作一片森林。森林中的大树就是最初意义的“家”，而大树的种子可以生

---

① 参见史继忠：《明代水西的则溪制度》，35～38页，贵阳，贵州民族学院民族研究所，1985。

长出诸多的小树，这小树长成大树的一天，便脱离大树，另为一“支”，成为相对的“家”，如此周而复始，生生不息，便成了如今彝族社会这片茂密的“大森林”。从家支制度所发挥的历史作用来看，在进入阶级社会以后，它在一定程度上维系着彝族社会的民族团结，是处理家族关系的一个平衡器。当然，由于家支制度固有的特性，家支间的利益冲突也会时有发生，但是一旦面对外来入侵，彝族内部总能团结起来，一致对外。

家支制度是则溪制度宗法化的表现，是其宗法化的基础，而则溪制度则是家支制度政治化的结果。随着水西政权的建立，结合家支制度进行了土目分治，于是，家支制度出现了政治化的趋势；随着历史进程的发展，最终体现了政权上的层级管理体系，实现了族权与政权合二为一。这可以从水西最高统治者的不同称谓中看出来——作为家族首领称为“阿者蔺”，作为政权首脑称为“苴穆”，接受朝廷封号则为贵州宣慰司宣慰使。

三、“改土归流”对则溪制度发展变化的历史影响

清康熙四年（公元1665年），水西土司安坤被吴三桂逼反，后被平定，清王朝以此为契机拉开了对毕节地区彝族土司进行“改土归流”的序幕。清王朝将木胯、火著、化角、架勒四则溪合并，同归大定府管辖（架勒后划归水城）；将陇胯、安架、的独、朵泥四则溪合并，归平远管辖；将则窝、熊所、以著三则溪合并，划归黔西府管辖；六慕、干的二则溪乃水外六目，即今清镇、修文等处。各府俱以流官任职，同属贵州布政司。康熙三十七年（公元1698年），水西土司安胜祖病故，无承袭，水西土司便从历史舞台消失。但水西土司文化并未因此完结。据《簷曝杂记》记载：“贵州之水西倮人更甚，本朝初年已改流矣，而其四十八支子孙为头目如故。凡有征徭，必使头目签派，辄顷刻集事。流官号令，不如头目之传呼也。倮人见头目，答语必跪，进食必跪，甚至捧盥水亦跪。头目或有事，但杀一鸡，沥血于酒，使各饮之，则生死惟命。余在贵西，尝讯安氏头目争田事。左证皆其所属倮人，群奉头目所约，虽加以三木，无改语。至刑讯头目已吐实，诸倮犹目相视不敢言，转令头目谕之，乃定谳。”① 上述文字表明，虽然土司政权在形式上解体了，但是彝族社会内部结构并未发生根本变化，根深蒂固的传统文化仍然是维系彝族社会的重要纽带。究其原因，就是因为则溪制度的独特性以及则溪制度背后所反映的彝族社会的家支制度。因而，我

① ［清］赵翼：《簷曝杂记》，68~69页，北京，中华书局，1982。

们可以说，作为则溪制度基础的家支制度——只要这基础没有受到根本性破坏，即使形式上的土司制度已经消亡，但彝族社会内部结构还是继续保持着相对的稳定性，外来势力就很难在彝族民间社会构建起有效的权威性。因而在进行社会管理的过程中，在相当长的时期内都必须借助地方土目的力量，这种状况一直持续到20世纪中叶新中国成立。

四、结　语

要而言之，则溪制度、九扯九纵、家支制度共同构成了毕节地区彝族社会“三位一体”的内部政治、经济、文化结构，该文化结构的核心是则溪制度，辅以九扯九纵与家支制度，形成了彝族文化中一道独特而亮丽的风景。则溪制度、九扯九纵虽然通过“改土归流”等消亡了，家支制度的政治化终结了，但是并不意味着在彝族社会中其功能（主要指家支制度）就完全丧失了，甚至我们可以说家支制度在今天的毕节彝族社会中仍有影响。这种影响是客观存在的，从今日彝族人的家族观念、较强的家族身份认同感等方面就可见端倪。这些历史因素在我国少数民族基层社会的治理，农村村民自治方式的探究等诸多领域是具有十分重要的理论和实践意义的。进而我们也要看到，在讨论毕节试验区实现经济社会跨越式发展的历史进程中，要高度重视民族历史文化与市场经济发展的关系问题，实事求是，因地制宜，才是富民强国之道。

毕节彝族土司时期社会经济制度述论

郑宜君

所谓社会经济制度，是指同生产力发展的一定阶段相适应的生产关系的总和。一定的社会经济制度构成该社会的经济基础，并决定社会的政治制度和文化制度。

历史上，今天毕节地区的大部曾分属于彝族阿哲部与乌撒部两个支系所统治。从元朝开始中央王朝在此推行土司制度加以治理，直至清朝"改土归流"的实施，作为一种政治制度，土司制度是建立在一定的社会经济基础之上的。在土司制度存续期间，毕节地区彝族社会处在以"则溪制度"为典型特征的封建领主制社会，其生产关系的基础是封建主大土地占有制。封建主（土司土目）占有全部土地和不完全占有劳动者，并对劳动者实行超经济的强制，封建剥削以劳役地租和实物地租为主，是一种比较典型的封建领主制经济制度。这种经济制度正是这一地区土司制度赖以存在的经济基础。

一

"则溪制度是封建领主制的一种特殊形式。"①"则溪"彝语原意为"仓库"，是土司将其属地分为若干片区域，并在每一片区的中心地点驻兵屯粮，设立仓库以征钱粮，进而演变为行政区域，"则溪"也就成为行政区域的名称。"则溪"是军事、行政合一的地域性组织，负有掌管军事和征收赋税两项任务。"则溪"之下，还有"部"、"祃裔"和"奕续"的划分，层层相属，最终统属于土司，形成一个严密的统治网络。则溪制度源于彝族的家支制度，是在彝族家支宗法化、地域化和政权化的基

---

① 史继忠：《西南民族社会形态与经济文化类型》，309 页，昆明，云南教育出版社，1997。

础上形成的。“在这里，族权、政权与土地占有一致，血缘与地缘关系统一，形成了以则溪制度为特征的封建领主社会。”① 在则溪制度下，土司土目阶层完全占有土地，土地按血缘宗法关系层层分封，劳动者被束缚在土地上，存在严重的人身依附关系，地租以劳役地租和实物地租为主，形成了以大土地封建等级占有制为基础的封建领主制经济制度。

据相关文献记载，水西有13个则溪，乌撒有9个则溪。其中以水西地区的则溪制度最为典型和完整。本文以水西地区为主要对象来对毕节彝族土司时期封建领主制社会经济制度进行讨论。

彝族阿哲部在水西地区建立政权后，在家支分化的基础上实行土目分治。安氏土司将其所占有土地划为十三片，亲领其中一片，将其余的土地分给十二个大家支，构成十三则溪。则溪之下，有“四十八部，一百二十祃裔，一千二百奕续”。土地在部、祃裔、奕续间再层层分封。奕续为最基层单位，隶属于祃裔，祃裔又分属各部，以四十八部分属十三则溪，最终统属于安氏土司。这样在水西土司境内，土地按家支大小分封占有，各级封建领主之间按宗法关系相隶属，家族的宗法关系同时又体现为政治上的隶属关系，从而使族权与政权合二为一，在家支宗法化、地域化、政权化基础上形成了则溪制度。安氏土司既是水西最大的土地所有者，同时又是政治上的最高统治者。以安氏土司为代表的土司土目阶层占有境内全部土地，享有土地上的一切政治经济特权，并以此为基础使用各种经济的和“超经济强制”的手段剥削劳动者。

二

领主制经济是封建主义经济的一种。封建主大土地占有制是领主制经济的基础。这种土地所有制具有两个重要特征：一是土地等级所有。土地层层分封，封建主之间的地位等级在土地占有上表现出来。土地的封授有种种条件限制，下级领主须向上履行一定的义务。封地一般不得转让、出卖。二是土地占有权与政治统治权相结合。封建主占有土地，同时也享有土地之上的种种特权。

在水西地区，大土地所有制是各项政治制度、经济制度赖以建立的基础，但关于大土地所有制的相关情况并未有比较具体明确的记载，不过我们可以通过彝汉文献的一些记载寻找到相关的线索。彝文《西南彝志》中说：“太阳照到的地方是黑彝占有；月亮照到的地方，也是黑彝占有。”黑彝亦即彝族贵族。而彝语称安氏贵族为“写蒲”

① 《贵州通史》编委会编：《贵州通史》，第二卷，23页，北京，当代中国出版社，2002。

(意为“土地的主人”)。古书说:“安氏世居水西,世有其土,世长其民。”这表明安氏是占有水西土地的最高领主,水西地区的土地和人民,都归安氏世袭占有。此外,嘉靖《贵州通志》说:“贵州宣慰司,田无顷亩。岁照各属司地方广狭,以纳秋粮。”郭子章《黔记》说:“田土自来无丈量顷亩。每岁皆纳粮、差,俱于土官名下总行认纳。”“田无顷亩”、“无丈量顷亩”表明土地未经过丈量,不是小土地私有制,而是大土地所有制。这种土地制度,使得中央政府无法正常征赋派粮,只好比照“各属司地方广狭”纳粮或将粮差“俱于土官名下总行认纳”。这不仅说明水西地区在推行土司制度后大土地所有制的存在,而且更是借以向政府纳粮差的方式,得到了朝廷的认可。

水西地区的土地分封是通过两种途径进行的。第一种是家族的分封,即按血统亲疏关系进行,它与家支的分化是一致的。这种分封有三个特性:一是家传性,“非安氏不能有其土”;二是世袭性,子孙世代承袭;三是无限性,家支愈分愈众,土地愈分愈小。第二种是官员的分封。是按官品高低进行,“依等第而相统属,皆授以地,能事则世,否则削去”,具有采邑的性质。因而有等级性、暂时性和有限性。[①] 在这里,土司以“唯一的所有者的资格”出现,而其余人只能以“承袭的占有者的资格出现”。所以,受封的人必须属于赐予土地的人,并承担一切义务。而这些土地最终又以各种形式由“土民”耕种,形成了“土民”于各级土司土目的程度不同的人身依附关系。

水西地区封建大土地所有制的形成,主要是因为社会生产力发展水平低下,“客观上还不具备小土地私有制产生的条件,人们只须量力而耕,按播种籽粒粗略地估计耕地面积,无须精确丈量土地,所以,‘田无顷亩’意味着农业粗放,小土地私有制尚未确立,土地买卖未曾发生,人们对土地私有的观念还相当淡漠。这一切都是由生产力所决定的”[②]。随着社会生产力的发展,这种封建大土地等级所有制必然瓦解,封建领主制经济必然被与之相比更为先进的地主制经济所取代。

封建地租是封建主义生产方式的主要剥削形式。马克思说:“地租的占有是土地所有权借以实现的经济形式。”[③] 在水西地区,土地占有存在多种不同的具体形式,也就有着不同的地租形态。按照承担的义务和剥削方式的不同,水西地区的土地大体分为“官庄地”和“则溪地”两类。官庄地由土司、土目直接占有;“则溪地”分属

---

① 参见史继忠:《明代水西的则溪制度》,见柏果成、余宏模编:《贵州彝族研究论文选编》,220页,贵阳,贵州民族学院民族研究所,1985。

② 参见史继忠:《明代水西的则溪制度》,见柏果成、余宏模编:《贵州彝族研究论文选编》,217页,贵阳,贵州民族学院民族研究所,1985。

③ 《马克思恩格斯选集》,第2卷,543页,北京,人民出版社,1995。

于各则溪管理而统归于宣慰土司，实际上是分给属下“土民”耕种的“份地”。“则溪地”大体又可分为“夫差地”、“门户地”和“人租地”三类。与上述土地占有形式相应，水西地区的地租形态主要有劳役地租和实物地租两种。

劳役地租主要与“官庄地”及则溪地中的“夫差地”和“人租地”结合在一起。土司土目对“土民”的剥削并不按租种土地的面积和产量计算，而是按户、按劳力计算，即是以劳役地租为主要剥削形式。

“官庄地”是土司、土目直接占有的土地。种“官庄地”的“官户”一方面要在自己的“份地”上耕作，另一方面要在土司、土目的土地上无偿代为耕种，承担的是一种农业性的服役。“夫差地”是各则溪属下“土民”耕种的“份地”。种夫差地的“土民”，不为土司、土目耕种土地，而是承担某种专门的劳役。如：种“奶妈田”的人，世代为土司、土目的子女喂奶；种“上马田”和“下马田”的人，世代为土司、土目垫脚上马或下马；种“火把田”的人，世代为土司、土目照火把；种“马夫田”的人，世代为土司、土目牵马、喂马；在土司、土目势力大的地方，甚至整个村寨都为他们服某种杂役。“夫差地”上的劳役地租是一种非农业性的服役。

水西地区还存在着一种极其罕见的特殊形式的劳役地租形式——“人租”。所谓“人租”，就是丫头、娃子婚配以后，分给他们一块“份地”，让他们自种自食。获得这块“份地”的必要条件就是每代交一个子女去做丫头或娃子。充当了丫头、娃子的子女从此与家庭割断联系，生杀予夺，买卖馈赠与父母无关。因以交一个子女做丫头、娃子来代替地租，所以称为“人租”。“人租”之所以称为“租”，是因为缴纳子女的人得到一块“份地”，它把种这块“份地”应当交付的无酬劳动全部集中在一个子女的身上一次交清，并以此表明他们对主人的隶属关系。“人租”带有浓厚的奴隶制剥削色彩。上述劳役地租，是以严格的人身依附关系为基础，通过“超经济强制”的手段得以实现的，其中以“人租”这种地租形态体现得最为突出。

在水西地区，实物地租主要是与则溪地中的“门户地”结合在一起。租种“门户地”的土民，除缴纳粮租外，还必须根据土地的广狭、肥瘠缴纳一头牲畜，形成以“畜租”为标志的特殊实物地租形式。“畜租”一般包括牛租、马租、猪租、羊租、鸡租等，相应的土地也被分为“牛租地”、“马租地”、“猪租地”、“羊租地”、“鸡租地”等不同的名目。无论何种名目的土地，都要以家庭或村寨为单位单独立户，称为“一杆门户”加以征收。在这种地租形式中，土民“一经安佃，便成永耕，世代相袭，‘永不扯土另安’”。生产者同样被束缚在特定的土地上，与劳役地租一样存在着生产者对土地占有者的人身依附关系。

水西地区的封建剥削方式具有以下特点：第一，劳役地租和实物地租相结合，是土司土目阶层在经济上剥削“土民”的主要方式。与大量“门户地”的存在相适应，实物地租是更为普遍和主要的剥削方式。此外，还存在着具有浓厚奴隶制剥削色彩的特殊劳役地租形式——“人租”。第二，“超经济强制”是水西地区封建剥削的一个重要特征。所谓超经济强制，就是用经济以外的强制办法，强迫农奴或农民为地主劳动。恩格斯说：“拥有大地产是封建贵族获得代役农民和徭役农民的先决条件。”① 但封建地租的实现仅仅靠土地所有权是不够的，它还必须借助于超经济强制。在水西地区的大土地所有制下，由于土地占有权与政治统治权是结合在一起的，土司和土目世袭占有境内所有土地，享有土地上的一切政治经济特权。生产者被束缚在土地上，没有任何人身权利和自由，形成“官常为主，民常为仆”的统治与被统治关系。因此，不管是劳役地租还是实物地租形态，都存在着生产者对土地占有者的程度不同的人身依附关系，生产者受着种种“超经济强制”的剥削。

三

毕节彝族土司时期封建领主制经济的瓦解主要是从明朝开始，到清康熙三十七年（公元1698年）“改土归流”后，毕节地区彝族社会的封建领主制经济基本上被封建地主制经济所取代，但在少数偏远山区，封建领主制经济残余一直延续到1949年新中国成立前。

明朝初年，水西、乌撒境内先后设置乌撒卫、毕节卫、层台卫和赤水卫等卫所。卫所深入土司地区，而且本身是流官统治的一种形式，从政治军事方面强化了对土司的监控。伴随卫所而来的是军事屯田。卫所官兵“亦兵亦农”，开垦土地，并使用先进农具和农耕技术进行耕作，对周边土司地区起到了示范作用。水西、乌撒地区的民屯和商屯与卫所紧密相关。如毕节卫“抛荒屯田290亩，招集民人29名佃种”②，是将卫所屯军大量逃亡而抛荒的部分军屯土地招人耕种转化而为民屯。所谓商屯，是招募盐商“开中”，招民屯种，以粮换盐，然后转卖于民。“凡有‘开中’的地方，都可能有商屯存在，大抵都在卫所附近。”③ 据《明实录》记载，乌撒卫、毕节卫、赤水卫和层台卫分别于明洪武十五年（公元1382年）、洪武二十年（公元1387年）和洪武二十二年（公元1389年）相继“开中”。据此可以推定商屯在水西、乌撒地区也都有存在。军屯、民屯和商屯除在开垦大量土地，引入内地先进农具和农耕技术方面

---

① 《马克思恩格斯选集》，第5卷，530页，北京，人民出版社，1995。

② 《贵州六百年经济史》编委会：《贵州六百年经济史》，38页，贵阳，贵州人民出版社，1998。

③ 《贵州通史》编委会编：《贵州通史》，第2卷，118页，北京，当代中国出版社，2002。

产生积极影响外，更为重要的是对打开彝族地区地主制经济的缺口起到了极为重要的作用。明朝中后期，军屯松弛和解体后产生了封建地主制经济，而民屯和商屯本身就是采取封建地主制经济的生产方式，这就在土司地区“建立起一种新型的生产模式，为地主制经济的发展开辟了道路，客观上起着示范与酵母作用”①。清朝初年一度保留了屯田制度，并对水西土司属地的垦荒同样实行奖励、扶持措施，对水西地区农业生产的恢复、发展起到了一定的积极作用。

整治驿传和新开驿道是水西、乌撒地区的又一重要开发措施。驿传指驿运和邮传。明代水西、乌撒境内的驿道主要有川滇黔驿道和龙场九驿。川滇黔驿道早在元代就已开通，明初大加修整，并派重兵保护，增设驿站。龙场九驿为水西宣慰使奢香于明洪武十七年（公元1384 年）开始修筑。虽然只是一条省内驿道，但它联通省内其他五条主要驿道，使水西地区与省内外的交通得以改善。明代贵州境内邮传共有递铺308 处，其中乌撒卫、毕节卫有 32 处，贵州宣慰司 38 处中多数也是设置于水西境内。② 驿传兼具政治、军事和经济等多种功能，驿道、邮传的深入，一方面使中央王朝对水西、乌撒地区的政治、军事控制得到进一步加强，另一方面打破了水西、乌撒地区的封闭状态，促进了与周边地区的交流，对彝族地区经济的发展起到了积极的推动作用。

综上所述，明代至清初，随着中央王朝一系列开发治理措施的推行，中央政治权力渗透于土司管辖地区，中央王朝在政治、军事上强化了对土司政权的控制，为“改土归流”创造了政治条件。更为重要的是，在一系列开发措施的推动下，彝族地区社会生产力有了一定程度的发展，新兴的地主制经济对领主制经济造成了影响和冲击，土司统治的社会经济基础逐渐发生动摇，为水西、乌撒地区实现从领主制经济向地主制经济的转变奠定了物质基础。

毕节地区彝族社会的封建领主制经济，是建立在大土地封建等级占有制基础之上的。在这里，土地所有权与政治统治权紧密地结合在一起。土司土目阶层不仅世袭占有全部土地，而且拥有境内的行政、司法等种种特权。生产者不同程度地失去了人身自由，被长期束缚在土地上，承受各种经济的和“超经济强制”的剥削，生产积极性缺乏，严重地阻碍了社会生产力的发展，因此，随着社会生产力的发展，封建领主制经济必然被比之先进的地主制经济所取代。

---

① 史继忠：《明清时期贵州地主所有制的发展》，载《贵州文史丛刊》，1998（5）。

② 《贵州通史》编委会编：《贵州通史》，第 2 卷，135 ~ 136 页，北京，当代中国出版社，2002。

毕节地区彝族土司时期教育述评

熊　艳

彝族历史悠久，有丰富的历史文化。但在实行土司制度前，毕节地区彝族整体文化水平低，原因有二：一是其居住地多为高寒山区，地势偏远，长期处于闭塞状态和半封闭状态，与外界交往困难，很难吸收外来先进文化；二是掌握彝族文字的是少数人，主要是毕摩，受教育者范围狭窄，仅限于各宗亲大户子弟，绝大多数彝民为文盲。

随着土司制度的建立及明朝以来的不断完善，毕节地区彝族的教育在承继原有传统教育的基础上，家支教育进一步发展，非传统教育——汉文化教育兴起，受教育者范围扩大，彝族整体文化水平提高。

一、传统教育

第一，口碑教育、家庭教育。

教育是在一定的社会文化背景下进行的。由于彝族传统社会没有专门的教育机构，教育的主要形式是口碑教育和家庭教育、毕摩教育、家支教育，我们将之称为传统教育。口碑教育、家支教育主要由家庭长者、父母、宗教祭师在日常生活和劳动中，包括婚丧嫁娶、亲友聚会、各种节日庆典、宗教祭祀等，通过言传身教对本族成员进行生产劳动技能和社会生活知识的教育。往往是边做边教，边做边学，教学与实践紧密结合。传授者通过讲述生动有趣的神话传说、民间故事或朗朗上口的哲理诗句教会年轻人做人的道理和生产生活知识，如此代代延续传承。

在彝族社会中，家庭教育、口碑教育关系紧密，互相依存。这是因为在彝族传统社会里文字掌握在毕摩等少数人手中，没有教育机构，家庭实际上承担着教育的职能，而且多数彝民不识字，只能依靠口耳相传文化知识。因此家庭教育受到彝民的重视，他们认为良好的家庭教育对子女的健康成长具有耳濡目染、潜移默化的作用，是开展人生教育和社会历史教育的第一课堂。

彝族家庭教育、口碑教育的内容丰富。

其一，伦理道德观念的教育。

彝族家庭在孩子的成长过程中非常注重进行道德品行教育。这种教育往往与家法、家规、习惯法与社会礼俗交织在一起，其内容涉及衣、食、住、行等诸多方面。如长辈入室，须让其上座；路遇长者长辈，须下马侍立；客入室，起立让上座；要去做客，杀牛吃三坨（小块），杀羊杀猪吃二坨（小块），杀鸡吃一坨（小块）；等等。家庭中的长者或父母在日常生活中，注意言传身教，在家庭成员的耳濡目染过程中，培养他们的道德判断能力和道德情感，养成良好的行为习惯。

其二，生产劳动技能的教育。

彝族在生产生活中向子女传授农业耕作、生产工具的制作方法、牲畜的驯养方法以及家务劳动技能，通过学练结合让子女掌握生产技能和知识，能在社会上安身立命，并培养他们吃苦耐劳的精神。

其三，以祭祖为主要形式的家谱教育和宗教教育。

作为以宗教教育和家谱教育为主要目的的祭祖活动，一般是共同在同爷辈的家庭内举行的。通过这一活动，使后代了解祖先的丰功伟绩，了解自己的家谱，形成对祖先的信仰观。通过祭祖，使人和祖先发生联系，在宗教观念上既制约死者又规范活人的宗教道德原则，不仅要求后代追孝祖先，肃敬祀事，躬行祖道，还要求祖先惠顾其嗣，庇荫其子，体行祖德，福佑后代。家谱教育和宗教教育除了在家庭祭祖活动中进行外，还在家庭的宗教或其他活动中继续进行。家谱教育是彝族家庭教育中一项非常重要的内容，一般都在孩子很小的时候，就开始以口头或书面的形式，让孩子背诵。

第二，毕摩教育。

毕摩教育也是彝族传统教育形式之一。毕摩是彝族原始宗教中的祭师，社会地位高，备受尊崇。其实，毕摩还是彝族传统教育的主要施行者，在教育中担任重要角色。他们精通并规范彝文，编撰、传抄、收集、整理彝文古籍，内容涉及诸多领域，包括历史、哲学、宗教、文学、天文地理、医药、工艺、礼俗等。作为一位毕摩，必须具备历史、地理、宗教、经籍、星占、历法、医学病理、艺术、民间口传文化等知识。彝文古籍说："兹（君长）的知识用石量，莫（臣）的知识用斗量，毕（毕摩）的知识无法量。"

因此，毕摩在彝民心目中既是法术无边的祭师，又是学识渊博的知识分子。彝族文化的维护、传承都极大地依靠毕摩。

毕摩传承文化主要使用他们掌握的各类彝文古籍，在各种仪式和家庭中进行。毕摩教育是彝族最早有文字的教育，在传承过程中提倡主持公道，传男不传女，讲练结合，学以致用。一般是父传子，即家传，所传者不受年龄限制，往往形成毕摩世家。也有师传徒的，即毕摩招收学徒，但此类传承较少。

毕摩教育的主要内容是彝族各类经书和种种宗教仪式，加上传承方式以家传为主，因此，毕摩教育范围狭窄，具有局限性。但应该指出的是，毕摩教育在彝族传统教育中具有举足轻重的地位，毕摩特殊的身份使他们成为彝族社会传统历史文化的传承者，对彝族社会的发展作出了贡献。

第三，家支教育。

家支教育是彝族处于阶级社会特定历史时期的产物。

家支是以父系血缘为基础纽带而形成的宗族组织。进入阶级社会后，彝族内部出现残酷的阶级斗争和等级划分，出现大大小小诸多宗族组织，即家支。毕节地区彝族也分划为不同的家支，如水西土司分为十二宗亲、四十八目、一百二十祃裔、一千二百夜所。为了家支的生存和发展，各宗族不得不重视教育。家支教育就是在这种背景下产生的。

由家支举办的教育称为家支教育。从一定意义上讲，它既是一种家族教育，又是一种社会教育。因其教育大都是在家族中由长者组织起来进行家法、家规教育和生产生活教育，可以说属于家族教育；又因其在家支活动中进行如何团结一致、共同抵御外来侵略等知识教育，又可以视之为社会教育。

毕节地区彝族土司的家支教育，从形式上讲主要有两种：一是请汉族先生或彝族毕摩到家族中传授，二是将子弟送到“儒学”或“国子监”学习。前者纯属自愿，后者则有自愿和朝廷压力两方面因素。例如，明朝为了教化土司，对土司应袭子弟作了不入学不准承袭的强制性规定。《明史》卷三百一十载：弘治十六年（公元1503年）规定，“以后土官应袭子弟，悉令入学，渐染风化，以格顽冥，如不入学者，不准承袭”。有的土司则是为了巩固统治地位，保证权势世代相承，主动送子弟进国子监深造。这在当时培养了一批忠于朝廷的彝族上层人士和比较开明的土司，对彝族地区经济发展、民族团结、维护祖国边疆统一，促进彝族社会文明进步方面起了积极作用。

但家支教育本质上是一种各行其是、各自为政的狭隘教育，它以如何维护本家支地位和如何征服其他家支为根本教育目的，传授的知识零散、不成系统。因此，它的局限性无论是从教育目的还是从教育范围方面看都是很大的。

二、非传统教育：汉文化教育

汉代以来，彝族文化在一定程度上受到汉文化影响，但彝族文化教育长期保持传统滞后状况，直至元代。

明初，情况有所变化。随着毕节地区彝族与中央政府交往频繁，土司政权开始吸纳汉文化，封建中央王朝也重视对西南夷众的教化，重视在彝族地区兴办教育。双重因素使各土司统辖地非彝族传统教育——汉文化教育兴起。

明朝强调用文教以化远人，对土司的教育方式主要有三种：一是鼓励土司子弟进国子监读书。入学的途径有特恩、岁贡、选贡三种。二是在土司地区设立儒学，选拔土司的子孙弟侄，悉令入学，渐染风化。将来要承袭土司职位的子弟，必须进学校接受儒家思想的教育，不入学者不准承袭。对学业优秀的给予奖励。三是在土司地区开科取士。将土司子弟引入科举之路，登第的土司子弟，接受儒学，宣讲儒学，对于儒学与汉文化在土司地区推广起了积极作用。

毕节地区彝族土司政权重视、发展汉文化教育则表现为：

首先，代夫袭贵州宣慰使职统领水西的奢香夫人在汉文化教育、汉文化引进过程中功不可没，开创了毕节地区土司汉文化教育的先河。

袭职摄政后，奢香多次到金陵朝觐，汉族地区经济、文化的发达与贵州的落后刺激她躬亲倡文明。奢香率先垂范，学汉语，用汉字写诗作文；任用汉人为慕魁（相当于太师）办理奏章文书；送其独子霭翠陇的到金陵，请入京师太学读书，明太祖朱元璋特下诏国子监官："善为训教，俾有成就，庶不负远人慕学之心。"① 此外，奢香于洪武二十五年（公元1392年）聘迎汉儒在朝廷支持下创办贵州宣慰司学，水西安氏子弟皆可入学。经奢香苦心经营，汉文化传播彝族地区，先进的生产技术引进，其辖地水西经济发展，社会安定。

其次，汉文化教育为水西土司后世继承和发展。继奢香之后，水西汉文化教育一直延续。先后为贵州宣慰使的安贵荣、安万铨、安国亨等人执政期间都到中原聘请汉儒到水西政权中任慕魁或在学校教授汉学。安贵荣与被贬贵州的明代理学大师、教育家、文学家王阳明交情笃厚，正是水西土司重视汉文化教育的明证。

王阳明谪居贵州龙场（今修文）期间，安贵荣非常敬重他，安排手下人送粮食、肉类给他，并派人帮助他伐薪担水，另赠与金帛、鞍马。王阳明在其支持下，先后在

① 贵州省毕节地区地方志编纂委员会点校：《大定府志》，954页，北京，中华书局，2000。

龙岗书院、贵州书院任教，传播儒家文化思想，为安氏等少数民族子弟讲授，培养了一批彝族等少数民族人才。王阳明还对安贵荣的执政提出建议，例如三次修书阻止其减九驿，主张修补驿道保畅通，被安贵荣采纳。

另有汉族人陈恩（1552—1616 年）历任贵州宣慰使安国亨、安疆臣、安尧臣、安位四世属下之长官，连续供职 40 年。他善政事，精书法，辅佐宣慰使续修古驿道，劝民垦殖，修建桥梁，传播汉文化，为水西发展立下卓越功勋。其墓至今仍在大方小金州凰山，被列为县级重点保护文物。

毕节地区其他土司辖地也重视、崇尚汉文化教育，因此，明清两朝汉文化在此得以大力发展。洪武二十三年（公元 1390 年），"七月，云南乌撒军民府（现毕节地区威宁彝族回族苗族自治县、赫章县一带）土官知府阿能（彝族）遣其弟忽山、罗罗生二人，请入国子监读书"①。这是乌蒙地区首批土司弟子入王朝最高学府学习儒家思想和内地文化。

洪武三十年（公元 1397 年），建立永宁（今毕节地区毕节市、赫章县、威宁彝族回族苗族自治县一带）宣慰司九姓长官儒学。② 永乐十二年（公元 1414 年），乌撒军民府经钟存礼上书"府故蛮夷地，久沾圣化，语言渐通，请设学校，置教官，教其子弟，变其夷俗"③。朝廷采纳其建议，于永乐十五年（公元 1417 年）七月，设乌撒军民府儒学，规定"凡土司应袭子弟都必须入府、州、县各级儒学学习，不经过入学读书识礼者，不准承袭官职"④。宣德年间（1426—1435 年），贵州赤水（现毕节市东北部赤水河一带）宣抚司宣抚使奢苏夫人上书"欲化顽俗，须修文教，而诸生皆夷佬，朝廷所设训导官，言语不通，难以教诲，庠生李源，文品兼优，并谙夷语，乞即授为训导官，庶有实济"。朝廷应允，"夫人又广立义学，厚诸生膳，故后世赤水、毕节二卫文人称盛"。⑤

清廷在土司地区采取"文教为先"政策，禀承明代重视土司地区教化传统，广建义学、社学，提倡甚至强制土司子弟入学，开科举之门。康熙四十四年（公元 1705 年），黔西州（今毕节地区黔西县）的蛇场（现金碧镇）、治中等地开办义学，招收

---

① 贵州民族研究所：《明太祖洪武实录》，136 页，贵阳，贵州人民出版社，1983。

② 贵州省毕节地区民族研究所编：《毕节地区民族研究》（二），288 页，贵阳，贵州民族出版社，2002。

③ 贵州省毕节地区民族研究所编：《毕节地区民族研究》（二），289 页，贵阳，贵州民族出版社，2002。

④ 同③。

⑤ 参见贵州省毕节地区民族研究所编：《毕节地区民族研究》（二），290 页，贵阳，贵州民族出版社，2002。

彝族等少数民族入学。其后，又在其他土司辖地开办义学。

综上所述，明清两朝毕节地区彝族土司辖地汉文化教育的兴起和发展，其意义重大：一是加强了彝汉文化的交流，出现彝汉文典籍互译，彝文古籍的收集、整理在明清之时取得重大成就，如《西南彝志》就成书于此时。二是促进了土司辖地及周边地区教育的发展，培养了一批人才，土司文化素质提高。彝族社会从无正规教育机构到各级司学、义学、社学的建立，不仅使彝族子弟入学，也使其他少数民族、汉族子弟入学受教，教育范围扩大。自开办贵州宣慰司学到明朝末年，仅赤水卫（现毕节市东北赤水河一带）就有文进士 4 人、文举人 44 人；毕节卫（现毕节市一部分）有文举人 28 人；乌撒（现毕节地区威宁彝族回族苗族自治县、赫章县一带）有文进士 2 人、举人 40 人①，三是推动了土司辖地经济的发展，汉族的先进文化和生产技术、生产工具的引进促进彝区生产力的提高；四是加强了各民族人民的团结，巩固了边疆，维护了国家的统一。

三、结束语

毕节地区彝族土司时期的教育，既有对传统教育的承继，又在此基础上有新的发展。彝族传统教育有消极的一面，如内容中的某些迷信成分、受教育者范围狭窄、发展迟缓等，但我们不能因此抹杀它在彝族历史发展长河中的地位和作用，其保留了彝族古老的历史文化习俗，民族语言文字、古籍经典、伦理道德观念延续至今，呈现丰富多彩的局面。而明清时期汉文化教育在彝族地区的兴起则引起了土司时期毕节地区彝族教育内容和形式的变化，意义重大。总之，这一时期无论是传统教育还是非传统教育，都促进了毕节地区经济和文化的发展壮大，为我们今后进一步研究少数民族地区的教育提供了借鉴。

---

① 贵州省毕节地区民族研究所编：《毕节地区民族研究》（二），290 页，贵阳，贵州民族出版社，2002。

《夜郎君法规》的历史内容及其真实性探讨

王鸿儒

一、《夜郎君法规》的制定顺应时代需求

夜郎立国之后，至武益纳（一译“武夜郎”）时代，夜郎国进入第三度强盛时期。武益纳是夜郎历史上一位勇于拓边开疆的雄主，根据《夜郎史传》的记载，他“比先辈威武，比先辈刚强，他经常带兵，不断地征战”，他的功绩主要体现在对外实行武力扩张，并制定了国家大法《夜郎君法规》。继位之后，武益纳即击败了邻近各部，收服了武家各支系，接着向东方扩张，灭掉了古牂牁国分裂成的东、西二濮，定都可乐，颁布了《夜郎君法规》20条，加强了对于夜郎国的治理。

《夜郎君法规》的出现有其历史的必然性。武益纳开创了夜郎国历史上从未有过的事业，不仅扩大了疆域，并且将大量的濮人（可能还有越人等）纳入自已的统治之下，加速了民族融合的进程。在这片土地上，不管是对原牂牁国的遗民，还是对随同自已拓土开疆的原夜郎国臣民，作为统治者，不能不考虑用什么样的治国之术，来对这大块版图实行社会控制，以保障自已及整个奴隶主阶级的利益。作为臣下与国民，除了有对国家的权利和义务，也有如何规范自已以及如何限制别人的行为，免使自已和他人遭到侵犯的问题。法规的制定，就成了夜郎国上下各阶层最迫切的需要。

众所周知，一部法典（包括习惯法）的产生，总是同现实的人们的需求分不开的，特别在奴隶社会，更是如此。人们在同一个地方生活，如何保障私有财产及人身安全不受侵犯，如何维护地方秩序与安定以及对外要打仗，怎样才能保证战争的胜利；对于那些违背了国家安全、集体意志、公共利益的行为又如何处置等，这些问题都使得一种强制性的法的意识有了存在和生长的土壤，并且带上了奴隶制国家“统治

阶级意志”的特点。本来，人在社会环境中的生活，就是人与人之间相互作用、相互影响的互动过程。在这个过程中，人们的社会行为千差万别，特别是在私有财产出现后，人必须遵循一定的行为规范，才能保证整个社会生活的有序性，否则即无法保障社会的正常运转，社会将因此变得混乱不堪。这种行为规范有来自道德礼仪方面的，通过说教示范唤起人的良知以遵守一定的行为准则；更有来自外部的约束，亦即通过强制性手段实现社会对人的行为方式的控制，这就是“法”。

法律与国家是在同一社会发展的过程中，基于同一理由而同时产生的。国家的产生源于私有制、阶级与阶级压迫的出现，如同恩格斯所说：“为了使这些对立面、这些经济利益相互冲突的阶级，不致在无谓的斗争中把自已和社会消灭，就需要有一种表面上驾驭社会之上的力量。这种力量应当缓和冲突，把冲突保持在‘秩序’的范围以内；这种从社会中产生但又自居于社会之上并且日益同社会脱离的力量就是国家。”① 而要“保持”国家和社会的“秩序”，最有效的当然是用法。

法的产生一般有两种途径：一是在经济上占统治地位的阶级“立法”；二是按照统治者的需要将传统与现行社会的一些习俗变成具有强制力的“习惯法”。不管是用哪一种方式产生的法，都是国家意志的体现，也是统治者治理国家的统治工具。夜郎社会也有两种法，其习惯法来源于夜郎先民在氏族社会里就已形成的习俗，也即后来形成的乡规民约，它是社区之中人人都必须共同遵守的行为规范。关于夜郎时期的习惯法，我们已很难找到这方面的实例，但从《夜郎君法规》里，仍然能够看到这方面的影响。另一种就是体现出夜郎统治者意志的条令和准则，那就是由国家颁布的法律和法规。

最能体现夜郎国奴隶制法律特点的正是这部《夜郎君法规》。我们现在已无法查考这部法典具体产生的年代，但在武益纳手里得到了进一步完善，使之成为一部比较成熟的奴隶制成文法典（也可能靠口传），则基本可以肯定。

这样说的原因，除了前面所说武益纳时代奴隶制社会发展已臻成熟，比较成熟的社会制度下出现较为成熟的法典是合情合理的事。而成文法典的产生，就因为夜郎民族不但有了文字，而且其统治集团还有制定法典的能力。他们的祖上早在武洛撮时代就已有过《治国安邦经》，这一点我们留待下文叙述。

《夜郎君法规》的出台显然是适应当时时代和社会的需要，换言之，是武益纳作为专制君长开疆拓土、树立绝对权威的需要。

① 恩格斯：《家庭、私有制和国家的起源》，见《马克斯恩格斯选集》，第 4 卷，166 页，北京，人民出版社，1972。

从《夜郎史传》[①] 的记述中得知，武益纳作为“夜郎帝王”，东征西讨，雄强一世，特别是在他的前期，兼并了邻近家支，又发兵攻占东、西濮，在部落割据、战乱不止的年代，堪称一位有作为的君主。至于武益纳后来发展成为一个穷兵黩武，甚至设谋陷害亲兄弟的暴君，那是他的另一个方面，是权力异化的结果，并不影响我们对这位君长的总体评价。所以《夜郎史传》称颂其“美名扬四方”，认为自“武益纳开始，代代有贤君”。将武益纳列入“贤君”之首，评价不失公允。而在他的任上，出现《夜郎君法规》，正是主客观需要产生的结果。

武益纳定都可乐后，即颁布了《夜郎君法规》20 条，这正是武益纳“思想明”、“心里亮”的集中体现。在占领濮人住地后，夜郎国地盘扩大了，“所有的山区，所有的林地，划好的良田，指定的沃土，全属武益纳”。不难想象，历史上曾经向商周王朝通好、参加过齐桓公会盟而又有较之夷人更为进步的农业文明的牂牁国人会俯首帖耳服从武益纳的统治，何况夜郎奴隶主通过掠夺和榨取，都过着穷奢极欲的生活。彝文献中写当时活动在云南昭通以西、金沙江南岸一带的糯支系奴隶主对奴隶们的盘剥可作参照：“纳租者如雾漫，送粮者如蚁行。在节额鲁布（地名），牛租运到后，选取好牛抵租，收好牛祭祖。”而他们日常生活的享受：“银缸用金箍，银缸镶金银，是糯的水缸。银簸扎金线，是糯的簸箕。金钵有金孔，是糯的饭钵。”[②] 这一切必然使阶级的矛盾和对立更加尖锐。武益纳既要实现对新占领地的统治，镇压濮、越民族的反抗，又要防止本族其他支系的叛乱与进攻，同时还要继续对邻国（如漏卧）的战争。而如何实现对本国的统治，就成了武益纳必须首先解决的大问题。

正是在矛盾如此错综复杂的情况下，武益纳以铁腕治国，推出了《夜郎君法规》。

二、《夜郎君法规》的奴隶制社会特点

《夜郎君法规》的颁布，无疑带来了夜郎社会的初步安定。“条令发下后，四方的百姓，彝人和濮人，或是武家人，全都要听从。君长的法令，服从君施政，听君发号令。凡是国中人，都得按令行，谁要是不听，死期就来临。”而有法可依，有法必依的结果是：“四方各地呀，都按君令行，各地的臣民，都安分度日。”在治国安邦方面，收到了相当的实效。彝文文献《苏巨黎咪》在总结贤君与庸君的不同时说：“贤君发号令，如水中捞鱼，十股网相连，一股都不松，一股都不乱，如春天太阳，照射

① 王子光、刘金才译：《夜郎史传》，53 页，成都，四川民族出版社，1998。
② 阿洛兴德整理翻译：《苏巨黎咪》，8 ~ 29 页，贵阳，贵州民族出版社，1998。

在四方。”而“庸君发号令，让臣子作主，就像白老鹰，飞落在树梢，驱不动群鸟”。治国之道，首先在于人主的威权，而威权的树立，就端赖法制的施行。正如韩非子所说：“明法制，去私恩。令必行，禁必止。”① 确立了法律制度，法便成为“一民之轨”；君主不至于“释规而任巧，释法而任智”。所以法规的创立，不但能使君主、臣民都有法可依，同时也有利于君主权威的树立。而这部法典也明确地提出，制定法规的重要目的就是为了维护夜郎国君主的威权。在20条法规中，仅维护君权的内容就占了4条，如：

第六条禁令，四方的臣民，每年要向君，献美女三十，若有谁不从，主管者坐牢。

第八条禁令，君令要遵守，对君无二心，若有哪一方，对君有嫌言，君就要下令，出兵讨伐他。

君令第十条，凡是君臣民，每到十月间，到初一那天，要为君祝寿，若有不愿者，轻者要坐牢，重者要斩首。

君令十六条，凡是将帅卒，都要效忠君。谁要乱言者，谁敢乱行者，只要一查出，立刻就用刑。

从以上可见，武益纳制定法规以树立君主威权的目的性非常清楚，非常自觉。其中的一些条款，不是当事人，不是具有绝对威权，就很难想象出来，即使想象出来，也难以推行。所以这部“法规”也打上了奴隶制专制君主法的深刻烙印。

其次，“法规”具有强烈的战时法规特点。在20条法规中，军法即占了7条。

第19条关于将帅的职责：“带兵的将帅，一要带好兵，二要打好仗，三要严军纪，将帅和士兵，都要扣得紧，在打仗当中，将帅知敌情，要心中有数。”打了胜仗，即“按功来奖给”；打了败仗，则要说出战败的原因，如果说不出，“就将他处死”。

第17条关于士兵的职责：“作战要上前，斗敌要勇敢。宁可上阵死，不可临阵逃，谁退却一步，谁就是怕死，谁就是逃兵，就立刻斩首。”

第18、19条是对英雄的奖励：夜郎法规中的“英雄”包括“善战者”及“战死疆场者”两类将士。对前者“各自都有赏，有的赐马匹，有的给金银，按功来奖给”，对后者则“要好好祭献，让活人跪拜”。

第18条也规定了对临阵脱逃者的惩罚：“谁退却一步，谁就是怕死”，“自己人看见，一箭把他射”。对处死的逃兵甚至不必收尸，“死尸无好葬，由鸟兽去吃，放河里

① 《韩非子·饰邪》。

喂鱼。让他的灵魂，永不能超度”。灵魂不得超度，在信仰万物有灵的夜郎人看来，是永远翻不了身的严重惩罚了。另一种情况是对通敌者的惩罚，第20条有言：“谁要去卖主，引敌入内者，只要一查明，先将手脚砍，再挖去双眼，一律不留情。”

第13条是战俘政策：“凡在战争中，所俘的奴隶，都可在各地，安家分田地，同样成平民。若其不听从，私自逃跑的，偷偷逃跑的，无论到哪方，只要一抓住，就当场处死。”

此外如第11条奖励耕牧：“凡属君臣民，要认真耕作……要在每年里，交一头肥猪，交一只肥羊。”第12条鼓励生育：“各地的民众，要多子多孙，多生男儿者，奖大牛一头，奖田土三块。”无疑都是为适应战争需要，并且为进一步扩大战争做好准备的条款。第12条还突破一夫一妻制，规定夜郎国“所有的男子，都可娶三妻”。其原因在法规里说得明白：“由于战争多，男的战死多，如今的人间，女多男子少，便作此规定。”就一般情况而论，奴隶制社会兴起之时，或相当长的一个历史阶段，部落与部落之间，国家与国家之间，掠夺奴隶的战争相当频繁，夜郎国也不例外。《夜郎史传》中所说的“七十二次仗，做一天打完”，就十分真实地反映了这种历史的事实。

《夜郎君法规》中这些与战时状态相适应的条款，不但同奴隶制社会的发展成熟期相适应，具有普遍性，而且与夜郎国的历史状况、夷人的骁勇善战也是相适应的，特别是与夜郎国同东、西濮战争刚刚结束的战后状况相适应。

《夜郎君法规》的另一个特点是在军法、刑法及行政法之外，还制定了6条民法，占25%的比例。所谓民法，是指法律中调整财产关系以及人身非财产关系的各种法律规范的总称，通常规定个人同国家由于经济利益而形成的权利同义务关系，是社会生活经济条件在法律上的表现。所以在奴隶制社会里，随着生产资料私有制的出现，一般都会有成文或不成文的民法。在中国，秦汉以前的民法主要体现在民间的习惯法中。朝廷的律法则大都是刑法，没有或极少有民法的内容。如战国时代魏相李悝所著的《法经》，被称为“集春秋战国立法之大成”者，也只有盗律、贼律、网律、捕律、杂律、具律六篇，均为刑法规范。商鞅改法为律，为《秦律》之一部分，也是刑律。至汉初，丞相萧何参照秦律制定《九章律》，计有盗律、贼律、囚律、捕律、杂律、具律、户律、兴律、厩律等，在《法经》基础上增加了有关赋税、徭役及畜牧的民法律条。但像《夜郎君法规》具体到对家庭婚姻关系进行规范，并且出现在战国中期，实为仅见，这就难怪一些研究者要怀疑这部法典的真实性及其产生的时代了。

不过我们在这部法典中所看到的民法也是同奴隶制时代相适应的，带有这个特定社会中“用重典”、“反人道”的特点。比如第3条禁令：“凡人须敬老，如有不孝子，对父若不孝，对母若不顾，绝不轻饶他，轻者则重罚，重者要剥皮。”古代宗法制社会中，忠与孝是联系在一起的，提倡“孝”顺父母的目的乃是为了“忠”君。作为夜郎国的统治阶级，夷人所实行的家支制度更是一种典型的以血缘关系为纽带的宗法制度，所以将“孝”纳入法规，显然与维护夷人的家支制有关，而维护了家支，也就维护并巩固了夜郎的政权。不过，就民法的普遍意义来说，有利于敬老氛围的形成，客观上对民间道德的涵养有促进作用。又如第9条禁令：“男女婚姻事，不准许硬逼，男女相慕爱，歌场定终身。男女各双方，相互都愿意。要是谁违犯，以强去欺弱，违犯了规章，重者要砍头，轻者就说教。”通过民法来保障自由择偶的实施，这与夜郎人普遍的婚恋风俗有关。无论夷人，还是濮人、越人，三大族系乃至参与创造夜郎文化的苗、瑶民族的青年男女都有设歌场以定终身的习俗，至今他们的后裔民族仍复如此。将此种符合民族习俗的婚恋方式纳入法规，强制实行，反映出法规制定者对民族传统的尊重，其符合人性的方面，是这部法规进步性的显现。只是对违逆者动不动就“剥皮”、“砍头”，用典实在太过。

《夜郎君法规》明显地具有从习惯法演变发展而来的痕迹。比如上面提到的敬老及婚恋自由的条款，正是我们在今日夜郎故地各世居民族习惯法中所能见到的。所谓习惯法，就是民间为了保障社会生活的有序性而由一个群体（家族、宗族或村寨）所共同议定、带有强制性的、人人必须遵守的行为规范。这其中既有对本群体关于伦理道德、公共财产、生产管理等的条约法规，以明确其成员的权利义务，以纯正社会道德、保护财产所有权、保护生产并维护正常的婚姻家庭秩序，也有对偷盗、抢劫、杀人、强奸等行为的处罚和制裁，以保障本群体成员的生命及财产安全等。今日我们在云贵高原各民族地区随处可见的乡规民约，正是习惯法的外化形式。而制定与施行习惯法的组织，在彝族有“则溪”，在布依族为“亭目”，在苗族有“鼓社”，在水族为“议榔”，在侗族为“团款”，在瑶族为“油锅”、为“石牌”，虽然名目不同，在夜郎前后也未必就有这些名称，但立法与执行却大体相似，一般都是由寨老主持，众人议定。而习惯法的约束力也相当大，其内容几乎涉及社会生活的方方面面。在刑事方面，包括对偷盗、赌博、抢劫、杀人、奸淫、窝藏盗匪、投敌叛变等的制裁；在民事方面，包括婚姻家庭、子女抚育、老人供养、财产继承等。《夜郎君法规》第一、二条就是对偷盗、抢劫的惩治：“一不许偷盗，若谁敢违抗，就得砍手指，一次砍五根，二次砍十指。”第二条禁令，“一不准骗人，二不准抢人，若不听从者，定将眼珠挖，一次挖一只，二次挖两只”。其他如上述提到的敬老、婚姻等条款明显地都是从习惯法中继承下来的。习惯法与风俗习惯有密切关系，不少法规即从维护民族和当地的风俗而来；又因为习惯法作用深入人心，反过来它又形成或者巩固了一个地区、一个民族的风俗习惯。而这种习惯的作用是无可估量的，正如法国著名法学家卢梭所说：“具体的规章不过是拱顶上的拱梁，而缓慢诞生的风俗习惯才是拱顶上难以撼动的基石。”《夜郎君法规》能够将习惯法纳入法规，说明这部法规的制定具有一定的社会与群众基础。

当然，《夜郎君法规》毕竟是夜郎奴隶制社会的产物，因此它具有严刑峻法的特点，一些条款的惩处分明是轻罪重刑，如对“哭”、对不参加为君长祝寿、交的猪羊不够肥等，都要分别判以挖眼、斩首或没奴等重刑，实在是相当的野蛮残酷。其他的刑罚也大多是肉刑，如剁指、砍脚、剥皮、喂鱼与囚禁等，所以《夜郎史传》中有一判语，称“全部是严刑，看起心肉麻，听来耳刺痛，看起眼发花”。不过比之中原夏商周时代的墨、劓（割鼻）、刵（砍足）、宫（割生殖器）、大辟（斩首）等“五刑”，以及战国时代的“烹醢”、“车裂”，宋元明时尚存的“凌迟”等，则是五十步笑百步了。

《夜郎君法规》中最不可解者为哭也要受酷刑，第7条禁令称：“大人和小孩，一律不准哭，哭者挖眼睛，男哭挖左眼，女哭挖右眼。”《夜郎史传》中为了证实这一点，还写了两个案例：头一次哭的是个女奴，先被挖了双眼，因为不服，骂了武益纳，还被砍了一只手。第二次是个孩子。当时武益纳正在思考攻打漏卧的计划，孩子一哭，打断了他的思路，也将遭此酷刑。因为孩子母亲及侍卫求情，结果改判为投河。这条法规的形成，书中解说是因为“夜郎有宿疾，曾经冤杀人，这死者之妻，昼夜哭不停，哭得人心慌，最后哭死了”。从此武益纳最怕听见哭声，并且当做刑法之一条：禁哭。大概武益纳认为听见哭声很不吉利，正如写小孩子哭时，武益纳的“攻打的办法，无一点头绪，莫非这娃崽，是我的克星？如果不杀死，大事做不成”，是出自一种原始的宗教禁忌心理，所以用刑才会如此之重。

又如搞文化垄断主义：“君令十四条，凡文字书契，经典与书籍，祭经和医书，各支史书等，全归呗耄（毕摩）管。平民和百姓，不得乱收藏。这样一来后，百姓没有书，无法识文字。凡是平民中，有书不交者，严惩不宽容。”法规中的毕摩是夷人中的高级知识分子，通晓古彝文的经师，担负着本民族的宗教祭祀活动及文化的传承。自君、臣、师三位一体的统治格局形成后，作为师的毕摩还参与一些政事的决策。彝族毕摩的知识与经书都采用家传方式，与这条法规的制定不无关系。一方面这是奴隶主阶层垄断文化知识、实行愚民政策的体现；另一方面使大量彝文文献通过“垄断”而得以保存下来。尤其是毕摩的史官职责的专业化，使得通过他们世世代代记述并保存下来的彝文文献具有很大的信史成分，不在文人创作的范畴，为我们今日研究夜郎历史文化提供了既丰富又十分可信的材料，这大概也是武益纳始料未及之事。该法规虽然有以上一些不足与弊病，甚至某些条款还很粗陋，但是正如慎子所言："法虽不善，犹逾于无法。所以一人心也。"① 因此应予充分肯定。

三、《夜郎君法规》的历史真实性应当肯定

像《夜郎君法规》这样一部较为成熟的奴隶制社会法典，出现在战国中期，特别是出现在西南夷这样一个偏僻、落后的夜郎国里，曾经令很多人不可理解。如果以中原文化为中心，觉得中原王朝尚且不配，那么对夜郎说来，当然就更不可为了。

我们认为《夜郎君法规》作为夜郎国的成文法，其历史的真实性应当肯定，首先是因为夜郎统治民族已经有了文字。

现在通过大量考古发掘，证实古彝文字出现很早。比如西安半坡出土陶器上的50个刻画符号，有22个与彝文字形、义相同或相近；威宁中水出土的陶文，不但与半坡刻符书写的风格一致，在13个不同的字中，有8个字与彝文字形、义相同或相近。又如龙山陶文中的文字，完全可以按照彝文释读，而半坡文化及龙山文化经测定，距今都已有5000年以上的历史。这与《西南彝志》、《彝族源流》等彝文文献中所记是一致的：相当于汉文献记载的"三皇"后期，夷人中就已出现"心想知识、口讲知识、手写知识"的高级知识分子，表明夷人早已有了文字。此外，贵州出土的彝文"万古擂钵"上的5个彝文字，战国彝文夜郎王印上的彝文字，特别是赫章可乐银子岩上的汉阳、平夷划界石刻，表明夜郎时代作为统治民族的夷人早已有了成熟的文字。《华阳国志·南中志》说："今南人言论，虽学者亦半引夷经。"这里的"夷经"，指的正是彝文献。丁文江先生经过仔细研究，曾提出彝文字同汉字"同源"的观点，诚如他在《爨文丛刻》的"序"里所说，彝族的文字"根本与汉文同源但是极早就与汉人隔绝，所以看不出他们的直接关系"。既然是"同源"而异流，那么汉字存在的历史时间也应当是彝文字存在的历史时间。如果从殷商时期的甲骨文算起，汉字至少有5000年的历史，那么，彝文字也理当如此。而这与上述考古学的成果也是可以互证的。至于某些彝文文献虽不能确证其形成的具体时间，但通过其中记存的历史事件及背景，进行多学科的综合考察，还是可以认知的。比如《夜郎史传》、《益那悲歌》等直接记述夜郎历史文化的彝文文献，即使是在夜郎国灭后成书，其记述的内容可能有口传过程中的"遗忘"或"叠加"，但其基本的框架和内容是不会改变的，否则就不可能被夜郎国统治民族中专掌祭祀和记史的毕摩或摩史记述下来，并传之久远。而《夜郎君法规》作为这个国家的重要法典，更是他们传述的重中之重，既不能

① 《慎子·威德》。

遗忘，也不能修改，其历史的真实性自然应当肯定。

夜郎民族有制定法典的传统和经验。

武益纳继位后，《夜郎史传》中说："在他地盘上，要有新法规。""君长定的令，人人要遵守。"好像这部"法规"就是出自武益纳一人之手。其实这是不大可能的。夷人先祖早已有制定法规的传统，据《爨文丛刻》等彝经记载，东汉时候妥阿哲部君长勿阿纳在与臣下议论治国之道时，就曾谈到武洛撮时代制定的《治国安邦经》。勿阿纳的臣子说："君长要万世握权，（要遵循）从前密阿迭的《治国安邦经》去办。"经文里讲道："后世的君臣，谁要掌好权令呢，（要坚守）君民一体的准则。没有仁圣之君，不能理好民事；没有贤良之民，不能守好君基。君主能施春露之恩，民奴就蒙受嘉禾之运。君主譬如人身的元首，民奴则是手足四肢，自首四肢不可分离；若是分离呢，人体就要成残废啦。……"武洛撮即汉文献中创立蜀国的蚕丛，与创立夜郎国的竹王世系均系夷人始祖希盂遮一脉相传的后裔。密阿迭系武洛撮的大毕摩，也是国师，作为蜀国当时的统治集团中人，已经开始"兴祭典、造文字、立典章、设律科"。① 对照《华阳国志 · 蜀志》所说："周失纲纪，蜀先称王，有蜀侯蚕丛，其目纵，始称王。"其生存活动的时代正值春秋之际，而此时已有治国安邦的大政方针，足见其政权形式已具雏形。我们知道，武益纳系六祖分封后武部第七代传人，六祖之父笃慕又系武洛撮第三代孙，那么，武益纳与武洛撮之间相隔10代，以每代25年计，两者相距已250年。如此漫长的时间，传承并进一步完善这些"典章"和"律科"，形成《夜郎君法规》，应当是一件可能的事。鉴于此，我们与其说《夜郎君法规》为武益纳时所创，不如说是对蜀国"律科"的继承，同时也集中了夜郎国十余代君、臣、师的集体智慧。当然，这并不否定武益纳在这部法规中的历史作用。他可能是对原有法规进行了补充修订，使之更为完善，特别是结合夜郎国战时的特点，加进了十分苛刻的法律条文，有新的发展，因而其奴隶制法规的特点才更鲜明突出。

我们不怀疑《夜郎君法规》是作为夜郎国武益纳时代制定的奴隶制法规，还因为这部法规与水西时代的"土司法规"存在着明显的差别。水西明清时代的土司安氏系六祖分支后默部慕齐齐的后代，以今大方县为中心建立的阿哲政权维系了1400多年之久。其散见于彝文文献及流传于口碑的犯罪制裁法有20余条。② 这部水西的土司法律与《夜郎君法规》之间，在刑法及部分民法中有明显的继承关系，如谋反、投敌、临阵脱逃、不孝、偷盗等的制裁以及用法的严厉都极为相似，但也有很大的差别，其

① 参见易谋远：《彝族史要》，297页，北京，社会科学文献出版社，2000。

② 参见王正贤：《阿哲方国论》，见黄美贤编：《建国五十周年彝族历史文化文学选粹丛书 · 历史卷》，56～60页，北京，今日中国出版社，1999。

不同处主要在于：

首先，水西法律是土司制度的产物。土司服从中央王朝的管辖，所以第一条“谋反制裁法”里惩处的谋反对象，包括“凡组织参加旨在背叛、推翻、篡夺汝模（君长，即土司）政权及当朝中央政权”，一律处以斩首。这在《夜郎君法规》中是不可能出现的，也是不可想象的。

其次，是宗族观念替代了国家观念，既体现出封建领主制法律的特点，也打上了夷人宗法制家族法规的烙印。《夜郎君法规》作为奴隶制法规，其中触处皆见的是君、臣、民字样，其核心是“处处效忠君”的观念，刑法所针对的主要是违背奴隶制国家及君主利益的犯罪行为；水西土司法规则没有这个国家臣民观念，取而代之的是“民（宗）族”观念，土司是民族或宗亲的代表，因此水西法律实际是维护土司（即领主）利益的。如第2条“投敌叛变”指的是“背叛和出卖本民（宗）族利益，投靠敌对民（宗）族的行为”；第3条“泄密制裁法”指的是泄露“本民（宗）族利益的重要机密情报”，“给本民（宗）族造成直接经济损失或重大损失者”；第4条“临阵脱逃制裁法”指的是“临战畏惧逃跑”或者“开展事关本民（宗）族利益的重大组织活动时”，借故不参加，也视为临阵脱逃罪。而上述罪行的惩处都十分严厉，除“泄密”一条情节较轻者挖眼、割舌外，一律斩首。

此外，水西土司法律中已经没有战时法规的踪影，民法成为其中最醒目的部分。如婚姻家庭法中将“谋夫夺妻”、“休妻”、“休夫”、“私奔”、“异族通婚”、“不同等级通婚”、“淫乱”、“乱伦”、“忤逆”、“不孝”、“乞讨”等都一一列入；而在民法及刑法中，增加了犯法者辅以“宰牛献酒”、“赔偿命金”、“酒肉道歉”、“赔偿收成”等方式。一方面是民法部分用法较《夜郎君法规》为宽松，另一方面与《夜郎君法规》中一般刑事案件动不动就用刑甚至罚为奴不同，水西法规对此类案件常采用罚赎金的方式，带有封建社会自由经济时代法规的特点。可见两种法规之间虽有继承，但差别也是很明显的。

综上所述，《夜郎君法规》作为夜郎国的一部法典，其历史真实性值得肯定。

《夜郎君法规》的修订与颁布，在夜郎社会中产生了巨大影响。正如《夜郎史传》中所述：“这些法令呀，定得真高明。这样一来后，四方各地呀，都按君令行，各地的臣民，都安分度日，谁犯上半条，就有死无生。”显然很快就稳定了夜郎国在夺取东、西濮之地后混乱的局面，并且依托可乐与古诺，发展了生产：“两大城池呀，基业发展快。牛羊肉丰富，每年天时好，五谷大丰收。美好的地盘，和平喜洋洋。武益纳定国，武益纳安邦，全靠这两地，发展基业的。”他建设可乐，修筑宫殿，以法治国，国力很快便强盛起来：“美好的日子，又过多少年。夜郎国各地，风调雨又顺，五谷大丰收，牛羊肥又壮。可乐大城呢，到处都练兵，武君的基业，从此奠定了。”

与此同时，因为法规的苛严、残酷，武益纳也激起了臣民的反感："武益纳君长，他的专横呀，和他的残暴，在那个时候，传遍了四方。"① 武益纳最终成为一个穷兵黩武、贪得无厌的暴君，在兄弟武堵土的反抗中丧失了权力，不能不说是一种必然的结局。

① 王子克、刘金才泽：《夜郎史传》，成都，四川民族出版社，1998。

彝族十月年的历史与变迁探析

邱运胜

在传统民间社会里，岁时节日是人们用于适应时间维度的周期性转变以调整生产、生活节律的社群活动日。正是借助它，人们才得以更加合理、有序地将信仰仪式、农事活动、社会交往、人生仪礼一系列关乎民间社会运行的生活事项排列在一根有节次起伏的时间链条上。岁时节日因其所具有的周期性、集体性、传承性特点，在漫长的发展流变中，逐渐成为节庆民俗文化的载体。它犹如一个没有边界的大花园，淋漓尽致地展现出各民族璀璨多姿的节日生活文化，古老的彝族十月年便是其中的一朵奇葩。随着现代化这一宏大叙事进程席卷而至，传统岁时节日文化也无可避免地在这一旋涡之中不断挣扎、传承和演变。在现代性背景下，传统的彝族十月年正在经历一次互动、调适与适应的过程，在年节内容、过年方式、年节功能等诸多方面都发生了新的变化。

一、彝族十月年的历史渊源

凉山彝族民间长老们关于“恒娄乃者、库娄乃施”的尔比（谚语），道出了彝族人民在每年“年中过节、年底过年”的古老习俗。所谓的“者”是“都者”的简称，即火把节，“库施”则是彝历年的首日。对于彝族“十月年”的起源，彝族远古先民留下了不少民间传说，彝汉古籍文献中也有零星记载，后世学者还专门进行了多方考证，并且得到了天文学界的科学证实。

欲考查彝族十月年习俗的真正由来，首先必须对悠远、古朴的彝族十月太阳历的历史进行追溯。在长年累月的生产生活实践中，彝族先民根据其对天体运行情况、气候表征周期性的转变和狩猎或畜牧作业的安排掌控，经过反复的摸索和验证，创造出了自己独具特色的十月太阳历。《史记·五帝本纪》记载了彝族祖先颛顼曾“载时以象天，治气以教化”，这说明早在上古时期，颛顼部落即已仰望苍穹开始了对天文历法的艰辛探索。云南省楚雄彝族自治州大姚、姚安等县彝族民间世代流传的创世古歌《梅葛》中唱道：“人来盘庄稼，要按节令盘；哪个来分年月日？天神来分年月日；一年十个月，一月四十天；分了年月日，盘田种地收五谷。”① 彝文古籍《爨文丛刻·解冤经》里记述了一年360天之内，东、南、西、北四方的神各主管72天，东南、西南、西北、东北的神共管72天，五个72天就是八神所管的360天，其余5天或6天没有谁来管，意味着人和神都休息，过年去了，这也是太阳历以360天为一年的遗迹。②

彝族十月太阳历法将一年分为10个月，用土、铜、水、木、火5种要素，分别配以公、母来表示：一月叫土公月，二月叫土母月，三月叫铜公月、四月叫铜母月，五月叫水公月，六月叫水母月，七月叫木公月，八月叫木母月，九月叫火公月，十月叫火母月。一年10个月，每月36日，一年10月终了，另加5~6天的“过年日”置于岁末。过年日通常为5天，每隔3~4年增加一天为6天。平均每年为365.2422日，与太阳回归年接近。十月太阳历以十二属相纪日，一个属相周为12日，三个属相周36日为一月。30个属相周360日为一年，年终加5~6日过年日。十月太阳历一年分为五季，每季分为雌雄两个月，双月为雌，单月为雄。十月太阳历的观象，与月亮圆缺无关，只与地球围绕太阳公转有关，故名太阳历。③

十月太阳历因其历史悠久、科学严谨、使用简便，引起了国内外学术界和天文学界的高度关注。1990年1月5日，法国海外科学院在巴黎举行中国彝族十月太阳历法专题讲座报告会，各国学者专门就彝族十月太阳历的科学价值和天文意义进行了探讨和论证。

自古以来，彝族人民依据十月太阳历法的规制，合理有序地安排自身的生产生活，欢度十月年自然也成了除火把节以外最为盛大的节日。彝文古籍《娄仇阿朵与朵姆格鲁》记载了彝族先民“十月初一过彝年”的古老习俗。汉文史籍中也有类似记载，清光绪《越嶲厅全志》卷十之二《夷俗志》：“十月朔日为大过年，必打牛羊跳锅庄，极贫者亦多买豆腐庆贺。”

---

① 云南省民族民间文学楚雄调查队：《梅葛》，77页，昆明，云南人民出版社，1978。

② 参见陈英：《彝族先民对祖国历史所作的贡献》，见中国西南民族研究会编：《西南民族研究彝族专集》，228~229页，昆明，云南人民出版社，1987。

③ 参见白兴发：《彝族古代文化》，40页，北京，社会科学文献出版社，2006。

二、彝族十月年的传统习俗

尽管传统的彝族十月年持续时间只有数日，但它却高度浓缩了彝族的节庆文化、伦理文化、饮食文化、社交文化和体育娱乐文化等方方面面的生活文化，成为彝族民俗文化的集中展示。透过十月年拜祖、祈福、迎新、拜年等各项年节活动，我们可以感受到彝族人民崇宗敬祖、团结互爱的精神内核。

彝族人民过十月年，一般历时三天。如贵州省威宁彝族回族自治县的彝族民众都在农历十月初一、二、三过年。①“农历的十月是彝族过彝年的时间。贵州省纳雍县、威宁县、织金县彝族在十月初一这一天，家家摆上丰盛的饭菜祭祖，并把祠堂打扫干净，在祠堂内燃放炮竹，摆上祭品，祭毕，把祭品带到族长家里一齐食用。”② 彝族年节历时三天之内容，初一是敬天日，初二是祭地日，初三是祀祖日。彝历年节十月初一、二、三敬天、祭地、祀故祖之俗，直到近现代仍存留于贵州彝族的年节中。③随着客观条件的变化，多数彝区就过年三天的内容进行了不同程度的改革。如凉山彝族年节三天，已各有一个专门的名称，各有一套特有的活动：第一天，彝族称为“库施”，活动主要有杀年猪、敬祭祖先和吃年饭等；第二天，彝语称为“多博”，活动的主要内容是大人们赛马、互相道贺和荡秋千，孩子们则玩游戏；第三天，彝语称为“库施博基”，意为欢迎故祖。④

云南省红河哈尼族彝族自治州蒙自县彝族民众“过‘十月年’的时间，在‘十月太阳历’的阴历（后五月）终了后的五至六天。这时农作物都已收割完毕，打落扬净，晒干入库。这时家家有吃有穿，心情格外高兴，以喜庆祈福为主题，载歌载舞庆祝过十月年。届时，家家户户除尘打扫、逐瘟送灾，沐浴艳妆、合家团聚，杀猪宰羊、盛陈酒馔，歌舞杂沓、送旧迎新，明烛求利、叩头求福，敬天祭祖、虔诚寄托，群相恭贺、喜气盈门，会饮盛庆、旬余不息。节庆期间走亲访友，家家大宴宾客，热闹非常”⑤。

据彝族学者王光荣调查，今云南省文山、富宁、广南等县和广西壮族自治区那坡

---

① 参见张民主编：《贵州少数民族·贵州省民族节日集会概况一览表》，284 页，贵阳，贵州民族出版社，1991。

② 王丽珠：《彝族祖先崇拜研究》，96 页，昆明，云南人民出版社，1995。

③ 龙正清：《略谈彝年》，1993 年 11 月油印稿。

④ 参见白兴发：《彝族古代文化》，334 页，北京，社会科学文献出版社，2006。

⑤ 比勒·禄阿兹：《蒙自彝族历史文化》，85 页，昆明，云南民族出版社，2006。

县滇、桂交界地，有一支自称“芒佐”的彝族，尽管人口不多，住地较分散，但因系几度迁徙而来，历史地形成了三种年节平行或混行的局面。首先是春节，他们同样以这个节日为当年第一个重大岁时活动。除春节外，当地彝族还有个开年节，其日期为初八、初十、十五，各寨不一。因彝家人以这个节日为新的一年的开始，并通过这个节日安排当年各个重大节日活动事宜，故称之为开年节，彝语称“嘈当包”，意为年节起头。第三为补度年节，相传滇桂交界地区的彝族经几度迁徙，于某年农历二月初十到达现居之地时，周围异族都已过完了年，为了补度岁首，父老们聚会饮酒，并第一次到舞坪上跳舞，相互安慰，沿袭成了这个补年节。①

凉山彝族谚语说：“火把节是眼睛的节日，彝族年是嘴巴的节日。”彝族是好客的民族，彝族年期间，无论是本地人还是外乡人，无论是拜年者还是观光者，只要走进热情好客的彝家，就成了上等宾客，迎面而来的是一张张热情的笑脸、一碗碗香醇的美酒、一盆盆风味独特的砣砣肉，还有可口的彝家冻肉和荞粑粑。

三、彝族十月年的现代性变迁

现代性发端于西方启蒙运动时期，它的主要特征之一是市场、商品、知识和劳动力的迅速流动。现代化给世界多元文化带来的直接后果是文化上的趋同，即同质化，亦可说是西方文化在全球范围内的无限复制。人类文化多样性正在遭受前所未有的冲击和挑战。古老的彝族十月年，从历史中走来，通过漫长的传承和凝练，饱含着彝族先人的经验智慧和丰富的民俗文化，已经成为具有浓厚民族特色的岁时节日。然而，随着时代的发展、历史的进步，现代化进程正以不可阻挡的巨大力量渗透到人们日常生活的各个方面。彝族十月年在与现代性的互动过程中，凭借着民间文化强大的生命力作出了自身的调适与适应。

1. 年节参与主体的变化

传统意义上的彝族十月年，尽管有全村寨或村寨间的百人对山歌唱、千人长街宴、万人左脚舞的壮观场面，但以家庭为单位进行操办的节庆仪式是其节日生活模式的主要形式。无论是凉山彝族年前的“觉罗基”（全家团聚日），还是前文中已经介绍过的“库施”、“多博”、“库施博基”，这些有关十月年的仪式活动在运作层面上的一个最主要的特征便是家庭成员的全体参与性。以十月年为载体，彝族家庭关系的聚合和族群文化认同意识的强化也正是以家庭模式的过年方式为媒介起作用的。

① 参见王光荣：《通天人之际的彝巫〈腊摩〉》，43~44页，昆明，云南人民出版社，1994。

传统彝族十月年的延续和发展，其最大的动因是该节日的深层文化结构在以往的岁月中处于一种相对平衡和稳固的状态。如今，随着现代化进程的不断加快和彝族村寨经济生活水平的提高，不少彝族家庭年轻成员的活动中心，已逐步由农村向城市转移，在这场波及面颇广的城乡"位移"中，打工和求学是其中最为突出的两种流向。由于受到现代化的冲击，十月年传统习俗在代际间的传承序列被其强势所阻断，这就使得传统十月年在彝族青年一代中的影响力和感召力逐渐削弱。在一些开放化程度较高的彝族村寨，过十月年几近成了年迈者和留守儿童的年节选择。

2. 年节仪式程序的简化

现代化是以人力、物力、财力等各项资源的快速流动为依托的，人们日常生活的节奏也不得不随之加快。在现代化背景之下，人们改变固有的生活方式来适应现代化的节律无疑是一种生存策略。

彝族十月年在传统上一般是以三天时间为整个节日过程，如再算上年前的准备时间以及年后的相互拜年、串门走亲戚的时间，长者可达五六日甚至十来日。辛劳了一年的人们，正是利用这秋收后的闲暇向祖先敬献新米以祈求来年更加丰腴，同时也让自身得以休养生息，并使家庭关系变得更加和睦。如今彝族村寨过十月年的情况发生了演变。据李维宝等人调查："冬天的新年，主要内容原是敬天祭祖、狩猎和以歌舞娱乐庆祝丰收……到了近现代，客观条件是已经无猎物可狩，歌舞娱乐和庆丰收活动也在许多彝区衰落了，就连敬天祀祖的这一重要的内容也进行了改革。笔者曾目睹了云南红河县大新寨的过新年敬天祀祖活动，那是用托盘盛上饭菜供品，由年长者端着举过头顶躬身，小孩叩头，整个仪式约一分钟，就算是天地神和祖先都供奉到了。有的农家连叩头也省略了，供献活动只有几秒钟，倒是'美食文化'普遍发达昌盛起来。"① 岁时节日里各种民俗事象的整合必须借助一定的时间跨度作为基础，彝族十月年仪式程序如此"碎片化"，必然会直接影响到其文化内涵的完整和深厚，也会减弱其年节意义的表达。

生活在城市现代社区中的彝族民众，过节方式更是发生了显著变化。他们或通过单位组织，或亲友自发组织，常常是以举行一场宴会的形式来庆祝彝族十月年，传统十月年的迎祖、送祖仪式变得不复存在。在年节宴会上，人们总结过去一年的工作、交流各自行业的信息、建立更宽泛的人际网络成为其主要内容，年节的功能也发生了变化。

3. 国家权力对年节的参与

在民族国家现代化的叙事话语之下，传统乡民社会会通过整合历史记忆中的文化

---

① 李维宝、冒蔚、罗葆华：《论彝族新年》，见云南彝学会、红河州民族研究所编：《中国彝族十月太阳历学术讨论会论文集》，149 页，昆明，云南民族出版社，1995。

资源来重构其文化生存资本，从而在现代性的强势语境中，保有它们相对自主的“话语权”。国家权力也正随着现代化的进程而“无孔不入”地向底层和边缘社会渗透，这促使国家权力与民间力量在对待民间传统文化时进行着双向互动。从近年来各级政府对彝族十月年的重视和各地民众对政府主导运作节庆的参与情况来看，彝族十月年的功能也被加入了公共仪式和集体活动的新意义。

在彝族十月年期间，地方政府部门出台专门文件安排各机关、企事业单位放假，无疑让人们在节日期间有了更多的空闲时间和更大的活动空间。如四川省凉山彝族自治州2008年彝族年放假7天，具体安排如下：11月20—26日放假，共7天。其中，11月20日、21日、22日为法定假日。11月22日（星期六）公休日调至11月24日（星期一），11月23日照常公休。11月29日、30日两个公休日调至11月25日、26日。① 这种以政府正式公文的形式对彝族十月年给予节假日身份的认定，在中国其他少数民族节日中是不多见的。2008年11月15日，笔者有幸参加了由云南民族大学彝学会主办的彝族十月年庆典活动。此次盛典吸引了在昆明工作、学习的近400名彝族领导干部、专家学者、企业家、艺术家、研究生和民间人士前来参加，其中昆明东郊子君彝族村（该村详情参见白兴发教授主编的《滇池东岸古彝村——昆明子君人的历史与文化》，云南大学出版社，2008年9月。）的乡村艺术团格外引人瞩目。子君人，又称子肩、子精、自杞，是彝族的一个支系。子君村，系彝族古村落，位于昆明市东郊。2008年10月7日，笔者曾随白兴发教授赴该村考察了重阳节敬老活动。这些平日里忙于农事活动的彝族中年妇女将富有乡土气息的表演节目搬上了城市的大舞台，城乡文化上的互动得到了真实体现。

4. 市场经济因素的介入

社会经济的发展，使人们的日常需求日益多样化。传统节日丰富多彩的习俗风尚和文化内涵，在商品经济的促使下，日益成为可供开发、利用的节庆文化资源，并形成了所谓的“节日经济”。彝族十月年文化资源的挖掘和开发，由于有了开发商、政府决策者、地方精英的共同推动，如今正方兴未艾。云南省楚雄彝族自治州兴建的中国彝族十月太阳历文化园，占地面积530亩，是以十月太阳历为主要标志，集中展示彝族优秀文化遗产的一个大型主题公园。每年十月年期间，都会吸引大批中外游客前来旅游观光。根据四川省凉山彝族自治州旅游统计部门公布的数据，2007年彝族十月年的第一天，凉山彝族自治州的西昌市、盐源县、冕宁县、普格县、雷波县四县一市共接待游客6.75万人次，其中过夜游游客1.28万人次，一日游游客5.47万人次，实

① 《凉山州人民政府办公室关于2008年部分节假日安排的通知》，凉府办发〔2007〕103号。

现旅游收入1521.23万元，接待自驾车977辆，酒店入住率37%。①

对于传统彝族十月年文化资源的旅游开发，在使各方都受益的同时，我们不得不作出理性的反思。在旅游资源开发与文化遗产保护的过程中，旅游开发商、政府决策者和民间力量必须有机地结合起来，将彝族十月年文化的发展和经济的繁荣放在民俗生活的土壤上，实现上下结合、表里结合。②

现如今，彝族十月年这个原本彝家大团圆的传统节日，简化成了部分家庭成员参与的短暂仪式行为。国家权力和市场经济因素的介入，使得彝族十月年的过节方式、年节内容、年节功能都发生了诸多变化，这一改变是民间社会和民族国家现代化之间互动的客观产物，也是拥有极大生命力的传统彝族十月年的策略和回应。

结　语

彝族十月年起源于古老的十月太阳历，厚重的历史积淀和天文科学价值使它成为彝族文化的旷世瑰宝。传统十月年节日风俗中融合的节庆文化、伦理文化、饮食文化、社交文化和娱乐文化等生活文化，又使彝族十月年成为彝族人民集体的历史记忆和生活世界的生动写照。当下，彝族十月年正在经历新意义的追加和固有传统的守恒，过节方式也形成了由家庭分散模式和集体集中模式相并行的格局。彝族十月年在现代化的社会条件下所经历的文化调适与文化适应过程固然始终贯穿着冲击和突变，然而，在古老节日和现代性语境的现实对话中，我们看到的，却是彝族人民博大的智慧所赋予彝族十月年的勃勃生机。

---

① 昭觉彝族服饰之花在西昌绽放［EB/OL］. 四川省凉山州旅游局网站 www.lszta.gov.cn/web/t6/main.jsp? go = newsDetail&cid = 9519&id = 47867, 2007 - 11 - 27.

② 参见王希恩：《论中国少数民族传统文化现状及其走向》，载《民族研究》，2000（6）。

二、传统宗教

黔西北滇东北彝族教会及其自立特征

东人达

历史上，在滇黔川毗邻彝族区域传播基督教的主要是英国循道公会传教团与中华内地会。在经历了多年不见成效的向交通线上的城镇的汉族人士传道后，循道公会传教士柏格理开始把目光转向少数民族。他于 1903 年深入四川凉山访问彝族，1904 年在昭通接待来访的贵州威宁苗族，并开始在黔滇川毗邻民族地区进行传教活动。

1905 年，威宁州（包括今威宁、赫章两县）的彝族开始组建教会，由此逐渐形成黔西北的威宁四方井、大定（大方）城关及滇东北武定、寻甸、东川、会泽等传教中心。在这些彝族地区教会的创建与经营中，传教士只是象征性地参与，全由会众负担费用，表现出极强的自立特征。

一、黔西北彝族教会

黔西北最早成立彝族教会的为威宁四方井，属于循道公会。后来，又逐渐形成了中华内地会赫章、大方传教点。

（一）威宁彝族循道公会教会

1904 年，黔西北苗族寻访昭通柏格理，他们称之为“龙年得道”，此事件产生了很大的轰动效应。威宁彝族随之跟进，1905 年大官寨土目安荣之向柏格理赠送了位于石门坎的 10 英亩（60.7 亩）土地以创建传教中心，并有多位威宁彝族参加了当年的圣诞节欢宴。在 1905 年的《柏格理日记》中，对安荣之赠地与彝族诸苏支系参加圣诞节有明确记载。

3 月 29 日

当我们同姓安的地主会谈的时候，他颇有收回以前许诺的意思，真是让我们忧心忡忡。经过长时间争辩，他终于答应在一个叫石门坎的地方给我们六百平方英尺的土地。这是一个我从来没有听说或访问过的地方。他还送给我一匹凉山马。这样，我们共等到了 10 英亩土地和一匹小马。而两天以后，我带着我们珍贵的契约离开了。行 30 英里后，我到达石门坎，并开始挑选我们的建房地基。①

12 月 25 日

去年圣诞节的主要特色是苗族人的光临。今年我们则首次有了诺苏客人。有三十多名黑诺苏前来，这都是王先生传教的结果。他们的外貌颇为与众不同，比苗族人更要粗犷，显得很刚烈。他们之中有一位是诺苏巫师，他教了我一些诺苏文字。据他们说，大约八九百家黑诺苏希望能够前来。这不是意味着诺苏人的得救最终到来了吗?②

从 20 世纪初到 1949 年，威宁县循道公会彝族教堂主要有四方井、威宁、色木戛、顶拉、卯大路、大桥、得姑路、哲觉、沙厂、大街子、青木戛、四十五户、哈喇河、色计罗、坝口、白岩脚、脚落、狗街子、锅底档、灼乐多、果回瓦等。

四方井一直是彝族教会的中心。1905 年，柏格理首创石门坎教堂。次年，就有彝族群众入教。起初，各族教徒礼拜活动均在同一教堂。后来，传教士因考虑彝族、苗族之间语言不通，习俗各异，遂于 1907 年按照民族分成两个教会，苗族以石门坎为中心，彝族以四方井为中心，分别组建各自的教会机构。柏格理自己主持石门坎，派美论义（又泽“美若愚”、“米弄一”）主持四方井的教会。此后，在彝族聚居区，逐渐建立了若干所教堂。

1911 年，昭通成立西南教区，下辖威宁苗族、彝族联区教会，据说分为 4 部，其中的东粟部、井宁部为彝族教会。但笔者调查的结果是，东粟部、井宁部皆指以威宁四方井为中心的同一彝族教会，另有云南彝族教会东川部。

1932 年，井宁教区彝族教会以龙街区四方井为中心，下设联区、堂口。1933—1949 年间，先后任教区区长的有：1933—1938 年，英国传教士马建忠；1939 年，英国传教士唐友德；1949 年，彝族牧师王仕泉。英国传教士在彝族循道公会教区服务的

① ［英］柏格理等：《在未知的中国》，东人达、东旻翻译注释，707 页，昆明，云南民族出版社，2002。

② 同上。

先后有8人，即美论义、何永学、郃幕廉、高志华、尹理凡、马建忠、唐友德、张绍乔。先后培养的彝族牧师有王天铨、聂文焕、安泽勋、安文明、余世清、安朝宗、安启云、金秉衡、王仕泉、聂文光、陆寿珍，他们均具有大学以上学历，神学知识渊博，在威宁西部享有很高声誉。①

此外，在威宁灼圃山梁子以东的县域内，也有一些彝族的内地会教会。

（二）内地会在黔西北的主要传教点

1. 结构彝族教会

1905年，内地会的党居仁到今赫章县的葛布兴建教会。葛布教堂教徒以苗族为主，但与苗族同样处于被剥削和被压迫状况的很多彝族、汉族佃农，也纷纷找到葛布，要求信教。因此，早期的葛布教会实际上由多民族成分组成。

1918—1919年，这一带遭受天灾，五谷不熟。负责葛布教会的英国牧师裴中谦从各支堂抽调24名教牧人员，分赴彝族村寨，施行“教会赈济”，发放粮、盐、赈款。后来还在葛布杀牛，请各地饥民前来吃肉，领取赈粮，以至这个山村饥民云集，人山人海。当时朵俄土目与火抹戛土目为了争夺阻母戛土目的绝产，连年械斗，强迫佃户充当兵丁，导致了不少无辜青壮年的死伤。朵俄土目安少春平素凶悍，排行老四，人称为“四豹子”，但在洋人面前却十分驯服。群众又听说信教可免当兵丁，于是葛布南面许多村寨的彝族佃户，形成了入教高潮，以寻求洋人保护。当时，在赫章的阿维寨、诺素、板房、珠市、者老各、涝地、发窝寨、茶树、坪子上、马圈岩、龙井，威宁的大板底、老布营、海戛、戛泥块、新官寨、木城、色后古，水城的左女等彝族村寨，都建立了教会。

随着大量彝族教徒的增多，葛布教会中就出现了苗族、彝族语言不同及习俗各异的问题。针对这种情况，1920年春，英籍牧师乐克敦与加拿大牧师贝尔克，将教会划分为葛布、结构两个总堂。苗族教区以葛布为总会，由乐克敦负责；彝族教区以结构为总会，由贝尔克负责。这样，内地会就形成了不相隶属的两个体系，各自与教会联系。

“贝尔克到结构后，用200余两银子向当地安姓买了一片土地（约五市亩），大兴

---

① 参见杨德友：《基督教在威宁等地的传播情况》，见中国人民政治协商会议威宁彝族回族苗族自治县委员会文史资料研究委员会编：《威宁文史资料》（第二辑），1986；威宁彝族回族苗族自治县民族事务委员会编：《威宁彝族回族苗族自治县民族志·彝族篇·宗教》，贵阳，贵州民族出版社，1997；威宁彝族回族苗族自治县宗教事务科、宗教志撰写领导小组：《威宁县宗教志》，1988年12月初稿。统计表中原统计数字中大桥、哲觉教堂建立的时间有误，根据《柏格理日记》，这两座教堂应该建于1915年柏格理去世之前。

土木，修建小洋房和教堂，并利用教堂开办教会小学。1925 年教徒增多，原有教堂容纳不下，在贝的授意下，以安永清、安定光、安廷忠、安廷良、安文良等为首，并请四方井的王彼得牧师（彝族），发动教徒募捐，出义务劳动，另修一栋长 6.2 丈、宽 3.2 丈、高 2.5 丈的大教堂。石墙瓦顶，可容千人，花去银元 800 多元。”①

1925 年，贝尔克调离结构，加拿大牧师文道成接任。文道成注意学习彝语，了解彝族风俗习惯。20 世纪 30 年代初，文道成召集通晓彝、汉两族语言的杨彼得、安文良，利用国际音标，制成一套彝语声母和韵母，编了一本彝语拼音赞美诗出版。1936 年文道成调任贵州教会监督，新西兰传教士来结构，1940 年离开。此后，结构总堂事务由驻葛布的外籍牧师代管。

结构彝族教会建立后，教会总长老为安约翰、文正榜，总传道为李朝阳，传道为张庭光、陶德宽、张提多。

最初，结构教会下分为东、中、南、北 4 个部。1925 年，为了便于管理，文道成把辖有支堂最多的南部教会划分为南一、南二、南三、南四共 4 部，各部都任命负责人管理。具体情况为：

东部教会下辖家竹园、照子沟、马戛箐、依姑 4 个教堂。

中部教会下辖扯拖倮、罗那娥、蛇期戛、大毛姑、小毛姑、岩头山、色居河、以都戛、营盘、高坎子、嵩戛垭口 11 个教堂。

南部教会下辖 45 个教堂。其中：

南一部下辖得着沟、三望坪、甘燕塘、玩马坪、鸡骨寨、张家院子、以扒块、九谷寨、岩洞门前 9 个教堂；

南二部下辖板底、麻窝寨、罗布营、雄姑、戛泥坎、妥丕寨、石垭口、扎都、内一冲子、海子边 10 个教堂；

南三部下辖株市河、大坪子、霭禄、板房、诺素、何文寨、新官寨、者老格、生石块、发窝寨、老弟沟、马圈岩、茶树、杉树箐、坪子上、海子堂、顺马坎、大山脚 18 个教堂。

南四部下辖赛该古、木城、左扭、龙泉、以那、龙井、发达、登亨 8 个教堂；

北部教会下辖甘河沟、初初、洲波、安溪沟、官房、安家寨、以罗寨、阿辅寨、大大地、大小地 10 个教堂。②

---

① 王明道、李朝阳遗稿，龙宪良整理增补：《基督教传入威宁、赫章对彝族、苗族文化的影响》，见中国人民政治协商会议贵州省赫章县委员会文史资料研究委员会编：《赫章文史资料选辑》（第一辑），76～77 页，1985。

② 参见杨德友：《基督教在威宁等地的传播情况》，见中国人民政治协商会议威宁彝族回族苗族自治县委员会文史资料研究委员会编：《威宁文史资料》（第二辑），1986。

上述各教堂均分别设有传道、长老、执事等工作人员。

2. 内地会的大定、毕节教会

开创大定传教点的是德国东部基督教组织“姊妹会”的女传教士。姊妹会是一个参与内地会活动的一个小差会，其文化与宗教背景都与戴德生、党居仁等有明显不同，其成员都是具有母性仁慈心理的女教士，因此在整个宣教活动中就表现出不少超出内地会传统的特色。如在教会教育方面，培养人才更为放手、大胆；在社会公益事业方面，更为热心。

姊妹会的几位女教士来华后，先在安顺学习了一段时间的汉语，1912 年才到大定着手创建教会。先来的 4 位传教士是巴宽敬（去世于大定）、包宽爱（1934 年去世于大定）、苏宽仁、韦宽良（因病回国），以后来的有晏玉英、符克伯（去世于大定）、司真秀、李喜德、海贞利（瑞士籍）、陶贞德（去世于大定）、毕婉德、孔启珍。

巴宽敬等于 1912 年到大定城以后，便积极开展医疗和宣教活动，并在城内西门学院坝（今文星街）购得一块地基，于 1916 年正式建成福音堂。故民国十四年《大定县志 · 风土志》记：“民国五年，始有福音堂。……奉福音教者，多系乡间土著苗民。……福音教徒，会者一千余人。”

在大定少数民族中，首先信奉内地会的是东关林、安乐两个彝族村寨，两个村寨的教堂建起后，消息迅速传开。于是核桃坪、公鸡山、中箐、法窝等彝族村寨纷纷信了教，并在这些地方建立了支堂。

黔西北重镇毕节城，位于大定城西约 60 公里处。1921 年，女教士苏宽仁、晏玉英、海贞利由大定到毕节城关开展活动。由于城内居民以汉族为主，传统文化占有绝对优势，所以她们的活动困难重重，宣教 5 年后，信教者屈指可数。为了打开局面，她们于 1926 年在毕节城开办了学校、医院，大力开展戒除鸦片烟活动。又于 1931 年在距毕节县城以西 30 多公里的撒拉溪购置土地，修建房屋，开办了麻风病院。并从大定、威宁及云南镇雄调来有经验的中国布道员，到乡间游说布道，终于建立了摆溪、在块、熊家坟、官火地、乌佐的教会，会众约 800 余人。在此基础上，内地会继续扩展，在镇雄县建立了若干教会，还在四川叙永和贵州赤水、仁怀、遵义一带进行布道。①

① 参见张承尧：《大定（大方）县基督教内地会创立的经过情况》，见贵州省人民政府宗教事务局宗教志编写办公室：《贵州宗教史料选辑》（第二期），25 页，1987。

二、滇东北彝族教会

葛泼是西南彝族的一个重要支系，较为广泛地分布于云南各地，其中，寻甸、东川、会泽等地为葛泼的主要聚居地。在这个地域内，就彝族而言，还有诺苏支系居住。

关于近代滇北彝族基督教运动的情况，在早期英国圣经基督教教会传教士的《柏格理日记》、王树德《石门坎与花苗》中以及后来循道公会联合会的年轻一代传教士甘铎理《在云的那一边——柏格理传记》中，都有所记录。

《柏格理日记》中1911年的记述：

> 10月1日
>
> 和埃文斯先生一起离开会泽，前去老鹰山访问。一整天都是在乡下艰难地行走，进入了一万到一万二千英尺高的山中。今天，我同一些操着与诺苏相近似语言的“葛泼”或者叫“甘彝”的人进行了长时间交谈，他们在此逗留了很大一会儿。我很愿和他们同行相处。我们沿着从石门坎来的苗族传教士杨芝的足迹，从这个村寨到那个村寨，有时是葛泼人的，有时是苗族人的。其间，感到非常愉快，因为他已经赢得了这些人的心。我们所到之处，他都受到欢迎，这的确是一种幸福。晚上的礼拜别有情趣。讲坛的正前方有一个好似放讲稿小台架的粗糙的松木架，架子上面则放着两块石头。石头上燃着一堆松木火，以供全室照明。粗制讲坛上的火焰照亮全屋，就好像是一些拜火教者的仪式。群众把他们自动带来的松木碎片扔到面前。某位老者就负责视其需要往火中填加。有时火光渐熄，我们相互之间都看不太清。于是，就有新的细木柴被小心地置于火头上，这样，一股熊熊的火焰就在房中腾起，带着巨大的光彩和温暖照亮了所有人的面孔。①

而《石门坎与花苗·挑战》则带着未能满足葛泼人要求的遗憾：

> 再骑上我们的马向南行进五天，就会突然走出被我们称之为“奇异景观”的一个关口，看到地理位置优越的东川，在这里，我们要和F. 科特尔牧师夫妇一

① ［英］柏格理等：《在未知的中国》，东人达、东旻翻译注释，769页，昆明，云南民族出版社，2002。

起度过周末，他们会热情欢迎我们，并介绍他们在这座孤立守旧城市中的发展计划，使我们倍感温暖。礼拜一早上，我们又向南出发，经过三天艰难的旅行，就进入叫做功山的蔓延的街区。时而向右，时而向左，散乱的房屋就像开在山上的野花，我们于此地有3000多名葛泼会众，二十多年以前，他们被引入苗族信教运动漩涡，抛弃了他们木质和石质的神像，开始外出寻找救世的上帝。那里是又一次失败的记录，或者称之为悲剧，因为我们的工作人员一直没有能力满足这些群众的需要，作为社会阶层，他们高于苗族，却又低于汉族。带着因无法满足葛泼人呼喊召唤的心理痛苦感，我们上马继续缓驰三天多的时间，即进入既古老又现代化的城市昆明，在我们的第二座小教堂中向外一瞥就可得出这种结论。①

如果说，属于英国圣经基督教教会的柏格理、张道惠与王树德是滇黔川的第一代传教士，那么甘铎理、张绍乔、张继乔等，则是英国基督教卫斯理宗的几个教派于1907年合并后的循道公会联合会传教团的年轻一代传教士。

甘铎理《在云的那一边——柏格理传记》中记载：

第二个巨大的机会出现在从石门坎向西南走八天的地方，这是一片苗族与葛泼人共同杂居的广袤山区。传教士的帮助仅限于早期的几年，以后由于工作人员的不足就撤走了，留下他们自我拯救。热情的葛泼属第一批接受福音的人，希望进行像业已发生在苗族人中的那样的革命。因为给他们的帮助都是象征性的，便不会为他们的希望一直未能实现而吃惊。巫师的势力从来未被彻底粉碎过，你仍旧能够看到他们在村寨中来回走动并明白他们对于病人的求助是召之即到的。从来就没有一名医生或护士的足迹踏进过他们的地域，全民族只有一位姑娘接受过简单的中等学校教育，第一个葛泼人就在最近得到了被培训成护士的机会，虽然如此，无论如何都是一个值得庆贺的开端。那里的葛泼村寨愿意并时刻准备加入基督教教会，在过去的20年里，仅有一位传教士走访过他们一次。许多村寨仍然保持着他们早熟的热情，他们修建起小教堂，学唱赞美歌，尽管不合格的指导注定无法实现他们的皈依。②

① ［英］柏格理等：《在未知的中国》，东人达、东旻翻译注释，437页，昆明，云南民族出版社，2002。

② ［英］柏格理等：《在未知的中国》，东人达、东旻翻译注释，594～595页，昆明，云南民族出版社，2002。

张绍乔、张继乔的《在未知的中国·张道惠夫妇在石门坎（1904～1926年）》中介绍：

柏格理返回石门坎以后，张道惠夫妇开始休假。他们离去期间，王树德牧师被派往石门坎协助工作。张道惠夫妇度假归来，很失望地发现石门坎已不再需要他们，于是被派往东川。张道惠先生和一位年轻的汉族同事梁发其牧师一起，共同主持东川城内的学校与教会，张道惠夫人依旧掌管医疗所事务。东川的南边散布着无数苗家村寨，这一地区的中心是一座以汉人为主的城镇寻甸，一支名为葛泼的彝族人正在寻甸城里展开一场皈依基督教的新运动。在一群苗族布道员的帮助下，张道惠先生组织并指导了此项工作，他不仅创办了三十多个礼拜堂及学校，还在寻甸城内建立起第一个基督教教会。①

由于是张绍乔主持创建了葛泼教会，见证了这个历史过程，所以他先后在循道公会联合会传教团刊物《传教士回声》上发表了《云南的葛泼人》、《云南的葛泼人(续)》与《葛泼地域的八周巡礼》三篇文章，成为我们能见到的关于近代滇北彝族葛泼与诺苏支系基督教运动的最为详尽的资料。

在彝族葛泼支系散居的广大滇北多民族地域内，早在20世纪初期，就兴起了基督教运动。将基督教传入的首先是柏格理以及与之同行的苗族、汉族布道员。由于循道公会与中华内地会的友好关系，后来柏格理就将以洒普山为中心的多民族教会交由内地会传教士郭秀峰经营。大致的过程为：

楚雄州境基督教（指新教，下同），最早是由英国传教士柏格理于1906年从昭通传入武定苗族地区的。1906年，武定洒普山苗寨一位姓龙的老人，因两个孩子染上麻风病，急得四处寻医。当他在刚从贵州搬来发窝阿庆争村的苗族马爱福口中，得知“安顺有一种红头发、蓝眼睛的人，什么病都能治好，而且不要钱”的消息后，便立即卖掉家中仅有的一条耕牛做路费，到贵州安顺找到英籍牧师党居仁求医。党居仁以安顺不属云南管辖为由，把他们介绍给在昭通的英籍牧师柏格理。一个月后，柏格理带着随行人员（包括几个苗族教徒），经昆明、富民到武定洒普山，对滇北各县进行调查。到洒普山后，由本地苗族作向导，行经长岭干、插甸、大龙潭、七棵树、万德、环州、高桥、猫街、迤纳厂、鸡冠山，到达禄丰大箐，然后经富民的麻地、烧其凹，嵩明的牧羊返回昭通。这次调查，柏格

① ［英］柏格理等：《在未知的中国》，东人达、东旻翻译注释，799页，昆明，云南民族出版社，2002。

理掌握了滇北地区的社会历史资料、了解到当地各少数民族的贫困落后状况，认为这对他传教是极为有利的。1906年，柏格理带着澳大利亚牧师郭秀峰和随行人员，经会泽、东川、晋渡河、禄劝到达洒普山。然后沿第一次所走的路线到高桥，再经小鱼塘、猫街到禄丰大箐，召集大箐周围苗民听他讲道。他还用苗语编了一首歌教来听道的群众唱，歌词大意是：我不想走啊，我想留，我心中装着你们苗家两万人。我要驱赶魔鬼、拯救世界，你们跟随主吧！大箐传教后，柏格理等人返回武定，同县政府交涉关于在洒普山修建教堂和办教会学校等事宜。交涉妥后，即回洒普山集合村民开会，宣布郭秀峰为"基督教滇北内地会"牧师，留下筹建教堂和教会学校，柏格理则返回昭通。①

据1913年《传教士回声》中斯特德福特的《葛泼部落》一文中记载，他们的基督教运动应起于1909年。该文讲述了彝族葛泼分支基督教运动的由来：

另外一个中国西部的土著部落正在开始敲打我们的大门，请求给他们派去布道员与教师。东川的埃文斯牧师已经发现了大量的这类人，并在尽他的最大努力将福音带给他们。

根据埃文斯先生的描述，他们居住在距离东川城两三天路程之内的许多村寨里。其中有些人参加了老鹰山的苗族教会，而早在4年之前，埃文斯先生偕夫人就访问过一些葛泼人的家庭，并邀请他们听福音讲道。可以说目前的运动在很大程度上是早期辛劳的结果。由于埃文斯先生在这些人居住的地区进行了一次为期几个月的深入旅行。他走访了19个村寨，随行的汉族布道员傅先生，则在不同方向访问其他村寨，总共发现了有2600位葛泼人盼望得到基督教信仰的教育。在东川南部居住的3000多人中，同样存在着这种活跃的情况。埃文斯先生打算在新年之初就拜访他们。

埃文斯先生中肯地问："如果我们受命向所有的民族传播福音，他们是否将听到或是否将学会克制，当人们叩击我们的大门并要求得到教诲的时候，我们的职责又会增加多少？而我们循道公会联合会的大门是葛泼人惟一能够敲响的大门。"②

---

① 楚雄彝族自治州地方志编纂委员会编：《楚雄彝族自治州志》，77~78，北京，人民出版社，1996。

② C. Stedeford, *The Ko-pu Tribe*, The Missionary Echo, 1913, pp. 4~5.

在原载于 1917 年《传教士回声》上的张道惠的《葛泼地域的八周巡礼》中，记载了昆明市寻甸回族彝族自治县域以老鹰山为中心的基督教教会的盛况。用他的话来说，是“我们有幸目睹了一些正在被创造的历史”，其中包括教会、教堂、学校以及周边彝族诺苏支系的信教情况。文章对于彝族教会的自立、自养情况大加赞赏。①

三、柏格理等传教士对彝族文化的态度

自身的民族与阶级归属背景，决定了参与滇黔毗邻彝族基督教运动的传教士对于我国各民族传统文化所采取的理解与宽容的态度，因此大大促进了教会的发展，也增加了本色特征。

英国居民由若干民族构成，除英格兰、苏格兰、爱尔兰、威尔士、北爱尔兰几个主体民族外，其他几个少数族群人口不足总人口的 3%。而本文涉及的圣经基督教教会传教士大多来自英国西南部的德文和康沃尔两郡，属于英国的少数族群。因此，柏格理与最初负责过威宁彝族教会的美论义、郃幕廉等以及开创云南彝族教会的埃文斯、张道惠等传教士，都对彝族传统文化抱有一种理解与宽容的态度。

例如柏格理，据其子沃尔特追述：“这位名叫塞缪尔·柏格理的传教士祖先的传说，就是有关康沃尔西部地区，罗马人入侵布利吞，岛上居民逃往西部山区，并在那里建立起一个名叫柏格理的部落以及世代居住在康沃尔直至今日这一部落后裔的传说。”② 这个群体又都出身于英国下层的劳动者家庭。柏格理、张道惠夫妇等都出身贫寒，柏格理的父亲“是一位土生土长的帕兹托人，生于 1826 年 3 月 1 日，他属于工人阶级，曾作为一名机修工在查塔姆的船舶修造厂工作过若干年”③。

面对中国人民汹涌澎湃的义和团反帝运动，柏格理郑重声明：“我们来中国，是因为我们相信，乃上帝派我们来让这些人了解基督福音。我们在这里不是政治代理人，不是探险家，不是西方文明的前哨站。”④ 作为滇黔川边少数民族基督教运动的开启者，柏格理对于彝族传统文化很早就抱有一种难得的理解与欣赏心理。

---

① H. Parsons, *Eight Weeks* “*Ko－ing*”, The Missionary Echo, 1913, pp. 23～25。

② ［英］沃尔特·柏格理：《柏格理在中国》，苏大龙译，1 页，贵阳，贵州省民族研究所，1989。

③ W. A. Grist. Samael Pollard, London, New York, Toronto and Melbourne: Cassell and Company, LTD.

④ ［英］柏格理等：《在未知的中国》，东人达、东旻翻译注释，665 页，昆明，云南民族出版社，2002。

早在昆明、会泽、昭通传教的早期岁月里，柏格理就主动地接触与学习彝族传统文化。他于1890年记载："3月24日。访问了三个村寨。第一个寨子的居民都属于诺苏部落。这个寨子位于一片开阔的荒野地带。我们唱了一遍又一遍，直到出来相当大的一群人。这些人崇拜上天和他们祖先的牌位。他们不兴缠足，也不和汉人通婚。"①

1891年，柏格理开始与彝族人密切接触。"1月29日。到一个农村集市。遇上几位罗罗妇女。据她们说，30里之外还有一个乡场，那里都是罗罗人。我希望自己能为罗罗人做些事情。""2月1日。在城里，我们刚刚做完午礼拜，就来了两位罗罗人。其中有一位以前来过。我跟他已经学了大约一百个罗罗语单词，他答应以后再来。""2月2日。上午，那位罗罗人又来了，约定晚上来教我。感谢上帝。""夜晚，我上了很长时间的罗罗语课。""2月3日。晚上，罗罗人来了。我送给他们一些关于耶稣基督身世的图片，而他们又给我讲了很好的一课。他们想邀请我去他们那里，在世代不和的村寨间充当调解人。如果这种方式行得通，我是会前往的。'猓猓'一词是对他们的贬称，而在那次造反中，他们杀掉了任何敢于这样侮辱他们的汉人。""2月12日。一位名叫波塔科的罗罗人来到，要求我帮他保存两块银币。"②

1903年底，柏格理冲破种种阻挠，深入四川凉山访问，他被彝家罗洪支系收为养子，起了彝语名字"罗洪呷呷"。访问期间，柏格理在日记中对彝族文化感叹不已：

如果我们能对这些人群了解更多就好了。这些部族在汉人的后代迁到中国中部之前曾生活在那里，但后来被赶到了西部。他们太强壮了！没有谁能彻底消灭他们；也没有一般足够的力量能够占有他们；他们就这样在大汉族的压力下生存下来。

在所有部落民族中，唯独诺苏具有一种文字性语言和文学作品；但数量不多的书籍实际上为巫师和医者所垄断。它是一种奇特的象形文字性语言，存在于汉语语言区域之中。诺苏或凉山人声称，西藏人就是他们种族的衰微的一部分。或许，我们在这里遇到的是全世界最古老民族中的一支。

逗留在这些质朴的人民之中，使我确信，无论是在他们的家里，还是在这些人们中间，完全值得我们竭尽全力向他们宣讲福音。凡是所到之处，我都受到热烈欢迎，从未碰到以前汉人曾经给过我的那种冷遇。

在凉山地区的漫长旅途中，我们没有发现村寨和城镇。诺苏是唯一抵抗了佛

① [英] 柏格理等：《在未知的中国》，东人达、东旻翻译注释，622页，昆明，云南民族出版社，2002。

② [英] 柏格理等：《在未知的中国》，东人达、东旻翻译注释，627页，昆明，云南民族出版社，2002。

教推进的人群。远东的绝大多数人民都已经被从印度传来的佛教征服了，但诺苏却坚决地防止了任何信仰佛教的种族使他们偏离自己祖先文化的影响。我发现在那里没有庙宇，同样我也没有看到任何种类的偶像或造像。与汉族人比起来，姑娘妇女的地位要高得多，没有实行缠足，也绝没有杀害婴儿的情况。

无论何处的坟墓都没有标志，这与死人比生者占据更大地盘的汉族有着惊人的不同之处。在诺苏地域，人去世后怎么办呢？就全由火和风去掌握奥秘了。每当一个人去世，就把尸体搬出去，穿戴亦如生前，送到山野中某个地方。在那里把死者撑放成坐的姿势，周围摆上干草和易燃的木柴，这些木柴很容易从至今仍然生长在那里的参天大树上获得。柴草被点燃，一直烧到所有的东西都化为灰烬，这些灰就宁静地待在这里，直到它们被风吹光。①

四、彝族教会的自立特征

由于循道公会传教团的人手十分紧张，仅指派一名传教士负责一个教区，偌大的一片区域与数十个教堂，就只有依靠彝族神职人员经营管理。在这种背景下，各地彝族教会就呈现出明显的自立特征，创建教会的人财物力全部由自己负担，日常教务管理都是彝族布道员进行，彝族人自己兴办了多项进步的社会事业。这种趋势，奠定了教会向自立、自养、自传方向发展的基础。

1. 依靠自己的力量兴办教会

由于彝族整体的经济实力要高于苗族，诺苏支系掌握着乡村的土地所有权，所以在兴办教会中显现出更为浓厚的自主色彩。就如当时的英国传教士甘铎理所评价："他们个性粗犷，不屑于像苗族人已经做的那样，聚集起来形成一个运动。但是自从柏格理初次在威宁地区旅行以来的时间里，他们一直受到传教士的友好对待，因此在我们很少帮助的情况下，依靠自己的力量形成了一个强大的诺苏教会。他们之中涌现出许多优秀的基督徒，在叛乱与土匪横行的日子里勇敢地坚持了自己的信仰。""如果他们都成为基督徒，当地的面貌就将大不相同，一个坚固的诺苏教会可以帮助所有的各个部落，因为他们是天然的领导人。"②

柏格理于1915年6月走访威宁哲觉、大桥一带的教会时记载："继续我们的旅行

---

① ［英］柏格理等：《在未知的中国》，东人达、东旻翻译注释，681～682页，昆明，云南民族出版社，2002。

② ［英］柏格理等：《在未知的中国》，东人达、东旻翻译注释，595页，昆明，云南民族出版社，2002。

到大桥，那里有二百人在做礼拜，我们在安先生诺苏式的家中，受到得体的招待。走到一个去处，发现那里有供做礼拜的建筑物，而不是挤在小屋子里聚会，这一点倒令人感到惬意。据他们说，在这方圆 20 英里内将要建立十几个教堂。”①在此例中，柏格理不像教会的主持者，倒像是一位参观彝族教会的客人。

云南彝族的葛泼支系同样依靠自己的力量创办了教会。张道惠的《葛泼地域的八周巡礼》记载了彝族人捐资办学与建立小教堂的情况。例如，对办学的慷慨支持：“为学校提供的支持慷慨大方。将近 700 户家庭响应号召，自愿被征收一个半开（辛亥革命后云南流通的一种银元——译者），以解决在葛泼人中学校的日常开支。其中许多人没有男孩或女孩在学校读书，因此期待他们捐助别人孩子的教育可谓是一件了不起的事情。”又如自建教堂：“小教堂的建设在进展。为新教堂的 9 个选址已经被确定。‘老师，我们将在哪里建堂？’‘您只要指出最适合的地点，我们就会把教堂竖立起来。’这是一个又一个村寨的请求。这些建筑中的绝大多数马上就会建立起来——营建费用全部由原住民支付。当这些小教堂竣工之后，葛泼人将拥有近三打的教堂——在过去的三年中平均每个月增加了一座新的，并且没有遗留任何债务。”②

2. 由中国人管理教会的日常事务

威宁循道公会彝族教会的五个小联区，联区长与所属教堂的执事均由彝族神职人员担任，自主管理教会事务。各联区具体情况如下：四方井小联区先后担任区长的有：1933—1942 年，陆寿珍；1943—1949 年，安启云。威宁小联区先后担任区长的有：1933—1942 年，安启云；1943—1945 年，英国传教士唐友德；1946—1949 年，王仕泉。大街子小联区先后担任区长的有：1935—1942 年，聂文焕；1943—1949 年，余世清。四十五户小联区先后担任区长的有：1935—1942 年，金秉衡；1943—1946 年，王仕泉。大桥小联区先后担任区长的有：1935—1942 年，安朝宗；1943—1946 年，唐必贤。

本文涉及的云南彝族教会分布的区域从昭通府一直到今昆明市辖区内的寻甸回族彝族自治县。由于循道公会传教团的人手本来就十分紧张，对于昭通与石门坎周边的传教站点，还能坚持进行巡视与指导，而对滇北彝族部分就鞭长莫及了。于是就采取了从石门坎派出苗族布道员与教师，与当地彝族人共同管理教会与学校的方式。

原载于 1914 年《传教士回声》上的张道惠的《一位花苗人杨芝》，专门记载了从石门坎走出来的苗族布道员、老师与《圣经》导读者杨芝，多年在滇北彝族中独当一

① ［英］柏格理等：《在未知的中国》，东人达、东旻翻译注释，789 页，昆明，云南民族出版社，2002。

② H. Parsons, *Eight Weeks “ko - ing”*。The Missionary Echo，1917，pp. 23 ~25。

面的工作："这是上万个葛泼人衷心欢迎与高度尊重的一位男子，荣誉来自他担任'老师'光荣称号的任期。当我们看到并评价他的工作时，不禁大声喊：'上帝做了什么!'这是一个被他人轻视的苗族人。比起受命前去服务的人群，他的社会等级低下，身体柔弱，但是却为他们所接受，并成为他们公认的精神领袖。如果对某个行动过程有疑问，'那就''问一问杨老师'；以及'杨老师说……'这就是决定性的话语。"①

3. 彝族人自己兴办的进步社会事业

（1）解放农奴

由于受到《圣经》与传教士的平等思想影响，有些作为土地主人的彝族信徒主动解放农奴，进行社会改良。柏格理于 1907 年 9 月 23 日写道："当地一位失明的诺苏成为基督徒后，他释放了他的全部奴隶，还烧毁了束缚着他们的契约。他宣称，他们可以留下来当他的佃户。在他的劝说下，他的侄子也照此办理，而其他人家亦纷纷效仿。经其劝说，有些人还烧毁了他们的神位。"②

（2）彝文翻译

大定县东关乡彝族罗文笔（1868—1947），著名的彝文翻译家，是把基督教教义翻译成彝文的首创者。此举对于基督教本土化具有重要意义。

罗文笔先是读了基督教的《劝世文》，"不久，他就约杨华英一道进城去记名入教，他俩每逢星期从不间断地去城里作礼拜学道。回去又向群众宣传。在他俩的带动下，罗家寨的彝族就信了基督教，建立了支堂。这是营盘街'宣道所'结出的硕果，也是'姊妹会'在大定首创的第一个彝族教会。为了照顾不懂汉语的妇幼，罗文笔又用老彝文翻译了十多首诗歌教群众唱"。"这些由本民族语言文字译出的诗歌，富有传统的民族感情。使人一看喜形于色、乐于歌诵。""由于东关林，安乐两地的彝族群众热心信教，远近来往的亲友也受到影响，互相传说：'到城里去读耶稣（彝书）。'于是核桃坪、公鸡山、钟箐、法窝等地彝族聚居的村寨都纷纷到城里去找福音堂，要记名入教、读耶稣（彝书）。这样也先后建立了支堂。"③

（3）教育事业

彝族教会在办学方面，似乎做得更为在意。以威宁县为例，彝族教徒总人数要远远少于苗族，但学校数目却多于苗族。新中国成立初期的统计数字如下：

---

① H. Parsons，Yang Chir（Sheep Branch.）*A Flowery Sprout*，The Missionary Echo，1914，pp. 241～243。

② ［英］柏格理等：《在未知的中国》，东人达、东旻翻译注释，738 页，昆明，云南民族出版社，2002。

③ 张承尧：《大定（大方）县基督教内地会创立的经过情况》，见贵州省人民政府宗教事务局宗教志编写办公室：《贵州宗教史料选辑》（第二期），21 页，1987。

苗族：共有教堂16座；有统计数字的15座教堂共有教徒8 740人，平均每座教堂582.7人；有16所学校。

彝族：共有教堂23座；23座教堂共有教徒1110人，平均每座教堂48.3人；有23所学校。①

教会学校带动了整个威宁的民族教育："民国时期，不少彝族子女入崇实中学、石门中学、昭通明诚中学、昭通国立师范等学校求学，有的到贵阳、昆明、重庆、成都、南京等地高等院校深造。据了解，1949年年底前，全县彝族受过高等教育的有20余人，聂光廷、陆堂恩获华西大学和美国纽约州大学授予的博士学位。王正文赴日留学，系威宁彝族第一个留学生。受过中等教育的200余人，其中，中等专业技术学校毕业或肄业的50多人。受过小学教育的数千人。""1951年，威宁初级中学设4个班，学生136名，其中彝族学生59人，占43.8%。全县两所中学共188名学生，其中彝族学生63名，占33.51%。"②

值得一提的是，教会学校的不少彝族学生，只是利用这个机会接受教育，却并不与基督教结缘。如新中国成立前夕的中国人民解放军滇黔桂边区纵队第六支队威宁游击团政委陆宗棠、团长卢嵩岚，都曾在循道公会的威宁灼乐多明德小学、云南昭通宣道中学、明诚中学读书，后来都走上了革命道路。

本文总结与分析了一个世纪以来黔西北、滇东北彝族教会的发展轨迹。饱受压迫和剥削的彝族广大群众，力图改变自己的命运，他们于鸦片战争后爆发反清起义、20世纪初办教会、40年代投身新民主主义革命，形成了一个不断升级的奋斗过程。一方面，彝族教会一开始就显示出明显的自立特征，为后来的三自爱国运动奠定了坚实基础；另一方面，原来教会中的许多彝族知识分子，随着中国革命形势的发展、国家与民族意识的增强，勇敢地冲破了宗教枷锁的桎梏，参加了共产党领导的解放斗争，成为威宁游击团的骨干，终于抛弃了幻想的幸福，找到了现实的幸福，实现了方法与目的的统一，也印证了马克思关于宗教本质与归宿的论述。

---

① 参见威宁彝族回族苗族自治县宗教事务科、宗教志编写领导小组编：《威宁县宗教志·基督教》（初稿），1988。

② 威宁彝族回族苗族自治县民族事务委员会编：《威宁彝族回族苗族自治县民族志》，100页，贵阳，贵州民族出版社，1997。

彝族原始宗教神枝文化略考

龙倮贵

彝族毕摩祭司在做法事和举行巫术活动时，首先要布置道场或祭场，就是砍削各种树枝并围着一块空地插摆道场或祭场，这种仪式彝族称“苦彻”。彝语“苦”字含有神、保佑和数等多种含义，“彻”为动词，作“插”讲，故可译作“插神枝”或“插神座”。彝族毕摩祭司插神枝以彝族原始宗教祭经为据，其原始宗教祭经称为《神谱图》或《星座图》。彝族毕摩祭司认为，神枝所指乃是天文和神灵世界诸神的秩序，或者说，神枝在有限的地面上给出天上日、月、星宿及诸神的合理位置，使之有效地保护和帮助毕摩祭司斩妖驱魔、驱邪除祟。正如湖南湘潭师范学院著名教授、天文学专家周士一先生对彝族毕摩祭司文化内涵的精辟所言：毕摩祭司插树枝是从天上来的，从表面上看，树枝图是天上星辰运动于地上的投影几何；从深层次看，是宇宙的阴阳变化在人间的象数表现。因此，就彝族毕摩祭司插神树的方法来说，目不暇接，应有尽有；就从所插的内容表现来看，丰富多彩，含义深邃而多广，涉及彝族原生态传统文化的方方面面。

一、彝族神枝选择与缘起

彝族毕摩祭司在野外祭祖和法事活动中均需插各种树枝，名叫插神枝或插神座，这是彝族祭礼中的一个重要程序。众所周知，彝族地区树木种类很多，但不是任何一种树枝都可用来做神枝或神座。在云南禄劝、武定等彝族地区，主要选用的神枝是野竹、栎树、栗树、青㭎树、白杨树、杨柳树、肤烟木、冬青树、刺老苞树、马桑树、马樱花树、松树等；在云南双柏、大姚等彝族地区，主要选用的神枝是白杨树、黄栗树、青㭎树、山柳树、野竹、金竹、杨梅树、马樱花树、马桑树、桃树、椎栗树、白叶杆、地板藤、黄泡刺条、黑泡刺条、尖刀草、芦苇、松树等；在四川凉山彝族地区，超度祖灵时多选用杉树、柏树、杨柳树、松树、竹子、蕨草、蒿枝、滇杨、樱桃树、栎树、核桃树、李树、桃树、山揸树、梭玛、野八角、马桑树等；在滇南自称尼苏颇的彝族地区，原始宗教信仰活动中，用得最多，最常见的是刺通树、桃树、松树、青枫树、栗树、杉树、麻木树、红木树、攀枝花树、马樱花树、糠皮树、金竹枝、大竹枝、椎栗树、马桑树、芦苇以及草本植物，如尖刀草、斑茅草、水茎草、稻草等，禾本植物如甜蒿枝、苦蒿枝、癞黑猫科、红蕨草，藤本植物如小黑泡刺、黄泡刺、地板藤、大红泡刺、大青叶臭藤、大红叶藤、首乌藤等。这些木本、禾本、藤本、草本等植物，大多可入药，因而被认为有神性和灵性，能沟通神灵并保护彝族毕摩祭司和族人，且有神话和信仰民俗为依据。

根据彝族原始宗教祭祀内容的不同，选取不同的树枝。不同的要求、不同的数量、不同的位置方向、不同的规格，代表不同的神灵和不同的星座。真可谓程序复杂，内涵丰富，高深莫测。神枝图或神座图象征星座图，其中蕴藏着很多传统文化的知识。不同的树枝数量分别代表宇宙的分化，象征五行变化，生生不息，周而复始。如“三”象征天道，“六”表示地道，“九”代表星辰，“十二”暗示多神崇拜、万物有灵。彝族祭礼中插神座、神枝阵意为借用神的力量来助阵，达到驱魔避邪，使亡灵超脱，得到安息，同时希望各项祭祀仪式顺利、灵验、成功。

著名汉藏语系语言学家、民俗学家、中央民族大学教授马学良先生20世纪40年代初在云南武定、禄劝等彝族地区调查彝族礼俗时曾搜集到一则关于彝族毕摩祭司祖先的神话，大意是：

> 古代洪水泛滥前后，天君神策格兹派三个天师毕摩祭司下凡，拯救受苦受难的彝族先民。当第三次下凡时携带彝文经书，三个毕摩祭司各骑一头黄牛，把经书系在牛角上，可渡海过河时，牛角上的经书不幸被水浸湿了。毕摩祭司降到人间，洪水退落，把经书陈晒在青枫树上，不料经书边角为树枝所破，权宜之计，使用青枫树枝替补损之经书。①

因此，现有的彝族原始宗教经籍仅得原数的一半，现在彝族毕摩祭司做法术诵经文时，必先在祭场上插青树枝，意即抵补已失的一半经书。用树枝可抵一半彝族原始宗教经籍，透露了彝族原始宗教经籍与树枝关系的某些蛛丝马迹，并说明了青枫树枝有神力。又传说：

---

① 李世康：《毕摩的神枝和天文学》，载《彝族文化》，内部资料，1995。

> 远古时候，天地曾有三次大变化。第一次变化，宇宙为混浊状态，天上有六个月亮和七个太阳，因此天地间的一切鸟虫，被太阳晒死，草木枯萎，惟有马桑树及铁茎草扫除宇宙孽障，天地方得廓清，所以现在彝族任何祭祀，毕摩祭司先用马桑树及铁茎草洒水，祛除魔障邪恶。

彝族民间信仰民俗中，山柳树、杨梅树、野竹、马樱花树是具有避邪驱魔功能的灵树。如：

> 三个天师毕摩祭司各骑一头黄牛，把经书系在牛角上，可惜过汪洋大海时，牛角上的经书被海水浸湿了。毕摩祭司到了人间，海水退落，把经书放在山柳树、杨梅树、野竹、马樱花树等绿叶上爆晒，结果被绿叶粘去了一半。因此，现有彝文经书仅有原数的一半。所以现在的毕摩祭司做巫术法事念诵经文时，必先在祭场上插这些树枝，意即补已失去的一半经书。

从这几则传说故事，我们可以了解彝文经书与树枝的渊源关系。所以，著名彝学专家、云南民族大学教授张纯德先生精辟地指出，彝文起源于树枝，并主要来源于彝族毕摩祭司的神枝文化。张氏说，彝族先民也毫无例外地利用周围很容易找到的树木“刻木记事”、“物件记事”。例如：一、二、三、四、五、六、七、八、九、十是最常见的数字，一种方法是在树枝上刻上相应的道数。彝文采用的方法是用一根树杈代表一，作为基本单位，在这个树杈上加一根短棍代表二，再加一根代表三，掉换方位和结构，就得出四、五、六、七、八、九、十等。如：“来”用两个树杈相对，“代”用两个树杈向背，“松”直接用三杈的树枝代表，“杉”直接用一片杉叶代表，“毕摩”之“毕”用一个树杈且旁加一个树杈。究其根源，由于彝族先民不懂科学，对很多自然现象不理解，面对许多自然力，如日月星辰、风雨雷电、山川河流、花草树木等现象，既恐怖又依赖于自然，认为它们同人一样有意志，有喜、怒、哀、乐，于是对它们崇拜、感激，求告、祈祷以求平安，所以产生了自然崇拜。用树枝插在地上表示日、月、星、辰、山、河的神灵，念上几句祝词或咒语，发展到后来的“图腾崇拜”和“祖先崇拜”，也是用树枝代表他们的神灵，树枝前摆供品，让神灵来享祭。这是用实物树枝来记事（或祭祀）的阶段。后来，为了将每次插树枝的形状、数量、排列方法记录下来，形成了一定的规律，将它画在地上或刻在甲骨上。从用树枝实物记事（祭祀）——模拟这些树杈形状，画成简单的刻画符号——经过加工，不断完善，并增加其他的造字方法，便成了现今传世的彝文。从某种意义上说，反映了彝族原始宗教信仰活动中的神枝或神座的深刻文化内涵和表征意义。

二、神枝插置方法及表现的文化内涵

彝族毕摩祭司在原始宗教信仰活动中，如在为家支或家族安灵、指路、招魂、作帛、作斋祭祖、占卜、驱鬼、禳解等活动中几乎离不开树枝。毕摩祭司的法器、签筒、法术（木刻或掷木卦）要用树木，婚、丧、嫁、娶等少不了树枝。在彝族原始宗教经籍中还有作祭、作斋时如何插神枝和神座图形的记载，但不同的祭祀活动，因所祭献的鬼神不同，要达到的目的和意义也各有异，树枝神座的插法也不同，所用的树枝有的要砍去尖，或削去一面皮，或要削两面皮。从组合上看，或三棵一组，或五棵一组，由小组组成中组或大组；从方向上看，或朝北，或朝南，或朝东，或朝西，有的插时相对，或相背，极为复杂。没有做过各种祭祀活动或布置过各种祭祀场的毕摩祭司，是很难记清和掌握的，所以彝族民间有“当毕摩的不难，难的是插树枝”之谚语。至于代表什么，为什么要插，很多毕摩祭司也解释不清楚，最多能说出哪一些神座代表哪样神的席位或代表什么等，但各地说法也不一。张纯德先生在云南武定县彝族聚居区调查彝族原始宗教时，曾发现并征集到一卷彝文神枝神座图，此经书详细记载和描绘了彝族原始宗教祭祀场合怎样插神枝或布置树枝神座，其形状、规格、数量、位置都有明确的规定。

然而，插神枝的时候，用多少和哪些树枝如何布局，则根据法事的内容和性质而定。法事内容有若干，如祭天、祭日月、祭祖先、祭雷、驱邪、送鬼、招魂、超度等各有不同的神枝图。知识渊博的老毕摩祭司大多精于此道，胸有成竹。操作过程中，倘若缺漏细节，必招致鬼神之害。因此，插树枝的过程要非常小心谨慎、格外认真，要特别注意以下几个方面：

一是削皮时不能削反，树叶底面之部位留皮，相对面削皮，插树枝时不得弄反或颠倒，否则认为神灵不能就位，或谓神灵会伤害毕摩祭司。

二是木条根部插地，不可将已削过和顶梢部位插入地。

三是阴阳面不得插反，阴朝里阳向外。具体来说，如果自东向西扩张，那么，东面是外即为阳，西面是里即为阴。

四是神位秩序不能错，如不能把雷神的位置摆在日、月之位上。

五是树枝定数不得随意增减，该用一棵的不得插两棵，反之亦然。

小法事插树枝一般不过百，大法事插树枝千余，占地面积相当大，图形和位置变化错综复杂。因此，插树枝成了衡量一个毕摩祭司水平高低的重要依据。在送灵仪式大典中，毕摩祭司聚会，相互竞技，谁插的树枝最准确，大家就推选谁担任毕摩祭司首领，并服从其指挥。由于插树枝在祭仪中至关重要，因此它成了彝族毕摩祭司的重要修炼内容，正如四川凉山彝族吉克氏族著名毕摩祭司吉克·则伙所言：

> 老祭司教我做法事道场的具体要求很严格的，掌握牢记哪类法事道场用哪些经文，哪些步骤用哪几首经文，哪种法事和道场有哪些步骤，先后程序是怎样安排的，哪种法事道场需要什么牲畜作牺牲，要多少、要些什么种类的神枝和数量及怎样插、怎样摆，各种神枝和草像、木像代表什么等，在很繁杂的步骤中不说是缺漏章节，弄错顺序和插错位置也是不允许的。①

神枝图所反映的内容包括：

一是毕摩祭司信仰的神，如天上的日、月、雷、星神，地上的祖师、祖先、山、水、树等诸神；

二是作门和路，用来分人门和鬼门以及吉道和凶道，人门、吉道在左，鬼门、凶道在右，不得有误；

三是插作关押魔鬼的牢房；

四是插作君、臣、师的神位；

五是表示二十八星宿为主的有关星宿的位置、大小以及各星宿之间的距离；

六是插作送祖灵回归先祖发祥地图形。

据毕摩祭司讲，神枝功能有三：

一是有灵性，能通神；

二是能镇妖伏魔，挡咒防凶；

三是可保护毕摩祭司自身，战胜众鬼。他们认为自己虽有法力，但也要借助包括神枝在内的一切法器灵物才能让恶鬼服罪。

毕摩祭司插神枝构成图形的基本元素是树枝，用这些树枝进行分配组合，在地面上表示出鬼神星位，形成各式各样的图形。彝族神枝的形式种类，分多杈、两杈、三杈、棍和木条五类。棍和枝，分为削去一面皮、两面皮、三面皮或不削皮的，还分留尖和不留尖的。四川凉山彝族的神灵系以树枝制成，分不去皮、去部分皮、去全部皮、有杈、无杈、带叶、不带叶七种，用以布法阵。依据不同的法事，所用树枝的数量也不相同，有十几根、数十至百根不等，多者可至数千根。亦可用杉树制作。②

---

① 吉克·尔达·则伙口述，吉克·则伙·史伙记录，刘尧汉整理：《我在鬼神之间——一个彝族祭司的自述》，25页，昆明，云南人民出版社，1990。

② 参见胡庆钧：《凉山彝族奴隶制社会形态》，411～412页，北京，中国社会科学院出版社，1985。

1985年8月上旬，著名民族学家于锦绣教授参加在四川西昌市举行的全国彝族学术讨论会，在会上观看了为中外学者举办的彝族原始宗教仪式表演。于教授详细描述了此仪式的布置情况：

> 没有供桌和香烛钱纸，更无神像，只见毕摩及助手，紧张地在道场地面上插树枝。神枝，或带细枝叶的小树枝即“杈”，或是叶、杈全无的树棍即“棍”；或全去皮即“白色”，或半去皮即“花色”，或全不去皮即“黑色”。这些长短、形状、颜色各异的树枝，在道场地上插成各式各样的“阵形”，分别代表道场的各种神灵及其武器和“工事”等。……整个道场周围或前后有各种“阵形”的树枝群，用五大组十五排各种树枝代表。丫代表“杈”，像“非”字形的两根“枝”代表，“十”字形的两根树枝且上端夹短棍的“棍”，“棍”本形为“一”字倒形。……如此处有两个“十”相重的变形。“枝”下端套草圈意为“首领”，以汉字“吉”象形树枝表示。……毕摩祖师神位，用“丫”字形树枝、“艹”字头倒形树枝两排十二根代表，汉字“吉”象形树枝代表“首领”，为道场之核心，其前摆放毕摩之法器、经书，意为这些均传自祖师，其下即毕摩位，两者结合，像“指挥部”，全场大小自然神皆其调遣……另有一护神位：六个“丫”字形树枝排成一行，代表山神，监视病魔向下那个老窝处行走。三个大门：自左至右两组相邻的“棍子”代表一“大门”，分别为白树枝、崖藤、地石藤的“古”，让病魔从此门过去，不得返回再缠主人。毕摩祖神位：以一支（白桦树）代表，再次保护主人，驱赶病魔，为本道场的“指挥”，象征毕摩祭司。①

云南永仁县直苴村彝族毕摩祭司的削制法是：先选好带三杈的黄栗树枝若干（一般为三的倍数），削去一面树皮，刻三道线，在每一道线的两端各斜砍一刀，使树皮微翘。对于木条的处理亦留此法，斜砍处理翘起的树皮，以此象征鬼的耳朵，不同的鬼就依据耳朵加以区分。云南武定县猫街乡石板河村彝族插树枝方法中关于天、地、山这三神位的神枝：天神曰“考”，形制状类从上到下的盖物状；山神曰“呸”，形制如带两只尖耳朵，仿佛静闻一切动静和消息，随时准备上传下达，因为山立于天地之间，故谓中间神；地神曰“苦”，形制就像朝上接物的碗口。

彝族神枝的神枝图分解成一些最小的组合单位，则有下列几种：一是带杈的树枝排作两行，连接起来，起解邪作用。图形如“Π”。二是带三杈的枝（去削），两种

---

① 于锦绣：《原始宗教的“活化石”——凉山彝族巫术仪式见闻》，载《彝族文化》，内部资料，1987。

插法：一种是单独插，表示最尊的神，另一种是与带两杈的枝组合，以示一尊一贱，再一种是与棍或木条组合，表示一神带两名小兵。三是棍和木条有下列组合方式，一种是两根横插成排，形如“ㄓㄓ”，表示一神分雌雄，所有神均分雌雄，以两枝表示，反映了彝族万物雌雄观的思想。另一种是两根交叉，形如“ㄎ”，表示关卡，拒鬼进入。四是横置两根，上斜搭一棍，表示鬼神的子女，形如“≠”。五是四根（去皮）构制四方图形，如“井”字形，作为供台。六是插两棍，另斜搭一棍，表示门，此门有的神可入，有的神则不能入。综合各种图形，大致有封口和不封口的两种，封口的用来关大鬼神，不封口的是对付小鬼，反映威严程度不同。①

现不妨以除邪仪式中神枝神座的插法和升灵场神枝神座的插法为例，以窥一斑。四川凉山彝族举行诅咒凶死鬼活动仪式上，插“十二神”树枝一簇，做一个“鬼像板”，扎黑色、白色和花色的三个“牢房”，做“戈、矛、叉”五套，扎一个凶死鬼草像。做好各种树枝和鬼像后，除十二个神树枝摆在堂屋上方外，其余都放在堂屋下方，这是第一步。第二步，另加上“矛戈”九根，织蓑衣三件，搓两根草绳，找两根红线和绿线，并红线朝东西向，绿线朝南北向，把凶死鬼像扎在草绳和红绿线交叉处。第三步，准备鸡牲和羊牲各一，另在门口插“四方通天道”的树枝四簇。第四步，用树杈树棒十五枝和白条块十八枝，插作“三道”树枝，即左边为“人道”，右边为“鬼道”，中间为“吉道”。“人道”以地形从上到下依次插，上插树杈五根，第二排每组插树杈、树棒各一根，共五组。第三排插法与第二排同，第四排共插三组，每组插树杈和树棒各一根。“鬼道”是用二十四根树棒和树杈分成两排插成六组，每小组各用树杈、树棒各两根，三根竖插，一根横卡在竖着的树枝之间。“吉道”由十八根白条块插成三行两道的一簇，每行插三组，每组插两枝。还要用杨柳枝插成两排一道的“除邪道”。这几道从左到右横插排，即人道、吉道、鬼道、除邪道。但是，除邪道因所用的祭牲不同而有别。如用羊来除邪，树枝插成十二层七十八组，即第一行插十二组，第二行插十一组，第三行插十组，依次递减一，第十二行插一组。并在除邪大法事“阶尔”仪式上，需找面朝三方的树枝，并都削去一撮皮，但朝北的削朝北面，朝南的削朝南面，不能颠倒。面朝三方的树枝需要山柳树、杉树、桦树、白铁树、白柏树、岩杉等多种。其长短式样也各式各样，以法事活动中心点向四周扩展，上北下南左东右西。大体上每小组插树枝一枝、两枝、三枝、四枝等；一是以一组、三组、五组……十一组各不等为一小簇，又以一小簇、三小簇、五小簇……十三小簇各不等为一大簇；再以三大簇组成一总簇，最终以四总簇构成完整的“三方树枝”。

---

① 参见吉克·尔达·则伙口述，吉克·则伙·史伙记录，刘尧汉整理：《我在神鬼之间——一个彝族祭司的自述》（概略），载《彝族文化》，内部资料，1987。

各方各簇的插法和树木不一定都相等，难以计算，有数千枝之多，要占地约四五亩。还有“君树枝”、“臣树枝”和“师树枝”。“君树枝”由九行四十五组组成，“臣树枝”由十行五十五组组成，“师树枝”由十一行六十六组组成。也就是每簇首行分别为九、十、十一组，末行为一组。每组插树杈树枝各一枝，君树枝在左，臣树枝在右，师树枝在上。法事做毕前，毕摩祭司做收尾仪式。虽收尾不用牺牲，但要用马桑树、杜鹃树花、山茶花、清蒿、白蒿、细华竹、山柏杨、白刺条等各六枝，每枝做成200 厘米长，保留梢尖，削尖下端后，插成六枝对插。毕摩祭司念诵完经文后，主人全排成一字形，从这条“道”返家。①

又如升灵场的神座插法。用“过三道”插枝形式，用树枝、树棒各 43 枝，白枝条 18 枝，插作三组象征三种通道：左边插“人道”，依地形从上到下依次插。上一排插树杈 5 枝；距半庹宽插第二排，每组插树枝、树棍各 1 枝，共插 5 组；在距半庹插第三组，插法与第二组同；又距同样距离插第四组，共插三组，每组插一枝树棍和一枝树枝。右边插“鬼道”，鬼道是一条独道，用 24 枝树棍和树杈分成上下形式，两排插成 6 小组。两行间距约半庹宽，每两组间距有 30 厘米宽，每小组各用树杈两枝、树棍两枝，三枝竖插、一枝横卡在竖插着的树枝之间。中间插“吉道”，吉道用 8 根约 200 厘米长的并有梢的山柏杨树枝插成两排一道。左排两棵，两排树枝的下端离地面 100 厘米，上端向内倾斜互相交叉，中间形成一条三角形的空间道，三角形空道间放上一筒腐朽的木架。

四川凉山彝族人死后用木柴火化，用竹、木编制“玛都”（灵牌）挂在家中墙上，逢年过节用酒肉献祭，“撮毕”（超度祖灵）时用杉、柏、杨柳、松、竹、蕨、滇杨、樱、栎、李树、核桃、桃树、揸、索玛、野八角、马桑树等各 300 根和带杈的树枝 5 对，毕摩祭司将树枝摆成 12 个祭祀方阵，家支、儿女牵牛、羊、猪、鸡前来献祭。彝族一般每年秋季举行一次“断口嘴”仪式，仪式上用树枝、树钩、树签、树茅，毕摩祭司念咒语，滴鸡血于鸡毛上，然后将鸡毛粘在树枝、树茅上插在主人家门的墙壁上，以防敌、防鬼。②

再列举几例，以飨读者，如：

云南楚雄市大过口彝族的祭天仪式中要选择一棵天神树，放 5 块石头在树根，另找三枝松树枝（三杈的 1 枝、两杈的 2 枝、一杈的 1 枝），架子要桑洛茂树作梯子，台上铺上松毛，再摆其他供品。云南禄劝、武定等县彝族毕摩祭司进行农业祭祀迎谷魂仪式中，要用树杈插五组神座（或称木阵图、星座图），第一组代表毕摩祭司神，

---

① 参见李世康：《毕摩的神枝和天文学》，载《彝族文化》，内部资料，1995。

② 参见罗布合机：《彝族树木文化》，载《凉山民族研究》，内部资料，2000。

第二组代表君神，第三组代表臣神，第四组代表雁神，第五组代表谷神，神座下面要摆祭品。毕摩祭司常奉请许多神“光临”。常请的有上方神三位插三组树枝，梯脑六神插六组树杈，天地六位毕摩祭司插六枝树杈，众神十七位插 17 枝树杈，女神十五位插 15 枝树杈，还有日、月、乾坤神、岩神等来享祭，每位神用一枝树杈来代表。毕摩祭司在丧礼“指路”仪式上插的树杈神座分三行，左边是“日路”，插 99 枝树杈；右边是“月路”，插 88 枝树杈；中间是亡灵走的路，插 1 枝树桩，称为“望乡台”，中间用白柴交叉插在地上代表“阴桥”。毕摩祭司在禳解巫术仪式活动中，先砍 3 枝青枫栗树枝，并排插于地上，树枝前插上三排刻有一道、两道、三道横纹的木桩，构成竖三排、横三排的树枝阵，左侧，另插 3 枝栗树枝，树枝前置草马、草人（草人叫“几苴”，意为替罪羊、替死鬼）。

云南双柏县自称尼苏颇的彝族驱邪除魔活动频繁，仪式繁杂，所取用的神枝或神座因活动内容和祭仪不同而有异。如：在“费得姆”驱邪巫术活动中，毕摩祭司取用红栗树枝、麻栗树枝、蕨草、青香树枝、马桑树枝、山柳树枝、青蒿等，并把这些树枝和草合在一起，分成两束，放在大门外两侧，以示扎彩门。在“中本贝”驱邪巫术活动中，毕摩祭司用“费得姆”仪式所用的八倍神枝，并加砍麻栗树杆、红栗树杆、黄竹、青香树杆各四枝，均削成方形，并一端削尖，在天井里搭成“给作”房，以此示邪宅。在“也起贝”驱邪巫术活动中，毕摩祭司取用麻栗树枝、红栗树枝、柏树枝、青香树枝、蕨草、山柳树枝、马桑树枝各四枝，均削成方形，并一端削尖，在大门外搭成“给作”，以此示邪宅。在“进韦贝”驱邪巫术活动中，毕摩祭司取用麻栗树枝、红栗树枝、青香树枝、马桑树枝等各两枝，分别插在大门外两旁，在其树枝旁放一个酒甑子，再砍 150 厘米高的松树和杉树各两枝，分别插在大门的左右两边，并在松杉两树上安两个鸟巢，松树鸟巢内放一枚鸡蛋，杉树鸟巢内则放一枚鸭蛋。在“刍赛莫贝”驱邪巫术活动中，毕摩祭司砍取一棵约 300 厘米高的松树和一枝杉树做成“送邪扶梯”，并砍取马桑杆做成“送邪梯阶”，梯阶用尖刀草、地板藤、小黑泡刺条拴紧在“送邪扶梯”上，即成“送邪梯子”，放在天井内，通过“送邪梯子”可爬上楼顶。①

云南姚安县光禄乡左门村祭天神活动中，先设置神坛，神坛为一圆形土堆，其上插一枝三杈的松梢枝，用于代表山神，三杈分别代表神的头、手等各个部位，正面去皮，左右两下侧削去表皮作“耳”。并砍来 200 厘米高的香樟木，顶端带叶，茎部去皮，用红、黑两种颜料在茎杆上画花纹，以示神灵的衣饰花纹，顶部的树叶下两侧削去 3 厘米长的表皮两片，表示神灵的两耳，其上端挂宰杀的羊角，以示族人对神灵贡

① 参见施选：《双柏彝族驱邪除魔仪式》，载《彝族文化》，内部资料，1994。

献。他们认为，此乃天神的天梯，不但具有"工具"的作用，且具有灵性，因为其有耳、有衣饰。杀牲祭祀时，取牲血及牲毛粘于其上，以示显灵。①

四川美姑县彝族毕摩祭司在原始宗教祭祀活动中所插的树枝或神座树枝情况，吉尔体日先生在《美姑彝族毕摩祭司神枝图解》② 一文中说，如有咒鬼仪式神座、祖茔招魂法污神座、制灵除秽神座、献药鸡神座、卸病大神座、祖灵除秽神座、供奉祖灵神座、触孽神座、献畜神座、祖灵祛秽神座、除魔祛秽神座、卸魔祛秽神座、祖灵卸孽神座、换灵除秽神座、祈求子嗣神座、为新灵祛秽神座、定立盟约棚、祭毕摩祭司神除秽神座、祭家神除秽神座、还债祈求繁衍神座、指路神座、猪胛卜除秽神座、猪胛卜神座、结终收尾阻路神座、和解神座、祈福神座等 28 种神座树枝。其中列举几例，可见一斑。

制灵除秽神座图，为祖妣亡灵招魂制灵并为新制的灵签祛污除秽时所插的神座树枝图。由除秽毕摩祭司祖师神位、除秽草圈、三风镇秽神神位（用去皮、部分去皮和不去皮的三根木签代表白、花、黑神）、封秽两神位、开启秽路风神位、来器秽路云雾神神位、除白秽处、招魂制灵处、毕摩祭司祖孙签、前辈招魂制灵处、晚辈制灵处、除花秽处、风之语、雨之词、除黑秽处、报毕摩祭司草结、断秽遣秽处、拴除秽鸡处、主人除秽处 19 个部分组成神座树枝图。除秽时，帮手在神座除花秽处，除黑秽处、除秽处分别放上三个烤红的石块，从除秽处开始依次除秽而上，仪式结束后，毕摩祭司用除秽鸡毁掉神座，神枝弃于原地。

献药鸡神座图，为祭祖仪式上为生前长期患病致死的祖妣献药治病时插的神座树枝，用去皮剖开的神签插成。由鸡嘴、鸡头、鸡冠、六组鸡颈、鸡翅、鸡肝、鸡腿、鸡爪、六组鸡肋、鸡尾、毕摩祭司献药处、灵床及长期患病者的灵签等组成神座树枝图。仪式结束后，拔起神枝捆成一把，掷于西南方向的岔路口。

除魔祛秽神座图，为祖妣灵签祛秽时插的神座之一，由除魔毕摩祭司神位、除秽草圈、白神十二层神位、无尾魔神位、拴鸡处、拴仔猪处、祛秽处、毕摩祭司位置、灵签及灵床、报剥摩草结、三组白花黑神位、三组白花黑魔签、主人祛秽处等组成神座树枝图。仪式结束后，毕摩祭司用拴牲撞倒神座，弃于原地。

四川美姑县彝族毕摩祭司神枝图解方面，还有驱鬼护法神枝、返咒护法神枝、除秽神枝、赎魂神枝、除债神枝、祛污除秽神枝、白除秽神枝、指鬼路神枝、捆缚毕摩祭司神枝、护圈神枝、除麻风神座、除陷土神怪神座、除神怪神座、还债神枝、引魂

---

① 参见李成生：《姚安左门彝族祭神节纪实》，载《彝族文化》，内部资料，1988。

② 吉尔体日：《美姑彝族毕摩祭司神枝图解》，载《美姑彝族毕摩祭司文化调查研究 · 艺术专辑》，内部资料，2002。

神座、尼木防麻风神枝、阻谗鬼神枝、防丘尔神座、除尘神座、除羊秽神座、祭祀苏尼神神座、山峰除神怪神座、祭祀阿散神枝、解除尸架神枝、除丘尔神座、发掘魂灵神座、调和法宝神座、还立子债神座、鸡神座、还孽债神座、牛牲作法神座、除耳秽神枝、牛牲祛孽神枝等30多种神枝或神座树枝图。①

综上所述，彝族毕摩祭司在彝族原始宗教祭祀活动中，必不可少的插树枝仪式，即神枝或神座，既有丰富多彩的由来传说，又有亘古、博大、精深、神奇的文化内涵，并与彝文起源、发展完善具有渊源关系，神枝图或神座图象征星座图，不同的树枝数量分别代表宇宙的分化，象征五行变化，生生不息，周而复始，是宇宙的阴阳变化在人间的象数表现，其中蕴藏着彝族许多传统文化的知识。

---

① 参见摩瑟磁火、曲比尔日：《美姑毕摩祭司说唱艺术及其特征》，载《美姑彝族毕摩祭司文化调查研究·艺术专辑》，内部资料，2002。

彝族原始宗教研究的百科全书

——读《彝族原始宗教研究》

陈思清

《彝族原始宗教研究》(以下简称《研究》)一书由彝族学者张纯德、龙倮贵、朱琚元三人合著。该书获国家哲学社会科学西部项目资助,于2004年启动至2007年初完成,并于2008年由云南民族出版社出版(汉文版),这是一项彝学研究的重大成果。全书由序、绪论、正文、后记、附录(国家有关社科专家的评审意见,主要参考书目)组成,总计70万余字。在该书《序》中,对彝族原始宗教的产生、性质、特点、宗教意义、研究方法、研究队伍状况进行了全面梳理。"绪论"对彝族原始宗教的核心——毕摩教与毕摩文化进行了全面透视与深入研究。内容涵盖毕摩教的产生、毕摩教信仰的性质和内容、毕摩教信仰的特点、毕摩教的演变和发展、毕摩教信仰与社会生活;毕摩文化的定义、内容、特点、价值、保护与开发。正文由10章组成,对彝族原始宗教的信仰内容、形式,巫师苏尼、祭师毕摩,彝族原始宗教的宇宙观,彝族原始宗教的祭经、祭仪、祭坛,彝族原始宗教与古代汉文化的关系等进行了宏观、系统的深入研究,最后一章对当前国内外彝族原始宗教研究队伍作了简介。该书内容涵盖哲学、史学、人类学、宗教文化学、伦理学、民族学、民俗学、民族文学、民族语言、艺术及天文历法、农牧、医药诸多方面,堪称集彝族原始宗教研究之大成,是一部百科全书式的综合性学术论著。它不仅拓展了彝学研究的学术空间,提升了研究的水平,还为彝族原始宗教提供了大量的丰富的第一手资料,是笔者迄今为止见到的一部系统、全面地研究彝族原始宗教的鸿篇巨制,因而获得参加该书评审的国家社会科学专家的一致肯定与高度评价,认为该书"是迄今为止有关彝族原始宗教研究的一部内容最丰富、资料最翔实的学术著作"。该书不仅对民族文化的保护、开发、传承、取舍等有重要参考价值,亦对制定正确的民族政策、构建和谐社会、增进民族认同感、促进民族团结有着启迪和参考价值。

一、《研究》的特点

《研究》一书，洋洋洒洒70余万字，闪光点多，要准确、全面地归纳它的特点并不容易。笔者根据自己的理解、阅读体会，将它概括为以下四大特点。

（一）内容博大精深，涵盖多学科、多元文化的内涵

研究者站在时代的高度，高屋建瓴，高瞻远瞩，全方位、多角度、多侧面、多层次地对彝族原始宗教的内容、形式，人神中介（苏尼、毕摩），祭经、祭仪、祭坛，彝族原始宗教与其他文化的关系及国内外研究队伍等方面进行了全面、系统的深入研究与理论梳理。从彝族原始宗教的自然崇拜即金、木、水、火、土的五行崇拜和天地崇拜，到龙、虎、葫芦、竹、鸟文化，从祖先崇拜（丧葬、祭祖、超度习俗）到神灵信仰（原始巫术与占卜），从巫师苏尼到祭师毕摩，从神灵崇拜到祭经、祭仪、祭坛，从彝族原始宗教到汉文化的比较等方面都进行了研究。值得一提的是《研究》一书通过《彝文日书》与《汉文竹简日书》的对比，发现了至今在彝族地区传承着的日书与沉睡地下两千年的在1975年出土于湖北云梦泽沉睡虎地竹简甲乙两日书及陕西放马滩出土的竹简日书，有着惊人的相同或相似。最后一章（第十章）对（国内外）彝族原始宗教研究队伍进行了梳理，重点对滇川黔地区的毕摩群进行了详细介绍。附录部分列出的大量研究资料（书目、书目提要、宗教节日一览表、经籍分类表），涵盖了彝族原始宗教的方方面面，是一部跨学科、跨文化、跨地区的百科全书式的综合性学术研究专著。

（二）理论上的概括与创新

1. 彝族原始宗教定位上的创新

诚如评审专家所说，研究者“在前人对彝族原始宗教局部或某种特定研究的基础上，广泛吸收前人的研究成果，对彝族原始宗教、彝族原始文化努力全面地进行总结、界定、定位”①。其中提到的专家有民国以来的老专家马学良、马长寿、任继愈、丁文江、杨成志，新中国成立以后的专家童恩正、刘尧汉、何耀华、王丽珠、普珍、左玉堂、冯元蔚、戈隆阿弘、巴莫阿依等及国外部分彝学专家。作者吸收了国内外数

① 张纯德、龙倮贵、朱琚元：《彝族原始宗教研究》，451页，昆明，云南民族出版社，2008。

十位专家的研究成果，结合自己的大量资料，通过梳理、概括、升华为系统的理论，提出颇有新意、创意的观点。如对彝族原始宗教的定位就让读者耳目一新，“原生性宗教”、“创生性毕摩教”的提法较为鲜活，理念上有创意。这是本书的一大亮点。

正如该书《序》中所言：“彝族原始宗教是彝族先民在长期的社会生活中形成的属原生态的本土本民族信仰的宗教。它以自创为主，并吸收其他宗教少部分内容，至今仍在彝区沿袭传承的一种宗教形式。”①“原生态的本土本民族信仰的宗教”这一定位，较为准确、生动地概括出彝族原始宗教自然性、民间性、本土性、民族性的个性特征。笔者认为，“原生态”的概念与“原始宗教”的概念在内涵上有相通之处，都含有“最早”、“最初”的意思，但着眼点有所区别。“原生态宗教”的提法着眼于它的本土性、民族性、民间性，它生长的客观环境是未经任何人为加工的朴素天然的状态。“原始宗教”的提法着眼于它的时间性与社会发展的阶段性，即它是人类社会发展最早、最初阶段的产物。尽管“原始宗教”与“原生态宗教”的提法有区别，但在内涵上是相通的，各有千秋，可以并存，相互参照，起到互补作用。

2. 对彝族原始宗教的特点进行了理论梳理

研究者根据自己的大量资料，如彝汉文经籍、田野调查、毕摩访谈、近现代学者研究成果和多年研究的感悟，将彝族原始宗教的特点概括为以下九点：①其信仰的功利性：祈求自然、祖先、神灵的保佑，以人为本，一切为了自身生存和发展的需要；②其核心是祖先崇拜：重源流、寻根溯源，不“数典忘祖”，彝族是世界上重视谱系的民族之一；③其原始性在于万物有灵、灵魂不灭、巫医不分；④其祭仪具有规范性、统一性；⑤其祭经的丰富性、多样性、兼容性是宗教迷信掩盖下的人文科学；⑥其和谐性贯穿“仁爱”、“和为贵”，是彝族人自己的“儒教”；⑦具有松散性、自由性、自发性；⑧具有长期性；⑨有诸多禁忌。经过梳理与深入研究，以上九点较为准确、全面地归纳出彝族原始宗教在内容和形式方面的基本特点，凸显了彝族原始宗教的共性与个性。笔者以为，万物有灵、灵魂不灭、巫医不分、图腾崇拜、祖先崇拜是原始宗教在内容上的基本特征。祭经的兼容性（开放性），祭仪的规范性（祭坛），信仰的自由性、松散性又凸显了彝族原始宗教区别于人为宗教的个性特征。以上的抽象概括，抓住了彝族原始宗教的本质，在理论上是站得住的。

3. 对彝族原始宗教的核心——毕摩、毕摩教、毕摩文化进行系统的再认识再评价

（1）对“苏尼”再认识

在第五章“原始巫风”中，作者对彝族原始宗教的巫师“苏尼”作了诠释：“苏

① 张纯德、龙倮贵、朱琚元：《彝族原始宗教研究·序》，3页，昆明，云南民族出版社，2008。

尼”系彝语音译，有“苏涅”、“苏颇”、“妮嫫”、“锁斋嫫”、“锁斋颇”等近20种称谓，嫫指女性，“颇”指男性，相似于汉族道教的“端公”、“巫师”，男女皆可充当。

“苏尼”产生于母系氏族社会，妇女当权时就有了苏尼。苏尼事事管，他们“不仅是社会组织和活动的最高掌权者，也是社会安宁的精神领袖——神的化身。她们没空的时候，就由男性能人替代其巫术活动，久而久之，就产生了男性苏尼。母权制被父权制取代后，苏尼已被男性取代，女性苏尼不再管事，只从事巫术活动，失去了权利，沿袭至今”①。

“苏尼”以巫术手段与鬼神打交道，他们大多是成年人，不脱离生产劳动，不用师承，无须学习，无师自通，自生自灭，男女皆可充当（有的地方几乎全由女性充当）。他们以击鼓跳神、施行巫术、驱鬼治鬼为本职；他们知识浅薄，不识彝文，不懂彝经；不参加丧葬、祭祖、祭神灵等礼仪活动，社会地位较低。“苏尼”多由“神选”产生，当某人出现神经错乱久治不愈，就被认为是“苏尼神”附身，就施行请神、安神位等法事，病愈后，其苏尼地位便被认同。作者在对“苏尼”的产生，苏尼的社会职能、社会地位、作用进行分析后对他们作出再认识：苏尼是彝族地区宣扬并传播迷信活动的主要代表人物，同时也是彝族社会中的劳动阶层，没有完全脱离生产劳动，把他们定位为“迷信职业者”是不妥当的，对苏尼文化应采取批判继承的态度；苏尼的存在有着深刻的社会原因，如生产力水平低下、科学文化不发达、交通闭塞、医疗条件差等；苏尼的问题属思想认识问题，应按人民内部矛盾对待。这种再认识从“封建迷信职业者”到“劳动阶层”，从敌我矛盾到人民内部矛盾，对“苏尼”重新定位和认识是客观的，是实事求是的。

（2）对毕摩的科学定位

“毕摩源于父系氏族社会时代的祭师和酋长，是彝族原始宗教发展到较完备阶段的产物。”② 由于毕摩的活动与一切原始宗教活动密切相关，在新中国成立后相当长一段时间，都把他们当做“巫师”、“封建迷信职业者”，列为专政对象，受到了许多不公平待遇。粉碎“四人帮”之后，经过拨乱反正，彝学界已给毕摩重新定位，把他们称作“彝族知识分子”，是有知识、有学问的老者或“智者”，为他们恢复了名誉，还原了其本来历史面目。

《研究》一书的作者在广泛吸收彝学界研究成果的基础上，结合自身识彝文、晓彝经的资料优势与语言优势，给毕摩以科学定位：“毕摩”系彝语音译，“毕”是吟

---

① 张纯德、龙倮贵、朱琚元：《彝族原始宗教研究》，172页，昆明，云南民族出版社，2008。

② 张纯德、龙倮贵、朱琚元：《彝族原始宗教研究》，185页，昆明，云南民族出版社，2008。

诵、念诵，“摩”耄耋，“毕摩”意即老先生、老知识分子，是专指有学识、有修养的老者，是尊称。“毕摩是彝族原始宗教活动中沟通神、鬼、人之间的中介，是彝族原始宗教的传承者、传播者，也是彝族民间宗教仪式的主持者和组织者，是彝族原始宗教的代表人物，是毕摩文化的唯一创造者。”① 他们实际上就是彝族文化的代表人物，在彝族文化史上占有极其重要的地位。该书作者对毕摩的定位与其他学者的定位相比较，也是客观的、科学的、切合实际的。这种定位从“封建迷信职业者”到“彝族知识分子”、“彝族原始宗教的代表人物”、“彝族文化的代表人物”，大大提升了毕摩的社会地位，恢复了毕摩应有的形象。毕摩作为“苏尼”中的高层，掌握了更丰富、更高层次的文化知识，从苏尼中分离出来，从而产生了毕摩文化。

（3）对毕摩文化的定位

《研究》一书认为：“彝族原始宗教文化以毕摩文化为代表，毕摩文化是毕摩们所创造和传承，以经书和仪式为载体，以神鬼信仰与巫术祭仪为核心的一种宗教文化。”② 笔者认为，“定义”简洁、准确、抓住了实质。围绕这一理念，在本章第六节《毕摩文化与毕摩文化的传承》中，对毕摩文化的内容、性质和形式展开了全面深入的探究，概括如下：它是神职群体毕摩们所创造和传承的文化；它是一种区别于口承文化、日常文化和仪式文化的特殊文化；它是一种以原始宗教信仰和宗教祭仪为核心，同时包容了彝族传统文化诸多方面的一种百科全书式的综合性文化；它是一种区别于民众文化的特殊的宗教文化。③ 研究者从内容、形式、性质、创造主体等方面抽象出毕摩文化的特征，抓住了毕摩文化的核心。笔者认为，“特殊的宗教文化”的提法有新意，对毕摩文化的认识由表及里、由浅入深，概括、深化、提升了毕摩文化。首先毕摩文化的性质具有原始宗教文化的鲜明特征，但不是单一的宗教文化，它是“百科全书式的综合性文化”，“包含了彝族哲学思想、社会历史、教育伦理，天文历法、文化艺术、医药卫生等内涵的一种特殊宗教文化”。④ 其次，毕摩文化有开放性的特征，在它的发展、演变的历史进程中对外来文化（汉文化）不是排斥、拒绝，而是自觉地从道、儒、释的宗教文化中吸收有利于自身的文化元素，并加以改造，从而形成了多元文化的有机结合。同时将本民族原生态文化的基本特征，如神灵信仰、图腾崇拜、祖先崇拜、巫术、占卜等复杂的祭仪，保留下来并沿袭至今。毕摩文化体现了彝族原始宗教从原生性文化到创生性文化的演变和发展过程，体现了彝族原始宗教从草创期走向成熟期的过程，从封闭走向开放的过程。百科全书式的综合性文化的定

---

① 张纯德、龙倮贵、朱琚元：《彝族原始宗教研究》，184 页，昆明，云南民族出版社，2008。

② 同①。

③ 同①。

④ 同①

位不仅还原了毕摩文化的本来面目，也帮助人们从宗教文化单一的思维定式中解脱出来。

（三）资料丰富翔实、全面系统，显示了作者在资料的调查研究、运用方面的独特优势

据笔者粗略分类，该书开列的主要参考书目分为三大类：①汉文古籍：有十三经注疏本《尚书》、《竹书纪年》、汉司马迁《史记》、汉班固《白虎通》、晋常璩《华阳国志》、元李京《云南志略》、明谢肇淛《滇略》等；②现代论著类：涵盖现代、当代逾百位学者的主要研究成果（论著、译注、调查报告及相关资料等）；③彝文历史典籍类：《彝文典籍目录》、《西南彝志》、《彝族源流》、《物始纪略》、《洪水泛滥史》、《祭龙经》、《爨文丛刻》、《万物的起源》、《尼祖谱系》等26部典籍。① 书目内容涵盖历史学、哲学、人类学、民族学、创世史诗、神话传说、谱牒类、宗教文化经籍。经笔者初步浏览全书，认为以下资料尚未列入：①神谱类：天神系统、地神系统、人神系统神谱②；②地方史资料，包括滇、川、黔、桂地区的州志、府志、县志等；③田野考查、调查资料。

多年来，三位彝族学者凭借天时、地利、人和的种种优势，深入到四省区彝族聚居地区进行田野调查、访谈，接触和收集到弥足珍贵的彝文经籍、典籍，口头流传的创世史诗、神话传说、民间故事、民谣、民谚等。研究者还结合各地区的习俗、节庆活动、祭祀礼仪进一步实地考查确认。调查、访谈中拍摄的实物图片、金石资料，苏尼、毕摩照片及祭祀活动场景图片，涵盖了彝族原始宗教的方方面面，有彝文经籍、典籍、毕摩法器、签筒、签书、法衣、法帽、装经袋、占卜用的竹签、鸟占卜图，毕摩绘制的龙、虎、神象、壁画、念经、祭祀、作法的仪式图片，明代彝文《劝善经》木刻本图片，部分土主庙神像及生产生活用具图片等。如此丰富、翔实、完整的资料让笔者叹为观止。窃以为，该书在资料的接触、占有、运用方面的优势，恐怕是在较长一段时间内，其他彝学研究者难以超越的。大量鲜活的第一手调查资料，大大增强了研究的直观性、形象性与感染力。

（四）研究方法上的突破与创新

《研究》一书在《序》中将该书的研究方法归纳为：①“解剖麻雀”法，即通过

① 张纯德、龙倮贵、朱琚元：《彝族原始宗教研究》，453～456页，昆明，云南民族出版社，2008。

② 张纯德、龙倮贵、朱琚元：《彝族原始宗教研究》，221～226页，昆明，云南民族出版社，2008。

个案考察，找出其中带规律性的东西，并上升到理论。②综合研究法，即彝文、汉文记载、口碑古籍与田野实地考察相结合；实物照片、图片、音像与文字互补，形象直观；滇、川、黔、桂、彝区资料综合比较——点与面结合，横向与纵向结合。③追根溯源法，即重点结合大量彝文宗教经典来探讨，祭仪联系祭经、祭经联系祭仪、宗教联系文化。①

以上三种方法各有千秋，运用自如。笔者最感兴趣的是“综合研究法”。窃以为这种方法有创意、新鲜。虽然“综合研究法”也曾有人用过，但像该书作者那样既重视古籍经典文献记载，又重视口碑与田野实地考察调研，进行人物（毕摩）访谈，收集整理、积极抢救口传文化是不多见的。本书作者精诚合作，用十余年的时间深入广大彝族地区的田间地头、山寨市郊进行实地考察，走访日益减少的苏尼毕摩群，从而获取了大量的调查资料。在吸收前人成果的基础上，运用大量的第一手鲜活的调查资料支撑自己的理论建构体系，言之有据。如第一章“自然崇拜”（五行崇拜）和第二章“图腾崇拜”中的马樱花繁衍人类的传说、虎生宇宙说、人虎互变说、龙生夷（彝）说、龙生万物说、葫芦救人和葫芦传人种说、竹生人说、仙鹤及鹰生夷说等。这些神话传说生动、美丽，不仅反映了彝族原始宗教信仰的重要内容，同时也反映了彝族先民的宇宙观。

彝、汉文文字资料（古籍经典）与田野实地考察获取的实物图片、音像资料、人物访谈资料相结合，彰显了本书在研究方法上的创新。

另外，比较研究方法的成功运用也是本书的一大亮点。本书运用比较研究方法的地方很多，如横向与纵向研究比较、点与面的比较、彝汉文文献资料比较、彝族原始宗教与汉文化的关系比较等。

1. *彝、汉天文历算资料比较——源流研究*

在《研究》一书的《序》中，作者用迄今仍在彝族地区流传的日书（历算书）与先秦竹简日书进行比较，发现两者有着惊人的相同或相似之处。第九章《彝族原始宗教与其他文化的关系》中，专章论述了彝族原始宗教与古代汉文化的关系，并对此开展了全面深入的研究，主要内容有：①秦简日书“建除”与彝文日书“建除”比较研究；②彝汉二十八宿比较表；③禄劝、宁蒗彝文记载二十八宿对照表；④彝汉文古籍二十八宿占比较表；⑤秦简日书二十八宿占；⑥秦简“日书”与彝文“日书”关于“盗者”的记录比较；⑦秦简占人生育图与译文圣人占比较；⑧彝文羊胛骨卜与殷商甲骨比较。通过比较研究，得出了彝汉文化“同源异流”的结论。

---

① 张纯德、龙倮贵、朱琚元：《彝族原始宗教研究·序》，4页，昆明，云南民族出版社，2008。

2. 彝文《劝善经》与汉文道家名著《太上感应篇》对彝族社会伦理的影响比较

据作者介绍，现存彝文《劝善经》是明代木刻本，是数以万计的彝文典籍中一部较大的译著，是从汉文《太上感应篇》翻译而成，自加释义与解说（用彝族传统文化思想与伦理道德观念加以宣教说理）。其核心是“天人感应”，宣扬善有善报、恶有恶报，天道奖善惩恶，教导彝胞人民爱物，劝人“诸恶莫作，众善奉行”，把“善”作为道德标准。

3. 彝文经籍分类比较——跨省区民族研究

该书对彝文文献的分类，采用了纵向比较与横向结合、点与面结合的综合研究。所谓纵向比较，即对中外学者对彝文经籍的分类按时间线索进行梳理与比较。从明代、清代、民国至新中国成立后，时间跨度约600余年，涉及数十名中外彝学研究者。他们的分类自成体系、各有特点。由于视野和资料局限，未能反映彝文文献的全貌，但对马学良先生的分类给予充分肯定。马学良先生于20世纪30年代末至40年代初，深入到滇中、滇北等地区考查，刻苦研习彝文，接触和掌握到大量丰富的彝文文献，他的分类基本上反映了彝文文献的面貌。① 所谓横向比较，即对在滇、川、黔、桂收集到的彝文文献进行梳理与比较，进行跨省区民族研究。20世纪末和21世纪初，《研究》一书的几位彝族学者，凭借自己谙熟本民族风俗民情、语言文字等诸多优势，奔赴滇、川、黔、桂彝族地区，接触和收集到大量的包罗万象的彝文文献资料，根据搜集到的资料和查阅到的彝文现存书目，按文献内容进行分类，把彝文文献分为15类，较为全面、真实地反映了现存彝文文献的面貌。跨省区民族研究，大大拓宽了研究视野与资料渠道，值得提倡。

二、《研究》的价值及意义

《研究》一书的资料价值、学术价值和社会意义，笔者认为有以下三点：

第一，资料价值。《研究》一书提供了大量的、全面的、系统的、鲜活的彝族原始宗教研究资料（彝文文献资料、田野调查资料、实物图片、照片、人物访谈资料、影像、音响资料、近现代相关学者研究成果等），在资料的接触、占有、应用方面超过了前辈和同时代的研究者，为彝族原始宗教的深入研究提供了线索，拓宽了研究空间。

---

① 参见张纯德、龙倮贵、朱琚元：《彝族原始宗教研究》，426～427页，昆明，云南民族出版社，2008。

第二，学术价值。该书系统地构建了彝族原始宗教研究的理论框架，对彝族原始宗教的信仰内容和形式的理论概括，对毕摩教与毕摩文化的理论阐述，彝族原始宗教与汉文化的比较研究等都具有一定的学术和理论价值。

第三，社会意义和现实意义。

《研究》一书，无论是对彝族原始宗教的再认识、再评价，还是对毕摩教与毕摩文化的重新定位，对巫师苏尼与祭司毕摩的重新评价，或是源流研究、影响研究、比较研究等，已不局限于学术意义。它再次证明，中华民族辉煌、灿烂、多元的民族文化是各民族共同创造的。中华各民族在漫长的历史发展进程中相互学习，相互影响，在文化方面相互吸收，形成了基本相同的宇宙观、伦理道德观。各民族在相互吸收文化的同时，又各自保留了本土本民族文化的核心内容，从而使中华文化呈现出多元化、多民族文化的特色。

《研究》一书还对政府有关部门制定民族政策、民族宗教政策，保护、开发民族文化遗产有借鉴价值和现实意义，对促进社会稳定和谐、增进民族团结有着长远意义。

彝族原始宗教信仰中的生态伦理观研究

——以楚雄彝族自治州大姚县彝族原始宗教信仰田野调查为例

王　俊

彝族先民在历史发展过程中形成了独具特色的生态伦理观，作为彝族传统生态文化的重要组成部分，这种生态伦理观隐含于彝族的原始宗教信仰中，在彝族的历史发展过程中有效地调节着人与自然的关系。对这种隐含在彝族原始宗教信仰中的生态伦理观进行研究是必要的，它能启发人们重新定位人与自然的关系，树立人与自然和谐发展的生态伦理观。

一、大姚县彝族生态环境概况

大姚县位于云南省北部偏西，楚雄彝族自治州西北部，处于北纬25°33′~26°24′、东经100°53′~101°之间；东邻永仁县、元谋县，南依牟定县、姚安县，西接大理州祥云县、宾川县，北与丽江市永胜县、华坪县隔江相望；东西最大横距79.3公里，南北最大纵距93.5公里。

大姚县地处滇中高原，境内多山，山区占全县总面积的81.7%。县境内的白草岭主峰帽台山海拔3657米，为楚雄彝族自治州最高点，金沙江畔的湾碧灰拉表村海拔1023米，是县内的最低点。县域北部多为山区和高寒山区，中部为山区和半山区，南部为坝区和半山区。山高谷深、沟壑纵横是大姚县地形地貌的总体特征。

大姚县气候属北亚热带高原季风气候，冬少严寒、夏少酷暑、雨热同季、立体气候明显。全县国土面积0.4146万平方公里。大姚县森林覆盖率达46.8%，全县有耕地面积25.28万亩，占全县土地面积的7.56%；林地面积427.57万亩，占68.75%；牧地2.54万亩，占0.41%。

2003年大姚县有人口281 221人，其中少数民族人口90 825人，占全县总人口的

32.3%。在全县的少数民族人口中，彝族有84 098人，占全县总人口的29.9%；傣族3444人，傈僳族2361人，回族216人，苗族385人。全县有14个乡镇，其中彝族人口占乡镇人口总数50%以上的乡镇就有五个。①

二、大姚县彝族的生态伦理观概述

文化作为工具在人类生存中被普遍运用，逐渐地人类模糊了自身的自然属性，把自己和自然剥离开来。人类社会生产力越是低下，对自然的感悟就越是深刻和真切。大姚县彝族的原始宗教是大姚彝族先民在历史发展过程中对自然的质朴感知和认识，这种原始宗教所蕴涵的内容极为丰富，包括哲学、教育、医药、天文历法、音乐舞蹈、伦理法规等。原始宗教文化是彝族传统文化中最为重要的组成部分，它融入了彝族人民生活的方方面面，直接塑造和影响了彝族人民的道德观和价值观。大姚县的地形地貌以山高谷深、沟壑纵横为主要特征，这反映在大姚彝族生态伦理观中就是对山和水的无限敬畏。大姚县的森林资源丰富，林地面积在可用地面积中占了绝大部分，还有为数不少的牧地，这反映在人们的生态伦理观中就是对动物和植物的崇拜。大姚县的文化囊括了儒家文化、佛教文化和彝族文化。彝族文化是大姚县的本土文化，这种本土文化的生计表现形式是农耕文化、森林文化和游牧文化。彝族人民的生态伦理观主要表现为万物有灵，尊敬自然。"灵"的实质是自然，在原始先民对自然现象作科学的解释之前，便把自己无法解释的自然现象神秘化。为发生在现实生活中无法解释的具体的自然事物或自然现象找一个代表，这便是所谓的"灵"。凡是与彝族人民生活息息相关的自然的方方面面他们都心存感激，都要对它们表示应有的尊重。人们不愿意得罪自然的代表——神灵。希望能得到自然的理解、尊重和帮助，希望能和自然和睦相处。彝族人民用自己特有的方式和大自然进行沟通，具体的表现就是原始宗教活动中的各种仪式，一方面是对大自然的无比尊重，另一方面表现为对人类自身的尊重。人类与自然之间是一种相互依赖的共存关系。

（一）万物有灵　尊重自然

1. 敬天、敬地

对苍天产生的敬畏感首先是来自对天气或气候等自然现象及天体运行规律的模糊

① 生态环境概况中的所有数据来源于"楚雄彝族自治州统计信息网"http://www.cxtj.gov.cn/index.asp。

认识。生活的实践让人们直观感觉到天与人们所依赖的花草树木、稻米蔬菜之间有着某种紧密的关联，但又无法作出准确的判断和表达。于是便很自然地将人类社会的影子投射到缥缈的天空去，观念中自然就积累和创造了一个和人类相似但又一定要比人类强大得多的东西，这种东西不能归入人类，于是在认知系统中就专门为这种新的看不见、摸不着，但又实实在在存在的东西取了个名字——天神。按照法国社会学年刊派创始人杜尔干"宗教观念产生的真正和唯一渊源就是社会"的观点，① 宗教不是原始人头脑中凭空创造出来的东西，宗教从不表现大自然中完全不存在的东西。彝族先民认为苍天掌管着万物的生长，为祈求天下万物生机勃勃，就要和天神搞好关系。大姚县的部分彝族逢年过节都要举行祭天的仪式。祭天时，人们会在村寨附近的山林中建造祭天棚，内供天神。所供奉的天神像是一尺多长的竹筒，竹筒的上端被削尖，竹筒里装着米粒、羊毛、草根。意思是祈求天神不要忘记人间的人、畜、草木，要对它们施以阳光和雨露，使人、畜、草木生机盎然。彝族先民还把天空中的日月星辰、风雨雷电等自然物和自然现象奉为崇拜的对象，彝族先民认为日月星辰像人一样是有感情的。"大姚县的部分彝族中还保留着每年农历的冬月二十九日杀一只白公鸡祭祀太阳的风俗，在祭祀过程中，毕摩要念诵《太阳经》，祈求太阳神保佑人间永远光明。"② 对电闪雷鸣、暴风骤雨等自然现象则认为是天神在发怒，要举行仪式进行安抚，祈求这些神灵能理解人们的要求和愿望，能顺应人们的生存要求。彝族人民对大地也怀着虔诚的敬仰，认为大地是一切生物的母亲，为了祈求大地能赐予人们丰富的食物，有各种祭拜大地的仪式。有些地方也将土地神称为社神，一些彝族聚居区的土主神就是土地神，从而将土地神具体化。许多彝族村寨建有祭祀土地神的土地庙，村民每逢春播或秋收季节，都到土地庙烧香祈福，感谢土地神的关爱和帮助，将自己在土地中的收获和土地神一起分享。

2. 敬山、敬水

山神信仰在云南是比较普遍的。"楚雄彝族自治州的彝族，则把山神看作人畜安宁、管农林牧渔的大神，兼有天、地、父、母之共同神性。"③ 大姚地处高原，山多石头多，山石与彝族人民的生产生活有着十分密切的联系。山神信仰在大姚彝族人民的生活中也是比较普遍的。在部分彝族的原始宗教观念中，山或山石是山神的化身，在自然诸神中，山神的力量最大，它能降伏一切鬼魅，彝族人民经常把山神作为地方保护神。在彝族聚居区通常都建有简陋的山神庙，将挑选的石头和树枝作为山神像供

---

① 夏建中：《文化人类学理论学派——文化研究的历史》，102 页，北京，中国人民大学出版社，1997。

② 白惠能：《大姚彝族文化》（内部资料），2007。

③ 街顺宝：《绿色象征——文化植物志》，42 页，昆明，云南教育出版社，2000。

于庙内，每年农历的四月一日杀鸡祭祀。有的人还以石头作为孩子的名字，拜石头为孩子的“干爹”，间接地将山神具体化为孩子的保护神。神山、禁地是彝族人民举行原始宗教活动的场所，这些神山、禁地在彝族人民的生活中占有重要地位。按照部分彝族的山神崇拜观，神山、禁地一般后边要有坚实的“靠山”，“靠山”的山脉走向要延伸很长，中间不能够有河流把山脉截断，认为这样的地方出生的孩子头脑灵活、聪明。坟地的两边最好也要有山梁环抱。这样一来，无论生死，彝族先民都已经很自然地将自己融入到自然中，把自己看做是大自然不可分离的一部分。

水在给人们生活带来帮助的同时也会带来危害。由于水与彝族人民的生产生活关系密切，所以人们对水也怀着深深的敬意和感激之情。由于彝族多居住在山高谷深之地，这里的水多为山泉水，所以彝族聚居区的水崇拜就主要表现为泉水崇拜。对水的崇拜，集中反映在各村各社对与人们生活密切相关的水井、水槽、水沟、水塘的祭祀上。彝族举行祭祖仪式时，要同时祭祀水神。“做法是在斋期的最后一天举行驮水仪式，由巫师念经，把一只带角的绵羊赶到水源地，并在水边祈祷水神供给族人圣洁的水，而后把水驮回来进行供祭。平时，他们视此水源为‘神泉’或‘神井’，严禁人畜进行糟蹋。”① 彝族人民相信水是由龙神主管的，因而盛行龙神崇拜，龙神崇拜的实质就是水崇拜。在彝族居住区，几乎每个村寨都有出水的水塘，人们认为水塘是龙踩下的脚印，所以把村中供人饮水的水塘都称作“龙潭”，彝语叫做“绿字唤”，意为“龙的地方”。人们认为龙神就住在龙潭里，所以普遍有祭祀龙潭的习俗。平时，要对龙潭进行精心的修葺和保护。到天旱时，村民就集中到龙潭边举行祭祀活动。祭祀时，人们在龙潭边设坛，坛上燃香，供上猪头、酒，往龙潭里丢铜钱硬币，念一些和龙神进行交流的祈求祷告的话语。人们经过龙潭时必须严肃恭敬，不能大声喧哗，不能在龙潭边谈情说爱，不能抛物于潭中，不能砍伐潭周围的树木，唯恐触犯龙神而招致村寨人畜遭殃。为了取悦龙神，除了在天旱时祭祀外，在平时也要定期祭祀龙潭。除了与水有关的直接祭祀水神仪式外，“楚雄彝族以巨树喻龙，龙主水，每年正月初二祭祀。是时，主祭者‘龙头’攀上‘龙树’，向树下跪拜的人撒米、豆，学布谷鸟叫后向树下洒水”②。

3. 敬动物、敬植物

彝族人民常把动物当做人们生活中的良师益友或各种保护神。许多人崇敬狗，在尝新粮时要首先喂给狗吃，待狗食过新粮后，人们才能食新粮。过年除夕用餐也是这样，要首先给狗喂了过年的食物后，大家才能吃饭。彝族因为世居高寒山区，所以对

① 白惠能：《大姚彝族文化》（内部资料），2007。

② 杨兆麟：《原始物象——村寨的守护和祈愿》，119 页，昆明，云南教育出版社，2000。

能适应冷气候的牦牛极为崇尚。彝族还崇拜虎、熊、狼、豹、鹰等。彝族崇拜虎，尤其崇拜黑虎。彝族举行祭祖仪式时，门楣上要悬挂虎头画像，彝族小孩要戴虎头帽，穿虎头鞋，认为能辟邪，把虎奉为保护神。部分彝族崇拜鹰，认为鹰是他们的保护神，并自认为是鹰的亲族，他们天生就具有鹰的机警、凶悍的习性。毕摩在为人驱邪治病时，常要模拟鹰的姿势，跳鹰的舞蹈，并把绘有鹰的图符贴在患者的屋里，以示得到鹰的保护，病魔不敢缠身。关于动物崇拜，在云南省昭通市民委主译的《乌蒙彝族指路书》“芒布卷”中的“追病根死由”中有形象记载：“在天际云边，鸟不作主张，由鹰作主张，灰鹰作主张，在大地之上，兽没有主张，由虎来把握。”①

“森林中的居民以林木与他们的生活有密切的关系尤常以树木为崇拜的对象。”②彝族人民崇拜的植物主要表现为宗教植物（宗教崇拜植物和宗教礼仪植物），信仰植物（神树、神灵植物、神林及图腾植物），还有民俗植物等。大姚彝族的植物崇拜，最突出而内容最丰富的是树木崇拜。彝族有崇拜神林、神树的风俗。他们把神林和神树当做村寨保护神，对之倍加崇拜，有一套祭祀神林和神树的繁缛仪式。其祭祀仪式一般都以猪、鸡、牛、羊作为祭献牺牲，甚至对祭物的性别、颜色都有严格规定。在彝族原始宗教观念中，神林神树是村寨的守护神和许多自然神的居住场所，所以神林、神树自然成为神圣不可侵犯之物，村民不得任意砍伐神树，不得闯入神林狩猎、鸣枪，乃至大小便。因为这些行为会亵渎神树，从而导致人畜患病。人们还认为神林、神树支配着刮风下雨，砍伐神树会使天气反常，会危害人们生存和影响农作物生长。家住大姚县偏僻山区的彝族，现在还保留着通过占卜、择吉播种的古老习俗，农民只有经过象征性的播种仪式以后才能开始播种。部分彝族认为所种植的稻谷、包谷、荞子、芋头等都有灵魂，他们对农作物的祭奠很隆重。大姚彝族的植物崇拜中，农业祭祀占有重要地位，这是因为大姚山区彝族在新中国成立以前大多数实行刀耕火种的粗放耕作方式，很大程度上依赖于大自然，所以农业祭祀在他们的生产活动中占有突出的地位，农业祭祀实质就是农耕文化的具体表现。

（二）尊重人类自身

在对自然充满敬意的同时，彝族人民对人类自身所具有的能力和价值也心存敬畏和感激。小的方面表现在各个家庭或家族对自己祖先的崇拜，大的方面表现为彝族人民的土主崇拜。彝族人民为那些对本乡本寨作出杰出贡献的人树碑立庙，将他们奉为土主，作为本乡、本土的保护神。

---

① 文成端主编：《乌蒙彝族指路经》，104页，昆明，云南民族出版社，2002。

② 林惠祥：《文化人类学》，231页，北京，商务印书馆，2002。

1. 祖先崇拜

“彝族人民普遍认为他们的祖先由万物中的植物而来，或者某些植物曾救了他们的祖先才使得彝族得以繁衍。”① 大姚各地彝族都不同程度地保存着祖先崇拜的观念，其崇拜内容集中反映在丧葬和祭祖仪式上。如果家里有老人去世，除了要为死者举行“指路送魂”的祭祀仪式外，彝族老人死去一年之内，儿子还要请毕摩为死去的父母安置灵牌，彝语称作“马都”。各地彝族设置灵牌的方法不一，但都离不开竹子。彝族每个家庭堂屋要悬挂一张画有若干人像的图画，代表各个家庭所供奉的历代先祖。彝族老人去世后，家人要用蜂蜡做成一个小人像，装进小布袋，供奉在家屋楼上，平时不许外人进入，凡遇年节即进行祭祀。

2. 生殖崇拜

在大姚县昙华乡的拉乍门村，一条深箐的一面崖壁上伸出一根长约两米的粗壮石柱，形似男性的生殖器，对面的崖壁上有两块突出的岩石像一个肥硕的臀部，臀部中间深凹的部分形似女性的生殖器，它们就是大姚彝族先民进行生殖崇拜的祭物。长期以来，许多彝族夫妇千辛万苦带上香纸祭物到生殖崖下参拜祭祀。由于原始社会对人口的迫切需求，导致彝族先民产生了炽热的生殖愿望。先民们曾在一段相当长的时期内不知道男女之间性与生育的关系，当时的人们认为，女人之所以能够生育，是因为女人与某种图腾接触或受到某种灵物触发的结果。随着社会生产力的发展和人们认识能力的提高，当人们开始知道男女生殖器与生殖的关系时，便在万物有灵观点的支配下，转而把生殖器当做一种灵物加以崇拜。

3. 英雄崇拜——大姚县昙华乡的插花节

彝族有英雄崇拜的习俗，在云南目前发现的唯一一部彝族英雄史诗《阿鲁举热》中就详细地讲述了主人公阿鲁举热的传奇故事，传说阿鲁举热是鹰和人交感而生的后代，是老鹰将它抚养成人的。在大姚彝族的英雄崇拜中，最出名的就是昙华乡彝族的插花节。昙华彝族传统的节日很多，几乎每个月都有一个节日活动。除了彝族人民共有的彝族年和火把节外，最有代表性的就是农历二月初八在昙华乡昙华山举办的插花节了。传说古时候昙华山有一位美丽的彝族姑娘名叫米依噜，她与青年猎人朝列若相亲相爱。在昙华山上有个残暴的土官，他在昙华山上建有一个庄园，对外宣称庄园是专门教彝家姑娘织布的地方，实际上是土官寻欢作乐的地方，他把许多彝家姑娘骗到庄园进行侮辱。土官见到美貌的米依噜后，垂涎于米依噜的美貌，想要霸占米依噜。他派人把米依噜抢到庄园，米依噜为了替民除害，假装顺从，在酒会上设计将有剧毒的白色马樱花泡在酒里。最后用有剧毒的白马樱花酒毒死了土官，自己也献出了年轻

① 李伟、马传松：《乌江流域少数民族的生态伦理观》，载《重庆社会科学》，2007（3）。

的生命。朝列若知道米依噜死后悲痛哭泣，流干了眼泪，滴出了鲜血，鲜血将白色的马樱花染红。为纪念这位献身除暴的彝家姑娘，每年农历的二月初八，当地的彝族人民都要采来朝列若用鲜血染红的马樱花戴在头上，插在门上，表示抗暴除魔、吉祥幸福。插花节非常生动地反映了彝族人民的英雄崇拜。

（三）人与自然相互依存，和谐发展

人与自然在彝族原始宗教信仰中的关系是一种“你中有我，我中有你”的相互依存关系。人类离不开自然，自然也需要人类，是一种“天人合一”的关系。人类与自然间的交往可直接或通过人类的代表毕摩进行，毕摩充当着人类与自然间使者的角色，毕摩可将自然的意志传达给人类，也可将人类的意志传达给自然。人类尊重自然，但也不是完全无条件地迷信，这取决于自然的代表，即自然神和人类间的关系，看他们是否给人类带来福祉，带来福祉的人类就尊重他，给他贡献；如是不称职的自然神，人类可以通过自己的使者，即毕摩，对那些不听话的鬼神进行惩罚。

1. 图腾崇拜

原始先民相信每个氏族都与某种动物、植物或非生物有着亲缘关系，此物就是他们的祖先，因而对其进行图腾崇拜。新中国成立前，大姚山区的彝族都不同程度地保留有图腾崇拜的遗迹。彝族多以虎为图腾，认为彝族是由虎变生而来，死后也会还原成虎，因而把虎作为自己的祖先进行崇拜。有的彝族以竹为图腾，严禁砍伐和毁坏，村人在每年农历的四月二十四举行祭竹大典。有的彝族还以松树为始祖，认为他们与松树有血缘关系。有的彝族以葫芦为图腾，有供奉“祖灵葫芦”的习俗。凡供奉祖灵葫芦的家庭，在他们家的壁龛或供板上，通常供着两个葫芦，代表两代祖先。再上一代的祖灵葫芦，就要请毕摩来举行送祖灵仪式，然后把它烧掉，当地彝族中有“人畜清洁求葫芦，五谷丰收求土主”的谚语。有的彝族分别以水牛、岩羊、绵羊、绿斑鸠、白鸡、獐等作为自己祖先的名号。由于图腾禁忌的作用，图腾崇拜在保护生态环境方面起到了客观、积极的作用。“由于彝族传统图腾文化和其它文化的影响，紫溪山森林中保存了大量的单瓣、半重瓣和重瓣山茶花，并栽培和保护了 43 棵山茶花古树。”①

2. 人鬼神间的使者——毕摩

毕摩是彝语音译。“毕”是念经诵咒，“摩”是对有知识的长者的尊称。按彝族的原始宗教信仰，毕摩居于人、鬼、神之间，具有教师、祭师和医生的角色。他既与

---

① 龙春林、张方玉、裴盛基、陈三阳：《云南紫溪山彝族传统文化对生物多样性的影响》，载《生物多样性》，1999（3）。

人生活，又与鬼神通话，当人类与神鬼之间发生矛盾时，毕摩就站出来协调，这种协调就是我们常见的祭祀。由毕摩选一个好日子，备上羊、鸡、粮、酒等祭物，到一个彝族人公认为神圣的地方，上好祭品后，毕摩就开始祭祀，背诵经文，安抚山神、水神、天神等神灵，和鬼神对话，告知人的各种要求，劝告大小鬼神不要作恶，对不听协调的鬼神，毕摩将施法加以整治。关于毕摩在彝族历史进程中的作用，《乌蒙彝族指路书》中也有生动记载："在人世间，温馨的家庭，主人无主张，毕摩作主张，由毕摩把握，由毕摩定夺，由毕摩安顿，由毕摩保全，生命有保险，如崖高峰聚，生活不忧愁，犹湖边长草，生长有时日，毕摩著神文，神文天样高，毕摩著神史，神史地样广。"①

3. 土主庙

土主是现实生活中人的化身。土主庙是进行土主祭祀的场所，通常是一幢简易的房子，房中塑有三个神像，中间是土主神，左边为山神，右边为土地神。按照彝族尚黑和以左为尊的观点，土主的地位在山神之下、土地神之上。山神掌管山，与狩猎活动有关；土地神掌管土地，与农耕活动有关。这种从古到今遗留下来的神像摆放方式，巧妙地反映了人类在狩猎和农耕过程中对大自然依赖的不同程度。狩猎带有很大的偶然性，具有不可预知和控制的特点，客观上人们需要一种力量帮助自己在狩猎过程中获得成功，对山神的依赖性大得多。土地神是农耕之神，农耕的结果相对于狩猎来说具有较好的可预知性和可控制性，农耕所获取的东西，人们更多地可以通过自己的努力得到，于是对土地神的依赖就会小一些。从土主庙中神位的安排我们可以看出人与神之间是一种平等的相互依存关系。

三、彝族生态伦理观的重要启示和现实意义

彝族原始宗教信仰中的生态伦理观质朴地告诉现在的人们要尊重自然、爱护自然。人类需要将自己与自然间的关系做一个理性回归，重新树立自己与自然间的道德感，并借此"制定道德规范，指导人们依据客观规律保护良好的生态环境，改造恶劣的生态环境，创造优美的生态环境，用道德手段调节在自然界领域人与人间的利益关系"②。人与自然间的伦理关系，其实质也就是人与人之间的伦理关系。人类之所以要强调生态伦理，最根本的原因还是在于人类的生存中有这种生态学意义上的客观需

① 文成端主编：《乌蒙彝族指路经》，104页，昆明，云南民族出版社，2002。

② 傅华：《生态理论学探究》，116页，北京，华夏出版社，2002。

要。人类有尊重自然、尊重其他生物的生存权利，维护生态系统的完整和平衡，归根到底也是为了尊重人类自己的生存，维护自己生存的利益、幸福和命运。

我们在进行生态建设过程中应重视宗教文化的影响，“宗教的生态意识与当今生态需求的契合，从一个侧面提供了当代宗教能够存在、发展的切实依据，是宗教与我国现代化建设事业相适应的具体表现。因此，重视这些有利于保护生态环境的因素，充分发掘其潜能，切实在当今之世发扬光大，无疑具有现实和长远的意义”①。在进行彝族地区生态建设过程中，一定要结合当地传统的生态伦理知识，对当地的生态伦理知识进行分析研究，取精华去糟粕，发挥毕摩或当地有识之士在传统文化传承过程中的积极作用。笔者曾在云南大学民族研究院主办的“民间艺人进课堂”中聆听了南坪县河西乡玉狮村普米族村民在保护该村原始森林过程中的各种努力，报告人杨京辉就是玉狮村的普米族村民。他说他们拼命和破坏森林者作斗争的原因很简单，那就是有了森林，他们就可以有干净的水喝，有野菜和各种菌类吃。像杨京辉这样土生土长的村民是最明白自己与当地自然之间的关系的，他们这种对自然的尊重与敬仰是实实在在的。“因此，总体上看，各少数民族宗教都对自然采取敬畏的态度，是具有鲜明生态特征的民族文化，本质上它追求着人与自然的和谐发展，这就为我们今天的生态环境建设提供了可资借鉴的文化资源。”②

---

① 马克林：《宗教的生态伦理观及其现代意义》，载《甘肃民族研究》，2003（2）。

② 李本书：《民族生态伦理观念的批判与重建》，载《北京大学学报》（社会科学版），2005（3）。

彝族俐侎人祭“茶祖”仪式探析

——以云南省凤庆县郭大寨乡团山村的俐侎人为个案

李 明

俐侎人是云南省临沧市特有的一个彝族支系，主要居住在临沧市永德县乌木龙乡和凤庆县郭大寨乡、营盘镇一带。凤庆县郭大寨乡团山村位于乡人民政府东部，距乡政府驻地15公里，全村有俐侎人家427户，1700多人，占全村总人口的79.6%。该地山高坡陡，属半山区，年平均气温16.5℃，年平均降雨量1450毫米，属亚热带温凉气候。团山村山高谷深，交通不便，生存环境极为恶劣。尽管如此，当地的俐侎人依然保留着他们最古老的生产和生活方式，依然使用着完整的俐侎语言和保留着他们独具民族特色的神话传说、服饰、饮食、歌舞、祭祀等民俗文化事象。当地的俐侎人对茶有着传统的独特认识，他们种茶、制茶、爱茶、敬茶，终日与茶山相伴，因此会在特定的日子里祭拜“茶祖”，祈求风调雨顺、五谷丰登。

一、俐侎人祭“茶祖”习俗的由来

彝族俐侎人崇拜自然，他们信仰万物有灵，在他们的观念中，茶是有灵魂的。在俐侎人关于本民族的发源史上，茶是他们的救命草。俐侎人祭“茶祖”的习俗源于一个传说：相传在很久很久以前，俐侎人并非是当地的土著居民，他们的祖先最早是从思茅、景谷一带逃难出来的。俐侎人的祖先一路逃难，靠采集野菜、瓜果等为生。为了保存俐侎人的根，男人们每天都要出去寻找食物。为了孩子和女人们的安全，男人们要先尝那些从山上采集来的食物，确定没有毒后才让孩子和女人们吃。一天，他们实在找不到什么食物了，就只好采了两种不同的树叶，一种是大叶，另一种是细叶。为了鉴别这两种树叶到底有没有毒，他们分别吃了一些采来的树叶。第二天早上，人们醒来后发现吃了细叶的人都死了，而吃了大叶的人却更加精神百倍。后来才发现，那种绿色大叶就是古茶树上的嫩叶。此后，只要是疲惫了，俐侎人就会采些茶叶来吃，千百年后就有了“早上一盅，一天威风；下午一盅，干活轻松”的谚语。俐侎人为了感恩茶树，因此每年的农历二月十五都会祭拜“茶祖”。

二、祭“茶祖”仪式的图式

人类学家试图将仪式分为两大类，即宗教仪式和巫术仪式。关于宗教仪式和巫术仪式的区别，法国著名人类学家马塞尔·莫斯曾指出：“在仪式当中，无疑有一些在性质上是宗教性的，这些仪式是神圣的、公共的、定期的。”① 而“跟任何有组织的教派无关的仪式都是巫术仪式——它是私人性的、隐秘的、神秘的”②。就彝族俐侎人的祭“茶祖”仪式而言，它是一种宗教性的祭祀活动，因为它和俐侎人的原始宗教信仰是联系在一起的。英国结构功能主义大师拉德克利夫·布朗认为，在研究宗教时，重点应放在仪式上，而不是放在信仰上。他指出卢瓦西在他的《献祭史论》中持同样观点：“仪式是所有宗教中最持久的要素，因而，从仪式中可以更透彻地揭示古代崇拜的精髓。”③ 祭“茶祖”仪式作为一种祭祀活动，它自然要具备祭祀的几个要素，即“一、必有明确的祭祀对象。二、有主祭人和参加祭祀的人群。三、有一系列祭祀程序”④。在这里，笔者主要是结合马塞尔·莫斯和昂利·于贝尔的献祭图式理论，来探讨凤庆县郭大寨乡团山村彝族俐侎人的祭“茶祖”仪式。“献祭的图式”是法国人类学家马塞尔·莫斯和法国社会学家昂利·于贝尔在他们的著作《巫术的一般理论 献祭的性质与功能》中提出来的，他们把献祭的图式分为三个：第一个是进入（进入献祭阶段），进入作为献祭的第一个阶段，包括祭主、助祭人、场所、工具等；第二个是牺牲；第三个是退出（退出献祭阶段）。

---

① ［法］马塞尔·莫斯、［法］昂利·于贝尔：《巫术的一般理论 献祭的性质与功能》，杨渝东、梁永佳、赵丙祥译，30页，桂林，广西师范大学出版社，2007。

② ［法］马塞尔·莫斯、［法］昂利·于贝尔：《巫术的一般理论 献祭的性质与功能》，杨渝东、梁永佳、赵丙祥译，33页，桂林，广西师范大学出版社，2007。

③ 参见［英］A. R. 拉德克利夫·布朗：《原始社会的结构与功能》，潘蛟、王贤海、刘文远、知寒译，172~173页，北京，中央民族大学出版社，1999。

④ 钟敬文：《民俗学概论》，200~201页，上海，上海文艺出版社，1998。

（一）祭“茶祖”仪式的进入

1. 祭“茶祖”仪式举行的时间

居住在凤庆县郭大寨乡团山村的彝族俐侎人，每年的农历二月十五日都要举行祭“茶祖”仪式，主要是为了祈求风调雨顺、五谷丰登，同时也为了满足求福趋吉、平安吉祥等需求。

2. 祭“茶祖”仪式的祭主——全体村民

“祭主”是莫斯和于贝尔提出的一个概念，他们把“献祭的益处所归属的主体或承当献祭效果的主体称为祭主。这个主体有时是一个个体，有时是一个集体——一个家庭、一个氏族、一个部落、一个民族，或一个秘密会社”①。在郭大寨乡团山村，举行祭“茶祖”仪式这天，不管家里有多忙，俐侎人都会放下手里的活去祭拜“茶祖”。祭“茶祖”的主要目的是为了祈求风调雨顺、五谷丰登，同时也希望借此能祈福禳灾，保佑全村人平安幸福。从这个层面上说，全体村民都是祭“茶祖”仪式所带来益处的归属主体。因此，祭“茶祖”仪式的祭主即是全体村民。

3. 祭“茶祖”仪式的助祭人——“朵希”（祭师）

“朵希”为俐侎语，意为祭师，是主持祭“茶祖”仪式的人，同时也是从事整个祭祀活动的助祭人。除“朵希”外，还要找几个年轻人，在仪式中帮助“朵希”共同组成祭“茶祖”团队。

4. 祭“茶祖”仪式的场所——茶山

任何祭祀活动都必须在特定的场所举行，且举行祭祀活动的场所是神圣的。居住在郭大寨乡团山村的俐侎人，他们举行祭“茶祖”仪式的地点是在村寨背后的茶山上。“茶祖”又叫茶树王，是茶山上一棵枝叶茂盛、挺拔、苍劲、古老的大茶树，是祖辈一代代传下来的。“茶祖”前面，有一个用水泥砌成的祭台，象征着圣洁和庄严。祭台下面是一块水泥平地，是供参加祭“茶祖”仪式的村民顶礼膜拜和活动的地方。

（二）祭“茶祖”仪式的过程

1. 祭“茶祖”仪式的牺牲

众所周知，任何祭祀仪式都必须有牺牲，在祭祀仪式中，牺牲已被神圣化。凤庆县郭大寨乡团山村俐侎人的祭“茶祖”仪式必须用一只公鸡和一头猪作为牺牲，公鸡和猪都是全村各家各户凑钱购买的。祭“茶祖”仪式举行前一天，村里各家各户都要

---

① ［法］马塞尔·莫斯、［法］昂利·于贝尔：《巫术的一般理论　献祭的性质与功能》，杨渝东、梁永佳、赵丙祥译，179页，桂林，广西师范大学出版社，2007。

派代表把准备好的一些米、酒以及买鸡、猪的钱交到“朵希”手里。

2. 祭“茶祖”仪式的过程

祭“茶祖”仪式一般从早上就要开始，天一亮，人们就穿着节日的盛装，整整齐齐地排好队，鼓号手在队伍的最前面，然后是“朵希”。“朵希”手里拿着点燃的香，其他人则跟在他的后面，队伍在“朵希”的带领下，浩浩荡荡地向“茶祖”走去。队伍到达以后，祭“茶祖”仪式正式开始。“朵希”把手里的香插在“茶祖”前面的祭台上，再把牺牲、祭品等摆在祭台上，然后用一块俐侎人自己织的布将树干包住，这时边上的一名助手把一支箭射向天空，鼓号再次响起。“朵希”端起一碗水，绕着“茶祖”一边泼洒一边念祭词：

茶神呀茶神，
你救过我们祖先的命，
你让我们俐侎人繁衍下来，
我们感激不尽，
今天我们又来给你烧香，
这山是你的山这河是你的河，
你要永远地住在这里，
保佑我们俐侎人家家平安人人安康，
保佑我们俐侎人子孙兴旺。
……①

当“朵希”念完祭词后，在场的所有人都跪在地上，不停地磕头，默默地祈祷，顶礼膜拜，祈求风调雨顺、五谷丰登，此时祭“茶祖”仪式圆满完成。

（三）祭“茶祖”仪式的退出

祭“茶祖”仪式结束后，村民们并不马上回家，而是一起打歌跳舞；“阿朵”（姑娘）、“阿茶”（小伙子）们吹着芦笙、弹着三弦，围着“茶祖”踏歌起舞，共同庆祝这个神圣的日子。除了在茶山上跳舞以外，祭“茶祖”的队伍还要绕着寨子跳舞，并把茶神请回家，让茶神住在温暖的家里。

---

① 何写：《俐侎人的茶缘》，载《茶乡》，2007（2）。

三、祭“茶祖”仪式的文化内涵

祭“茶祖”是俐侎人一种古老的祭祀活动，带有原始的宗教色彩，已成为俐侎人日常生活中最重要的民族传统节日，并直接关系着他们的前途和命运。祭“茶祖”仪式承载着许多浓厚的社会文化观念，具有丰富的文化内涵。

（一）祭“茶祖”——茶崇拜的体现

俐侎人崇拜自然，信仰万物有灵，他们认为世间存在着一种无形的力量，影响着人类的活动，主宰着人们的幸福安康，因此要用各种各样的祭祀活动来表达对神灵的敬畏和对幸福生活的向往。身处云雾山中的俐侎人，由于拥有得天独厚的气候条件，茶叶就成了他们重要的经济支柱。俐侎人种茶、制茶、爱茶、敬茶，有着悠久的茶史。他们相信茶是有灵魂的，茶救过他们祖先的命，为了来年茶叶大丰收，为了感恩茶树，为了得到茶神的庇佑，因此要举行祭“茶祖”仪式，以此来祈求风调雨顺、五谷丰登。俐侎人的茶崇拜是自然崇拜的一种形式，自然崇拜即是对大自然的崇拜，它被认为是原始宗教最早的一种崇拜形式，持续的时间很长，直到人类进入阶级社会后仍然盛行不衰。自然崇拜反映了人和自然界之间的矛盾。俐侎人的祭“茶祖”仪式即是茶崇拜的体现。

（二）祭“茶祖”——祈福禳灾、求吉心理的体现

求福趋吉是一种最普遍的心理趋向。无论举行什么样的祭祀仪式，其目的只有一个，那就是祈求免除灾害、避祸得福，企盼五谷丰登，希翼得到神灵的欢心和保佑，可以说功利性的目的才是原始宗教活动的根本动因。凤庆县郭大寨乡团山村俐侎人的祭“茶祖”仪式，其目的就是为了祈求风调雨顺、五谷丰登，同时也希望以此能祈福禳灾，保佑全村人平安幸福。因为在他们的观念里，“茶祖”就是村寨的保护神，主宰着人们的幸福安康。当地彝族俐侎人希望借助这种祭祀活动，得到超自然神灵的庇佑，获得幸福；或对危害人类自然灾害的恶神，予以禳解或消除，寻求一种求吉心理，希望善神能提供显示在生活上的利益，祈求可以降福吉祥，保佑平安幸福。可见，祭“茶祖”仪式作为一种原始宗教祭祀活动，是具有一定功利性目的的，是全体村民求吉心理的一种体现。

（三）祭“茶祖”——表现民族自我意识，增强凝聚力的体现

无论是哪一种民族的文化，都在一定程度上表现着本民族的自我意识。民族自我

意识是“各民族在形成和发展过程中凝结起来的表现在民族文化特点上的心理状态，是同一民族的人感觉到大家是属于一个人们共同体的自己人的这种心理”①。民族自我意识贯穿在整个祭“茶祖”仪式当中，在仪式过程中时时都在传递着这样一个信息：我们是同一支系的人，我们生活在同一个空间，有着共同的祖先和历史文化，有着相同的前途和命运，并因此强调本民族的内聚力和认同心理。随着社会历史的发展，当地的祭“茶祖”仪式已由最初单一的原始宗教祭祀活动，演变为今天的带有宗教色彩的民族传统节日。在这个宗教性节日的舞台上，村民们相互交流、相互合作，共同完成整个仪式。在这样的活动中，亲缘感情得到了融会，内心情感得到了交流。此外，人们在祭“茶祖”仪式过程中还自觉或不自觉地加强了共同体意识：祭“茶祖”仪式是集体的活动，个人是无法完成的；祭“茶祖”仪式是村寨神圣的活动，每个人都必须认真对待。这样一来，就使村民们意识到离开了村寨、离开了集体，个人是无法生存的，从而增强了村寨意识和内聚力。祭“茶祖”仪式已成为当地彝族俐侎人融会亲缘感情、增强内聚力倾向的一个符号，他们可以从自己独特的祭“茶祖”仪式中真切地体验到一种血融于水的骨肉亲情，从而产生一种强烈的认同感和亲和力。

四、结　语

茶史可鉴，茶俗可见，祭“茶祖”仪式作为凤庆县郭大寨乡团山村俐侎人的一种古老的祭祀活动，是他们生产生活中不可缺少的一个组成部分，也是他们一年之中最盛大、最隆重、最神圣的带有宗教色彩的民族传统节日。俐侎人祭“茶祖“仪式的形成和发展经历了一个漫长的历史过程，自产生之日起历经风雨的洗涤、沉淀和过滤，至今仍有着旺盛的生命力，可谓是一个历史文化积淀的过程，并在政治经济、历史文化以及传统习俗等方面发挥着重要的作用。在俐侎人的历史文化演进过程中，祭“茶祖”仪式已经内化、隐化到人们的心灵深处，幻化成敬仰与崇拜、祈求与渴望等观念文化，并以其独特的表现形式承载着浓厚的文化观念，成为彝族俐侎人独特茶文化的一个组成部分。

---

① 钟敬文：《民俗学概论》，89 页，上海，上海文艺出版社，1998。

宗教视野里的彝族支系俐侎人

罗春梅　杨明艳

美国著名人类学家露丝·本尼迪克特在其名著《文化模式》的篇首即引用了迪格尔印第安人的箴言："开始，上帝就给了每个民族一只陶杯，从这杯中，人们饮入了他们的生活。"① 对俐侎人而言，要找寻饮入他们生活的、赋予他们生活意义的那只陶杯，我们不得不关注他们质朴而原始的宗教信仰。在俐侎人那里，宗教不是超越于文化结构的抽象观念，而是文化生活的重要组成部分。

一、俐侎人的社会概况

俐侎人是彝族的一支，旧时典籍多记作"列米"、"列密"、"列迷"、"腊米"等。现在约有3万俐侎人生活在云南省西南部的临沧地区。俐侎人语言属藏缅语族彝语支，自称与楚雄彝族可以通话，民族识别的时候被划分为彝族。俐侎人完整地保存了自己的语言，到现在仍有很多人不会说汉语。俐侎人生活的地区海拔都在1500米以上，气候寒冷，是典型的高寒贫困山区。他们以农业生产为主，但因气候条件的限制农业并不是很发达，人们的生活水平普遍不高，物资匮乏。新中国成立前，俐侎人社会已进入封建社会，土地、森林早已私有，但贫富分化不大。和云南很多地区一样，村寨有"立丛"之俗，即相邻村寨为了解决公共事务而建立一种临时组织。"丛"有"丛头"，民主推举。除"丛头"外，还有"乡老"，民间所传为"俐侎王"，负责全

---

① ［美］露丝·本尼迪克特：《文化模式》，王炜等译，3页，北京，生活·读书·新知三联书店，1988。

区事务。俐侎人无统一政权出现，历史上也没有土司，各村寨直接由顺宁府管辖。[①]婚姻形态方面，新中国成立以前，汪宁生先生经调查认为应属“对偶婚”，是一种古风遗存。服饰方面，妇女仍喜穿自织、自染、自制的传统黑色服装。上衣稍长、袖宽，袖口有刺绣装饰，对襟无领，下着裤，裤腿设计颇现代，可调节长短，一般喜收缩露出小腿。腰中系大围腰，腰带长且宽。头包黑帕，上覆包巾，青年女子爱用蓝白相间的方格花布，很是惹眼。新娘礼服的头饰则更加华美，耳戴大环，手戴大镯。男子在重大节日和场合也穿传统服装，色黑，衣右衽无领，包头。生存条件的恶劣似乎并没有影响到乐天知命的俐侎人过愉快的生活，他们颇知及时行乐。俐侎人的歌舞十分丰富，婚恋、丧葬、节日都少不得歌舞的相伴。

二、灵魂崇拜

和很多的少数民族一样，俐侎人相信人有灵魂，活人有生魂，死人有鬼魂，且灵魂不灭，永世轮回。灵魂观念并非古代哲学的产物，而是原始情感的结果。人类害怕死亡，不愿承认死亡是生命的终结，这是人的本能。基于这种本能，人们产生了灵魂观念。正如泰勒所说，灵魂观念是一种令人安慰的信仰，使人相信生命的延续，死后还有来生。不过，这种信仰充满了困惑。灵魂观念是宗教信仰的原型，而葬礼则是宗教行为的典型。因此，和很多少数民族一样，在葬礼上，俐侎人极尽所能地安魂、慰魂和抚魂，“感其恩德，盼其魂安，求其赐福生者”[②]。不过，在恐惧和希望交织的复杂情感里，俐侎人仍表现出他们对死亡淡定、从容的一面，感性之下不乏理性之光。

既然生有生魂，死有死魂，那么死亡就不是完全意义上的终结，它是灵魂到另一个世界去生活的一个新起点。魂在那个世界也会吃、穿、住、打猎、种田、结婚等。因此，在葬礼上，“朵希”（“朵希”是专门负责为人举行丧葬仪式和诵经的祭师）反复告诫生者和死者这一点。据说，葬礼中，“朵希”需念诵《正经》、《副经》72 调。在《正经·伯格》调中，“朵希”告慰亡灵：“你活着的时候，有吃的、用的，现在你死了，但该属于你的东西，我们已经分给你了，所有的东西，死者活者各分一半。”接着，在《正经·涅西》调里又抚慰道：“你死之后，家庭的财物，属于你的那一部分，已经分给了你。”《正经·治柴》调中又接着说：“现在你已经死了，家人分给你布匹、针、线，希望你以后自己缝制衣物。”在《副经》、《奢济》和《楚济》调里，

---

① 参见汪宁生：《 汪宁生论著萃编》，863 页，昆明，云南民族出版社，2001。

② 参见杨知勇：《西南民族生死观》，199 页，昆明，云南教育出版社，1992。

“朵希”讲述了上、下半年需要做的事情。在《副经·夫梗》调里，告诉死者：“你将有新家了，就像新娘要出嫁，你要收拾好你的衣物、器具。还有，家人分给你的东西，到了阴间，可以用来换物、置田产。”在《副经·然底》调中，又嘱咐亡灵道：“该是你的东西，家人该分给你的东西，都已经分给你了，以后你的生活，由你自己去计划、安排。”另外，在《副经·国若国嫫瞀》调里，向亡灵讲述：“所分给你的家什用具，可以到山中用于狩猎生活。到山中狩猎时，假如迷了路，可以用锅煮饭，饭锅倒朝哪方，便可向哪方走。”①

婚姻是人生的重要组成部分，也是亡魂的。一个男子，无论死时年龄有多大，只要生前未曾娶亲，就算无妻。无妻的男子必须娶妻，若不能“娶鬼亲”，亡魂将不得安宁，扰乱家人的生活。因此，生前未曾结婚的男子，死时家人要到哪些死时也未曾结过婚的女子家里去说亲。媒人、聘礼、程序、仪式依如活人。娶了“鬼亲”之后，“朵希”将所娶鬼亲的姓名及情况一一告诉亡魂，好让“夫妻”在阴间团聚。之后，“朵希”才能正式诵经举行葬礼。

生者的灵魂到另一个世界去生活就是死亡，暂时离开就会使人生病，因此俐侎人在葬礼上要举行特别的“隔魂”仪式。其法为“‘朵希’于祭坛诵经，孝子、孝女捡小石头和火炭若干粒，扔在灵柩前，再由‘朵希’将掷于地的石粒、火炭分别捡开，以石粒代表活人，火炭代表死人，并以咒经加以区别，表示‘隔开’生人魂和死人魂。绕棺仪式完毕，将石粒带回家中，表示生魂附体”②。另外，在诵经仪式上，“朵希”还要念专门的骂鬼调和《然敢》经，驱鬼镇邪。活的人还要去找寻“隔音水”，断了对逝去亲人的思念。不过，俐侎人并非想象中那么害怕鬼魂，对在野外意外身亡的人，只要履行一次镇鬼、撵鬼的特殊仪式，就可以还原为正常死亡，尸体可抬回家，并按正常程序举行丧仪。这是极少见的情况，很多民族对非正常死亡者忌讳莫深，无法做到这样的终极关怀。

活着的人办好丧礼、做好祭祀，死去的人拿走祭品，并保佑活着的人幸福、安康，以此来达到人鬼世界的两分，各不相干，相安生活。俐侎人想象出了一个与现实世界相同的“彼岸世界”，希望消除人们对死亡的恐惧。同时，在《希格》、《糯格》、《押格》、《希索》等经里，“朵希”一直提醒人们世界万物都如此，哪怕是天和地，有生并有死，这是不变的规律。③ 在唯心的想象中透着唯物主义的思想之光。在这种害怕死亡又希望正视死亡的矛盾心理之下，灵魂崇拜让人们的心理得到了安慰，战胜

---

① 参见李国文、施荣：《彝族俐侎人民俗》，123～129 页，昆明，云南大学出版社，2004。

② 参见李国文、施荣：《彝族俐侎人民俗》，133 页，昆明，云南大学出版社，2004。

③ 参见李国文、施荣：《彝族俐侎人民俗》，124～125 页，昆明，云南大学出版社，2004。

了恐惧、灰心和失望，使深受死亡威胁的社会生活得以巩固并延续下去。

三、祖先崇拜

灵魂不死观念的存在，促使人们将祖先所居之地想象为最美的彼岸世界，成为后人的重要精神依托，联系生者和死者的精神纽带，因此和其他很多有迁徙史的族群一样，在葬礼上俐侎人也要请“朵希”念诵指路经，引导亡灵回到祖先居住的地方与祖先团聚。“朵希”要告知祖先的姓名，向死者讲述祖先的历史，并嘱咐死者到了阴间一定要去寻找自己的祖先。通过让生者重温祖先迁徙的历史，增强崇祖、念祖的感情，增强族群的凝聚力。分支、迁徙与家支，是我国彝族古代史的重要内容，是他们集体记忆的重要组成部分。从广义上讲，“根”、“寻根”是古代彝族哲学与社会史观的重要核心内容，包含“历史”和“来由”的意思。正是：“有根传天下，传下根才深。”① 而祖先崇拜也构成了整个彝族宗教信仰的核心，俐侎人也不例外。

俐侎人和其他彝族各支系一样，老人死后要举行安灵仪式。安灵的目的一是能够及时祭祀供奉祖先，二是能更好地享有祖灵的庇荫。俐侎人的亡灵位，由“朵希”用树枝和蜡制成蜡偶包于布中，置于特制的小藤箩中，供于祖神台。做蜡偶的树种，各家支使用何种树有严格的规定。至于为何要用蜡做偶像，传说在远古的时候，洪水滔天，世界上只剩下兄妹两人，他们躲进一只木桶并用蜂蜡封住了桶口才得以存活下来。后来兄妹俩结了婚，成为了繁衍人类的始祖。为感谢蜂蜡，所以俐侎人用蜡来制作祖先的偶像。由此也可以看出，俐侎人的祖先崇拜还处于比较原始的状态，既是崇拜家族的祖先，也是崇拜远古人类的祖先。

祭礼主要分平日祭和节日祭两种。平日的祭礼只需每日为祖神台换新水一碗，祈求家庭的清净和安宁。节日祭祖意在祈求和欢宴“祖先”，与之共享节日的快乐，保佑六畜兴旺、五谷丰登。在大年初一、正月十五、二月初八、端午、六月二十四、七月十四、冬至等重大节日都要祭祖。春节是俐侎人祭大祖的时间。大年初一，家家户户要去“抢新水”。抢回新水后，清洗神台和祖神蜡偶，更换水碗，然后摆上用松枝、樱桃枝、山楂枝、杨梅枝做成的祭枝束，再摆上煮熟的鸡、米饭等供祖先享用。初三、初五照例祭祖，只是手续有所简化。

---

① 东人达：《彝文古籍与彝族史学理论评述》，载《人大复印报刊资料 K1》，2005（7）。

四、自然崇拜

俐侎人崇拜自然，他们的自然崇拜大都与农业和狩猎有关。第一种是对某些自然物或自然现象的直接崇拜和迷信；第二种是对支配某类自然现象的神灵的崇拜；第三种是对支配生产活动的神灵的崇拜。

（一）天崇拜

每年的四月初一和初二是俐侎人祭天神的日子，不过这两天内若遇上村中有人死亡，则取消祭祀。祭祀由公选出的主祭人主持，祭品由村中的各家各户提供。祭坛一般设在村子附近山中的坪地上，有天神树。行祀当天，每户派一人携带碗筷、酒菜等自行前往祭场，但妇女不得参加。祭法是：参祭人坛前跪叩，主祭人念咒祈福，将三根鸡翅毛蘸鸡血插于祭台；再用鸡绒毛蘸血涂抹天神树，请天神降临人间。待肉食煮熟之后，再将酒菜、肉食供于祭坛，点香；稍倾，众人跪拜祈祷，让天神由天神树升天返回，来年再来。

（二）地崇拜

每年火把节前后一二日，俐侎人都要祭田公田母、地公地母。届时，由家中男子长者主祭。在田边地头用蜜花树枝搭建一个小祭台，用鸡血滴于四周，并用鸡血涂抹火把和祭树，再献上鸡肉、酒、饭、茶等祭品，烧香祈祷，求地神保佑五谷丰登。

（三）林崇拜

俐侎人的母寨后会有一片神林，习惯上称为“色林”。除本族男子外，妇女和外族概不能入内。林中不得放牧、砍伐，也不得在林内高声谈笑、喧哗。每年四月，若村中没有人亡故，则会举行祭祀。祭色林实行合村共祭，杀鸡宰牛，烧香祷告祈福。村寨中遇到天灾、人祸等大事，也要献祭。

（四）火崇拜

火与人类的生产、生活关系极大，所以火也是俐侎人很重视的祭祀对象。火把节期间杀羊、杀鸡，点火把照田，撒火把驱邪避虫害，祈求农业丰收。

（五）其他自然崇拜

另外，俐侎人还崇拜山神。他们认为山神主管山林、川泽中的一切动植物。人到山中放牧，如果牛、羊走失，即认为是被山神藏起来了，就要祭祀山神，希望山神归还所藏的牛羊。此外，俐侎人还崇拜树藤、芦苇、杜鹃花、蜜花树等，传说中，这些植物曾经帮助过他们的祖先渡过难关。还有，每年农历九月属龙或属鼠日，俐侎人都会全寨出动，祭祀“粮公和粮母”，祈祷谷神保佑庄稼，希望秋天能有一个好的收成。

五、余　论

通过考察俐侎人的宗教，我们不难得到这样的印象：他们的宗教信仰仍然处在原始宗教的发展阶段，有着浓厚的父系氏族社会的色彩，男权在宗教生活中占据了绝对的地位。原始宗教信仰是他们的主要精神生活，建构出社会成员共同的宇宙观、社会观、价值观、人生观等观念体系。这些观念的信奉与遵行，形成了人们的精神支柱与行动指南，支配了民众的社会活动与精神活动。因此，原始宗教信仰是俐侎人文化生活的重要组成部分。

此外，通过对俐侎人原始宗教的考察，我们还不难看出，在他们的宗教信仰里既有对族群历史的记忆和对已逝生活的怀念，比如对灵魂和对祖先的崇拜，同时也有家园生活的反映，比如对山神、地公地母、杜鹃花等的崇拜。因此，原始宗教信仰在他们的生活里扮演着十分重要的角色。关于俐侎人的来源问题一直是个未解之谜。有关的文献对这方面的情况没有明确的记载，只是说宋朝以前不通中国，元朝泰定年间开始内附，聚处顺宁山箐中。现在可查的有关俐侎人的记录最早的是清代，清之前则付之阙如，所以他们的迁徙时间和迁徙路线都不是十分清楚。在族群内部流传着这样两种说法：一说认为他们的祖先自四川凉山而来，到楚雄（今云南楚雄）后，又到了景东、景谷（属今云南省普洱市）一带，最后辗转到了临沧（今云南临沧市）；另一说不是十分明晰，认为他们自景东和景谷而来。这两种说法实质上并没有什么大的不同，都肯定了景东和景谷曾经是俐侎人生活过的地方，在迁徙路上给他们留下的印象比较深刻的地方。在调查中也得知，俐侎人当中有这样一个传说：俐侎人、傣族、汉族是一母同胞的三兄弟，汉族是老大，傣族是老二，俐侎人是老三。因为俐侎人最小，母亲就让他“挑山吃”，傣族靠水吃，汉族摆街头。从相关的文献记载来看，景东和景谷是傣族人的世居地之一，这一传说显然反映了历史上俐侎人和傣族、汉族相互交往比较密切的事实。在《指路经》中他们提到了很多俐侎人生活过的地方，除景东、景谷外，云南境内最重要的一站是大理，到了大理后无论如何要赶“阴街”，学习如何做生意，然后最终回到四川。看来商品经济较为发达的大理地区也给俐侎人留下了极为深刻的印象。这些虽无法清晰地勾画出俐侎人迁徙的路线，但却保存了整个族群迁徙历史的一些模糊记忆，这对他们而言显得十分重要。

从宗教的视野去仔细剖析俐侎人的文化，不仅有利于整理、发掘、保护和展示宣传俐侎人极富特色的彝族支系亚文化，营建俐侎人的民族文化社区和文化生态区，也有利于营造本地区和谐的民族关系，为本地区社会、经济的发展创造良好的环境。

从贵州彝族丧葬文化透视彝族生死观

穆春林

彝族源于氐羌，“最早活动于今甘、青、川、陕交界地区以至滇西的广大地方，并不断向四周发展”，“据彝文典籍《西南彝志》、《彝族源流》等记载，彝族始祖名希母遮，他原率领部众居住在‘牦牛徼外’的‘邛之卤’，即今四川汉源一带。三十一世转至笃慕吾，迁至泸阴之山，即今滇东北的会泽、东川一带。笃慕吾娶妻三人，共生六子，即彝族史称之六祖。其后子孙繁衍，各立疆场，分为武系、乍系、糯系、恒系、布系和默系六支，散布在滇东北、黔西北及川西南地区”。① “据2000年全国人口普查统计，彝族有7 762 272人，主要分布于川、滇、黔、桂四省区”②，贵州省作为彝族主要居住地之一，“2000年第五次全国人口普查时，贵州共有彝族842 735人（不含现役军人）”③，族源为汉东迁入贵州的“布、默两支，另外有恒系、乍系的一部分”④，主要分布于今毕节地区、六盘水市、黔西南州、贵阳市，其他地区和市不同程度均有分布。彝族“在贵州可分为三个系统，一是‘阿哲’，二是‘乌撒’，三是‘阿旺热’，‘阿哲’系统也就是现在的‘毕大’地区（含黔西、织金、金沙、仁怀等地），‘乌撒’系统也就是现在的‘威赫’地区（含云南镇雄、宣威等地），‘阿旺热’系统也就是现在的‘盘普’地区（含晴隆、兴仁、兴义）”⑤。

---

① 贵州省地方志编纂委员会编：《贵州省志·民族志》，435页，贵阳，贵州民族出版社，1999。

② 杨圣敏、丁宏：《中国民族志》，220页，北京，中央民族大学出版社，2004。

③ 陆刚：《纳雍彝学文集——中国民族志彝族篇错误纠正》，307页，贵阳，贵州大学出版社，2004。

④ 同①。

⑤ 柳远超、吴秋林、柳爱江、龙正清、张和平：《贵州彝族丧葬文化调查研究》2004年度国家社科规划课题结题材料，贵州省教育厅课题，2008：8－9，202－203。

彝族丧葬文化是彝族文化的核心文化之一，是彝族的观念性文化即根源文化，在文化底蕴和文化基因的承载上体现为历代彝族民众的言传身教和作文著典，在文化表象和文化张力上体现为文化持有者系统的、丰富的、独具的宗教礼仪展示，而在文化的生命力和再生产能力上则体现为彝族民众的“文化迫力”和“民族偏见”。目前，学术界对于彝族丧葬文化的研究，主要围绕万物有灵、灵魂永恒、祖先崇拜三个主题展开，或探讨死亡观与祖先崇拜的关系，或探讨丧葬文化的社会功能，或就丧葬文化的某一文化事象进行生死观念的研讨，在此不再赘述。笔者尝试从功能学派“文化需要说”中的“文化迫力”① 及民族心理学中的“民族偏见”② 的视角，在丧葬文化诸事象中探析彝族人的生死观念以及这种观念的社会功能。

彝族丧葬文化是彝族作为一个民族共同体的重要标志之一，它承载着溯源、教化、调适、认同、内聚等功能，作为一种观念性文化，它与彝族的历史共生繁衍，并在意识领域影响着彝族民众的人生观、世界观、价值观，这集中体现为在彝族丧葬文化中潜在的彝族民众的生死观：一是灵魂永恒，二是灵魂独立，三是灵魂向善，四是灵魂同源，五是灵魂主宰。

一、贵州彝族生死观在丧葬文化中的表现及成因

贵州彝族丧葬礼俗在“三个系统”中的表现形式大同小异，总的来说可以划分为除死魂、招魂、毕摩解冤、转场与椎牲、指路、寻灵入筒、回煞等阶段，在从逝者临终直至亡灵皈依轮回的整个过程中，每个丧祭阶段均有其笃厚的文化底蕴、富有渊源的文化表象和体现彝族价值体系的历史脉络，其中蕴涵着彝族的生死观。

（一）灵魂永恒的观点

彝族认为人有“三魂”，魂以其自由、独立的方式或存在于精神领域，或存在于物质世界，或在精神领域与物质世界之间游荡、轮回。人之生存缘于灵魂之附体，人之病苦缘于灵魂之疾苦与作祟，人之死亡缘于灵魂之离逝，人只不过是灵魂的寄居之所，而灵魂不仅能寄居于人体，而且也能寄居于世间万物，即“万物有灵”。“三魂”离别人体后将各得其所，第一个魂溯源西去，沿着彝族先民东迁的坎坷历程，皈依到

① 黄淑娉、龚佩华：《文化人类学理论方法研究》，113 页，广州，广东高等教育出版社，2004。

② 孙玉兰、徐玉良：《民族心理学》，83 ~ 91 页，上海，知识出版社，1990。

祖先身旁，共享“天伦之乐”。按彝族《指路经》所述，此魂将与祖灵相聚于云南大理点苍山，在此欢度三年后将按君、臣、师、民之等级序列上升到天堂，分别归宿于太阳、月亮、星星和沽、尼两君麾下（归附于云端）。云南大理一带，即是彝族六祖之布、默、恒、乍系东迁贵州前与彝族大部的聚居之地，这种灵魂溯源的理念体现了彝族的祖先崇拜思想。而此魂又可以轮回人间转世再生，“天上一颗星，地上一个人”，在彝族丧葬文化中，“回煞”之夜亡魂将返回孝家，在孝家事先在堂屋铺撒好的柴火灰上留下印迹，留下什么印迹则亡魂将轮回转世为什么人或物，亡灵不亡，它只是改变了存在方式，是永恒不变的。第二个魂离人而去寄居于草，被彝族人安置于祖灵筒而供奉于高堂，享受人间烟火，庇佑后裔，沟通人间与灵境。第三个魂长居于墓穴，“是坏的，恶的魂”，“这个灵魂对后人没有什么好处，只会伤害别人”（贵州威宁县彝族人认为第三个魂是人体的影子，与人体共存，是人体的忠实守护者）。以上“三魂”是长生不死的，只是依附的场合和对象发生了改变，而第一个魂因能达到终极灵界而为后人景仰钦佩，第二个魂因能泽备后裔而为后人铭记膜拜，第三个魂因会作祟于人而为后人敬而远之。

灵魂永恒的生死观，源于彝族先民在死亡这一自然现象前的恐惧与无助，因而产生了为淡化恐惧、构建永生作精神开拓的观念体系，即产生了“文化迫力”，通过臆造的、人死亡后在天上人间的长生方式的遐想，而在现实世界之彼岸构建了一个灵界王国。人在现实世界所固有的本性（自然的和社会的）和生存方式，均以灵的方式在这个精神王国得以再现和永生，借以告慰人们：死，无所惧；死，乃是生的一种形式；方死方生，死而复生，且这种生的方式是对现实生存方式的超越。这在意识形态上，击溃了死亡恐惧心理并对死亡现象和死亡观念进行了精神控制，即取得了面对死亡的精神胜利与超脱。

作为宗教文化的一种表现形式，彝族丧葬文化中折射出的灵魂永恒的生死观，同样具有心理调适、精神麻痹、模糊视听、借虚易实的功能；而彝族的“三魂”永恒的生死观，则更加反映出彝族先民丰富的想象力，其宗教功能的精神导向作用更能完美发挥，所以其生死观点才能传袭至今。“三魂”离人而去，以功能不同、善恶本性不同，以人格化的修为境界不同而分宿于天界、人间和坟冢：第一魂归天界之前还与祖辈会于发祥地而共享三年天伦之乐，第二魂因能为后人祈福消灾、沟通灵界而为后人礼祭供奉，第三魂因作祟于人而被埋于尘土为人敬畏。这种真、善、美与假、恶、丑的对比，是仿人性的。灵魂在彼岸世界的存在状态，是凡人现实生活状态的异化。在彝族祭祖仪式中，祭祀场所分为四层搭建象征性房屋：第一层为君长房，搭 9 道门象征 99 幢房；第二层为臣长房，搭 6 道门象征 66 幢房；第三层为师长房，搭 3 道门象征 33 幢房；第四层为寨房，搭 3 道门象征 11 幢房，为祭祀的最基层。在升入天界之后不同身份的亡灵将按君、臣、师、民的分类归宿于太阳、月亮、星星和云端，这体现了彝族社会的等级观念和组织结构，是仿人类社会的。由此可见，灵魂永生于如此仿真的彼岸世界，是彝族人超脱死亡、坚定灵魂永恒理念的精神支柱和理论源泉。

（二）灵魂独立的观点

彝族人认为，人有“三魂”，故有“三魂七魄”之说，而人的灵魂是独立存在的，人之肉体只是灵魂的暂居之地，此魂来去自由，向善从恶取决于灵魂自身的个性和修为。人之生老病死，缘于灵魂的存在状态：生，则天上降一颗星，地上生一个人，灵降世而新人生；老，灵居于人体时间较长，而去势渐增；病，灵魂不健康或作祟；死，灵魂弃肉身而去，改变存在状态。灵魂会以游离状态暂离人体，俗称“落魂”。魂或附于草木，或附于岩石，或被恶魂所勾引，或表现出恶性以作祟人，因此出现彝族丧葬文化中的“招魂”仪式及身体不适时的“叫魂”、“解身上”等仪式。

在彝族丧葬仪式中，第一个环节便是“除死魂”，将死魂从逝者居室驱出屋外。而在寻灵入筒阶段，则要追寻救赎亡灵，给亡灵建造居室而制祖灵筒。在叫魂仪式中，毕摩要将生者（包括毕摩自身）的灵魂全部叫回来而不要逐亡者之灵而去。在《指路经》中，毕摩指引亡灵历经艰难险阻回归，亦然一幅“车辚辚，马萧萧，行人弓箭各在腰”的现实写照。到达彝族先祖之发祥地，交汇之处“迎者笑嘻嘻、送者泪淋淋”，这是心与灵的交融，同时强调“驮魂马要去，送行者不去；是死者要去，是生者不去”，“祖先在的地方是乐土，那里有好吃的，好玩的，但呗耄的魂魄不要留念，那不是你在的地方”。彝族人生病，认为病因是人的灵魂丢失了，或附在某种物体上，或迷失于荒郊野外，魂不守舍而病，因此要“叫魂”；生病也可能是撞到了“不干净的东西”，即恶的鬼魂，因此要请毕摩“解身上”、“打粉火”，做法事以驱邪。贵州省威宁县傩戏“撮泰吉”对彝族灵魂的独立性有表现，认为魂是一个独立的个体。

在彝族人的生死观中，魂之存在状态是不以人的意志为转移的，恰如日月星辰行于天而居其所，山川草木、兽禽虫蟒长于世而固其形，四季冷暖感于人而易其节，能为人感知却不能为人掌控。认为天、地之间的万事万物均来自清浊二气，“清气升上去，升去成为天；浊气降下来，降来成为地”①，“清浊二气发展变化产生哎哺，哎哺产生万物”②，物之形之变换即是气之灵之变幻，且灵的变换超越物的变换，有其自

① 贵州省民族研究所毕节地区彝文翻译组：《西南彝志选》，11页，贵阳，贵州人民出版社，1982。

② 毕节地区彝文翻译组翻译：《西南彝志·序》，贵阳，贵州民族出版社，1991。

身的规律和习性，人为因素不能改变而只能认同并遵从。

彝族人“灵魂独立”的观点，映射出彝族先民对待事物客观规律从无知到探讨的转变，从不可知论到唯心主义再到朴素唯物主义的升华，从气源说的世界观臆造出一个永恒的、独立的，与人若即若离的灵魂，将自己的来世寄托在这个不灭的灵魂之上，借以超脱死亡，战胜惧死心理。灵魂作为精神领袖，它的功能是使人相信生命的永恒和不惧怕肉身的衰亡、腐变、化为灰烬和乌有。

（三）灵魂向善的观点

在彝族的“三魂说”中，各魂各有其修为和习性，前两魂是向善的，为后人所敬仰和供奉，而第三魂会作祟于人，后人对其是恭敬和避讳并存的态度，但通过敬奉和巫术的镇压，可以抑制其作恶的行为，说明第三魂也是有善根的，是可以因势利导的。而就“三魂”之作为一个灵魂个体而言，其三分之二以上的属性是向善的，且在彝族丧葬仪式中，通过“解冤”、“走网丝城”、“破狱”、指路经所指路途中艰难险阻的磨炼、是非曲直的抉择等宗教意义的精神涤荡和梳理，使灵魂除污去秽、弃恶从善、张弛有度，以超凡的姿态归宿于天界、人间和坟墓，所以彝族人认为灵魂是向善的。

彝族人认为，人生而有罪。人的灵魂之所以会被“无常鬼”抓走而呈现病态乃至死亡现象，源于人生而有罪。罪分为先天的、后天的两个类型。先天型的罪是人自出生到死亡为维系生存而犯的罪，是不可避免的，如耕地弄死虫豸、尿湿父母衣服、把饭撒落地上等；后天型的罪类似于现代意义上的违法犯罪，如杀人、抢劫、诽谤等，因此死亡之人其灵魂同样有罪。在丧葬仪式的“解冤”环节，毕摩念《解冤经》，以为亡灵解脱其罪恶，把亡灵的罪过转卸到茅草人身上，最后烧掉茅草人。毕摩根据逝者身份而念不同内容的经文，有罪孽就念，反之则不念，罪恶越多解冤的过程就越复杂，灵魂进入祖先发祥地的距离就越远。因此，人们都应弃恶从善，“勿以恶小而为之，勿以善小而不为”，这样可以使灵魂摆脱“无常鬼”的纠缠而顺利进入天堂，若是身体处于病态，多行善事则有助于康复。

灵魂向善的观点，源于彝族先民对既有社会组织结构、道德伦理、人生观、价值观的认同与遵从，对美好生活的憧憬和对彼岸世界美轮美奂的譬喻和构想。

在彝族《指路经》中，对灵魂向善的观点进行了描述：“……为君的死后，向着太阳行，归宿于宫殿；为臣的死后，向着月亮行，就是其归宿；为师的死后，向着星星行，就是其归宿；为民的死后，归附于沽好，归附于尼好。要有归宿，才有发展。在高高天上，有死者归宿地。首领靠权令，权令靠传达，传达靠执行，执行要见效，见效有结果，结果靠师人，靠师人指上天。上天有九层，为尊的死者，你在九重霄，你有住处了。有位就有势，依匹武吐生存。有了归宿处，点化人间。升上了高天，不冷又不热，死者享福禄，庄稼自生长，地里禾苗壮，人长生不老，寿长而康宁，无不足之处。依靠匹武吐，要寿就有寿，要福就有福。为尊的死者，父能见子面，子能听父声，媳能见公婆，公婆能听媳声，高高兴兴的，喜笑颜开的。有了归宿，就能有发展。给死者归宿，要解除愆尤，清清白白的，干干净净的，责令全照办……”，“……你的子媳，你的孙辈，你要保佑”。① 彝族在进入阶级社会以后，有了君、臣、师、民的社会组织结构，人们认同并遵从这一组织结构，同时形成并保持着尊老爱幼的道德伦理观念，向往美好生活，因此在精神领域的彼岸世界里，人间的一切应有尽有并且超越了人间，人各得其所、各司其责，但不能越位，福禄寿禧、丰衣足食，父慈子孝、合家欢聚。如此境界，是彝族先民追求美好生活的现实反映，是人们可望而不可即的，要想进入这样的生存境界，首要条件必须具备“向善”的品质。如上所述，所有居于天国的灵魂均是向善的，即只有向善的灵魂才能升入天国，彝族人寄寓这个清白、干净、健康、向善的灵魂，顺利进入天国而过上美好生活。

（四）灵魂同源的观点

在彝族丧葬仪式的“指路”环节，毕摩以倒述的方式，念《指路经》描绘贵州彝族的迁徙路线，所有的迁徙路径均指向彝族祖先的发祥地即六祖聚居时的云南境内，所有亡灵于发祥地居住三年便按君、臣、师、民的等级分化归宿于太阳、月亮、星星和云端，继而进行“天上一颗星，地上一个人”的转世轮回。毕摩念《指路经》的同时也要念孝家《族谱》，将家族在《指路经》形成之后的迁徙情况补充完整，灵魂才能到达祖先的发祥地，“所有的贵州省境内的彝族人的灵魂都会在威宁汇集，然后沿着祖先的云南之路回归祖先之地”。聚居于发祥地的祖灵，便是彝族灵魂的共同源头。

彝族《指路经》上的“布与默会合，糯与恒会合，武与乍会合”，与贵州彝族源于布、默两系和恒、乍两系的一部分的史实吻合，更加佐证了“六祖”即是贵州彝族源头的说法。如前所述，彝族先民为来世创造了一个精神世界，同时创造了一个永恒不灭的灵魂与人类相随。“六祖”是贵州彝族的源头，则“六祖”彼时彼地的灵魂也就是彝族人灵魂的最初状态，即灵魂同源同祖。灵魂弃人体而去与祖先之灵会合，实则是灵魂溯源而上往最初状态的回归，且在宗教观念上的回归路线与贵州彝族东迁的实际路线是相符的（也许是基于实际迁徙路线而臆造了灵魂回归路线），这证明了人

① 柳远超、吴秋林、柳爱江、龙正清、张和平：《贵州彝族丧葬文化调查研究》，2004 年度国家社科规划课题结题材料，贵州省教育厅课题，2008：8－9，202－203。

的同源和灵魂同源的关系。

彝族是一个祖先崇拜的民族，极为重视根文化，即人类学所述的“我从哪里来”的问题。每个家族都有其不同的族谱和宗法制度，借以区别于其他民族和家支，同时保持与祖先的血脉联系，追根溯源地寻找先辈遗迹，使自己作为自然人和社会人都能获得精神依靠和心理平衡。知道自己从哪里来，才会知道现在该怎么做，才会更好地思考今后往哪里去，因此祖先成为彝族民族认同的重要标志之一。在某种意义上，同一祖先的人就是同一民族，具有共同的血缘关系，不同祖先的人则不是同一民族。祖先具有民族源头的意义，按彝族万物有灵的观点，引申到祖先的灵魂，则祖先的灵魂也具有民族灵魂源头的意义。在彝族丧葬祭祀活动中，若逝者年代久远、辈分较大，则整个家族都要参与祭祀，确认并彰显共同的祖先和共同的后裔。死亡后亡灵亦需与祖先的灵魂相会，进一步说明祖灵是灵魂的共同源头，这个推理可以这样表述：

A：祖先　a：祖先灵　Z：后裔　z：后裔灵

$$\left.\begin{array}{l}A\text{ 为 }Z\text{ 之源}\\A=a\\Z=z\end{array}\right\}=>a\text{ 为 }z\text{ 之源}$$

（五）灵魂主宰的观点

凭借人间社会存在，彝族人创造了一个彼岸世界，在这个精神世界里，所有的一切都高于人间并主宰人间，人们的一举一动、世间的万物变化，灵界都了如指掌，并且掌控着人间的一切。在灵之前，人是被动的，人能感受到灵界的作用，但却没有对灵界的话语权，除了有通神能力的毕摩和巫师。灵处于不健康状态，则人就生病；灵弃人而去，则人就“落魂”休克或死亡；灵界迁怒于人类，则人类就遭受灾祸，反之，人就身心两健，安居乐业。

在彝族丧祭的“解冤”仪式中，逝者灵魂因犯了罪被灵界“细叟”（汉语称无常鬼）抓走，毕摩将其从地狱中救赎回来并给其解冤，洗清罪孽，灵魂方能归附于天。人生而有罪，小到耕地伤害虫豸、饭粒撒地、出言不逊等，大到杀人、放火、抢劫、欺师灭祖、违纲犯禁、叛逆等，人们所有一切“恶”的行径，祖灵都会作出相应的惩罚，个人、家庭乃至人类将遭遇厄运。因此必须行善积德，固守纲常伦理，拥君爱民，必要时还要设坛宰杀牺牲祭祀，载歌载舞以娱神、以贿神、以忏悔、以祈福，洪涝旱灾、瘟疫杂症，都要从祖先那里找原因，人神调和、神药两解常常是彝族人应对自然灾害和人生逆境的惯用方式。人死后，灵魂必须经过丧葬仪式中的系列“扫除”和净化，解除亡灵与活人的一切冤仇，宰杀牛、猪、羊、鸡等牺牲献神以赎罪。即使当前孝家无经济能力操办丧葬仪式，今后也须尽快“招魂”、“寻灵”操办。若亡灵是男性或夫妻双亡者，还需进行“合灵”仪式，制作祖灵筒供奉，否则亡灵将达不到灵界标准而不能归附祖灵，流离失所、四处游荡。而进入灵界的灵魂，也须遵守灵界的规定，君、臣、师、民、老幼尊卑、父慈子孝、伦理纲常，须铭记恪守，不可犯禁。无论灵魂归于天界、人间或是坟墓，均须各司其责，不可懈怠。人间的一切，“冥冥之中”已安排注定，人终须“对号入座”而难以自决。

首先，彝族先民在生产力、征服自然、战胜灾害的能力极为低下的情况下，必须依靠群体力量才能生存。彝族从氏族发展到部落乃至建立阶级国家，这是彝族先民靠集体力量不断战胜自然和超越自我的结果，因此他们对所在文化圈内的社会组织结构是认同和遵从的，对自身的社会角色也是认可的。君、臣、师、民各得其所，各司其责，相互依存，离开组织，个人将无法生存。个人对社会组织结构的认同和遵从，表现在自造的彼岸世界里，是个人灵魂对灵界规则的无条件服从，这是灵魂主宰的社会原型。

其次，彝族社会进人父系氏族以来，以父亲为家庭权力象征的血缘家庭世代相传，形成同一祖先的不同家支和家族，全体家庭成员共奉同一祖先，遵守血缘家庭的家规家教和伦理纲常。祖先是最高的精神统帅，没有祖先就没有后人，也就没有后人的灵魂，按万物有灵的观点类推，人死后，亡灵要归附于祖先之灵，也要共同遵守祖先在灵界的家规家教和伦理纲常。祖先决定着后人能否存在，这是灵魂主宰的家庭原型。

最后，彝族先民对自然界知之甚少，抵御旱涝荒灾的能力差，因此，他们一是将自然界不可抗拒的力量无限扩大和遐想，认为是彼岸世界的神灵迁怒于人，原因是人生而有罪才招致惩罚，以致遭受疾苦和灾难，这是人对自然力量屈服的一种表现。二是将祖灵人格化，可以通过宗教手段娱神、贿神、自省、思过、悔悟和武力镇压等方式，求得神灵的谅解、帮助甚至妥协、退让，这是人对自然力量积极抵抗的一种表现。此两者是灵魂主宰的生产力和自然观原因。

总体来说，贵州彝族的丧葬文化，反映了贵州彝族的社会变迁历程，也折射出贵州彝族的生死观念。万物有灵、祖先崇拜、文化认同是这一观念得以延续的主要原因，而究其产生的根源，从唯物论的观点分析，便是社会存在决定社会意识的一种表现，按功能学派的“文化需要论”，则是“文化迫力”所致，即彝族先民因面对死亡恐惧心理而产生了文化需要，从而产生了对生存与死亡两种存在状态的文化解释。

在贵州境内的18个世居民族中，彝族的生死观念、丧葬文化与其他民族在某些文化事象上有相似之处，这是共同的地理区域、共同的经济环境而产生的文化互惠，是文化因子产生变迁、涵化而被异民族内化为文化特质的结果；而就社会存在决定社会意识的角度而言，则是因为这些民族在历史上曾经历过或共享过类同的“经济文化类型”和“历史民族区”。①

二、彝族生死观的社会功能

一种文化事象之所以得以产生、传承与发展，是因为它具有在这种文化系统内不可或缺的价值和功能；同时，这样的价值和功能，也只有在这种特定的文化系统内才能得到理想值的发挥和实现，并且有的文化元素具有积极的社会功能。贵州彝族人在丧葬文化中体现的生死观念，作为彝族社区的一种精神文化，通过丧葬仪式得以显现，并潜移默化地发挥着社会功能和作用。

（一）彝族生死观与彝族个性

彝族在历史上是一个热爱生活、勤俭自强、彰显个性、向往自由、凝聚力强、尊重秩序的民族，在我国的文化历程中与其他兄弟民族一起创造了璀璨的民族文化，共同推进了社会主义中国的繁荣和富强，这与彝族的生死观念有密切的关系。

一是灵魂永恒和灵魂独立的观点，激发了彝族人不惧强权、追求自由、勇于抗争、不怕牺牲的性格。彝族人在悍卫个人和群体利益时前赴后继，敢于以身取义，在历史上开拓进取，踏实勤奋，努力改善生存条件，争取实现美好生活，勇于抵御一切压制和侵害个人和群体权益的因素，在死亡面前体现出大无畏的精神。如明代后期，封建王朝日趋腐败，对人民的剥削加重。在贵州彝族地区，封建官吏一面将彝族地区贡赋钱粮，编载册籍，加重剥削，一面又利用土司承袭、调兵征发等机会对土官进行勒索，天启元年（公元1621年），激起永宁宣抚使奢崇明和水西土司安邦彦反对明王朝的战争，史称“奢安之乱”，历时7年才被平定。贵州解放前夕，贵州彝族人民的优秀儿女，踊跃参加党组织，组成游击队，规模较大的有盘县游击团、威宁游击团，他们与敌人进行英勇顽强的战斗，为贵州的解放作出了自己的贡献。②

二是灵魂同源和灵魂向善的观点，同源共祖的理念，增强了民族凝聚力，形成科学的、进步的价值取向，顺应社会发展。彝族人对族群的组织结构、生活习尚等文化是普遍认同的，这是对集体生存法则的遵从、依靠和爱护。在封建社会以前，表现出对君、臣、师、民地位和作用的认同，在意识形态上共同信奉并创造民族的精神文

---

① 参见柳远超、吴秋林、柳爱江、龙正清、张和平：《贵州彝族丧葬文化调查研究》，2004年度国家社科规划课题结题材料，贵州省教育厅课题，2008：8－9，202－203。

② 参见贵州省地方志编纂委员会编：《贵州省志·民族志》，464～465页，贵阳，贵州民族出版社，1999。

化，因而得以作为一个民族共同体生存繁衍至今。而在今天，则表现出对社会主义制度的拥护，坚持党的路线、方针、政策，遵守国家法纪规章和民族区域自治政策，积极传承和发展民族文化，体现民族个性，为多元一体的中华文化作出了积极贡献。

三是灵魂主宰的观点，在宗教意义上形成精神导向，使彝族群众遵从彝族社区的组织结构和遵守彝族民间的管理制度，发挥彝族家族、家支的管理功能，维护彝族社区秩序，增强自治能力，建立健康的社会秩序。

（二）人的品格塑造和修为培养功能

彝族生死观，使得彝族群众按照彝族既有的价值标准、行为准则、伦理道德去塑造个人的品格和涵养，弃恶从善，不断提高自己的精神境界和办事能力。在家庭中要尊老爱幼，履行家庭成员职责；在社会上要遵守社会秩序，团结互助，说话和气，办事公道，遵守社会的行为规范，服从家族宗法的管理，遵守公民道德和国家法令，不违法乱纪，不委靡颓废，使自己成为一个有抱负、有作为、有意义的人。

（三）建设和谐家庭与和谐社区

彼岸世界的精神家园是彝族先民现实家园的异化，“合灵”仪式教化着夫妻的和睦，《指路经》描述的理想天国，教化着家庭成员珍惜今生，热爱生活，父慈子孝，婆媳关爱，夫妻互敬，勤劳致富，同甘共苦。左邻右舍，同源共祖，亲如一家，共存共荣，携手并进，“老吾老以及人之老，幼吾幼以及人之幼”，共建文明村寨和文明家庭，将精神家园转化为现实家园。彝族群众以社会主义和谐社会为蓝本，在中国共产党的领导下，开拓进取、因地制宜，建设和谐的彝族社区物质文化、精神文化和制度文化，按照“二十字方针”建设社会主义新农村。

（四）文化传承与发展的功能

在贵州彝族分布的山区和村寨，人们聚会的场所主要是节日的场所、赶集的场所和婚丧娶嫁的场所，尤其是丧祭场所：一是持续时间长，均在三天以上；二是聚会人员广，左邻右舍，远亲近邻必须到场；三是丧祭仪式内涵丰富，表现形式多样。丧葬文化是彝族的观念性文化，在文化系统中地位突出，因此，彝族的丧祭场合成为传承、发展彝族文化的重要场合。

一是丧祭经典，可了解和研究彝族的历史、文学、哲学、婚俗、生活习尚、农耕、畜牧、狩猎、建筑等物质和精神文化；二是可从丧祭仪式中提炼收集文化精粹，如舞蹈、傩戏、诗文等民族志资料，形成系统的文化素材，为文化遗产保护提供依据；三是通过收集、整理和加工丧祭文化中的文化事象，挖掘其旅游价值，发展彝族地区旅游产业和民族经济；四是丧祭场合是一个文化教化、感情交流的大场合，可促进“民族情感”① 的良性发展，有利于民族文化的传承、传播与发展，增强民族凝聚力和自信心，促进民族地区经济、社会和文化的发展。

三、结束语

死亡是人们惧怕而又无法抗拒的，面对死亡，如何死得其所，调适惧死心理，彝族人按现实生活的价值取向臆造了彼岸世界，以另一种方式获得永生，从而产生了灵魂永恒、灵魂独立、灵魂向善、灵魂同源和灵魂主宰的生死观，这样的生死观支配着彝族人对待生存和死亡的态度。

彝族人认为，死是生的一种形式，且彼岸世界的生存状况比现实世界更好、更优越，面对死亡，心理释然，而要进入这样的理想天国，在生时必须提高各种修为，强调对生态环境的贡献，所以人离不开赖以生存的自然和社会环境。就个人作用于整个生态环境而言，多数是积极的，在向环境索取的同时也在为环境作贡献，使生态环境得以保持平衡，增强环境的自我修复和调适能力，所以人类才得以生存和进步，社会才得以发展，这是人“善”的表现，是主流文化。个人作用于社会的消极表现则是对环境的破坏，只知索取不知回馈，并试图打破固有的自然和社会规律，但终不能如愿，这是人“恶”的表现，是非主流文化，终将被主流文化所淹没。所以彝族生死观具有其现实意义和社会功能。

① 杨昌儒：《民族理论论纲》，169 页，贵阳，贵州人民出版社，2006。

彝族丧葬仪式及象征特性

——以蘑菇村为例

余　舒

象征是由象征符号和象征意义两种要素组合而成的复合体。象征符号是象征意义的表现形式，以外显或可感知的具体事物显现出来，是人们储存意义的媒介或载体，承担着传递信息的任务，属于象征体系中的表层结构。而象征意义则是象征符号所反映的内容，即隐藏在象征符号之中而被人们传递出来的文化信息和密码，代表了人们对特定事物的看法和寄予的期望，属于象征体系中的深层结构。① 仪式作为人类文化具体行为表现形式之一，是一种能够传递信息和表达观念的象征体系，阐释其象征符号所包含的多重象征意义，是人类学研究人类文化方面的任务之一。笔者以威宁蘑菇村丧葬仪式为着眼点，结合地方实际，分析其客观存在的外在事物以及可感知的行为方式的一系列符号系统，揭示宗教仪式的象征特性。

一、田野点及前人研究概况

威宁彝族回族苗族自治县位于贵州西北部，由35个乡镇组成。彝族主要分布在盐仓、观风海、雪山、龙街、板底、大街等乡镇。蘑菇村属于大街乡，离威宁县城110公里，离乡镇所在地大街8公里，交通十分不便，2009年10月才修通小型车辆能够通行的小路。此村主要居住着彝族、汉族和苗族，相对其他村来说人口比较多，有500多家5000多人，各个民族形成相对独立的居住区。他们在信仰方面互不影响，彝族居住区中，除了两家信仰基督教外（缘于这两家的媳妇是从其他地方来的），主要信仰民间宗教；苗族基本上信仰基督教；汉族信仰道教、巫教等。各民族之间除了比

① 参见［美］格尔茨：《文化的解释》，纳日碧力戈等译，15页，上海，人民出版社，1999。

较大型的事情互相帮忙外，如丧葬、结婚等，日常小事互不交往，各民族之间有自己独立的生活空间。他们生活在这样一个习俗多样、宗教信仰不同的环境里，总的来看，彼此关系还是比较融洽的，虽然有时会因观念不一致而引发小矛盾，但都可以自行解决。由于篇幅所限，笔者只选取此村由于长期的生活实践、历史、地理等多种综合因素形成的丧葬习俗作为研究点来分析其象征特性。

前人对彝族丧葬仪式的研究，主要偏向凉山彝族地区的丧葬仪式研究，并且侧重于仪式过程的介绍，对仪式的研究则主要关注它们的功能性研究，如教育、自然保护等。笔者发现，彝族地区丧葬仪式各地有着各自不同的特点，应该加大范围，并且不能仅仅就内容而谈内容，如仪式背后特性的揭示、人们的观念、人们社会关系建构等方面。它作为一个象征体系，具有感觉极的一面，也有理念极的一面，即从表面分析深层的意义，这才是研究丧葬仪式的意义所在。由于居住在不同地区的彝族所处环境、社会历史背景不同，导致丧葬仪式的形式内容也不同，表现的观念和特性有所区别，但是核心相同，都是表达对祖先的崇拜。笔者在借鉴前人研究的基础上，通过调查蘑菇村丧葬仪式获取有关第一手资料，结合地方性知识，阐释丧葬仪式的象征特性。

二、蘑菇村丧葬仪式的过程

蘑菇村彝族丧葬形式在明清“改土归流”前基本上实行火葬，在更早时期还有树葬、岩葬等，后来受到汉族的影响改为土葬。虽然汉族、彝族丧葬形式相同，但是主要的内容和反映的观念却不同，下面以笔者于 2009 年 5 月在蘑菇村全程参加 A 老人的丧葬仪式为例，展开论述。

A 老人，男，1933 年 2 月出生，去世前是四世同堂的高寿之人，2009 年 5 月去世。其丧事由其小儿子 L 主持，两个大儿子作为临时辅助，众亲友帮忙。出嫁在外的两个女儿在县城工作，在 A 老人病危期间提前回来看守，打工的孙子、孙女得到丧讯，相约回村奔丧。具体过程分两个阶段。

（一）第一阶段

1. 落气

A 老人在病危时，通知他的儿女和近亲来看望，特别是要求儿女一直在身边守着。有这样一种说法：儿女接老人的气是享老人的福，所以不管儿女离家多远，都要叫儿女回家，并且有的老人失去最后一口气时必须见到他想见的孩子，不然不瞑目。

2. 报丧

老人去世后，儿女们一片哭声。结束后，老人的儿子就要派人赶快通知邻居们，有的人家用放鞭炮的形式通知距离近的亲朋好友，人们可以应声而知，至于远方亲戚，则派人去通知。

3. 淋浴、穿衣

由族人或村人用烧好的水给亡人洗澡，头上擦一把，左肩上擦一把，右肩上擦一把。然后，为亡人穿上儿女或亲戚缝的黑色或紫色“寿衣”，件数很多，一般为九件，有的人家达几十件。若亡者是女性，还要洗头、剪指甲，并且把剪下的指甲收好，以作供奉之用，然后给亡人戴上头帕，头帕一般为黑色。亡者以前的旧衣服，有的留下来缝在下一代人穿的衣服上。如果是属于长寿老人，那么下一辈通常把老人的衣服剪成几块，然后在每个小孩的衣服上面缝上一小块，让小孩能享受老人的福。

4. 停尸、盖布

衣服穿好后，就将老人抬到堂屋的左侧，长子拿一块银子放在亡人嘴里，接着孝子把布拿来盖上白纸。

5. 入殓和择吉日

将棺材抬到堂屋中间，放在凳子上，然后用白纸垫在棺材底上，铺的层数与亡人的岁数相一致，纸上再铺白色垫单，然后将尸体平放入内。这与当地汉族稍有一点差别，汉族亡人用几十层纸包着，然后再放到棺材里。彝族亡人穿着几十件寿衣，女的穿单数，男的穿双数，随后在垫棺的凳上拴一只母鸡，棺木下放一盏灯、一碗清水。这灯叫过桥灯，又叫光明灯，预示着亡人以后走的路是光明大道，而不是崎岖之路。

同时，请毕摩择日子，看哪天做道场，哪天埋葬。如一个人初五落气，初六入棺，初十要埋葬，那么主人家要先去请毕摩择“入棺日”。

（二）第二阶段

这个阶段则是由毕摩主持的仪式过程：通常情况下，毕摩作祭举行仪式的天数为三天三夜，在第一天下午、晚上开始，第二天的仪式与第一天重复，第三天则与第一天、第二天不同。

1. 打醋炭

邻居、亲戚们把屋子打扫干净，在堂屋中烧三个放在碗中的干净石头，一直烧红，将过路环棵子（一种树的名称）的枝条放在烧红的石头上，冒出蒸气，目的是避邪。接下来毕摩念着、叫着祖先们的名字请老人家的祖先们参与祭祀，词的内容包括：天上的将士们，万族有本根，正如神童，三祖内外，唯到独尊，没落天地，左有兵力，右有三亲，祈福在于天，祈福在于地。……

2. 扎草人

首先用毛草扎好草人，把清膜木树枝划开，将草人夹在清膜木的中间，代表不同的神位、神灵，如远祖、近祖。草人的形状不同，表示的意思有差异。然后向神灵奠酒，毕摩用羊角装着酒，一支手抬着酒，一边念“雨斗布”（献祭经），一边奠酒。主要是祈求神灵保佑，让亡灵能够顺利地到达祖界，这里所涉及的内容包括彝族六祖分支的内容及其对天庭的描绘等。

3. 搓草绳

搓一根草绳，把老鼠皮、鸡毛、黄松果子拴在毛股树的尖上。在念经的时候，要用一只手摸一下毛股树，然后走出大门，用三个鸡蛋拌酒泼洒在屋后，然后在此念两个小时的“始涩经”，目的是避邪。

以上为第一天内容。第二天的内容和第一天一样，在此不重复列出。接下来是第三天的仪式。

4. 雨斗（献祭）

给亡灵献祭品，如土碗装的饭、长青树叶、蔬菜、茶叶、水果等，其中茶叶碗里放盐水。同时毕摩念系绸著经（祭牲经），如路上你要背好，你要节约吃，不允许浪费，要学会吃，不这样的话，路上要挨饿。路途中用牲，有给你用的。给马喂草料，骑着马上路……

5. 移棺

把棺移到灵堂外，亲戚打扫灵堂，毕摩念经，亲戚和孝子在灵堂中间沿着灵魂出去的路绕圈。毕摩跟在他们后面。香灯师（彝族人称为柴摩）捆草，然后在装着水的碗上面放一把草，端着草走在前面。另外一个柴摩抬着筛子，筛子里放着玉米，走在第二位。第三个人牵着山羊，第四个牵着一头猪，第五个抱着一只公鸡。后面跟着的是孝子，孝子从大到小排列。

6. 杀祭牲

棺材抬出灵堂后，要在棺材的小头方立两根树杈，两根树杈上面再搭一根树杈，这样就构成了一道门，树枝大头在左，小头在右，然后牵牲畜通过这道门，如牛、羊、猪等。一般牛、羊、猪三牲不可少。紧接着，毕摩拿着法帽，大孝子拿麻栗棒，在每个牲畜的头上轻敲一下，再请屠夫杀牲。

7. 指路

将右边那根树杈拨去，留下左边一根。把横着的那一根杠子搭在左边那一根上，要平放在上面。然后把酒倒在羊角杯里，再把羊角杯插在左边的那根树杈下，这时毕摩在旁边念“握么素布”（指路经）。

8. 洁净祭牲

毕摩拿竹棍，抬着一碗水，用竹棍蘸一下碗里的水，往牲畜头上点三下。毕摩一边念经，一边点水，点完三下，才可以打祭牲。祭牲要孝子打，打死的祭牲用来办晚餐。

9. 孝子供饭

孝子们用泡木树枝做成的木棰挑饭在棺材上，一边挑饭，一边奠酒。同时毕摩念“作哉布”，主要内容是亡灵今后已是人间的保护神，人间都在敬亡灵，嘱咐他要保佑人间。孝子供饭之后，由柴摩和两个毕摩在家准备仪式，和家族中的人一起拆掉灵堂，另一个毕摩与其他人上坟山参与送葬。这时，毕摩念除邪恶经，在此内容不一一列出。

10. 起棺出殡

抬棺者进屋将棺抬出所搭建的门外，放在两条凳子上，然后把一跟木棒捆在棺材下面，由八人抬之，送往坟山。抬走之前要仔细检查，是否牢固。因为一旦抬起之后，不允许停下来，一般是棺材停落在哪里，就要葬在哪里，这种说法一直流行至今，所以人们特别小心。送葬队伍的顺序与汉族不一样，汉族最前面是丢买路钱的，而彝族不一样，因为彝族最早生活于此地，所以这片土地是属于他们的，用不着买土地。前后顺序是：女孝→抬棺人→男孝→亲友们→邻居和其他人。孝女在前有一定的作用，有时抬棺需要换人时，那么她们还要跪拜于棺下，以免棺木掉于地上。男孝子紧跟在后面，如果确实有困难，他们可以参与护棺，一般要很多抬棺的人，而且需要身强力壮的小伙子。棺材抬到坟地前，孝男孝女还要跪下来，死者的儿女把孝帕铺在地上，让棺落在上面。抬棺的人暂时可以休息，一切要听毕摩的安排。毕摩具有看风水的能力，他们通常帮人家看坟基。彝族特别注意祖坟的地理位置。坟墓前边一般不能有阻碍视线之物，要看得远，即所谓的阴打高山阳打凹，对直看去，正前方对着一座大山，而且还要背靠山。

11. 除邪气、净穴堂、开棺盖

下葬之前，要清洁地穴，大伙儿休息时，毕摩就用罗盘来定穴的方向，看看是否与远方预定的目标成一条直线，然后就摆八卦图，然后拎一只母鸡在八卦图上绕三圈，表示驱邪。随后，抬棺的人把木棒抽出，用绳子把棺材吊入穴内，两旁的人拉绳的两端，把棺慢慢地坠入穴底。下穴后，开棺让亲人们最后看亡人一眼，同时可以检查死者的脚、头是否和远方预定的目标保持一条直线，是否端正，此时，毕摩用罗盘再校正一下棺的方位，儿女们放声大哭。

12. 毕摩撒沙土封棺

儿女们抢沙土，谁抢到运气就好，他们一般把抢到的沙土带回家放到柜里，不管谁抢到，要喊三声父母，喊的时候不允许哭，哭则不吉利。

13. 搭除邪门和砸碗

众人送棺木上山的同时，留下两个毕摩和柴摩在家设招灵道场，举行除邪恶招魂灵仪式。毕摩和柴摩用竹子换下原来做的那道树枝门上面的那根木条，在大门口搭一道神门，左下角要搭 27 根小叉子，在小叉下面放一碗水。这些小叉子是分种类的，若亡人是男的，就不要牵山羊到小叉子旁，若是女的要牵山羊到小叉子旁。还要搓一根毛线，把碗吊在下面。碗下面挖一个小洞，提着山羊向碗砸去，一定要把碗砸烂，并掉在小洞里，表示死者在天庭能过上满堂红的日子。

14. 向死者告别

把孝子叫来让他们站在竹门旁边，大孝子拿着衣服或被子绕竹门两圈，第三次从门过的时候，每个人手拿着万年青草，将其结成活的套子，表示套住福禄。这时，毕摩叫孝子递酒给他，毕摩接过酒献给灵牌，并念着经文。

15. 招生人魂

为防止生者的魂跟着亡魂走或迷失道路不能回家，需要招魂。首先是孝子坐着，手拿灵草，毕摩叫着具体的名字，同时念经。

16. 封赠经

毕摩嘱咐双方在不同的世界生活都能过上幸福生活。

17. 大总结

毕摩念的都是好的，为了所有的人能过上幸福日子。

三、彝族丧葬仪式的象征特性

维克多·特纳对恩登布人仪式象征符号的基本特点作概括介绍，他认为仪式象征符号具有浓缩性或多义性、统合性和两极性。①云南大学研究员瞿明安认为象征具有群体性、主体性、多重性、时空性、传承性等特点。② 笔者认为，在不同的领域下，由于仪式存在的空间范围、历史背景等方面的差异，会有不同的特性。

（一）社会性

从上文介绍的威宁彝族丧葬仪式来看，社会性得到了重要的体现，如在落气仪式中，不管儿女、亲戚离多远，都要通知大家赶来参加仪式，还有全村的村民都要来帮忙。显然，仪式一方面表达了人们对逝者的一种眷恋、敬仰之情，另一方面为人们提

---

① 参见［英］维克多·特纳：《象征之林——恩登布人仪式散论》，高丙中等译，50 页，北京，商务印书馆，2006。

② 瞿明安：《象征的基本特征》，载《民族研究》，2007（5）。

供团聚机会，具有社会整合与团结的社会功能。涂尔干在《宗教生活的基本形式》一文中说，宗教与社会是互动的，社会对宗教具有决定性作用。宗教社会性揭开了宗教的神秘面纱，使神圣的东西回归世俗生活。仪式的各种神圣性使得社会的人们团结起来。[①] 显然，通过神圣仪式符号系统向人们展示社会的道德规范、行为方式。宗教通过生活中不可缺少的一系列象征性手段来巩固社会生活。如从上文仪式内容中可见，在献祭仪式中，毕摩一边主持着仪式的整个过程，要求孝子们应该怎样献祭，人们向亡人献祭一系列的祭祀品，如羊、猪等，一边念相应的祭祀词。整个过程一方面向人们展示仪式的神圣性，另一方面表达了人们的社会道德观念。可见，仪式现象的社会性主要是就其社会群体意义而言的，不是针对社会个人成员的。

（二）集体性

宗教仪式所表达的集体性是在群体之中产生的行为方式，激发、维持或重塑群体的心理状态。正如格尔茨所说，仪式作为一系列象征符号，只有在获得社会群体的普遍认可和理解，并在社会群体开展特定活动中出现时，特定事物才具有相应的象征意义，以致成为人们传递信息和表达观念的符号载体。[②] 如在上文丧葬仪式过程中所述，毕摩在特定时间和特定的场合中进行特定的仪式中，规定打醋炭仪式在堂屋进行等内容，体现了人们的集体性，不以个人的意志为转移，只有这样才能引起人们的共鸣，激发人们共同强烈的情感和情绪。如人们给亡人洗澡一系列的象征行为方式，不仅表现形式为所在社会中的人们所普遍认同，而且其包含的象征意义也为人们所理解，体现了一种集体的精神和力量。又如在叫魂仪式中，毕摩为所有的村民祈福、叫魂等，希望村民平安健康、五谷丰登、六畜兴旺。可见，仪式活动不是为某一个人或某一家人而举行的仪式，而是为全体参加的村民举行的。这种思想在涂尔干看来，社会功能是指一个社会现象或社会事实在维系和巩固集体意识和社会凝聚力方面所发挥的作用。这些功能所提供的不是人类生理的或物质的需要，而是集体生活的需要。他对功能的理解不是从生物性需求的角度出发的。在这方面，他不同于功能主义学派的创始人马凌诺斯基。对涂尔干来说，集体生活和集体意识对人类的价值，并不在于它是否可以为人类的生理机能提供享乐，而在于它能为人类提供思想道德文化体系。

---

① 参见［美］米尔恰·伊利亚德：《神圣的存在：比较宗教的范型》，晏可佳、姚蓓琴译，桂林，广西师范大学出版社，2008。

② 参见［美］格尔茨：《文化的解释》，纳日碧力戈等译，25页，上海，上海人民出版社，1999。

（三）环境适应性

通过仪式过程中提到的彝族人的祖界（天庭）、坟墓地点的选择、参加的人、祭祀品、选用的植物等，体现了彝族祖先对环境的适应性。一是所用的树枝：清末树枝、万年青树、过路环树枝、松枝、柏树枝等，其中松枝要剥皮，树枝中的柏枝、清末树枝被认为是高级的树枝，选择高级树枝祭祀是表示对神灵的尊重。二是神门：它不是一道简单的通行门，而是人与鬼的分界线。① 由树枝搭建的神门不是真的寨门，是在丧葬仪式中象征性地安装的。神门的第一个象征意义就是人神的分界线：人和祖先神在神门之内，人就在村子之外，所以人们在牵牲畜象征性地通过时，需要两人在门外互相递交绳子，只是需要献祭的牲畜通过里面。三是牲畜：牲畜的选择与亡人的命有关，若合适才能作为祭祀品，否则神灵就带不走。不在仪式中使用的牲畜需要赶到市场上去卖，等到一年过后，经过毕摩算后，如果需要再重新买来祭祀。如果留着喂养，将会无缘无故地死去，就是神的力量在起作用。四是粮食，如包谷、酒、肉、乔子等的使用。这些也是与他们的生活环境密不可分的。总之，这些祭祀品的使用体现了祖先与环境的适应性和生态知识。

总之，彝族丧葬仪式是彝族传统文化的反映。居住在不同地区的彝族由于居住环境、社会历史背景的差异导致其形式、内容各异。威宁蘑菇村这样一个多民族聚居的社区，虽然丧葬仪式中有其他民族文化互融的成分，但是也保持着自身的文化特质。彝族丧葬仪式有着丰富的文化内容，它的存在有其合理性，这是由其社会性、集体性、环境适应性决定的。

---

① 参见李永祥：《环境适应与宗教的象征意义——彝族尼苏人咪卡哈仪式中的神树、寨门、祭品和祭祀过程》，载《民族研究》（人文社会科学版），2009。

彝族“罗罗”虎崇拜与民族精神

罗国蕊

虎被喻为兽中之王。在原始社会母系氏族时期，人们出于对动植物的一种特殊的亲近感，把某种动物和植物作为本氏族或部落的崇拜对象。以自己信奉的图腾，作为本氏族或本部落的标志，甚至将其作为本民族的祖先。云南楚雄的彝族“罗罗”人，对老虎的崇拜就是源于这种古老的图腾信仰。

一、虎是彝族的图腾

彝族自古以来就有视虎为祖先的信仰。“罗罗”① 是现在彝族30多个支系中的一个主要支系，“罗罗”为“罗”的叠音，也即是“虎人”的意思。先秦古籍《山海经·海外北经》中有记载：“有青兽焉，状如虎，名为罗罗。”清吴任臣注引明朱谋纬的《骈雅》也说：“青虎谓之罗罗。”② 吴任臣说：“今云南蛮人呼虎亦为罗罗，老则化为虎，见《天中记》。”明代陈继儒《虎荟》卷三中说：“罗罗——云南蛮人，呼虎为罗罗，老则化为虎。”据学者考证，古籍中记述的“罗罗”的信仰习俗相一致。现在的楚雄彝族巫师仍然认为彝族经过火化，其灵魂便变为虎。

对此有研究资料显示，自称“罗罗”的彝族其自称与虎相同，这表明彝族是远古氏族部落的遗裔，故现仍按传统以虎族“罗罗”自居。有的村寨至今还流传着“人死一只虎，虎死一支花”的俗语。在他们的姓氏中，常见的罗姓就表示他们是虎的后代。从称呼中可以看出，彝族自称为“虎”。男人自称“罗罗濮”或“罗颇”，意思

① 罗罗是滇西楚雄彝族的支系之一，自称“罗罗”，意为“虎族”。

② ［西汉］刘向、刘歆校刊：《山海经》，长春，吉林摄影出版社，2002。

是“雄虎”；女人则自称“罗罗摩”，意思是“母虎”。

在楚雄彝族民间史诗《梅葛》中也有记载：天神在创世之初，派了他的五个儿子去造天。天造好了之后，便用雷电来试天，结果天裂开了，用什么补天呢？天神认为世界上的东西虎最威猛，于是天神又派五个儿子去将虎制伏了，然后用虎的一根大骨做撑天柱，这样天就稳定下来了。他们又用虎头做天头，虎尾做地尾，虎鼻做天鼻，虎耳做天耳，左眼做太阳，右眼做月亮，虎须做阳光，虎牙做星星，虎油做云彩，虎气做雾气，虎心做天心地胆，虎肚做大海，虎血做海水，大肠做成江，小肠做成河，虎肋做道路，虎皮做地皮，硬毛做树林，软毛做青草，细毛做秧苗……于是便有了今天的世间万物。在今天彝族人聚居的地方，还有许多以虎命名的山冈、水流和村寨，因虎不仅有创世之功，且有彝祖之德。所以彝族人居住和生活的地方以虎来命名就不足为奇了。

虎以其威猛而著称并成为力量和威严的象征，进而被彝族先民敬奉为原始图腾，成为彝家驱邪迎祥的虎祖保护神。因而在一些彝族人家中的神龛上供奉虎形祖灵，大门上挂着虎形“吞口”辟邪，墙壁上挂着虎图腾壁挂，在村寨路口设有形状像虎的石虎神。彝族人称虎神为“罗尼”，这是彝族心中最灵验、最崇高的神。虎神可以为彝族消灾驱邪，可以保佑族人吉祥平安。彝族把自己、家庭、家族的幸福，都寄托在虎神的护佑之下，这是图腾意义上的虎。可以说，虎对于彝族便是一种原始的祖根记忆，它对彝族人的生产生活有着深远的影响。从楚雄双柏彝族的“老虎笙”可看出彝族对虎的崇拜和祭拜。

二、老虎笙是图腾的活化石

楚雄彝族自治州双柏县从古至今流传着跳虎祭祖的习俗，俗称“老虎笙”。每年的正月初八，双柏县法表小麦地冲的彝族罗罗颇人就要到石门坎石虎前祭献，迎虎神。次日又到土主庙求愿，打卦确定扮虎人。到晚上在村内跳虎——“跳虎”是一种模拟生产、生活的舞蹈。最后还要走进各家各户驱邪逐疫。初八至十五内，日增一虎，至十五日深夜，由八虎送虎神西归。表示虎祖来自山野，回归于自然，当地把它叫做“跳虎节”。

关于虎节的起源，在双柏县小麦地冲村有不同的解释。一种说法是：小麦地冲过去山高林深，没有人，山林里有个老虎窝。有一天，老虎从外地抬来一男一女两个人，老虎抬来这两个人后，没有伤害他们，反而走开了。据说这两个人就在此地结婚成家，繁育后代，从此便有了小麦地冲。小麦地冲人感谢老虎，认为没有老虎就没有小麦地冲人。于是就把老虎当成了小麦地冲的保护神。每年春节过后便化装成老虎撵鬼驱邪，村子就清吉平安。如果不跳虎笙的话，人就多病，牛马就会遭瘟疫，谷子也长不好。另一种说法是：小麦地冲得过两次瘟疫，第一次得瘟疫时，离小麦地冲最近的老甲村的99户人家死得一个不剩。小麦地冲也死了不少人。一天，两只老虎冲进村子抬死人吃，老虎抬走了两个人，一男一女。老虎把他们抬上山后并没有吃掉，反而走开了。这两个人吓昏了，醒来后发现自己睡在密林深处，也不知道是什么地方。待两个人回到小麦地冲一看，村里的人早死光了，瘟疫也过去了。于是这两个人就组成了一家人，生儿育女，代代相传。这家人便是最先在小麦地冲的人家。老虎救了他们，他们感激老虎，每年这个时候就化装为老虎，跳虎来撵鬼扫邪。据说只有这样人们才会平平安安，久而久之，就有了“虎节”。

虎节对于彝族来说，就是虎文化的一个重要体现形式，而祭祀是彝族人民的一种古老的祭神仪式，“跳虎”即为祭祀自己民族的祖先。凡遇族内生活大事，彝族人民常常要进行一些祭祀活动，此类活动世代相袭，逐渐成为当地民族的重大节庆日，“老虎笙”节便是这样形成的。

三、崇虎的中华文化背景

中华文明最具特色的文字也满含虎的影响，汉字中的“王”被认为是古人依照虎前额上的花纹想象出来的。彝族罗罗人所保留的这种具有原始宗教性质的老虎节，对于我们今天研究中华文化和宗教、艺术，都具有“活化石”的意义。

“据考古研究，1987年8月在河南濮阳西水坡遗址的仰韶文化墓内，发现了一组用蚌壳摆塑的龙虎图案。这个六千年前的死者以其左虎、右龙（战国以前的帝王礼仪是以左为上，右为下）贝壳图案象征自己的‘神武和权力’地位。”① 考古学家为此大胆提出：中华民族的传统文化始于龙虎文化，龙虎文化是中国正统的民族文化的基本源头，虎文化是构成这个文化的主要部分之一。虽然后来老虎这种至尊的地位出现了一些变化，但在民间，在人民大众的文化意识中，虎形象从来都受到尊重，被视为避邪之物和正义的化身。在明代，小说《封神演义》把黄飞虎封为五岳之首东岳泰山的山神，把崇黑虎封为南岳衡山的山神，把驾虎以老虎为坐骑的申公豹封为东海水神。许多地名都冠以虎字，如道家创始人张陵世居的山叫龙虎山，如苏州名胜有虎丘、杭州西湖有虎跑泉等，据说云南的哀牢山的“牢”为“罗”的转音，意思是虎，

---

① 杨继林：《中国彝族虎文化》，42页，昆明，云南人民出版社，1992。

在楚雄城内有“猫猫山”，还有西山。西山当地土著民族称“碱碌山”（“碱碌”，彝语意思为大虎，叫大虎山）。在全国的名山大川中，虎形象的影响较为普遍。在汉族民间传说、故事中也有很多崇虎爱虎的记载，这里不一一叙述。在汉族民间，虎从古至今也一直受到重视。从西北到西南，直至东南沿海和台湾的建筑艺术中也随处可见虎文化的烙印。

在春秋战国时期还出现了虎符，当时采用铜质的虎形符作为驻军首领的调兵凭证。虎符的背面刻有铭文，可以一分为二，右半存于朝廷，左半发给统兵将帅，任何调兵遣将均需要两半虎符相合。《史记》中就曾经记载公元前257年，秦围困赵都邯郸，信陵君与魏王夫人如姬密谋窃得虎符，调兵救赵的历史故事。虎符将虎文化在军事领域的影响提升到极致，郭沫若在20世纪50年代以此故事为蓝本编写了话剧《虎符》。而在现代汉语词汇中与虎文化并没有什么关系的“琥珀”，在上古年间实际上也是虎文化的派生品，当时人们坚信虎乃动物界的神灵的传说，如果一头虎在500年后变得雪白，然后还能再活1000年，当它们死后，它的灵魂将渗透入地下变为“虎之魂”，这便是“琥珀”。

对以虎为首的猫科动物的崇拜，不仅在中国的传统文化中占有重要地位，而且已经渗透到世界文化中。新石器时代的岩画自不必说，河南省西水坡出土的6000年前的蚌塑龙虎，被视作最古老的虎文化遗迹，而坟墓中蚌塑龙虎的布局恰恰与后世盛行的“东青龙、西白虎、南朱雀、北玄武”一致。商代礼器司母戊大鼎也揭示了商代的虎文化，在鼎耳的外阁饰着一对虎纹，虎口相向，口中含着人头。而埃及金字塔中也频繁出现虎和狮子的身影。不论古代还是近代，中国文化还是外国文化，虎始终扮演着特殊角色，其特殊性不同于被称为百兽之王的狮子，也不同于豹子或大山猫等其他猫科兄弟。19世纪著名的法国生物学者兼诗人马萨·埃韦拉说道：“从古代人们就对虎身上的斑纹充满好感，古罗马人相信虎身上的绚丽的斑纹，如同有毒的蜘蛛和花朵一样可怕，同时也对所有漂亮的东西充满敬意。这种思潮直接影响了现代人，英国士兵军装上醒目的红色俨然与虎纹同源。”

然而，对于中华文化而言，虎作为一个文化符号的意义，远远大于其他文明对于虎的凶猛和花纹的外在崇拜。心理学者阿斯特拉塔曾经在《文明的心理暗示》中提及中国生肖对于人心理的暗示作用，虎在生肖中排名第三，至少让1/12的人一出生就自然而然地对虎产生了自我认同感。由此形成中华虎文化的独特魅力。

四、虎文化彰显民族精神

中华虎文化多元共融，历史悠久、内容丰富、形式多样、魅力独特。作为一种文化，它给我们的启示是很多的。

第一，从彝族老虎救人、助人狩猎的传说表明：我们的祖先很早就发现老虎是对百兽，包括对人都有巨大威慑力量的动物，由于对老虎力量的羡慕和敬畏，进而产生了对老虎的崇拜。幻想自身也获得一种对于百兽的威慑力量。这种能力只有人才有（或被称为猿人或原始人的人）。这种特殊的能力就是“自我意识”。彝族自古崇拜虎，而老虎的力量具有其他动物所不具备的特殊性质，即勇猛顽强性，所以老虎给崇拜者带来了勇猛顽强的精神力量——进取性。“进取性”就是自强不息的精神，这是战胜困难的勇气、英勇无畏的气概和自信的品质。

在历史上，崇尚老虎的进取性还造就了罗罗人无数的民族英雄，他们为了保家卫国不惜牺牲生命。明清以来出现过力大无比的武士、工匠，还有保家卫国的将军。据传说，麦地冲村在明末年间曾出现了大力士工匠徐扎诺、反清勇士者小特、清政府的武将李启刚（俗称李大人）以及罗二聘将军等。他们的事迹至今在罗罗人中还广为传颂。在近代，杞绍兴、杞彩顺、李文学等彝族罗罗人发动了哀牢山各族大起义，沉重打击了清廷的腐朽统治，他们也成了彝族家喻户晓的传奇英雄。所以，老虎精神中的进取性恐怕是一直以来人们崇拜老虎的原因之一。

第二，老虎又是很聪明的动物，能通人性，具有一般动物所没有的灵性。这除了人与老虎的本能有亲近之感外，更多的是人对老虎的崇拜而赋予它许多的人性，体现了人与自然的共生。这也正是云南楚雄双柏小麦地冲人过“老虎节”的意义所在。罗罗人这种勇敢顽强的进取精神正是老虎凶猛威武的自然属性对罗罗人的影响，也反映了人与自然的相融与和谐。这是我们今天在发展楚雄彝族自治州旅游文化产业，保护非物质文化遗产中要挖掘的中华民族宝贵的精神财富，也是今天彝族人民在迈向小康的路上，在建设和谐社会的征程中所需要展现的精神风貌。值此，我们应该牢牢把握住老虎及虎族的这种民族进取精神，使之作为我们建设和谐社会的强大动力。

第三，老虎具有感应人间善恶之能力，且是正义的化身。《后汉书 · 宋均传》记载了一个为历代统治者所津津乐道的故事：“汉代九江多虎患，当地人苦无良策，后太守宋均行仁政，消除苛捐杂税，老虎被其感化，纷纷渡江而去。”① 这个故事出现在很多文献中，类似的故事亦充斥后世文献，宋均也成了后世为政者之楷模。这个故事的另一面，则是老虎能感受到人间的仁政。从楚雄双柏小麦地冲村的历史传说中也说明了这一点。老虎身上所表现出的正义性也正是人类最需要的一种品质，只有正义，人才能区分善恶，才能惩恶扬善。

第四，传说中的老虎还能知恩图报，主持公道，是道义的化身。老虎和人尽管习

---

① 黄志繁：《说虎》，载《历史学家茶座》，2006（1）。

相远，但性相通。与此相应，作为仁兽的老虎也能感应人间的道德说教，又因为其威猛有力，常常又成为正义的化身。明代大才子祝允明曾经记载过一个“义虎”的故事，大概是说，一贫一富的好友一同外出，为了霸占朋友的美妻，富友在密林中把贫友杀死，然后对其妻谎称是被老虎吃了。结果密林中真的出来了一只老虎，把富友给吃了，而贫友却还活着，与妻子团聚。这虽然不是罗罗人的故事，但老虎疾恶如仇、主宰人间道义的形象传说与彝族人对老虎的美好传说是相吻合的。可见，虎为“至灵之物”的看法，不仅在彝族中，而且在明代就普遍被人接受。这些故事的真实性虽然值得怀疑，但是它却从另一面反映出虎文化内涵之寓意，并在中华民族大家庭中也得到广泛的认同，虎文化所彰显的虎精神，由之铸就成为虎虎有生气的中华进取精神。

从以上我们看出，彝族罗罗人之所以崇拜虎，把虎作为自己的图腾来顶礼膜拜，就是因为彝族罗罗人可以从虎身上获得战胜自然的勇气和生存、生活中所需要的精神力量，而这些正是我们人类在生存、发展中的力量源泉，也是我们中华民族生生不息的宝贵财富。一句话，它是我们中华民族精神的重要组成部分。

彝族的火崇拜与火灾防范

朱茂昌

彝族主要分布于金沙江两侧的凉山、乌蒙山、哀牢山等高山地区。千百年来的山地农业劳动实践和深山生活使彝族深深地认识到火对生活的重要性和火对生活的危害性。在这种深刻认识和互动中形成了彝族对火的崇拜和对火灾的防范措施。对火的崇拜，在彝族的自然崇拜中占有重要的位置并经久不衰，这是因为火与水跟人的生活息息相关，更因为与彝族的山地农业息息相关，而对火灾的防范亦有着同样的理由。

一、彝族的山地农耕与火

彝族有关自身起源的神话中，就包含了发明火和使用火的故事。传说，最初他们不会用火，靠采集和集体狩猎所得的野果生肉充饥，披树叶兽皮御寒；栖息在岩穴或巢居高树，以避免风雨及野兽、蚊虻的侵扰。狩猎的工具只有棍棒和石头，在一次狩猎中，踩翻大石板，碰出火星，这星星之火燃遍林野，烧死了野兽。人们第一次吃到烧熟的兽肉，感到其味香可口，从此，才将火种保存下来。同时也知道了击石取火的方法，后来又发明了钻木取火。他们学会了用火，不仅以其作为防兽的“利器”，而且用其烧熟食物。熟食可化腥臊、消疾病，又能促进大脑思维能力的发展。因此，火对于彝族（全人类）的生存和发展起到了重要的作用，对彝族在凉山、乌蒙山、哀牢山等高山地区发展农业创造农耕文化具有不可磨灭的作用。

根据史料记载，早在西汉时期，彝族先民的一部分便已过着“耕田，有邑聚”的以农耕为主的生活，这种农业很可能是水田稻作农业。迁徙进入凉山、乌蒙山、哀牢山等高山地区后，彝族仍然进行农业生产活动。由于环境的变化，这时彝族所面对的是高大的群山和茂密的森林，只得以刀耕火种的方式进行农业的开发，这种农耕方法就是火烧，彝族叫做“种火地”或“懒火地”。20 世纪五六十年代，在僻远地区，偶然还能看到楚雄彝族是这样种火地的：天干草枯季节，一把火就把林木葱茏的山地焚为平地，做简单清理即可耕种。未焚尽的大树根、树干则留在地内避开耕种。种子播下后，随其自生自长，到时收割。第二年则砍把子铺地焚烧，如复几次，大树根、干也被焚去。两三年后，地力耗尽，轮荒几年，待草木丛生后又放火耕种。居住在坝区的一些彝族，20 世纪五六十年代仍保留着一种草地火耨之法，那是森林毁灭之后传统刀耕火种的一种残余形态，① 每年农历八月十五人们即着手备耕，挑选闲置了几年的土地，以锄耕或犁耕翻起长满杂草的土垡，使之相互依靠侧立，但不能让草皮向下，以免杂草腐烂，然后将草垡垒成一个个圆形土堆，直径 1 至 3 公尺不等，其中放置干牛粪、干枝桩、干松叶等，点火焚烧，覆盖土地，使其密封。燃烧七日，内外烧透，其土酥松如灰粉之状。搁置半月，待火熄灰冷后，即准备播种。清明时节，先摊平各土堆外层灰土，将作物种子撒播其上，又以各火堆中心之土覆盖。如此耕种，不仅土壤肥沃，解决了肥料不足的问题，而且一两年内很少有杂草和虫害，节省了很多田间管理的时间。居住于高山地区的彝族，现在都已经不再从事刀耕火种了，但是为了提高土地的肥力，减少草害和虫害，人们还是继续保持着火耨的传统。② 人们于每年的二三月到山中收集松叶，将干枯的松叶背到地中，一亩地上需要撒松叶几十背箩（一背箩约重 20 公斤），然后和地中的杂草一道焚烧。

火对刀耕火种的农业来说，其重要性是可想而知的。因此，彝族对火一直怀着深深的敬意和崇拜之情。但水火无情，火一旦失去控制，对居住于深山老林的人们来说灾难就降临了，它意味着森林大火铺天盖地，田园家宅将毁于一旦，生命财产将面临严重威胁。然而也正因为深知火的习性，所以居住在高山地区的彝族都具有比较强的防火观念，这种观念也体现在他们的刀耕火种中。它们对村寨的林地实行规划耕种，根据规划顺序逐块砍烧林地，对于抛荒休闲的耕地则认真加以保护，尽量避免发生火灾。因此每当烧地之前，都要仔细地清理防火道。所谓防火道，就是在土地四周数公尺的树林内清除残枝、败叶、杂草，杜绝火焰向外蔓延的媒介物。在烧地之前，还必须由村寨有威信的长者沿防火道检查一遭，发现隐患要及时清除。如果两村林地相连，那么烧地一方还必须邀请对方负责者一道检查防火道，对方认可之后方能点火。如果烧地不慎导致邻村林地失火，事先又没有邀请对方检查，那么就必须按照失火轻重给予相应的赔偿。遇到大面积烧地的情况，全村男女劳动力都要出动，人们分布于

---

① 参见楚雄彝族自治州概况编写组：《楚雄彝族自治州概况》，116 页，昆明，云南民族出版社，1986。

② 参见尹绍亭：《一个充满争议的文化神态体系》，44 页，昆明，云南人民出版社，1991。

土地四周，各负责一个地段，从地边点火使其向地中烧去。有的村寨人们烧地更为谨慎，先于清晨或傍晚风小天凉之时以小火把四周烧过，然后才在太阳正顶时以大火烧地。由于思想高度重视，措施严密，所以山区彝族烧地时很少发生火灾。

二、彝族社会生活与火崇拜

对火的敬畏和感恩戴德这两种情况形成了彝族在不同时期火崇拜意识的心理基础。彝族先民不知道自然起火的原因，认为它是和山川河流、日月星辰一样由某个神灵司掌的，于是就产生了火神。彝族认为火神有两种。一种是吉祥的火，这是崇拜之火。每年的农历六月二十四是祭火的重大节日，习称“火把节”。这天各村举行点火仪式后，各户长者举着火把为家庭成员祝福，村民相互祝福，而后到牲畜厩、田头地边、房前屋后撒火把，驱邪除祟，祈祷六畜兴旺，人丁清吉，五谷丰登。另一种是灾害火，称为“火鬼”，彝语谓“阿多纳”。阿多纳能上天入地，本领极大，祸害无穷。阿多纳要受到诅咒驱逐，并送到远方无人居住的次拉山去。阿多纳有具体的形象，其形象是一种光亮较明、颜色较红的流星。如看到这种流星，便认为是火鬼落地，三日之内会有火灾，必须赶快念祭词送走。如果火灾已经发生了，就要请毕摩或巫师举行祭祀活动，祭祀和送走阿多纳。届时，用一块木质托板在板上用包谷秆盖一房屋模型，屋内放入衣料边角、盐、谷等少许，另用红纸剪一长着翅膀和尾巴的人像（阿多纳）放入房内，到指定的送鬼树前祭送，由主祭者念颂《送火鬼祭词》。祭词把阿多纳人格化，充满了对其的惧怕和讨好之情，认为之所以发生火灾是人们得罪了阿多纳，所以祭词中一边向之道歉，一边贿赂阿多纳，答应给予食物，希望他赶快离开人类。如“这些东西呀，快拿着回去，高来高处回，低来低处走，各走各的路，各回各的家。灾星要带走，魔难带回去，保证这地方，不要再出事，保证这地方，人畜保清吉……”彝族送火鬼流星均往北方送，因为按卦位北方属“坎”，“坎”卦象属水，火遇水当然便消灾灭祸了。随着人们把自然火引进居室和学会生火，相继产生了火崇拜的又一产物——火塘神和灶神。乌蒙彝族把火塘神称为“苦鲁斯”，灶神称为“格白斯”。在他们的观念中，火塘神和灶神是善神，专司人间温饱，对人有益无害。对火塘神一般是敬而不祭，也不设神座；对灶神则隆重祭祀。乌蒙彝族灶头的挡火墙一台高过一台，最高一台的灶头安放一馒头大的泥团代表灶神格白斯。每逢节日则插香、献饭、供酒肉，口念：“今天是节日，此时是火时，时辰是最好的时候了。格白斯，快来领受！望你以后多保佑：灶火兴旺，煮饭多涨饭，煮酒多出酒，旧粮没吃完又吃上新粮，腊肉没吃完又吃新鲜肉。格白斯，快来领受……”① 哀牢彝族与乌蒙彝族恰恰相反，敬火塘胜于敬灶，灶头上一般不设什么，但火塘的左方则必须安放一块石头，这个石头便代表火塘神，逢节日都要敬祭。云南省泸西县阿盈里的彝族在农历正月初一和六月二十四日，由家庭主妇选一块最肥的肉扔进燃烧的火塘祈祷火塘神护佑平安。永仁彝族每年的腊月二十八日晚上，家家都祭献火塘，在火塘的左边插上一炷香和一枝青香树枝，铺上松毛，供上米、酒、盐等祭品，杀鸡、烧钱纸，鸡尾在钱纸火焰上燎一下，拔下几根尾毛沾血后与香插在一起，表示“生祭”，煮熟后再祭一次，称为“熟祭”。从第二天早上起，早晚插香献祭品，家里做什么吃就献什么，一直要到大年初二晚上止。平时如遇家人病痛不安，先打一碗水摆在火塘边，用一炷香、一碗米、一个鸡蛋以及病人的帽子到大门外“叫魂”。叫毕，香、米、鸡蛋和帽子要拿回火塘边来，病人戴好帽子，喝一口碗里的水，才意味着已经把魂叫回到家里来了，病人还要把米和鸡蛋煮熟吃掉，认为这样才会好起来。为家里老人送葬回来或者参加别家的葬礼回来，都要回到火塘边喝一口预先摆在火塘边的水，才意味着灵魂没有跟死人走，已经回到家里了。

作为火的民族，彝族的人生四大礼仪习俗即诞生礼、成年礼、婚礼、葬礼，都与火和火塘结下不解之缘，人们的灵与肉都与火和火塘形成一个密不可分的整体。凉山彝族生小孩不仅不能在火塘边，甚至不能在有火的地方，以免生育的“秽气”冲犯火神灵。彝族给婴儿命名的仪式也要在火塘边举行。凉山彝族有称为“穿裤子”和“穿裙子”的成年仪式，要大多在火塘边的特定位置举行。彝族的结婚火塘礼仪表现出对作为家庭和氏族象征的火塘和火的崇拜。宁蒗县彝族姑娘出嫁之日向火塘告别的仪式是接新娘的高潮。小凉山彝族在婚后第二天，夫方还要在火塘边为新娘举行迎魂仪式，请毕摩或巫师将新娘的灵魂从母方转到夫方，这样，新娘才从身体到灵魂完全成为夫方家庭的正式成员。乌蒙彝族姑娘出嫁时，新娘可以不跟父母告别，却万万不能不同给予她温暖，给予她吃喝，代表着旧家的火塘告别。告别时，新娘须由过福人背着，痛哭不止绕火塘三圈，在新郎家的新房里支一个火早已燃得通红的火盆，等待新娘的到来。新郎家接客也离不开火，无论白天黑夜，都要高举火把前去外面迎接客人。娘家给女儿的陪嫁物，不论贫富，都要陪送一个火盆。②彝族自认为是虎的传人，死后必须还原于虎，而只有通过火才能够返本归宗还原于虎，因之沿袭了火葬的习俗，元谋小凉山至今仍然保持着火葬的形式。

---

① 云南民间文学集成编辑办公室：《云南彝族歌谣集成》，73 页，昆明，云南民族出版社，1986。

② 杜玉亭：《传统与发展》，373 页，北京，中国社会科学出版社，1990。

每个彝族家庭生活的中心都是火塘。彝族对火和火塘有着各种各样的禁忌和规矩。彝族起房盖屋得先看日子，上梁、安门日绝对不能是火日，必须是水日，水能镇火，以防阿多纳祸害。而建畜厩必须是火日，日后牲口才红火兴旺。安火塘或打灶自然必须是火日了。彝族的火塘一般在堂屋的左方，靠家堂的一方为上，按规矩坐时，是一家之长的座位。左方靠墙，右方是小孩和客人的座位，与上方相对应的一方称下方，下方是妇女的座位。火塘中的火被认为与家庭的命运休戚相关，故火塘里的火长年不熄，被称为"万年火"。万一熄灭了，要讨火种，必须到族内最年长的人家去讨取。如重建新房或弟兄几人分家另住，火种往往总是到老火塘引起。火在这里被赋予了一种神圣的意义，表明家可分，火未分，不管家怎么分，火是出于一脉的。迁入新房的第一件事是把火塘燃着。第一次燃火，总是以燃得大、火光熊熊为吉祥，待烟雾从门窗里冒出来了方可搬东西人新房，这样，新居才吉祥。向火塘凑火不能四面八方乱凑，须由下方凑，烧柴时必须分清大头小尾，先烧大头。如果搞错颠倒了，以后生娃娃会倒生，重则还会惹恼阿多纳。火塘里的锅庄石不能随意搬动，如需搬动需择火日，先祭火塘神方可搬动。烤火时更要注意，不要把脚蹬到锅庄石头。现在，彝族普遍改用了铁三角，铁三角可以随意搬动，但决不能用脚钩来踢去，不用时须挂在墙上。火塘是一家人议事的地方，家庭内的大事、婚丧嫁娶、起房盖屋莫不在火塘边议论。如有客人来到，无论天热天冷，总是让到火塘的右方坐下，然后烧水泡茶或冲上一碗辣味呛鼻的米酒。凡是火，人都不能从上面跨过去，不能往里吐痰、擤鼻涕，不能在火上烤脏东西，也不能在火上烤鞋袜衣裤。如需烤煮，也要对火塘磕三个头，以示事出无奈，并非对神不恭。家人在出门前不能将水泼洒在火塘里，否则不吉利，出门办事不顺利。也不可用水直接泼火，壶水煮沸时要立即拿开，防止溢出的水浇灭火塘火。不可将脚伸进火塘，睡觉或出门时要把火塘内的木柴码齐，或放至火塘边上，有余火的木柴不得乱放，平时家里人互相提醒：保护火种，防止失火。

三、彝族的防火措施

彝族对火的防范可分为物质和精神两个方面。物质方面主要是对山林和村寨住宅之火的防范；而精神方面主要是防火意识的加强和提升，对火的祭祀和火文化的传承等。

第一，物质方面。

彝族村寨处于半山处，紧靠高山森林，这有利于对森林和水源的保护和管理。高山森林是彝族的"绿色水库"，常年下流的泉水，为彝族村寨的人畜饮水及农田用水提供了可靠的保证。此外，高山森林中丰富的动植物则给彝族提供了肉食和佐餐的菜蔬。正因为如此，彝族视高山森林为命根子和衣食饭碗，对于高山森林的保护和管理，彝族有着约定俗成千年不逾的规定。彝族将森林分为水源林、村寨林和“龙树林”，这三种林子是任何时候都不许砍伐、不能失火的，否则村规民约将予以严厉制裁。制裁的方式很多，如罚款、罚粮、罚清扫村间道路等。如今，对砍伐森林者和失火者的惩处，使用更加明确的经济手段和严厉的行政手段。这三种林子永远是防火的重点，绝不允许任何人在这些林子里打猎、烧荒和烤火，否则予以严惩。每个彝族村寨都有一名森林管理员，该管理者系由村民推举产生。管理者虽不是专职，但必须具有强烈的责任心，并为村民完全信任。这个人过去多为“伙头”（相当于今天的村长），村民每年都凑一些米、钱给他，作为报酬。另外，在约定俗成的和明确规定的禁令之外，还运用神灵的力量来保护山林，彝族将村后有蓄水作用的山林划为神山、神林，常年加以保护和祭祀。哀牢山彝族一年数次的大规模祭山和一年一度的节日“密枝节”，都有助神灵保护森林的意义。人力和神力的结合有效地保护了森林，这样也就有效地保护了水源。直到今天，哀牢山彝族村寨以上的高山森林仍基本完好地保存着，使农田用水和人畜饮水得到了保证。

彝族村寨都修有蓄水井，而且各家各户都有水沟通入，高山森林中常年下流的泉水，沿着水沟分流入水井和各家各户。引水渠道常年贯通，井中之水常年溢满，流水不腐，常保洁净，彝族人的饮水和生活用水全取于其中。流入家家户户的山水最后汇入村中的大水塘再流出村寨注入田地。在彝族人的心目中，水井是神圣的，是生命之源，是村寨的心脏，是与高山森林、低山田地连为一体的，因而对水井的保护和管理，是全寨子的事情。而流入各家各户的水沟其功能主要是冲洗院落和防火，各家的水沟自然是由各家自己管理。彝族村中的蓄水井和各家各户的水沟流水，其最重要的功能就是防火和消防，是彝族村寨重要的防火设施，在彝族村寨的消防中起到了积极的作用，是村寨内的消防系统。

彝族传统民居最为典型的是土掌房，土掌房建筑围合于一个封闭厚实的围墙体中，这围墙体实际上就是户与户之间的“防火墙”。村落中各家各户的屋顶用木板、梯子连在一起，形成一条空中走道，它既是人行通道，更是彝族别出心裁的消防通道。

如前所述，彝族民居的堂屋设置有火塘，火塘火长年不熄，所以防火保护至关重要。当白天人们出门劳作或晚上就寝之后，要用火塘中的草木灰将火炭埋藏好。当然，对于火塘的防火还有许多的精神力量，如以祭祀为手段的防火措施，以此来保证火塘的安全。

第二，在精神方面。

彝族在精神方面强化防火的意识，主要表现在对火的崇拜和防范火灾危害的教育上。彝族祭祀火神对火的崇拜已如上所述。种类繁多的祭祀火神的仪式，在一代又一代的彝族人心中深深地种下了防火祭火的种子，结成了牢不可破的防火情结，越来越强化着防火的意识。

彝族防范火灾危害的教育可分为两种：一是长年累月种类繁多的祭祀火神的活动和社会活动，祭祀活动就是社会化的防火教育活动。而逢年过节和社会集会也是火的教育活动，届时彝族老人所演唱的史诗都有敬火祭火防火的内容，这种大众化、社会化的火文化的教育，使得彝族全体人民防火意识不断深化和提高。祭祀仪式和社会文化传播是彝族火文化教育的独特方式，也是彝族火文化传承的独特方式。二是随时随地相互提醒火的厉害和危险，是彝族的居家生活中的重要内容。在彝族社会中，关于火的厉害，几乎人们都有深刻的体会，即使小孩子，一听到失火都会吓得脸色突变，浑身发抖。作为一个家长，在所有的家庭教育中，最重要的教育就是火的教育。水火无情，几乎是所有的父母对家庭和儿女的最主要的告诫。

彝族的火文化中有着深刻的防火意识，防火手段，其中对火的认识、火的崇拜和防火的教育是其核心内容。在长期的历史岁月中，这种有着独特民族特征的火文化在彝族所居住的山区，在其生产生活中一直起着积极的作用，可以说从某种层面上保持了彝族的生存与发展。

彝族社会的毕摩场域

——布迪厄理论在毕摩研究中的运用

王 进

法国著名社会学家、人类学家皮埃尔·布尔迪厄（Pierre Bourdieu）认为，社会空间是由人的行动场域所组成的，是由各种不同的场域，如文化场域、政治场域、经济场域、权力场域等组成的。那么，“场域”究竟是什么？事实上，“场域”代表着各种不同的社会空间，它展示的是由不同的资本和权力所决定的处于不同位置的行动者之间的客观关系。① 布迪厄强调：“社会科学的真正对象并非个体。场域才是基本性的，必须作为研究操作的焦点。”② 因此，“场域”概念是布迪厄进行社会研究的一个基本分析单位和独特方法。笔者正是基于此理念，试图以“场域”作为分析单位或阐释视角来研究彝族社会一个十分重要的组成部分——“毕摩场域”。本文拟结合毕摩的实际情况，从以下三个方面分析和探讨彝族独特的毕摩场域。

一、毕摩场域是彝族社会中一个相对独立的子场域

具体来说，场域就是现代社会世界高度分化后产生出来的一个个“社会小世界”。在布迪厄看来，这些“社会小世界”，就是各种不同的“场域”，如经济场域、政治场域、学术场域、权力场域等。社会作为一个“大场域”就是由这些既相互独立又相互联系的“子场域”构成的。其实，毕摩很早就从彝族社会这个大系统中分化而出，

① 参见［法］P. 布尔迪厄：《国家精英——名牌大学与群体精神》，杨亚平译，713 页，北京，商务印书馆，2004。

② ［法］布迪厄、华康德：《实践与反思——反思社会学导引》，李猛、李康译，145 页，北京，中央编译出版社，1998。

成为一个“子场域”——神职系统，这从毕摩系谱里规范化的毕摩报酬制度中可以反映出来。[①] 在凉山民主改革之前，毕摩的报酬除了货币形式的白银，实物形式的牲畜、粮食、布匹和劳务形式的劳役外，枪支、奴隶、烟土、土地也进入了毕摩仪式收入的范畴。彝谚曰：“虎豹有空手而回的，毕摩苏尼做仪式后却无有空手而返的。”然而，在现代社会，凉山彝族毕摩仍然以其仪式的收入报酬为全部或部分生活来源。可见，在现今的彝族社会，“总体性社会”解体，社会结构高度分化，毕摩更是成为明显区别于其他系统的一个相对独立的社会子场域。布迪厄说：“现实的就是关系的，在现实社会世界存在的都是各种各样的关系——不是行动者之间的互动或个人之间交互主体性的纽带，而是各种所谓的独立于个人意识和个人意志而存在的客观关系。”[②] 实际上，毕摩场域也是一个由客观关系构成的系统，是多面向的社会关系网络，其中存在着错综复杂的社会关系。在职业活动中，毕摩不仅与神鬼祖先、与人们发生交往，也与其他的毕摩产生联系。由此，毕摩场域中包含三种基本的职业关系，即毕摩与神鬼祖先的关系，毕摩与“维色”（vipsi）（仪式主人）的关系以及毕摩与毕摩之间的关系。以上这些社会关系并不是固定不变的形式，而是历史的和现实的、实际的和可能的（潜在的）、有形的和无形的、固定的和正在发生的（进行中的）、物质性的和精神性的等各种因素的综合。[③] 毕摩场域的边界只能通过经验研究才能确定，通过对每一个具体的经验世界进行研究，“你才会估量出场域具体是如何构成的，效用限度在哪里，哪些人卷入了这个世界，哪些人则没有，以及它们到底是否形成一个场域”[④]，而且“场域的界限位于场域效果停止作用的地方”[⑤]。毕摩场域作为一个社会空间，自身的边界是十分明晰和确定的。彝族有这样一种对自己族人的分类系统，即把所有彝族人分为毕摩与服务对象的兹、莫、“卓卓”两大类。毕摩成员的资格和身份要经过神灵、社会、毕摩三方面的认可。因而，毕摩群体与卓卓的边界是明确、清晰的。哪些家支是能做毕摩的家支，哪些家支不能做毕摩，谁是毕摩，谁不是毕摩，这些问题当事人、神灵、村寨彝族人都是十分清楚的。毕摩场域还具有自身独特的规则，在吸收和补充新成员进入毕摩场域方面有自己的传承原则，主要表现为：传男不传女，以毕摩世家的传承为主导，以非毕摩世家的传承为辅。从上述毕摩传承的原则不难看出，决定毕摩传承的主要因素是血缘观念和特权意识。毕摩这个以职业为特征

---

① 参见巴莫阿依：《彝族祖灵信仰研究》，155～160 页，成都，四川民族出版社，1994。

② ［法］布迪厄、华康德：《实践与反思——反思社会学导引》，李猛、李康译，133 页，北京，中央编译出版社，1998。

③ 高宣扬：《布迪厄的社会理论》，138 页，上海，同济大学出版社，2004。

④ 高宣扬：《布迪厄的社会理论》，139 页，上海，同济大学出版社，2004。

⑤ 同②。

而形成的神职场域，有着自身血缘的藩篱，脱离不了彝族家支的血缘脐带而彻底迈向业缘。总之，在彝族社会，毕摩场域是由特定的行动者相互关系网络所表现的各种社会力量和因素的综合体；毕摩场域是多面向的社会关系网络系统，具有自身独特的规则及其效果，是彝族社会中一个有着自身边界且相对独立的子场域。

二、毕摩场域是彝族社会中一个各种资本相互竞争、比较和交换的必要场所，是毕摩相互间维持或改变其本身所具有的资本，并进行资本再分配的场所

布迪厄认为，社会空间就好比市场系统那样，人们依据不同的特殊利益和需要，进行着特殊的交换活动。因此，普通意义上的经济活动，在布迪厄那里，只是广义的经济实践的一个特殊表现。① 这样一来，社会空间是由许多场域的存在而结构化的，这些场域，如同市场一样，进行着多种多样的特殊资本的竞争。布迪厄为此把在社会空间的各个市场中竞争的资本，进一步划分为经济资本、文化资本、社会资本和象征性资本四大类。②

在彝族社会，毕摩场域实是毕摩赖以获得利益或资源的空间范畴。实际上，毕摩场域，也如同市场一样，是彝族社会里一个各种资本相互竞争、比较和交换的必要且重要场所，也是人们相互间维持、转换和改变其本身所具有的资本，并进行资本再分配的场所。根据布迪厄对资本的划分和界定，毕摩主要拥有文化资本（如毕摩的各种知识才能）、社会资本（如毕摩的神职共同体关系），同时还具有象征性资本（如毕摩的威信、权威和声誉）。毕摩的宗教活动从不计报酬到接受报酬，从被动地接受报酬到主动地索取，这是私有制产生、发展的产物，也是毕摩从义务执祭到半职业化、职业化演进的必然结果。在彝族祖灵信仰的仪式活动中，在毕摩获取的报酬中，劳务报酬一般由主祭者主动提供，且与具体的仪式行为无直接的关联。而实物报酬是较早的报酬形式，可直接、单独付给毕摩，货币报酬则是晚起的付酬形式，一般与实物相结合，共同付给毕摩。现今的仪式活动中，毕摩既得实物又得钱。③ 从一般意义上讲，付给毕摩报酬是对毕摩执祭活动的承认与报答，但从凉山彝族经书《献毕经》来看，

① 参见［法］P. 布尔迪厄：《国家精英——名牌大学与群体精神》，杨亚平译，713 页，北京，商务印书馆，2004。

② 参见高宣扬：《布迪厄的社会理论》，148～151 页，上海，同济大学出版社，2004。

③ 参见巴莫阿依：《彝族祖灵信仰研究》，155、160 页，成都，四川民族出版社，1994。

毕摩将这种报酬神圣化，使毕摩报酬本身便具有给人们幸福、好运的特性。① 在彝族社会的人与神鬼祖先的关系上，毕摩能够洞察神鬼意向、谙熟祖先特性，他们以念诵经文的形式，以语言的魔力赞美、教导、规劝、诅咒、影响神鬼祖先，并辅之以极富象征性质的祭祀、巫术等行为方式，处理人们与他们的神鬼祖先的关系，从而帮助人们驱祸纳福、逢凶化吉。正如彝谚所云："毕摩三天听后面，是否吉祥与平安。"人们就是出于这样对自己生存的吉凶祸福的焦虑，经常不断地向神灵、祖灵奉献而求其保佑，以"养畜祭祖妣"②，从而减少了对生活、对未来的忧虑和哀愁，获取了某些精神上的报偿，达到了某种心理上的平衡。通常情况下，仪式主人因毕摩的工作而获得平安幸福并因此支付报酬，供养毕摩。据庄学本考察，民国时期笔母（毕摩）之酬报视人之贫富及法事之大小而定。银数两、数十两，或布一二件不等，大做则需白银往往一二百两。凡法事中所用的活猪、活雉，都由笔母取回，所打的牲畜则照例，笔母取胸脯肉一片、前腿一双、头一个、心肺各半斤。③ 另据近年有关调查，美姑县彝族每家每年都要请毕摩，根据仪式需要，小的祭祀仪式可能就是杀一只鸡，大的祭祀仪式可能是一头牛。美姑县许多彝族家庭，无论富裕的，还是贫穷的，他们的回答是：家族投入1000元用于"撮毕"，一年中，家里每个人都风调雨顺、平安，其价值已经远远超过1000元。彝族社会中重视家族祭祀仪式，并愿意为其花费较大的费用，其用意是安抚祖先的亡灵，使其在祖界保佑其子孙繁荣昌盛。④ 可见，毕摩与仪式主人之间其实是一种资本的相互比较和交换的关系。换句话说，依据各自不同的特殊利益和需要，毕摩以自身的资本（文化资本如宗教仪式知识）与仪式主人的资本（经济资本如钱财、牲畜）进行了转换，实质上是双方进行了利益交换和互补。

然而，毕摩与毕摩之间却是一种资本竞争和利益博弈的关系。众所周知，毕摩神职活动具有独立性、分散性和游动性的特点。毕摩走村串户应主人家之邀请做法事，常常数月不归。那么，毕摩与毕摩之间的地域、范围和家支如何协调？利益如何协调？依附于甲主子的毕摩能否到乙主子的地盘上或冤家家支的领地上行毕呢？通常情况下，如果甲毕摩到乙毕摩做"毕主"⑤ 的人家临时行毕做法，按毕几惯制规定仪式报酬（或牺牲或货币）的一部分归乙毕摩。如果长期行毕做法，取代了乙毕摩成为毕

---

① 参见巴莫阿依：《彝族祖灵信仰研究》，156页，成都，四川民族出版社，1994。

② 吉尔体日译：《凤凰经》，美姑县语委油印本，1990。

③ 参见庄学本：《西康彝族调查报告（宁属考察报告第七号）》，122～123页，西康省政府印行，1941。

④ 参见蔡华、吉尔体日等：《对彝族毕摩宗教现状的调查与思考》，载《西南民族大学学报》，2005（10）。

⑤ 毕主是彝语"毕色"的意译，指的是某个家庭固定的毕摩。

主，仪式主人家和甲毕摩要付一定的补偿金给乙毕摩，乙毕摩则放弃自己的毕主地位。

由此可见，毕摩场域从来就不是静止不动的空间，毕摩相互间维持或改变其本身所具有的资本，从而实现资本再分配，不仅使场域充满活力，而且使一个场域类似于一种“游戏”。反之，由于“场域是社会生活的一个领域，它在历史中围绕着其自身特有的，与其他场域不同的社会关系、赌注和资源逐渐获得自治”①。那么，毕摩场域本身的存在及运作，也只能靠其中的各种资本或资源的反复比较、交换以及竞争才能维持，也就是说，毕摩场域是各种资本竞争的结果，也是这种竞争状态的生动表现形式。

三、毕摩场域具有自身稳定特殊的持久运作逻辑

彝族社会的毕摩场域实为毕摩个人地位间客观关系的特有领地。“实际本身就是关系性的”②，而且，“根据场域概念进行思考就是从关系的角度进行思考”③。布迪厄认为，场域自身所存在的各种社会力量的对比关系，特别是其中居于主导地位的关系，是决定场域自身运作逻辑的最基本的因素。④ 在彝族社会，毕摩场域中存在着神鬼祖先、仪式主人和毕摩三种力量代表。毕摩场域具有生命力，而且始终处于各种力量关系中的紧张状态。在漫长的社会历史演变过程中，毕摩就成了彝族社会生活中主持祭祀、禳祸祈福、占验吉凶以及作为裁判的神灵代表和法力的象征。毕摩以念诵经文的形式与神鬼祖先交通，绝不仅仅是人们与神鬼、人们与祖先之间的简单的“传声筒”与中介人，而是人们与神鬼、祖先之间矛盾关系的“调解人”。在彝族人看来，祖先、神灵、鬼怪操纵影响着人丁的繁衍、五谷的丰登、六畜的兴旺、家支的发展壮大。人与神鬼祖先的关系一旦发生倾斜和破损，危及到的不仅是人们的信仰心态，同时包括人们的物质生产和生活。神鬼、祖先有善有恶，时善时恶，既可福佑人们也可致祸于人们。人们赞美神鬼、感激祖先，同时也憎恨神鬼、畏惧祖先。可见，人们在与神鬼、与祖先的关系中处于被动和被支配的地位。但是，在人们与他们的神鬼祖先的互动关系上，毕摩却能够控制和驾驭神鬼祖先，以驱祸纳福，逢凶化吉。毕摩能够洞察神鬼意向、谙熟祖先特性。毕摩能够运用语言的魔力，以念诵经文的形式来调解

---

① ［法］菲利普·柯尔库夫：《新社会学》，钱翰译，38 页，北京，社会科学文献出版社，2000。

② Bourdieu. *Raison Pratiques. Sur la théorie de l'action*. Paris：Seuil，1994，p. 17.

③ ［法］布尔迪厄、华康德：《实践反思——反思社会学导引》，李猛、李康译，132 页，北京，中央编译出版社，1998。

④ 参见高宣扬：《布迪厄的社会理论》，146 页，上海，同济大学出版社，2004。

人们与神鬼和祖先之间的关系。因此，毕摩能够调解和处理好人与神鬼、祖先的关系，在与神鬼、与祖先的关系中处于主动和支配地位。然而，毕摩做调解人，其立足点是为人们服务，事鬼神终究为的是人事，调解的结果，除了要促成人们与其信仰对象的和解、互助，更多的是为了让人们与他们的神鬼甚至与祖先不再相互产生不利影响。由上可知，一方面，人们在与神鬼祖先的关系中处于被动和被支配的地位；另一方面，毕摩却在与神鬼祖先的关系中处于主动和支配地位，正是通过控制和驾驭神鬼祖先来帮助、服务于族群。由此看到，在彝族社会，毕摩与仪式主人的关系是三种职业关系中最基本的关系，是毕摩场域所存在的各种社会力量的对比关系中居于主导地位的关系，也是决定其自身稳定持久的运作逻辑的最基本因素。另外，毕摩场域的生成或建构，是由支配着场域中各个行动者的一种客观力量关系所决定的，这种力量关系并不能随个体或群体行动者的意愿而转变。在彝族人的宗教观念中，如果说祖灵是具有一定人性的人神的话，那么，祭祖毕摩便是具有一定神性的神人，具有超凡的力量。尤其对祭祖毕摩而言，笼罩在他们身上的神性，更非空洞的言辞，而是一种坚定的信仰。彝族人认为，在仪式中，毕摩是与看不见的祖灵打交道，因而仪式的成功与否，仪式后主祭者平安与否，人们常常把账算在毕摩头上。毕摩一旦在祭祖仪式上失误，便失去了祭祖的资格，进而也失去了声誉，失去了靠神职工作而来的财富和地位①，实际上也就失去了进入毕摩场域或神职系统的资格。由此可见，毕摩场域实际上是由一种力量对比关系所决定的，这种力量对比关系并不能随个体或群体行动者的意愿而改变，甚至毕摩场域的确定和边界的限定（谁有资格参与等）都可能与各种力量之间的竞争有关联。总之，毕摩场域自身稳定特殊的运作逻辑，体现在毕摩与神鬼祖先、与仪式主人以及与其他毕摩之间的力量对比和博弈关系上。可以说，毕摩场域基本上就是靠职业关系网络表现出来的社会性力量维持的，同时也是靠这种社会性力量的不同性质而相互区别的。毕摩“场域的特征是能动者之间的竞争关系，甚至参与游戏本身就至少意味着对场域的存在这个问题的意见给予最起码的赞同”②。

结　语

在彝族社会，毕摩场域实际上是毕摩赖以获得利益、资本或资源并进行利益博弈

---

① 参见巴莫阿依：《彝族祖灵信仰研究》，147 页，成都，四川民族出版社，1994。

② ［法］菲利普 · 柯尔库夫：《新社会学》，钱翰译，38 页，北京，社会科学文献出版社，2000。

的空间范畴以及毕摩个人地位间客观关系的特有领地，而其中起决定作用的因素则是毕摩场域特殊的运作逻辑、规则和专门利益。布迪厄指出，没有场域，惯习就没有存在的依据；场域之所以得以形成，并且产生效应，正是由于惯习的作用；没有惯习，场域就失去了意义。① 因此，毕摩场域的存在与运作也离不开熟悉并适应其自身独特规则的毕摩和毕摩惯习，而且毕摩场域和毕摩惯习之间是一种相互交织、相互制约与相互建构的关系。至于如何理解毕摩场域自身特有的性情倾向系统——毕摩惯习以及怎样把握两者之间的相互关系，由于篇幅所限，详细的讨论则是另一文章的任务。

① 参见［法］布尔迪厄：《国家精英——名牌大学与群体精神》，杨亚平译，714 页，北京，商务印书馆，2004。

贵州彝族毕摩文化传承人问题研究

——以贵州省盘县淤泥彝族乡为个案分析

杨　丹

文化或文明，就其广泛的民族学意义来说，是包括全部的知识、信仰、艺术、道德、法律、风俗以及作为社会成员的人所掌握和接受的任何其他的才能和习惯的复合体。① 毕摩文化是一种信仰文化，毕摩一词是彝语音译，“毕”是“念诵”之意，“摩”意为“长者，有知识的人”，毕摩即“念诵经书的长者”。毕摩文化是毕摩群体所创造和传承的以经书、法具和法事祭祀活动为载体，以祖灵祭祀及各种祭祀仪式为核心，同时包含了彝族哲学思想、历史、地理、医药卫生等内容的一种宗教文化。在彝族发展的历史过程中，懂得彝文的只是毕摩等少数阶层，由掌握文字的毕摩为中心延伸出来的毕摩文化，是彝族文化的核心文化。在彝族社会中，毕摩一直担任着传播知识、规范行为、讲述历史等多重社会文化教育角色，为彝族文化的发展和继承作出了巨大的贡献。毕摩文化作为一种口传心授的民俗文化，它是承自上辈的文化，这种文化养成了民族的国民性，形成了民族的凝聚力。由于传统生活方式的改变，教育的普及、经济的发展、旅游业的兴起以及文化资源的开发，使得越来越多的年轻人远离传统文化，毕摩文化传承的土壤受到了一定程度的侵蚀，毕摩生存的环境受到威胁，作为非物质文化遗产的毕摩文化后继乏人。毕摩文化又是彝族民众生活不可缺少的部分，当社会向前发展，它极容易消失，所以应倍加重视，加以扶持和保护。②

---

① 参见［英］爱德华·泰勒：《原始文化》，连树生译，1页，桂林，广西师范大学出版社，2005。

② 参见陶立璠：《民族学》，116页，北京，学苑出版社，2003。

一、贵州省盘县淤泥乡彝族毕摩文化现状

盘县位于贵州西部、六盘水市西南部，盘县彝族主要分布在盘北地区，今盘县地区是古夜郎国的属地，至秦汉时期属南夷地，汉武帝时分属谈稿县、宛温县，魏晋南北朝时期为东爨乌蛮地，到751年，成为南诏国的属地，宋代开始，盘县境内属自杞国，彝族于矢（部）成为自杞国的重要组成部分。1257年，自杞国灭亡，元设立普安路，属彝族八纳部管辖，明代，在盘县境内设立十二营，实行营长制，史称盘县“罗罗夷民十二部”，后改为普安卫，到民国时期置盘县。① 贵州省盘县淤泥彝族乡（以下简称淤泥乡）位于盘县北部，全乡辖19个行政村、1个居委会、154个村民小组，总人口28 446人。居住着彝族、白族、汉族、苗族、布依族等8个少数民族，少数民族人口占全乡总人数的81%，彝族人口占全乡总人口的61%，是盘县境内彝族人口最集中的地区。境内有多种矿产资源，其中煤的储量大、品种多、煤质优，探明可采储量为1.4亿吨，是全乡的支柱产业。现境内有10个年产20万吨以上的煤矿、5个年产30万吨以上的洗煤厂、1个投资近2亿元的焦化厂。2008年，全乡实现财政税收3.457亿元。

（一）盘县淤泥乡彝族毕摩文化

盘县淤泥乡的毕摩有大毕摩、小毕摩、“野毕摩”之分。大毕摩指的是精通彝族典籍、熟悉彝族历史、熟练掌握彝族文字，并且能主持各种大型法事的毕摩。小毕摩指处于学习阶段，能部分掌握彝族各方面的知识，但不能主持一些大型的法事活动的毕摩。在淤泥乡，区分大小毕摩的主要法事活动是转场。② “野毕摩”指的是在彝族丧葬中带领大家跳丧礼舞并唱歌的人。

1. 毕摩的产生与传承

在淤泥乡，关于毕摩的产生有一个美丽的神话，彝族人民认为是在人类遭受洪水灾害之时，天神派遣毕摩神下世解救人类，毕摩神带来了神圣的经典，驱退了洪水，解救了人类，并将毕摩经典留给了毕摩。毕摩一般是通过世袭制传承的，香火不断的毕摩世家被认为是法力最强的毕摩。在淤泥乡，毕摩的传承有一定的原则：一是“传

---

① 盘县人民政府网站，http：//www.panxian.gov.cn。

② 转场在当地实际上指的就是彝族丧葬活动，它是当地毕摩所主持的最大的法事活动。转场活动一般在晚上举行，少时有几千人，多时有上万人参加。

内不传外，传男不传女”，也有拜师学艺的，但是徒弟也大多是本家族中人；二是传善良、聪明的人；三是传不嗜酒的人。师传毕摩一般从六七岁开始，毕摩要教徒弟认彝文，识记经书，目的是为了背诵经文。然后带着徒弟做法事、做助手。如果是家传的毕摩，一般十五六岁就能单独做一些简单的祭祀活动，经验是小毕摩成长所必须积累的。麻郎垤村甘腊贵毕摩，他家祖上五代都是毕摩，是一个典型的毕摩世家。甘腊贵毕摩从7岁开始学习彝族文字，到16岁时就能独立主持仪式。在淤泥乡，师传毕摩也比较多，师传毕摩除了跟随师傅学习彝文经典、学做各种仪式外，还要自己从师傅那里抄写各类经书，学做各种法器。淤泥乡落脉穴村的杜德昌毕摩，其祖上几代人曾经是毕摩，但到杜毕摩爷爷那一代后，没有学做毕摩，后来杜毕摩跟随邻乡的杜顺良毕摩学习作毕，现所用经书基本上都是自己从师傅那里一手抄过来的。

2. 毕摩经书与法事活动

毕摩举行法术仪式之前，要先祭书箱，这样法术才灵验。平时搬动经书时也要先“打除炭”①。淤泥乡毕摩的主要经书有《血盘经》、《指路经》、《毛羊经》、《献牲经》、《洒水经》、《解洁经》、《献食经》、《招魂经》、《敬神经》、《通书》等。

《指路经》彝语称“我左摩书”，是丧葬中进行指路仪式时念诵的经文，意为把亡者的灵魂指回祖灵地，让其与祖先团聚，《指路经》里详细地记载了该支系彝族人民的迁徙路线。

《献食经》彝语称“祝走书”，是丧葬仪式中给亡灵献食时念诵的经书，书中除了劝亡灵吃饱上路外，还讲述了彝族人民生产粮食的过程，并劝亡灵多种粮、多储粮食，以避免无粮之苦。

《招魂经》彝语称“西一朵书”，也是彝族丧葬活动所念经书，意为将亡者灵魂招致灵堂，以进行洁净与祭祀。

《洒水经》也是在丧葬活动中念诵。经书中叙述了水的产生、水的饮用，并告知亡灵回归祖灵途中的饮水点，念诵《洒水经》意为以水祭奠亡魂，劝其多饮水，免受路途无水之苦。

毕摩的主要仪式活动有祭山、祭小白龙、祭土地、祭祖、扫寨、转场、解身上等。

3. 毕摩法具及其作用

除经书外，法器是毕摩进行法事活动必不可少的物品，法器能增加毕摩的威力，淤泥乡毕摩的主要法器有法帽、法衣、飘带、阴阳卦、牛角。这些法器有的是传承祖辈的衣钵，有的则是毕摩自己制作的。

---

① 从火炉里钳一小块红煤炭放入冷水中，意为除掉不洁物。

法帽，彝族称“苦落”，由竹子和羊毛编制而成，用竹子支撑骨架，再用羊毡铺上，做成斗笠。法帽不仅能遮风挡雨，而且能增强毕摩的法力，法帽内一般放有红、绿两种颜色的丝线，以作备用。

法衣，彝语称“脱座”，为麻布或白布做成的对襟长褂，有保护身体、不受不净物入侵的作用。法衣一般是不能清洗的，毕摩每做一场转场仪式，就会在法衣上别上一根针。

牛角又称牛角杯，是专门用来给亡灵敬酒的杯子。

飘带是挂在法衣之上的几条带子或几束丝线。带子一般由杂色布带做成，丝线则是用红、绿等杂色扎制而成，起到增加法力的作用。

阴阳卦是毕摩占卜时用的，一般用竹行竿或泡木树做成，形状呈鸟状，毕摩在做法事时，若卦象呈顺卦，才表示顺利，若卦象呈阴卦或阳卦，毕摩还会继续念经，直到卦象呈顺卦为止。

（二）盘县淤泥乡彝族毕摩文化传承人状况

1. 毕摩传承人人数统计

传承人指的是能够继承某种学术而使它流传的人。① 传承人是民族民间传统文化传播的代表人物，在一定区域内通晓本民族或本区域民族民间文化形式和内涵，大量掌握和保存本民族民间传统文化原始文献和其他资料、实物。毕摩文化作为口传心授的非物质文化，传承人消失，原形态的非物质文化遗产也不复存在。毕摩的传承指的是毕摩地位、身份的传递和继承，毕摩文化的保护重点是对传承人的保护。淤泥乡辖19个村，毕摩主要集中在淤泥、鱼纳、落脉穴、麻郎垤苏座等11个彝族比较集中的村，全乡现有毕摩25人，其中野毕摩6人、小毕摩1人、大毕摩18人，经书总计172本，全乡毕摩都在40岁以上，仅两个毕摩有学徒（详见下表）。

淤泥乡各村毕摩传承人人数统计

村名	毕摩姓名	年龄	传承方式	经书数量	授徒情况
瘀泥村	柳定怀	67	祖传	7	无
	苏美红	63	祖传	无	野毕摩
	柳国成	66	师传	8	无
麻郎垤村	甘文富	86	祖传	11	无
	甘腊贵	49	祖传	10	4

① 参见中国社会科学院语言研究所词典编辑室编：《现代汉语词典》，北京，商务印书馆，1988。

续表

村名	毕摩姓名	年龄	传承方式	经书数量	授徒情况
鱼纳村	杜世兴 蓝四九	70 67	祖传 师传	12 8	无 无
落脉穴村	杜德昌 车加富 苏美材 苏胜良 苏胜久 莫顺言 李近生 何莫多	57 62 64 41 40 47 51 44	师传 师传 祖传 祖传 祖传 师传	7 9 10 12 10 无 无 无	无 无 2 无 无 野毕摩 野毕摩 小毕摩
联合村	王国安	64	祖传	11	无
新村村	赵明德 杜永荣 黄学真	49 58 49	祖传 师传 师传	9 12 10	无 无 无
大拔米村	王兴海 王成明	46 45		无 无	野毕摩 野毕摩
苏座村	甘小德	73	祖传	9	无
俄夺村	杜林清 谢顺海	42 56	祖传 师传	8 9	无 无
岩博村	对明明	51		无	野毕摩

2. 毕摩传承人经济收入及社会地位

早期的毕摩是义务做法，不取报酬，随着社会的发展，毕摩开始依据或部分依靠其做法收入为生活来源。在淤泥乡，毕摩给人做仪式时，一般不定价格，也不讨价还价，当地称毕摩“工钱”为“利市”，所给利市是根据主家的经济状况，随主家的心意而定，不管给多少“利市”，毕摩都会认真地把整场法事办好。苏美红是淤泥村的一个“野毕摩”，因没念过书，所以没能学会做大毕摩，其平日主要以行医为主，每个月也给人做诸如解身上、扫屋子，用山羊、用鸡叫魂等一些小法事，主家一般给1.2元（当地称“月月红”）、3.6元、6元、12元等“利市”，苏毕摩收到的最多的利市是“120元”。现在每个月除行医外，也给人做些小型法事，一个月法事收入有100元左右，其主要经济收入是行医。落脉穴村的杜德昌毕摩，是当地有名的大毕摩，除了在本村做法事外，还去外村，有时还到邻近的鸡场坪乡、松河乡等地去做法事。杜毕摩每个月只有四分之一的时间待在家里，家里的经济来源主要靠他作毕。只要有人请到，不管所给“利市”多少，他都会去做。所有法事活动中，转场法事的时间最长，长的要花五六天，最短也要花四天时间，“利市”也相对高一些，一般给60元、100元、200元等，一个月下来，杜毕摩的经济收入一般有六七百。

彝族有谚语说“跑得快的是骏马，懂得多的是毕摩”，“调解人的知识上百，兹莫的知识上千，毕摩的知识无数”。作为宗教职业者，毕摩的技能主要是司祭祀、作决占卜、主盟诅。由于从事各方面的宗教活动，他们必须掌握神鬼知识、经书知识、家谱和历史地理知识、医药知识、仪式仪轨知识等。① 也就是说，毕摩是彝族文化的代表者、继承者和传播者，是彝族社会比较有威信和影响的人物，因此，在彝族社会，毕摩十分受人尊敬。在淤泥乡，毕摩给做转场法事时，主人要请两个“香烛师”照顾毕摩，给毕摩提供一切所需之物；毕摩所坐的凳子也十分神圣，别人不能随便就坐，人们对毕摩也十分尊敬。在当地，煤矿产业带动了经济的发展，有些人觉得毕摩行业太苦，所以也有部分人看不起毕摩。在笔者对 100 名彝族民众所发放的调查问卷中，有 80% 的人认为毕摩是有威信、有神力的人，15% 的人认为毕摩只是念诵经书的人，5% 的民众选择其他。

二、毕摩文化发生的变迁及其面临的危机

毕摩文化中的大量毕摩经、各种礼俗仪式以及由此产生的海马舞、丧礼舞等，都是彝族先民在长期的实践活动中积累的精神财富，是彝族先民智慧的结晶。“毕摩文化中的一些仪式，包融了彝族人民对生命世界的原形理解，彰显着彝族人对生死问题的情感态度、对历史的表述、对自然世界的认知态度，并通过仪式象征演绎了生与死的转接，复述着先祖们关于生命起源和死亡由来的朴素认识，为我们提供了赖以理解彝人精神文化和世界观的桥梁。”② 毕摩经典里的《指路经》记载了彝族先民漫长的迁徙路线，对研究彝族的历史有着十分重要的意义。然而由于受现代工业文明的扩张、标准化教育的推行等一系列因素的影响，越来越多的人远离传统文化，造成毕摩文化不断的淡化和消失，毕摩文化面临种种危机。

（一）经济调适：毕摩人数减少，传承后继乏人

随着西部大开发和市场经济对淤泥乡影响的不断增大，毕摩文化也不可避免地受到冲击。甘腊贵毕摩是盘县淤泥乡麻朗垤村的著名毕摩，甘毕摩是祖传毕摩，祖辈几代人都是当地著名的毕摩。甘毕摩从 7 岁开始学习彝族文字，到 16 岁时能自己主持一些大型的法事活动，但那时平均每个村里有三至四个毕摩。后来“破四旧”扫除迷

① 参见巴莫阿依：《彝族祖灵信仰研究》，219 页，成都，四川民族出版社，1994。

② 巴莫阿依：《毕摩文化与国际彝学》，载《中国民族报》，2006 年 03 月 24 日。

信的“四清”运动开展后，当地毕摩的经书大多被烧掉，毕摩们因受到各种打击，无心培养传承人。有的由于本身年事已高，记忆力减退，导致大部分凭口耳相传遗留下来的毕摩经词也在不断消失。盘县淤泥乡1986年统计有大毕摩人数为48人，现大毕摩人数仅有18人，毕摩人数正在急剧减少。从目前所统计到的资料看，毕摩传承后继乏人，18个大毕摩中，仅有两个毕摩有传承人，其他毕摩均无传承人。落脉穴村的杜德昌毕摩对笔者说：“我们祖辈都是毕摩，但从爷爷那代人后，就没有学了。后来我又到鸡场坪乡去学毕，现在我年纪大了，由于给人做法事时要经常放炮，我现在耳朵不好使了，眼睛也不好了，我真希望有人能跟我学习，把我所学到的技术知识传下去，丢了可惜了，但是现在经济发展了，年轻人能读书的到外面去工作了，不能读书的都到乡里煤矿上班，没有人愿意学习作毕了。”

淤泥乡2008年财政税收为3.457亿元，乡里主要支柱产业为煤矿，煤矿产业的发展为乡里人提供了就业机会，大部分年轻人初、高中毕业后都到煤厂上班，月收入在2000~4000元不等，而专职做毕摩的大毕摩一个月的收入也只是600~800元。毕摩在当今社会仍然是不脱离生产的兼职人员，他们仍然坚持自己的道德操守，不计较报酬的高低，对每一个需要毕摩的家庭都一视同仁地行使自己的“义务”。但在现实生活中，毕摩也面临很多生计问题，比如家庭用电问题、子女上学问题、日常生活开销问题等。可见，经济也是影响毕摩人数减少的一个重要原因。

（二）文化调适：毕摩仪式简化，经词内容变化

在现代科技文明发展的今天，传统的毕摩文化与之发生碰撞并产生一系列的问题，要适应现代文明的发展是毕摩文化发展要面临的挑战。过去，彝族人民每逢节日活动，都要以毕摩为向导，举行各种仪式活动，意为与祖先同乐，仪式活动多半演示先民生产、生活及作战的情景。过去，盘县一带的彝族每年六月二十四日的火把节、农历十月的彝族年，都要举行四五天的打杀牛羊、祭祀祖先活动。但随着文化的普及，各种仪式活动已逐渐失去原有的神秘性，人们都相信要靠自己的努力才能改变生活状态，对祖先的祭祀，也只是心理上的一种尊敬和怀念，只举行简单的仪式活动。这些仪式发展到今天，已大大简化，每年火把节和彝族年，活动日期都相对缩短。毕摩的经书，是毕摩之间一代一代相传手抄而成，是毕摩进行法事活动时必不可少的法具之一，在文化的冲击中，毕摩也对经词内容进行了相应的补充。盘县淤泥乡的毕摩，部分毕摩的《招魂经》中出现了“电视机”、“洗衣机”、“手机”等词，毕摩们认为，现在社会发展了，不能像以前一样只给亡灵烧“灵房”、“马”等物了，要把《招魂经》上的内容进行相应的修改，让亡灵到阴间也能像活在世上一样享受生活，能看电视、用手机等。彝族的《指路经》，是把亡灵指回祖灵地，让其与祖灵团聚。

各地《指路经》对研究本支系彝族的历史发挥着十分重要的作用。麻郎垤村的甘毕摩告诉笔者："我们乡的毕摩，所用《指路经》的路线基本都是相同的，我们打算把乡里所有的毕摩召集起来，对《指路经》的内容进行修改，因为现在有高速公路了，有铁路了，有飞机了，我们不能再让我们已故亡灵走太远的小路、山路，打算对《指路经》里原路线进行修改，这样我们念起来既省时，亡灵也不用辛苦，沿着高速路就回祖灵地了。"

现代科技在给彝族人民的生活带来方便的同时，也在一定程度上影响着人们的思想观念。毕摩文化中虽然灵活地把现代科技文明运用到传统仪式中去，但却改变了毕摩经书和口头文化遗产本来的含义。毕摩作为文化的传承人，也受到主流文化的冲击，毕摩文化在现代文化的调适中处于一种十分尴尬的境地。

（三）社会调适：毕摩老龄化，经书数量减少

"文化变迁的原因，一是内部的，由社会内部的变化而引起，二是外部的，由自然环境的变化及社会文化环境的变化，如迁徙、与其他民族接触、政治制度的改变等而引起，当环境发生改变时，社会成员以新的方式对此作出反应时，文化便开始发生变迁。"① 作为非主流文化的毕摩文化也随着社会的变迁而发生一系列的变迁。过去，祖传世家的毕摩在五六岁时就开始学习认识彝文，学习念经诵词，所以当他们长到十五六岁时，就能开始独立做一些法事。随着社会的不断进步，在教育条件改善后的今天，五六岁甚至是十几岁的小孩，都在学校接受正规的教育，哪怕是毕摩世家的小孩，毕摩们也希望自己的孩子学习科学文化知识选择另外的路。对于毕摩文化，他们有着自己特殊的感情，面对现实生活，他们知道自己的孩子以后生活的社会需要的是另外一种知识体系，所以导致毕摩出现老龄化。淤泥乡的毕摩中，最年轻的40岁，18个大毕摩中，45%的人在60岁以上，毕摩年龄呈老龄化趋势。另外，18个大毕摩中，经书总数172本，平均每人不到10本，毕摩的经书呈不断减少的趋势。

三、毕摩文化的传承与保护

"人是一切文化的主体，是文化的创造者和传承者，每一个民族都有一批专注本民族文化收集、研究、传承、传播、创新并在文化发展中起着与众不同的重要作用的

① 黄淑娉、龚佩华：《文化人类学理论方法研究》，211页，广州，广东高等教育出版社，1998。

优秀分子，他们是民族民间文化的传承人。”① “非物质文化遗产的大部分领域，如口头文学、表演艺术、手工艺术、民间知识等，一般是由传承人口传心授而得以代代传递、延续和发展的，在这些领域，传承人是非物质文化遗产的重要承载者和传承者，他们既是非物质文化遗产的活的宝库，又是非物质文化遗产代代相传的‘接力赛’中处于当代跑点上的‘执棒者’和代表人物。”② 作为非物质文化遗产的毕摩文化也是如此，毕摩文化传承人是彝族文化发展链条上的主要齿轮，缺少了这个环节，彝族文化就会衰亡和断链。毕摩文化传承人是毕摩文化的创新者，是新的传承主体产生的主要源泉，在彝族文化中起到承接与传授、再承接与再传授的重要作用。在以往的岁月中，由于战争、政治运动等原因，在一定程度上使毕摩文化出现了急剧衰微甚至中断，那么现在，正在推进的现代化进程，正在使彝族人民的生活条件发生翻天覆地的变化，民众的价值观和审美观也随之发生巨大的变化，加之毕摩文化传承人的自然衰老和死亡，使作为非物质文化遗产的毕摩文化逐渐走向衰弱，甚至消亡，传承和延续面临着严重危机。

盘县淤泥乡的毕摩文化在一定程度上得到了保存，但是现代文明的破坏性作用也是不可忽视的。在这种形势下，传统文化的保护工作迫在眉睫。当地政府尤其是民族宗教局十分重视这一问题，主动搜集彝文古籍，进行编纂整理保存，并将很多宗教仪式活动录制下来，作为非物质文化遗产保留下来。还组织毕摩进行交流学习，此外还由专人编制了富有彝族民族特色的舞蹈并大力推广普及。这些努力对彝族传统文化的传承保护起到了重大的作用。但要使毕摩文化真正的发展起来，传承下去，光靠这些外部“强心针”的作用还不够，对传承人的保护与培养显得十分重要。

（一）营造生境

“生境乃生物生活的空间和其中全部生态因子的总和，具体指一个个体、种群或群落的社会环境、生存空间或社会条件。”③ 随着社会的不断向前发展，毕摩生存的土壤和空间逐渐缩小，所以，营造尊重和保护毕摩文化传承人的环境和氛围，树立彝族人民对自己民族传统文化保护意识特别是对毕摩文化传承人的保护意识十分重要，政府应对毕摩文化传承进行表彰，使传承人的积极性得到进一步发挥。

（二）建立档案

对毕摩文化传承人，政府应采取动静结合的保护方式，在向各级文化部门配备必

---

① 安学斌：《民族文化传承人的历史价值与当代生境》，载《云南民族大学学报》，2007（6）。

② 刘锡诚：《传承与传承人论》，载《河南教育学院学报》，2006（5）。

③ 同①。

须的仪器设备的同时，还要对具体从事收集、整理、调查、记录、建档等工作的文化工作者进行系统的培训。一方面可以提高收集采录资料的科学性和完整度，另一方面能让一线工作者意识到搜集工作的基础性和关键性，只有做好这些基础性的工作，才能为毕摩文化的传承、变迁等问题提供依据，从而掌握其发展脉络，采取更好的保护措施。对毕摩文化传承人，政府应进行普查，建立档案卡，实行动态管理。录制毕摩文化传承人的资料片，对毕摩所举行的各种法事活动采取录音、录像方式进行分类采录，制作成资料片进行保存和推广。

（三）保护特殊

对有特殊贡献的老毕摩应实行特殊保护，给其发放适当的生活补贴，办理相应的医疗保障。政府还应通过拨款、民间捐赠、个人资助等渠道筹集相应的资金，建立传承人保护基金会，让传承人有足够的资金开展相应的传承活动，尽可能让他们在较为宽松的环境下开展传承活动。对稍微年轻的毕摩，应为其提供传承展示的平台，利用火把节、彝族年等节日，开展一些群众文化活动，组织毕摩在文化活动上展演经书诵读、毕摩绘画、毕摩吞火等技艺比赛，不仅可以丰富群众文化生活，而且对毕摩文化的挖掘、传承、创新起到巨大的推动作用。

（四）培养学徒

青年一代是文化得以相传的希望和主体，但是随着城市化进程加快，更多的年轻人都崇尚现代文明，对民族传统和毕摩文化失去兴趣，不愿学习和继承这些老技艺，年轻人对毕摩文化的漠视和遗忘是毕摩文化传承面临的一大威胁。笔者在调查过程中接触过很多毕摩，他们并不在意政府给自己多少补贴，而是在意自己的技艺由谁来接班，所以，应建立一定的传承机制，鼓励年轻一代学习毕摩文化，以老带新、言传身教地把自己所掌握的毕摩知识传给年轻一代，并进行再传承、再创造。

毕摩文化作为彝族文化的核心文化，它在彝族文化发展史上的影响十分深远，毕摩在彝族政治、经济、文化方面都曾作出十分突出的贡献。当然，毕摩文化也有其消极的一面，但我们应当正确认识毕摩的作用，取其文化精华，利用毕摩掌握的文化知识服务于彝族地区，促进彝族经济发展。

民间信仰与洪水型兄妹婚神话存续之间的关系研究

——以彝族洪水型兄妹婚神话为例

单江秀　杨甫旺

洪水神话的结构显示，该神话已非原型神话，而是融合了多种原型神话的复合型神话。这一复合型神话至少包括了原型洪水神话、水生型创世神话、葫芦生人神话、兄妹婚神话等，集合了水生人信仰观念、葫芦创世观念、兄妹繁衍人类观念等多种信仰观念。显然，这些各异的信仰都共同表现了对生命诞生现象的崇拜，从而共同熔铸成洪水神话再生的主题。①

一、洪水型兄妹婚神话主题与亚型

（一）洪水型兄妹婚神话的主题

在我国西南地区的诸多少数民族中，洪水神话极为丰富，其中大多数直接将洪水神话与人类再生联系起来，以彝族为例，可以将这类洪水神话归纳为下述情节梗概：

首先，神谕与奇兆。两兄妹（或某个人）心地善良（或做了某件好事），神向他们透露了洪水即将到来的消息。有时，神还告诉他们洪水的前兆。

其次，洪水遗民。兄妹在大洪水后幸存。避水的方式是钻进葫芦里或坐在竹桶里。

再次，兄妹成亲。为了繁衍人类，兄妹二人必须婚配。他们为此进行了一系列的

① 参见向柏松：《神话与民间信仰》，载《中南民族大学学报》，2010（1）。

难题考验，占卜天意并获得了证实。这些难题要么是分别从山头上滚下一扇石磨，两扇石磨叠在一起；要么是分别从不同的山上扔出针和线，哥哥的针穿过了妹妹的线；要么兄妹分别在两座山头烧烟火，烟子在天上扭在一起；要么其他。①

最后，再造人类。情节或者是兄妹婚，生下一个怪葫芦，走出汉、彝、傣、傈僳等民族的先民，或者是天女婚，生下先祖。

（二）洪水型兄妹婚神话的亚型

根据避水、造人的工具类型，可将洪水兄妹婚归纳为竹亚型和葫芦亚型。

1. 竹亚型

此类神话中，竹质器物成为人类的避水工具，而竹子本身即是促成彝族祖先诞生的催化剂。流传于四川大凉山的《洪水泛滥的故事》讲述：很久以前，恩铁古兹派撮却阿妈到人间报复将其使者杀死的三兄弟，撮却阿妈晚上把他们白天耕好的地全部还原，连续几天都这样。一天夜晚，三兄弟埋伏在地边，抓住了撮却阿妈。大哥说：“把她杀了吧。”老二说：“把她捆起来打一顿。”老三说：“打也不要打，杀也不要杀，好好问一问。”撮却阿妈说：“天神已经知道你们杀死使者的消息，现在决定放九个海子的水来淹没人间。”三人很害怕，要求撮却阿妈告诉他们避洪的方法。阿妈对三人说：“大哥住铜柜，老二住铁柜，老三住木柜。”洪水来后，只有老三的木柜落在一座高山上，生存了下来。在老三救下的动物的帮助下，他娶到了天神的三女儿，并从天神那里得到了许多工具、牲畜和植物的种子，于是人间又变得繁荣起来。婚后，天女生下的三个儿子都是哑巴，动物们把从天神处偷听到的治疗方法告诉了老三：把三个哑巴儿子叫在火塘边，把三节竹子放进火里烧。等到第一节竹子烧爆后，大儿子惊得一跳，叫了声“阿自各”，成了彝族的祖先。二儿子听到竹节的爆炸声后，叫了一声“则良呢”，成了藏族的祖先。三儿子听见爆炸声，叫了一声“哎哨”，他成了汉族的祖先。②

贵州毕节彝族史诗《洪水泛滥史》叙述道：笃慕三兄弟，在洪水泛滥时，老大笃慕格坐在榆木桶里避洪水，笃慕沙坐在杉木桶里避洪水，笃慕俄坐在竹桶里避洪水。金甲老仙给善良的笃慕俄一个鸡蛋让他夹在腋下，并说等孵出小鸡就把桶踢开。洪水过后，世上只剩笃慕俄。笃慕俄娶了三位天女，生了六个孩子，被称为彝族的六个

① 参见陈建宪：《中国洪水神话的类型与分布——对433篇异文的初步宏观分析》，载《民间文学论坛》，1996（3）。

② 参见凉山州民间文学集成编委会编：《凉山民间文学集成·故事卷》，成都，西南交通大学出版社，1993。

祖先。①

2. 葫芦亚型

彝族先民及其后继者，不厌其烦地世代相承地向人们讲述着天是怎么来的，地是怎么来的，宇宙万物是怎么来的，人类是怎样创造的……总之，他们讲述着耳闻目睹的“奇迹”、“奇谜”是怎么来的。可以说，一部内容丰富的彝族洪水神话，就是一部彝族先民用舌头著作的民族发生学。而贯穿这部发生学的基本主题就是民间信仰中的生殖崇拜。换言之，生殖崇拜——生殖既是最大的神秘，也是最高的目的。②

主要流传于楚雄彝族自治州的姚安、大姚、永仁等县的彝族史诗《梅葛》中的“人类起源”一章讲道：格兹天神用虎尸创造了天地之后，撒下了三把雪，落地变成了三代人。第一、第二代人因不适应自然而灭绝了。第三代人也是良心不好，格兹天神决定换掉这代人。于是，他派武姆勒娃到人间来试探六兄妹。但四兄弟心地不善，只有小儿子和小妹良心好。武姆勒娃告诉兄妹俩，洪水就要漫金山，人类就要毁灭了。并给了他俩三颗葫芦籽。兄妹俩种下葫芦籽，结下一个屯子大的葫芦，他俩搬进了葫芦里。四兄弟杀死武姆勒娃后，鲜血流成河，尸体堵塞住了水洞，洪水淹没了四弟兄的金、银、铜、铁柜。洪水淹了 77 天，人种没有了。天神来到人间找人种，用箭射穿了葫芦，兄妹俩从葫芦里出来。天神让兄妹婚配传人，兄妹不答应。经过滚石磨、筛子、簸箕等验证，最后用哥哥在河头洗身子、妹妹在河尾捧水喝的办法使妹妹怀孕并生下一个怪葫芦，天神用金银锤子打开葫芦，出来了今汉、彝、傣、傈僳等民族的先民。

楚雄彝族自治州流传的洪水神话《洪水泛滥》说：远古时代人类经历了拉爹（独眼人）、拉拖（直眼人）和拉父（横眼人）三个时代，但三代的人心都不好。洪水来临前，天神到人间找好心人做人种，只在底宽的地方遇到了一个好心的穷人阿普笃慕。天神送给他葫芦籽。他种下后，长出一个大葫芦。过了一百天，天神派神龙堵住了海口和河道，大雨如鸡蛋，洪水漫齐天，金、银、铜、铁的房屋都沉没了，只有阿普笃慕躲在葫芦里获救。洪水之后，阿普笃慕从葫芦里出来无法生存。于是天神派几个姊妹与阿普笃慕婚配，生下四个儿子，阿普笃慕是人祖。

洪水神话与兄妹婚神话是彝族创世神话的两个重要的文化元素，洪水是兄妹婚的特殊环境，是创世的大背景。这类神话的显著特点：其一，神话传说中洪水来临之前天神送给葫芦籽种植葫芦的情节；其二，葫芦或竹子是彝族先民躲避洪水并安然复出的场所；其三，遗民或兄妹婚，或天女婚，要么生出葫芦，葫芦又生人，要么直接繁

① 参见陈世鹏：《彝族婚类洪水神话琐议》，载《贵州民族研究》，1993（1）。

② 参见杨甫旺：《洪水神话与生殖崇拜》，载《楚雄社科论坛》，1996（3）。

衍了人类。另一种传说是竹子烧爆时发出的响声成为催生彝族祖先诞生的催化剂。

二、洪水型兄妹婚神话在民间信仰中的存续

上述口传文本中提到的洪水中仅遗的人借助竹桶、葫芦等工具避洪而得以幸存，影射出彝族先民对竹和葫芦的崇拜。彝族大多认为祖先从竹而出或曾因受到竹的庇佑而得以幸存，因而将竹视为祖先的图腾。从图腾的意义来看，人的来源之地也就是人的最终归宿之处。因此，彝族认为人死后，其灵魂也要回到竹祖先那里，于是供奉竹祖灵位是川、滇、黔、桂四省区彝族共同的习俗。但由于支系不同、地域差异，竹祖灵的形式有所不同，如云南禄劝一带的彝族以红线捆山竹条做祖灵，云南宣威的彝族以竹筒做祖灵，四川凉山的彝族以竹根做祖灵。葫芦因腹大籽多而被云南和贵州的彝族认为天地未分时的形状像葫芦，人类就是从葫芦状的天地中诞生的。同时，从葫芦里诞生出各个民族的祖先这一情节隐喻了女性的生育过程。①

（一）竹崇拜

从民族学的角度考察：今日之彝族自古以来就是一个崇拜“竹灵”的民族，“竹灵”崇拜具有其丰富的内容，但其本质仍是原始宗教信仰的灵魂崇拜和祖先崇拜。

泰勒说：“所谓文化或者文明，乃是包括知识、信仰、艺术、道德、法律、风俗以及包括作为社会成员的个人而获得的其他任何能力、习惯在内的一种综合体。”②祭竹词广泛流传于云南、四川彝区。马学良先生搜集并译注的彝文典籍《作祭献药供牲经》里叙述道：“今日设灵祖所依，设灵妣所寄……祖变为山竹，妣变为山竹。人若一节兮，缚以三节竹。竹若六节兮，缚以六节处。人若六节兮，缚以九节竹。竹若九节兮，上由天宫白头仙来缚，中由天宫弯腰仙来缚，下由天宫黑脚仙来缚。”③所以，彝族的竹崇拜作为一种文化，既有表现彝族某一思想观念的祭竹词以及神话传说，必然有相应的民俗事象。广西隆林、那坡以及云南富宁一带的彝族村寨里有面积40平方米以上的空地，空地中央，常种有一丛楠竹。有的高度达到十几米，干径0.2~0.4米。在竹根的周围，绕以高度、直径2米以上的石块。在其石块的周围绕以

① 参见肖雪：《洪水遗民神话解析——以彝族洪水神话文本为例》，载《攀枝花学院学报》，2006（4）。

② 夏建中：《文化人类学理论学派》，49页，北京，北京人民出版社，1997。

③ 马学良：《作祭献药供牲经》，见马学良：《云南彝族礼俗研究文集》，240~241页，成都，四川民族出版社，1983。

高度约3米的竹栏栅，平时严禁砍伐或毁坏。村人每到农历四月二十日，举行祭竹大典。祭祀那天，除去栏棚，在竹前设置祭坛。首先祭师毕摩做法诵经，接着跳公（领导跳舞的长老）率领村中男女跳舞。这样经过大约三个小时才结束。最后，将木矛插在楠竹根下，再次以新的竹枝重新做栏棚。主持祭祀的人，相信此楠竹的荣枯，象征族人的兴衰。为了谋求族人的兴旺，时常对竹诚敬顶礼，并且举行上述的隆重祭典，向竹祈求显灵。

彝族认为竹是祖先图腾，因而人死后其灵魂也要回到竹祖先那里去，再度变成竹。“竹灵位”，彝语称之为“玛堵”。在制作玛堵时，必须念诵祭竹词，使亡者灵魂附于竹，或把亡者灵魂唤入竹内。如在四川彝族地区，老人死后制作竹灵位时，亲属从山里取回一节竹根，拿到死者坟堆上缓缓地转动，一边转动一边念诵道：“亲人啊，今天这样的吉日良辰，我们来招你的魂……你从金竹里来，我们送你回金竹里去。”① 云南彝族的罗武支系在选竹制作竹灵位时，由毕摩领着亡者后代，带着祭品到竹林前祭拜。孝子跪地，毕摩念诵祭竹词。在毕摩念诵祭竹词时，旁人及毕摩都要留心观察，看哪一根竹子最先摆动。他们认为，最先摇动的那一根竹子，附上了亡者灵魂，于是立刻把这根竹子的根挖回家，制成小人模样。如给男性亡人做灵位，则拴几道红色线，如给女性亡人做灵位，就拴几道蓝色线。如果一方已先故，便将两个竹人并在一起，装入布袋内，挂供于家中特定的地方。彝族崇拜竹，用竹制作灵位，以作为亡者灵魂的归宿和与祖先团聚的重要去处，有关地方史志早有记载。如《宣威州志》说，彝族人死后，“焚之于山，以竹叶草根……裹似绵，缠以彩绒，置灵筒中，插篾篮内，供于屋深暗处，三年附于祖”②。又《皇清职贡图》载：“白罗罗葬无棺，缚以火麻……，焚之于山，既焚……，以竹签裹絮少许，置小篾笼，悬于床间。”③

四川彝区流传的《竹源词》说：“远古的时候，把骨节做灵位，人丁不兴旺；把松树根做灵位，人丁不兴旺；用竹根做灵位，人丁就兴旺。自从用竹做灵位，像竹子长成林，像竹子成片长，彝人子孙满天下。”云南彝族在选竹做祖灵时，毕摩要念诵这样的《祭竹词》：人死魂附竹，竹魂要找着，兹莫也一样，挖回住祖堂。拿着鸡、酒上山找，提着盐、米上山找，找到了祖竹，把你挖回来，拜你为祖灵。人一节，竹一节。人两节，竹两节。人三节，竹三节……人八节，竹八节。人九节，竹九节。用你做祖神，拿你供家堂，不怕天涯远，不怕海洋阔，祖竹你回来。鸦雀变鸳鸯，老鼠变老猫，山狗变野狼，各种都能变，不管变什么，祖竹你回来。竹神你回来，竹神你

① 罗曲：《彝族的竹崇拜文化——从彝族祭竹词说开去》，载《西南民族学院学报》，1999（8）。
② 同①。
③ 杨甫旺：《彝族竹崇拜与生殖文化初论》，载《楚雄师范学院学报》，2002（4）。

回来！祖死变竹去。挖竹回家来，挖竹拜家堂，竹祖请回来！

祭词在特定的祭祀场合念诵并伴随有特定的仪式习俗，气氛庄重神秘，显得神圣可信。因此，从文化的角度看，某种祭词的存在，与这种祭词所反映的祭祀对象及其相关的祭祀活动紧密相关。从上述的祭竹词举要中可知，在四川彝族的祭竹词里，把竹视为人丁兴旺的关键；云南彝族的祭竹词则直接称竹为“祖竹”或“竹祖”，认为“祖死变竹去”。

当家中供奉的“竹灵”（祖灵），经过一段的供奉时间以后，如三五年或三五代，便举行祭祀仪式，送“祖灵”归山，将灵筒和一些象征生产生活用具的冥器，放入“祖桶内”，送到崇岭深壑中的岩洞里去供奉，供奉祖灵的山彝族称“阿普白”，意为“祖先山”，但在各地汉文志书中则称“鬼筒箐”、“鬼桶岩”等。如《大定县志》载：“鬼筒箐在城西三十里，深林密箐，崭绝难登，夷民以筒盛木主，谓之鬼筒。相传岩山安宣慰鬼筒存焉。”《镇雄州志·夷俗》说：“却佐地方险屯上，陇氏鬼桶岩在焉。”①

（二）葫芦崇拜

葫芦在洪水型兄妹婚神话中有着重要的意义，它既是避难的工具，又是人类再造的物质载体，象征着孕育生命的母体。在人类的早期阶段，繁衍人口是压倒一切的头等大事，女性生殖与葫芦有某些类似，凭直观感觉，初民便把葫芦同女性生殖联系在一起。因而，葫芦在很大程度上表达了女性的含义，成为原始人类的图腾崇拜对象而被加以供奉。

哀牢山的彝族，至今仍有供奉“祖灵葫芦”的习俗。“凡供奉祖灵葫芦的家庭，其正壁（土墙或竹笆墙）或供板（或供桌）上，通常供着一两个葫芦。一个葫芦代表一代祖先（父母、祖父母），供到第三代（曾祖父母）祖灵葫芦，就请巫师来举行巫师送祖灵大典。把它烧掉。”② 有的地方的彝族，每年采集两个新葫芦换下供桌上的旧葫芦，据说此二葫芦为一公一母，只有祭祀他们，人口才会繁衍。③ 从奉祀一个葫芦图腾到奉祀两个葫芦图腾，所表达的只是奉祀母体到父母辈，因此，彝族的葫芦图腾崇拜与生殖崇拜的精神是完全相通的。当地彝族有“人畜清吉求葫芦，五谷丰收祈土主”的谚语，认为葫芦是他们的祖先，葫芦能庇佑他们人畜兴旺，禳灾祛难。④

彝族把葫芦当做祖灵，认为人与葫芦就像活人与去世的祖先一样有血缘关系，即

---

① 余宏模：《夜郎竹王传说与彝族竹灵崇拜》，载《贵州民族研究》，2004（4）。
② 何推华：《彝族的图案与宗教的起源》，载《思想战线》，1981（6）。
③ 参见熊永忠、罗任：《试析云南少数民族的葫芦崇拜》，载《云南文物》，1991（29）。
④ 参见杨甫旺：《彝族葫芦崇拜与生殖文化略论》，载《四川文物》，1997（4）。

葫芦即祖宗，其隐义就是葫芦是生命所生或灵魂的归宿。所以至今在彝族墓碑上仍饰有葫芦浮雕，象征着人归葫芦。彝语词汇中，祖灵、祖灵牌位统称“阿普”，简称“普”。彝族共祖名阿普都木，直译是“葫芦之裔（子）都木”。①

至今，新平县的彝族在举行婚礼时，还保留着“摔葫芦”的习俗。当新娘迎到新郎家门外约10米处时，须由新郎的姐妹或娘姨将一个事先装好稻谷、玉米、荞、黄豆、棉籽、菜籽等种子的葫芦摔碎在路面上，让新娘踩着葫芦碎片和种子走过，意为大吉大利，实际上隐含着葫芦象征母体，摔葫芦求子的深刻内容。

洪水型兄妹婚神话在数代人的讲述中愈来愈显现出意义上的真实，无数受众在一次次的聆听中不断强化了葫芦、竹子从洪水中拯救出先祖的认同。于是，为了告慰祖先，便将葫芦、竹子这个神话中的寓意体搬上神坛享受供馔，写进经文尽享香火。洪水兄妹婚葫芦亚型中，彝族先祖于洪水来前种葫芦，洪水来时躲进葫芦幸免遇难，洪水过后兄妹结婚生下怪葫芦，从中出来汉、彝、傣等民族的先祖。洪水兄妹婚竹亚型中，洪水来临时彝族先祖借助竹桶而得以逃生。先祖的诞生亦是听到竹子烧爆时的声音而使得加速。凭借洪水型兄妹婚神话中记述的这些想象的真实，后人的潜意识中逐渐生发出葫芦、竹子是祖先留在人间的象征物，能够庇佑自己实现驱吉避凶的意念。于是，祖灵葫芦、祖灵竹子的敬祖习俗便逐渐形成并在民间信仰中存续下来。洪水中逃生的兄妹俩结婚后生下一怪葫芦，并从中走出汉、彝、傣等民族，这一神话叙述并依托于葫芦本身腹大籽多这一客观真实，后人认为葫芦具有强大的生育能力。于是，便有摔葫芦求子这种民俗活动，其实质为葫芦崇拜这一民间信仰在日常生活中的存续。洪水型兄妹婚神话中，竹子首先是祖先的避难所，其后又成为祖先诞生的催化剂。秉承着这种神话思想，在后人的民间信仰中便有视竹子为祖先灵魂载体的朴素思想，便有送竹祖灵的民俗事象。在具体的民俗活动中，洪水型兄妹婚神话更加活脱脱地凸显出来，在民众的日常生活中展现出强劲的生命力，体现出神话与民间信仰之间紧密的存续关系。

三、洪水型兄妹婚神话强化了民间信仰

神话的根基在于民间信仰，失去了民间信仰崇拜的对象和观念，神话就不能称其为神话，而只能是传说或别的一般性的故事了。诚如马林诺夫斯基所说：“神话在原

① 参见李世康：《道教仙葫与彝族葫芦崇拜》，载《华夏文化》，1995（4）。

始社会中施行一种不可或缺的作用，神话表现信仰，加强信仰，并使信仰成为典章。”①

神话通过一代代的口耳相传或文本记述而传承下来。神话源于民间信仰又通过民俗事象来表达并强化民间信仰。洪水型兄妹婚神话是洪水神话、创世神话等多种原型神话的交融，诠释了“创世—世界毁灭—再创世”的过程，强调洪水神话再生人类的主题，表现对生命诞生现象的崇拜。尽管流传在川、滇、黔、桂四省区彝族中的洪水型兄妹婚神话版本略有不同，但是都把人类的避水工具或生命诞生体作为崇拜物而供奉。

如前所述，供奉“葫芦祖灵”和“竹祖灵”纯属一种民俗活动，但又绝非个人行为，而是一种集体行为，它广泛存在于滇、川、黔、桂四省区的彝族民众中。这是神话表现信仰、信仰借助神话这个意识形态载体强化自身的一个民俗现象。在这个民俗活动中，信仰者以身体体验的形式参与到活动的每一个细节中，一同消费这笔祖先遗留的文化遗产，分享同属于一个族群的荣耀。在众多的信众一起回忆被讲述了数千年的洪水型兄妹婚神话这个心路历程中，在这个遥远的回忆与想象的共同体的整合的过程中，洪水型兄妹婚神话强化了族群意识，密切了族群成员间的关系，拉近了成员之间的心理距离，从而使信众对自己的崇拜物和信仰客体有了更加清晰的认识和更为强烈的认同。

在文化消费的身体实践中，信众通过长期、定时的，不断反复的仪式展演使供奉“葫芦祖灵”和“竹祖灵”成为惯习，成为传统，而世代传承下来的传统又使神话思想在传统的传承载体身上越传越强烈，越传越显得真实，从而使洪水型兄妹婚神话在民间信仰和民俗活动这个惯习场域中得到了进一步强化和活化，通过该场域中的规则的作用，使得洪水型兄妹婚神话在民间信仰中存续下去，并建构起民间社会生活的秩序。

在一次次的民俗活动中，在具有象征性的仪式这一特定的社会公共空间内，神职人员营造出一种庄重、神秘的氛围，口中念诵各种祭词，再现神话中葫芦生人、竹生人等情节，形成神话与仪式互诠互释的互动过程，构建起个体与集体之间、当下与过去之间、族群与始祖之间的桥梁，成为族群精神的旗帜。洪水型兄妹婚神话所蕴涵的特定的文化内蕴，对属于该文化圈的族群成员能产生一种类似信息场的效应，形成巨大的群体心理和强烈的精神暗示，使长期生活在这一文化系统中的人不能不受到它潜移默化的影响，这也是神话对民间信仰的强化过程。对神话一遍遍的讲述以及相应的

① 张光直：《中国创世神话之分析与古史研究》，见《中央研究院民族学研究所集刊》（第8期），台北，“中央”研究院，1959。

神秘的仪式展演强化了“葫芦崇拜”和“竹崇拜”这一民间信仰。加之现代印刷业和媒介发展、运用起来以后，神话的传承形式由口传心授扩展到文本记述和视听媒体，突破了传统传承的时空限制，弥补了感官缺位的遗憾，使洪水型兄妹婚神话传播得更广，传承得更久远，同时用强烈的视觉冲击唤醒关于神话的记忆，强化神话中蕴涵的民间信仰，并通过一桩桩民俗事象、一次次的民俗活动将神话活化。

浅议彝族宗教文献《指路经》的文化内涵

李金发

《指路经》是彝族原始宗教信仰中的一部典籍，一般在丧葬、祭祀等仪式活动中使用，由祭司——毕摩念诵。《指路经》旨在指引亡灵回归祖界，它的内容绝大部分以五言诗的形式用彝文写成，篇幅长短不一。

据调查，各地各支系彝族都传抄有本地方本支系的《指路经》，内容同源异流，大同小异。虽然，《指路经》的根本目的是为亡魂指路，但其内容与彝族先民的历史和社会生活息息相关，主要有《历史溯源》、《织绸纺布》、《打铁铸铜》、《发送丧牲礼》、《追病根死由》、《献祭》、《献酒》、《指路》等篇章。

《指路经》由于是在宗教范围内使用，在过去的年代，曾被视为“精神鸦片”，认为是封建和迷信，其文化内涵和研究价值一直没有得到应有的重视。事实上，《指路经》中隐含着彝族先民的源流、历史、地理、宗教、哲学等方面的知识。此外，《指路经》还具有语言文字和文学方面的研究价值。以下选取其中几个主要的方面来浅析。

一、《指路经》与历史记忆

历史记忆又被称为集体记忆，法国社会学家哈布瓦赫指出，集体记忆是一个社会建构的概念，其既是一种物质存在，又是一种象征符号。他指出：“每一种宗教都多少以象征的形式再现了种族和部落迁徙融合、重大事件、战争、既定体制、新的发现以及改革的历史。”① 历史源流、神话传说和群体仪式凝聚着集体记忆，在维持族群认同方面具有一定的作用。彝族先民的源流、神话传说、争战迁徙、部落（或家支）分裂与融合、寻土定居、礼仪民俗等历史记忆在《指路经》中都有所涉及。在神圣的人生最后一个“通过仪式”中由祭司庄重地念诵，一方面是追述和敬仰祖先的辉煌历史，另一方面是指引亡灵“跋山涉水”、“千里迢迢”回归祖界，同时在神圣的群体性仪式中重申和普及本族群的“前世今生”之历史知识。在庄严的氛围中，祖先的起源、丰功伟绩、分化迁徙及社会的风土人情、人伦道德等历史画面不断“重现”，在人群的聚合中展现了集体记忆，在时空上唤起族群的想象和追忆。毕摩每念诵一次《指路经》，便开启了一段历史记忆。

历史记忆有多种展现形式，通过民间信仰中的神圣仪式，《指路经》“重复”和展演了祖先的历史和生活画面，凝聚和强化了群体的价值观和精神信仰。彝族是非常重视“根骨”的民族，《指路经》中对于历史记忆的重复、编织、诠释，使得族群的历史传统能够无限延续，在经典中找寻自己的“根”和“骨”，不断修复着日渐消退的个人记忆和情感。巴莫曲布嫫认为，彝族的认同主要是由几个核心“符号”所建构：一是阿普笃慕及六祖；二是家支宗法制度；三是毕摩文化；四是语言与文字（书同文）；五是支格阿鲁。② 各地的《指路经》对这几个核心“符号”都有所涉及和叙述，不同地区的彝族亡灵最后“殊途同归”，回到六祖故地安息，成为云、贵、川彝族共同文化认同中的一个方面。

《指路经》记载了彝族先民迁徙沿途中的风土地貌和人文风情，或多或少地体现出一个地区彝族的迁徙和发展的历史，是研究彝族的历史、渊源不可缺少的一部经书。彝族起源于古代中国西北部的氐羌部落，上古时期从北往南迁徙，曾在宽阔、平坦的地域居住过。③ 彝文（音［ndi^{21}］，意为平原、平坝，汉语译为“甸”）在滇川贵的《指路经》中为同一字，读音相近，从历史语言学的角度，可以说明彝族先民在“六祖分支”前曾长期居住在平坝地区。楚雄彝族自治州双柏县的《指路经》里载：“看了还想看，屋外再看看，大坝平坦坦，小坝长又长，青草绿茵茵，还有放牧场，这里放牛羊。”《史记 · 西南夷列传》也有相应的记载：“西南夷君长以什数计……皆编发，随畜迁徙，毋常处，毋君长，地方可数千里。”这样，即使今天彝族大多居住在高寒山区，对祖先的记忆仍然可回溯到遥远的游牧时期。

---

① ［法］莫里斯 · 哈布瓦赫：《论集体记忆》，毕然、郭金华译，145 页，上海，上海人民出版社，2002。

② 参见巴莫曲布嫫：《神图龙板与仪式象征——凉山彝族巫祭造型的文化传承之考察》，第二届国际彝学研讨会论文，德国特里尔，1998 年 6 月。

③ 方国瑜：《彝族史稿》，13 ~ 15 页，成都，四川民族出版社，1984。

《指路经》演绎的历史“穿越同质而空洞的时间”，激活和重构着记忆，营造了一个族群想象的空间。民族历史的“叙述”是建构民族想象不可或缺的一环，《指路经》作为一种集体记忆，它既强化了族群认同意识，同时，其中记载的民风民俗、礼仪节庆、伦理道德、审美情趣等记忆也使族群文化能在一定时空内保持自身的特征并传承。

二、《指路经》的宗教学意义

英国人类学家弗雷泽在其名作《金枝》中指出，人类思想的发展过程经历了巫术—宗教—科学。①《指路经》作为宗教经籍，集“神圣”和“世俗”为一体，反映了彝族先民独特的宇宙观、世界观和宗教文化。从某种意义上说，《指路经》是研究彝族文化制度的重要资料。

《指路经》中的“路”就是指亡人魂归祖界的路线，这条路线的终点是远古祖先的繁衍生息地，大多为六祖时期的故地。在彝族先民的理念里，认为人死魂不死，躯体死亡后灵魂就要离开肉体并经一定仪式渡送后回归祖界与祖辈欢聚。《指路经》主要用于两种场合：一是在丧葬中为成年逝者之魂行指路仪式；二是在送灵仪式中为要渡入祖界的祖考祖妣之魂指路。

信奉万物有灵，崇尚自然崇拜、灵魂崇拜和祖先崇拜是彝族民间信仰毕摩教的特点。彝族人的生死观中“视死如归”，人去世后都要请毕摩做法将死者的亡灵招引回祖先的繁衍生息地。民族的宇宙观和精神信仰在《指路经》中全面地体现了出来。彝族崇尚阴阳和谐，认为山有公山、母山，水有公水、母水，树有公树、母树，世间万物阴阳对应，都有神灵。在彝族人的世界里，万物都是有灵性和生命的，彼此平等，人与神、人与自然之间必须和谐相处。

彝族人笃信人有三魂，灵魂不灭，这三个灵魂各有不同的归宿，其中一魂守焚场或坟墓，一魂归祖界与先祖灵魂相聚，一魂居于家中供奉的祖先灵位上。人死后，经《指路经》指引的灵魂就可回归到祖先处照常安居乐业，反之则“无家可归”变成鬼魂。如《祖神源流》记载：“万物有灵魂，无魂不会生，人生魂来附，人死魂先去。”

在宗教与仪式方面，弗雷泽指出“宗教经文具有一种仪式的特征”②。彝族民间

---

① 参见［英］詹·乔·弗雷泽：《金枝》，徐育新等译，1000 页，北京，大众文艺出版社，1998。

② ［英］詹·乔·弗雷泽：《金枝》，徐育新等译，195 页，北京，大众文艺出版社，1998。

宗教仪式隆重而庄严，表达着对神灵的敬畏和对祖先的尊崇。在彝族人看来，祖先、神灵、鬼怪操纵并影响着人丁的繁衍、五谷的丰登、六畜的兴旺以及家支的发展壮大。昭通地区的《指路经》中说："依天建祖祠，供地上祖灵。为祖祠供品，为祖灵供物。"《指路经》中还记载了一些宗教仪式，如卜算、祭祀、祭祖、献酒、供奉牺牲等仪式。如："接着这仪式，兴得祭牲礼，却行不周礼，行牛牲之礼……左边打牛牲，右边打牛牲……四脚填丧场，牛胆垫丧场，肌肉管丧事，牛气贯丧事。"①

三、《指路经》的文学价值

彝文《指路经》虽然属于宗教经典，但是它具有朴素、简洁、自然而优美流畅的文学语言及其文学价值，其写作方式和叙事风格对其他的毕摩经籍文本产生了一定的影响。《指路经》代表了彝族古代社会文学发展的水平，真实地反映出那个时代文学语言的真实面貌。②

《指路经》诗文多以五言诗的形式用古彝文写成，无论场景、景物描写，还是人物刻画，都形象生动，栩栩如生，语言精练，生动活泼。以五言句式作为程式，音调和谐，抑扬顿挫，富有节奏感和音律美。在遣词造句上，多处使用了互文见义的手法，赋、比、兴处处可见。运用多种修辞手法，内容充满浓厚的浪漫主义色彩，想象力极其丰富。这些特点充分体现了彝族先民对语言的高超驾驭能力和运用技巧。需要说明的是，彝语韵体诗翻译成汉文后，原先的文学艺术美感均有一定的损失。

《指路经》的语言雅俗并存，优美流畅，叙事符合彝族先民的思维方式。《指路经》集历史源流、神话、传说为一体，具有一些史诗体的特征。虽以五言诗体为主，但间夹以三言、七言、九言等长短不一的句式，结构稳固而不僵化。

在修辞方面，彝语也有自己的一些"程式"。《指路经》中使用大量的比喻、拟人、设问、排比、烘托、顺叙、倒叙及夸张等修辞手法，来加强文学效果，增添了经文魅力。特别是所运用的比喻手法贴切，质朴易懂，富有浓郁的民族生活气息，容易引起人们的心声共鸣，激起人们的火热情感。如当死者的亲人为死者的死悲痛哀伤时，则用对比、排比、反复一系列文学笔调，来抒发对死去亲人的怀念与敬意。如："茫茫大森林，哀牢深山里。有棵青果树，冬天不落叶，春天不发芽，白天鸟不落，

① 文成端：《乌蒙彝族指路经》，247 页，昆明，云南民族出版社，2002。

② 参见周德才：《彝文〈指路经〉的文学特点》，载《中央民族大学学报》（社会科学版），1999（1）。

夜间鸟不宿。有花蜂不采，有果鸟不食，有果不值钱。此树应该死，但却偏不死。……有礼不依礼，不给长辈饭，不给晚辈水。整天抢钱财，整夜偷东西，此人应该死，这人偏不死。……好心的人啊，见长辈磕头，见晚辈作揖。世间好心人，救济贫困人，饿者给饭吃，冷者给衣穿。这样的好心人，却偏偏死了。”通过韵文体诗简洁的笔墨，比喻和对比，显现出了浓烈的生活气息和质朴的美感。诗中使用老百姓熟悉的身边事物，如青果树、湖水以及獐子、麂子、老虎、豹子等，进行事像对比，一正一反，一褒一贬，形成了鲜明而强烈的对比，以质朴无华的语言生动地概括了人们对死者生前美好品质的怀念与敬意，烘托了气氛，加深了感染力。

彝族的丧葬祭祀，请毕摩念诵《指路经》是一场庄严肃穆的宗教仪式活动。和汉语的古代格律诗一样，《指路经》遵循一定的格律，音律和谐，句式工整对仗，内容首尾呼应。语气时而铿锵有力，时而低沉悠回，抑扬顿挫，反复沓唱，使之印象加深，情感加重，在传统的田野吟诵中显得神圣和肃穆。

四、结　语

综上所述，我们力图超越宗教的单一视角，从文化研究的大视野出发，透过宗教典籍的表层结构，来探求其内在结构和精神价值，还原其真实面目。古代典籍是过去先民的人生体验和知识积累，宗教文献《指路经》作为彝族文化的一个组成部分，具有一定的研究价值。

三、文学艺术

彝族明清时期诗文论述评

左玉堂

明清时期，是彝族作家文学崛起的时期，也是彝族诗文论继唐宋时期的发展而继续发展的时期。

唐南诏国时期，南诏第五、六、七代王——阁逻凤、异牟寻、寻阁劝写下了荡气回肠的政治抒情散文《南诏德化碑》碑文、《与韦皋书》、《誓文》和政治抒情诗《星回节》，开创了彝族文人用汉语进行散文、诗歌创作的先河。《南诏德化碑》碑文，气势雄阔、才情超绝，被誉为“冠盖古滇”的南诏雄文；《星回节》诗被收入《全唐诗》；南诏十二代王隆舜的诗歌赋有“卓然唐音”之美誉。几代诏王的散文、诗歌赋对后世作家文学的崛起产生了深远的影响。至明清时期，在中华诗坛上，涌现出了以左正、左文臣、左文象、左明理、左世瑞、左熙俊、左嘉谟、左章照等左氏家族，高乃裕、高守藩、高奣映、高厚德等高氏家族和余家驹、余珍、余昭、余达父等余氏家族以及禄洪、李云程、那文凤、黄思永、鲁大宗、安履贞、安履泰等诗人群。这些诗人群，虽身处祖国大西南，但汉语造诣都很高，能够娴熟地运用汉语进行诗歌创作，写下了相当多的富有民族特色和“魏晋之风”的优秀诗作。他们的诗歌创作水平足以与内地的作品相媲美。这是彝族作家文学崛起的一个里程碑。

与彝族民间诗歌和诗人诗歌创作逢勃发展相适应，在继承魏晋南北朝时期的“诗文论”、“诗律论”和唐宋时期的“诗文论”的基础上，这一时期，又产生了多种用母语五言体诗形式写作的诗文论，并产生了用汉语写作的文艺理论著作，在彝族诗歌理论史上树起了光辉的旗帜。在彝族文学史上，乃至文化史上占有不可忽视的重要地位，值得我们认真地加以研究与总结。有鉴于此，本文拟就明清时期的诗文论作一评述。

一、《彝诗史话》

《彝诗史话》,[①] 作者佚名，确切的写作年代亦无可考。《彝诗史话》有些“发前人之所未发”的东西，论及以下诸多问题：

第一，揭示了彝族诗歌发展的大致脉络。作者在诗论中说，到他这个时代，彝族诗歌已有很大发展，诗歌论著也颇多，仅且合家支家就拥有80篇诗文论。由此可见，当时彝族诗歌理论的繁荣情况。

第二，评述了《彝族诗文论》作者、著名诗人、作家、文艺评论家举奢哲和《彝语诗律论》作者、著名诗人、诗歌理论家阿买妮两位大师的身世及生平。作者在诗论中云：“哎哺十一代，出了举奢哲”；“恒也（家支）这一家，生了一强女，此女名叫呀，名叫阿买妮”。“举奢哲他呀，读书很用功，眼过千卷书，能背千篇文”；“阿买妮这女，生来很聪明，天上事她懂，地上事她知”。作者说，举奢哲与阿买妮，“早已就相识”，“他俩相友善，他俩相帮助，他俩植文根”。又说：举奢哲与阿买妮，一同住在实勺家，“在那里谈文，在那里谈诗”，“不写的也写，人间万物写；不谈的也谈，诗文从根谈”。“奢哲的诗文，诗文遍天下；阿买妮诗音，诗音到处传。”这些论述，对后人研究举奢哲、阿买妮两位大师的生平及他们的论著，提供了难得的资料。

第三，《彝诗史话》也强调诗歌的韵律。作者指出，诗歌“无韵不成体，不押不成诗”。在论述中，他力主诗歌要讲求韵律，这样诗才美，读来才朗朗上口，读者才容易记住。

第四，《彝诗史话》还触及母语诗句的声调。作者指出：“鲁有鲁的调，朵有朵的声；声调句中出，韵律字内分。”又说：“音调有阴阳，高声阴为主，低声阳为合；阴者要有主，阳者要能合。”这些是作者对诗歌艺术的见解。

第五，《彝诗史话》对前人的“诗魂”说作了另一种意思的解释。作者云：“诗有诗的主，韵有韵的根。写诗不讲韵，诗歌无灵魂”；“诗中魂为主，万事万物生”。诸家并立，各树一帜，各抒已见，各有千秋。

---

① 作者佚名，王子尧翻译，康健、王冶新、何积全整理，收入《论彝族诗歌》（贵阳，贵州民族出版社，1990年）。据翻译整理者考证，该书成书晚于魏晋南北朝时期的《彝族诗文论》（贵阳，贵州人民出版社，1988年）和唐宋时期的《论彝族诗体例》（贵阳，贵州民族出版社，1990年），大抵成书于明清两代。

二、《诗音与诗魂》

《诗音与诗魂》①，作者佚名，确切的写作年代无可考。

《诗音与诗魂》，首先谈论诗歌格律与做法。其中作者特别强调“讲声韵”、“抓主根”。在诗论中作者所说的“诗音”，指的是诗歌的音调和韵律，即包含诗歌的声韵格律。诗论家认为，诗“各有各的韵，各有各的声”，必须“一一要分清”。其次，诗论比前人更明确地提出了“诗影”、“诗魂”的理论概念。作者说：“凡诗都有根，是诗都有主。根就是诗根，也就是诗影，主就是诗魂。”在作者看来，叶韵协律便是诗的灵魂，诗的妙处就在于必须具备“诗影”、“诗魂”，因此，他特别强调“诗影”、“诗魂”在诗歌中的重要作用。再次，“诗影”、“诗魂”说，是诗论家对诗的更高一层的认识和看法，近似意象、意境、诗味、诗意的解释。这里，作者把诗的叶韵协律提高到了“诗魂”的地位，堪称格律诗派的代表。最后，《诗音与诗魂》诗论“诗影”“诗魂”说，主要阐明“三段诗”的核心段、核心之句是诗之骨，是诗之魂。

三、《论彝族诗歌》

《论彝族诗歌》②，作者佚名，确切的成书年代无可考。《论彝族诗歌》也是一部专门论述诗歌创作的理论著作。该作的主要特点有以下四点：

第一，阐发举奢哲、阿买妮等前辈经典诗文论家的诗学成果。诗论云：“诗要抓主根，主根在意境。……主在有深意，意在语连贯。连贯在深扣，深扣在紧押，紧押在字对，字对韵才出。”同时，作者引述长段的排比诗句，加以解释和阐述“三段诗”的特点，指出“三段诗”中第三段是画龙点睛部分，即诗骨论、诗魂论。通过作者的解说和发挥，有助于对前辈经典诗文论家的理论作更深入的理解和探讨。

第二，《论彝族诗歌》诗论引举例证，阐发、论述主骨论。作者说：“若要诗绝妙，定要骨力劲。骨劲出诗魂，有魂诗绚丽。”诗论征引写山河的诗，指出诗中写山、

---

① 原著作者佚名，王子尧翻译，康健、王冶新、何积全整理，收入《论彝族诗歌》（贵阳，贵州民族出版社，1990 年）。据翻译整理者考证，该书成书晚于魏晋南北朝时期的《彝族诗文论》（贵阳，贵州人民出版社，1988 年）和唐宋时期的《论彝族诗体例》（贵阳，贵州民族出版社，1990 年），大抵成书于明清两代。

② 同①。

河的两段诗当中，“各有各的主，各有各的骨”。“第一段当中，山就是主骨，万物是衬体”；“再如第二段，大河就是主”，“天下万物呀，都离不开水”。“这样写的诗，意味就深沉”。诗论家又列举一首“三段诗”，阐述“三段诗”的“连”、“扣”：“九十九山头，杜鹃生多少？问你知道吗？六十六山腰，是否长杜鹃？问你知道吗？三十三山脚，有无杜鹃树？问你知道吗？”诗论家云：“如像这三段，上下要有连，句中要有扣，三段紧相连，连中又紧扣，扣中还有连，连中要有韵，才叫三段诗。”并指出“三段诗”中，最后一段，即第三段诗，是“三段诗”的主旨、主句、骨句、魂句。

第三，诗论作者也主张“诗魂”说，但同时强调诗歌的内容。他说：“骨劲出诗魂，有魂诗绚丽。”又说：“善恶要能辨，美丑要能分”，“诗才有灵魂，诗才有意蕴”；“好诗讲音律。但在诗当中，若只讲音律，内容你不讲，那么再动听，再动听的诗，同样也不美。好诗讲音律，同样讲内容”。在这里，诗论家强调了诗歌内容与形式的统一。诗歌内容与形式，是统一体的两个方面。内容决定事物的本质，它寓于形式之中。因此，只有内容和形式完美统一的诗才是好诗。此种看法是比较客观的，是有见地的。诗歌的声韵固然重要，但撇开诗歌的内容，而把它抬高到不适当的程度，并誉之为“诗魂”是有片面性的。在我国诗歌发展史上，南北朝齐梁时曾盛行一种称之为“齐梁体”的诗歌。此类诗歌特别讲究音律对偶，绮丽浮艳。著名文论家刘勰抨击了此种诗歌片面追求形式的文风，主张讲求社会内容。可见，彝、汉古代文论家有多么相似、近似的诗论观点。

第四，阐述了文学的社会功能。诗论家认为，好的文学作品，它能“为人解忧愁，为人除惆怅”；它能表达“百姓的感情，百姓的力量”；它能揭露“豺狼的凶恶，猛兽的疯狂”；它能反映“人们的情感，人们的理想，人间的现状”。作为一个古代文艺评论家，对文学的社会作用有如此见解，是难能可贵的，它与今天我们倡导的文艺的社会功能有某些共同之处。

四、《谈诗说文》

《谈诗说文》①，也是用母语五言诗句写作的一部诗文论。作者为漏侯布哲，是一位大经师、大毕摩，其生活年代不详，目前尚无资料发现，待考。诗文论《谈诗说

① 原著作者佚名，王子尧翻译，康健、王冶新、何积全整理，收入《论彝族诗歌》（贵阳，贵州民族出版社，1990年）。据翻译整理者考证，该书成书晚于魏晋南北朝时期的《彝族诗文论》（贵阳，贵州人民出版社，1988年）和唐宋时期的《论彝族诗体例》（贵阳，贵州民族出版社，1990年），大抵成书于明清两代。

文》，论述如下五个方面：

第一，阐发举奢哲、阿买妮等前辈经典诗文论家的诗文论成果，并加以解说和发挥。比如，关于历史书的写作，作者说："写史要这样：抓住古的根，谈论古时事，大事要叙清，名人勿挂漏，这样来写史，才能叫历史。"又说："人物要写清，世代要连紧。子代接父代，代代要叙清。"再说："记录要真实，时间要搞清，身世要写明。"在作者看来，只有照他的要求、标准写出来的历史，"才能叫历史"。照今天的要求、标准来说，自然很不全面，但在作者那个时代，有这样的见地，也是很可贵的了。

第二，阐发了前人的"主骨论"。在《谈诗说文》中，漏侯布哲用大量篇幅反复讲：写诗"一要抓主干，二要抓主根，主根和主干，两者不能分"。"有了主根后，主干便出现；有了主干呢，然后有枝叶……"并指出写诗要"十要"："一要分主骨，二要分主根，三要立主脑，四要诗思灵，五要分诗影，六要审诗音，七要讲声连，八要宽窄分，九要立诗架，十要辨诗色。"这些阐发和论述，可以帮助读者更好地理解"主骨论"。

第三，在《谈诗说文》诗文论中，作者对诗歌创作提出了十条要求，或者说十条标准："一要诗出彩，二要诗力强，三要诗有劲，四要声连押，五要声韵对，六要诗材妙，七要诗彩显，八要骨肉连，九要叙事清，十要三段紧。"作者并列举自己的诗歌创作加以阐释、说明。

第四，"诗魂"、"诗影"并举。在《谈诗说文》中，作者也使用"诗魂"一词，但他"诗魂"与"诗影"并举，旨趣大异于以韵律为主的那种"诗魂"。漏侯布哲所说的"诗影"似指表象而言，而"诗魂"则指表象所包含或反映出来的意蕴。看来，"影"、"魂"都比较抽象，"影"近似于意象，而"魂"则只能是诗意、诗情、诗思、诗味或灵感之类。作者是这样表述的："看你写时呀，以什么为主，以什么为根。因为事物呀，大多不相同。有的事物呢，有形又有体；有的事物呢，却只有性灵。有的事物呢，它们又只有，颜色和光彩。又有的事物，它们只有影。所以写诗呀，诗要立主脑，诗要写诗魂，诗思并诗影，影魂旨相连，思旨魂相生。凡此须意会，微妙难具言。诗篇能如此，堪称力作传。"从这段论述中，我们可以看到两点：一是诗论家诸家并立，各树一帜，各有特色；二是彝族诗歌理论探索到"凡此须意会，微妙难具言"的深层境界，表明彝族诗歌及其理论研究已发展到具有相当水平的繁荣发展期。

第五，《谈诗说文》作者漏侯布哲在继承前人诗论成就的基础上，对于诗歌创作的主体的基础条件有所发挥，并概括为"十要"。他认为诗人进行诗歌创作，需要具备的先决条件大致有十条："一要书根深，二要文笔强，三要有识力，四要史事熟，五要诗艺精，六要谙民情，七要知君臣，八要知山名，九要知河道，十要有真才。"漏侯布哲认为"十条都具备，写诗便不难"。作者的这些见解，在我们今天看来，也是十分精到的。

五、《古文笔法》

《古文笔法》又称《古文笔法百篇》、《古文快笔》、《精校古文笔法百篇》、《增批古文笔法》等。作者李云程，云南石屏县乾隆十九年（公元 1754 年）的进士，彝族著名诗人、文艺理论家。他著有《古文笔法》4 卷、《图说》1 卷。《古文笔法》是一部系统的古文鉴赏、写作理论名著。于乾隆二十九年（公元 1764 年）作为竹阳书院的教材，首次刊行于世以来，翻刻无数，印行全国，影响甚大，在全国通行两百余年，深受包括云南状元袁嘉谷在内的全国诸多名家的赞誉。

首先，《古文笔法》选文精当。李云程从历代古文中精选出百篇优秀古文，作为典范作品。所选百篇作品，大多是名人名作，诸如司马迁的《孔子世家赞》、李白的《与韩荆州书》、白居易的《琵琶行》、王安石的《游褒禅山记》、文天祥的《正气歌》、范仲淹的《岳阳楼记》、李挚（卓吾）的《杂说》等。其中不少作品是八股文的范本。如司马光的《谏院题记》、苏轼的《刑赏忠厚之至论》、贾谊的《过秦论》等。时过近百年之后，至同治十年（公元 1871 年），黔南杜瑞微先生看到《古文笔法》一书，称赞李云程选文精当："决择甚精，可以启学者心思，且仅百篇，不难熟读；从此偶反，可以为时文巨手，亦可得古文津梁；岂非艺林快事。"黔南何亮清先生慨叹《古文笔法》一书，犹如"荒年之谷，馈贫之粮也"。《古文笔法》，作为考取登科及第的重要参考书，作为考取功名人士的敲门砖，受到初学者及广大学子的欢迎。

其次，《古文笔法》打破按文体分类的陈规模式。两千多年来的古文分类，即按记、序、铭、传、论、谏、议、疏、书、赋、檄文等文体分类。《古文笔法》在编排上打破了这种文体分类法，也不按文章时代顺序来构架全书，亦不按人物、作者时序来设计全书，而是独出心裁，另辟蹊径，按文章的笔法来构架全书。作者在《古文笔法》的凡例六则中开宗明义地讲道："自来选古文，皆以时代先后为序，代又就人而序。兹集以笔法为序，故概不拘，虽似倒乱，然汇聚观法，实便初学。"故笔法，即文论（主要是议论文、记叙文、杂文等）写作方法，以文论写作方法为序，"自成一家之文"。时人称赞《古文笔法》，选文精当，评点精到，"特开生面"。

再次，《古文笔法》作为一本系统的古文鉴赏理论、写作理论，作者主要提出如下几点：

一是要知人论世。李云程在《论读古文法二则》中提出知人论世的古文鉴赏理论："上等读法，如将要读此一首古文，先论其人，为何等人；论其世，为何等世。又将题目考其来历，来历既明，如我当其境，作此文。"

二是要弄懂全文的脉络局势，看通篇结构照应。李云程说道："次等读法，亦要知人论世。于题目来历，先要明白，然后逐字逐句细读细思，看其措语遣句，如何锤炼？又逐节逐段细读细思，看其承接起落，如何转变？又将通篇抑扬唱叹，缓缓读之，看其节奏如何？又将通篇一气紧读，看其脉络局势如何？再看其通篇结构照应章法，一一完密与否？则此古文，亦为我有矣。"这段概括、精练的叙述，是文艺鉴赏的规律和特点的简明概括与总结。

三是立意好，切题妙。在《古文笔法》中，作者强调"立意"、"立骨"、"立胎"的重要性。他在《读古文十五得》中云："吾读古言文，从未有无骨之文也。骨者，主意是也；或一字为骨，一句为骨，如四书之有章旨，时文之有立胎是也。"李云程所说的"主意"、"立骨"、"立胎"，就是指文章的主旨、主题、立意。他以欧阳修的《醉翁亭记》和刘禹锡的《陋室铭》为例，分别说明被贬官后的欧阳修在文中所表达的"醉翁之意不在酒，在乎山水之间"的"一片行乐，无半点不平之气"的自然自在的心镜和刘禹锡"惟吾德馨"而使陋室生光辉的高尚情操，说明写作论说文、记叙之类，把握"立意"、"立骨"、"立胎"尤为重要。作者强调，通篇文章，要有骨架，一字须立骨，一段文也必须立骨。

在论述及与"立意"有关的"切题"时，李云程道："吾读古文，断无不切题者。切题意者多矣，其他或切人、切事、切时、切地。其议论，必有一生根处，从无泛泛为之，处处可移，成泛套者。""吾读古文，亦无死抱题目，题外无余情者。盖切身入题中，自然透辟，活则置身题外，又极超脱也。""吾读古文，最爱其空浑处，空则包一切题，固在中而不止，题在中也。"这是作者很有见地的议论，文章总须切题，不切题，不成章，不成文。

四是《古文笔法》以精选百篇历代优秀古文为基础，从写作方法上将百篇古文概括、归纳为二十格，即对偶格、就题字生情格、一字主骨格、起笔不平格、雄伟格、奇异格、波澜纵横格、曲折翻驳格、小中见大格、感慨格、旷达格、借影格、写照格、虚托格、巧避格、进步格、华丽格、无中生有格、正大格、论文格等。李云程所云的"格"，即方法。二十格，就是二十种写作方法。作者并逐篇扼要评点其要点和奥妙之处，启人思路。

《古文笔法》还把百篇古文剖析并归纳为十一种表现手法，即烘托法、点题法、反衬法、生波法、避实行虚法、引线法、加倍法、开合反正法、走窄境法、反敲法、白描法。这些是李云程的独创之见，对创作富有指导意义。

李云程是18世纪一位有理论又有思想的著名彝族文艺理论家、诗人，他的《古文笔法》论著，既有学术理论价值，又有写作方法论上的普遍意义。八股文和科举制度，在一百多年前被废止了，但《古文笔法》却因其自身价值而流传下来，成为光辉灿烂的中华文学艺术遗产中一颗璀璨的明珠。①

六、《诗苑》、《艺翰》、《与榆中诸子论文说》

《诗苑》、《艺翰》、《与榆中诸子论文说》，作者高奣映（1647—1707 年），字雪君，一字元廓，别号问米居士，云南姚安人，清初袭姚安土同知职。高奣映出生于彝族土官世家，从高祖高金宸起，努力接受中原文化，以后世代相承。高氏家族藏书极为丰富，据《姚安县志》卷六十三载："古今书籍于'拂学岩'，编为十号，每号千数百卷，三姚缙绅蓄书之家，莫与为此。"家藏万卷，为高奣映的学习创造了优越条件。高奣映的母亲木氏夫人是丽江土知府木增的女儿，也是数代人努力接受中原文化而且卓有成效的纳西族土官世家。高奣映在高氏、木氏两大家族文化的哺育下成长，天资过人，有神童之誉，而且勤奋好学、博览群书，汉学造诣很高，能诗能文。顺治十七年（公元 1660 年），14 岁的高奣映考中秀才，才华初露。

高奣映是彝族著名诗人、作家、诗学家、文学评论家，也是学术著述斐然的学者。高奣映 34 岁时，专心著书立说，故他一生著述丰富，据民国《姚安县志》记载，有 81 种之多。内容广泛，涉及哲学、佛学、理学、文学、历史、教育等。其中，文学创作及文学批评方面就有 43 种。可惜经近 300 年的风雨沧桑，大部分著作已经散失无存，今保留下来的作品有诗集《妙香国草》1 部，《牧丹词》8 首，吟咏鸡足山、昙华山等杂诗 22 首，文论《与榆中诸子论文说》及为文学作品所作的序言 15 篇等。由此可见，散失的作品，占了高奣映全部文学创作和评论的五分之四以上。这对于了解高奣映在文学方面的成就和建树，造成了很大的困难。好在幸存下来的作品，形式多样，而且有的作品是他的代表作品。这就给我们研究他的文学思想和诗学理论，创造了条件。

高奣映是一位学者型的诗人、作家、文学评论家。他的文学思想和诗学理论，比较集中地体现在他的《诗苑》、《艺翰》、《与榆中诸子论文说》等诗文论著作和《迪孙》等史学论著中，也散见于其他论著中。他最著名、最核心的文学思想和诗学理论，是其有中国传统文化特征的气格说。气格说，宛若一根无形的线，将高奣映的文学主张和美学思想有机地贯穿起来，构成了他自己的比较完备的文艺理论体系，在当

① 参见陶立璠：《〈古文笔法〉评述》，1 ~ 71 页，昆明，云南人民出版社，2005。

时的中国西南文坛上独树一帜，产生了重大而深远的影响。

高奣映受儒家思想影响极深，他的气格说的基石就是儒家为国惠民思想。其表现是多方面的，可以把它概括归纳为三个专用术语，即“气”、“真”、“格”。

所谓“气”，就是高奣映心目中的文学作品的灵魂。“气”作为太极的表现形式，是化生宇宙万物的一种本源性的因素。在高奣映看来，文因“气”而生，“气”是文学作品的生命力的源泉，是文学作品的灵魂。它关系到了文学作品的思想内容。高奣映在《与榆中诸子论文说》中，提出了“以意成文，以气行势”的命题。“以意成文”，即以为国惠民之意而成文；“以气形势”，即以抒发个性、气质特点，而因势诱导。他称赞先秦的文章之所以万古不朽，就在于“以气传其神”。他认为，韩愈的文章的最大特点就是“气实声宏”。他在《迪逊·气应》中又说：“势多成于气”，“夫气存乎养，大而化之，则神和；发之以诚，则气定；激而怒焉，则气动”。由这些论述可以看出，高奣映所强调的“气”，是文学作品的灵魂。而“气”的具体表现形式则是“意”，即“以意成文”。重视文学作品思想内容，是中国传统美学，特别是儒家思想的一大特点，也是高奣映文学思想的一大特点。

所谓“真”，就是文学作品要真实。高奣映认为，文学创作，首要“叙事真切，无一虚响浮调”（评文化远《苦雨触怀有述》其一）。他又说：“气多发于真”（《迪孙·应气》），“为文之道，顾其情真耳，真则气至，文亦至”（《迪孙·情景》）。这就是说，“真”不但与“气”一样，直接关乎文学的本质，而且还是“气”的一种表现，一种归属。这里的“真”，包含两层含义，一是艺术的真实，一是感情的真挚。高奣映强调，文学创作，一要“叙事真切，无一响浮调”；二要有真情实感，有感而发。他在《晚春堂诗评》中说“至情所发”、“至性所发”，主张文学作品必须有真情实感，有感而发。作者认为，文学作品只有具备了“真”的品格，才富有感人的艺术魅力，才能打动读者的心扉。高奣映诗歌理论要求叙事真切，感情真挚，“不失其常”，这是他“真”的内涵，他概括为“诗情意真”。他把“真”视为一个诗人、作家所应该追求的境界。

所谓“格”，就是文学作品的艺术品位和艺术风格。高奣映强调文学作品要有自己的个性风格。他在《与榆中诸子论文说》中，称赞柳宗元的文章风格特点是“清真雅勃”，欧阳修的文章风格特点是“平深而静好”，苏洵的文章风格特点是“妙旨以微机”。高奣映还称赞与他同时代的云南人徐方虎的文章个性风格“秀骨而惠中”、“清神而平气”，赵景行的文章个性风格“饰焉以古行，和焉而不流”，王自超的文章个性风格“竟重意以畅住，越神理以印题”，都是以上述作者独创的艺术个性风格加以评价的。[①] 总而言之，气格说，是高奣映文艺理论的核心。它涉及了文学与生活问题、文学的内容与形式问题、文学的品位和风格问题、文学的社会功能问题等一些文艺理论的带根本性的问题，表现出了他对这方面问题的见解。这些见解构成了他自己的文艺理论体系。

从魏晋南北朝时期的“诗文论”、“诗律论”，唐宋时期的“诗体例”、“诗例话”，至明清时期的《彝诗史话》、《谈诗说文》、《古文笔法》，一脉相传，形成了彝族系统的诗文论体系，在彝族文学理论批评史上，耸立起了一座历史丰碑。同时，也为我国多民族的古代文学理论批评史增添了灿烂的一章。

明清时期，彝族诗文论的繁荣和发展，促进了彝族诗歌创作的蓬勃发展。可以说，这一时期，是彝族诗人辈出的时代，是彝族诗歌的黄金时代。以左氏家族诗人、高氏家族诗人和余氏家族诗人为代表的诗人群，有的弘扬盛唐诗风，有的取法少陵，有的推崇性灵说，而更多的则继承建安文学的传统，写下了大量的富有民族和地域特色的诗篇。民间诗歌创作，产生了一大批反映社会变革和民生疾苦的长诗，具有“诗史”价值的叙事长诗《阿诗玛》、《力芝与索布》、《阿诺楚》、《甘嫫阿妞》以及抒情与叙事相结合、现实与浪漫相交融的《哭嫁歌》、《放鹅娄纪》等一大批著名长诗，都是在这一时期产生的。由此可以看出，诗学理论对诗歌创作的深远影响。正是在这个意义上，我们应对古代诗文论这宗珍贵文化遗产，作全面的梳理、分析、探讨、研究和评价。

---

① 参见陈九彬执笔，芮增瑞审订：《高奣映评传》，213～218页，昆明，云南人民出版社，1995。

族群记忆与文学选择
——新时期凉山彝族文学管窥

王 菊

彝族是一个非常重视根骨观念的民族，新时期的彝族作家作品中常显示出“寻根”、溯源”的特有的思维模式。彝族作家以本民族的文化作为切入点，不断地挖掘文学文本中属于本民族的内心生活图景及灵魂之相，并通过语言重新阐释着自己的思维特征、智慧、审美情感等；他们通过文学使本民族或他民族重新认识自己的文化，让审美意识中潜在的历史意识苏醒，以追求和把握人世的无限感和永恒感。在重新翻拣民族文化记忆，磨砺着人生精彩的同时，实现着民族文学的归位。

一、族群记忆与原文化的思维重建

（一）神话思维

神话思维是凉山远古彝民尚未将自身同周围自然界截然分开，将自身属性移于自然客体所致。他们赋予自然客体以生命及人类的喜怒哀乐，这其实是没有从本质上将自然界同人加以区分的结果。在拥有丰富的洪水神话、太阳神话、图腾神话、人类诞生神话以及日月星辰、风雷山川等自然现象神话的凉山，孕育和培养着新时期的彝族诗人和作家。在他们的作品中，我们可以清晰地看到神话思维的种种表现。总之，彝民神话思维的产生同彝族文化及神话思维本身的历史发展早期“浑融”阶段具有起源上的关联。神话思维的特点是通过类比，将万物与人同样看成是有生命的，并存在着生命之间的相互联系，最终体现一种生命逻辑转换的关系。

凉山彝族关于雪的神话在彝族史诗《勒俄特依 · 雪子十二支》中有记述：“天空

降下三场红雪来……雪子十二支从此始。”① 彝族先祖将生命的诞生与形成归属于“雪”，这种远古文化之源及文化命运的构成和认识方式所蕴涵的精神特质和内在的生命意识，一代代地流淌在每个彝族子孙的血液里。新时期诗人阿苏越尔，把这个神话原型镕铸在自己的文本中，成为了其诗歌创作的主题，单就其诗作篇名便可看出来，如《雪的自述》、《满山的雪》、《春天的雪》、《无雪的冬天》、《盼雪》、《听一位老人谈雪》、《俄洛则俄雪山》、《雪线》、《雪人》、《雪崩》、《雪祭》等。作者自称“我就是那个/只有雪下到门口/才欢笑的彝人”（《盼雪》）。作者认为，“雪”这个意象是彝族生命及文化的象征，是彝民族精神的载体。他在“雪”的世界里徜徉、认识、迷惘，又抽身走出“雪”的世界，以达到对“雪”更深、更高的解释，在远古文化与当代文化之间进行着自我拯救的文化抉择。“我的画像上/纵然有一千个弹孔/也会预示/一千种/出路”（《自画像》）。阿苏越尔通过对“雪”文化历史的、当代的文化语境的阐释，表达出在自我放逐与自我拯救中，完成自己作为彝族诗人能做，而且可以做的对民族文化新的解构和重构。

彝族关于“葫芦”的神话，可见于《查姆》洪水神话中，洪水泛滥后，人种灭绝，好心的两兄妹因装在葫芦中漂浮得救后结婚生子，繁衍人类。彝族作家巴久乌嘎在其小说《起源葫芦》中用现代思想观点对葫芦再生人类的神话进行诠释，探索彝族宗教、艺术的精神。“葫芦”作为生命力很强的象征，它被赋予了生命起源的意义，来整合作者对其多样化的思考。

以上是典型的神话思维在新时期作家创作中的运用实例，表达出彝族先锋作家追忆式地触摸早期原始文化的心理层面。

（二）图腾思维

“图腾”一词是美洲印第安鄂吉布瓦人的方言，意思是“我的亲族”。从语源上看，图腾亲族观念应当是最早、最基本的概念，此后产生了图腾祖先、图腾禁忌等。神话通常是从人的意愿出发，用多种构件组合起来加以表现。其实图腾思维也大体属于这一思维体系。图腾思维有时出于实际的功能目的，有时与实际功用并没有必然联系，而是通过非逻辑的想象和思维将其结合起来的。图腾思维的特点，是把观念的东西与物质的东西等同起来，目的是为了征服自然和控制自然，排除自己的恐惧和压抑心理。凉山彝族有许多关于动物图腾的神话，如“九隆神话”（龙图腾）、支格阿龙神话及其他动物图腾的传说（虎图腾），还有植物图腾神话，如“葫芦”图腾，“竹”

① 发星工作室：《当代大凉山彝族现代诗选》，北京，中国文联出版社，2002。

图腾等。①

出生于凉山的彝族女诗人兼学者巴莫曲布嫫，深谙最初的艺术起源于原始的图腾意识或观念，所以她用诗歌形式对彝民族的图腾活动、图腾行为、图腾场面进行图腾思维的描述。其诗集《图案的原始》里，凭借着图腾思维破译着凉山彝族历史生存的神话密码：用“日纹”来演示彝民族的诞生，“鸡冠纹”是彝民族迁徙的风景，“蕨子纹”是彝民族成长的象征，“水纹”是彝民族繁衍的祈盼，“羽纹”是彝民族英勇、威武及自由的纹饰。作为现代彝族女诗人，巴莫曲布嫫不断地打开尘封的民族文化，并试图以新的方式来图解着一个民族远古的图腾文化，从而标立着民族生存历史与现实的图腾柱，融会着民族历史的悲壮美、刚健美及生存美。

彝族青年诗人倮伍拉且的《诗歌图腾》从形而下到形而上，从具体到抽象，由个体生命情态到民族集体无意识，由本民族文化到人类文明的关怀，无不体现了其对民族文化与大自然之间诗意的外化。在其诗作中，诗人图腾式的理解，把握和命名着自然世界，张扬着民族图腾文化的艺术内涵和美学内涵，并将图腾的概念提升到了民族哲学的层面。如《天空成为爱情的倒影》：

你的爱情使我透明
你的爱情使我成为液体
透明的液体，四处流淌
流淌过的地方
就有植物疯狂生长

诗人将“水”的意象凸显成生命的源泉，只有理性的“液体”才能保证民族文化的发扬光大，有“液体”量性及质性的改变才能促成“植物疯狂生长”，体现出人与自然的融合，人的精神历程的价值终极追问。

诗人俄尼·牧莎斯加的《虎的图腾》：

就是那一只洁白的虎
才轻轻地踩上山峦的琴键
远方的松林
便奏响了寻觅，呜呜的呼唤
谁能理解？它可是

---

① 参见罗曲、李文华：《彝族民间文艺概论》，成都，巴蜀书社，2001。

驯服了月亮骑在胯下
……
啊，而如今谁能理解
它像阳光和我们厮守
那给予我们温暖的
太阳，离我们却已遥远
而如今，谁能理解
就是那一只洁白的虎
那一只洁白如雪的虎

牧莎斯加用温暖的太阳将彝族远古图腾中的“白虎崇拜”与“白雪崇拜”的深层民族意识和鲜明的民族审美意趣作为其诗思的文化根基。古时彝族人认为自己是虎族人，与虎有血缘关系，且死后还原为虎，因为虎是勇猛或威武的象征，它能征服一切弱小动物，有非凡的生存竞争力。从语义学来看，彝族自称“罗（诺）”，便是虎之意。现在，金沙江与雅砻江的分水岭名为“纳拉山”（黑虎山），峨眉山称“罗目”（母虎），西昌彝名“拉布峨卓”（虎族居地），便是虎图腾的遗迹，且彝族众多的大型祭祀活动都定在“虎月虎日”。诗人的“白虎”意象体现出其高洁、神圣、伟岸、刚强的民族精神境界，从图腾崇拜物象中提高了民族文化的思想、准则，流露着诗人反思民族文化后新的情感倾向，相信彝民族的“生命的精灵在天地间舞蹈”。

（三）宗教思维

原始宗教的基本形式有两大类：一类是对自然物或自然现象的崇拜；另一类是对精灵和鬼魂的崇拜。其实，自然崇拜、动植物崇拜、鬼魂崇拜、祖先崇拜等都没有脱离自然物或自然现象的范围。简而言之，宗教思维包括了泛灵信仰、泛生信仰、巫术等活动中对人的生物性的再认识过程。宗教思维的特点就是借助异己的能力来实现自身心理的平衡。其中，巫术是人们企图借助某种神秘的超自然力量，对客体实施影响与作用的活动。而巫术思维打破理性与非理性、幻觉与现实、生前与死后、自然与超自然、人与物的种种界限的法宝不是别的，就是重新进入巫术的境界之中。

诗人兼学者阿库乌雾的诗集《走出巫界》是对彝族巫文化多重认识的诗性的结晶。诗人向我们展现了彝族在形成的历史过程中文化发展的初始状态，用充满神秘、悠远、古老、异质的艺术世界，来展示对历史、民族、文化、人生的剖析和评判：

是先祖图腾的裸足

轻轻兆示生命本真的凹凸
是风暴过后重新
磕触的毡船造就
石头不朽的履历
有山就有海
兹祖普巫　将
所有初民目击过的山峦
倒置在　滇泊苏诺海中央
构筑天底下最奇异的
骨骼

——《兹祖普巫》

诗人通过对巫文化圈溯源认识，使自己的精神回游在原始本真状态，用巫唱与巫风、巫光对吟，认同着彝民族远古文化的氤氲之气；但他并未沉湎于巫文化的诡异和奇谲当中。从其诗集体例安排来看“彝海子——巫天的祭辞——重构的预谋”，诗人的意图是想在埋下《最后的火种》后，忍着《疼痛》，记录下《远去的岁月》，然后《突围》。预谋自己将是“一只剽悍而孤独的虎/以它的睿智以它超群的冷静/默默地在更高更远的山头/注视着倾听着……”（《背景》），诗人希望的是“走出巫界”，以自身已具备的时代精神品质和当代艺术文化素质，去理解、提升、折射、构筑彝族新时期的文化景观，从而达到重构民族文化的精神。诗人用宗教思维的方式，既是作者引入的创作方法，又是反叛现代罪恶的手段和原始复归的目标，完成了个体民族精神皈依的历程，点亮了整个彝民族文化耀眼的未来。

以上是笔者对原文化思维的重构的肤浅认识，总起来看，彝族的神话思维、图腾思维、宗教思维，其本质实际上是溯源思维，也就是彝族人说的“盘根根”的思维模式。彝族是非常重视向生命溯源和追问的民族，为的是不要忘记自己的历史才能更好地实现新时代民族更好更大的跨越。

二、寻根意识与生命意识的合一

（一）生命意识的书写

我国人类学研究自1981年5月举行首届“全国人类学学术讨论会”以来，取得了许多成果，其中不少研究课题从不同角度涉及妇女问题：从母系氏族社会的分析，到婚姻、家庭的起源以及神话传说、宗教信仰、风俗民情等。由此发展起来的女性人类学，以女性为对象，研究她们的生理特点、心理特点、社会特点以及在人类自身繁衍中所肩负的责任，同时也涉及婚姻、家庭等问题。妇女，无论作为自然人，或者是作为社会人，都既具有人类的共性，又具有妇女的特性。这些特性不仅表现在性别差异上、体质特性上、心理状态上，还表现在对社会和家庭的责任与义务上。

凉山彝族女作家阿蕾以彝族妇女的恋爱、婚姻、家庭为题材，真实地反映了妇女受传统思想、伦理道德压迫和束缚的生活现状。其实，关于妇女受压迫的理论解释随着女性主义而凸显出来：自由主义女性主义认为，妇女受压迫的根源在于社会中的一系列传统和法律，这些使妇女潜能得不到发挥，从而阻碍社会进步；马克思主义女性主义认为，妇女的压迫是伴随私有制出现而产生的；激进女性主义主张以性别压迫来解释社会压迫；心理分析女性主义认为，妇女压迫根源在于人类的心理；而社会主义女性主义认为，妇女压迫来源于性别、种族，是父权制、种族主义以及资本主义物质基础和意识形态的共同结果。阿蕾笔下的尔果、乌沙、尔玛、尔西嫫、乌嘎、拉玛、妮薇、“外婆”系列彝族妇女的生命悲剧，都演绎着这些理论主张的实质内涵，奏响了女性生命悲剧的最强音。她们中有我们不得不“哀其不幸，怒其不争”的莫如拉玛奶奶（严重受旧社会父权思想束缚），有具有反抗性的尔西嫫、乌嘎嫫、乌沙（她们挑战传统，但付出了沉重代价），更有从传统性向反抗性过渡的尔果。她们的生命史说明传统、父权、性别对生存的挑战时时处处威胁着女人。

而女人到底是什么呢？是男人自我实现的背景和环境吗？不，并不是只有男人的形象才可以代表一个民族的形象。彝族女作家阿蕾作为女性主体，用自己的创作确认着女性意识。她不仅作为女性而创作，而且为创作女性而成为女性。因为她相信：既然在像弗洛伊德一样的男人眼里女性永远是欠缺的，那么要正确回答“女人是什么”的问题，说明女性的实然与应然的世界，就只有女性自己出面。她关注着自己的性别、自己的族别，更描写着本民族妇女的生活。作为女性写作的作家，她把彝族妇女放在万难忍受的悲苦境遇里，她们忍受着一切苦难悲痛；她替她们倾诉着她们的痛苦、忧伤和愤恨等，却不时地警醒着读者，尤其是女性读者，如何让自己的女性意识觉醒，以获得女性应有的地位、价值、自主、独立、尊严及权利等。

阿蕾自觉地以女性之心，用女性之笔，写女性之事，无不显示出其创作意识的自觉自砺的过程。通过其塑造的一系列女性人物，我们不难看出在她们身上因袭的历史与传统的因素的沉重及历史与传统形成的张力场的广大，这些无不表现了作者从女性人类学的角度对彝族妇女历史、现实与未来的拷问乃至对彝民族历史传统与现实的诘责。

（二）寻根意识的底蕴

寻根意识中的寻根总是与传统怀旧、感伤、隐遁等词联系在一起。其实，寻根既是向传统的回归，同时也是新的现代性观念的表述。彝族作家中的寻根意识，并非是响应“新儒学”思潮而起，而是本民族主体集体无意识中根深蒂固的观念。彝族父子连名的方式是寻根意识的最好体现，还有家支谱系在子孙后代中的深深诵忆等。与意识相结合产生的“寻根话语”可带领我们进入一个民族特有的民族文化空间。

凉山彝族青年作家巴久乌嘎的小说创作，将文化冲突、文化整合、文化变革的历史事实，通过独特的艺术构思和巨大的心理时空跨度，追溯到发轫期，寻根式地触摸其文化碰撞早期形态和所呈现的原始文化心理层面。其小说《阳坡花》中呈现出作者强烈的寻根意识，对彝族原始英雄主义、原始起源神话、原始宗教意识、原始生命哲学的深层追忆，平衡了新时期彝族作家的文化创作空间；凉山彝族青年散文作家诺尔乌萨的散文《家谱》、《融入山野》，以新时代凉山彝族人的眼光，通过“家谱”、“山野”、“苦荞”等寻根话语，更深层次地透视彝族古老文化的本质特征、内在秩序及与大自然之间形成的深层关联。其散文中弥漫着对大自然的天然亲近，体现出彝族寻根意识的回归传统及重述现代性观念的必要；凉山青年诗人阿苏越尔的“雪”诗系列，通过雪的意象、雪的语符、雪的记忆、雪的生存、雪的生命等一串关于“雪”的抒写，释放出也折射出彝民族文化起源寻根的使命感及责任心，在遁去的“雪史”中重拾民族生命之灵，寻找民族现实生存理念的方剂。

总之，新时期的凉山彝族作家在创作中无不自觉地唤醒生命意识及寻根意识来烛照本民族的生命之旅，在历史与现实之间，搭建着此岸与彼岸来往自如的桥梁。在对传统的文化价值资产盘活的同时，颠覆着民族文化封闭的语境；在让新时期的文学流淌着民族记忆的同时，新的现代性观念正在形成。生命意识与寻根意识的合一体现在：彝族作家既尊重本民族集体文化的生存价值，又重视创作个体的生命体认的特点和维度，在文化文本中重新理解着民族记忆，同时也书写着个人的感知深度、广度和高度。彝族作家重新在文学的归位的历程里，采撷着民族文化的记忆，实现着民族文学的新跨越。在全球化的文化氛围中，通过书写彝族本文化的方式，实现着个体化与多元化的文化价值的存在之思、探寻之旅。

彝族历史文化变迁的追忆与记录
——论《厚墙裂痕》

罗紫元

马德清，彝族，原名玛查尔聪，笔名玛查德清，四川省凉山彝族自治州普格县人。现任凉山彝族自治州文联主席、党组书记，《彝族文学报》主编，《凉山民族研究》编委，北京《伯乐》方正力量成员，被誉为当代彝族文学创作的带头人。《厚墙裂痕》是他的第三部长篇小说（40 万字），于 2001 年 6 月由作家出版社出版发行。

《厚墙裂痕》是一部凉山彝族地区奴隶制度的没落史，它着眼于政治文化的更替，揭露奴隶制度的衰落，并围绕主线，描写了形形色色的权力之争、爱情之争等，可以当做凉山彝族地区 20 世纪前半叶的政治、经济、思想、文化发展史来读。虽然出自想象，虚大于实，但未防碍它对彝族历史本质真实的具体概括，具有史诗性的特征，本文着重从以下三方面予以具体论述。

一、族群世系及其变迁

“族群”是针对英文“ethnic group”一词所作的对译，关于它的定义，一般认为，“族群是人们在交往互动和参照对比过程中自认为和被认为具有共同的起源和世系，从而具有某些共同文化特征的人群范畴”①。也就是共同的历史记忆和遭遇是族群认同的基础要素，每一个民族对自己的源或某些遭遇有着共同的记忆。马德清在文本中通过世系重构来建构族群共同的历史记忆，进而成为族群认同的重要方式和手段。这种世系的重构通过作家的直接叙述和家谱记载来进行，从而使族群的世系不断得到追忆、重构和认同。如《厚墙裂痕》中对于祖先世系是这样叙述的：“黑彝几乎都是奴

① 潘蛟：《脖罗姆列伊的民族分类及其关联的问题》，载《民族研究》，1995（4）。

隶主，黑彝是社会遗留下来的统治阶层，自成贵族。黑彝和白彝的变迁，都是来自经济和军事的势力。最初的彝人没有黑彝和白彝之分，在土司的管辖下，黑彝是负责打仗的彝人，白彝是负责农牧生产的彝人，都是平等的，谁也不隶属于谁。后来黑彝和白彝的区分，都是产生于综合势力的差别和统治欲的强弱。”① “从毕摩的指路经上来说，这块土地上的彝人都来自一个叫兹兹补乌的地方。人们只知道，那是太阳最先升起的地方，祖先迁徙到这里也只有70多代。黑彝是什么时候产生的，黑彝他们自己也不知道，白彝们也不想知道。但是，他们知道，黑彝是富强的彝人变来的，白彝是贫穷的彝人变的。”② “真正的奴隶娃子并不是真正的彝人，是在开发新领地和对外征战中不断扩大领土的同时，掠夺了大量的外族人，把这些掠夺来的外族人作为奴隶娃子。由于社会的变迁和社会生产力的变化，人与人之间发生了多方面多层次多方位的变化。有的黑彝在战争中当了俘虏沦为白彝或者成了别人的奴隶；有的白彝因不断地强盛起来而变成为奴隶主；有的白彝奴隶主由于各种原因衰败而沦为白彝奴隶主的奴隶娃子。彝族人的等级森严，不可乱套。黑彝不与白彝通婚，更不能与奴隶娃子通婚。彝族人的婚姻原则是‘等级内婚，家支外婚’。”③ 同样，小说中也较详细地描述了人类的起源：“天上坠下一个火球，落在恩吉介来山，燃起熊熊之大火，九天烧到晚，九夜烧到亮。白天烧得黑烟滚，夜晚烧得火光闪，天是这样的烧，地是这样的烧，为了人世烧，为了祖先烧，黑烟变成云，白云变成黑，下了一场雪，九天化到黑，九夜化到亮……雪子十二支，人是其一支。”④

作者通过直接的叙述，将凉山彝族的族源、凉山彝族的构成及其森严的等级制度以文学的方式非常清晰地呈现在文本中，所有这些记述一方面保留了民族的历史线索，另一方面还记录了凉山彝族文化在与他文化的互动中发生的融合过程。由此我们可以从中了解族群历史文化的变迁轨迹，找到文学人类学研究所需的资源。

二、社会经济状况

与中原地区大河平原农业相比，《厚墙裂痕》中的凉山彝族，因为多居高山地带，大都经营山地农业，以旱地作物为主，依靠耕种和畜牧为生，种植荞麦、燕麦、洋芋、玉米等耐寒作物，同时兼养牛、羊、马、猪、鸡等畜禽，其经济类型属于农耕经

① 马德清：《厚墙裂痕》，18页，北京，作家出版社，2001。

② 马德清：《厚墙裂痕》，25页，北京，作家出版社，2001。

③ 马德清：《厚墙裂痕》，82页，北京，作家出版社，2001。

④ 马德清：《厚墙裂痕》，180页，北京，作家出版社，2001。

济文化中的“山地耕牧型”。

凉山彝族奴隶制下的经济关系正如《厚墙裂痕》中所说：“比牛的彝人都属于头人施拉的管辖，这里所有的白彝百姓、奴隶娃子、土地以及其他一切都属于他的，这一切都是他的祖先留给他的。”①“所有黑彝都不劳动，庄稼都由他的下人种，都由他的下人收，每逢过年，所有的百姓白彝、奴隶娃子都得给施拉头人上供，年年都得供过年猪的猪脑壳，还有银子、玛瑙、蜂蜜……那些猪脑壳，全放在几张竹席上，堆成几座小山，发出一股臭味，带来的荞子堆了满满一屋子。”②《厚墙裂痕》中的凉山彝族地区，地处偏僻，不过仍存在着商品交换：“以前，除了被抢来的人以外，几乎没有其他自由的外族人到过这里，可是，近几年来，偶尔有做生意的汉族人来到了彝区的腹地，他们带来了彝人特需物品：针、盐，等等。因为彝人的生活需要这样的人的存在，所以彝人不杀不抢他们。汉族人的一根针可以在山里彝人那里换回一大背洋芋或一张羊皮或几升黄豆。一斤盐巴可以换一只绵羊或一头小猪，但是，那些彝人都不计较，因为他们不好意思讨价还价。”③ 后来随着鸦片的种植，人们尝到了商品交易的甜头，虽然它所带来的危害又使他们望而却步，可是这却冲开了彝族人民禁锢的大脑，商品观念逐渐出现。如：“烟会，是最近才兴的，是河坝头那些汉族人和二半山的彝人些为了搞鸦片烟生意，从九月开始，一个月一次，一直闹到第二年正月的时候，赶烟会，都在唐家湾，很闹热。实际上是赶场，除了做鸦片烟的生意外，布匹、盐巴、针线、粮食、牲畜等什么都在买卖。”④ “最近几年来，施拉和唐三公子之间，除了人情以外，还有了一些生意。比如山上的黄豆、洋芋换河坝的包谷、大米；山上的鸦片换汉族人的枪支弹药。”⑤ 从中可以看到人们商品交换意识演变和经济观念变化的轨迹，以及由此引起的新经济形态产生的过程。

我们从文本中烟会上那些非常勾人灵魂的妓院和慢慢发展起来的已具有现代市场经济特征的市场、店铺、货栈、饭馆中可以看到彝族地区社会经济的变化正牵扯着彝族人和外族人的矛盾冲突，同时也牵连着他们的感情。这些都反映出原始以物易物的形式在这里变化着内容，勾画出了凉山彝族地区自然经济向商品经济和市场经济转化的大致轨迹，为人类学研究提供了珍贵的史料。

---

① 马德清：《厚墙裂痕》，182 页，北京，作家出版社，2001。

② 马德清：《厚墙裂痕》，145 页，北京，作家出版社，2001。

③ 马德清：《厚墙裂痕》，321 页，北京，作家出版社，2001。

④ 同③。

⑤ 马德清：《厚墙裂痕》，323 页，北京，作家出版社，2001。

三、社会制度及其变迁

透过《厚墙裂痕》，可以看到凉山当时的社会制度及其变迁。在当时的凉山彝族地区，根据“骨头”（小说中的“骨头”被叫做种姓，骨头被看做和门槛有关的一种东西）把人分出高低，高高在上的是土司，土司下面是黑彝，黑彝管百姓，然后才是白彝，白彝里面又分曲诺、安佳、干西几个等级。作为黑彝头人，拥有巨大的特权，可以任意打骂、处置下人，可以得到自己想要的东西。奴隶生来就没有人生自由，任奴隶主宰割。比如，施拉头人“裹牛皮”活埋奴隶阿力；把与自己的小老婆通奸的奴隶火布宣布为哑巴而出卖他乡；烧死了哈马毕摩的老婆孩子等。而下人们也固执、愚昧、野蛮，盲从主子。为了黑彝头人的尊严与利益而参与家支械斗，为主子赴汤蹈火，流血奋战。在婚姻上也无自主权，成年了的男女奴隶，都由主子做主婚配。千百年来，世世代代的奴隶，都把命运交给奴隶主，固守着旧的思想观念与陋习。然而在文中这种森严的等级制度也不断遭到冲击。比如，被损害与被侮辱的奴隶开始起来奋争，策划了奴隶起义：“我们要起来造反，造那些头人的反，走自己的路，把他们的房子烧了，把他们的枪和子弹抢了，把他们的碉楼烧了，把他们的牛羊、土地、银子、粮食分了，因为那些都是我们创造的财富。”① 他们终于打垮奴隶主的威风，产生了像阿且这样带领奴隶起义的新英雄。更可喜的是，新时代的风暴也洗刷着施拉这样顽固的奴隶主的灵魂。施拉发现，一种新的看不顺眼的东西在冲击着他的灵魂，冲击着他顽固不化的奴隶制意识，动摇着黑彝统治的根基。他感谢郭昌达、阿且，并赞美阿且：“你是能伸能屈的男子汉，你的心上有一个跑马场，能容纳千军万马，你的眼里有一个新世界，装了好多智慧和希望，你是我们彝族人的英雄。”② “我听你们的，你们说咋干就咋干。”③ “我们要走出黑白这个圈子，这个圈子把彝族人砸死了……”④

---

① 马德清：《厚墙裂痕》，350 页，北京，作家出版社，2001。
② 马德清：《厚墙裂痕》，321 页，北京，作家出版社，2001。
③ 马德清：《厚墙裂痕》，346 页，北京，作家出版社，2001。
④ 马德清：《厚墙裂痕》，352 页，北京，作家出版社，2001。

四、习惯法的运行

习惯法是一种长期积淀下来的集体认可的具有约束力的族群内部管理制度，一般以不成文的形式存在，但有时却具有超过政府法律的权威性，它在族群内部施行并具有很高的地位。《厚墙裂痕》给我们展现出凉山彝族在奴隶制下的习惯法。“这里的彝人没有法律，然而他们却有自己的规矩，不用书写也是刻骨铭心的，而且比如今许多写在纸上的东西还有效力。”① 按习惯，“在这块土地上，一切都属于黑彝头人所有，包括百姓的生命”②。黑彝头人在自己的辖地具有无上的权力，绝对的权威。依习惯，黑彝头人的话就是法律。任何对黑彝头人的不敬行为或旨意的违抗都会受到严惩。然而，这些残忍的习惯法也在历史的变迁中受到了冲击，其中既有上层统治集团内部的叛逆因素，也有外部力量诸如汉文化等的影响，如：黑彝头人不顾祖先定下的规矩与奴隶美女阿娓长期相爱；最后施拉不但赦免而且感谢了越来越与自己作对的白彝阿且。习惯法的变迁从另一个侧面体现了当时凉山彝族社会也在缓慢地进步，这也为历史和人类学的研究提供了可贵的资料。

总之，《厚墙裂痕》具有“史”的特征，它回溯了族群的社会政治和经济文化，追述了民族历史文化的变迁，在历时性的描述和共时性的比较中，构筑了彝族曾经“神奇的存在”。它不但是彝族历史文化的书面表述形式之一，是族群历史沧桑变化的记录，更是作者在民族历史文化变迁进程中独特文化体验的结晶。这种具有民族志书写特征的创作手法不仅提高了小说的文化品味，开辟了创作新思路，还表现了一定的现实意义和历史价值，为当代少数民族长篇小说的创作和研究提供了富有开拓性的启示。

---

① 马德清：《厚墙裂痕》，75 页，北京，作家出版社，2001。

② 马德清：《厚墙裂痕》，69 页，北京，作家出版社，2001。

彝文古籍在不同学科领域内的价值体现

——以《查姆》为例

唐碧君

彝文古籍与汉文古籍一样是中华民族历史文化的瑰宝，而在某些方面，更显出特别重要的学术研究价值。“在彝汉古籍中都记载有古夷人部族创造的古文化。而最古老、原始的文化概念，却保留在彝文古籍当中，它是中华远古文明的老根子所在。中华远古文明不只是五千年，而是七千年以上，这还得从彝文古籍中关于远古时期人、事、时、地、物的记载，发掘最古老、原始的文化内涵，提出有力的证据。”①

《查姆》是用老彝文记载并广泛流传的一部创世史诗，在彝文古籍中极具学术研究价值，是彝族讲述天地、日月、风雨、人类、民族、衣食等万事万物起源的史诗，以彝文手抄本的形式流传在云南楚雄彝族自治州双柏县的底土、新资、妥甸，红河哈尼族彝族自治州的石屏、建水、元阳和玉溪地区的新平以及峨山等地。史诗在彝族毕摩经籍中属起源经类书，只能由彝族毕摩唱诵。史诗在云南彝文典籍中则被归为“查苏”类。“查苏”的意思是“寻源”，创世史诗《查姆》在彝文经籍的范畴内即属于这类作品。“查姆”是彝语音译，意为“万物起源”。天地间一件事物的起源叫一个“查”，而在“查苏”类经籍中有120多个“查”。整理出版的汉文本《查姆》只有11个“查”，共3500余行，分上下两部。上部讲述天地起源和人类起源；下部讲述棉麻、绸缎、金银、铜铁锡、纸笔书等生活用品的来历。②《查姆》在哲学、宗教学、史学、文学艺术等领域内都有重要的学术研究价值。

---

① 马立三主编：《云南彝学研究》（第4辑），28～29页，北京，中国民族摄影艺术出版社，2007。

② 参见巴莫曲布嫫：《彝族创世史诗〈查姆〉》[EB/OL]，中国民族文学网，http://www.iel.org.cn.2003-01-14/2010-08-23。

一、《查姆》在哲学研究中的价值

哲学作为社会意识形态之一，是关于世界观的学说，它是对自然、思维、人类社会现象的抽象概括和总结。彝文典籍中关于哲学思想方面的著述颇多，各类典籍都不同程度地涉及哲学领域，反映出彝族先民不但具有丰富的想象力，而且有着高超的理论水平。

《查姆》史诗描述了天体的演化过程。在远古时代，只有一团混沌不清的雾露，分不出白天黑夜，也分不出天地，“时昏时暗多变幻，时清时浊年复年”①，后来众神之王涅侬倮佐颇召集众神商议，“要安排日月星辰，要铸就宇宙山川，要造天造地”②，“白天、黑夜两朵花，轮流开在太空间。白天开花是太阳，夜晚开花是月亮；太阳开花月不明，月亮开花星不闪；两花轮流开，两花难相见”③。于是人间有了太阳、月亮，“雾露变气育万物，万物生长天地间”④、“昼夜辨得清，四季分得明”⑤。这些对哲学中“气为世界本原”的原始宇宙观的产生具有一定的影响。“万物在运动中生，万物在运动中演变”⑥，说明古彝人已经逐渐认识到正是由于“雾露”本身的矛盾和运动才形成了天地，标志着彝族先民的抽象思维已经达到了相当的水平。同时，对天地万物的生成是由于自然界本身演化的结果而不是神灵创造的观念的形成，也说明彝族先民具有了一定的唯物思想，只是这种思想仍处于含混不清、原始性、猜测性阶段。另外，《查姆》还将人类的进化过程以独特的“独眼睛时代”、“长眼睛时代”、“横眼睛时代”三个时代进行了充满神话色彩的描述，阐明了人类社会由原始蒙昧状态向文明社会、由低级向高级的演变过程。天体演化和早期人类演化的神话，反

① 云南省民族民间文学楚雄、红河调查队搜集，郭思九、陶学良整理：《查姆（彝族史诗）》，5页，昆明，云南人民出版社，1981。

② 云南省民族民间文学楚雄、红河调查队搜集，郭思九、陶学良整理：《查姆（彝族史诗）》，6页，昆明，云南人民出版社，1981。

③ 云南省民族民间文学楚雄、红河调查队搜集，郭思九、陶学良整理：《查姆（彝族史诗）》，7~8页，昆明，云南人民出版社，1981。

④ 云南省民族民间文学楚雄、红河调查队搜集，郭思九、陶学良整理：《查姆（彝族史诗）》，8页，昆明，云南人民出版社，1981。

⑤ 云南省民族民间文学楚雄、红河调查队搜集，郭思九、陶学良整理：《查姆（彝族史诗）》，13页，昆明，云南人民出版社，1981。

⑥ 云南省民族民间文学楚雄、红河调查队搜集，郭思九、陶学良整理：《查姆（彝族史诗）》，14页，昆明，云南人民出版社，1981。

映了彝族先民朴素的唯物主义观念和辩证法思想。

哲学原理和有关理论可以用来指导彝文哲学论著的整理研究工作，而彝文典籍中有关哲学方面的著述也可以用来丰富彝族哲学思想的研究内容。

二、《查姆》在宗教研究中的价值

彝族的创世史诗《查姆》极富原始宗教色彩。在《查姆》中记载的洪水神话中，关于兄妹结婚的情节与原始宗教有关。两扇磨盘滚在一起，丝线穿进花针，簸箕、筛子合在一起等，就是神灵的安排，充分反映了彝族原始先民的万物有灵观念。同时，《查姆》中还记载了远古彝族人对自然实体的崇拜，如竹子。彝族崇拜竹子，遍及祖国西南。《查姆》中记述了阿朴独姆与竹的特殊关系。阿朴独姆兄妹二人经仙人指点，在大洪水到来时躲进大葫芦，逃避水患，葫芦被洪水冲到白岩山，“白岩山边三蓬树：一蓬细篾竹，一蓬小竹树，一蓬尖刀树，三种枝叶紧相连，三种枝叶遮住天，大葫芦就挂在枝头间”①。这也表明彝族先民拘囿于有限的原始观念认知，以为自己这个部族是由于竹子的搭救，后代子孙才生存下来的。因而，他们把竹子奉为神灵，对其顶礼膜拜。恩格斯说：“思维永远不能从自身中吸取和引申出来的，而只能从外部世界去吸取和引出存在的。”② 原始人的幻想以他们所能接触的客观世界为根本，同时又必然受原始宗教观念——万物有灵论的影响。越是能给他们带来物质或精神多方面利益的事物，越有灵性，越神圣。还有在诸多洪水神话中出现的葫芦，《查姆》中也有相应的记载，葫芦是彝族先民母体崇拜、祖灵崇拜之物，葫芦形似女性生殖器、乳房、怀孕的母腹，蕴涵神秘的生殖力量。随着时代的发展，这一观念逐渐淡化，失去了其原始的面貌，但原始宗教观念的情节及事物，已经渗入原始神话并成为神话中不可分割的一部分。

马克思指出：“相当长的时期以来，人们一直用迷信来说明历史，而我们现在是用历史来说明迷信。”③ 要进行彝族宗教的性质、类型等方面的理论研究和从事彝族宗教产生、发展等情况的具体考察，离不开对彝文宗教经典的系统研究及依赖于对彝族宗教典籍的发掘利用。④《查姆》所记载的虽然是远古的神话，但是我们应该看到，

---

① 云南省民族民间文学楚雄、红河调查队搜集，郭思九、陶学良整理：《查姆（彝族史诗）》，69页，昆明，云南人民出版社，1981。

② 《马克思恩格斯全集》，第一卷，34页，北京，人民出版社，1960。

③ 《马克思恩格斯全集》，第一卷，425页，北京，人民出版社，1960。

④ 参见朱崇先：《彝族典籍文化研究》，115～116页，北京，中央民族大学出版社，1996。

在神话产生的年代，各种社会意识互相纠结在一起，未能充分显示出各自的本质特征。正如有的学者指出的那样，“神话是原始先民的哲学、科学、道德、宗教、历史、文学等各种社会意识的统一体”①，从远古神话中研究原始宗教，也不失为一种途径。

三、《查姆》在史学研究中的价值

史学作为历史研究工作的一门科学，它以人类社会有文字记载以来的历史作为主要研究对象。彝族是一个非常注重历史的民族，也是拥有丰富的历史文献的民族。彝文典籍与文献资料是彝族历史的主要载体。

彝族向来崇拜祖先、讲究血统、注重世系族谱、善于追本溯源。《查姆》在史学方面的研究价值主要体现在人类婚姻的嬗变及社会形态的演进。人类婚姻的演化，一般经历过杂乱婚、血缘婚、群婚和对偶婚等不同的历史阶段。《查姆》中所记载的兄妹结婚正是远古社会从原始杂乱婚姻形态中脱胎出来的血缘婚的反映。神女是新石器时代具有聪明才智、崇高自由地位的妇女的反映，《查姆》中在“独眼睛”时代幸存下来的“做活人”与仙女撒赛歇结为了夫妻，男子与神女结婚与兄妹婚、群婚都有区别，有个体偶居的特点。这种幻想只能在对偶婚出现以后才能萌芽。同时，在《查姆》中还记载了社会形态从“独眼睛”时代“不分男和女，不分长幼尊卑；不分白天黑夜，不分月大月小，不分秋夏冬春”②，“播种收割他不管，庄稼杂草遍地生”，“儿子不养爹妈，爹妈不管儿孙。饿了就互相撕吃，吵嘴又打架，时时起纠纷”③ 的原始蒙昧状态到进入“栽桑种麻、绩麻织布，用麻布做衣裳穿；种棉、织布，又换上了布衣裳；养蚕、抽丝、织绸缎，又穿上绸缎衣裳。他们进而又炼出金银铜铁锡，并用来打造首饰、用具和锄头、镰刀……又创造了文字，发明了纸和笔，并发明了医药……”④ 的农耕时代的演进。

总体上看，《查姆》推测了远古石器时代到农耕时代社会生活由低级向高级、从

---

① 马立三主编：《云南彝学研究》（第4辑），370页，北京，中国民族摄影艺术出版社，2007。

② 云南省民族民间文学楚雄、红河调查队搜集，郭思九、陶学良整理：《查姆（彝族史诗）》，24页，昆明，云南人民出版社，1981。

③ 云南省民族民间文学楚雄、红河调查队搜集，郭思九、陶学良整理：《查姆（彝族史诗）》，26页，昆明，云南人民出版社，1981。

④ 参见巴莫曲布嫫：《彝族创世史诗〈查姆〉》[EB/OL]，中国民族文学网，http://www.iel.org.cn. 2003-01-14/2010-08-23。

野蛮到文明的史路历程，又描述了原始社会婚姻形态的演变过程，其中以“眼睛”为象征的人类发展说，在各种描述人类发展进程的史诗神话中是十分独特的。由此可见，《查姆》中的历史著述内容，其史料价值不容低估。

四、《查姆》在文学艺术研究中的价值

文学作为意识形态之一，它用语言塑造形象以反映社会生活，表达作者的思想感情，故又称之为语言艺术。文学艺术作为人类精神文化的一个重要组成部分，它来源于生活又高于生活，古代保留下来的文学艺术遗产是我们了解、认识古代社会的重要参考依据。

“千里彝山是诗的国度，诗的海洋，诗歌是彝族的精神家园。诗性智慧是彝族传统文化的基质，诗性思维也完全凝固在彝族深层文化心理结构之中。”①《查姆》用诗的语言，记述彝族的许多重大事件。如关于天地形成的“时昏时暗多变幻，时清时浊年复年”、“雾露里有地，雾露里有天，雾露变气育万物，万物生长天地间”②；关于早期人类演化的“独眼睛这代人啊，猴子和人分不清。猴子生儿子，也是独眼睛”、“冷热不知道，生熟两不分”、“不分男和女，不分长幼尊卑；不分白天黑夜，不分月大月小，不分秋夏冬春”③；关于民族迁徙的“一个抢锄头往东跑，一个抢扁担往西跑，三十六个好儿女，各走一方分了家”④；还有关于人类社会历史变迁、民族团结的描述；等等。《查姆》产生于人类的童话时期，人类早期的优美神话同史诗融为一体。史诗丰美的艺术形象，壮阔的艺术结构，哲理性和形象性的结合，显示了彝族先民早期艺术思想的光华。正如卡希尔所说：“人类不可能以抽象的思维或以理性的语言开始，它必须经过神话和诗歌的象征语言时代。各原始民族不是以概念而是以诗的形象来思维的。”⑤

另外，《查姆》在天文学、医药学等方面也有它独特的研究价值。总体上看，作为彝族创世史诗的《查姆》，不仅是我们了解古代彝族生活的重要依据，同时也是中华民族远古生活画卷中浓墨重彩的一笔，值得我们继续深入研究和重点保护、利用。

---

① 马立三主编：《云南彝学研究》，第4辑，242页，北京，中国民族摄影艺术出版社，2007。

② 云南省民族民间文学楚雄、红河调查队搜集，郭思九、陶学良整理：《查姆（彝族史诗）》，5、8页，昆明，云南人民出版社，1981。

③ 云南省民族民间文学楚雄、红河调查队搜集，郭思九、陶学良整理：《查姆（彝族史诗）》，19、20、24页，昆明，云南人民出版社，1981。

④ 云南省民族民间文学楚雄、红河调查队搜集，郭思九、陶学良整理：《查姆（彝族史诗）》，74页，昆明，云南人民出版社，1981。

⑤ 马立三主编：《云南彝学研究》，第4辑，243页，北京，中国民族摄影艺术出版社，2007。

彝族创世史诗《冷斋调》的死亡文化解析

蒋星梅

对生存与死亡的探讨是人类亘古不变的主题，无论是“生年不满百，常怀千岁忧”的感叹，还是“正因为有死，生才有意义”的辩证思考，都证明了人类对这一问题的重视和关注。彝族先民也很早就对这一问题进行了思考，并以神话、史诗的方式流传和保存了下来，如我们熟悉的史诗《梅葛》无疑是比较著名的一种。“梅葛”反映的死亡思想主要集中在《赤梅葛》中。《赤梅葛》又称《丧事梅葛》，是《梅葛》的一个类型，通常与喜事时演唱的《喜梅葛》相对应。我们可以看到的《赤梅葛》，主要集中在1984年由云南社会科学院楚雄彝族文化研究所收集整理的《俚泼古歌·赤梅葛（葬歌）》、《冷斋调》两个文本中。前者主要流传于大姚县昙华山区彝族俚泼支系中，后者主要流传于永仁县直苴村彝族支系罗鲁泼中，它是在葬礼及人死三年后在农历十月举行超度亡魂的“齐伙尼比”仪式中由毕摩等神职人员吟唱的祭词，反映的主要是彝族先民对万物起源、死亡的思考和认识。它包括“铺天铺地”、“草木的来历”、“鸟的来历”、“人的来历”、“商议”、“生病”、“死亡”、“哭”、“笑”、“毕摩找药”和“洪水漫天”十一个部分的内容。可以说全文主要是围绕“生”与“死”两个主题展开的。

由于“直苴彝族的《指路经》内容与大姚县华彝族《俚泼古歌》大致相同，也与‘齐伙尼比’的《冷斋调》相似，因而是《赤梅葛》的主要内容[①]”。因此，本文就主要以《冷斋调》为主，结合《俚泼古歌·赤梅葛（葬歌）》的相关内容，以直苴为田野点，通过田野与文本结合的方式具体分析史诗对当地彝族死亡观的重要影响。

直苴村公所，位于云南省楚雄彝族自治州永仁县的西北部，总面积约80平方公里，南与大姚县昙华乡、桂花乡接壤，西北与大姚县湾碧乡相邻，人口约2800人，

① 杨甫旺：《楚雄民族文化的保护与传承》，217页，昆明，云南民族出版社，2004。

其中彝族占94%，是一个典型的彝族聚居村。当地彝族自称“尼濮”、“罗罗濮”，语言属汉藏语系藏缅语族彝语支的中部方言。由于交通不便，与外界接触较少，该地至今还保留了大量珍贵的历史文化。

一、神灵信仰支配下的社会分类

在直苴彝族先民看来，能对人的生死起决定作用的，就是神灵。对神灵的信仰即使到了21世纪的今天，仍然是直苴人生活的一个重要组成部分。笔者在调查时发现，当地神灵众多，有山神、龙神、“叉尼”（抵御瘟疫的保护神）、“碌西”（牧神）、“供勒莫”（锅桩神）等。其中“阿干迷西嫫”（总土地神）是较重要的一位神灵，当地人以直苴大村背后约500米高的山顶上的一棵挺拔高大的松树为象征。与云南其他少数民族一样，直苴彝族由于信奉万物有灵，多神崇拜源远流长，土地神往往和寨神、猎神、河神、家神等融合在一起。而在史诗中我们也可以发现众多的神灵，杨甫旺先生对此提出：《梅葛》不仅是楚雄彝族的“根谱”，也是“神谱”。《梅葛》中的神几乎是历史上彝族信仰和供奉的神，而且在史诗的传承过程中得到了强化。《梅葛》从始至终充满了神无所不在、神无所不能的浓厚的原始宗教气息。① 直苴彝族先民将神灵放在崇高的位置，在神灵的名义和指导下认识和分辨世间万物，形成了当地彝族社会独特的分类系统，宣扬了一种符合神谕的就是好的，否则就是不好的、禁忌的事物，并且违背神谕还会受到惩罚的原始宗教思想。

据《俚泼古歌·赤梅葛（葬歌）》记载，传说在洪水泛滥前，兄妹三人白天开荒挖地，因为“老熊”作梗，晚上又还原：

> 大哥很生气，要骂老熊，要打老熊，还要杀老熊。小弟小妹忙劝说：往上看像祖父，往下看像祖母，不能打骂不能杀。大哥不听劝，骂了老熊，打了老熊，一定要杀老熊。②

就因为大哥冒犯了“老熊”，结果为了惩罚大哥，“老熊”让大哥造石房子，洪水来了躲进石房子里，失去了性命；而小弟和小妹则因为维护“老熊”，躲到葫芦里，在洪水后活了下来。另外，当妹妹看到自己生下的是一个胎包，生气地把它踢下

---

① 杨甫旺：《论“梅葛”的历史文化特点》，载《文山师范高等专科学校学报》，2005（2）。

② 云南省社会科学院楚雄彝族文化研究所：《彝族民间文学》，第2辑，内部资料。

河后：

> 胎包漂到海心，门颇想用竹子捞，竹子心不好，不肯把胎包捞。门颇很生气，门颇把咒封："以后做竹活，永远不会富。"门颇借犁头，犁头把话说："我犁头捞不起，你用我弟牛扁担。"门颇很高兴："以后种地能富裕，粮食吃不完，木勺打油吃。"①

直苴彝族先民通过神话史诗的形式，告诉人们世间万物都是受神灵支配的，告诫后代冒犯神灵都只有一个结果，就是受到惩罚和遭受不幸。

同时，史诗以神灵的名义对世间万物进行了分类，表现了彝族先民的一套关于"洁"与"不洁"的社会分类思想，如在《俚泼古歌·赤梅葛（葬歌）》中讲到，盘颇②安排造好天地后发现，世上的万物"大多数要得成"，但是"有少数要不得"：

> 阳光普照大地，温暖大地，但有日食，日食是不好的。明月高照，黑夜光明，但有月食，月食是不好的。……人会说话，为万物之灵，哑巴不会说话，是有缺陷的人。③

在《冷斋调·商议》中就记载了天神造好了天地万物之后：

> 天神找树木商议，找草类商议，找兽类商议，找人类商议，万物要统一。到天头商议时，白鹰没有参加，绕鹰没有参加。到地头商议时，黄土没有参加，墙土没有参加。找草类商量时，毒草没有参加，铁线草没有参加。找兽类商量时，兔子没有参加，狐狸没有参加。找鸟类商量时，蝙蝠没有参加。找人类商量时，哑巴没有参加，疯人没有参加。万物都商议，唯有这几种不商议。万物按天意生长，这几种例外。④

从以上两段话中，我们可以发现万物和人类中有些是例外的、不受神灵欢迎的。如天上的日食、月食、白鹰、绕鹰；地上的黄土、墙土；草类的毒草、铁线草；兽类的兔子、狐狸；鸟类的蝙蝠；人类的哑巴、疯人；等等。它们是违背"天意"生长

---

① 云南省社会科学院楚雄彝族文化研究所：《彝族民间文学》，第2辑，内部资料。

② 盘颇，即彝族传说中的盘古。

③ 同①。

④ 同①。

的，是“不洁”的。

史诗非常清楚地向我们传述了当地彝族先民在神灵信仰基础上形成的一套原始分类标准，而在《圣经》中耶和华也对食物的洁与不洁作了详细规定。在《旧约全书·利未记》中向世人展现了宇宙三界，即陆地、海洋和天空，并对生活在各个空间的动物提出了要求：“在天空中，是有两条腿的飞禽以翅膀飞行；在水中，是有鳞的鱼用它的鳍漫游；在陆地上，则是有四条腿的动物跳跃或行走。任何生物，只要它不‘配备’适于其所在层位的正确的运动方式，就是违背圣洁的。”① 玛丽·道格拉斯认为《旧约全书》中反复强调的禁食戒规，就是要强调与“上帝的圣洁”这种秩序保持一致，每个人都要符合他所归属的阶段或阶层，不同种类、层次的事物不能混淆，与圣洁一致便繁荣昌盛，而一旦违背就会走向死亡。② 以蝙蝠为例，由于有脚却能飞，因此在《旧约全书·利未记》中是禁止食用的动物。在《梅葛》中，也对蝙蝠为什么不吉祥作了解释：

> 有一种动物，非鸟非鼠，翅膀像飞鸟，脚趾像老鼠。白天不出来，晚上才活动，它的名字叫蝙蝠，是不吉祥的动物。③

蝙蝠因为非鸟非鼠，像鸟，长着翅膀，又不是鸟；像老鼠，长着脚趾，却又不是鼠。这些秉性导致了直苴彝族先民将蝙蝠归入了不祥物的范围。比较《圣经》和彝族史诗《梅葛》中划归为不洁一类的动物，我们发现它们都具有模棱两可的特点。正如E. H. 利奇指出的：“是模棱两可的范畴引起人们给以极大的关注，并报以最强烈的禁忌情感。从一般的理论角度来概括，可以说禁忌用于下述范畴，它们是不规则的，同时涉及彼此明显对立的范畴。”④ 成为所禁忌的对象，最根本的原因就是他们脱离了各自所应处的相应位置，这些“例外”正是混淆分类体系的结果。

笔者调查时发现，在现实生活中直苴人对上述这些“例外”几乎都持一种不好的态度，如看到“蝙蝠”就如同汉族听到乌鸦叫一样觉得不吉利。这种分类在根本上强化了神灵权威的神圣性和不可违抗性，符合神灵标准的就是吉祥的，否则就是不吉祥的。以神灵禁忌为基础的宗教思想贯穿于史诗的始终，成为直苴彝族社会分类的一个

---

① ［英］玛丽·道格拉斯：《洁净与危险》，黄剑波等译，71页，北京，民族出版社，2008。

② ［英］玛丽·道格拉斯：《洁净与危险》，黄剑波等译，65～69页，北京，民族出版社，2008。

③ 云南省社会科学院楚雄彝族文化研究所：《彝族民间文学》，第2辑，内部资料。

④ ［英］E. R. 利奇：《语言的人类学：动物范畴和骂人话》，见史宗主编：《20世纪西方宗教人类学文选》，金泽等译，156页，上海，上海三联书店，1995。

重要依据和死亡文化的重要组成部分。

二、神谕权威下的死亡思想

对神灵的崇敬感，可以说是创世史诗先天就具有的，“因为各族创世史诗在其产生、形成和保存的过程中，都与该民族的原始宗教有密切的联系。在创世史诗产生和形成的时候，正是原始宗教盛行的时候。那时‘宗教是这个世界的总的理论，是它的包罗万象的纲领’。神仍在解释着一切，继续充当着异己的自然力量的化身。原始宗教作为一种强有力的意识形态，对人民的社会生活以及整个思想文化领域，不能不发生重大影响。因此，它势必要影响到创世史诗的产生和发展，影响到创世史诗的内容”①。原始宗教对史诗内容的影响，在作为祭词的《赤梅葛》中表现得尤为明显。史诗中对人类违背神谕遭致的死亡惩罚，对死者进行具体处理时须恪守种种禁忌，都体现了这种影响。对神谕的禁忌信仰也成为直苴彝族先民死亡文化的一个重要组成部分。

直苴彝族先民对死亡的认识过程经历了三个阶段：

第一阶段，人会死亡。直苴彝族先民很早就认识到人会死这个事实，在《冷斋调》中先对万物都会生病进行了介绍：

> 天上的病呀！传染到地面，老虎生病，豹子生病。……会飞的生病，会爬的生病，会游的生病，会跳的生病。人也染病了。②

然后在第七节“死亡”中，详细地描述了星辰、河流、动植物、人类，即生活在空中、陆地、河流中万物的死亡：

> 太阳会死，月亮会死，星宿会死，云彩会死。天上的死神，来到地面上，松树栗树死，树木都会死。……箐水会死，河水会死，龙潭也会死。人呀也会死，天地万物都会死。③

---

① 朱宜初、李子贤：《少数民族民间文学概论》，166 页，昆明，云南人民出版社，1983。

② 云南省社会科学院楚雄彝族文化研究所：《彝族民间文学》，第 2 辑，内部资料。

③ 同②。

直苴彝族先民对死亡持一种坦荡、客观、现实的态度。

第二阶段，找到不死药，人可以不死。《冷斋调》中讲万物因为生病而死亡，毕摩用计在蛇的启示下找到了不死药，于是万物都被他治好了：

> 毕摩模仿公蛇去找药，不死的药找着了。毕摩带药上天去，给太阳月亮医病，给星宿云彩医病，全都医好了。……毕摩给人类医病，谢泼活起来，罗别活起来，俚泼活起来，告泼活起来，罗鲁活起来，巴也和些若，都活起来了。①

毕摩作为神灵与现实世界的沟通者，带来神的旨意，帮助人们逃过了死亡的厄运，从此可以不死。

第三阶段，不死药的丢失，人会死亡。后来由于毕摩的家人不听毕摩的话丢了不死药：

> 独儿没有活起来，毕摩很伤心，不死的药呀！为什么不灵了？原来毕摩出门时，告诉家里人，木柜里有药，千万莫打开。家里人不信，开柜偷看药，柜子一开阳光照，太阳把好药拿走了。从此好药在天上，太阳月亮不会死，星宿云彩不会死，天神不会死。地上只有医病药，治病不治死。不病的药没有了，不死的药没有了。②

毕摩的家人违背毕摩的旨意，导致不死药的丢失，人类从此不能长生不死。彝族先民以史诗的形式，将人类违禁遭受的惩罚代代相传，以人类都得面对死亡这种深刻和残酷的方式训诫后人遵守神谕的重要性。

对待死亡，贵州、云南其他地区及四川大凉山彝族中普遍认为，人经历了从人生来不会死到人会死亡的过程。贵州古籍文典籍《物始纪略·人的生死说》记载：

> 很古的时候，人们有威荣，人们寿命长，人间也美好，人们不愿死，老来也不死，不死怎么办，不死换新皮，又换一层皮，又长新牙齿，不到几年后，又变年轻了。③

---

① 云南省社会科学院楚雄彝族文化研究所：《彝族民间文学》第2辑，内部资料。

② 云南省社会科学院楚雄彝族文化研究所《彝族民间文学》，第2辑，内部资料。

③ 毕节地区民族事务委员会毕节地区彝文翻译组编译：《物始纪略》，169页，成都，四川民族出版社，1990。

云南彝族的创世史诗《尼苏夺节》中也有关于死亡起源的叙述：

洪水过后，天帝陈古子派仙女下嫁人间续烟火，还把病神、死神用铁链捆住，用铁锁锁起，关进牢房，以免出来危害人间。

有一天贤延黄帝的三个儿子去森林中打猎，射死一只黄母猴。三兄弟把猴抬回家来吊丧，并举行隆重葬礼，杀猪宰牛，鼓乐齐鸣、大宴宾客。天帝得知，认为人们喜欢死，混淆人兽界限，于是放出病神和死神，从此人畜死不断。娘别厄延儿想找回不死药让母亲起死回生，药找到了，但因延误时间，其母已断气百日，肉已腐烂，不死药已无回春之力了。自此世间只有治病药，没有长生药和不死药。①

凉山彝族《指路经》中关于死亡来历的记录是这样的：

远古的时候，天上降黑架（尸架——引指死神）落在地上勒家门。下界勒母随此死。架从勒家飘，飘到阿哲家，又从阿哲家飘，飘到瓦萨家，又从瓦萨家飘，落入黑云家；又从黑云家，飘入彩云家；又从彩云家，飘到白云家。此乃昊天尸架也！尔后又降下，架落山峰银杉家，银杉不肯依，喊也喊不去，拉也拉不走；飘来又飘去，飘到屋上大石家，大石不肯依，喊也不肯去，推也推不走；飘来又飘去，飘进屋里来，找到善良的屋主母亲，喊也跟着去，拉也跟着走。人类死亡之源于此。②

对比直苴彝族和其他地方彝族的死亡史纪，虽然人最终都会死，但最初对待死亡的态度却明显不同。贵州、云南等地的彝族先民认为人原来是不会死的，死亡是上天强加给人类的，是一种无奈的选择，史诗中透露出失去长生机会的失落感。直苴彝族先民则从一开始就直视死亡，古歌中提到生病、死亡都是从天上来的，暗示是神的旨意不可违抗，同时表现了对神灵的虔诚崇拜和信仰。在《冷斋调》中是这样记载的：

人死请毕摩念经，生病请神婆送鬼，不死的药没有了，医病的药还有。有神来保佑，有药来医病，万物又发展，人类又兴旺。③

---

① 云南省少数民族古籍整理出版规划办公室：《尼苏夺节》，66 页，昆明，云南民族出版社，1985。

② 王昌富：《凉山彝族礼俗》，188 页，成都，四川民族出版社，1994。

③ 同①。

同时，在《冷斋调》中又说：

世上不死药没有了，万物都会死，白天死一百，晚上生一千。万物还是在发展，人类还是在发展。①

他们对生命的未来、种族的延续有理智、乐观的认识，相信生死是紧密相关的，灵魂不灭可以在另一个世界继续生活，它还与生者保持联系，还会转世投胎回到人间。同时灵魂的独立性和神秘性，使人们相信灵魂可以庇佑或者危害活人。因此，生者必须对它采取一系列安抚、献祭的方法来使它只施福而不降灾。

在祭词《俚泼古歌·赤梅葛（葬歌）》中更是详细告诫世人，对亡灵祭祀时需要遵守的一系列禁忌事项。在“亡魂洗脸”中记载：

老虎占山头，虎面向哪方？到哪方去找盆，找盆来洗脸。河中的石盆，是鱼和石蚌用的。山头的木盆，是野兽用的。栗木树的盆，是斑鸠用的，马樱花树的盆，是子孙用的。山头的青松树，折三杈的松枝，我毕摩给你洗脸，把你脸洗净。洗过脸以后，给你献茶，大理茶山的茶，用赵州土锅煮。山头绿叶是鸟类茶，岩边绿叶是兽类茶，河边绿叶是鱼类茶，请你喝我献给你的茶。②

将为死者洗脸和献祭的物品严格地与活人及其他使用的区分开，在死者与其他事物之间划定一条界限分明的线，两者不可逾越，表现了当地人严格的分类思想和对死者审慎的态度。

在《杀祭牲》中记载：

祭奠要杀祭牲，祭给你的羊你领去，祭给你的鸡你领去，祭给你的猪你领去。野兔不是祭品，野鸡不是祭品，老鹰不是祭品，斑鸠不是祭品。麂子不是祭品，马鹿不是祭品，豹子不是祭品，老虎不是祭品。鸟类不是祭品，兽类不是祭品，那些东西你莫要，那些东西你莫赶。③

强调了给亡灵的祭品只能是人工圈养的羊、猪和鸡，而其他野生的鸟兽则是禁

① 云南省社会科学院楚雄彝族文化研究所：《彝族民间文学》，第2辑，内部资料。
② 同①。
③ 同②。

忌品。

在“灵魂变化”中毕摩对灵魂变化需要注意的地方提出的告诫：

> 我毕摩告诉你，人死到阴间，灵魂会变化，怎么个变法？松树你莫变，栗树你莫变，变成树木，人们来砍你。野兽你莫变，人们来猎你，骡马你莫变，人们要驮你。……你要变呀，变成“干嫫盘嫫”①，蜕掉蛇皮后，又可变成人。②

从这种饱含关怀的谆谆告诫中，彝族先民的灵魂不死信仰及其中的洁净分类思想之深刻性可见一斑。

当按照要求合理地对死者进行安置后，彝族先民表现出坦然正视死亡的乐观态度：

> 亡魂要走了，舅家和村里人来跳丧，让亡魂欢欢喜喜到阴间，让鬼怪远离棺材。……他们一夜跳到亮，劳累辛苦；他们为亡者操劳，为主家辛苦。让他们喝酒，让他们跳得欢乐，让他们把恶鬼驱散，让亡者顺利到阴间。③

让亡魂和生者都能在欢乐的歌舞中得到安慰和喜悦，引导灵魂顺利到达另一个世界。

史诗对死亡由来的解释、祭品的要求、灵魂变化的规定、送葬前夜欢乐基调的确定等构成了直苴彝族先民死亡文化的核心，这种观念也对仪式的具体操作造成了深远的影响。

三、葬礼：《赤梅葛》的传承场

在“梅葛文化带”④ 的大姚县昙华村、姚安县马游村、牟定县腊湾村等地，梅葛的其他几种演唱形式，如喜梅葛、娃娃梅葛等都有普遍的流传，但追溯“梅葛”最古老的内核，还是要从直苴的《赤梅葛》开始。《赤梅葛》作为丧葬祭祀时的祭词，与丧葬祭祀仪式密不可分。

---

① “干嫫盘嫫”，会变成人的蛇。

② 云南省社会科学院楚雄彝族文化研究所：《彝族民间文学》，第2辑，内部资料。

③ 同②。

④ 杨甫旺：《楚雄民族文化的保护与传承》，217页，昆明，云南民族出版社，2004。

直苴人重“白事”不重“红事”，可以没有婚礼，但是最贫困的人家也要尽最大努力办好葬礼。笔者在作调查时，当地人自豪地告诉我们，他们的葬礼和新中国成立前几乎没有什么变化。举行丧葬祭祀仪式是人们生活中的大事，用当地人的话来概括就是“古朴”、“隆重”。而通过事先对当地彝族老人进行访谈记录下的新中国成立前丧葬祭祀的程序文本，与笔者于2006年2月、2006年11月和2007年2月三次观察到的仪式比较后发现，从丧前准备开始到葬礼结束后满七天后的祭祀，再到三年后的冷斋（“齐伙尼比”）超度仪式程序基本相同，变化主要表现在一些细微的方面：在丧葬仪式的第三步装殓中，新中国成立前不能用汉族的衣物，现在则可以给死者穿汉族的衣服，但最外层仍然必须是当地的黑色满襟长衫（男性）和满襟绣花衣裤（女性）；原来规定要在死者的脸上盖上一块剪出眼睛、鼻子和嘴巴形状，里层为黑色棉布、外层为白色麻布的遮脸布，但“这种风俗现在有些地方已经不兴了，主要是亲戚朋友看了害怕”①。原来需要遵守的种种禁忌事项：在孝终仪式中，老人断气后直系亲属必须用木桶去水井里“买”阴水，其他材料的都不行；在丧葬或冷斋仪式中，为了保证死者在阴间有水喝，能顺利回到祖先居住地，就要向地下洒水，必须用木勺而且舀水和洒水的方向必须相反，这样的细节报告人在介绍时还特别强调“千万不能做错了，不然死者就吃不着水了”②。诸如这些细节方面的规定，在今天的仪式中也依然被严格地遵守。

仪式起到了将生者与死者分离的重要作用，玛丽·道格拉斯认为：“仪式将死亡从生命中分隔出去：‘去世的人，如果不与活着的人分离开来，就会给活着的人带来疯狂。’”③ 一般来说，人们对死者普遍持一种矛盾的态度，既怀念又恐惧，导致这种心理的一个根本原因是死者也是一种禁忌的对象。初死者，按照金泽先生的话来说，就是已经死去但尚未入葬的亲人等，处于一种暂时的模棱两可的状态，通过宗教禁忌可以起到将他们纳入“另册”，并使之游离于正常的文化秩序之外。如将死者的停放地改造成“灵堂”等。④ 从而帮助生者顺利度过这个非常时期。尽管史诗中并未提及死者的这种模棱两可性，但我们从史诗中，却很容易推测彝族先民在神灵崇拜思想下，潜意识中也自然地把死者归入了禁忌的范围。对死者的复杂感情，是导致直苴彝族祭祀仪式程序繁杂的一个重要原因。

---

① 资料来自笔者的访谈记录。访谈对象：Yin Jia－cong，男，彝族，64岁，直苴大村人，农民；访谈时间：2006年11月12日。

② 来自笔者的访谈记录。访谈对象：Li Rong－bao，男，彝族，45岁，直苴子刀博人，农民；访谈时间：2006年11月9日。

③ ［英］玛丽·道格拉斯：《洁净与危险》，黄剑波等译，214页，北京，民族出版社，2008。

④ 参见金泽：《宗教禁忌》，172页，北京，社会科学文献出版社，2002。

另外，2007 年 2 月笔者到永仁县莲池乡下属的几个彝族聚集村子调查时发现，当地人的葬礼已经汉化得很严重了，当他们谈到直苴葬礼时，普遍都觉得太复杂了。与《梅葛》流传地大姚县华等地比较后，我们也发现直苴人对丧葬仪式的热情是最高的，即使是最贫困的人家也在财力、人力、物力方面竭尽所能地投入，按照程序要求一丝不苟地去完成他们心中最“神圣”的事业。

结 论

直苴地区的《赤梅葛》，是“梅葛文化带”的一个有机组成部分，也是《梅葛》最原始和古老的一个组成部分，带有浓厚的原始宗教气息。通过对现存的两个祭词文本的分析，我们发现通篇都被烙上了神圣的印记。通过在丧葬祭祀这样严肃庄严场合的演唱，一方面强化了仪式的神圣性和有效性，另一方面也将直苴彝族先民对死亡的认识和体悟传递给了后人。尽管《赤梅葛》在现代已逐渐萎缩，但丧葬祭祀仪式作为“赤梅葛”的重要传承场，至今仍在发挥着作用。在仪式操作过程中，人们仍然严格地遵照祭词中的规定来执行，唯恐出现一点点“不合规矩”的地方。对神灵的信仰及在此基础上形成的禁忌规定，除了满足人们的心理需要、保证死者人生中最后一项通过仪式顺利完成外，也使当地的丧葬祭祀仪式得到了较完整的保存。

彝族《撮泰吉》“寓言”的所指与能指解析

王明贵　王　显

“撮泰吉”是流传于贵州省威宁彝族回族苗族自治县板底乡曙光村裸戛院子的彝族传统文化形式（或称之为古戏、古傩、古舞等，称呼颇多，未定为何种艺术形式），自1984年被发掘出来后，引起了学术界和艺术界的极大兴趣，有关专家、学者纷纷撰文进行介绍、研究、争论，一时间掀起了一股研讨《撮泰吉》的热潮。较早和较为完整地记述《撮泰吉》的文本有两个：一个是杨光勋、段洪祥的《彝族古戏——“撮衬姐”》，发表于《贵州文史丛刊》1987年第1期；另一个是罗德显、杨全忠记录、翻译的《撮泰吉》，发表于《贵州民族学院学报》1987年第4期。其中以罗德显、杨全忠记译本较为全面，这个译本经罗德显重新考订翻译后，又发表于《重庆师专学报》1999年第4期（本文所用“撮泰吉”名称的概念即以该译本为准）。后来由于影响逐渐扩大，有了各种电视报道、记录版和民间的各种录像版本,① 在被列入国家第一批非物质文化遗产名录后，影响进一步扩大。

最早研究《撮泰吉》的专家，有李永才、段洪祥、杨光勋、罗德显、庹修明、席克定、陈世鹏、安尚育、皇甫重庆、杨和森、中原律子、潘朝霖、李平凡等，后来又有许多人参加了其中的研究，他们各自从傩戏、农耕文化、民俗、戏剧、舞蹈、仪式等角度进行了多重内涵的研究。

---

① 本文所赖以分析的文本，是以由文富华、文道聪口述，罗德显、杨全忠记录的《撮泰吉》演出记录本（载《贵州民族学院学报》1987年4期）和罗德显重新整理翻译的《撮泰吉》（载《重庆师专学报》1999年第4期）的两个文本为基础，并且参照了其他文本、录像、调查资料、研究文章和相关报道。

一、内涵深广的《撮泰吉》寓言

《撮泰吉》的内涵深广而丰厚，不同的研究家给予了不同的解释，至今仍然没有穷尽它的意义，也没有一个能够涵括一切的研究成果能够把它的内涵说得较为全面而服众。因此，《撮泰吉》好像一个寓意丰富的寓言，不同的观众、读者和研究家可以从中得到不同的解释和启示。

“撮泰吉”在每年的农历正月初三到正月十五举行，基本情况如下：

时间：远古。

地点：野外（演出地点和剧中地点）。

人物：惹戛阿布——山林老人，不戴面具，粘白胡子。阿布摩——1700岁，戴白胡子面具。阿达姆——1500岁，戴无须面具。麻洪摩——1200岁，戴黑胡子面具。嘿布——缺嘴，1000岁，戴兔唇面具。阿安——小娃娃，阿达姆之子，戴无须面具（据调查，阿安原先是由阿达姆背着的布娃娃，无面具）。① 牛——两人扮演。狮子舞——三人扮演。

第一部分：祭祀。演出者身上四肢都缠着布以象征裸体，戴面具做猿猴步态，由阿布摩领着跟在狮子和牛之后出场。“撮泰”老人们手拄棍棒，以吸气的发声方式发猿猴似的叫声，绕场一周后，开始向天地、祖先、山神、谷神及四方神灵斟酒祭拜，方向一致向西——这是祖先们迁徙来的方向。

第二部分：耕作。这是“撮泰吉”的主体内容之主要部分。祭祀完毕后，演出“撮泰”者手拄木棍，脚手弯曲，拙笨地行走，用吸气发声如猿鸣，齐声呼出惹戛阿布，用彝语念诵对白，描述和表演如何送种子、买牛、驯牛、整地、播种、收割、脱粒、储藏等过程。劳动间歇有嘿布挑逗阿达姆并从后面与之交媾，阿布摩发现后打走嘿布的表演情节，有祭奠及叙述谷种、粮食来历的情节。

第三部分：喜庆。丰收庆贺，演狮子舞。

第四部分：扫寨，包括扫火星。由惹戛阿布率领众“撮泰”到村寨中的各家各户去扫除灾病瘟疫，在每家扫一间房就要一个鸡蛋，扯下房四角的一束茅草。四个撮泰阿布到各家都要把木棍插在火坑中摇来摇去，祝福祈祷一番。遇到不会生育的人家还要挑逗夫妇俩，教他俩交媾时要像演“撮泰吉”时的猿猴一样从后面交媾而不是面对面交媾，祝福他们早添人丁，然后到村外埋三个鸡蛋占卜年辰，烧吃剩下的鸡蛋后呼

① 也有调查者调查到有的演出中把阿安作为阿布摩和阿达摩之儿媳的孩子。

“火星走了！火星走了！”

关于《撮泰吉》，由于它的内涵丰富深厚，从名字到形式到内容都有许多的争论。根据原记录、整理、翻译者之一的罗德显的“重译说明”介绍：“撮泰吉”为彝语音译，“撮”意为“人”，“泰”意为“变化”，“吉”意为“游戏、玩耍”，三字相联，可理解为“人类演变的戏”，或者“先民耕作活动的由来”。由此可见，在记录、翻译《撮泰吉》时就遇到了名称定义上的困难。这样，初始的调查研究者对其形式和内容的记录、翻译和理解就更难免遗漏、偏颇。因此，许多专家亲临现场进行调查研究，从各自角度出发进行挖掘，之后，专家学者们又发表了各种不同的译名。

关于“撮泰吉”名称的含义，多数研究者认为：“撮泰吉”作为彝语，“撮”意为“人”，“泰”意为“变化”，“吉”意为“游戏、玩耍”，三字相联，可译为“人类演变的戏”、“人类刚刚变成的时代”或“人类变化的戏”，简称“变人戏”。① 有专家认为“撮泰”是一个彝语古词，不能分开翻译，“撮泰”即古彝语意为“猿人”，因而“撮泰吉”就是“猿人戏”。② 也有学者认为“‘撮泰吉’活动应译为‘彝族先民生产变化的活动’”。③ 不论这个名称作何种译解，其中透射出来的历史文化信息，为我们探讨其中的寓意提供了诸多元素。

关于它的形态，安尚育等认为是古代戏剧④；庹修明等认为是傩戏⑤；段洪祥、杨和森等认为是戏剧⑥；李平凡认为是古老文化⑦；席克定认为是活动而且是彝族先民生产生活的活化石⑧；潘朝霖与中原律子认为是民俗活动，称它为“人类的祖宗戏”，是“人之初、舞之始、戏之源”⑨；而众多的观众和读者，往往把它看做古老的舞蹈。据说戏剧大师曹禺看了《撮泰吉》的录像之后曾经说，中国戏剧史应该重写，

---

① 参见庹修明：《原始粗犷的彝族傩戏“撮泰吉”（变人戏）》，载《贵州民族学院学报》，1987（4）。

② 参见陈世鹏：《“撮泰吉”文化现象溯源》，载《贵州民族研究》，1992（2）。

③ 参见席克定：《记录彝族先民生产活动变化的“活化石”——威宁板底裸戛彝族“撮泰吉”活动的民族学意义》，载《贵州彝学》，1989（1）。

④ 参见王明贵：《彝族文化之谜》，见王明贵：《鹰翎撷羽》，56页，香港，天马出版有限公司，2005。

⑤ 参见庹修明：《试论彝族傩戏“撮泰吉”的原始形态》，载《贵州彝学》，1989（1）。

⑥ 段氏曾在1984年的《贵州戏剧》上撰文呼吁抢救“撮泰吉”。参见杨和森：《彝族创世纪戏剧〈搓特基〉的民族学意义》，载《彝族文化》，1987（年刊）。

⑦ 参见李平凡：《彝族古老文化“曹腾紧”调查》，载《贵州民族调查》之五（内部资料），1987；参见《贵州六山六水民族调查资料选编》，贵阳，贵州民族出版社，2008。

⑧ 同⑦。

⑨ 参见潘朝霖、中原律子：《彝族变人戏——“撮泰吉”的情况调查》，载《彝族文化》，1989（年刊）。

其源头就是《撮泰吉》。

从已有的研究成果来看，《撮泰吉》中有多重文化内涵。其一，反映了彝族先民的农耕文化。《撮泰吉》中专门有一部分是《耕作》，有驯牛、开荒、整地、撒灰、撒荞子、收割荞子、背荞子回去装满粮仓，然后举行向粮食祝酒仪式等。其二，反映了彝族先民民俗中的祭祀祈求丰收和祈福禳灾等。这在第一部分的《祭祀》和第四部分的《扫寨》中都是主要的仪式内容。其三，反映了彝族的祖宗崇拜信仰。其四，反映了彝族人民在古代祈求人类繁衍、人类传承、多子多福的人生观。这在活动进行到《扫寨》时，要在没有子女的人家为夫妻俩训导生育知识、唱情歌等中得到反映。同时，《撮泰吉》中的交媾内容，也是彝族古代顺势巫术观念的反映，即通过在祈求农业丰收的仪式中进行繁衍人类的表演活动，希望庄稼能够长势良好，获得丰收。其五，反映了彝族凡事都要追根究底、追本溯源的寻根哲学思想。其六，反映了彝族火崇拜文化的辩证性。既要崇拜火，又要防止火患成灾。其七，反映了彝族古代的预测学思想。埋藏鸡蛋、挖出鸡蛋来察看，都是预测的一种方式方法，鸡蛋卜本身就是彝族预测学中基本的方法之一。其八，反映了彝族先民对人与自然的关系思考，同时出现了民族之间关系的情况。当然，由于《撮泰吉》形态的奇特性和内涵的丰富性，其中所蕴藏的内涵也许远远不只这些，还需要专家学者们来作更多更深更具有说服力的研究。

二、《撮泰吉》寓言解析：所指与能指

“所指”和“能指”，是索绪尔语言学的重大发现，指的是人类语言具有历时性和共时性两个方面共同存在的情况，语言还有本身所指，即能够让听受者一听即知的意义，同时还有在语言本身能够涵盖之内但没有直接表述出来的能指意义。所指是表层的直接的，能指是深层的、曲折的或是多重含义的。借用所指和能指这两个语言学术语来分析、解释、研究《撮泰吉》，是因为《撮泰吉》就像人类一个内涵丰富的语言标本，具有形式上所指比较直接而内涵上能指的东西非常丰厚广博的特点。本文将择取《撮泰吉》中几个具体的方面，来作一个尝试性的分析。

（一）超长年龄的寓言——人类漫长的进化寻根

《撮泰吉》中的人物，有其不同的年龄特征。除了演出记录本有明确的以外，惹戞阿布是没有年龄界限的。其实根据演出者的介绍，惹戞阿布恰恰是年龄最长没有办法计算的最长寿者，其名字中的惹戞就是山林的意思，阿布是老爷爷的称呼，可以叫

做山林老人或者山林中的老爷爷之意，也就是说，他是《撮泰吉》中年龄最长的人，不能简单地用一千多岁或几千岁等的具体年限来计算。① 他可以代表人类形成到演出当时的整个人类历史，他是猿人（演出中的装扮解释）演变成人类的整个历史的见证人。

《撮泰吉》中有明确年龄的人中年龄最大的，是阿布摩，有1700岁；其次是阿达姆，有1500岁。阿布摩、阿达姆在彝语中泛指老爷爷、老奶奶。阿布摩和阿达姆在生活中一般被理解为夫妻，在《撮泰吉》中也表现为配偶。他们之间的年龄差距，与现实生活中夫妻普遍男大女小的情况相符。另外两个剧中角色麻洪摩和嘿布，各为1200岁和1000岁，年龄比阿布摩和阿达摩要小，但他们是成年人，不是阿安（孩子）。然而，1700岁、1500岁、1200岁和1000岁的高寿，在人类文献中没有记载。据汉文献记载，人类的长寿者彭祖也只活到600岁，超过这个数字，就是神仙而不是人了。因此，应该寻求另外的角度来分析、解释这个角色年龄超乎于自然之上的寓意。

《撮泰吉》产生于封闭的高寒山区，这里至今仍然是一个交通闭塞、信息不灵的地方。即使戏剧已经有了著名的象征主义流派，也不会对《撮泰吉》产生丝毫的影响，因为它至今仍然保存着本来的原始面目，并没有渗入现代艺术尤其是外国艺术或其他影响的情况。何况就是象征主义戏剧，其中也还没有如此年龄长达千岁以上的角色。所以，《撮泰吉》中角色年龄长达千岁以上，它应该是一个象征性的寓言：人类的形成是一个漫长的历史进化过程，人类是从山林中走出来的，人类的历史是一个递进的过程（人物年龄的参差有序），人类的发展还没有穷尽（阿安即小孩就是未来发展的象征）。②

（二）交媾的寓言——人的现实的生命之根

《撮泰吉》中已经有阿布摩和阿达姆之间明显的配偶关系，这不只是从人物关系的称谓而论。在演出过程中，休息的间歇，嘿布突然偷袭阿达姆并从背后与之交媾，阿布摩发现并在追打赶走了嘿布之后，与阿达姆交媾。这只是记录文本中的体现。在《撮泰吉》演出完成之后，整个仪式并没有结束，这一帮撮泰老人还要到整个村子中挨家挨户地进行扫火星仪式。在仪式进行过程中，如果遇到不会生育孩子的夫妇，撮泰老人还会将一根木棍插入这家人的火坑内摇来摇去（暗示交媾），并且教这对夫妇像演出《撮泰吉》时男人从女人的后面交媾的形式，大声说：你们搞了没有？要这样

① 有一个调查资料认为在另外的演出中曾经把惹戛阿布定为1800岁。

② 参见王明贵：《〈撮泰吉〉与彝族寻根哲学观》，载《民族文学研究》，2006（2）。

搞才行哩！高兴时还会肆无忌惮地合唱一首情歌。[①] 据说进行这样的仪式后，这家夫妇次年就能生育孩子。

《撮泰吉》在进行演出和举行仪式的过程中都出现了交媾的表演，这在彝族社会习俗中是不寻常的。按照彝族传统的习俗，在家里、在村寨里和在有老人、小孩、妇女等不同年龄和辈分的人在场时，一般都是不允许唱情歌的，连说与生殖有关的话题都要注意避讳。就是在举行火把节这样适宜于青年男女谈情说爱的场合，年轻人唱情歌谈恋爱都要有所避忌。《撮泰吉》中出现这样肆无忌惮的表演，可以说是绝无仅有的。因此，它的寓意更加引起了学者的重视。应该说，《撮泰吉》中的交媾情节，固然具有顺势巫术中祈求生育的观念，但更为隐秘的寓意，却是它寻找人类产生的现实之根的隐喻，也就是说，没有两性的交媾，就不会生育人。这个看似简单的道理用这样的演出和仪式来表达，在今天的人们看来是再浅显不过的常识，但是我们应该顾及《撮泰吉》这个古老的形态是产生于遥远的年代，那个时候彝族古代人民还不能解释人类是如何生育的科学道理，而只能用一些非科学的创世神话、民间传说来解释。所以，古老的《撮泰吉》通过交媾表演探寻人的生育之根，是值得肯定的人生启蒙和艺术教谕。

这样，《撮泰吉》以年龄的寓言提示人类是经过漫长的历史进化才形成了今天的人类，又以交媾的寓言来提示人是在两性交媾的现实生活中孕育出来的，这就是人类的历史之根与人的现实之根。

（三）人物关系的寓言——本土土著民族历史寻源

《撮泰吉》中出场的人物虽然不多，但是从人物的关系结合他们的年龄，却可以从中探寻本土土著民族历史之根源。惹戛阿布无疑是本土居住历史最长的土著，由于他的山林老人的身份，作为还居住在山林中的人，当然还不能确定他的族属，所以我们可以认为他是人类在民族集团还没有形成时期的人们共同体，是本土居民中最早的土著人。而阿布摩、阿达姆和他们的孩子阿安，就是当地的彝族人，这一点是当地人们的共同认识。麻洪摩是彝语对苗族老人的称呼，其中麻洪是对苗族的彝语称谓，加上彝语词缀摩即老人，结合起来所指的就是苗族老人之意。麻洪摩有 1200 岁，他的年龄小于阿布摩和阿达姆。嘿布有 1000 岁，有一种民间的说法，说嘿布是当地彝族对汉族的一种特殊称呼。那么，在《撮泰吉》中，除了惹戛阿布不能确定族属之外，至少有彝族、苗族和汉族三个民族在其中出现。

其实，《撮泰吉》中会出现奇特的人物关系和年龄梯次，其中重要的一个信息就

---

① 参见阿世鹏：《“撮泰吉”文化现象溯源》，载《贵州民族研究》，1992（2）。

是隐喻威宁当地居住的各个民族，在历史上迁移到达本地的不同时期，其中最早的土著民族已经不能确切地指出时间，所以山林老人是没有具体年龄的（即使有年龄也是最大的），也不确指是什么民族，那个时候还没有民族的分野。而作为彝族的《撮泰吉》，认为彝族就是本地最古老的民族，是当地居住最早的民族，因此，阿布摩和阿达姆的年龄是最长的，并且他们所生的阿安寓意还要在此长久居住下去。其次来到此地的是苗族，他们相对彝族人来说是后来者，但是他们又比汉族来得早，而汉族才是最后迁移到这里来的居民，年龄只有1000岁，没有苗族的1200岁长。

彝族比苗族和汉族在威宁居住的时间要早，大概没有多少疑问。苗族比汉族要早进入威宁和汉族是否最后才迁移到威宁？这个问题需要历史学家们的考证。不过，《撮泰吉》的确艺术地反映了这几个民族迁移的情况，《撮泰吉》是符合历史真实的。虽然考古的发掘证明在汉代就有汉族进入贵州，历史学家们也证实，汉族进入贵州有三次较大规模的迁徙，一次是秦汉时期，一次是明朝时期，一次是清朝时期；然而，根据《大定府志》的记载，在清代实施“改土归流”之前，黔西北地区是“夷多汉少”，而在“改土归流”之后，变成了“汉多夷少”，说明汉族大规模进入黔西北地区并且直接改变了人口和民族结构是在清代以后。而根据有关史料的记载和相关研究，苗族大规模进入黔西北地区是在唐宋时期。①

（四）非凡粮种的寓言——祈求生存所依根基永固

《撮泰吉》一开始，就有祭祀和祈福的仪式，这个仪式一结束，演出就从四个撮泰老人为裸戛院子本地人送粮食种子的内容开始。关于送粮食种子的解释，多数学者认为这是祈求丰收的仪式。这一解释固然有其合理的地方，也是《撮泰吉》演出内涵的所指，然而结合整个《撮泰吉》来看，似乎又远远不只这些。《撮泰吉》演出开始的台词中，特别介绍了阿布摩等四个撮泰老人的来历，接着介绍他们是因为这个地方遭受连年的自然灾荒，为救济灾荒送粮食种子而来。这些都没有什么奇特，奇特的是对粮食种子及其来历夸张而详细的描述：种子来自生产能力超强的谷彻贝谷地方，这个地方产的五谷粮食摘秆秆有手臂粗，摘一粒就够做一顿饭，而且会像人一样地分枝，分来分去分一支到了裸戛院子。且不说这种具有非凡生产能力的粮食在古代是不是事实，在《撮泰吉》中作为一种象征形式的表演，它应该还另有所指，即其“语言学”意义上的“能指”还有更为深层的含义。

在彝族的各种传统仪式上，都要有一个献酒的开头，所以彝族各种传统仪式中分

① 参见侯绍庄、史继忠、翁家烈：《贵州古代民族关系史》，211页，贵阳，贵州民族出版社，1991。

别有不同的《献酒经》。凡是篇幅较为长一点的《献酒经》中，通常都有几句程式化的句子，通用的为（彝语）“直吼诺遮举，直吼诺腻谷，直吼诺热舍，直吼诺跨目；提麻博有欧，直吼蒂署力！”① 不管是哪一种版本的《献酒经》，只要牵涉相类似的内容，都要把“直吼诺遮举”一句话放在最前面，译为汉语其意义是“献酒根基固”。追求根基永固是彝族人传统文化中一种永久的信念、牢固的心结，而这个根基最直接的表现是人丁兴旺、永续香火，同时兼及五谷、六畜、福禄、威势、声誉、财富等一切能够使家与家支繁荣昌盛、物质财富与非物质声望都享誉四方的所需。所以彝族传统习俗中，如果所生育的孩子经常夭亡，就认为是“根”有问题。为了改变这种状况，保证某一个重要的小孩（主要是男孩）生存下去，就要请求彝族毕摩（祭司及传统文化传承人）帮助做一个“栽根”仪式，而这个代表人的“根”的植物必需是容易存活而且丰产的果子树，以求根本牢固，多子多福，长命百岁。从某种意义上说，人才是一切富贵、福禄所赖以存续的根本，没有了人，一切都是空谈。因此，追求根基永固是彝族追求的恒久的信念。而人类生存所依赖的最直接的第一物质基础就是粮食，只有粮食根基牢固，能够有非凡的抵御自然灾害的能力，不怕灾荒，生产能力超过人类的要求，才能保证人类的生存。所以《撮泰吉》送种子时特别强调了来历的非常和产量的非凡，是有非同寻常的根基的，它会为演出《撮泰吉》的当地人民带来丰收的希望。这是为粮食寻找好根基，而由此祈求人类赖以生存的物质基础要根基永固。

（五）耕牛价格超高的寓言

《撮泰吉》中最为明显的内容之一就是耕作与收获过程的全面演述。耕作的基础，是拥有生产资料，包括土地、种子、生产工具等。其中作为生产资料的一个重要条件就是耕牛，耕牛在整个农业生产中拥有非常重要的地位，“两亩地，一头牛，小夫妻，热炕头”曾经是中国农民追求的传统幸福生活的写照，所以毛泽东在进行农民运动考察后就感慨地说：“牛，这是农民的宝贝！”在《撮泰吉》中，买卖耕牛、用牛耕地等过程有丰富的情节和表演动作，占了很大的一部分。特别是买一头牛，其价格高到令常人难以想象：要1200两银子。耕牛价格如此之高，并不是现实生活的真实写照，其中必然有让人思考的内涵。

其实，《撮泰吉》中的牛如此超乎寻常的高价格，是与粮食种子超乎寻常的高产能力有一定联系的，而且与后来粮食超乎寻常的超高产等也有一定的联系。它不仅仅是一种丰收的祈愿，是一种顺势巫术的思想，更为重要的是，牛的超高价格，是为了

① 李荣林抄本：《献酒经》，原件藏于毕节地区彝文文献翻译研究中心。

让人们深刻理解生产资料和生产力的超常重要性。在古代社会，除了人力之外，畜力是能够极大地帮助人类完成耕作、运输等的特别重要的生产力，而不仅仅是一种生产资料、生产工具。在某些方面，畜力超过了人力，起着人难以企及的作用，作为除了人之外的活，劳动比任何其他的生产资料、生产力的作用都大，因此也就得到了人的超乎寻常的重视。为此，在某些民族之中，古代曾经把牛作为民族的图腾崇拜物，一直沿习到现代社会。从某种意义上讲，牛是传统农耕文化的象征。因此，牛的超高价格，在《撮泰吉》这部蕴涵丰厚的作品中得到了出乎意料的表述，而不只是一种艺术的夸张。

三、解析《撮泰吉》：打开彝族历史文化哲学的金钥匙

限于篇幅，以上只是选取了《撮泰吉》寓言中的五个具体方面给予粗浅的、尝试性解析。《撮泰吉》中，还有许多“所指”的形式需要作更多的思考和解析，比如：耕作，奇特的丰产（1万2千石）；对粮食的祭祀，粮食之间如人类一般的关系，33、66、99数目的寓意；扫火星，扫火星时每扫1间房屋即要1枚鸡蛋，埋藏3个鸡蛋以备隔年占卜；每户人家四角房屋上要扯一把茅草；似傩又非傩形式的面具，演员与观众的直接互动形式；等等。

由于不能简单地把《撮泰吉》归类于哪一种，比如戏剧、舞蹈、仪式、活动、傩戏等具体的艺术门类之中，也就无法用一种艺术形式的研究方法来概括、归类或者研究它的形态、内容与形式。在调查、观赏、研究《撮泰吉》的过程中，许多专家、学者，尤其是观众看到、得到的往往只是《撮泰吉》的一个个具体的“所指”，至于其丰厚的诸多“能指”的内涵，又使方方面面的学者各执一词，莫衷一是，如同盲人摸象，各有所得却又不得要领，致使《撮泰吉》像夜郎古国一样只是在历史的记载中浅浅地露了几行字，在考古中出土了一些无法验明正身的文物，然后就成了一个巨大的谜团，深深地吸引着许多历史、文化学者。

如前所述，《撮泰吉》的确是一个内涵丰富的寓言。它是彝族古代物质文化和非物质文化充分融会的一座宝库，其中既有关于古代彝族农耕文化的活化石的记录，又有许多仪式、数字等精神信仰层面上的东西；它既有关于人类进化历史的思索，又有关于饮食男女方面的具体教谕；等等。无论是从观众还是研究者的角度来看，它都是彝民族历史文化的一座奇特的魔方，虽然有纯色的一面在等待人们去把它翻转、整合起来，但是至今还没有这样的大家能够给人一个一目了然的答案。

可以说，《撮泰吉》是彝族古代历史文化哲学的艺术化了的集大成之作，它的所

指是那样的奇特，它的能指是那样的扑朔迷离，它的魅力从古到今都一直吸引着局内人和局外人。解析《撮泰吉》寓言，用各种各样的研究方法，结合相关的诸多学科，通过使用“放大镜”、“显微镜”、“望远镜”等工具，全面、深入地开展对《撮泰吉》的研究，就可以找到打开彝族历史文化哲学的一把不可多得的“金钥匙”。

彝族英雄史诗《支格阿龙》的民族学叙事价值刍议

普驰达岭　杨翠英

神话史诗，作为蒙昧时代远古初民对于自然界和人类社会的幻想性产物，是人类文化最初的表现形态之一。彝族英雄史诗《支格阿龙》作为一部彝族先民在蒙昧时代创构的旷世宏歌，有关支格阿龙的传奇故事，在中国西南地区的彝族民间，可以说是家喻户晓，人人皆知，流传久远，影响深广。如在浩瀚的彝族民间文学中，支格阿龙传奇无处不在；在彝文经籍和彝语的民间口传文学里比比皆是；在毕摩的典籍中有关的记载随处可现。从而使支格阿龙成为古代彝族英雄的代名词，他是从古到今的彝族人崇敬的民族英雄，是集偶像、正义和英勇于一身的代表。

洋洋13000多行的史诗《支格阿龙》，以神奇诡谲的叙事手法，平实质朴的用词，靓丽华艳的故事情节为我们塑造了一个“射杀日月，降伏雷公，克风降雾，铲妖除恶，战天斗地，济世救民”的旷世英雄和孝母爱友、重情重义的经典英雄人物形象①。《支格阿龙》无论从叙事语言风格和手法，还是宏大的叙事细节的重构，都称得上是一部不朽的经典史诗。

据彝学专家洛边木果教授研究并考证，史诗《支格阿龙》产生的年代可推到约4000多年前的远古彝族母系晚期②，其年代要远比产生于3700年左右、目前被世界认为是第一部英雄史诗的古巴比伦文学《吉尔伽美什》要早得多。③ 可见，史诗《支格阿龙》文学叙事的悠久历史足以让世界文坛屏住呼吸，它在世界英雄史诗中应该得

---

① 参见沙马打各、阿牛木支：《支格阿龙》，1～211页，成都，四川民族出版社，2008。

② 参见洛边木果：《中国彝族支格阿鲁文化研究》，126页，北京，中国戏剧出版社，2008。

③ 参见洛边木果、罗庆春：《彝族英雄史诗支格阿龙初论》，见巴莫尔哈主编，四川省彝学会编：《四川彝学研究（1）》，210页，成都，四川民族版社，2002。

到应有的地位，它在文学、史学、哲学、政治、经济、宗教、社会、伦理、婚葬、礼俗、天文、地理等方面所承载的学术意义与价值，将随着研究的逐步深入而得到彰显与呈现。

“支格阿龙”所代表的彝族文化现象，是彝族博大精深的历史文化内涵与本质的反映，由这种现象产生的彝族文化符号，又是该种文化内涵与本质的高度浓缩了的抽象反映。而史诗《支格阿龙》不仅具有厚重的文学艺术审美价值，更重要的是史诗所蕴藏的厚实的民族学价值和文化学意义，更凸显出这部史诗在研究西南各少数民族历史和文化演变过程中所具有的不可或缺的民族学或人类学意义。通过这部英雄史诗，深层映射的则是几千年传承下来的以彝族祖先图腾崇拜为主，涉及古彝族先民社会和文化生活等方方面面的彝族文化符号现象。本文从另一个侧面探讨英雄史诗《支格阿龙》在民族学意义上所映射的彝族文化符号现象。

一、文艺悠久叙事与架构——史诗映射的彝族文化符号

叙事是一个民族的本能。优秀的叙事品格在某种程度上反映一个民族的文化深度。同世界上许多源远流长的民族一样，彝族丰富的各类著述记录展示了彝族博大精深的历史文化，就普遍流行于广大彝族地区的《勒俄特依》、《支格阿龙》①、《宇宙人文论》而言，其叙事品格远远优于汉文化的《后羿射日》、《吴刚伐桂》；就《指路经》、《梅葛》而言，其内涵已经比肩于汉文化的《天问》、《招魂》。如果说这种文化的类同不过是人类日常生活的共同反映，彝族之外的其他民族都有类似的传说和记载，那么，彝族在天文、历法、英雄史诗等自然科学和社会科学方面的卓越建树，足以让世界屏住呼吸。无论是被称为天外来客的玛雅人借助地球、太阳、天狼星为参照物而制定的卓金历、太阴历、太阳历，还是苏美尔人利用月亮的盈亏循环而发明的太阴（月）历，其准确性和完整性远远逊色于彝族人的十月太阳历。彝族十月太阳历分一年为五季，每季以土、铜、水、木、火五行要素为名称。一季分为两个月，双月为雌，单月为雄。以太阳运动定冬夏，北斗柄指向定寒暑。由此划分出一年为10个月。每个月日数整齐，季节准确。其科学性和实用性远远优于现在通行的公历。有没有历法，进一步说，有没有一套完整、准确的历法，是一个民族文明程度的最为直观的反

---

① 关于这部彝族英雄史诗，在云南、贵州、四川各地彝族人民千百年来的口传过程中对其有不同的称谓，如《阿鲁举热》、《支格阿鲁王》、《支格阿鲁》、《支格阿龙》、《支嘎阿鲁传》等。

映。当年梁启超先生所提出的河流文明时代、内海文明时代和大洋文明时代，以今天的知识判断，历法是其观点的基础。鉴于此，也可以这样说，有没有一部历史悠久的英雄史，同样也是判断一个民族是否文明古老、一个民族文学艺术史是否悠久的重要法码。而早于目前被世界认为是第一部英雄史诗的《吉尔伽美什》（产生于3700左右）300多年的彝族英雄史诗《支格阿龙》（产生约在4000多年前）就是直接的实证与说明。

二、部落图腾叙事与崇拜——史诗映射的彝族文化符号

从图腾崇拜的角度上看，《彝族曲谷》反映的支格阿龙为桑哺鹰覆，《勒俄特依》反映的支格阿龙是龙鹰之子①，标明了支格阿龙的父系来源于鹰崇拜和母系来源于龙崇拜。

史诗中，支格阿龙集鹰和龙（蛇）的矛盾于一身，他是鹰的儿子——阿龙，最后又被龙吞噬，既是对立的，又是统一的。部落的图腾标志是多样的，鹰和龙应认为是两个部落的图腾标志，支格阿龙战胜了日姆的斗争，是民族形成过程中部落和部落之间利益争斗的表现。“一天老鹰赢，一天海蛇赢。天阴三日鹰为王，天晴三日蛇为王”正是那个动荡时期的真实写照，这种表现手法，更加体现了彝族先民独具一格的创作个性，同时也暗示了利益之间的矛盾和争斗仍在继续，永无止境，发人深思。

跨进等级门槛，进入阶级社会安定后，图腾崇拜符号或被瓜分为等级徽号，彝文文献《策尼勾则》说：“鹤是君长（徽号），杜鹃是臣子（徽号），灰鹰是布摩（徽号）。”为记忆传承，《水西大渡河桥碑》的彝汉文的两牍碑的上端，都分别镌刻有鹤和杜鹃的形象。支格阿龙是鹤与杜鹃所生之子、龙鹰之子的传说，既宣示了图腾崇拜的徽号，也标明了他的多种身份与角色，为英雄完美形象的塑造奠定了基础。

三、连名谱牒叙事与祖先崇拜——史诗映射的彝族文化符号

从史诗中可以看到，始祖身份和父子连名的谱系传统，记录着支格阿龙的彝族英雄身世。支格阿龙全称为笃支格阿龙，支格阿龙的“笃”，是贵州和云南彝族地区的

① 参见冯元蔚译：《勒俄特依》，33页，成都，四川民族出版社，1982。

发音，“笃”在四川彝族地区或记作“吉（吉支格阿尔）”、“居”。“笃”或“吉”、“居”，有祖先的含义，如笃慕（米）的笃，就有祖宗的含义。如安放在僻静崖上招入祖灵供奉的祖桶，彝语多称“维哺”，但也别称“笃哺”，笃哺，即祖桶。

从宗教信仰的角度来看，彝族认为万物有灵，因此被归为原始宗教的信仰系列，在通常举行的各种祭祀仪式中，虽然多种神灵得到供奉，但祖先崇拜才是彝家多神崇拜的核心，多神崇拜可以说是服务于祖先崇拜的，祖先崇拜具有不可替代性，且在神灵观中占据主导地位。① 在彝家的祖先崇拜中，支格阿龙和笃慕（米）两人（两位始祖）的地位最高，广泛性与代表性都极强。笃慕（米）生了六祖，在承上启下的父子两名谱中，他上可连具体的30代，据《阿买尼谱》等多部文献说，在笃慕之上尚有386代，笃慕下又连80~90代，且都是不间断的，祖摩（土司）们的彝文家谱大都如此。② 在彝族地区，支格阿龙的知名度则超过了笃慕（米），彝文文献的记录如此，口碑传承也是如此，尽管他的父子连名谱的下延没有笃慕（米）的完整，但他的历史事迹传说在彝族地区却有口皆碑。③ 在威宁县境内，有用支格阿龙名字拆分地名命名的情况，如“支格”（今谐为“朱格”）、“阿龙抠”等，更有以支格阿龙为彝姓者，如贵州威宁、水城、大方、毕节、纳雍、盘县，云南昭通、宣威等地的张姓彝族，贵州赫章妈姑、雉街龙姓的彝族，以“××能益·支格阿龙裔”为姓氏标志，或别称“竹子不生枝，直格阿龙孙”等。

支格阿龙与笃慕（米）的地位都有神话作支撑，在神话的支持下，他们的神威、神力的巩固得以加强，还决定了地位的至高与不可动摇性。笃慕（米）得到天帝的独有情钟，在灭顶的洪水中唯一幸存，婚配三天女，生六祖，于是在战胜灾祸的危急中，每每请他扬神威以相助④。支格阿龙的身世在抛开正统的父子连名谱外都在神话的包围之中，因系日月或天女地郎，或鹤（君的符号）鹃（臣的符号）所生，是天帝留在地上的长子，因此，在他降生后，有桑之为乳、鹰翅为之覆，完成了天帝交给他的勘察大地，以九宫八卦划定方位，命名山川河流，分类人、神、鬼、畜，收服危害人间的恶魔等重大使命后，得到了祖先神的正统地位。

另据彝文文献巨著《彝族源流》、《西南彝志》、《彝族族谱》（待译）、《彝族创世志》、《物始纪略》等记载，支格阿龙的家族起源于最古老的哎哺氏族，哎哺传龙朵部族，龙朵传武僰群体，支格阿龙为武僰群体中的第二支。《彝族源流·支格阿龙源

① 参见普忠良：《彝族毕摩祭祀用词研究》，载《民族语文》，2005（5）。

② 参见杨翠英、普驰达岭：《彝族自称及其支系问题刍议》，载《毕节学院学报》，2009（2）。

③ 参见洛边木果、何刚、周维萍：《各地彝区支格阿鲁及其文学流传情况比较》，载《中央民族大学学报》（哲社版），2005（1）。

④ 参见卢占雄：《支格阿鲁》，成都，四川民族出版社，1988。

流》载："次为僰雅勒，一代僰雅勒，二代勒叟吾，三代叟吾爵，四代爵阿纣，五代纣阿直，六代直支格，七代支格阿龙。支格阿龙时代，天上策举祖，访地上天子，得支格阿龙。"支格阿龙之后又传9代，具体为："一代支格阿龙，二代阿龙洪吐，三代洪吐洪那，四代洪那羿吾，五代羿吾阿欧，六代阿欧苦龙，七代苦龙输立，八代输立阿伍，九代阿伍葛龙，十代葛龙尼"①。彝文文献的记录，一是追溯了支格阿龙的起源出处，二是确定了他的王的地位。神话里，天上的策举祖是具有天帝性质的宇宙主宰，地位相当于上帝、玉皇一类，策举祖访地上天子，得支格阿龙，说明支格阿龙的身份是天子，天子是古代王的代称，如周天子即是周王。

四、天地认知叙事与崇拜——史诗映射的彝族文化符号

彝族的文化符号，来源于其宇宙观和原始信仰崇拜。彝族先民认为，天地乃至于宇宙的最小元素是哎哺，由哎哺的运动变化产生天、地、人与万物。混沌无形的哎哺生有形的天地，将天、太阳标以白色；将地、月亮标以黑色。② 在原始信仰的意识形态里，视天地和日月为父母，转为可视符号时绘出太极图状的涡旋纹，即黑白崇拜文化符号，所谓黑白崇拜其实是天地和日月崇拜的抽象。③ 天地崇拜的观念认为，人的生命的结束有多种原因，其中之一是生命为天地父母所收去，所反映的正是先民曾经的天地和日月崇拜。

尽管彝族现在散居于滇、川、黔、桂四省区以及与云南相邻的几个国家，但从地理位置上来看，明显地形成以滇池为核心的特点。而在流传于彝族民间的口头和书面资料中，在彝族自然宗教的追荐亡灵的祭祀经文中，均指出滇池一带曾是彝族祖先居住的故土。④ 彝族祖先曾经在那里开垦过耕地，放牧过良马，后来有一位被后世彝族称为"果"的英雄统一了滇池周围的部落，建立了古老的王国。相传这一古老王国传至慕吾时，天降大雨，形成洪灾，迫使他们离开故土，来到高高的洛尼泊，经"六祖"分支后，逐渐散居到彝族现在所居住的地方。⑤ 滇濮梭洛周围的大小部落，公举

---

① 洛边棵：《中国彝族支格阿鲁文化研究》，123～124页，北京，中国戏剧出版社，2008。

② 参见毕节地区彝文翻译组：《西南彝志》，第1～2卷，1～97页，贵阳，贵州民族出版社，1988。

③ 参见普学旺：《中国黑白崇拜文化》，151页，昆明，云南民族出版社，1997。

④ 参见普忠良：《彝族古代文明史》，124页，北京，民族出版社，2002。

⑤ 参见且萨乌牛：《彝族古代文明史》，124页，北京，民族出版社，2002。

支格阿龙为首领，预示着部落联盟的形成，从而完成了民族形成的过程。① “支格阿龙”被滇濮棱洛周围的部落公举为最高主宰，正是展现了古滇王国的雏形。

由于支格阿龙的身上有帝王、君长（部落首领）、文化人——布摩、史学者——摩史，领兵的统帅骂色（彝语音译，“骂”即兵，“色”即统领、主管）、平民等身份的影子，所以他是古代彝族社会中各个等级的理想化的形象与行为代表。被塑造成各个等级成员的完美形象，是与他的历史贡献与突出功绩分不开的，作为王或君长，他上知天文，下知地理，并受之天命而修天补地，戴烙宏神帽，手持鹰龙权杖，策马于东西南北之间，最后在大地的中央，用九龙补（九宫）和八龙旺（八角）划定天地界限，划出四大方位，计算四大方位派生地五、六、八、九、十二、二十四、三十六、七十二等方位，打出天地标记；又以九星分野法推算出天下九地，对他所影响范围内的山峰、江河、平原进行命名，让百姓居住各方。② 天地界限的划分，四方的确定，这是古代彝族从野蛮蒙昧进入文明社会的标志与记录，九龙补（九宫）和八龙旺（八角）的归纳、总结利用，更是记录和反映了彝族先民的知识文明，体现出在数理、哲学等方面划时代的水平。支格阿龙带领人民战天斗地、治理洪水、移山填水造福人民，劝勉农耕、畜牧，解决生存和发展大问题。作为平民、摩史（记史的学者）、若卡（武士）、毕摩（主持祭祀、传播传统文化、司教化、参政议政的学者）、摩（大臣）等的身份和形象时，处处都为人们的楷模。也正是这些身份与角色，为他提供了规范和统一使用彝文这一古老文字的机会，古老彝文的统一使用，曾经推动了彝族古代社会的发展与进步。他积极探索，观察天象、物候现象，积累总结前人的经验，创制彝族共同使用的历法。支格阿龙创制彝历，反映在彝文《阿龙天干占》、《阿龙二十八星占》、《阿龙失物占》、《阿龙择日期》、《阿龙命运预测》、《阿龙竹卦经》等文献中，也反映在“阿龙磨刀节”（雨水节）等节气里。③

另外，支格阿龙作为公平正义的化身，他射日射月，战胜凶恶势力代表的雕王、虎王，铲除吃人的妖怪撮阻艾，为人们带来了安宁的生存环境④，体现出支格阿龙高大完美的神性英雄形象，使之成为典型化和理想化的英雄代表。

总之，支格阿龙作为典型的彝族古代圣贤之一，集部落君长、祭司毕摩、天文学家、历算家于一身。由于他的历史威望和在彝族人心目中的崇高地位，他被神化，由历史人物变成神性英雄人物，成了无所不能的神人先祖。作为君长，他亲率族人战天斗地，治理洪泛，劝勉耕牧；作为毕摩，他曾统一规范过古老的彝文；作为神人英

---

① 参见阿洛兴德：《支嘎阿鲁王》，28 页，贵阳，贵州民族出版社，1994。

② 参见玛查·马德清等：《支格阿尔》，126～394 页，北京，中国文史出版社，2005。

③ 参见阿洛兴德：《支嘎阿鲁王》，43～47 页，贵阳，贵州民族出版社，1994。

④ 参见田明才：《支嘎阿鲁传》，78 页，贵阳，贵州民族出版社，2006。

雄，他具备箭射日月、修天补地、呼风降雾、降魔伏鬼的特殊本领，乐于为民除害和主持公道，备受后世的崇拜。他的精神世世代代激励和鼓舞着彝族人民从远古走到现在。尽管史诗以悲剧为结局，但支格阿龙仍不失为一个远古的、具有时代精神的大英雄。时至今日，还有部分川、黔、滇的彝族在亲人去世后，请毕摩来演唱《支格阿龙》，祈祷死者的灵魂回到英雄祖先支格阿龙的身边。毕摩身披披毡，手持木刀，一边喝着烈酒，一边跳着原始古朴的舞蹈吟唱，充满威武壮烈的气氛。① 可以想见，在彝族古代的祭坛上，对于英雄祖先的礼赞，已经代替或超过了对自然神的顶礼膜拜，时至今日，仍有着深远的民族学、历史学乃至重要的现实意义。

① 参见普忠良等：《中国少数民族风情游丛书 · 彝族卷》，67 页，北京，中国水利水电出版社，2004。

支格阿龙的事迹比较

杨甫旺　罗　曲

《支格阿龙》作为彝族传统文学中的优秀之作，广泛流传于彝族地区，为彝族人民所喜闻乐见。在传播形式上，既有文献文本形式，也有民间口耳相传形式。这部长诗所负载的文化信息极为丰富，其主人公支格阿龙的姓名在各彝族地区有许多大同小异的提法。异称有“支格阿鲁”、“支嘎阿鲁”、“阿鲁举热”、“支格阿龙”、“直刮阿鲁”、“助刮阿鲁”、“注嘎阿鲁”、“吉支格阿鲁”、“吉支格罗”等姓名全称；有“阿龙”、“阿鲁”、“阿娄”、“阿罗”、“阿庐”、“阿录”、“阿洛”、“阿尔”等仅对名的异称。在关于支格阿龙的文本中，如果说他的姓名包含着丰富的民族学信息，那他的行为事迹所反映的社会生活就更广泛了。

有关支格阿龙的传说，从笔者所掌握的材料，比较系统的主要流传于贵州彝族地区和四川彝族地区及操彝族北部方言的云南彝族中，其事迹在贵州彝区和操彝族北部方言的彝族中有很大差别。在操彝族北部方言的彝族中，主要表现为与大自然的斗争，在贵州则表现为与社会势力的斗争。

一、贵州的支格阿龙事迹举要

在贵州的彝文文献之中，有关支格阿龙的文本极多，据彝族方言土语的不同，有的叫做“直括阿鲁”，有的称之为“注戛阿鲁”。从贵州彝文文献中所载有关支格阿龙的各种文本来看，其事迹主要有两点：一是受最高统治者的差遣，建功立业，受到后世人们的纪念；二是在天师处学得了各种知识，为人类除去了妖害，从而受到后世人们的纪念。

（一）查天地人间建立功勋

在《西南彝志》第11卷的第一部分第二章“直括阿鲁查天地与人类”中，对支格阿龙受天君之命，建立功勋的事迹有比较详细的记述。文本记述说：直括阿鲁查大地先从南方查起，南边藏有九百坑铜，住有施族百姓，他们堵住九百关口，不让阿鲁通过。直括阿鲁只有改道走中原，发现那里的山峰重重，上面盘踞猛兽，住着施俄人。左边的喜邪土姆地，钟鼓声如雷鸣一样，右边的白宏保大地，住着一些天上人，他们“不养牛来不养羊，没有毛皮作衣被，只向别人征粮租，缴粮人如雾罩密”。

直括阿鲁查了南方，得知南方的居民族属等情况之后，又查东方。文本记述说直括阿鲁探查宇宙的东方，从星斗上看太阳：

> 阿鲁从星斗上看，又数数九百克保（占卜工具），在九百重山上，把探地棍挥一挥，安抚地上的人民。在则俄九百户中，培养九百姓君长，与施族一起，住在安鲁望，始终两相好……①

直括阿鲁在探查东方时，以手中的武器作探地棍，安抚人民，在当地建立政权。当他弄清了东方的民情，建立了政权后，又去查北方。他在查北方时：

> 从星斗看日运行，从星斗上推算日月，九百克保（占卜吉利之意）皆好。又在九百重峻岭上，把探地棍挥一挥，安抚地上九百姓人民。在则勺九百户中，培养九百君长，与施族一起住，住在安鲁望，永远两相好。②

直括阿鲁查清了北方的民情，并建立了政权，使当地的部族与施族一起住，永远相好和平后，又去查西方。他查西方时，安抚了西方的“穿青族”，为通腰的天人、六只眼的苏尼人、俄乃施人，使当地的彝汉百姓往来交际。最后，他又查了笃慕的子孙所居住的嫩明地方。

从以上对直括阿鲁查地的描述看，他其实是一位受派遣的为最高统治者做事的一方诸侯。所以他能用手中的武器作探地棍，安抚各地的百姓，使他们和平相处。他建立政权，一方面便于管理，一方面使社会发展有序化。正如长诗文本“直括阿鲁查天

① 贵州省毕节民委彝文翻译组译：《西南彝志》，第11卷，258页，中国民间文艺研究会贵州分会1986年翻印，内部资料。

② 同上。

地与人类”中所说的那样：

阿鲁查地也是为了抚人，查水是为养鱼，查树是为鸟栖。又给人设地租制度……又怕天下的人，交不足粮租，找聪明能干人，派去收租粮。宇宙的四面八方，纳粮的象河流，上粮的象雾罩，送粮的象蚂蚁，运到尼赤去交。粮从四门入，这些储备粮，是天上策更苴的，恒度丰享用的粮。①

由于直括阿鲁查地有功，所以天君策更苴赐给了他俸禄，并让他住在天上。

关于支格阿龙受最高统治者差遣查天地人间的事迹，在《西南彝志》第11卷的第二部分第一章“直括阿鲁的根源”中，与上述相比，又是一番情景，负载了人们平时所忽视了的、至今仍是谜团的许多可贵的文化信息。这些文化信息对于研究彝族的历史文化，很有参考价值。据文本的记述，当天上使者找到密乍只和投乍知的私生子直括阿鲁后，在带去见天君策更苴之前，先见天仙诺娄则。天仙诺娄则说：“你好比是亨，你好比是哈，你不必叩拜。”并向在座的天神介绍说：

这小的父母，父名密乍只，母名投乍知，他名叫直括阿鲁。这直括阿鲁不平凡，头上有两个，日月的影态。他的两只眼，能看出凶吉，从他的口中，能吐出丰富的知识。看他脸面上，带有查地的痕迹，带有查土的影儿。②

接着，天仙诺娄则开了天库的锁，取出探地棍给直括阿鲁，开了地库的锁，取出查地鞋，交给了直括阿鲁。而且又给了他三对黄洞猪，查土地的厚薄。给了他三对青水獭，查海的深浅。给了他三对青鹞子，查距离的远近。直括阿鲁与他的父亲密乍只去九重天叩见天君策更苴没见着，诺娄则又亲自领他去叩见天君策更苴。他在天君策更苴处受领了一套缎子的袍子衣服后，骑上仙马（飞马）就开始了查天查地的工作。文本所记载的直括阿鲁查天地的事迹，所涉及的具体内容，有些在后来的彝族社会生活中是没有见过的，这不仅有助于研究彝族的历史文化，了解彝族历史上的居住地界，而且使支格阿龙的形象更为丰满。

文本记述说，直括阿鲁以金鸿白雁向日月还了愿，以黑鸡白鸭向水还了愿后，手拿探地棍，脚穿查地鞋，召集许多年轻人：

① 贵州省毕节民委彝文翻译组译：《西南彝志》，第11卷，261页，中国民间文艺研究会贵州分会1986年翻印，内部资料。

② 贵州省毕节民委彝文翻译组译：《西南彝志》，第11卷，311页，中国民间文艺研究会贵州分会1986年翻印，内部资料。

> 开了北方的天门，下去查北方的地。到北方的姆古沟，塑一尊山神，建一座城池，修一座塔山。①

他在姆诺认洛、诺洪洛琪、洛作麻雅冬、拟古赫岂、摆洪杓那洛等地也分别“塑一尊山神，建一坐城池，修一座塔山”。他修这些设施的目的，一是给当时被视为妖怪，实为敌对部族“司暑”定界，以保人民平安。二是“记地界”、“定土地的界限”、“定城池地界”，而塔山则用来“镇地方”。

“查”完北方，直括阿鲁又骑着飞马，“似鸟飞越重重山，到东方歹略去探地”。在东方的歹略和欧古伯拍两地，他也是“塑山神定地界，建城池定地界，修塔山来镇地方”，并立铜像、挂铜钟、安铜门，“有青与红镇守，镇守很严，头尾相连接，封锁不松懈，地上的司暑不敢作祟，土上的司暑不敢作怪。人们害怕，牲畜不受惊”。②

安抚好东方后，直括阿鲁又骑着飞马“查”西边。在西边的姆堵杓那洪，苏娄必不、投扒发吐、摆洪姆卖等地，塑山神、建城池、修塔山，以山神和城池定地界，塔山镇地方，其中的山神还是彝汉的分界线。他还建了一些防御设施，叫“勇猛的亨哈防守”。他在西边所采取的这些措施，也是防止敌对部族司暑，保护人民平安的。

（二）支格阿龙奉命收“妖怪”

支格阿龙收妖怪除祸害的事迹，在贵州彝族地区流传的彝文文献长诗文本中的另一异文《注戛阿鲁除妖害的传说》和《西南彝志》第11卷的第二部分第二章“论阿鲁收祸根”中讲述较详。在《注戛阿鲁除妖害的传说》中记述说，注戛阿鲁是天上的笃注戛悄悄下凡到吞祖境，与吞祖的女儿发生关系后的私生子，一生下来就表现很奇异。天师布始族通过一系列原始宗教行为使他变得洁净后，向他传授文化知识和武艺，又传授仙术。从此，他三十六计和七十二变化样样精通，具备了上天摘星、下地擒妖、入海捉怪的本领。当时，正处“人间出妖精，五方称霸道，到处去吃人”的时代，天君策举祖和地臣恒堵府，相互商议选将才收服妖精、挽救世间人的事。结果他们选中了注戛阿鲁，说他是一位好将才。文本记述说：

> 举祖心欢喜，即令众天神，凿开天山锁，取来权令鞭。劈开岩山石，拿出巡地靴，赐阿鲁天马，给阿鲁神鞍。勒令四飞勇，又命八虎将，传旨九神仙，由阿

---

① 贵州省毕节民委彝文翻译组译：《西南彝志》（第11卷）. 中国民间文艺研究会贵州分会1986年翻印，内部资料。

② 参见贵州省毕节民委彝文翻译组译：《西南彝志》，第11卷，34页，317页，中国民间文艺研究会贵州分会1986年翻印，内部资料。

鲁率领，下凡擒拿妖。①

注戛阿鲁率领天将神仙，很快收服了妖精，上天宫复命。天君策举祖对他的表现很满意，给他记头功，让他荣享功臣禄。叫他世世住天宫，划分岁和月，指挥日月转。地上的人们为了纪念阿鲁，世世祭奠他：

在赛米珠候，啥弥卧底地，建阿鲁寺庙，塑阿鲁神像。年头与岁节，初一和十五，订为祭祀日……

成千上万人，岁岁都祭祀。人人祭英雄，个个敬阿鲁。②

《西南彝志》第11卷的第二部分第二章“论阿鲁收祸根”中说：至高无上的天君策更苴，因有洗所妖精“为害祸及于天”，弄得他连天边都不知道了；还有楼俄妖怪“为害祸及于地”，弄得他连地界都看不见了。在这样的情况下，他派阿鲁进行探察处理，于是他“开天库的锁，拿出探地棍，打开地库锁，拿出查地鞋”，武装阿鲁。阿鲁开了北方的天门，来到妖族暑阿余生息的撮直伯宜后，对暑阿余妖说：

现在天黑了，在此歇一宵。暑阿余的娘说：你莫这里歇，我的箭会射人，我的狗会吃人，我的鸡啄人，我的子女会害人。③

但是阿鲁对于老人善意相劝没加理会，说自己是策更苴派来的，有权柄和武器，坚持要歇下。阿鲁腾身变成一个鹞鹰，躲在房梁上，等着妖怪们回家，以便把他们一网打尽。到了晚上，直括阿鲁把外出回家的妖怪们全部收服，关在铁桶里。妖怪却必杓的娘向阿鲁求情说：

在你看来不要紧，我们还要生存天地间，在洞里居住，把我儿子还给我。备米色珠宝作财物，去赎取孩子。直括阿鲁呢，不肯还给她。直括阿鲁呢，催着快带走，财物也带走。④

---

① 赫章县民族事务委员会编：《彝族民间文学》，第1辑，内部资料，1988。
② 同①。
③ 贵州省毕节民委彝文翻译组译：《西南彝志》，第11卷，326页，中国民间文艺研究会贵州分会1986年翻印，内部资料。
④ 贵州省毕节民委彝文翻译组译：《西南彝志》，第11卷，328页，中国民间文艺研究会贵州分会1986年翻印，内部资料。

从这个文本的记述中我们看到，所谓的“妖怪”，其母亲不仅善意待人，也是充满着母爱的。但是阿鲁没有理会妖怪老母的善意和母爱，坚决地以计消灭了妖怪一族。平息了撮直伯宜后，直括阿鲁又来到那局薄俄，用同样的方法，收服了希洪洛妖族。希洪洛的母亲向阿鲁求情，请求放了她的孩子，并用钱财赎取孩子，但阿鲁未予理睬。接着，阿鲁又收服了南方的祸根乍嫩尼和省麻省仲、哲雅祖只、各赤拜公、麻那姆古洪鲁沟底、拜雅各昆、得雅那谷等。

从这里我们可以看出，所谓的妖怪，就是统治者的敌对势力，有碍于当时统治者利益的人，对当时的统治者的社会秩序进行扰乱的人。而支格阿龙收妖，就是维护当时的社会秩序，在为统治者亲合力的同时，客观上也为人民做了好事。

在这个文本里，没有关于直括阿鲁收妖怪有功而受到天君奖赏的事，也没有关于人民感谢的结尾。

直括阿鲁收妖除害的事迹，在《西南彝志》第11卷的第一部分第三章“论撮阻却必杓”中亦有描述，在此不再赘述。

二、云南彝区的支格阿龙事迹举要

有关支格阿龙的事迹，在云南彝族地区，除操彝族北部方言之外的其他方言土语区，笔者还没收集到相关的材料，是这些方言土语区的彝族中，本身没有关于支格阿龙的文学文本，还是笔者阅历浅薄而没搜集到，现在还不能下定论。但就流传于四川、云南操彝族北部方言彝族中的支格阿龙的长诗文本而言，都有关于支格阿龙的相关事迹，只是由于云南、四川彝区因为社会发展的不平衡，所反映的事迹及其功绩也有所差异。

载于祁树森、唐楚臣编，云南美术出版社1993年出版的《太阳金姑娘与月亮银儿子》中的《阿鲁举热》，在记述支格阿龙的事迹时说：阿鲁举热在找母亲的途中，沦为一处彝族部落首领的奴隶，做放猪的活。一天他把放的猪弄丢了，他找猪来到汉族人家，受到热情接待。主人家要杀鹅招待他，他说：“我们都是长翅膀的儿，我不吃生翅膀的肉。”鹅为了感谢他，送了他一支鹅毛神箭。他按鹅的吩咐又弄到了九十九庹长的长发。他用鹅给的神箭和在鹅指引下找到的长发，消灭了头人，获得了自由，占据了头人的财产、飞马和两个老婆。他把两个老婆安住在滇池的两岸，骑着飞马分别与她们团聚。接着，世上出现了七个太阳、六个月亮，还出现了异常大的蛇灾害、石蚌灾害、蟒蛇灾害等。阿鲁举热射下了多余的太阳和月亮，制伏了蛇害等。

从这里的叙述可知，流传于云南彝族中的“支格阿龙”，其事迹中没有除妖怪的内容情节。

三、四川彝族地区的支格阿龙事迹举要

在四川彝族中，每当人们说到古代的英雄支格阿龙时，无不津津乐道，尤其孩子，对之更加崇敬有加，之所以会出现这样的情况，主要是由于支格阿龙为人类射日月除害的功绩所在。有关支格阿龙的功绩，在四川彝族地区作为诗体文本，主要载于长诗《勒俄特依》之中。文本记载说：由于阿吕居子喊日月时，喊出了六个太阳、七个月亮，白天六个太阳一起出，晚上七个月亮一起出，使大地像火烤一样，庄稼被晒干，家畜被晒死，草木被晒枯。这时出现了支格阿龙，他分别依次站在蕨萁草上、地瓜藤上、基斯树上、竹梢上、松树顶上都没有射中日月，后来来到土尔山顶，站在柏树顶上射，射日也射中，射月也射中，柏树因此矗立在山巅。①

射了日月后，接着又出现了其他灾害：“沉沉大地上，毒蛇大如石地坎，蛤蟆大如竹米囤，苍蝇大如鸠，蚂蚁大如兔，蚱蜢大如牛。”

有鉴于此，支格阿龙又为人间除去了这些灾害。文本记述说：

> 支格阿龙啊，一天去打蛇，打成手指一样粗，打入地坎下。一天打蛤蟆，打成手掌一样大，打到土埂下。苍蝇翅膀打成叠，打到旷野外。蚂蚁打折腰，打进泥土内。蚱蜢打弯脚，打入草丛中。②

类似的情节还见于四川省民委彝文工作组1980年的油印本《古侯》（公史篇），但相当简略，只有射日月而没有除蛇害等内容。有关支格阿龙的事迹，凡载于长诗《勒俄特依》之中的，与这里所叙述的基本相同，不再赘述。

四、不同彝族地区长诗《支格阿龙》文本差异的文化内涵

从前述的云南、贵州、四川三地彝族有关支格阿龙事迹的文本展示看，四川和云

---

① 参见冯元蔚译：《勒俄特依》，58页，成都，四川民族出版社，1986。
② 冯元蔚译：《勒俄特依》，59～60页，成都，四川民族出版社，1986。

南的相当简略，主要表现在射日月和整治毒蛇、蛤蟆、苍蝇、蚂蚁、蚱蜢等自然灾害方面。而在贵州彝族地区流传的文本，则以大量的篇幅记载了支格阿龙在最高统治者的领导下，消灭敌对势力"整治社会秩序和治安"的行为及过程。

彝族与其他任何民族一样，都经历过生产力发展水平很低的历史。在这样的历史时期，人们的认识能力很有限，无力战胜自然力，更不能支配自然力，但人们却力图战胜自然力和支配自然力。于是，在现实里不能战胜或支配的东西，人们就在精神上加以战胜，在精神上加以支配。这样，就出现了现在看来荒诞神奇，但当时则是反映人们思想愿望的文学作品，即反映"精神胜利"的文学文本。在这些文学文本中，一定会有一位代表人们意愿的、能力超凡的英雄人物，战天斗地，为人们做好事谋幸福。流传于云南、四川彝族地区的长诗《支格阿龙》文本中，其功绩表现为射日月和整治毒蛇等自然灾害，就是这种精神胜利的反映。所以，这种纯粹反映与自然斗争的文本，主要流传于云南和四川操彝族北部方言的彝族群众之中，因为在整个彝族中，操彝族北部方言的彝族支系的社会生产力水平发展相对要低得多，直到20世纪50年代初，其绝大多数还处于奴隶制社会。在云南的《阿鲁举热》文本中，虽然有支格阿龙消灭部族头人的内容，但其手段也是幻化的神力，所以反映的仍然是精神胜利和人们的一种愿望。

相比之下，流传于贵州的各种关于支格阿龙的文本中，涉及支格阿龙事迹的内容，所反映的社会生活，远远超越了流传于四川和云南操彝族北部方言的彝族。就笔者所见，在贵州彝族地区流传的彝文文献长诗文本中，射日月的除了异称为"注戛阿鲁"或"直括阿鲁"的支格阿龙外，还有杜米那确左、恒也阿卖力、恒也阿卖珠、举拉努等，且相关情节更为详细。支格阿龙的事迹，主要是受最高统治者之命，消灭异己敌对部族"妖怪"，治理人间社会，维护人间社会的平安。而且，由于他的功绩，得到最高统治者的奖赏，赐他居住天宫，享受福禄。地上人间的人们也因为他平息了社会的不安定因素，维护了社会治安，使社会能有序运行，自己能有安居乐业的生存环境而祭奠他。

所以在流传于贵州彝族地区的文本里，支格阿龙的事迹和他建立的功勋，不是建立在与自然斗争的基础之上的，而是建立于人类社会中的人际关系和社会矛盾之上的。文学是社会生活的反映，随着时间的推移，社会生活的内容必定会更加丰富。原来无组织的无序性社会必定会因为保护私利等原因，要产生"领导层"和权力所有者。而且，这些权力层的产生不一定都是坏事，一方面压迫剥削人民，另一方面也还是起了一定的"社会组织"作用，因而对社会文化会起到一定的发展作用。比如，就20世纪50年代前的彝族社会而言，有彝族地方政权且与中央政权保持密切关系的贵州和云南彝族地区，无论是社会生产力还是彝族自己的民族文化，与其他彝族地区相比，其发展程度都高得多。而没有彝族地方政权或有彝族地方政权但不得力、中央政权干预程度低的操彝族北部方言的彝族地区，相比之下其社会生产力及本民族的文化发展就缓慢得多。因此，不能以历史虚无主义的态度来看待支格阿龙受最高统治者差遣，认为他这是充当了最高统治者的走狗，而应把他视为人文社会时期的建设英雄。

从上述可知，有关支格阿龙功绩的文本内容说明，支格阿龙事迹所涵盖的历史跨度是相当大的：从人类与自然的斗争到后来的社会矛盾处理，跨越了原始社会到奴隶制社会的历程。所以，作为彝文文献长诗文本的主人公支格阿龙，已经是彝族社会发展的一个文化符号，因而负载了丰富的文化信息。

六盘水彝族民间口头文学述评

杨永贵

民间文学是文学的一部分，是以劳动人民为主体的人民群众的口头集体创作，是广大人民在生活中喜怒哀乐的直接艺术表现，是人民生活历史的全面而生动的形象反映，也是人民心上的花朵，鲜明地表现了人民群众的世界观、心灵美和人情美，雅俗共赏。它既是人民群众生活中不可缺少的重要组成部分，也为许多文人学士、艺术大师所青睐；既是原始风俗风情与历史的再现，也是文人创作的源头。少数民族的民间文学蕴藏着独特的历史和文化底蕴，对其进行研究探讨，既可以揭开其神秘的面纱，也可以为丰富当下文人创作提供参考。

彝族人民历史悠久，勤劳勇敢，富于想象，在劳动中创造了瑰丽多彩的民间文学，主要体现为口头流传和毕摩经籍文学两种形式。在贵州省，六盘水彝族人口仅次于毕节地区，境内的彝族口头民间文学，浩如烟海，形式多样，有民间故事、神话、传说、歌谣、谚语等。

一、六盘水彝族民间口头文学综述

（一）丰富多彩的民间故事

民间故事是民众在特定民俗语境中以口头表演形式讲述并代代相承的散文叙事作品。有广义和狭义之分，广义的民间故事包括神话、传说、故事三种体裁，狭义的民间故事是指除神话和传说之外的民间口头叙事作品，主要有民间幻想故事（也称民间生活故事）、民间笑话和民间寓言等。为了使研究更为深入，这里以狭义的民间故事为研究起点。

1. 民间幻想故事

民间幻想故事也称民间童话，是以超自然的事物与事件构成故事主干、以娱乐而非宗教为讲述旨趣的民间口头叙事。民间幻想故事的主要内容有神奇的婚姻、神奇的历险、神奇的人物、神奇的精灵以及神奇的法术与宝物等。

如流传于境内北盘江流域的《濮买埃斩蟒》①，叙述古代蟒群害人，蟒精有变人为物的本领，人们不堪其害。濮买埃能识蟒精，行侠仗义。有一日，自以为聪明的蟒精变成三位美女，询问其宝刀什么东西砍不了。濮买埃将计就计，装出诚实的样子说：我的宝刀就怕瓜藤砍不了。蟒精就让所有蟒群变成瓜藤，遍地绕摆放，欲置他于死地而后快。殊不知，濮买埃手起刀落一阵狂砍，消灭了众蟒，蟒精也被砍去一截尾巴，躲进水里不敢出来，不久忧愤而亡，变成一块巨石没于河中。张白驹讲述、卢树雄收集整理的《铁树妹》②，讲述彝家少女铁树妹为了在大灾之年拯救乡亲，同时又拒绝了财主的无理要求，幻化成一棵摇钱树，富于神奇色彩。

西方童话《灰姑娘》以一个受继母虐待，因辛苦劳作而满身灰垢的女孩子，在神奇动物或仙人的帮助下终于通过了王子的婚姻，摆脱了贫困与不幸的故事，深深打动一代又一代的中外读者。正如美国学者詹姆森所言："我们在世界各地发现了成千个灰姑娘的幻想故事，这些故事对于有着甜蜜梦想的羞涩少女们讲是美好芬芳的。"③无独有偶，六盘水的彝族民间故事中也有一个"灰姑娘"的故事，王留英讲述、车明旭收集整理的《萨慈若阿哥与液都啊美》④，故事情节曲折迷离，凄美动人。聪明、善良的彝家少女液都阿美，少小时母亲被残暴的父亲逼迫离世，母亲离世时幻化为一头老母牛，被液都阿美牵回家，老母牛以神明的力量暗中帮助液都阿美渡过一次又一次的难关，应付过继母的一次次刁难，并对继母生下的妹妹液都阿亚进行了针锋相对的嘲讽式的侮辱回应，母牛遭到被杀了煮吃的厄运，被杀当天突然狂风大作，牛头飞起顶死了残暴的父亲，此乃故事浪漫主义色彩的第一部分。在后来的故事中，善良的液都阿美与奸诈残忍的液都阿亚围绕着争夺萨慈若阿哥的斗争，上演了"中国式的灰姑娘"的故事。在老鸦和群鸟的帮助下，液都阿美走进了萨慈若阿哥的世界，后又被液都阿亚害死，变成相思鸟昼夜哀鸣，液都阿亚巧言自己是液都阿美，取代液都阿美混迹在萨慈若阿哥家。萨慈若阿哥发现自己心爱的液都阿美已死且幻化为相思鸟后，相思鸟又被液都阿亚害死变成剪刀，剪刀又变成人，最终与自己的丈夫和儿子团聚，

---

① 参见高昂主编：《盘县彝族民间文学》，贵阳，贵州人民出版社，2006。
② 同①。
③ ［美］詹姆森：《中国的灰姑娘故事》，见钟敬文：《民间文艺学探索》，203～225页，北京，北京师范大学出版社，1987。
④ 同①。

铲除了奸诈狠毒的液都阿亚。几生几死的幻化和忠贞不渝的爱情叫人肝肠寸断。以爱情为主线的故事，浪漫主义色彩浓厚，多次幻化和多次得到富于神力的小动物的帮助，无疑是中国版的“灰姑娘”，同时，彝族人民的世界观、人生观也浓缩于其中，善与恶的彰显，善有善报、恶有恶报的因果报应思想也跃然纸上。

2. 民间写实故事

民间写实故事又称为民间生活故事，是一种以日常生活为题材、以现实生活中的现实人物为主人公、以写实的手法构造情节塑造人物的口头散文。这类故事从现实生活中发掘素材，直面现实矛盾，褒贬是非善恶，启发教育后人。《中国民间文学集成工作手册》将生活故事分为长工地主故事、工匠斗争故事、爱情婚姻故事、巧女故事、傻婿故事、奇巧婚配故事、恶婆婆故事、恶夫恶妇故事、勤学故事、交友故事、生产经验故事、处事道德故事等19大类。①

王留英讲述、车明旭收集整理的《穷县令认亲》② 属于典型的交友故事。泥米液嘎地方的三个孤儿兄弟，流浪多年之后，大哥已做县令，二兄弟与之相认，坦言当年窘境，让县令好生尴尬，弟兄二人未得相认，还是三弟聪明，以艺术化的语言诙谐幽默地表达当年辛酸，既勾起了对当年的回忆，也以情动人，兄弟三人始得相认。此故事强调了生活中的说话艺术。

甘文庭讲述、车明旭收集整理的《赊三不如现二》③ 叙述一个叫现二的穷人长工，长年给赊三官家做樵夫，有一天，偶生怜悯之心，搭救了即将被官家烤食的花白小鱼，后与花白小鱼（实为龙王小姐）结成伴侣。不久被官家知晓，贪婪的官家为了夺人之爱，不惜用全部家业强迫现二互换妻子，结果人财两空，流落街头，沦为乞丐，遭人讥笑。《赊三不如现二》属于长工地主故事，也有幻想故事的浪漫特点。在钟山区彝族中流行的《傻子敬土司》中，有个农民在向土司交租的那天，小心翼翼地把自己舍不得吃的杨梅核仁也一起献上，期望博得土司的高兴而免掉他的粮租，没想到租没有减成，反让土司被杨梅吃香了嘴而在以后各年的租税中增添了交杨梅核仁一项，反映了彝族人民的淳朴可爱和土司的心狠手辣，这也属长工地主故事之列。

在钟山区流行的《懒汉的奉承话》④ 属于处事道德故事，体现了彝族人民崇尚和热爱劳动，对不劳而获的极度鄙视；盘县彝族中的《老鹰叼高粱》⑤，官家想不劳而

---

① 参见中国民间文学集成总编委会办公室编：《中国民间文学集成工作手册》，内部资料，159页，1987。

② 参见高昂主编：《盘县彝族民间文学》，贵阳，贵州人民出版社，2006。

③ 同②。

④ 参见钟山区彝学会编：《钟山彝学》（内部资料）。

⑤ 同②。

获，起心害人，最终落得鼻梁掉了一半的下场，反映了彝族人民的“起心害人终害己，不害别人害自己”的因果报应的处世理念。

3. 民间笑话

民间笑话是一种将嘲讽与训诫蕴涵于谈笑娱乐之中的短小故事，它通过巧妙的情节构思与机智的语言调侃，一针见血地揭示生活中的各种矛盾与问题，讽刺社会不良现象，批判人性的弱点，让人们在愉快的笑声中超越自我，实现人格的净化与升华。

在六盘水境内的彝族笑话有《糊涂的祖摩》、《卖骑鞍》、《卖蜂蜜》、《砍树》、《愚蠢的选择》等。①

（二）神奇的民间传说

“民间传说是劳动人民创作的与一定历史人物、历史事件、地方古迹、自然风物和社会习俗有关的故事”②，它既不同于神话，也不同于民间故事。民间传说主要有人物传说（包括英雄人物传说、历史人物传说、生产技术人物传说、文艺人物传说、技艺文化人物传说、其他人物传说）、史事传说（包括表现农民起义及近现代革命斗争事件的传说、抗击外来侵略的传说、反映王权斗争的传说）、风物传说（包括名胜古迹传说、土特产传说、动植物传说、风俗传说、工艺传说）三大类。

1. 人物传说

六盘水市境内的彝族人物民间传说主要有：

盘县李斌、朱恩思收集的《龙总兵传说故事二则》（《海马珠与洗马塘》、《刀劈山与枪打洞》）③。该传说属于人物传说中的英雄人物传说。取材于现实人物，龙总兵即龙天佑（1644—1690 年），出生于盘县旧营乡，彝族，世袭土司，自幼聪敏过人，习武善战。清康熙十八年（公元 1679 年）因征吴三桂有功，赐以总兵爵位，人称龙总兵，死后被朝廷追封为光禄大夫左都督，享正一品衔。虽然龙总兵是现实中的人物，由于其英勇事迹为人们所崇敬，加之历史久远，为世人不断演绎，其故事充满神秘、浪漫色彩。海马珠与洗马塘、刀劈山与枪打洞都是现实中的地名，却传递了其不一般的身世（为彝家女与龙所生）和超人力量与智慧。而钟山区彝族中流传的《半仙安宣慰》④，是对历史人物赋予的神秘色彩，也属于英雄传奇之列。

---

① 盘县特区政协文史委员会、盘县特区民族事务委员会：《 盘县特区文史资料》（第十三辑，少数民族专辑）。

② 参见盘县特区政协文史委员会、盘县特区民族事务委员会：《 盘县特区文史资料》（第十三辑，少数民族专辑）。

③ 参见高昂主编：《盘县彝族民间文学》，贵阳，贵州人民出版社，2006。

④ 钟山区彝学会编：《钟山彝学》（内部资料）。

钟山区肖俊良收集整理的《夜郎公主坟的故事》①，以如今被善男信女们敬供的、现存于钟山区大河镇大地村慕俄大山怀抱的神秘的夜郎公主坟为讲述对象，讲述了夜郎公主如何来到钟山区大河镇一带，如何英勇善战和刚烈的悲壮故事，属于英雄人物传说之列。

盘县肖择波讲述、卢树雄收集整理的《刘金锭故事二则》讲述了“刘金锭踞山为王”、“刘金锭高挂‘招夫牌’”的传说。以《普安直隶厅志》所记载的彝族妇女刘金锭“落草为寇，占山为王”的真实历史事件，赋予神奇传说，也可视为农民起义英雄传说。

钟山区彝族中流传的《彝姑赵妹逸事》② 以一系列的传奇故事塑造了聪明伶俐、智慧过人的彝族姑娘赵妹的形象，属于化身型的虚拟人物传说。盘县彝族中流传的阿拜赫，是彝族人民中的“阿凡提”，智勇双全，有关于他的系列传说，如《老虎为什么不会说话》、《阿拜赫与岳父打赌》、《阿拜赫给鬼治病》等，也是虚拟型人物传说。

2. 史事传说

钟山区肖俊良收集整理的《扒瓦河边的传说》③ 以真实的地域为讲述对象，以康熙三年五月水西安坤抗击吴三桂追兵，退至钟山区月照乡一带，如何休整兵马，如何撤退的传说穿越历史，扑朔迷离，为当地平添了几分历史底蕴，可以视为风物传说，也可以视为史事传说。

3. 风物传说

钟山区彝族中的《海嘎湖的传说》、《心石的来历》、《阿朵寨》、《高石桩的来历》等属于风物传说中的地名传说，而盘县彝族中的《牛为什么没有上门牙》和钟山区彝族中的《水牛的来历》、《斗猪》、《睁只眼闭只眼的猫头鹰》、《蜈蚣和公鸡》属于风物传说中的动植物传说，钟山区彝族中流传的《太阳为啥会伤眼睛》也属于风物传说之列。

三、远古的神话

“神话”一词，源自古希腊，意思是“关于神和英雄的故事、传说”。神话作为一种语言艺术和文学体裁，兴盛于各民族的远古时代，并在漫长的历史时期长久流

① 钟山区彝学会编：《钟山彝学》（内部资料）。
② 同①。
③ 同①。

传、演变，至今仍然在一些民族、一些地区中作为口头文学而存活着。它既是原始初民的知识体系，又是他们的信仰体系，表达了人类试图探索世界、解释世界、征服世界的愿望。中国学术界从内容上把神话分为宇宙起源神话、人类起源神话、洪水再生神话、族群起源神话、文化发明神话、战争神话六类。①

六盘水彝族神话主要是洪水再生神话。

洪水再生神话，古今中外都非常普遍，古巴比伦、古希腊都有，其中以《圣经·旧约》记录的古代希伯来人的"诺亚方舟"神话最为著名。中国的洪水再生神话可以简单分成两类，即自然的洪水再生神话和惩恶扬善式的洪水再生神话。

多数自然的洪水再生神话属于惩恶扬善式的，如"诺亚方舟"。彝族史诗《洪水纪》说人类耕田侵犯了天庭的猎囿，还盗窃天马，天神怒发洪水加以惩罚。悔罪并听从天神之命设立了各项礼仪之后，人类才得以重新繁衍。境内神话《洪水淹天》的讲述与之有所差别，但也有类似之处。②

《洪水淹天》叙述了人类的起源。远古时，世间人多如蚁，开垦不止，天上的天君祭祀用地已被垦尽，种满庄稼，贪心的世人还是拼命耕种。一日，天上来了个白发老人，劝说世人不要再费心耕种，洪水将要泛滥。果然洪水暴发，淹没了大地，只有好心的兄妹二人躲藏在梧桐桶里幸免于难。洪水退后，二人在天神的引导下，经过"隔山滚磨磨相合，隔山掷簸簸相吻，隔河穿针线相连"，终于成亲繁衍后代，婚后生三子，独自成家业，变成三族人，繁衍后代生。

四、穿越时空的歌谣

歌谣是民歌和民谣的合称，是民间文学中可以歌唱和吟诵的韵语。《诗经·魏风·园有桃》云："心之忧矣，我歌且谣。"《韩诗章句》释读："有章曲曰歌，徒歌曰谣。"可以歌唱的叫民歌，不歌而诵的叫民谣，统称歌谣。歌谣是人类历史上最早的语言艺术，从原始社会开始，它就一直伴随着民众的生活，在民众的日常劳动生活中产生，并随着社会的发展而发展。

朱自清先生在清华大学的讲义《中国歌谣》中将国内外的分类标准归纳为15种，即音乐、题材、形式、风格、创作手法、母题、语言特色、歌者身份、韵脚、地域、

① 参见段宝林主编：《民间文学教程》，105页，北京，高等教育出版社出版，2006。

② 《六盘水市志·民族志》编纂组织机构编：《六盘水市志·民族志》，贵阳，贵州人民出版社，2003。

时代、职业、民族、歌唱人数、效用。段宝林结合《中国歌谣集成》总编委会的分类，分为9类，即引歌（民间诗论性质的歌）、古歌（神话歌）、劳动歌、时政歌、仪式歌、情歌、生活歌、历史传说故事歌、儿歌。

六盘水境内彝族歌谣主要有劳动歌、仪式歌、情歌及其他歌谣。

（一）劳动歌

劳动歌有的描述劳动情景，有的诉说劳动感受，有的传授生产知识和经验，主要有《犁地歌》、《量布歌》、《放羊歌》、《扯韭菜》、《撒燕麦》、《撒荞子》、《撒小麦》等。① 如钟山区大河边一带流传的《撒燕麦》表现了早期刀耕火种和广种薄收的情况：

砍地砍生地，砍地撒燕麦。一天撒九块，一块撒九石。
中是岔两边，砍完回家转。两边砍中间，砍好撒燕麦。
两头对着撒，四处都撒完。一天撒九升，一年打九石。

而盘县境内流传的《犁地歌》则既有劳动情景的描述，又有劳动经验的介绍，同时边劳动边唱，属于劳动中的情歌：

小郎犁地腰杆勾，犁了一沟又一沟。手扬鞭子把牛赶，口唱山歌把妹逗。
犁地要靠牛得力，连妹要靠两心齐。郎若有情妹无意，犁得再深也无益。
高山犁地犁得深，平地种苕要剪根。相爱要讲真心话，情义才会渐渐深。
手扶犁把嘴吼牛，眼泪犁在犁沟头。一气庄稼长不好，二气小妹不出头。

该情歌善用比兴，形象生动，语言朴实，却真情动人。

（二）仪式歌

仪式歌是人生礼仪和民间祭典中祈福趋祸的歌谣，是民俗的一个组成部分，在传统歌谣中所占比例最大，篇幅长而内容丰富。如普古乡境内的天桥彝寨《酒令歌》实为婚嫁仪式歌，男女双方对唱，可唱数夜，内容包罗万象，述及盘古开天地、洪水淹天及兄妹成亲繁衍人类等，有些内容还可以与洪水神话相互印证。如《洪水淹天》：

---

① 《六盘水市志 · 民族志》编纂组织机构编：《六盘水市志 · 民族志》，贵阳，贵州人民出版社，2003。

远方来了一个怪老头，他周身疙瘩皮皮翻。众人白天去犁地，他夜晚来把地踩平。他来告诉地上人，劝人不要白犁地，劝人不要白垦荒，世间要换新人了，洪水不久要淹天……好心的啊舍哟，善良的啊舍哟，洪水淹天不要怕，制作梧桶好避灾，兄妹二人梧桶坐，洪水来了好逃生。

而水城县野钟乡兴隆村的礼俗歌《十二月正命天子》，包括《定亲歌》、《进礼进亲歌》、《礼信歌》、《问郎歌》、《盘歌》、《冠戴歌》、《发亲歌》、《交亲歌》八个部分，近500行。

丧祭歌谣，如流传于坪地乡境内的《丧祭歌》：

岩垮岩不哭，岩垮獐来哭，獐子为何哭？獐子为啥哭？大岩不垮时，獐玩岩上处，獐藏岩下处。大岩垮了后，獐子没玩处，獐子没藏处，獐为何不悲，獐为啥不哭。要说不可怜，悲从念中生。树倒树不哭，树倒鹰来哭，老鹰为何哭？老鹰为啥哭？大树不倒时，鹰栖树梢处，鹰玩树脚处。大树倒了后，老鹰没栖处，老鹰没玩处。鹰为何不悲，鹰为啥不哭，儿女为何哭？儿女为啥哭？长者健在时，手臂抱儿处，膝上歇儿处，长者亡故后，没有抱儿处，没有歇儿处。儿女为何不哭，儿女为啥不悲。要说不可怜，悲从念中涌。

此歌包含彝族后辈对亡者的深深追忆之情，后为载歌载舞、悲壮肃穆的丧祭仪式，《丧祭歌》也成为专门的跳脚的祭奠歌。

（三）情歌

情歌是反映爱情生活的歌谣。彝族情歌分为古代情歌、现代情歌。

古情歌，彝语称之为“阁躲”，意为“玩耍之话”，如今仅在盘县淤泥乡的麻郎垤、米妥、旧寨等彝族村寨传唱，主要有《劝玩》、《寻偶》、《两呀两相遇》、《两呀两相恋》、《郎心底无数》、《无缘再相聚》、《相处不久远》、《郎不是美人》等。如《两呀两相恋》：

两呀两相恋，牛羊相依依，牛和羊两个，两心常相忆。日日常相伴，共享同一坡。夜夜常相伴，共厩同一宿。不测不测来，不测买者来，老牛默默想，以为买一对。老牛心意冷，不是买一对。买者心意足，留者的心不服，一生悠悠愁，永远心不甘……

两呀两相恋，郎妹情依依，郎和妹两个，两心常相忆，日日常相伴，共耕同一垄。夜夜常相伴，共宿同一榻。不测不测来，不测媒妁来。情郎默默想，以为来撮合。情郎心意冷，不是来撮合。媒妁心意足，情郎心不服，一生悠悠愁，永远心不甘。

以上歌谣，代表了古情歌的特点：多用比兴，多为三段式，第一、二段比喻，第三段点出所喻之题。多用彝语演唱。

现代情歌用汉语演唱，多为七言句，每首四句，四句山歌最普遍，往往即兴编词，抒情言志，表现喜怒哀乐、悲欢离合，交流生产生活经验，宣扬社会伦理道德等，受汉文化影响较深，但仍具彝族特色。最典型的为淤泥河民间山歌，有李家耀等收集出版的集子《山歌出在淤泥河》两册，收录山歌百余首，此处不再详述。

（四）其他歌谣

六盘水市境内的彝族民歌中，还有演唱形式和表达方法较为独特的扯白歌和盘歌。

盘北彝族聚居区，有种“扯白歌”，颇能反映当地彝族诙谐幽默的情趣：

男方唱：小郎从来不扯白，扯起白来不了得。马儿长着三只眼，看见豆腐杀出血。桃子结在稻子上，三伏天气下大雪，公鸡下蛋七八个，鸭子钉掌要用铁。狗儿爬树捉耗子，石头当肉用刀切，哪个小妹比哥怪，我讲白来你讲黑？

女方回唱：你讲白来我讲黑，你讲白话我认得，马儿只有两只眼，豆腐滴水不流血。桃子结在桃树上，寒冬腊月才下雪，狗捉耗子管闲事，石头不能用刀切，小妹生来比哥怪，只讲黑来不讲白。①

盘歌结构多为四句，一问一答，互相盘诘，妙趣横生。如淤泥河一带的盘歌这样唱道：

问：什么下蛋白茫茫？什么下蛋双对双？什么下蛋奔田埂？什么下蛋奔长江？

答：蚂蚁下蛋白茫茫，斑鸠下蛋双对双，田鸡下蛋奔田埂，鲤鱼下蛋奔长江。

---

① 李家耀：《山歌出在淤泥河》，78页，北京，人民日报出版社，2005。

五、民间长诗

民间长诗是流传于民间的长篇韵文作品，包括民间抒情长诗与民间叙事长诗两大类。民间叙事长诗可以分为民间史诗和民间故事诗；民间史诗又分为神话史诗和英雄史诗两大类。

（一）英雄史诗

史诗中以反映开天辟地、世界形成、人类和万物产生、民族的渊源和迁徙、社会发展进步等为主的叫创世史诗，如彝族的《天地祖先歌》、《俄勒特依》等；以塑造英雄人物为主，战胜自然和邪恶、拯救人类、降妖伏魔的长篇叙事诗为英雄史诗，如彝族英雄史诗《哈依迭古》、《戈阿娄》等。

英雄史诗《戈阿娄》的产生和流传地就在盘县。目前，由高昂主编、贵州人民出版社2002年出版的《盘县彝族民间文学》收集和翻译的主要有两个版本，一为甘本权、李世安讲述，袁丛林收集整理，一为李海民口译、唐春芳收集、沈芸整理。版本不同，细节差异较大，艺术风格迥异，但主题和主要事件基本一致。①

两个版本的《戈阿娄》，同是一出彝族先民反抗外族罪恶势力欺侮的雄壮活剧。姬骨陀（今盘县红果镇的沙陀一带）诺苏人（彝族自称）首领戈阿娄带领乡亲们在辛勤的劳动中，挖掘出了无价之宝，消息传到汉族皇帝那里，贪婪的汉族皇帝欲占有这无价之宝，派重兵攻打，戈阿娄带领乡亲们进行了不屈不挠的抵抗，保卫了世世代代生活的家园和自己的劳动果实，戈阿娄献出了年轻的生命，受到彝族人民永远的怀念和歌颂。诗中展示的不仅是正义与非正义的对立，而且还是人性与兽性的对立，并通过这种对立的描写，颂扬了人性的美和人情的美。②

（二）民间故事长诗

民间故事诗与史诗一道，同属于民间叙事诗，主要表现人类进入阶级社会以后的现实生活，具有完整的故事情节和鲜明的人物形象，产生并流传于民间，也有学者称之为“狭义的民间叙事诗”。

六盘水境内的彝族民间故事长诗有谢芝妹讲述、车明旭收集整理的《南山恨》和

---

① 参见高昂主编：《盘县彝族民间文学》，贵阳，贵州人民出版社，2006。

② 参见邬锡鑫：《彝族叙事诗中民众的人性美和人情美》，载《贵州社会科学》，2002（6）。

曾玉兰讲述，车明旭、赵玉良、任立国收集整理的《八石（音 dan）山》①。

《南山恨》属于表现社会矛盾的民间故事长诗。先民们居住的多椤寨，那里有丰足的水草，还有满山遍野的松杉和古槐，蜜蜂从远方飞来，不愿离去，这里水美羊肥，人民安居乐业，过着富裕和谐的生活。岂料“皇天不长眼，大地无眼睛，日子一天比一天好过的多椤寨，突然遭到一场灭顶灾”，天火地裂，寨毁人亡。阿芸、阿琴、阿迪、阿霖四个年轻好后生通过艰难跋涉，找到一个被他们命名为南山的地方安身下来，南山同样是个草肥水美、物产丰富的地方，在两对年轻人的勤奋劳作下，过上了殷实富足的生活，却又招来云南王的觊觎，富足的南山让云南王在眼馋中死去，最终也难逃千户王的掠夺与追赶，毁于千户王之手，南山人不得不饮恨离开南山。天灾与人祸相催迫，表现了彝族先民早期拓境的艰难和不断迁移的历史。

八石山为六盘水市第二高峰，周围多为彝族居住，为水城与盘县交界，附近有鸡场布依族彝族苗族乡、龙场苗族白族彝族乡、营盘苗族彝族白族乡、淤泥彝族乡、四格彝族乡、坪地彝族乡、松河彝族乡。彝族民间故事《八石山》虽为民间爱情故事，却不失为八石山的来历。勤劳勇敢的彝族青年，敢于冲破父母之命、媒妁之言的藩篱，追求自由恋爱，争取个人幸福，双双逃到大山箐林，发誓结为连理。正在发愁没有种子的时候，是喜鹊衔荞给勤劳的夫妻耕种，当年收成便有八石（dan）三，为了感激这山坡，取名“八石山”，从此，八石山成为彝家后代生活的美好家园。

六、民间语言游戏

民间文学有很强的娱乐性，在民间文学中，包含着一些很吸引人的语言游戏，流行最广的是谜语和灯谜，灯谜的文化成分和创作成分要高一些，谜语最算雅俗共赏了。

谜语俗称“谜谜子”、“谜谜”、“问破儿”，是一种口头流传的、令人猜射的游戏短谣，分为谜面和谜底两个部分。谜面一般是短篇韵文，咏物又使人难以琢磨，在游戏之中让人去猜；谜底则是答案，是谜面所要求的东西；之间为猜射要求，称为谜目。

六盘水彝族民间有为数极多的谜语，如：

彝语	汉语
A. 膝麻得，腊麻得，沙米诺米奢。	A. 不长脚，不生手，汉地彝地走。
B. 翁母珠，祝古哩。	B. 头上吃，腰部屙。

① 参见高昂主编：《盘县彝族民间文学》，贵阳，贵州人民出版社，2006。

C. 阿篾珠，夺夏哩。　　　　　　　　C. 腹部吃，背上屙。

谜底：A. 水　B. 石磨　C. 推刨

在民间，这些谜语为休闲娱乐、开启人们智慧的主要形式，尤其是对小孩子的启蒙教育具有重要意义。①

七、警句、谚语、歇后语

警句、谚语、歇后语是内容精萃、艺术性强的民间文学短章。

警句言简意赅、通俗，警示人们要做什么，不要做什么。如“斜徐咳打泥，徐拜搁打杜”，译意为“有人死莫坐在家，有人吵架不要出门”，用意教育人们不要惹是生非。“拜左泥肉，奢左膝肉”，译意是“吵惯嘴痒，走惯脚痒”，警告人们不要养成吵架的习惯。“奢怒卡重敲冬奢，敌夺格期奢麻搁”，译为汉语是“省从囤箩口上省，底上去省来不及”，告诉人们注意节约，不要挥霍浪费。“麻格索列搁”汉意为“不会可以学”。

谚语是口头讲说中具有深刻含义的定型化语句，经过民间的千锤百炼而流传开来，或反映人们对自然界的认识改造，或反映彝族人民的道德观念与思想意识。② 常见的如：

男到十八立父志，女到十八替母身；　　羊没有欠狼的账，狼照样吃羊；
人似同宿林中鸟，大限来时各自飞；　　当面说话不生病，背后说话难饶人；
打虎还要亲兄弟，打仗还靠父子兵；　　大梁不正二梁歪，中柱不正倒下来；
兄弟不和外人欺，妯娌不合碓磨欺；　　山高遮不住太阳，牛大压不死虱子。
好汉不打妻，好狗不咬鸡；　　种地不捞沟，好比贼来偷；
瘦地怕壮汉；　　庄稼一枝花，全靠肥当家；
狼和羊不恋，鹰和鸡不婚；　　马的力在腰，牛的力在颈；
马熟悉跑道，牛认得家门；　　吵惯嘴痒，走惯脚痒；
……

① 参见盘县特区政协文史委员会、盘县特区民族事务委员会：《盘县特区文史资料》（第十三辑，少数民族专辑）。
② 同①。

二、六盘水彝族民间口头文学的特点

综观六盘水彝族民间口头文学，整体上有以下特点：

第一，数量多，容量大。题材广泛，内容丰富，有彝族历史的再现，有对自然现象的解释；有反映民俗的由来，也有对民俗的具体展现；有劳动情景的写照，也有劳动经验的介绍；有对逝者的怀念，也有对未来的憧憬；有对天地万物的景仰，也有本民族的图腾。多数彝族民间口头文学反映了彝族先民早期拓境的艰难，也展示了彝族人民英勇顽强和鲜明的爱憎。如《丧祭歌》、《两呀两相遇》中的鹰图腾、虎图腾，又如甘本权、李世安讲述，袁丛林收集整理的英雄史诗《戈阿娄》中，彝族先民围坐在一起唱彝歌、喝水帮酒的情景，是一直延续至今的民俗。又如很多民歌、民间故事中提到的种荞、撒荞等事件和情景，也体现了彝族人民从古至今的农耕生活特点。

第二，体裁多样，艺术性强。六盘水彝族民间口头文学不仅数量众多、流传广泛，而且体裁多样化，涉及民间故事、民间传说、民间神话、民歌、民间长诗、民间谚语和民间语言游戏灯谜等，雅俗共赏。不少民间文学作品综合运用了多种艺术手段和文学表现手法，情景交融，艺术性强。如甘本权、李世安讲述，袁丛林收集整理的英雄史诗《戈阿娄》中，叙述、描写、抒情、议论等多种表达方法交叉运用，正面描写、侧面描写、心理描写各具特色，反复、排比、比兴、夸张等修辞手法比比皆是，所抒情感一咏三叹，感人至深。

第三，文化板块下的地域差异大。六盘水彝族文化总括水西、乌撒和盘北三个文化板块。六枝属于水西文化、钟山区部分属于水西文化，部分属于乌撒文化，水城县属于乌撒文化，以淤泥、普古为代表的盘县北部地区和黔西南地区的彝族历史文化相近，另属于一块，其中盘县的靠近八石山一带与水城交界的四格、坪地则属于乌撒文化区。在城市化和工矿建设的不断进程中，很多地区受汉文化影响较大，彝族本族文化在悄然消失。目前收集与掌握的彝族民间口头文学中，各地风格迥异，以淤泥、普古为代表的盘县北部地区的彝族民间文学，原生态形式较为浓厚，如彝族古歌尚有传承，彝族英雄史诗、长篇叙事诗也产生和流传在这些地方。而其他地方的彝族民间口头文学汉化成分较多，或疏于流传，如钟山区境内的彝族民间故事与盘县的彝族民间故事相比，则显得篇幅较短，内容、风格上也多以幽默风趣的笑话短章为主。

彝族民间行孝积德故事的特征及其社会价值

普梅笑

孝道是中华民族传统的道德标准之一，是立家之本。为了发扬孝文化，倡导社会性的孝行孝德教育，彝族先民结合万物有灵、因果报应等思想和观念创作了许多关于行孝积德的故事。有些故事通过口耳相传的方式在民众中代代流传，有些故事被记载在典籍中，由毕摩传承下来。本文所论及的四则行孝积德故事就是用彝族文字记载并流传于云南省红河哈尼族彝族自治州境内的，现已被收入《彝族毕摩经典译注》① 第二十九卷《红河彝族行孝积德故事》。四则故事均采用五言诗体例，其中《董彦儿工钱》461 句、《采药猎獐经》623 句、《彝族福禄神》2334 句、《贾相孝继母》2380 句。

一、故事梗概

（一）《董彦儿工钱》②

董彦儿三兄弟从小父母双亡，孤苦无依，过着居无定所、食不果腹的生活。为了生活，三兄弟商量去给人家打工做苦力。长子决定去给策更兹当仆人，次子决定去给恒董芳做仆人，小儿子则决定去给龙塔基做仆人。三年零三月，打工期满之日，策更兹问董彦儿长子要什么报酬，金银珠宝、粮食牲畜随他选。董彦儿长子说这些都不

① 楚雄彝族自治州人民政府编：《彝族毕摩经典译注》，第二十九卷，116 页，昆明，云南民族出版社，2008。

② 楚雄彝族自治州人民政府编：《彝族毕摩经典译注》，第二十九卷，157 页，昆明，云南民族出版社，2008。

要，只要更兹不死药。策更兹只好忍痛割爱把不死药给了他。董彦儿次子向恒董芳索了会收缩地筋的法宝，学了收缩地筋术。董彦儿幼子则向龙塔基讨教了辨别鸟语的法术。

三兄弟打工期满归来，各有收获。三兄弟在高兴地聚餐时，飞来一只黑乌鸦，在他们头上盘旋哀鸣。小弟听得懂乌鸦的叫声，知道龙塔基家的秃尾红虎、白颈黑狗和斑尾黄鹰死了。二弟施展收缩地筋术，将千日行程变成一天的行程，把百日行程变成半天的行程，把一天的行程变成一个早晨的行程，很快赶到了龙塔基家。大哥用更兹不死药救活了秃尾红虎、白颈黑狗和斑尾黄鹰，这三个动物就归他们所有了。他们回到原地继续吃饭，这时又飞来一只黑乌鸦，停在树梢哀鸣。三弟听了乌鸦的叫声，知道天宫的夏阿雾大人死了。他们又施展收缩地筋术赶到天宫救活了夏阿雾大人，夏阿雾大人为了答谢三兄弟，要给他们金银珠宝，三兄弟不要，请求夏阿雾大人把三个女儿许配给他们，夏阿雾大人将三个丫鬟打扮成自己的女儿嫁给了三兄弟。

三兄弟带着妻子回家开垦荒地，搭建新居，过起了日子。有一天，三兄弟外出打猎，临走时长子交代妻子千万不要打开上着金锁的厢房门。长子媳妇没有听丈夫的话，好奇地打开了厢房门，看到更兹不死药发着耀眼的金光，天上的太阳见药笑哈哈，它暴晒仙药，把仙药晒蔫了，吸光了仙药的汁，太阳吸了仙药汁后永远也不会死了。夜里，长子媳妇把仙药放在地上，想让它打了露水复活，但月亮见了仙药，把仙药吸走了，成了月亮里面的娑罗树，从此月亮也不会死了。三兄弟回来后得知太阳吸光了药汁，月亮吸走了药树，既心痛又无奈。秃头红虎和白颈黑狗为了报答主人的恩德，上天去向太阳和月亮索药，天梯断了，再也回不来了。红虎向太阳索药，太阳不还，红虎就咬太阳，就是我们看到的日食；黑狗向月亮索药，月亮不还，黑狗就咬月亮，就是我们看到的月食。

（二）《采药猎獐经》①

远古的时候，在一个叫闹古井的地方有一个孝子叫闹比欧，闹比欧的母亲得了怪病没有办法治愈，向毕摩求签卜卦，法术尽施也不见好转。突然有一天，闹比欧听说有一种灵丹妙药可以治愈母亲的病，于是他外出四处求药，走遍东西却没有人知道仙药所在。

天宫霰朔家养了一群羊，有一天牧羊童不注意弄丢了一只，后来发现羊误食毒草而死。霰朔的小千金摘来了一枝草药喂羊，羊复活了，成了天宫的神羊。这种草药就

---

① 楚雄彝族自治州人民政府编：《彝族毕摩经典译注》，第二十九卷，190页，昆明，云南民族出版社，2008。

是传说中的不死草，能起死回生长生不老。闹比欧得知霰朔的小千金知道仙药，就去仙宫求药。霰朔小千金提出各种条件，闹比欧一一满足，并只身去猎獐，将獐献给霰朔小千金。经过各种考验之后，霰朔小千金将仙草告诉了闹比欧，并提醒闹比欧说：生病人不一定会死，但服错药必死无疑，治病用药须谨慎。她还告诉闹比欧仙药和毒草是混生的，并传授了闹比欧识别仙草和毒草的方法。闹比欧按照霰朔小千金的交代去挖仙草。草药的梢和茎变成了水源龙树，根茎变成了盐矿，而草药的枝干和块根就是可以治病的不死药。闹比欧要煎药，但缺少制药的捣药棒，搅拌的刮板，筛药的筛子，煎药的药罐，熬药的水、柴、火等物，闹比欧靠自己的智慧一一解决了，还向霰朔家借来了熬药师和熬药工，开始熬药炼丹。

闹比欧熬药时被药味熏染，被药渣覆盖的动植物从此都生生不息，长盛不衰。闹比欧把熬好的药汁先给了策更兹、恒董芳、四季神、皮乌突、令者胜等天宫大臣以及仙鹤、大雁、大象等动物服用，这些都成了不死的仙人和永不灭绝的动物。最后熬的一炉，闹比欧拿回去给母亲服用，但因为闹比欧采药、熬药耽误了太多时间，还没有把药送到家，母亲就命丧黄泉了。闹比欧采药猎獐救了他乡的人，却没有救到自己的母亲，暗喻了人世间有治病良药，但却无不死之药，生老病死乃人之常态。

（三）《彝族福禄神》①

彝族有招福禄神的习俗，福禄神居家能保佑主人家万事吉昌。

远古的时候，在己白莫彝村有一个叫吉乐郎的人，吉乐郎一家四口，夫妻二人和一双儿女，儿子名叫吉乐，女儿叫吉乐妹。吉乐 4 岁的时候，为了养家糊口，父亲外出卖工，一去不复返。吉乐 8 岁的时候上山打柴抓了一窝小鸟，并把鸟窝放在柴担上带回了家，小鸟的父母一路尾随啼叫。母亲见状，教育吉乐不要拆散小鸟一家，它们虽然是鸟，但也和人一样有感情。吉乐听从母亲的话将鸟窝放回到树上，鸟爸爸鸟妈妈很感激，唱歌表示以后一定会报答吉乐。

吉乐经此事之后更懂得孝敬母亲了，两兄妹有什么好吃的东西都要先给母亲吃。母子三人艰难度日，到吉乐 16 岁那年，有一天吉乐问起了父亲的事情，母亲把父亲外出卖苦力一去不回的事情告诉了吉乐兄妹。之后母亲因积劳成疾，日夜思念丈夫而一病不起。吉乐四处求医，得知有一种仙草能够医治母亲的病。吉乐在求医的路上经历各种考验，救了落水的小孩，背老妇过河，在河上搭了桥，救了老翁。后来得到老翁托梦，知道了仙草的所在。吉乐前去寻药，在攀爬悬崖的时候不慎坠崖，正在危难

① 楚雄彝族自治州人民政府编：《彝族毕摩经典译注》，第二十九卷，1 页，昆明，云南民族出版社，2008。

之时，大鹏鸟救了他。吉乐历尽千辛万苦，终于采到仙草，却被守护仙草的魔鸟啄昏，老翁将他救活，仙翁热情款待吉乐，并表示要将二女儿与吉乐婚配，希望吉乐能留下来和他们一起享受荣华富贵，以此试探吉乐的孝心，吉乐婉言谢绝了老翁的美意。仙翁试探了吉乐以后，决定让二女儿跟吉乐回家治疗吉乐母亲的病，二女儿依父亲指示打扮成行医人带着仙丹和吉乐一起回家，治好了吉乐母亲的病。但二女儿留恋凡间，动了凡心，治愈了吉乐母亲后没有遵照父亲之意立即返回仙界，她想和吉乐成婚，并在采药时以对歌的方式多次向吉乐表达自己的情感。后来她们成了亲，一起采药、治病救人、传授给人们草药医方，一起孝敬母亲，一家人过着幸福的生活。有一天，吉乐夫妇上山采药，在回家的路上救了一个衣衫褴褛的病老头，背回家后母亲认出是自己失踪多年的丈夫，夫妻相聚，父子相认，一家人终于团聚。

（四）《贾相孝继母》①

宋仁宗年间有一个叫湖广古阳县的地方出了一个有名的孝子，名叫贾相。贾相的祖父贾百万是一个大财主，娶了一个美丽的千金小姐，生了一个独子名叫贾德恩，贾德恩长大后也娶了一个贤妻名叫李谷英。贾氏夫妇父母早亡，没有什么功名业绩，膝下无子女，于是常到庙里焚香求子。贾氏夫妇乐善好施，行善积德，捐资建桥，救济穷人。三年后，他们的善行传到了天庭，玉帝派萨善下凡来考察详情，之后派触犯天规的金童投胎贾府，要他取名贾相，去孝敬贾氏夫妇。贾夫人梦见自己吃了一枚鲜果，十月后，诞下一子。贾氏夫妇非常高兴，给宝贝儿子取名贾相。贾相三岁的时候，李氏病逝，过了一年，父亲续娶一程姓女子。程氏心灵通窍，视贾相如己出，一年后，程氏也生了一个儿子，取名贾礼。一家四口其乐融融，生活得很幸福，贾氏兄弟聪颖无比，立志要好好读书，进取功名。

后来程氏得了怪疾，派仆人去学校叫两个儿子回来，想见儿子最后一面。贾相兄弟得知母亲生病，急速赶回家，拜见父母，母亲在病床上叮嘱兄弟俩要相亲相爱，相互扶持。贾礼见母亲病容，心痛难耐，于是向神灵跪拜，希望割自己的肉给母亲吃能治愈母亲的病。贾礼割了自己的肉给母亲吃，母亲的病反而加重了。贾相也焚香祈祷，割肉敬继母，程氏的病痊愈。程氏病好以后把贾礼留在家，要贾相继续回学校念书。

贾相回学校念书后不久，继母旧病复发。在睡梦中，观音托梦给程氏和贾相，说服孔雀胆、吃孔雀肉能治好程氏的病，要贾相上青龙山射孔雀。程氏知道上山射孔雀

---

① 楚雄彝族自治州人民政府编：《彝族毕摩经典译注》，第二十九卷，235 页，昆明，云南民族出版社，2008。

定有危险，要是让贾相去的话外人定会议论继母虐待儿子，于是就让贾礼去。贾礼临行前到学校与兄长和先生告别，贾相说观音托梦已指明要自己去，于是就留下弟弟，只身上山射孔雀。

这一年皇帝下旨要杀二十四个人祭天，贾相的名字也在其中。皇帝派包公包大人捉拿贾相，包大人在青龙山上抓住了上山射孔雀的贾相。包大人审案，贾相细说实情，要求包大人允许他在死之前先射孔雀救继母，并发誓自己不会逃跑，包大人答应了他的请求，并派了徭役跟随。贾相射了孔雀回家治好了继母的病之后与父母兄弟和先生告别，并留下三封血书说明自己的去向。包大人见贾相孝行可嘉，认为这样的孝子不应该杀，于是派人去地府查名册和日子，想择吉日再行刑。

后来贾相的先生、父母和兄弟看到了血书，得知贾相将被杀头祭天，前往求情。继母请求让亲生儿子代贾相受刑，贾礼称自己才是贾相，兄弟俩相互争着受刑，赤诚之心感动了包大人。包大人舍不得杀他们，于是亲自去地府查明兄弟俩的身份，发现地府名册没有俩兄弟之名，于是上到天宫去查访，得知贾相本是天庭之人。玉帝开金口叫包大人扎草人代贾相受刑，贾相获救。后来仁宗皇帝得知草人代刑的实情，为表彰贾相兄弟的孝心，树立世人学习的楷模，给贾相兄弟俩加官晋爵，也给继母程氏以荣誉名节，让天下继母都向她学习。

二、故事类型特征

（一）主人公凄苦的身世

四个故事的主人公都有凄苦的身世和经历：《董彦儿工钱》中的董氏三兄弟从小父母双亡，孤苦无依，到处飘零，为了生存，只能选择出卖自己的劳力；《采药猎獐经》中的闹比欧也是一个只有母亲、不知生父的苦孩子，从小和母亲相依为命；《彝族福禄神》故事中的吉乐，父亲在他年幼时外出卖苦力挣钱，结果被抓去当了壮丁，十几年杳无音讯，母亲含辛茹苦地把他和妹妹养育成人，母子三人相依为命，生活窘困不堪，母亲由于长年累月的操劳以及对丈夫的无尽思念而一病不起；《贾相孝继母》中的贾相虽然出生在富贵之家，但三岁时就死了亲娘。幼年丧父或丧母或父母双亡是这类故事中主人公共同的命运，是他们经受严酷考验的开端，为造就主人公坚毅刚果的个性和善良慈悲的心营造了锻铸环境。同时，这样一种凄苦的身世反映出了现实社会中平民的生活困境，这样的命运开端与美好的故事结局形成鲜明的反差，折射出贫困人民在残酷现实生活中的抗争和对美好生活的憧憬。

（二）为尽孝历经各种考验

在这一类型的故事中，主人公都要经受各种近似严苛的考验，“故天将降大任于斯人也，必先苦其心志，劳其筋骨，饿其体肤，空乏其身，行拂乱其所为，所以动心忍性，增益其所不能”。这些考验正是“神仙”用于选拔人类优秀德行的方式。《董彦儿工钱》中的董氏三兄弟自小孤苦无依，只能靠出卖自身劳力来维持生计；《采药猎獐经》、《彝族福禄神》、《贾相孝继母》中主人公经受各种考验的原因都是母亲生了怪病，人间医术无效，必须去寻找“不死药”来医治。但“不死药”并非世间凡物，也不会轻易授人，因此，为了取得仙药，主人公必须冲破各种险关、解决神仙们设下的各种疑难问题，通过神仙们对主人公人品、德行的考察。神仙们之所以设下各种磨难就是要激发主人公的善良之心和英勇之志。勇敢、善良成为衡量人性善恶的标准，不仅在文学世界是这样，而且现实生活中也是这样。彝族创世史诗中人类从独眼时代、直眼时代到横眼时代①遭受了三次灭顶之灾，都是因为人性中善的泯灭、社会风气和人乱发生了混乱，神为了惩恶扬善，选出善良的人祖之后发起了洪涝灾害，将世间一切丑恶灭绝于无情的洪水之中。这些故事以“善有善报、善念永存”的观念激发人们对人性中真、善、美的赞美和追求。

（三）离奇的故事情节

《董彦儿工钱》中董氏三兄弟用自己出卖劳力所获得的报酬，即识别鸟语术、收缩地筋术和不死药拯救各种面临死亡的生命，由于救了夏阿雾大人，得到夏家三姐妹作为三兄弟的妻子，虽然是夏家的三个丫鬟所扮，但也给了三个孤儿一个完美的家庭。后来不死药被太阳和月亮吸走，太阳和月亮成了永世不灭的天体，红虎和黑狗为报答主人恩情上天索药，由于天梯断了，无法再返回人间，就一直追咬着太阳和月亮，故事用人类淳朴的想象解释了日食和月食的原因。《采药猎獐经》中闹比欧克服种种困难熬制不死药，凡是被药物熏染、被药渣覆盖、喝到药汁的生灵都能永不灭绝，但由于采药、熬药花费了太多时间，没有及时给母亲服药，没能救活自己的母亲，预示了人类不能长生不死，生老病死乃自然现象。《彝族福禄神》故事中吉乐上到仙界求到了仙药，治愈了娘亲的病，并且和仙家二姐两情相悦结为夫妻，夫妻俩采药行医、传授草药医方，为乡邻带来福祉，最后，失踪多年的父亲重返故乡，夫妻团聚，骨肉相认，一家人终于团聚，过上了幸福美满的生活。《贾相孝继母》中，继母

---

① 楚雄彝族自治州人民政府编：《彝族毕摩经典译注》，第十一卷，2 页，昆明，云南民族出版社，2008。

得怪疾，贾相兄弟割肉敬母，继母旧病复发，贾相冒死上青龙山射孔雀，继母服药后怪病痊愈，贾相被抓，贾礼冒名受刑，继母跪地求情，贾氏兄弟的孝心和继母程氏的爱子之情感动了受命执刑的包大人，为了不错杀孝子，包大人上天入地查明贾相身份，得到玉帝的口谕扎草人代替贾相受刑，贾相获救。

三、故事的发展演变

（一）由虚变实，幻想和想象的成分逐渐减少

上述四则行孝积德故事的时间、地点、人物身份逐渐趋向确定、真实。虽然故事中都有神仙人物，如《董彦儿工钱》中的策更兹、恒董芳、龙塔基等彝族神话中的神仙，《采药猎獐经》中的霰家千金，《彝族福禄神》中的老仙翁、二女儿等，《贾相孝继母》中玉帝、阎王等具有超凡神力和特权的仙界人物，仙草灵芝、大鹏鸟、仙鹤、更兹免死药以及能治愈贾相继母怪疾的孔雀等神奇事物和识别鸟语术、收缩地筋术等神奇法术的存在，但幻想和虚构的成分逐渐减少。故事时间从模糊的“远古的时候”变成“宋朝仁宗年间”这样比较确定的年代，故事发生的地点、故事中主人公的身份信息也逐渐明晰，出现了宋仁宗、包公等历史上有名有姓的真实人物，使故事的真实性和可信度逐渐增强。在对凡人的描述中，理性认识逐渐增强，表明民众的认知能力和创作意识也在逐渐增强。

（二）由简变繁，故事的情节设置逐渐增加

《董彦儿工钱》461 句、《采药猎獐经》623 句、《彝族福禄神》2334 句、《贾相孝继母》2380 句，从故事的篇幅长短来看，故事的内容逐渐丰富。《董彦儿工钱》对董氏三兄弟的身世和少年时代的成长经历只是略提了一两句，主要描写了三兄弟打工期满后向主人索取不死药、法术，并利用它们治疗红虎、黑狗、黄鹰以及太阳和月亮吸走不死药的过程。《采药猎獐经》对闹比欧向霰家小千金求药、猎獐、挖药、熬药等主要几个情节作了详细描述，其余地方都是简单的铺垫过渡。《彝族福禄神》对主人公的身世、成长经历、寻药求医中所遇到的各种考验、挖药的经过、治病、结拜、求爱、认父等各个环节都作了详细的描述，特别是对人们的对话、人物的心理描写得比较细腻。《贾相孝继母》中对贾相的出生来历、成长经历、贾相兄弟割肉敬母、上山射孔雀、向包大人求情、与亲人诀别、贾礼冒名替死、查明身份、贾相获救等情节都进行了详细的描写，情节跌宕起伏。

（三）由粗变细，创作手法逐渐趋向精细化

《董彦儿工钱》中用"金银过称，过称后完事。锦缎是束花，观赏后谢落。牛羊似丛草，走散就遗失。谷物似堆火，散热后就完，我取它何用?"这样的两处对话表明三兄弟看淡金钱、不慕奢华的恬淡个性和不贪恋眼前利益、个人利益的远见卓识。《采药猎獐经》中通过描写闹比欧向霰家小千金求药时的对话，刻画出闹比欧乖巧、机敏的个性。《彝族福禄神》和《贾相孝继母》从人物的外貌、语言、心理描写刻画人物形象，人物外貌特征和性格特征都比《董彦儿工钱》和《彝族福禄神》中的人物更为鲜明突出，故事情节也更加跌宕起伏。故事的创造手法从较粗、较少的对话和心理描写，逐渐趋向细腻的外貌特征和性格特征的刻画以及较为复杂、精细的情景描述上。在相互的参照对比之下，显示出清晰的发展变化规律。

四、故事类型的社会价值

（一）人类社会真实生活的影射

《董彦儿工钱》解释了万物长盛不衰，日食、月食产生的原因。《采药猎獐经》预示了人类不能长生不死，生老病死乃自然现象。《彝族福禄神》介绍了招福禄神这一习俗在彝族社会生活中的重要意义，即"福禄神居家，千百事吉利；福禄神离家，千事万事凶"①，解释了招福禄神习俗的起源。《贾相孝继母》颂扬了贾相知恩识礼、孝敬继母、爱护弟弟的仁义孝道。

在人类社会早期，人们对生老病死等生理现象和草木枯荣等自然现象缺乏科学的认知，因认知水平和能力有限，只能通过将各种"神秘"现象和事物加以神化，想象出神仙和各种具有超自然力的神物来解释说明所看到的一切。长生不老、延年益寿是人类对自身生命永恒的追求，这种思想在早期人类社会比较普遍。寻找"免死药"、"不病丹"的故事情节反映了人类早期对自然生命缺乏认识，对长生不老有着强烈的欲求。这些故事中主人公的历险经历正是人类认识自然、征服自然的实践过程的反映。

---

① 楚雄彝族自治州人民政府编：《彝族毕摩经典译注》，第二十九卷，2页，昆明，云南民族出版社，2008。

（二）民族文化的传承作用

这四则行孝积德故事用彝族文字记载，使故事具有了较强的稳定性，比较完整地保存了故事创作初期的原貌，而不像人们口头流传的故事那样随意被修改，反映了特定时期的社会生活和人们的认识水平及精神诉求。这些故事用五言句式叙述，语言优美，节奏和谐、押韵，同毕摩经一样发扬了彝族经典的诗学传统。这些故事中关于神仙、神物等的奇异想象，从彝族传统的万物有灵、笃姆创世、祖先崇拜等观念，结合外来的宗教观念，解释了自然界各种事物的产生和人类社会各种习俗的由来，以此传递民族的世界观和价值观。人们通过故事懂得了尊重自然、神灵和祖先，懂得了与自然和谐相处的意义。

（三）传统的道德教育模式

父母和长辈通常在劳动和休闲场合给小孩子讲故事，这些故事以因果报应、好人有好报的观念从正面肯定了子女行孝的意义。彝族以“唱诺音”和“讲古”的方式教育青少年，让他们效仿故事中的人物行孝积德，“父母年迈要服侍，睡觉起床要照看”，“无饥无寒度晚年，父母心里感高兴”①，“上莫欺兄长，下不虐弟妹。见长者让位，遇幼者止步。逢盲人牵引，见瘸脚就背”②，学会孝敬父母、尊老爱幼。彝族社会通过这种古老、淳朴的方式传递祖先的智慧，标榜英雄楷模，树立社会的行为规范和道德准则。行孝积德故事与那些和它们同样有着悠久历史的，关于懒惰、贪婪、狠毒的人的故事形成鲜明的对比，共同构建了彝族传统的社会道德教育模式。

（四）现实意义

如今，我国社会结构进入转型时期，开始步入老年化社会，人们“养儿防老”的观念也慢慢发生着变化，无论在城市还是农村，老年人的养老问题都成了社会性的问题。子女如何尽孝，社会如何给老年人提供更多、更好的保障，是我们所面临的伦理道德和社会公德方面的严峻考验。生老病死是每个人都会遇到的问题，我们希望有健全的法律保障、贴心的服务，就必须重视社会公德的教育。如何教育好子女是为人父母者比较困惑的问题，对青少年的教育是社会和家庭必须承担起的职责和义务。这些

---

① 楚雄彝族自治州人民政府编：《彝族毕摩经典译注》，第七卷，51页，昆明，云南民族出版社，2008。

② 楚雄彝族自治州人民政府编：《彝族毕摩经典译注》，第二十九卷，158页，昆明，云南民族出版社，2008。

古老的故事虽然某些观念和认识不符合科学的解释，但孝文化的精神和实质是永恒的。我们在今天继续聆听这些故事，对于社会主义精神文明建设、对于彝族传统文化的继承和发扬都具有积极的现实意义。

威宁“撮泰吉”角色装扮的艺术形式及文化内涵

王小梅

一、“撮泰吉”艺术背景简介

“撮泰吉”是贵州省威宁县板底乡裸嘎村一种独特的彝族文化形式，它默默生长于贵州西部的深山野林中，很少受到汉文化的影响，保留了浓厚的原始艺术本色，如此古老的艺术形式在我国极其罕见，它因此被誉为“彝族戏剧活化石”。如果说千百年来在板底这块土地上，青稞强壮了彝族同胞的体魄，那么“撮泰吉”则抚慰着彝族同胞的心灵。但随着经济文化的发展，“撮泰吉”艺术被发掘后，在其本身受到外界关注的同时也受到外界的影响。很多个人、组织、团体胡乱借用“撮泰吉”的素材，损毁了“撮泰吉”的本来面目。而裸嘎村的村民们如今也不再限于日出而作、日落而息、足不出户的生活，他们纷纷走向外面的世界，寻求有别于祖先的生活方式。现在能演“撮泰吉”的人越来越少，它是否能后继有人是令人担忧的现实问题。因此“撮泰吉”本身面临着巨大的生存危机。所以，我们有责任、有义务对“撮泰吉”的各个领域进行研究和保护，让我们优秀的民族传统文化不仅不失传，更要为当地的经济发展作贡献，让它们焕发出前所未有的光彩。

（一）“撮泰吉”的含义

“撮泰吉”系彝语音译，其他音译现在见到的有撮衬几、撮屯几、撮特几、撮泰吉等十多种，现在普遍使用的是毕节地区彝文翻译组罗德显翻译的“撮泰吉”，为的是借汉语安泰、吉利的谐音。“撮”意为“鬼”，“泰”意为“变化”，“吉”意为“玩耍”，即“人类刚刚变成时的游戏”，故也简称“变人戏”。此戏源于何时至今尚无定论。当地传说，远古时期，连年天灾，庄稼枯死，人畜生存困难，当人们正处在绝望之时，天神派“撮泰阿摩”送来粮食、牲畜、种子，并教会人们如何耕种，人们得到了解救。以后凡遇天灾人祸之时，便扮演撮泰阿摩祈求远避灾祸，迎祥纳福。彝族撮泰吉已于2006年经国务院批准列入第一批国家级非物质文化遗产名录。①

（二）“撮泰吉”戏剧表演的过程

“撮泰吉”是表现人类成长过程中所经历的艰辛和苦难，有五千多年的历史，如今只保留在贵州威宁板底一带，其表演过程分为祭祀、正戏、喜庆、扫寨四个部分，演绎了先民迁徙、创业、生产、繁衍的历史，反映的是“人类刚刚变成的时代”。内容上描述了先民如何烧山林、开土地、刀耕火种、驯牛耕地，然后获得丰收的过程。演出中，对先民们买牛、驯牛、犁地、播种、薅刨、收割、脱粒、翻晒、储藏等生产过程，都作了粗犷的动作描述。劳动休息时，还有交媾、喂奶等场面。演出中，除惹嘎阿布用常人语调讲彝语外，其他几个“撮泰”老人，则用抽气冲击声带发出怪声答话，很像猿猴一类动物的叫声。

二、“撮泰吉”角色装扮的艺术形式及文化内涵

“撮泰吉”表演一般需要10～17人，主要分工是：3人扮狮子，2人扮牛，2人打锣，4人举灯笼，6人扮剧中人物。本文中“角色”主要指“撮泰吉”剧中的人物形象。“撮泰吉”戏剧表演中角色独特的装扮，包括头饰、面具、服装等，不仅给这古老的戏剧增添了更多的神秘感和魅惑力，其本身也是一件特点鲜明、个性独特的优秀民族传统艺术作品。它们沉淀着彝族厚重的历史文化，它所蕴涵的巨大历史文化价值以及艺术价值、人类学价值得我们去探寻、研究。

（一）“撮泰吉”角色的帽子

“撮泰吉”六个人物角色均有帽子装饰，帽子的色彩和造型简单朴素，除惹嘎阿布用黑色或青色棉布缠头外，其余五位均用黑布或白布把头顶缠成尖锥状。

帽子的制作：由三块光滑的竹片作支撑形成上小下大的尖锥形，再用细篾丝在三块竹片间进行编织。然后在编好的竹坯上缠上白布，最后在帽子的顶部装饰上各角色

① 参见贵州省艺术研究室、上海人民美术出版社编：《贵州傩面具艺术》，25页，上海，上海人民美术出版社，1989。

的一束头发即成（见图1）。

（二）“撮泰吉”角色的服饰

众所周知，彝族服饰色彩艳丽，装饰精美，但作为彝族戏剧“撮泰吉”的服饰则显得非常简单朴素。剧中，惹嘎阿布着青色或黑色的长袍，而其他角色则着青色或黑色的短衣长裤，并用白布交叉于腰间，表示人类还处在蛮荒时期没穿衣服。

（三）“撮泰吉”角色面具及其文化内涵

“撮泰吉”人物角色面具是撮泰吉装扮中最神秘、最吸引人、最值得研究的部分。

“撮泰吉”作为傩戏家族中的一员，演出时头戴面具，这也是傩戏的最大特点。这种面具和普通表演时的化装有所不同，它是神的象征和载体，是沟通人、鬼、神世界之间的工具。戴上一张与凡人面孔不同的面具，既提醒演员，同时也告知观众它现在已经进入了另一个世界，正在做与神沟通的工作，是神的代言人，使人们对面具充满敬畏之情。新中国成立前，贵州威宁“撮泰吉”的面具在不举行仪式时通常非常神圣地存放在固定的山洞中，演出时才请出来。相传，人们在经过存放面具的山洞时怕触怒了洞中神灵都不敢往山洞方向看。演出面具也是专一的，并且固定到人，即角色面具为固定表演这一角色的某一演员专用。“撮泰吉”人物角色面具如下：

惹嘎阿布：彝族，2000岁，意为山林老人，在彝族人心目中是自然神和智慧神的化身，是人类的先知，他无所不知、无所不能。裸嘎村先民正是在惹嘎阿布的带领和教化下，从蒙昧无知的斜目人蜕变成掌握了各种生产生活技巧的横目人，从而成为了真正意义的人。他的扮演者也必须由当地最具智慧、最有威望的家族中的人来扮演，而且扮演者的身份也是世袭的。现在，贵州威宁扮演这一角色的罗晓云是板底村的村支书，在板底村具有相当的威望。惹嘎阿布戴鸡蛋眼罩，在中国文化里，生鸡蛋代表天地未分时的混沌状态，蛋煮熟了以后，蛋黄和蛋白就分开了，象征着天与地的分开，蛋白代表天，蛋黄代表地。惹嘎阿布戴鸡蛋眼罩象征着只有作为神的他才可能透过混沌看清世间的一切善恶、美丑。鸡蛋在彝族社会里还有占卜意义，例如在“撮泰吉”表演中扫寨的部分，惹嘎阿布就带领撮泰阿摩们到各家去要鸡蛋和麻，然后在各家草房四角拔一把盖房草来到村寨岔路口，用木棍搭成架，盖上房草，然后把鸡蛋埋在架下的土中，过一段时间再把鸡蛋取出来烧熟、食用，并根据鸡蛋壳上的裂纹来占卜吉凶祸福。

阿布摩：彝族，1700岁，意为老爷爷，阿达姆的丈夫。戴白胡子面具，面具上画弯曲、较粗的纹路，象征苍老（见图2）。如果说惹嘎阿布是人们幻想世界、精神领域的统治者，那么阿布摩就是彝族人现实世界的最高首领，他相当于彝族社会的君王，是彝族社会的头领和统治者，也是彝族社会的管理者和各种关系的协调者。

阿达姆：彝族，1500 岁，意为老婆婆，戴无须面具，表示女性身份，同时面具上画较细的弯曲状纹路以反映年纪苍老和岁月痕迹（见图 3）。她是阿布摩的妻子，担任着彝族社会生息繁衍的重任。

麻洪摩：彝族，1200 岁，戴黑胡子面具，表示年轻、刚强和威武（见图 4）。在彝语里，麻洪就是带兵、养军的意思，麻洪摩在彝族社会的角色相当于军队的管理者、三军统帅，肩负彝族社会和平、安全的重任。

嘿布：彝族，1000 岁，戴兔唇面具，表示口无遮拦，滑稽可笑，同时画竖状纹路，表示年轻（见图 5）。在彝族的传说中，嘿布是一个爱吹牛、爱说大话、爱开玩笑的人。如果用现代人的眼光来看他就是一个给人们带来欢乐和精神享受的人，同时也是彝族社会文人的代表。

阿安：意为小娃娃，戴无须面具，表示年龄幼小（见图 6）。他的出现反映出古时彝族人希望世代薪火相传、人丁兴旺的朴素愿望。以前在表演过程中，阿安这一角色由当地婴儿扮演，现在由于经常在舞台上进行演出，考虑到灯光、音响等会伤到小孩，所以现在的演出通常用木质玩偶代替。

图 1　撮泰吉帽子

图 2　阿布摩面具

图3　阿达姆面具

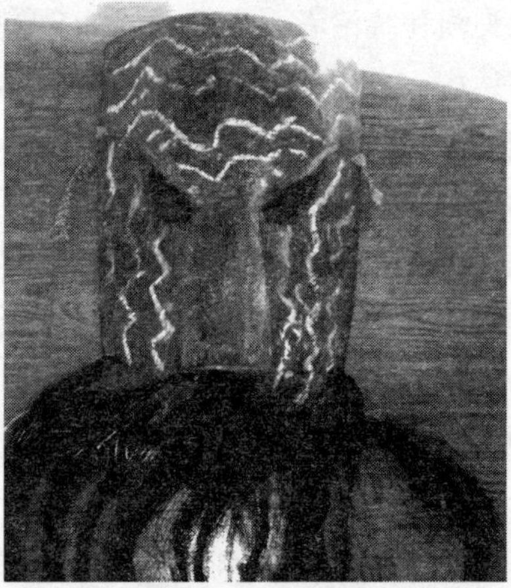

图4　麻洪摩面具

图5　嘿布面具

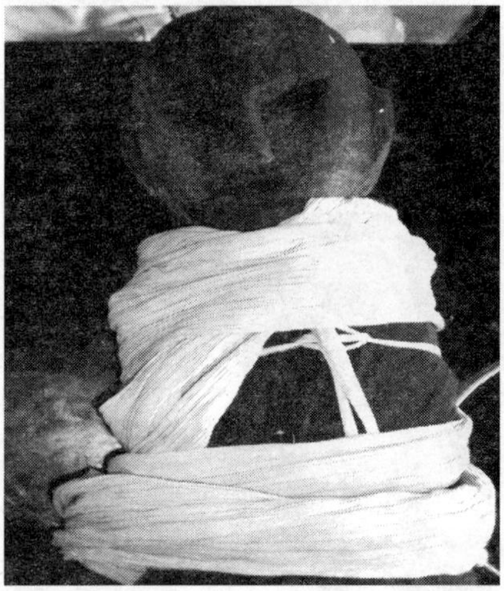

图6　阿安面具

三、“撮泰吉”人物角色面具的材料选择和制作过程

“撮泰吉”人物面具为木质面具，木质的选择也很讲究，必须是一年四季常绿并能开花结果的树木。这其中蕴涵了彝族人祈求种瓜得瓜、种豆得豆，凡事付出终有所成、世代平安永恒的美好愿望。选择的树木通常是当地的杜鹃、刺楸等质地坚硬的乔木。面具要大于真人面孔，有猴相，前额高大厚实向前凸出。制作工艺原始拙朴、粗犷。首先将选好的圆木按面具的长度锯成段，然后一剖为二，用刀斧粗略加工，挖空

背面，将正面的眼、口、鼻凿通即可。

四、“撮泰吉”角色装扮的艺术特征

作为古老的原始艺术，“撮泰吉”人物角色装扮具有独特的艺术特征。

（一）原始艺术特征

原始艺术不仅指原始社会时代的艺术，具有原始文化特征，受民族传统习俗影响的艺术形式都可以理解为原始艺术，而且原始艺术还指在这种艺术中蕴藏着复杂、神秘的观念和主观感情。“撮泰吉”角色装扮特别是面具具有浓厚的原始艺术特色，它是彝族先民在特定的生存环境下，以他们特有的思维方式、认知水平创造的产物。几千年前，彝族先民因为生存的需要，同周围的自然界进行了艰苦卓绝的斗争，由于当时生产力水平低下，他们的斗争往往显得软弱无力，于是他们对自然界一切不可解释的事物充满了恐惧，便将一切寄托于巫术的魔力。“撮泰吉”人物角色的装扮无不具有因为自然的强大、自身的弱小而祈求人能得到自然或神灵的庇护，达到趋利避害、五谷丰登、人丁兴旺这一功利性目的。“撮泰吉”人物装扮无论造型、色彩还是文饰，都具有生硬性、纯真性、力感性和野性。当时人们的认知能力及表现能力都比较低下，故只能采用以粗陋、狞厉、丑怪、朦胧为特征的原始的艺术表现方式。

（二）夸张的造型和稚拙的写实并存

原始艺术的形象既不是纯粹幻想的产物，也不是精细深入地进行写实描绘的产物，而是试图忠实地表达记忆中形象的直观产物。在那幽暗的洞窟深处作画，不可能直接面对对象写生，只能凭着记忆形象来描绘。因此形象被画得极其概括和简略，对象的特征得到了强化。原始艺术家们虽然不可能对动物的解剖结构有深刻的理性认识，但凭无数次猎杀动物的经验，他们对各种描绘对象的结构了如指掌，因而对形象表达得极为准确和生动。数千年前，彝族先民对人体解剖、动物结构还不甚了解，只能凭着直观的感觉和艺术的天分来雕凿面具，绘制图腾，所以写实中透着怪诞、稚拙中也见浪漫就不足为怪了。以面具为例，眼睛、嘴就是或长或扁的黑洞，鼻子就是硕大的圆柱，而面部色彩则是单纯的黑白，整个造型看上去夸张、怪诞，和我们现实中的人物形象相距甚远。尽管如此，我们还是一眼就能看出是人的面部造型，因为他是根据人类五官的位置、结构、比例来进行造型的，所以是在一定的写实能力下的造型。从整个风格上看，它属于稚拙、简朴的审美类型。这种风格特征根源于他们所处的生活环境以及在这种环境中生活着的原始艺术家们的意识发展水平。

（三）独特的黑白基调

在“撮泰吉”表演中，六个人物角色中除惹嘎阿布着普通彝族人黑色长袍外，其余演员均穿黑色或青色上衣和长裤，戴黑色面具，并用白色布带交叉于腰间。用白布制作帽子，用白石灰绘制面具文饰。因此，“撮泰吉”人物装扮在色彩方面呈现典型的黑白基调。

色彩对人类的生存有着息息相关的象征意义。根据彝族的习俗，彝族先民认为“黑”象征黑土，黑色是大地的象征，是孕育各种动物、植物的母体，属于雌性物质，同时还含有庄重、肃穆、沉默、成熟、高贵、威严、主体、主宰之意，也是事情和问题的根本。白色是纯洁、善良、轻柔的代表，与污浊、肮脏、狡诈形成对立。彝族是一个和黑白色彩有着深刻感情的民族。唐朝时按地域的不同把彝族分为“乌蛮”和“白蛮”，这就形成了后来“黑彝”和“白彝”的前身，虽然有地域的原因，但也与彝族尚“黑”崇“白”及其固有的文化和习俗有关。在彝族远古时期形成的天文观和哲学观里，他们很早就形成独阴不生、独阳不长的一分为二的观点。认为世间万物都是由两个面、两个极构成，而这两个方面都可用黑白两种色彩来识别。例如：天是白色的，地是黑色的；太阳是白色的，月亮是黑色的；男人是白色的，女人是黑色的……

黑白在彝族内部，代表着两种文化。黑色代表的是游牧文化，其特征是人死后以火葬的形式安葬，而白属于农耕文化，人死后进行土葬。虽然如此，但在彝族先民的认识中，黑白两种色彩无贵贱、不对立，是一种“你中有我，我中有你”的融洽状态。① 另外天空有时也被看成是蓝色，认为黑色的大地和蓝色的天空是最早“清”与“浊”两种物质相配后发展起来的一对雌雄统一体物质，它俩相配后又产生了大地上和空中的万物。这无边无际的蓝色在象征着自然界的广袤的同时，也代表着彝族同胞拥有自由奔放的胸怀。所以，“撮泰吉”表演中衣服多为蓝色或者黑色，而用白色布带交叉于腰间则代表彝族先民还处在原始野蛮的纯净状态，还以裸体的方式在大地上生存。同时，白色的帽子以及玄色的衣服也强化了“撮泰吉”神秘、可畏的宗教氛围。

（四）意象美的特征

意象是一个内涵十分复杂的美学范畴。王弼在《周易略例 · 明象》中说：“夫象，

---

① 参见陈英：《陈英彝学研究文集》，156页，贵阳，贵州人民出版社，2004。

出意者也”，“象生于意，故可寻象以观意”，“以象尽意，象以言著。故言者，所以明象，得象而忘言；象者，所以存意，得意而忘象……”意象美术作品不拘泥于客观物象的真实再现，美术家的主观认识和情感渗透所占的成分要多一些。美术家在这类作品中往往采用夸张、变形、重组等手法，或突出结构特点，不符合客观物象比例；或强调某种色彩感受，改变了客观物象的色彩关系；或打破惯常的时空概念，营造出一种幻境。这种作品丰富了我们的审美经验。彝族先民正是用诗性思维的方式去抽取客观物象的本质特征，并融注自身对世界的认识，来完成他们的造型艺术。他们在感受自然时，一种神秘而特殊的感觉也渗入他们的意识当中，他们把这些幻化的虚幻对象通过艺术的造型手段表现出来。“撮泰吉”人物装扮用最粗犷的造型、最朴素的黑白色彩抽取了彝族文化的精髓，它无处不体现着彝族先民的文化特征、思维方式和认知水平。这也就是为什么我们在欣赏“撮泰吉”表演的同时，仅通过他们的外在形式，我们就能穿越时空和彝族先民进行心灵的对话的原因所在。

“撮泰吉”是中华民族优秀的民族传统文化，欣赏它的同时我们似乎正和千年前的彝族先民们进行着心灵的沟通，他们的宇宙观、生活方式、思维方式正一点一点地在我们眼前展开。然而，随着时代的发展，它也面临着生死存亡的危机，我们有责任和义务把它保护和传承下去，即便有一天由于科技的发展和观念的改变，它真的无法再继续，我们也应有完整而准确的资料去告知后人，在中国西南的云贵高原曾有这样一种独具魅力的艺术形式存在过。

衣装密语

——彝族服饰审美特征解读

叶　莉

“服饰”与“服装”是两个相似而又相互区别的概念。服饰包括服装，但又不仅仅包括服装。它是指服装、饰物、穿着方式、装扮，包括发型、化妆在内的多种因素的有机整体。

服饰是与人的文明进化相关联的。作为文明的一种标志，服饰表明人脱离了其原始的、自然的蒙昧状态。由此，服饰成了人的“第二皮肤”，服饰同其他工艺品一样，其生产源于对其功能的需求。首先是实用功能，即在日常生活中能保暖遮羞，其后才产生了象征意义和文化内涵。人的衣着的存在及其变化，着装形象的风格及其流变，就是人的文化身份的生成。民族服饰是民族文化的物质载体，它负载了一个民族的精神文化，是物质文化和精神文化的结合体。服饰作为民族文化的一种符号载体，它的内涵是丰富的，在没有文字记载的情况下，服饰就是形象的史书。

一、彝族服饰

彝族是我国众多少数民族中的重要一员，具有悠久的历史和深厚的文化传统。彝族人民在漫长的历史发展过程中，创造了灿烂的文化。彝族文献典籍内容丰富，卷帙浩繁，有哲学、历史、历法、神话、诗文、医药、宗教祭祀、占卜等。彝族服饰作为其日常生活的必需品之一，承载着彝族尚黑、崇虎、敬火等传统文化特征，记载着彝族文化的深层内涵。彝族的服饰是漫长历史的产物，反映了本民族的个性特点和审美追求，从一个侧面把彝族的历史变迁、社会形态、风俗习惯和经济生活充分地体现出来。由于彝族散居面广，在外族的融合和族内支系分衍的影响下，形成其服装与装饰图纹的多样化。有资料记载，彝族的服饰按彝族人居住的地域，划分为四川的凉山型，云南的滇西型、滇东南型、滇南红河型、楚雄型以及贵州的乌蒙型等，其款式达三百余种之多。彝族有尚黑、崇虎、敬火、尚武的传统文化特征。彝族服饰古朴典雅，美观大方，种类繁多，色彩纷呈，是中国服饰的一枝奇葩。由于彝族支系较多，不同的支系其服饰各异，即使是同一支系，也因居住的地区不同在服饰上有很大的差别。本文以几个具有代表性的类型为对象，对其他影响较小的支系也附带提及。下面以最具彝族传统服饰特征的凉山彝族服饰为主，分别介绍彝族服饰各部分的组成。彝族服饰由服装和饰物组成，服装主要包括上衣、下装、头衣、足衣四个组成部分，另外还有各种制作精美的饰物。

（一）上衣

上衣在凉山彝语中称为“来科”，一般由衣领、衣身、衣边、袖、扣等部分组成。主要有以下四种。

1. 有领上衣

有领上衣领面有银泡、领片等饰物，此外还有挑花、贴花、刺绣等工艺做成的花纹图案。凉山彝族上衣的领子，无论男装、女装均为立领，衣领一般不与衣服相连，随时可以取下。

2. 无领上衣

如贯头衣，此衣只开领口不开襟，是古老的服装样式之一。有的贯头衣有袖子，而且将两只袖子缝合，比古老不缝合两袖的贯头衣进步。

3. 有袖或无袖上衣（坎肩或背心）

有袖的上衣叫“衣毕”，这种上衣一般短而宽。无袖的上衣就是背心，也称坎肩。彝族的羊皮坎肩历史悠久，这种坎肩用一张完整的羊皮做成，无领、无袖、无纽扣，只用四只腿皮系结在一起。

4. 披毡（披肩）、擦尔瓦

彝族的披毡由羊毛擀制而成，形状相似于斗篷，上方用毛绳收为领，有原毛白色、麻灰色以及深蓝色和青色。“擦尔瓦”是凉山男女老幼四季不离的外套，或称外氅，多用粗羊毛线织布缝制，也有用牦牛毛织成的。颜色有原毛色、青色、蓝色三种。系绳为领，下垂尺余绳穗，也有无绳穗的。披毡、擦尔瓦是比贯头衣、交领衣更为原始的服装款式。

（二）下装

下装是遮蔽下体的主要服装，主要有裙子、裤子两种。

1. 裙子

裙子是由裳演变而来的，彝族女子最具代表性的裙子是百褶裙。百褶裙制作原料有棉布、毛、麻、丝织品等，有童裙和成人裙之分。成人裙一般由上、中、下三节组成，童裙结构简单，只有上下两节缝接而成。不论童裙还是成人裙，上面部分都成筒状，下面部分有层层褶皱，褶皱数量少则有百褶、多则上千褶。百褶裙长可及地。另外，在色彩方面，童裙为浅色，成人裙上节用深色布料，而下面两节则依年龄而定，若是老年人就用蓝、灰色，青年人则用黄、红、白等色泽鲜艳的布料。

2. 裤子

彝族男子的裤子很有特色，主要体现在裤脚方面。裤脚有大、中、小三种类型。大裤脚最宽者可达 170 厘米，中裤脚的宽度一般在 60 ~ 100 厘米，而小裤脚小到只容将脚勉强伸进去。

（三）首服（头衣）

首服古代称“元衣”或“头衣”，头衣包括巾、帕、帽等一切裹首之物。

1. 头巾

头巾是指缠绕在头顶四周而不盖顶的巾。彝族男子头巾多用一条染成蓝色或黑色的粗布做成，宽约一尺，长几米。另有一种是用丝绸做的，也是一尺宽，几米长，质地柔软、轻便。彝族男子习惯在头巾的一端裹一锥结，将它包定在前额的左边或右边位置上。彝语称之为“助替”或“子帖”，新中国成立后，汉语将它称为“英雄结”。青年人的“英雄结”扎得细长，有尖，形如竹笋，而中老年人的往往是粗短无尖端的卷状或螺结锥形。

2. 头帕

妇女用来盖在头上的布块称头帕，它是盖在头上的，不是缠在头的四周的，它属于“头衣”或首服的组成部分之一。

3. 帽

帽子是服饰的重要组成。帽子的保护与审美功能，比头衣的其他组成更为明显。彝族帽子中最有特色的是妇女的鸡冠帽和小孩子的虎头帽。若以地域划分，鸡冠帽大致可分为红河式、元阳式、绿春式、阿乌式、蒙自式、楚雄式、禄丰红彝式、昆明西山式 8 种。

（四）足衣

足衣是由草、布、革等原料制作而成的。古代将不同原料制作成各种类型的鞋，统称为“履”。鞋是足衣的组成之一，有草鞋、布鞋、木屐等。除鞋外，袜和护腿也是足衣的组成部分。

（五）饰物

彝族的装饰物种类繁多，做工考究，色彩多样。有用布制成的装饰物，如腰带、各种挎包等，也有由金属及玉器制成的各种耳饰、手饰、项饰等。

1. 腰带、包

彝族先民在先秦时期就系腰带。古时人们的腰带功能是将衣服裹在身上，使衣服不致松开。后来腰带又增加了实用的功能，即可以挂许多日常必需品，如喜德地区的中老年彝族人腰带上常系一弧形鹿皮肚兜，内装烟草、火镰等物。此外，彝族腰带还有逢凶化吉、永保平安的寓意，如在今广西、云南交界处的白彝支系的妇女用树皮制成椭圆形宽三四寸的腰环（腰带），视作护身符。彝族的腰带种类多，大都用棉布或毛线制成，也有用丝绸制作的。女子多使用丝带，腰带上有许多花纹、图案，有的腰带两头有精美的流苏。除腰带外，彝族人还佩带挎包，挎包式样也因地域不同而多种多样，各有特点，有挎包、香包、荷包等。

2. 围腰

围腰是腰饰的一种，它是围在衣裙前后的一方饰物，它的作用原为保护衣裙的整洁，后来却具有了更多的装饰意味。将女性的腰身束紧，突出女性的曲线美。围腰色彩、图案的变化，还是女性婚否的符号之一。已婚妇女的围腰色彩素，未婚姑娘的围腰色彩鲜艳。

3. 耳饰、手饰、项饰

凉山彝族无论男女都佩戴耳环，但各地有所不同，男的穿左耳佩耳环，女的穿双耳佩耳环。而且男女所戴的耳环样式也有所不同。彝族佩戴的耳饰有耳环和耳坠两种。手饰主要包括戒指、手镯和钏，是配饰的一种，与服装配合使用，其主要功能是起装饰作用。戒指是手指上的装饰物，彝族男女均可佩戴。手镯是戴在手上的饰物。男女也均可佩戴，既可戴在左手，也可戴在右手，或者两手都戴，手臂上还可同时佩戴数个，由多个手镯合为一起的臂饰称为“钏”。

二、彝族服饰的形式美特征

人在认识自然的过程中，通过对自然（社会）的制约性和感性经验的总结内化，产生了诸如宗教、道德、习俗等意识形态，这无一不对服饰产生影响，这是服饰形成和发展的一个形式法则。当这种意识形态被服饰形态以审美的感性形式加以表现的时候，人能够满足一种深层的内心需要，这时服饰成了一种具有形式美的艺术品。彝族服饰作为一种民族艺术，其形式美主要体现在图纹、款式和色彩三方面，并具有各自的审美特征。

（一）图纹——和谐自然之美的表现

彝族服饰图纹从纹样母题来看，大致可分为三类，即自然生活类、图腾类、神话传说类。这三类图纹不但是彝族人民思想生活、风俗习惯的形象史，而且有着深厚的文化内蕴。

1. 自然生活类

大自然是人类赖以生存、繁衍的环境，又是艺术表现的第一母题。彝族是一个爱美的民族，他们将存在于自然界中的动物、植物、日、月、星辰等美好的事物，以自然形态的纹样反映在服饰上。居住于山区的彝民多选择鸟、树等题材，靠近水边生活的彝民则多选择鱼、花、蝶、蜂等。所有这些题材在造型上都被手巧的彝族妇女经过概括、夸张乃至变形处理，但本质上仍然保持着物象的自然形态特征，或更突出强调了其固有的形态特征，使整个图案变化而又统一，富丽而不紊乱，给人自然和谐的美感，使人看到繁荣而美好的景象。除此之外，表现生活内容的题材多为人物形象与火焰纹。彝族是个能歌善舞的民族，每逢重大节日和祭奠日，载歌踏舞是必不可少的内容与形式，故“连臂踏歌”的纹样应是这一民族习俗与民族性格的记录与表现，人物图案看起来生动、形象、欢畅。

2. 图腾类

彝族善用虎图纹装饰衣、帽、鞋等，常采用刺绣工艺组成虎头或全虎图案。至今彝族妇女仍喜欢将虎图案绣在各种服饰及用品上，彝族儿童也多戴虎头帽、穿虎头鞋。龙是彝族妇女服饰中较为普遍的一种。现以居住在云南红河车古、绿春牛孔彝族妇女服饰为例，龙的图案在衣袖、衣背、衣肩或衣裤的各种图案中明显地占着主要的地位。“无龙不成衣”这是她们的规矩。

3. 神话传说类

彝族服饰的图纹记载着许多美丽的故事与传说。彝语称马樱花为“玛维噜”，凉山彝族称“索玛花”，花大如盘，色彩鲜艳。彝族对马樱花情有独钟，视其为自己的族花，对马樱花的喜爱就是源于一个美丽传说。凤凰是神话传说中的动物，传说凤凰具有鸡头、蛇颈、燕颌、龟背、鱼尾，高六尺许。这样一种神奇虚幻的东西却被彝族人民赋予能够造福于人的审美意义，绣于服饰上作为吉祥、幸福的象征。那图案上凌空飞翔的凤凰，再配之绚丽的色彩，充分表现出彝族人民诚实善良、爱美的本性，所以凤凰是彝族人民美和善的化身。另外，黔西北彝族服饰中，以“涡旋纹”为主任意组合而成的各种图案，图形精美。

图纹是彝族服饰审美特征的重要体现者，具有较高的美学价值。彝族服饰图纹记录着彝族的历史、文化习俗，宗教信仰等，具有超越时空的艺术魅力。从服饰的花卉、鱼虫图纹和几何型图纹中反映出彝族的文化习俗；从图腾图纹中折射出彝族原始古朴的哲学思想；从自然景物的图纹中，也同样表现出彝族的文化习俗和崇敬自然的理念。

（二）款式——古朴庄重之美的彰显

彝族服饰的和谐自然之美指向的是一种原始古朴之美，即朴素，它有两个含义：一是指“朴”，即朴素自然，不加修饰；二是指不注重形式技巧。彝族服饰的款式与图纹、色彩的繁复、艳丽相比，有着原始的朴素之美。朴素是人类早期审美意识的反映，具有突出的原始文化色彩，这在彝族服饰中得到了很好的体现。例如，彝族的羊皮坎肩由一张完整的羊皮做成，保留了羊的外形，无领无袖，只用四只脚皮当纽扣系住，体现出了朴素自然、不加修饰的朴素之美。再如，彝族古老的贯头衣，只开领口不开襟，也不缝袖，只将四周连缀起来，充分体现了不注重形式技巧的朴素之美。

在彝族服饰中，有男女老幼都非常喜欢的外套——擦尔瓦与披毡。擦尔瓦、披毡是用羊毛擀制成毡或用羊毛捻制的粗毛绒线，织成毛料布缝制而成。披毡厚实宽大，可围裹住全身，也可做垫座，晴可遮日，雨可避水，日作披风，夜为被盖，被视为四季不离身的基本衣物。擦尔瓦与披毡相比，具有一定装饰性，类似披风，形似斗篷，长至膝盖之下，下端饰有长穗流苏。在彝族服饰中，男装有大裤脚、中裤脚、小裤脚三大款，大裤脚的裤脚宽可达 170 厘米，小裤脚宽仅 4 寸。彝族男装上衣短，不过脐，小而贴身，多为素黑，袖口、脚边装饰着花纹，并以排列密集的长襻扣为特色。彝族女装分为衬衣、罩衣外套、坎肩、百褶裙四大类。有像晚清时期衣长齐膝、袖口宽大齐腕、领高齐耳垂的罩衣，有袖口窄小、里为红布、短小紧身的美观上衣，还有底边镶着一圈白色兔毛的外套坎肩。她们喜欢在上衣右衽大襟、肩、袖口、领口等处滚花，并用精美的盘扣做装点。在凉山彝族女装中，最古老的、最传统的、最有代表性和最美的要数下装“百褶裙”，裙皱褶周长达 200 厘米，形状如喇叭花，裙长及地，下摆向四周散开，女子行走时，裙摆飘逸四撒，色彩晃动，体态显得修长优美，犹如翩翩起飞的蝴蝶。彝族服饰无论是男装、女装，还是擦尔瓦、披毡，其颜色都是以黑色、蓝色、青色为底色，但常用红、黄、绿、粉等颜色搭配，服饰色彩对比强烈，节奏分明，展现出彝族男子像大山一样的伟岸、深沉和凝重，又突出了彝族女子的娇媚、多姿、高贵和典雅。

凉山彝族常装服饰带给人的美感，首先来自它独特的款式所呈现的造型美，于形体轮廓线的扩张与收缩产生出节奏和韵律感，同时表现出一种简洁、洗练的美学风格。以依诺款式女装为例，她们穿戴的荷叶帽、高领、披毡和百褶裙之间的错落，形成了“宽—窄—宽—窄—宽”的变幻重复的节奏：用于遮挡高原的太阳和风雨的帽子（或头帕），同时也将头部装饰得美丽大方，也能达到增加身高的修饰作用；高领保暖，也能将女性的颈部修饰得更修长秀美；宽大的披毡和上紧下松的百褶裙，让女子更显风姿绰约。而男子服饰，则呈现出另一种如三角形的造型：宽大厚实的擦尔瓦，显出了彝族男子大山一样的气魄。同盛装相比，凉山彝族常装服饰省去了那些繁缛的装饰，简洁大气的款式造型，不仅方便实用，也很好地起到了修饰人身的效果。

在黔西北，头缠青帕，方形绣帕盖顶，穿右衽绣花长衫，着绣花长裤，束白色腰带，系镶边围腰，穿布袜套鹰头形“鹞子鞋”，戴耳环、手镯、戒指是这一地区彝族妇女最普遍的装束。① 而女子盛装是最具地域特征和民族特色的一款服饰。盛装以圆领为起点，沿肩、袖至下摆几条优美弧线将整件衣服的外形清晰地勾勒出来，领口周围的花纹线条组合图案，从右衽后片起绕肩一周经左前胸至右衣衩，这些图案彝语称为“毕力妥罗”，是“圆形宇宙”的意思。再从衣衩往下，沿前后左右衣边，各绣一条花纹线条图案至下摆，下摆一般以白色布条或细线盘绕成三组螺纹组合图案，状如虎头。从领、右衽线、衣下摆全部随服饰外形绣绘图案，形成有线必修饰，修饰必随形的典型特点。衣服轮廓线和图案线，形成线随形走、图随线走的富有节奏的系列线型组合，穿插自然，韵味十足。与之配穿的是挑花宽脚裤，线型风格和上衣格调正好相反，裤腰、裤边、裤脚全是干净利落的直线，绣绘在裤脚上的宫灯花纹，同样是直线的挑花图案，弧线的衣摆和直线的裤边相互衬托，显得极为古朴庄重。

（三）色彩——庄严肃穆之美的积淀

人们的色彩选择的心理机制的形成，起主导作用的是社会文化因素（生活方式、风俗习惯、道德信仰等），但生物因素（民族血统、遗传素质等）也不可忽视。“在色彩选择中，还有可能把人们的社会习惯牵扯进去。”② 彝族人民以聪明智慧，用黑、红、黄三原色与不同的图案纹样，缝制成300多种不同款式的服饰，有盛装、常装之分，还有婚服、丧服、祭司服、战服等各种专用服饰。他们不仅能用色彩、纹样、款式反映出着装人的性别、年龄、婚姻状况，而且还能让人从服装穿戴上识别出凉山依诺、圣扎、所地三个方言区。彝族人民已用他们喜爱的色彩符号黑、红、黄三原色，记录下凉山彝族不同时期的文化历史，直观地反映出凉山彝族先民不同时期对自然和

① 参见周真刚：《黔西北彝族服饰及其图纹美学试析》，载《贵州民族研究》，2006（1）。

② ［美］鲁道夫·阿恩海姆：《艺术与视知觉》，滕守尧、朱疆源译，147页，成都，四川人民出版社，1998。

生活的热爱及其理想的向往。生活在凉山的彝族人民，他们饱览黑色的群山、沃土与茂密的森林，看着色彩鲜艳的索玛花与红艳艳的荞麦花，沐浴着火辣辣的日光。他们在这特定的环境里，寻找着自己独特的色彩审美坐标，通过孕育，创造出属于本民族具有象征意义标志的色彩艺术世界。在彝族人的心里和眼里，黑、红、黄三原色是世上最美丽的色彩，是彝族色彩的根源、色彩的基础、色彩的灵魂。

彝族服饰尚黑。在世界各民族中，黑色的心理效应为“死寂”、“停顿”、“无尽”、“冰冷”。但是在彝族服饰中情况却大不相同。彝族生息的黑土地上，天空翱翔着矫健的黑鹰，山林中活动着有“野兽之王”之称的黑虎。彝族先民为了表达对黑土地的热爱，对黑鹰身姿的钦羡，对黑虎的敬畏，因而演变为对黑色的崇尚。黑色在彝族是象征庄重、严肃、深沉，包含了高、大、深、广、密、强等意义，因而以黑色为贵。与此相反，白色在彝族心目中却以否定性价值存在着。白色的物理性质具有二重性。一方面，它是光谱上所有光线混合而成的颜色，呈现出完满统一的状态。它是“一种孕育着希望的平静”，“犹如生命诞生之前的虚无和地球的冰河时期”。① 另一方面，白色又是无彩系中最单调最缺乏丰富多样性的颜色，饱和度小，对人产生的刺激是空寂迷茫。“白色带来了巨大的沉寂，像一堵冷冰冰的、坚固的和绵延不断的高墙。因此，白色对于我们的心理作用就像是给一片毫无声息的静谧，如同音乐中倏然打断旋律的停顿”②。黔西北彝族妇女服饰色彩艳丽。从整体看，除衣服大面底色外，衣领、衣袖、前后襟、前后摆颜色多以红、白、黑为主，而且呈条状色块分布，在白色底纹上绣红、黄、绿等图案，再以黑粗线滚边，图案色彩对比强烈，立体感强；在黑底纹上绣制粉红、黄、浅绿等图案，色彩沉着、朴实、庄重，特别是以“涡旋纹”为核心组合的不规则三角形图案，黑与白、红与黄、绿与黑等交互衬托、对比，给人一种赏心悦目之美感。

彝族服饰作为彝族文化的重要组成部分，古朴典雅、美观大方，富有审美情趣，是祖国文化宝库中的珍贵财富。彝族尚黑、崇虎、敬火、尚武的传统文化特征，千百年来在美学、宗教、哲学及习俗等方面的传统观念，文化结构中最深层的心理积淀等等，都可以在服饰中得到完美的体现。从民族学的角度进行考察，就会发现，在彝族服饰的审美形式的背后必然包含着丰富的社会历史内容，也就是说，彝族服饰的外在形式具有美的意义，是直观的，而内涵是宗教的、历史的和社会的。彝族服饰以其特有的民族服饰形体语言和形式特征，使人们体味出它的舒适、美观和其中所隐喻的民

① 参见［美］鲁道夫·阿恩海姆：《艺术与视知觉》，滕守尧、朱疆源译，175页，成都，四川人民出版社，1998。

② ［俄］瓦·康定斯基：《艺术中的精神》，李政文、魏大海译，50页，北京，中国人民大学出版社，2003。

族传统文化意蕴和民族审美精神。服饰不仅是民族外观的标志，而且蕴涵着深厚的历史文化内容。说彝族服饰是艺术品，是因为它的造型、色彩、工艺极具有表现意义，它们表达了彝族人民崇尚自然、历史和生命本体的审美意义，是“有意味的形式”；说它是文化的符号，是因为它具有许多象征意义，包含了彝族人民历史的、心灵的、情感方面的诸多含义，特别蕴藏着许多人们暂时难以破解的含义。

彝族古代歌舞艺术概述

白兴发

一、原始时代的歌舞艺术

在原始社会，当诗歌、音乐产生的时候，与之相适应，舞蹈也应运而生，形成歌、舞、乐浑然一体的原始歌舞艺术。

彝族原始舞蹈，按其所反映的内容和表现形式，大致可分为生产劳动舞、巫舞、傩舞、祭祀性舞蹈、悼亡性舞蹈等。

（一）生产劳动舞

生产劳动这类舞蹈相当多，主要有流传于四川凉山的“劳动舞”，流传于云南巧家的“收麦舞”、“打鱼舞”、“打猎舞”，流传于永善的“荞子舞”，流传于泸西的“纺麻舞”、“连枷舞”，流传于镇雄、彝良的“撒麻舞”、“种黏苕”，流传于石林的“洗麻舞”，流传于牟定的“打猎舞”等。这些舞蹈朴实生动，简单而形象地表现了生产劳动的过程，富有浓厚的原始性和朴拙性。例如，流传于大凉山的“劳动舞”，用舞蹈动作，形象地表现播种和农作物发芽、开花、结果乃至收获的生产过程和喜获丰收的情景，舞蹈中还穿插有驱逐、战胜飞禽走兽的情节，整个舞蹈原始而古朴。又如流传于牟定的“打猎舞”，舞者怀抱伴奏月琴，犹如狩猎之弓箭，舞步左右跳动，弓步倾身探寻，以转身踏步相连接，反复循环追寻，其形态犹如在山间林中寻捕野兽。舞蹈动作粗犷有力，舞姿生动形象，舞蹈生动而形象地再现了原始先民的狩猎生产生活。

（二）巫舞

"巫舞"即在原始巫术活动中跳的舞蹈。过去广泛流行于各彝族地区，随着社会的发展进步，此类舞蹈逐步消失，只在偏僻山村还有遗存。巫舞，过去流传的主要有四川凉山的"铃鼓舞"，云南红河彝族地区的"巫舞"，楚雄彝族聚居区的"巫舞"，永仁县彝族地区的"师娘舞"，元谋、永仁、姚安等地的"羊皮鼓舞"（又称"扁鼓舞"、"跳神"）等。这类巫舞是在民间驱鬼活动中，由巫师苏尼边念咒语边舞的舞蹈，有独舞、双人舞、集体舞几种形式，以独舞居多。舞时手持羊皮鼓，边敲边舞，全身颤抖，双肩前后抖动，口中念念有词，动作技巧不规范，多为巫师随意表演。脚上动作变化较多，手上动作相应较少，舞姿古朴、粗犷而神秘，保持着浓厚的原始特色。

（三）傩舞

"傩舞"也是一种原始舞蹈，主要流传于云南双柏、禄丰等彝族聚居区和贵州威宁板底乡彝族地区。双柏县法表乡麦地冲村彝族的"跳老虎"（也称"跳虎舞"），于每年的农历正月初八至十五，由八名青壮年扮虎状，模拟虎的姿态而舞。舞蹈主要有"虎亲嘴"、"虎交配"、"虎孵蛋"，"虎护儿"等生殖繁衍动作以及"虎搭桥"、"虎开路"、"虎盖房"、"虎烧荒"、"虎撒种"、"虎收割"等生产生活内容，保留着极为原始的特色。"跳豹子"流传于双柏县大麦地乡峨足村，每年农历六月二十四日火把节和七月十五日祭祖时，举行"跳豹子"活动。由男青年或男孩装扮，至少12人，但须偶数。扮豹儿童全身裸体，头和面部以棕皮缠裹，身上勾画豹纹。在锣鼓声中扮豹儿童手持木棍，互相打斗，并做弹棍、绞棍、翻棍和模拟豹子踏步、颠步、搓脚、飞脚以及"豹子抢食"等动作，还须逐家逐户驱邪消灾。禄丰县高峰彝族乡每年农历三月三"花会"，跳大刀舞，表演者手持大刀，头戴各种鬼神面具，浓墨勾画各种鬼神或历史人物脸谱，人神共娱，保留着浓厚的原始特色。

（四）撮泰吉

"撮泰吉"流传于贵州威宁县板底乡彝族地区。"撮泰吉"属于一种傩舞，每年正月初三至十五"扫火星"时演出，反映彝族先民由滇入黔的迁徙史以及从狩猎游牧生活向耕牧结合的定居生活的过渡历史。"撮"意为"人"，"泰"意为"变化"，"吉"意为"完成"，"撮泰吉"即"人类刚刚变成那个时代的故事（游戏活动）"，是以艺术形式保存于民间的反映彝族先民社会生活的活化石。"撮泰吉"由四个部分组成：第一部分是祭祀，祭天地、祭山神和谷神。几个"撮泰"老人头戴面具，手拄棍棒，踉踉跄跄地从原始森林走来，发出猿猴的叫声，然后开始拜祭。第二部分是耕作，有送种子、买牛、耕种、收获、孕育、报祭等几个内容，反映彝族先民创业、生产、繁衍、迁徙的历史。这是“撮泰吉”的主要部分，劳作休息时还有交媾、喂奶等动作。第三部分是喜庆，表演狮子舞。第四部分中，“耕作”记录了由狩猎游牧进入农牧结合定居生活的转变过程，是彝族先民生活的缩影。“撮泰吉”有问有答，有说有唱，有舞蹈表演。舞蹈稚拙、古朴、粗犷，极富原始特色和民族特色。从“撮泰吉”之傩舞，可以看出彝族戏剧发展的原始脉络。

（五）祭祀性舞蹈

祭祀是原始先民共同生活中最隆重的宗教活动，举行祭祀仪式时，彝族先民们边歌边舞，以占卜自己的命运。以后，这类祭祀性舞蹈一直传承下来，发展成了娱神悦神、祛邪驱鬼、祝祷丰收、六畜兴旺的舞蹈。彝族祭祀性舞蹈很多，流传于云南镇雄、彝良的“喀红呗”，蒙自的“跳笆篼舞”，南涧、易门一带的“跳哑巴”，开远、蒙自一带的“跳锃”，金平、屏边、河口、蒙自、个旧等地的“响把舞”以及流传于广西那坡县及云南富宁、麻栗坡、广南等地的“铜鼓舞”，是最具代表性的祭祀舞蹈。此外，流传于云南泸西舞街铺、金马、逸圃等地彝族撒尼村寨的“大鼓舞”，多在冬日祭天地、祭山神时跳，其舞姿轻松潇洒，情绪激昂。

（六）悼亡性舞蹈

悼亡性舞蹈是在老人去世举行丧葬仪式或家支举行祭祖大典时边歌边舞的舞蹈，故又称“丧葬舞”。歌词多即兴编唱，内容主要表达对亡者的哀悼和颂扬祖先的英雄业绩，表达对先祖的深沉怀念。这类舞蹈如流行于四川凉山的“瓦兹累舞”，流传于云南宁蒗县的“送灵舞”，宣威一带的“跳戛”，澄江县的“送阴灯”，西畴、广南一带的“闹丧舞”以及开远市的“篾马舞”等，具有一定的代表性。这类舞蹈，舞者一般都为成年男性，常常喃喃吟诵与缓缓舞步结合为一体，舞步动作简单而沉稳、古朴。

（七）肯合呗

“肯合呗”主要流传于贵州赫章县青山、兴发、妈姑、可乐、恒底、财神、古达、六曲河等彝族村寨。“肯合”为彝语音译，意为“斋祭”，“呗”有“跳跃”之意。此舞在赫章有“跳脚舞”、“铃铛舞”或“抄子舞”等不同叫法。《西南彝志·论歌舞的起源》一文中有“斋场的四面八方……巧舞者手持小铃”之语。《贵州通志·土民志》也有“丧行前长筒喇叭为号，至焚所，又有跳脚之俗……相与携手吹芦笙歌唱达旦谓之跳脚也”的记载，是描述古代彝族人跳“肯合呗”时的生动情景。可见该舞历史久远。就舞蹈风格而言，妈姑一带的“肯合呗”舞蹈，动态节奏鲜明，力度较强，刚健豪放，有威舞雄壮的气概。财神一带的“肯合呗”动律显得沉稳持重，舞姿舒展从容，偏重绵韧，似包涵深悼悲哀之情。过去，“肯合呗”是男性跳的一种集体舞，妇女不跳，否则不吉利。现在执铃而舞者有男有女，妇女舞铃，刚中有秀，别具情趣。

歌舞乐三位一体的原始歌舞活动，曾在彝族原始社会盛行，并在原始先民生活中占有重要的位置。上述各类舞蹈，是在民间遗存的、历久不衰的、古老的原始舞蹈。虽然这些舞蹈随着社会的发展，已演进发生变化，后世文化成分比较明显，但仍可看到一些原始的内容和风貌。

二、唐代南诏时期的歌舞艺术

（一）南诏奉圣乐舞①

“南诏奉圣乐舞”，是南诏大型宫廷乐舞。据唐《教坊记》载，“奉圣乐”是各地方政权向唐朝表示效忠的一种通用的程式化乐章。唐天宝年间，南诏地方民族政权曾与唐王朝发生两次大规模战争。后来，南诏第六代王异牟寻有胆有识，为使南诏重新归唐，维护国家的完整和统一，民族的团结，几经努力，促成了与唐王朝使者袁滋在大理点苍山神祠的“苍山会盟”。为表明南诏的诚意，异牟寻下令组织排演了一支由200多人参与的大型乐舞“南诏奉圣乐”，并率其子寻阁劝及歌舞伎队，于唐贞元十六年（公元800年）六月赴长安皇宫献演。唐德宗率文武百官在麟德殿观赏了这部大型民族乐舞，并下旨皇家教坊乐工舞伎向南诏艺术家悉心学艺。白居易曾以《南诏奉圣乐章》为题赞誉了这部大型民族乐舞。

“南诏奉圣乐”分为四部：龟兹部、大鼓部、胡部、军乐部。以歌、舞、乐、颂四种形式交替或混合进行表演。舞蹈有“辟四门之舞”、“亿万寿之舞”、“羽舞”、“军士舞”、“鼓舞”等。主要舞段为摆字舞，逐一将“南诏奉圣乐”五字摆成而后舞终。其中有一段非常地道的南诏民族民间歌舞叫“天南滇越俗”，据史书记载，该舞的唱词亦用南诏地方的民族语言演唱。

“南诏奉圣乐”从歌舞乐的艺术水平、精美的服饰道具和宏大的规模等方面，反映了唐代南诏地区民族经济文化和军事艺术已经达到了相当高的水平。

---

① 参见郭思九等主编：《云南文化艺术词典》，890页，昆明，云南人民出版社，1997。

（二）打歌

“打歌”是云南西部地区彝族聚居区最为盛行的一种自娱性集体舞蹈，其主要特点是且歌且舞。舞者围成逆时针方向的大圆圈，合着圈内领舞者的芦笙、竹笛节奏，踏地跌脚起舞。男女老少都可参舞，人数也不限，少则八九人，多则成百上千，男女相间，或一段为男子，一段为女子，循逆时针方向，以悠扬的葫芦笙声和清脆的竹笛为节，且歌且舞。男子舞步重在脚下功夫，有踏、跺、抬、踢、蹲蹦、跳转等舞蹈动作，上身随脚下舞步或左右摆动或前仰后合，或手拉手、微屈膝弯腰，缓缓行进，或手搭肩膀、踏地顿足，或扭转摆动、互相穿插，强烈踏跳、甩脚，全身动作幅度大，力度强，轻重缓急分明，粗犷奔放，豪爽洒脱。女子则双手自然地依脚步轻拍双腿，摆动身子，踏步向左翻转，缓缓行进，边歌边舞，自左向右移动的舞圈不停地旋转，舞姿变化舒疾有致。周而复始，通宵达旦。舞间，老者多唱“古根”歌，而年轻人则多即兴编词而歌，有独唱、合唱、领唱，歌声清脆、高亢、豪放。进入高潮时，笙声嘹亮，舞步咚咚作响，群情激昂，异常狂热。

彝族“打歌”舞蹈有“公鸡摆尾”、“苍蝇搓脚”、“喜鹊登枝”、“老鹰展翅”、“斑鸠喝水”、“猴子作揖”、“老牛擦背”等模拟动物的动作。

彝族“打歌”源远流长，《唐书》、《蛮书》、《云南志略》、《南诏野史》等汉文史书均有记载。至明清时期，历史文献记载得更多。清乾隆四十七年（公元1782年）的巍宝山“松下踏歌图”壁画，是彝族“打歌”的珍贵文物资料。

（三）“铜鼓舞”①

“铜鼓舞”主要流行于广西那坡和云南富宁、麻栗坡、广南等县的彝族地区。那坡县彝族举行“跳宫节”（亦称“跳公节”）祭祖时要跳“铜鼓舞”。跳舞时，要在“宫坪”中央栽一丛金竹。传说洪荒时，彝族祖先两兄妹是攀着伸在水面上的金竹而得以生活到陆地上的。以金竹丛为中心，男女老少围着金竹丛且歌且舞，以示不忘金竹救祖之恩德。在跳“铜鼓舞”的过程中还穿插着缅怀祖先的功绩，模拟古代战争及狩猎、打鱼、捞虾、播种、栽秧、收割等舞蹈动作。主持祭祖仪式的摩公，则身披兽皮和羽衣。杀猪祭祖后，还用煮熟的猪内脏拌和着生猪血一道吃，可窥见到“茹毛饮血”、“兽皮遮身”的古朴原始遗风。

“铜鼓舞”舞蹈节奏鲜明，步法豪迈健美，舞姿韵律独特，情绪热烈欢快。彝族

---

① 参见袁少芬：《广西那坡彝风考》，见何耀华主编、中国西南民族研究会编：《西南民族研究彝族专集》，387页，昆明，云南人民出版社，1987。

铜鼓舞大约在汉代以前便已风行。唐代诗人白居易曾写下了“蛮鼓声坎坎，巴女舞蹲蹲”的诗句。明《蜀虫广记》记载了西南少数民族地区“百十为群”，“击铜鼓歌舞饮酒，穷尽夜以为乐”。清《滇南志略稿》云：“花土僚……自正月至二月击铜鼓跳舞为乐，谓之过小年。居住在文山州境内的彝族支系倮人村寨，是‘人人爱击铜鼓’的地方，至今还完整地保留着传统的铜鼓舞蹈。”

三、元明清时期的舞蹈艺术

彝族民间舞蹈历史悠久，元明清时期许多汉文方志都有记载。清康熙《楚雄府志》载：“四山夷人……以踏歌跳月为乐，婚葬皆然。”《定远县志》亦载：“三月二十八日，旧城外南郊东岳宫赶市……至晚，男女百余人，嘘葫芦笙，弹月琴，吹口弦，唱夷曲……环圈跺左脚，至更余方散。”彝族民间流行的舞蹈种类繁多，最具代表性的民间舞蹈有如下几种。

（一）都合舞

“都合舞”可意译为“颂火舞”或“唱火舞”，主要流行于四川凉山彝族自治州布拖、普格县一带，是彝族妇女专门在欢度火把节时跳的一种舞蹈。舞蹈动作的特点是上身保持平衡，动在脚上，有正步、前踏步、后踏步等舞步动作。跳此种舞时，人数可多可少，队形可以是圆圈形，也可是横排形。圆圈形：舞蹈者手拉手站成圆圈，随着舞蹈歌曲的节拍，唱第一句时往左（正方向）行进，唱第二句时往右（反方面）返回。如此反复进行，直至歌词唱完为止。横排形：舞蹈者排成前后两排，面向一点，随着舞蹈歌曲的节拍前进或后退（唱第一句时前进，唱第二句时后退），如此反复进行，直到歌词唱完为止。“都合舞”的音乐旋律短小精悍，节奏鲜明，旋律平稳流畅，舒缓优美。舞蹈时，由领舞者领唱头一句，众人随唱重复，如此反复进行，歌舞的气氛表现得非常欢快而热烈。

（二）跳乐

“跳乐”是彝族群众性极为广泛的自娱性舞蹈，流行于滇中南广大彝族地区。因伴奏乐器为四弦，故也称“跳弦”。其特点是以颠跳、走步为主，双手贯穿以频频的击掌，轻快而跳荡。跳乐的击掌，有一拍一下的，有三拍一下的，而更多的是两拍一下。击掌的手姿，有在胸前或腹前合击的，有由上而下击掌后甩开的，也有拍击后双臂向上飞扬的。跳乐在各地区有它不同的特点，石屏县彝族聂苏支系的跳乐，伴以婉转流畅的歌声，双手拍击紧奏，脚下动作巧捷多变。属于此类风格特征的有双柏县的“四弦舞”，峨山、新平县的“大娱乐”，通海县的“跳乐”等。蒙自县的跳乐，跳荡幅度大，穿花多，显得更加热烈奔放。弥勒阿哲支系的跳乐，抒情而优美，分大跳、小跳两种。而泸西的白彝跳乐，则以男女对唱为主，辅之以简单的动作。屏边阿扎支系的跳乐，双手掌在头及胸前做半圆形的挥击，身态顺向扭倾，风格别致。“跳乐”是彝族的一大舞种，有许多彝族舞蹈的形成如“大三弦”、“烟盒舞”、“花鼓舞”、“龙纵舞”、“仆人弦子舞”等，都与跳乐有关。

（三）烟盒舞

“烟盒舞”流传于石屏、建水、通海、华宁、元江、个旧、开远、蒙自、弥勒、峨山、昆明等地，是彝族自娱性舞蹈。平时娱乐、节日喜庆，都可以跳，深受广大群众的喜爱，是彝族的一大舞种。舞时，舞者双手各执一个盒状道具，用手指弹击出清脆响亮的节奏。因为这个道具是由过去装烟丝的牛皮烟盒演变而来的，故名“烟盒舞”。又因烟盒舞是在彝族民间舞蹈“跳乐”的基础上派生发展起来的，故在民间依然保留“跳乐”、“跳弦”的称谓。烟盒舞的舞姿优美，舞者双臂舒展，有晃、伸、绕、翻腕等动作，步伐丰富，有蹬、崴、点、勾、吸、跪、拐、悠等变化。舞者身体始终贯穿有颤颠与顿着的特点。悠中有顿，柔中有韧，加上手中道具发出“嗒、嗒、嗒”的声响，形成了烟盒舞独特的风格。烟盒舞有正弦、杂弦之分。只舞不唱的一些套路称为“正弦”，而边唱边舞的一些套路则称为“杂弦”。正弦又称母弦，杂弦又称子弦。烟盒舞由于步伐复杂，双臂又能较自由地发挥，故表现力十分丰富。它除了表现一般的欢乐喜悦情绪外，还反映了许多生活题材，出现了许多带有翻、滚、下腰、叠人等技巧的有趣的双人表演性舞蹈，成为彝族舞蹈中发展较高的舞种。烟盒舞套路极多，号称72套，实际上远远超出此数，据说共有196套。常见的套路有三步弦、两步半、斗蹄亮、大小轻重、六穿花、踩茨菇、大翻身、大理弦、郎踩盒、踩谷种、上海通、三姊妹逗合、查果列、老人家、石屏干腌菜、撒谷都、阿海着及莫、三角里尼莫、岸细鱼、划力船、滚松球、猴子扳包谷、苍蝇搓脚、长虫扭腰、鸽子渡食、老牛擦背、蚂蚁走路、老熊掼膘、鹭鸶拿鱼、仙人搭桥、倒挂丁钩、哑巴砍柴等。

（四）大三弦舞

“大三弦舞”是流行于弥勒、泸西等县阿细颇、撒尼颇民间的一种自娱性舞蹈。参舞者少则十多人，多则上百人，场面壮观，气氛强烈。舞者在大三弦和笛子的清脆声中欢舞。年轻人热烈大方，从容矫健，老年人跳时动作悠缓而舒放。

（五）葫芦笙舞

“葫芦笙舞”主要流传于西畴、广南彝族支系倮人聚居村寨。参舞者除葫芦笙手为男性外，其余者皆为女性。舞时，两人一对，并肩挽臂，随着芦笙声的旋律踏地起舞。动作有“踏靠步”、“翻身步”、“撒棉步”、“纺棉步”等步法，伴随一拍一次的膝部屈伸，带动腰肢、胸部和下颌部呈“S”形的前后曲动，形成其舞姿的特殊动律美。整个舞蹈有“站着跳”、“起步跳”、“移步翻身”、“走圆圈”（撒棉）、“走穿花”（收棉）、“对点头”（纺棉）、“前跳又后跳”（织布）7个套路。队形有穿花、圆圈、横排、斜排、半圆等。舞蹈时，队形在变化，但舞圈不断向右环动或逆时针方向进行。葫芦笙舞多在节日喜庆，尽兴起舞。

（六）盘歌

“盘歌”主要流行于贵州彝族地区，是一种古老的自娱性民间舞蹈，一般见于节日习俗、喜庆宾宴场合。舞者人数不拘，男女各为一队，采用双方对唱、一问一答的形式。表演者且歌且舞，富于情趣。舞蹈动作健美、稳重，亦有不同的队形变化。

此外，“披毡舞”、“达体舞”、“阿细跳月”、“阿西里西”等自娱性舞蹈，也极富民族特色。

总之，彝族古代歌舞艺术丰富多彩，别具特色，是彝族人民一笔十分珍贵的文化遗产。对彝族古代歌舞艺术认真挖掘、梳理和研究，有助于我们认识和了解古代彝族文化及彝族古代社会生活状况。随着历史发展和社会演进，许多彝族古代歌舞艺术样式也随之发生变异，但其宗其源不变，有的还赋予了美丽动人的传说和新的文化内涵，使之代代相传，历久不衰。正因为彝族人民勤劳智慧，善于不断发现和创造，才会产生出如此众多的文化艺术精品流芳百世，并且，随着时代的进步和发展，彝族更多的文化艺术精品也将大放异彩。

浅谈“花腰歌舞”

李朝旺

“人杰地灵，钟灵毓秀”，是对石屏的誉称。在这块神奇的土地上，民族文化底蕴丰厚，2006年被国务院批准公布为第一批国家级非物质文化遗产中石屏就有两项，即“烟盒舞”和“海菜腔”。石屏正在积极向国务院申报“花腰歌舞”为国家级非物质文化遗产。因此，笔者想就“花腰歌舞”作些探讨，恳请读者诸君指教。

一、“花腰歌舞”的产生

“花腰”是彝族支系，自称“尼苏”，聚居在石屏县北部山区龙武、哨冲一带，占地不足1000平方公里，人口只4万左右。20年前，“花腰”这个民族群体默默无闻，可近几年，随着《花腰新娘》电影的上映和中央电视3台《魅力花腰彝》、云南电视台“非常大不同”栏目《走进花腰彝》的播放，“花腰歌舞”的价值越来越显露于世，研习也越来越显得必要。

“花腰歌舞”因跳时皆围成圆圈，逆时针舞蹈，所以俗称“团乐”，戏称“簸箕舞”；因跳时边唱边跳，歌词与舞步默契配合，所以“歌舞”连称。其历史悠久，可以追溯到隋唐“踏歌”时代。因受汉文化影响较小，所以在许多曲调上尚保留着“踏歌”遗风。其基调特点是“流畅欢快，四弦引头，歌舞合拍”，其舞蹈情形是“腹前击掌，顿足踏地”。

“花腰歌舞”产生的确切年代虽无史可考，但产生于劳动、产生于花腰先民的渔猎生产，这是不应质疑的。据传，“花腰歌舞”产生于渔猎过程：出猎中，因人员追捕野物失散，互通音讯困难，则产生了“哦”、“哟”一类单词性的呼唤应答。出山打猎，获物收兵，仅用“哦”和“哟”一类难能表情达意，于是出则以歌声通知其村民，回则以放歌招集兵马，这样就产生了猎民山歌。猎获野物，忌吞独食，必将村人招拢共享。众人来了，见烤肉未熟，则以歌代言，歌颂猎物者赐食之恩，围火欢呼，击掌跳跃，则产生了歌舞。因此，花腰歌舞奔放热烈，充分体现了“言之不足，则歌咏之；歌咏之不足，则足之蹈之，手之舞之”的歌舞特性。

之所以围圆跳跃，是因为其民族崇拜圆。圆，在其民族的心里和眼里象征着美满，象征着吉祥，象征着幸福。新春伊始，要察看过年的猪油，如油表面光滑圆平，以为当年会万事如意，吉祥美满；二月祭龙踩糍粑，糍粑兴圆不兴方，越圆越以为最吉利；八月中秋，如月面污秽有缺，以为当年三灾六难多，村人难能和睦；姑娘爱打扮，喜欢随身携带镜子整装理发，选镜喜圆不喜方；购买簸箕筛箕，添置水桶甑子，要精选最圆满的。

再说，若将花腰歌舞改成横行或竖行跳跃：一则在动作上难能保持顺畅柔和、方向性强、美观大方、好转好弯等风格；二则在舞蹈人数上难容纳庆贺性、祭祀性那样庞大的队伍，如1990年水瓜冲“德培好”（大祭龙），参加跳“龙爪舞”者多达几千；三则难使未经操练、随意凑合的舞者协调一致。

二、“花腰歌舞”的存在形式

“花腰歌舞”号称七十二调，存在形式分为三大类：一是男女青年相会歌舞（自娱性）；二是节日喜庆歌舞（庆贺性）；三是祭祀场合歌舞（祭祀性）。

“自娱性歌舞”，俗称“杂调”。此类歌舞主要在男女青年约会时唱跳，借以表达心声，试探对方，以求达到觅求知音的目的。参与人员，视其情况，少则十多人，多则上百人。因为男女约会多在夜间，地点一般在两寨中间的山头草地，烧一堆篝火围着唱跳，故美称“篝火晚会”。

其特点是“热烈奔放，情景交融”。其存在形式是：唱跳时以拍掌为节奏，四弦定调，由男方领头“歌舞”一调，女方接着领头“歌舞”一调。如此这般，交替“歌舞”。其歌词视相熟程度而论，若是“麻布洗脸初相会”，唱词多选娱悦心情、互相赞美的，如《小情妹合脚》：

小情妹合过脚来，小情哥合过脚来。
心肝是阿妹你走哪点来？
问走哪点来，我走花园来……

若是“五日相会一街天”的老相识，唱跳的歌舞在觅求知音、坦露心怀时可直接些、坦露些，如《明日再来玩》：

四弦慢慢呀慢慢呀弹，
三弦慢慢些慢慢些合呀。
今日玩不够，明日再来玩；
明日玩不够，后日再来玩。
太阳翻过山，明日还见面；
心花（意中人）翻过山，何日再相见？

间或插有一方赞美另一方、另一方唱谦词的阿哩小调，统称“回腔小调”。

“庆贺性歌舞”，俗称跳“依索喂”，戏称“簸箕舞”。此类歌舞一般在节日庆典时唱跳，歌词视具体庆贺的节日，选相关的创世史诗或迁徙史话，领唱一般由当地著名歌手担任，其特点是“坚定有力，沉着稳健”。

唱跳“依索喂”，有固定的“庆贺长诗”，有固定的舞步。演唱时依然四弦定音，拍掌为奏，边歌边舞，围圆跳跃，左肩朝圆心，逆时针方向运行，在强拍上击掌和出脚。歌舞起来，身心合一，入情入景。如《祭龙调》的开头：众人起唱“依索喂”，曲子师傅接口唱“一年十二月”；众人接唱“阿哎噻”，曲子师傅又接口唱“一月一节日”。如此这般，反复唱跳，直到庆贺长诗唱完。《祭龙调》的开头是：

一年十二月，一月一节日；嘴捡佳肴嚼，身挑华衣穿。
四方皆朋友，来人皆宾客；大家来歌舞，歌舞莫相拘……

“祭祀性歌舞”。“花腰”信奉虎龙神，原始宗教观念较深，凡事兴祭祀。此类歌舞主要围绕祭祀的内容唱跳，唱词分为两类：一是“祭祀歌”，称“伤感调”；二是“祈求歌”，称“愿望调”。其特点是“旋律低沉，节拍凝重”。

“祭祀性歌舞”动作比较简单，舞步不断重复，唱跳时还是四弦定音，拍掌为奏。其舞步只有“一左一右一退一进”，想要学会，只要专心，几下学会。若请名师指点，包教包会。如《叫粮魂》，就是“祭祀场合歌舞”中的“祷求歌”。其歌头是：

高山叫荞魂，叫回荞子魂，荞堆齐房头，似山撮不尽；
山腰叫麦魂，叫回麦子魂，麦装二楼仓，终年食不完；
田坝叫谷魂，叫回谷子魂，谷装大楼仓，四季吃白米。

三、“花腰歌舞”的艺术特征

“花腰歌舞”多用彝语歌唱，边唱边跳，外人难能领会其意，但艺术特色众多，主要有以下十点：

围圆跳跃是“花腰歌舞”的艺术特征之一。“花腰歌舞”，无论“自娱性歌舞”、“庆贺性歌舞”、“祭祀性歌舞”，均有固定的场所、固定的气氛、固定的歌词、固定的舞步。但无论哪类歌舞，皆要围成圆圈唱跳，唱跳时左肩朝圆心，逆时针运行。情绪上，体现淳朴、热情、直率。舞蹈起来，身心合一，完全沉浸在情景交触的气氛之中，无矫揉造作，一味直来直去，坦露胸怀。围圆跳跃的艺术，跟其民族崇拜圆有密切联系。圆在其民族的心里和眼里象征着美满，象征着吉祥，象征着幸福。因此，围圆跳跃不仅是花腰歌舞的一大艺术，而且是一大具有独特风采的艺术。

击掌定调是“花腰歌舞”的艺术特色之二。击掌，在花腰歌舞中不仅有指挥功能，还富有激励功能和调节功能。因此，凡具备歌舞知识、精通花腰歌舞者，隔山遥听也能准确无误地辨认出舞蹈的类型。假设击掌清脆整齐、明快合拍、起头落尾一致，就说明舞场群情激昂，兴致旺盛，充满活力，跳的正是自娱性舞蹈。击掌如果缓慢凝重，旋律悲哀，但拍子不乱，则表明舞蹈者心情沉重，忧心如焚，跳的正是如诉如泣的祭祀性舞蹈。击掌要是七前八后，步调不一，断断续续，则说明舞场缺少歌舞核心，舞蹈者半心半意，多数人留意渐消，去意渐长，歌场正面临散伙危机。譬如击掌响亮有力，节奏感强，每掌落地有声，则显示舞场充满生趣，舞蹈者情绪十分饱满，上进心齐，跳的正是庆贺性舞蹈。

循循善诱是“花腰歌舞”的艺术特征之三。“花腰歌舞”，皆为逢场作戏，就地歌舞。论舞蹈场地，山头草地也可，村前寨后也可，田野河边也可，操场平地也可；论舞蹈人员，年轻力壮者可参加，七旬老翁可参加，放牧娃娃也可参加。那么，它凭借什么凝结来自各个山头的人心，使之通宵达旦毫无困倦之感呢？这全凭循循善诱的唱词。倘若需要全体歌舞者方向（出脚走步）一致时，就有“顺脚、顺脚快蹬，顺脚、顺脚快蹬；大意要合，小意莫管”之类唱词引领；倘若需要相邻两个舞伴出脚相反、互相逗合时，则有“小情妹合过脚来，小情哥合过脚来；小情哥与小情妹，双双对对合脚玩”之类唱词引领。假如有人无心歌舞，想游离歌场，就用如下的歌词挽留：

枯树老枝头，来年花照开，
红颜一旦褪，返老难还童。
寄言同心人，要跳趁年轻；
一夜跳到亮，管它亮不亮；
一天跳到晚，管它晚不晚。

此类循循诱导的唱词举不胜举。“花腰歌舞”就是依靠这种种唱词诱语沟通众舞蹈者的心灵，启迪众舞蹈者随歌起舞，使众舞蹈者通宵达旦不感困厌，诱发旁观者的热情，鼓动旁观者的情绪，使旁观者跃跃欲试不期介入。

特别令人赞叹不已的是，循循善诱的唱词，能使年上十八九岁的花腰儿女，哪怕远隔家乡，陌路相逢，皆能凭听唱腔，视其脚步，随词出脚，默然合拍，舞姿自然。

段落性重复是“花腰歌舞”的艺术特征之四。“花腰歌舞”，最突出的特色有两点：一是循循善诱，二是段落性重复。所谓段落性重复，是指过门重复，正调间每小节重复，刹尾重复。花腰儿女随处相逢，一见皆能跟上脚步歌舞，就是因为有循循善诱和段落性重复的特点。只要掌握了这两个特点，学跳“花腰歌舞”就很容易了。

奔放热烈是“花腰歌舞”的艺术特征之五。彝族“花腰”，遇敌能举族同仇敌忾，逢喜能歌舞通宵。只要有了喜庆，无论在村庄附近的古祠，还是在村前寨后的空地，在鲜花盛开的山顶，在芳草如茵的草地，皆能起舞歌唱。故有民谚说：

正月十六跳赛乐，二月祭龙跳龙爪；
六月廿五跳火把，迎亲嫁女跳祷歌。

“花腰歌舞”，追求热烈，讲求奔放，具体体现在庆贺性歌舞里，如跳《祭龙调》：一不限人数，全村老少，加亲带故，上至七旬老翁八十老妪，下至七岁娃娃八岁牧童，只要有兴趣，皆可参加；二不讲其穿戴，可披蓑衣拟求雨，可戴笠帽拟拜风，可扛锄头示铲地，可握镰刀喻收割，只要有心，随人高兴，奔放至极。充分体现了“言之不足，则歌咏之；歌咏之不足，则足之蹈之，手之舞之”的歌舞特性。

意味隽永是“花腰歌舞”的艺术特征之六。听话听音，锣鼓听声，“花腰歌舞”，因唱跳时多用彝语，外族人听不懂，看不会，不知其中乐趣，觉得索然无味。然而，花腰歌舞中普遍渗透着意味隽永的名言警句，处处闪烁着回味无穷的艺术魅力。如：

阴间七十寨，寨寨严分明。官有官寨子，民有民村庄。
病死归病寨，挨杀归冤村，你是寿终人，切莫到冤村；

遵从阴间理，早谋托生计……

——《娱尸舞》

人人来歌唱，个个来跳乐。跳到月亮出，荞麦装满屯；
跳到月中天，五谷齐丰登；跳到鸡催明，四季好风光……

——《祭龙调》

太阳翻过山，明天还见面；
心花（意中人）翻过山，何时再相见？

——《话别调》

“花腰歌舞”就是借助这类情深意长的歌词，陶冶人的情操，感化人的灵魂，填补人的空虚，激发人的情趣。让人歌到兴奋处，投身处地不愿停；叫人舞到悲哀处，难禁唱腔带哭泣；让人唱到忧愁处，脚瘫手软欲睡地。

坦露心怀是“花腰歌舞”的艺术特征之七。“花腰歌舞”，其内容包罗万象，但无论借物喻人或借人喻物，皆具有传情递意、坦露心怀的功能。男女相会，起舞唱歌，两相爱上了，嘴上难说，则可借助《贪花先生》表达思恋深情，直抒心怀：

正月贪花上高山，采回春花送情妹；多少丝蕊多少情，只恨阿妹不解意。
二月贪花上高山，采回玛樱赠情妹；玛樱哪有人心红，只恨阿妹不领情。
三月贪花上高山，……

姑娘素以贤惠为楷模，素以稳重为美德，看上了伙子，一般不会明说，往往借助《上京城》一类歌舞巧妙地表达情意：

初一初二要出门，要去要去去不成；初七初八要出门，要去要去去得成；
哥在京城好耍玩，妹在家中焦枯心。有朝一日再相会，斧砍刀劈不分离……

觅求知音是“花腰歌舞”的艺术特征之八。彝族“花腰”非常耿直，热情好客，把尊重其习俗和喜爱“花腰歌舞”者尊为贵客。想觅求知音，要挑选对象，歌舞场上是最佳的社交场所。“花腰”青年男女往往通过赛舞技、比才智、抒发情感，表达爱慕；愉悦自我，振奋精神；显示才华，增进了解；交流思想，觅求知音。如《赠多衣果》：

领妹上高山，拾个多衣果；
多衣酸味浓，不知格欢喜？
如果妹欢喜，亲口尝一尝；
假如妹不爱，悄悄丢路旁……

“花腰歌舞”，就是以如此平凡的山头野果，借助其外貌、个头、形状、味道等，试探对方对自己有无好感，判断对方是否属于自己追求的人选。

觅求知音的调子很多，以《未娶三歌弟》最为直接：

未娶三哥弟，哥弟尚未娶；
未嫁三姐妹，格有三姐妹？
若有三姐妹，格嫌哥三个？

月朗风清，一对对恋人在歌舞场上，跳顺脚，逗合脚；弹四弦，吹木叶；唱山歌，哼小调；列举种种人情世故，数说八方世态炎凉；论证爱的高贵，以身相许；成就恩爱夫妻，开始其新生活。

抚慰心神是“花腰歌舞”的艺术特征之九。喜怒哀乐，人之常情，人生路上难免有喜有忧，有笑有泪，一旦有忧，可以到歌舞场去寻求欢乐，因为那里可以得到慰抚心神的“灵丹妙药”。如：在家挨了训斥，在外受了闷气，爱情受到挫折，希望偶然破灭，只要邀约一场异性青年到僻静处唱上几调，跳上一阵，就能厌辱皆忘。

之所以能如此，是因为“花腰”十分看重自己的歌友，尊善歌者为“曲子师傅”，尊善弹者为“四弦老板”。玩场上无论年老年幼，一律称男子叫“阿哥”，称姑娘叫“阿姐”，所以能使老者忘其老，忧者忘其忧，愁者忘其愁。一句话：人间忧愁，处世荣辱，皆能被亲热的气氛、诚挚的感情融化。

潜移默化是“花腰歌舞”的艺术特征之十。教人修身养性，方法众多，或潜移默化，或指点迷途，或通晓道理，或修正错误。彝族“花腰”，喜欢用歌舞的形式，潜移默化地熏陶儿女，六七岁上，下田上山，敲镰教子。如《小娃娃学点种》：

好妈妈理种沟，乖娃娃学点种；
洋芋种放一个，黄豆粒点两颗；
种麦子六七粒，撒甜荞八九颗……

彝族“花腰”视其能否歌舞衡量有无出息，言传身教，当做己任。教儿女崇啥憎啥，全凭歌舞。如《莫为调》：

坐在老人前，切莫跷小腿；
陌路人问路，指清细说明；
叫唤长辈人，尊称莫喊名……

总而言之，“花腰歌舞”这一“非物质文化遗产”，千百年来在这里潜移默化地起到了教育子女、熏陶子女、训练子女的作用，成了培养民族气质、通晓生产知识、讽刺投机取巧、陶冶民族情操、劝诫好逸恶劳、训导为人处世、加强修身养性的法宝。只要将“花腰歌舞”搜集、翻译、整理，借助现代音像向外传播，这“腹前击掌、顿足踏地”的原始踏歌遗风一定会进入“非物质文化遗产”保护范畴。

楚雄彝族梅葛音乐初论

张 黎

“梅葛”一词是彝语的音译，彝语的“梅”，即为“嘴、唱、说”，“葛”的意思是“过去、历史、回转”，把“梅”与“葛”连在一起解释，就是指“唱说过去”、“唱说历史”、“唱说古今”之意。① 从古至今，梅葛主要在彝族的罗罗颇和俚颇这两大支系中流传，历史悠久，影响面广，且内容丰富，唱腔也多种多样。其演唱的核心部分——史诗梅葛被视为“彝家根谱”。近几年，梅葛受到越来越多的关注，研究梅葛文化的相关论著也有不少，其中由李云峰、李子贤、杨甫旺编著的《“梅葛”的文化学解读》曾获国家政府最高奖——“第九届中国民间文艺山花奖 · 民间文艺学术著作奖”。2005 年和 2008 年梅葛先后被云南省和国务院列为省级和国家级非物质文化遗产，梅葛艺人郭友珍还被命名为国家级非物质文化传承人。本文以云南楚雄彝族特有的梅葛音乐为研究对象，围绕着梅葛主要流传区环境、梅葛音乐分类、梅葛音乐特点三个方面进行阐述。

一、梅葛主要流传区环境概述

楚雄彝族自治州是全国两个彝族自治州之一，这里的彝族分布较广，其音乐种类众多，风格各异，有着浓郁的民族气息。彝族人民能歌善舞，有悠久的音乐传统。各支系在发展过程中，形成了各具特色的彝族民歌，如流行于楚雄、南华县、牟定、大姚、姚安、永仁等彝族地区的梅葛，流行于双柏等地的阿色调，流行于元谋、武定等地的酒歌，流行于楚雄、南华等地的阿苏则，流行于牟定等地的左脚调等。其中，流行于彝族

① 参见大姚县委宣传部：《大姚彝族文化》（内部资料），2007。

两大支系罗罗颇和俚颇中的梅葛，历史悠久，流传广泛，在楚雄彝族中颇具影响力。

云南楚雄彝族自治州位于滇池、洱海之间的滇中高原北部，自古为省际屏障、滇中走廊、川滇通道。跨东经100°43′～102°30′，北纬24°13′～26°30′，东西最大横距175公里，南北最大纵距247.5公里。境内乌蒙山虎踞东部，哀牢山盘西南，百草岭雄峙西北，构成三山鼎立之势；金沙江、元江两大水系以州境中部为分水岭各奔南北，形成二水分流之形。全州山地面积占90%以上，有“九分山水一分坝”之称。“梅葛”主要流传于楚雄州中部、北部及西部地区，即牟定、永仁、大姚、姚安、南华北部、元谋西部和禄丰西部以及大理白族自治州祥云县、四川省攀枝花市仁和区，大致相当于百草岭山系及哀牢山延伸地区，属金沙江水系流域，其中以龙川江以北、以西地区为梅葛主要流传区。

梅葛流传中心区有以下四个：

直苴（永仁县西北部）：彝族占95%以上，山高谷深，自然条件较差，人多地少，交通闭塞，经济不发达，梅葛流传保留较为原始。

昙华（大姚县中部）：彝族占83%，与直苴相邻，受佛教影响，梅葛中掺杂了较多的佛教文化因素。

马游（姚安县西郊）：彝族占95%以上，地处南方丝绸之路的交通要道，较早接受了汉文化，梅葛也被融入了诸多儒释道等文化要素，是多元文化相融的典型。

腊湾（牟定县西部）：龙川江的源头之一，彝族占98%以上，自然环境曾较为封闭，直到20世纪70年代前仍保留较多的梅葛核心部分，但经30多年的外来文化的冲击，梅葛的这一状态迅速式微。①

梅葛有说有唱，作为一种彝族曲艺曲种，源于远古时期的原始祭祀活动，它的曲调广泛流传于楚雄、南华、姚安、大姚、永仁、牟定等地区。其中，姚安马游以梅葛产生最早、门类最全面、文化内涵最丰富、保存最完整而被称为梅葛故里，其梅葛音乐发展在整个梅葛文化带里具有一定的代表性。

二、梅葛的音乐分类

梅葛是一个综合曲种，含有叙事歌、挽歌、祭祀歌、情歌、诉苦歌、儿歌等，分别在不同的场合中运用。其核心部分属于叙事歌，吟唱的主要内容是史诗部分，如创

① 参见李云峰、李子贤、杨甫旺：《“梅葛”的文化学解读》，1～2页，昆明，云南大学出版社，2007。

世、造物、婚事、丧葬等，生动地讲述了从开天辟地、万物产生、人的起源到人的生老病死的各种场景，表现了彝族先民对神秘莫测的自然力和人类起源的探究过程以及人类在劳动中利用自然并与自然和谐相处的发展历程。它是彝族宗教信仰、道德观念、风俗习惯、民族心理的集中表现，是彝族人的精神支柱。梅葛也有一部分是反映彝族人民世俗生活的，如情歌、诉苦歌和儿歌等。

梅葛的分类依据在各地有所不同。大姚县华的彝族一般按演唱场合分为家梅葛、山梅葛。大姚也有按演唱情绪的分法，分为辅梅葛、赤梅葛、娃娃梅葛，按腔调分为正腔梅葛和慢腔梅葛。在姚安马游，人们通常按演唱者分老人梅葛、青年梅葛、娃娃梅葛三种。毕摩唱的梅葛通常被单独列为毕摩调而不列入梅葛歌种中。从现代音乐学的角度来看，毕摩的吟诵是一种说唱的音乐形式，他吟诵的主要内容是梅葛的核心部分，所以毕摩梅葛也应该属于梅葛的一种。本文在参照梅葛发源地（姚安马游地区）的分类方式的基础上，新加入毕摩梅葛类，即把梅葛分为毕摩梅葛、老人梅葛、青年梅葛、娃娃梅葛四种类型。

（一）毕摩梅葛

毕摩梅葛的音乐本质特性不强，吟诵结合。当地人都不认为毕摩也唱梅葛，也许是因为毕摩的吟诵在某种意义上说，语言传达的意义大于音乐表达的意义，有一定声调和节奏。为了记忆，多用短句，并不为了听觉上的享受或带给人们艺术上的熏陶。他的法器也只是一种仪式工具，敲响它也只是用来渲染气氛，或作吟诵段落的划分。但这只是看事物的角度不同而已，从民族音乐学的角度来看，吟诵也是一种不同于传统意义上的歌唱。据说马游的彝族是从凉山迁来的，马游人也有吹口弦的传统，两地是有一定音乐渊源的。而有记载表明，凉山毕摩的经诵是有着细致的唱腔和曲调分类的，这也证明毕摩的经诵并不是简单的念，而是具有一定的音乐性。

在四川凉山彝族自治州，毕摩在各种祭场上对名目繁多的经卷的演唱曲调称之为“毕”。“毕”按其经文特点和祭礼习俗，可以分为“毕”、“加”、“果”、“日”、“洛”、“撒”等数百种曲调和唱腔。可以这样说，彝族毕摩的每一卷经书都有自己特定的曲调和唱腔。“毕”是彝族毕摩念诵经文时一种常见的唱腔，它可分为多种曲调，每一种曲调又有自身的演唱特点和演唱风格。“加”是一种怀念曲，音调哀婉缠绵，悲怆动人。“果”是一种呼唤调，毕摩头戴插着翎毛的法帽，身披棕衣，手执树枝条，站在祭场上，用高音唱着经文，毕摩唱完一节，众人齐声应和一段唱词，同时，还伴有众人对主人一家老小的呼唤唱词，曲调亲切柔和，充满温馨。“日”是诅咒调，表现的是对疾病、灾难、鬼怪的诅咒，每节都伴以众人的吆喝声。曲调节奏明快，语言简洁。“洛”是祭祖调，唱词一般表达对先辈的怀念，祈求先辈和神灵的保佑，赐予平安和吉祥，曲调悠扬婉转、扣人心弦。“撒”是送神调，毕摩在举行送神送鬼、祛灾祛病仪式时演唱，曲调轻快流畅，歌词生动感人。①

据马游地区关于梅葛会的传说，在梅葛会上用梅葛调吟唱梅葛是天神的旨意，是天神给人间传授梅葛时定下的规矩，传说中还提到梅葛调是神授的，是同毕摩一同产生的。又据彝文典籍记载，最早的毕摩是彝族原始部落的首领密阿迭②，可以说是他创造了毕摩吟诵调，进入阶级社会，毕摩成为专门的职业，吟诵的主要内容还是祭祖的祭词。毕摩梅葛采用的是古腔，即古时候传下来的腔调，曲调和唱词句式固定，演唱氛围神圣而庄严，以独唱为主要形式。按演唱用途分两类：一类是用于吊唁亡人慰藉家人时演唱的挽歌，另一类是用于祭祀的祭祀调。挽歌的歌词主要以演唱创世史诗为主，也有介绍死者生平慰藉家人的具体内容，叙事性强。歌曲曲调简单，曲式结构短小，节奏缓慢，音域窄，旋律高低起伏，演唱的声调和彝语语言声调接近，时而低沉舒缓，时而高亢悠长，演唱与吟诵结合，在吟诵时还伴以铃铛和羊皮鼓的伴奏。歌曲主题主要是由一个动机构成几个简短的乐句而成，把冗长的史诗或祭文用同一曲调反复配唱或变化反复配唱，这就使得音乐有了无限的延伸性。曲调总的来说有送丧调、开天辟地调和找盐调三种。前两种调（主要）都是给死者亡灵指路时唱的，其主旨是把万事万物的起源（创世、造物）和生者对死者的怀念之情吟唱给死者的灵魂听，即指路安魂（追忆亡人生前功德）（见例 1）。而找盐调是毕摩在丧事活动中唱万物起源时唱的，主要唱述盐的起源。③

---

① 参见曲比兴义：《多姿多彩的彝族民间说唱艺术》［EB/OL］. http：//www. yizuren. cn 2010 - 4 - 15/2010 - 6 - 3.

② 参见李云峰、李子贤、杨甫旺：《“梅葛”的文化学解读》，146 页，昆明，云南大学出版社，2007。

③ 参见李云峰、李子贤、杨甫旺：《“梅葛”的文化学解读》，158 页，昆明，云南大学出版社，2007。

例 1：

指路歌

1 = C 散板　　　　　　　　　　　　　　永仁县地平乡

彝族（俚颇）

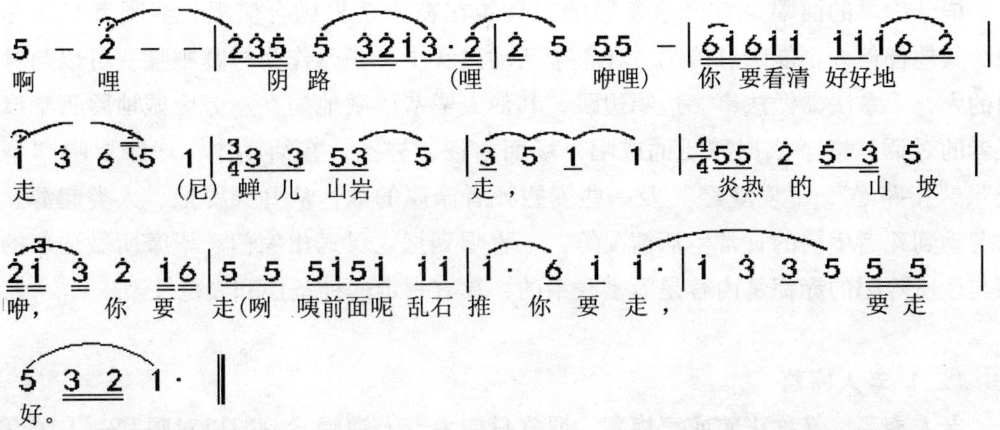

演唱：杞发生

记录：起加云　范兆云

这首歌流传于永仁地区，是毕摩在死者出殡的前一晚上唱的歌头一段。① 五声宫调式，节拍比较自由，节奏缓慢，歌中多处带有很长的拖腔，开头的一个上行五度旋律似乎在召唤亲人，此后每一句都在略有起伏的旋律中下行回到主音“1”，全曲音乐语汇简洁，语气平缓，庄重、肃穆。

祭祀调是毕摩在主持祭祀驱邪活动时吟唱的歌，是传统的曲调，属于赤梅葛，演唱内容主要以祭祀万物和祖先为主，也有少部分用于驱鬼。“音乐上与老年梅葛有内在联系，还吸收了汉族部分端公音乐的音调，歌腔带吟诵性，节拍规整，富有力度，在驱邪活动中，毕摩（有时是巫师）手持自制羊皮鼓或铁环或铜铃敲击节奏配合以烘托气氛，歌中大多属成套的传统词。”② 仅对人的称呼随演唱对象的不同而稍作改动。演唱地点视祭祀内容而定，如祭庄稼神多在田边，祭龙神则在水潭或河边。如楚雄市三街区流传的《关龙调》，人们借此歌寄托祈求风调雨顺、人畜兴旺和五谷丰登的心愿。又如楚雄市三街区的《给最好的吃》、《不好了》③。《不好了》徵调式，采用 5 –

① 参见楚雄州文化局编：《楚雄州民间歌曲集成》，156 页，北京，国际文化出版公司，1991。

② 参见楚雄州文化局编：《楚雄州民间歌曲集成》，131 页，北京，国际文化出版公司，1991。

③ 参见楚雄州文化局编：《楚雄州民间歌曲集成》，18 ~ 19 页，北京，国际文化出版公司，1991。

6-7-1-2 的音阶形式，这属于少见的有半音的四音音列，歌曲开头是以五度跳进的引子，连引子在内是五句结构，旋律高亢舒缓，每句唱罢都有两至五拍的停歇才开始下一句，歌曲在对逝去的老人的呼唤中，希望他“眼睡耳莫睡”，听听为他敲响的锣声、铃铛声，借此安慰生者。

毕摩梅葛的演唱是有严格禁忌的，只能在丧葬祭祀场合演唱，演唱者只能是毕摩，其他任何人不能随意传唱。在整个活动过程中，毕摩作为村寨中唯一可以与神沟通的人，手拿法器做法事，边唱边跳，其他人毕恭毕敬地坐在一旁虔诚地聆听毕摩与死者的对话，毕摩依据需要诵或唱，场面肃穆、神圣。在活动中，毕摩要唱“请神经”、“指路经”、“安魂经”及一些安慰死者亲属的歌，从开天辟地、人类起源、生产劳动到死者生前的日常生活情况等，一直唱到把亡灵送出家门。毕摩所做法事的步骤与他所吟唱的赤梅葛内容是紧密联系的，具有一定的神圣性和规范性。

（二）老人梅葛

老人梅葛，又称正腔或家梅葛，通常只能由老人演唱，一般以对唱和一人唱众人在句尾和腔的演唱形式，其演唱的部分内容和毕摩梅葛差不多，但是曲调更为丰富一些，其中也有一些古腔调。曲调主要有史诗调、放羊调、婚俗调、青棚调、悲调等。一般婚俗上演唱的梅葛比较集中，有一系列的歌曲，如说媒时的婚配调、晚宴上的相配调、婚礼当天夜晚唱的采花调、第二天早上交亲仪式上的农事调（内容有四季生产和主持家务知识）、犁喜田仪式上的犁牛调、第三天婚礼结束时的安家调。在遇到办喜事时通常唱的是当地人称为喜梅葛的歌，也叫阳梅葛。彝族一些特殊的仪式，如成亲时驱鬼邪或驱邪气、拜见祖灵等仪式必须由毕摩来主持唱诵，现在也多由老人主持。其内容古老而庞杂，吟诵的内容大多与神和祖先有关，仪式中很多吆喝声掺杂其中。接下来的场合由歌手来演唱，创世、人类起源等古老的内容和葬礼上相同只是曲调变得较为欢快，其他内容往往由歌手即兴填词演唱，喜梅葛的演唱内容逐渐由神圣变得越来越世俗化。随着社会经济和人们审美需求的不断发展，这种古老的形式在今天也很少见了，只有少数民间歌手在唱，但相比之下，由于曲调的即兴性不如歌词那么强，不管变为谁演唱，基本还是保持了古梅葛调的原型（见例2至例6）。

例2：

婚配调①

楚雄市三街乡

彝族（罗罗）

1=G $\frac{2}{4}$

每分钟120

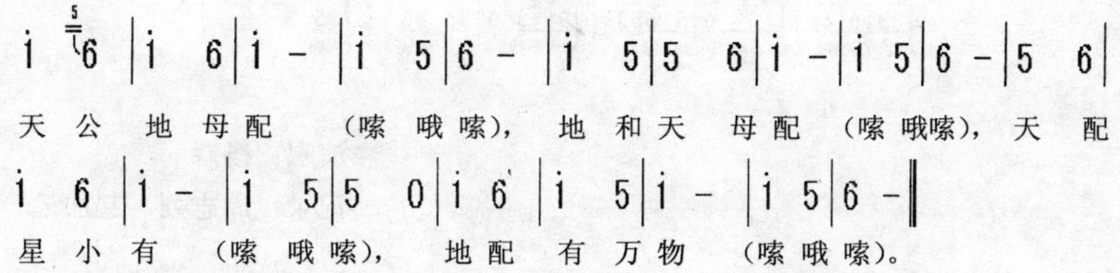

演唱：者厚培

记录：周志列　易道鸿

过去一般在结婚时，人们都会请毕摩在新郎家大门口演唱此歌。演唱时，由新郎和新娘解开插在米升内的青松枝绕结成的六个疙瘩，然后双方才能进新房。这首歌节奏简洁、明快，唱完一句接一句衬腔，如此循环。旋律虽短小却起伏跌宕，高高低低的音调在一句下行四度紧接上行二度级进的衬腔缓冲下得以喘息，似一条小河从陡峭的山谷中流入一片低缓的河滩，不久又开始下一次奔流，可谓动静结合，巧妙地渲染出一阵热闹的气氛。

① 参见楚雄州文化局编：《楚雄州民间歌曲集成》，6页，北京，国际文化出版公司，1991。

例3：

今天日子好①

1 = E 2/4 3/4

每分钟 144

永仁县直苴乡

彝族（俚颇）

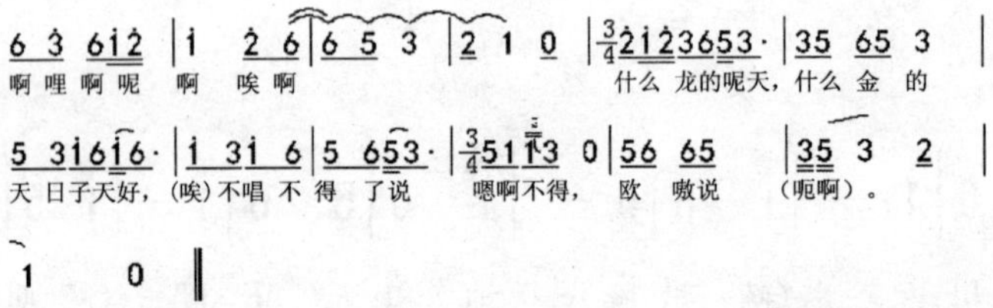

演唱：杨森

记录：周志列　起加云

这是一首宫调式歌曲，属于梅葛调中的认亲调，彝语称“来捉伙捉梅葛”（来：“亲”的意思；捉：“找”的意思；伙：“戚”的意思），是彝族人找亲戚或认亲戚时唱的歌，主要内容有觅亲、认亲、邀亲、宴亲等。

例4：

开天辟地②

1 = b A 4/8 3/8 2/8

每分钟 60

姚安县马游村

彝族（罗罗）

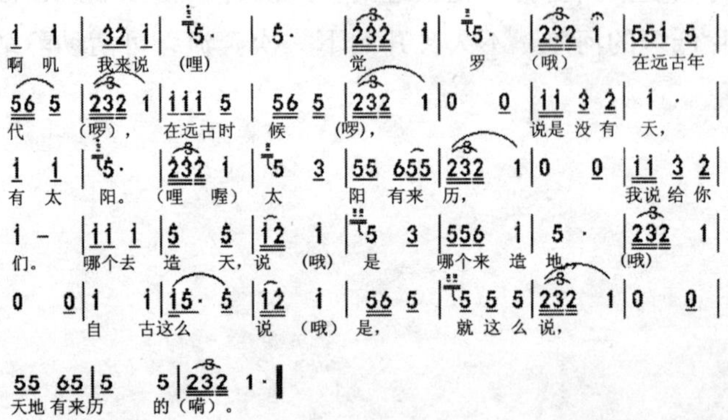

演唱：骆学明

记录：陶正西　蔡德忠

---

① 参见楚雄州文化局编：《楚雄州民间歌曲集成》，135～136页，北京，国际文化出版公司，1991。

② 参见楚雄州文化局编：《楚雄州民间歌曲集成》，1～2页，北京，国际文化出版公司，1991。

这是史诗《梅葛》中《开天辟地》一节的片段，宫调式。节奏较自由，有很多衬词夹杂其中，旋律悠长、流畅，如说故事般娓娓道来。短小的音乐主题（1—7 小节）在音乐不断的变化反复中随歌词的增加而时隐时现。

此歌的节拍属于典型的“非功能性的均分律动”①，伴随着音乐的进行和表现的需要，拍值有所改变，音乐有伸有缩地在“撤”与“催”中彰显独特韵味。此歌在彝族婚丧嫁娶中都会唱。

例 5：

开天辟地②

1 = bA2/4 3/4 4/4　　　　大姚县县华乡

每分钟 96　　　　彝族（俚颇）

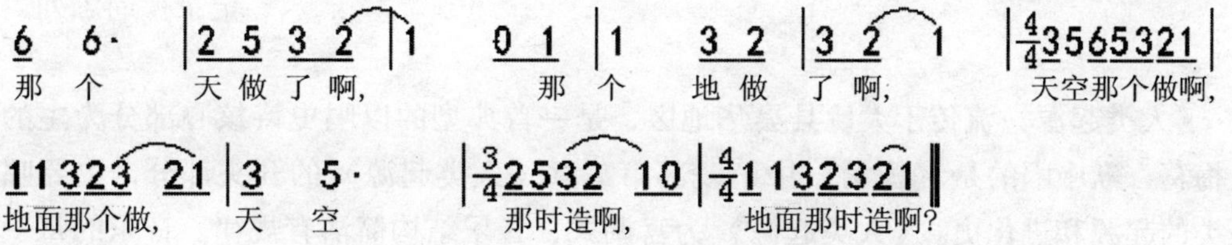

演唱：杨森

记录：周志列　起加云

这是一首大姚县华一带彝族人在喜庆节日或建房立柱时由老人演唱的歌，宫调式。歌词内容是史诗中《开天辟地》一节的片段。

大姚《开天辟地》和姚安《开天辟地》在曲调风格上有着明显的不同，大姚的音乐要比姚安的欢快。此外，楚雄市三街乡也流传有《开天辟地》，讲述的是兄妹造天造地的经过。徵调式，5 – 6 – 7 – 1 – 2，属于少见的有半音的四音音列，音乐也是比较欢快的。

---

① 杜亚雄编著：《中国少数民族音乐概论》，13 页，上海，上海音乐出版社，2002。

② 参见楚雄州文化局编：《楚雄州民间歌曲集成》，132 ~ 133 页，北京，国际文化出版公司，1991。

例 6：

人类起源①

1 = B 2/4 3/4　　　　大姚县昙华乡

每分钟 60　　　　彝族（俚颇）

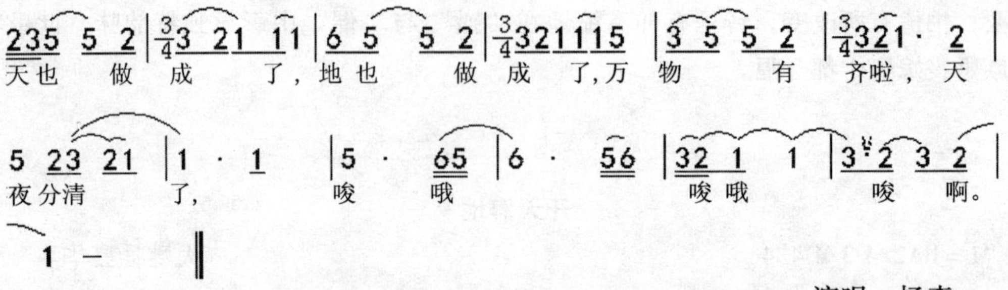

演唱：杨森

记录：周志列

《人类起源》流传于大姚县昙华地区，是一首典型的以唱史诗核心部分为主的老人梅葛，歌中唱的是《梅葛》中第一部第二章《人类起源》的开头部分，主要唱述人类的起源和进化史。《人类起源》为宫调式，音乐结构简洁有规律。音乐的每一句旋律线条都像一个个弧度相似的抛物线，都以向 5 音上行构四五度或下行两度为开头（5 是旋律线的最高音，也是抛物线的最高点），以“2－3－2－1”作为句尾，结束在歌曲的最低音“1”上。“唆”、“哦”、“啊”都是一些虚词，没有具体含义，是为顺应音乐发展的需要而哼唱的。

（三）青年梅葛

青年梅葛也叫慢腔或山梅葛，多为青年人演唱的情歌，曲调婉转悠扬，以打情骂俏表达爱恋为主，也有由出嫁后的妇女演唱的以表达苦闷情感为主的诉苦调，曲调如泣如诉。青年梅葛的演唱无论从歌词的内容还是演唱场合看，都显得尤为灵活，主要以问答的形式演唱，主要作用是用以传情达意，自编自创的成分较多。有夜间作相火时演唱的，如相好调、传烟调、戴花调、诉苦调、离别调，也有白天在山上对唱的，称过山调，内容丰富，即兴发挥的成分多。对唱强调胜负，唱输者无法接着往下演唱。如唱传烟调时，对不上来就无法使对方接你递去的烟，只能站着。此类曲调多在山间田野和“姑娘房”里演唱而不能在家里唱（见例 7）。

---

① 参见楚雄州文化局编：《楚雄州民间歌曲集成》，133～134 页，北京，国际文化出版公司，1991。

例 7：

传烟调①

1 = G 3/8 5/8　　　　　　　　　　　　牟定县凤屯乡

每分钟 64　　　　　　　　　　　　　　彝族（罗罗）

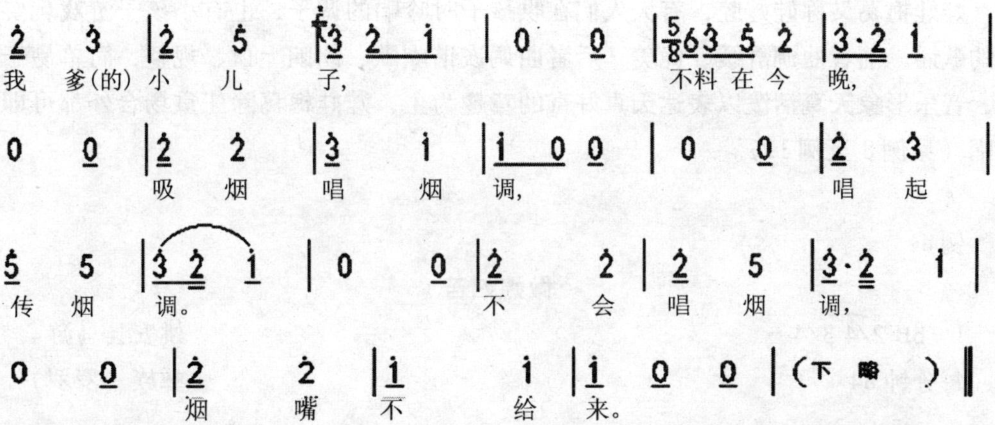

演唱：李学书

记录：周志列　非如山

这是牟定彝族青年男女约会时相互传烟时唱的歌，宫调式。过去彝族男女有吸土烟的习惯，通常若对不上对方的歌，烟是传不出去的，现在女子不抽烟了，故多为传水果。

彝族青年喜欢唱梅葛，除了用于谈恋爱时的传情达意外，还可以独自倾诉，用歌声诉说生活的艰辛和忧愁，这是一种不同于情歌的曲调，俗称诉苦调，主要传唱于彝族青年妇女中，也有部分中年妇女演唱此调。她们通过诉苦调诉说心中的苦闷和对亲人的思念，一般是在山上或田间唱。如流传在牟定凤屯区的《怨嫁调》②，当地称嘞蜜，是旧时已出嫁的妇女思念母亲时唱的歌，一般在山上或田间唱，有时还用吹树叶的形式表现。

除了传统曲调之外，还有的器乐曲曲调被人们即兴填上词传唱，这也被称为青年梅葛。如马游地区流传的《姑娘的心愿》，这是一首姑娘向小伙表达爱意的情歌，五声宫调式。据马游的梅葛传承人郭友珍老人说，该歌曲的曲调源自响篾调。响篾调原

① 参见楚雄州文化局编：《楚雄州民间歌曲集成》，23～24 页，北京，国际文化出版公司，1991。

② 参见楚雄州文化局编：《楚雄州民间歌曲集成》，24～25 页，北京，国际文化出版公司，1991。

是彝族人用口弦吹奏的调子，人们在打跳时跟着哼唱，大多数无实词，只哼唱“嘞、噜、哩、噜”之类的虚词，但在青年男女听来却能传情会意，富有神秘感。

（四）娃娃梅葛

娃娃梅葛又称娃娃腔，有大人们在哄孩子时吟唱的调子，也有小孩子游戏玩耍时唱的歌谣。前者曲调舒缓、优美，后者曲调诙谐幽默、朗朗上口、规整，简单易于记诵，音乐形象天真活泼以表达天真好奇的童趣为主，娃娃梅葛除庄重场合外都可即兴演唱（见例 8 至例 11）。

例 8：

做媳妇苦

1 = bB 2/4 3/4　　　　姚安县马游

每分钟 84　　　　彝族（罗罗）

演唱：郭友珍

记录：张黎

《做媳妇苦》是在马游地区广泛流传的娃娃梅葛，据郭友珍老艺人讲，这首歌是以孩子的口吻讲述母亲在家只能吃剩菜剩饭，遇到家里杀猪宰羊也只能吃羊尾巴、猪鼻子的遭遇。全曲为宫调式，节奏长短结合，音乐旋律简洁明快并有一定起伏，音域窄（仅跨了六度）。

例 9：

挖木拉

1 = bE 2/4 3/4 4/4　　　　　姚安马游

每分钟 68　　　　　彝族（罗罗）

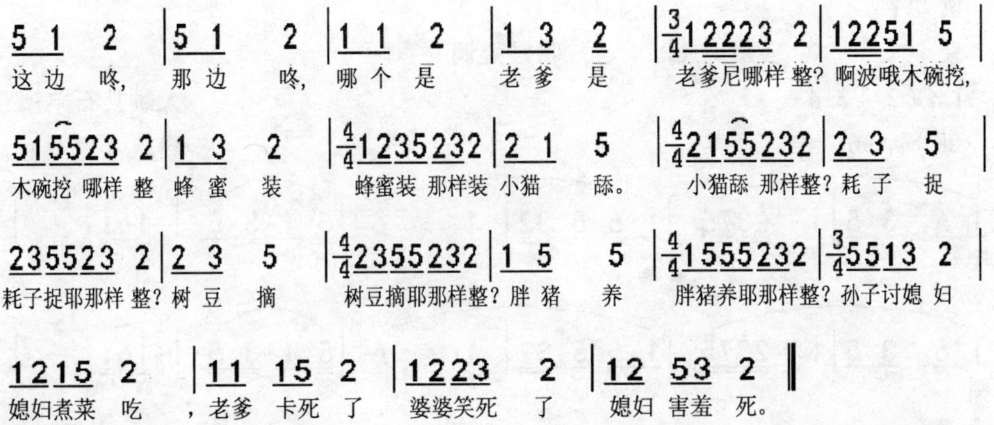

演唱：郭友珍

记录：张黎

这首歌描绘了祖孙二人在挖木材做生活用品过程中的亲切对话，一问一答中充满了童趣。音乐富于节奏感，曲调简洁，旋律重复中富有变化，基本上围绕着“2、7、5”三个骨干音进行。

例 10：

去摘桃梨吃①

1 = A 2/4　　　　　牟定县凤屯乡

每分钟 96　　　　　彝族（罗罗）

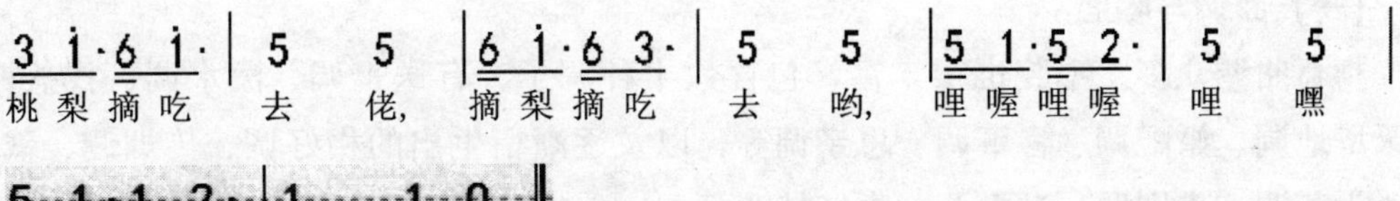

演唱：杨香弟

记录：周志列

① 参见楚雄州文化局编：《楚雄州民间歌曲集成》，45 页，北京，国际文化出版公司，1991。

这首歌曲结构较为规整，以“×× ×× ｜ × × ｜”为主，节奏型以彝族常见的一拍的切分节奏（中间八分音符延至第三个音）为主，节奏组合较为单一，旋律线简洁略有变化，整首歌轻快活泼、朗朗上口。

例 11：

哄娃娃调①

1 = F 2/4 3/4　　　　大姚县石羊镇

每分钟 96　　　　彝族（罗罗）

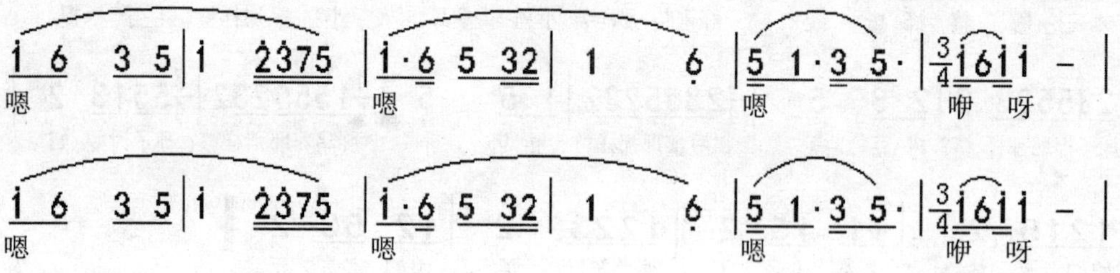

演唱：邹林

记录：黄自权

这是一首哄孩子睡觉的歌，类似汉族的催眠曲，这首歌用亲切的哼鸣配上舒缓的曲调，烘托出母子间浓浓的亲情与恬静、安详的气氛。催眠曲是娃娃梅葛中的一种常见类型，歌词多无具体含义，曲调优美，多为单乐句或短乐段。

三、梅葛的音乐特点

（一）曲调与唱腔

梅葛曲调众多，唱腔也很丰富，包含数十种调子，有送丧调、泼水调、找盐调、开天辟地调、婚配调、喜事调、思亲调等，以及逐渐衍生出的相好调、传烟调、戴花调、诉苦调、离别调、过山调、哄娃娃调等。

毕摩梅葛唱腔虽单调，但有一定的变奏性，在念诵中根据诵经的需要进行音乐扩充或变化反复。唱腔与语言声调和呼吸律动有联系，时而平稳，时而高低起伏而富于

① 参见楚雄州文化局编：《楚雄州民间歌曲集成》，42～43 页，北京，国际文化出版公司，1991。

感染力。老年梅葛唱腔高亢嘹亮、徐缓悠长、气息宽广。青年梅葛唱腔优美、抒情，有一定的即兴性。娃娃梅葛唱腔亲切、生动。

（二）音乐主题结构

梅葛音乐主题结构大多短小、单一，常以单句体及两个乐句构成的乐段为主。有的音乐（如古歌）根据歌词内容需要进行音乐主题扩充或变化反复。古歌常用抛物线的旋律结构，音域跨度较大，有的达到十二度，一般抛到比较高的音后开始五度、四度地往下降到最低音，青年梅葛和娃娃梅葛的音域相对窄一些。

（三）节拍

梅葛的节拍较自由，音乐中常用散板、复拍子或单拍子和复拍子交叉。如6/8、4/8、2/4加3/4，古歌中常用“非功能的均分律动”，把一拍分割成几个小拍，“拍值可变，强、弱拍的出现又不受小节线的限制”①。青年梅葛和娃娃梅葛受汉文化影响，音乐节拍相对规整，大多属于“功能性的均分律动”。

（四）节奏

梅葛的节奏富有彝族语言特点，音乐中多采用前短后长的节奏型，这也许和彝语语言重音前置或吐字比较快、紧凑有关系。

（五）调式

调式常使用民族调式，以宫调式和徵调式为主。梅葛音乐常用五度框架，以宫、角、徵三声为音乐主干音。

（六）音型与装饰音的运用

梅葛音乐中常使用延音、三连音、装饰音和下滑音。延音、三连音等音型的运用有的与语言有关，有的与变化反复前一段旋律的需要有关。装饰音中大量倚音和波音的运用与演唱者的唱腔习惯有关。还用到“带腔的音”，类似民族弦乐演奏中的“摇声”，即在一个“声”上发生的变化。② 所以这种装饰音唱法又有别于我们常见的波音，类似模仿羊叫的声音，只是喉音相对较轻一些，例如娃娃梅葛《漆树花》的最后一句的A音就是属于这种唱法，独具韵味。下滑音一般在歌曲的结束音上使用，烘托

---

① 杜亚雄编著：《中国少数民族音乐概论》，13页，上海，上海音乐出版社，2002。

② 杜亚雄编著：《中国少数民族音乐概论》，10页，上海，上海音乐出版社，2002。

语气。

（七）衬腔的使用

衬腔常在梅葛的开头或结尾中使用，有时也用在句或段落的开头，使用的是一些虚词，没有具体含义，是一种起腔或落腔的习惯用法。衬腔多在古腔调中运用，起到音乐起头或乐句的延伸作用。

（八）音乐的地域

梅葛流行于楚雄彝族罗罗颇和俚颇这两大支系中，分布的地域较广，就其核心区就包括姚安、大姚、牟定、永仁四个地区，由于语言习惯和受汉族文化影响的程度的不同，其音乐风格也略有不同。如大姚的《开天辟地》和姚安的《开天辟地》在曲调风格上就有着明显的不同：大姚的节拍速度要比姚安的快，大姚的运用混合拍子，但总的来说还能打出拍子来，还不算太散，节奏相对规整；姚安的《开天辟地》可以算得上散板，节奏接近吟诵语气。在旋律上，大姚的《开天辟地》音域较窄才六度；而姚安的《开天辟地》有十二度，且有很多四五的大跳。此外，楚雄市三街乡也流传有《开天辟地》，讲述的是兄妹造天造地的经过。徵调式，5－6－7－1－2，属于少见的有半音的四音音列，音乐比较欢快。

（九）演唱形式

梅葛的演唱形式多样，有吟唱、独唱、对唱、齐唱、领唱加和腔五种演唱形式，主要用彝语演唱（现今也有用汉语演唱的），唱词以五字句、七字句为主，富于彝语声腔和音韵特色。吟唱一般伴随着毕摩的仪式动作和法器的敲击，唱念结合；独唱和对唱一般都是坐着或站着演唱；齐唱往往有很多人参与，一般为边走边唱，或与舞蹈结合边跳边唱，生动活泼，民族气息浓郁；领唱加和腔通常用于唱老人梅葛。梅葛演唱时一般无乐器伴奏。

梅葛的曲调众多、唱词经典、唱腔优美、演唱禁忌独特而神秘，是孕育楚雄彝剧音乐、新梅葛的音乐土壤。笔者试图从民族音乐学研究的角度对梅葛音乐本体分析，对其分类以及蕴涵的音乐特征做一些初步的梳理，以求展示楚雄彝族梅葛音乐的独特魅力。然而，梅葛的音乐海洋是十分丰富多彩的，还有着更多的音乐文化值得我们进一步挖掘。

黔西北彝族民间音乐文化的认知与保护

高树林

彝族是黔西北人口最多的少数民族。在漫长的历史长河中，他们创造了绚丽多彩的民间音乐文化，这些民间音乐文化与当地彝族的各种民俗活动共生共存，形式独特，内容丰富，积淀厚重，是黔西北宝贵的民族文化遗产。20 世纪 80 年代以来，在外来文化和现代化建设等因素的冲击下，黔西北彝族民间音乐文化面临着生存危机，原有产生和维护其生存的生态环境正在发生变化，很多传统民间音乐文化正在蜕变，许多几十年、十几年甚至几年前还普遍存在的传统音乐形式，已处在失传和濒临消亡的险境。现在，除边远滞后的聚居区外，散居区和混杂居住区很多彝族青年已不会讲彝语，不会唱彝族民歌，不会跳彝族民间舞蹈，如果不采取有效措施加以保护，这些珍贵的民间音乐文化将随时代的发展而消逝，给本民族、本地区的民族民间文化造成不可挽回的损失。因此，对黔西北彝族民间音乐文化的认知与保护研究工作迫在眉睫、刻不容缓。

一、民俗是黔西北彝族民间音乐文化生存的土壤

黔西北彝族民间音乐文化伴生于特定的民俗活动之中，并且是随民俗活动的兴盛而兴盛，随民俗活动的衰微而衰微。越是在偏僻、封闭的彝族村寨，这种民俗性的民间音乐文化就越丰富、越稳定，本民族特有的民间音乐文化特征就越明显。追本溯

源，黔西北彝族民间音乐文化中的“嗡喽咪”①、“阿硕”②、“初初候”③、“阿妹凯”④、“录外”⑤、“超戛摸朵”⑥、“恳洪”⑦、“恳洪呗”⑧、“那呃”⑨、“莫轰”⑩、

---

① “嗡喽咪”系彝语，儿童歌曲，即彝族儿童在日常生活、劳动、游戏、自娱时演唱的歌曲。参见胡家勋：《乌蒙古韵》，196页，贵阳，贵州人民出版社，2010。

② “阿硕”意为伤心的歌，也有的称出嫁歌，其特点重在一个情字。彝文古籍《乌鲁娄记》载：古代彝族姑娘出嫁前几天，姐妹们要陪伴在她身边，以歌劝慰，以歌祝福：“莫哭啊莫哭，树木野外长，女儿属别人。阿硕歌词美，唱七天七夜，我们为你唱……”参见胡家勋：《乌蒙古韵》，119页，贵阳，贵州人民出版社，2010。

③ “初初候”也有的称“初姆诺候”，意为敬迎接亲人的歌。彝文古籍《呗勒娶亲记》载：接亲的人们到了女方家门口，姑娘们要在特设的天、地、太阳、月亮、云雾、东、西、南、北、君、臣、师、金、银、铜、铁、人、马等33道门前逐一对他们以歌盘考。参见胡家勋：《乌蒙古韵》，132页，贵阳，贵州人民出版社，2010。

④ “阿妹凯”即姊妹歌舞，“姑娘出门前，人们几人一组或十几人一队，成横排或圆形，手拉手在场坝上围着篝火边唱边舞”。参见胡家勋：《乌蒙古韵》，140～168页，贵阳，贵州人民出版社，2010。

⑤ “录外”“意为祝颂歌，以歌唱族戚亲情、祝福赞颂主家的内容为主，也不乏族根渊源、勤劳敬孝、历史故事等。《西南彝志·纳知阿施保吐仆耿二位慕施的辩论》载：接、送亲双方，都必须请摩师行各种礼仪，“女方入宗，默拜祖宗时，他们（摩师）在当中，唱歌作介绍”，“马颈两相交，交颈两相亲，互相轮唱着，交杯以敬酒”，“……幽雅的歌声，通宵不停”。参见胡家勋：《乌蒙古韵》，173页，贵阳，贵州人民出版社，2010。

⑥ “超戛摸杂”系接亲的第二天晚上，帮忙的人们向主人家祝福的一种歌舞。参见胡家勋：《乌蒙古韵》，174页，贵阳，贵州人民出版社，2010。

⑦ “恳洪”有“肯荷”、“肯额”、“肯偶”、“克合”等多种译称，在老人去世至出殡前，或祭祀先祖的“数则”（斋祭）活动中演唱的歌曲。《彝族创世志·艺文志》载：老人去世，除毕摩唱诵经文外，还要请摩师，并组织一帮歌舞人员唱“恳洪”，跳“恳洪呗”。“唱起歌来啊，站出来唱歌……好比藤缠树，结成歌手帮，追赶着赛歌……四面八方人，来到斋场上，唱阿哺身世……唱逝者威荣，从生唱到死……”参见胡家勋：《乌蒙古韵》，186页，贵阳，贵州人民出版社，2010。

⑧ “恳洪呗”系丧事歌舞曲，又称“跳脚”或“铃铛舞”。《西南彝志·论歌舞的起源》载：“斋场的四面八方，有洛武家的亲戚……有歌舞的男女。”“唱歌跳舞，把万首歌优美地唱出来。”“跳舞者手执响铃，边舞边唱。”“小伙子们模仿野兽跳舞……唱一次歌，跳三次舞。”参见胡家勋：《乌蒙古韵》，192页，贵阳，贵州人民出版社，2010。

⑨ 在毕节的阴底、野鸡及赫章县与之毗邻的部分彝族地区，凡红白喜事都可以看到一种形制独特的二胡演奏，彝语称“呃”或“辣哈”，因演奏时都由公母两把二胡组合，故又称“公母二胡”。参见胡家勋：《乌蒙古韵》，173页，贵阳，贵州人民出版社，2010。

⑩ “莫轰”又有“马哈”、“姆哼”、“拜来”等多种名称（方言差异使然），是贵州彝族的一种古老的双簧吹管乐器……其形态同各地流行的唢呐相似……实际上莫轰与唢呐不能等同。参见胡家勋：《乌蒙古韵》，200页，贵阳，贵州人民出版社，2010。

“切捷”①、“曲谷”②、“走谷”③、“洒叉”④ 等歌曲无不与约定俗成的传统民俗活动生死相依。在民俗的导演下，小孩长至四五岁时，父母开始利用儿歌向其灌输生产、生活等知识。儿歌是孩子们生活中的第一本教科书，是民俗提供的第一教学“课堂”。随着年龄的增长，父母除教孩子判断好坏、善恶、尊老爱幼等常识外，还不失时机地教唱一些民歌。姑娘在出嫁前除跟母亲学做针线活、学刺绣以及学习如何为人处事外，还有一个重要的内容就是跟姊妹们学唱“阿硕”、“阿妹凯”。随着孩提时代的结束，“曲谷”便成了年轻人生活中的重要内容，民俗为“曲谷”的演唱提供时间、场所和环境。农历十月初一至初五彝年节，老人们白天走亲访友，晚上为儿孙们唱古歌；年轻人们则到野外弹月琴、唱情歌，或进行传统游艺活动。⑤ 农历六月二十四日火把节，人们点着火把从四面八方汇集在山间平地，围着熊熊篝火弹（月）琴、唱歌、跳舞、饮酒狂欢，直至次日天明。⑥ 农历五月初五歌节，彝族青年男女们打扮得漂漂亮亮的来到歌场，对歌谈情，有的要连唱几天几夜。⑦ 农历三月初三是黔西一带彝族地区的采茶节，姑娘们梳妆打扮到山上采茶，小伙子也来到茶山，与姑娘们共同采茶、交谈、对歌，寻觅意中情侣。⑧ 婚事礼仪每一程序都离不开歌唱，姑娘出嫁前三天（有的地方是半月），寨子里的姊妹们要来陪姑娘唱“阿硕”。男方家到女方家去接亲时，须带上摩师和几个能歌善唱的歌手同来，在女方家设置的天、地、太阳、月亮、金、银、铜等彩门前对唱“初初候”，进行歌考，并以歌交接各种接亲仪礼。

---

① 有的彝区称“切哲”，即彝族月琴。

② “曲谷”直译为“玩声音”，意为唱歌。因地域、方言不同，又有“确姑歹”、“喽啥曲作”、“录米”等多种名称，彝族传统情歌。彝文古籍《洪水与笃米·布吐赫斋》载：笃慕俄时代（约公元前五世纪），因洪水泛滥，人间只剩笃慕一人。天君策举祖为使人间烟火不绝，在拜谷概戛（今云南东川）设立歌场，让宜以密补、嫩以密冬和痴以古吐三个仙女到歌场与笃慕对歌。“宜以密补她，进入歌场中……舞姿很好看，歌声也优美。嫩以密冬她，进入歌场中……她歌声悦耳，婉转如云雀。痴以古吐她，来到歌场中……歌声很嘹亮，舞姿最优美……笃慕的歌声，好似吹芦笙……至尊策举祖，命三郎做媒……三位仙姑娘，与笃慕成婚……”从此，彝族就有了在歌场对歌诉衷肠、定终身的习俗。参见胡家勋：《乌蒙古韵》，44 页，贵阳，贵州人民出版社，2010。

③ “走谷”系彝语，有“完整的”、“有头有尾”或“成对”、“一整套”的意思，意为爱情叙事歌。参见胡家勋：《乌蒙古韵》，71 页，贵阳，贵州人民出版社，2010。

④ “洒叉”有的地方称“洒谷慕”，直译为汉唱，意为彝汉山歌。其歌词采用汉族山歌的七言四句体，用彝语、汉语或彝、汉两种语言混合演唱，其曲调既有彝族民歌音调的特征，又有汉族山歌的韵味。参见胡家勋：《乌蒙古韵》，75 页，贵阳，贵州人民出版社，2010。

⑤ 参见胡家勋：《乌蒙古韵》，20 页，贵阳，贵州人民出版社，2010。

⑥ 参见胡家勋：《乌蒙古韵》，21 ~ 22 页，贵阳，贵州人民出版社，2010。

⑦ 参见胡家勋：《乌蒙古韵》，22 页，贵阳，贵州人民出版社，2010。

⑧ 参见胡家勋：《乌蒙古韵》，23 页，贵阳，贵州人民出版社，2010。

晚上，女方家以歌举行送亲的各种仪式，接亲、送亲的摩师要对歌。午夜，人们围着一堆堆篝火，饮酒、唱歌、跳舞。次日黎明，出嫁姑娘给长辈、宾客们献烟、敬酒后，在歌声中拜别亲人。到了男方家的当天，要进行“迎亲”、“进亲”、“拜堂”、“入洞房”、“阿尼吃札河”（婆婆送稀饭）一系列仪式。第二天，举行“谷阁”（敬酒）仪礼，新娘在新郎的陪同下给宾客敬酒，随后向婶母、姑妈、姨妈等亲戚赠鞋认亲，在场的人们高唱“录外”。晚上，新郎及其兄长要给送亲的人敬酒，同时听客堂老人唱酒礼歌。之后请舅舅宵夜，男女青年们则相互对歌、取闹，直至尽兴。① 在黔西北部分彝区，接亲、送亲、挂红等程序还要聘请专门的喜庆“莫轰”队（毕节市的大河口、佐泥、青冈、田坝等地）或“那呃”队（毕节市的阴底、野鸡和与之毗邻的赫章县部分彝族村寨），伴随婚礼的各个过程演奏相对应的曲目，使整个婚事活动更加闹热。②

老人去世，须给其做斋（彝语叫“数奏”或“数布”）。斋期，孝家除了请毕摩唱诵经文外，还要请坐堂“莫轰”队奏乐，请铃铛舞队跳舞，请摩师及其歌队唱歌。左邻右舍的人们要来孝家守夜，唱“恳洪”。前来祭奠的三亲六戚也要请摩师、“莫轰”队和歌舞队同来。在黔西县的协和、沙寨、借魁和金沙县的长石、清池等彝族地区，有的还要请敲打乐队，民间称之为“响祭”；在毕节、赫章部分彝族地区有的要请“那呃”队。③ 大家围坐在孝家专设的火塘四周唱歌、奏乐、跳“恳洪呗”、斗乐。整个丧场歌舞不断、乐声不息，俨然是一场音乐盛会，直至将灵柩送到墓地下葬为止。

以上显而易见，黔西北彝族民间音乐文化与民俗是密不可分的。民俗既是黔西北彝族民间音乐文化生存的土壤，又是黔西北彝族民间音乐文化的保护壁垒。因此，对黔西北彝族民间音乐文化积极而又长远的保护工作，要从民俗建设开始，只有造就能够不断生发黔西北彝族民间音乐文化的民俗生态环境，才能使黔西北彝族民间音乐文化成为与当代社会生活相适应的活文化。

二、“文化自觉”是黔西北彝族民间音乐文化保护的关键

民间音乐文化的传承和发展是以人为载体的，传承主体包含民间音乐的创造者、

---

① 参见胡家勋：《乌蒙古韵》，23～24页，贵阳，贵州人民出版社，2010。

② 参见胡家勋：《乌蒙古韵》，24页，贵阳，贵州人民出版社，2010。

③ 参见胡家勋：《乌蒙古韵》，248～249页，贵阳，贵州人民出版社，2010。

传播者和接受者三个因素。传承主体分为传承群体和传承个体两类，个体存在于群体之中，两者有着密切的联系。传承群体是指参与民间音乐文化传承的所有社会成员（主要是本区域、本民族成员群体）。这种群体性的主体作用是最根本的，它集众多个体共同承载本地区、本民族民间音乐文化，并在长期的历史过程中形成稳固的传统，在内隐层面上就是本地区、本民族民间音乐文化的传承机制。传承个体是指以个人的形式活跃于本地区、本民族民间音乐文化活动中的民间音乐家。他们的民族文化意识强烈，除具有群体的传承意识外，还有对群体意识的自觉超越，这种超越往往成为本地区、本民族民间音乐文化事业发展的动因。民间音乐家生活于民族生活中，深谙本民族文化精神，本民族民间音乐文化在其实践活动中得以加工、创新与保存，并代代相传。因此，对民间音乐文化无论是保护还是开发，传承主体的文化自觉意识至关重要。著名学者费孝通曾提出“文化自觉”的问题，其中一个重要的内涵就是指拥有和传承着一种文化的民族、社区或者个人。一定要对自己的文化有一种自觉的意识，能冷静地看待自己文化的利弊，并采取正确的方式方法来保护它，发展它。

黔西北彝族民间音乐如果没有创造者、传承者和接受者，古老的文化就传不到今天，而传承主体都是在民俗的怀抱里成长起来的。民俗给予传承者以才智、场所和吸引人的方法。也正是由于民俗活动的稳定性，民间音乐的传承才得以实现，使之代代相传。与此同时，民俗在为民间音乐提供创造者和传承者的同时，还为音乐活动提供接受对象。黔西北彝族民间音乐随着民俗在相对固定的场合、时间、环境中出现，天长日久，这些活动在黔西北彝族人民心里扎下了根。无须说明，歌场就是唱歌的地方，是约定俗成的。一到相应时间，男女老少，成群结队前往。人们从小就耳濡目染，其间的各种音乐活动成为培养一代又一代民间音乐传承者的“课堂”。黔西北彝族婚礼中唱“阿硕”的姑娘们、唱“初初侯”的摩师、唱“录外”的豪饮客不就是黔西北彝族民间音乐的创造者与传承者吗？而祭祀仪礼上的毕摩又是这些传承者中的特殊人物。这些传承者不仅传承着黔西北彝族民间音乐文化成果，更主要的是传承着黔西北彝族特有的民风民俗。

然而，当人的意识因受外界的影响而日益走向开放，多元化的生活方式和思想观念削弱了群体意识、增强了个体意识时，那种集体性参与音乐的生命力就会因其所依附的民俗活动的减少而逐渐减弱，甚至终结。

20 世纪 80 年代以来，在外来文化和现代化建设等因素的影响下，黔西北彝族民间音乐文化生态令人担忧。笔者在田野调查中发现，除自然宗教音乐——“毕摩歌”、“恳洪”、“恳洪呗”、“丧葬莫轰”等在黔西北彝族地区的传承情况稍好外，其他民间音乐的生态状况不尽如人意。在纳雍，笔者在彝族村寨里看到，大多数年轻人都出外打工，留守的只是老人和小孩，青年男女们恋爱的方式已不是歌场对歌，唱“阿硕”、

“阿妹凯”的传统婚礼也已多年不见。且20岁以下的年轻人大部分已不会说彝话，“阿硕”、“阿妹凯”只有少数老年人能唱，已形成了断层。在左尼嘎、猪场、昆寨等彝族乡，现在只有左尼嘎乡的坡其村、昆寨乡的宋家沟村的少部分人会跳“搓子舞”，而且这两地如今也缺乏继承人。新房乡的神仙坡、昆寨乡的马背梁、锅圈岩乡的山歌庄等歌场上，彝族“曲谷”曾经激情飞扬过很长时间，但这些年已退出了歌场。在威宁彝族回族苗族自治县的彝族地区，被称为戏剧活化石的彝族变人古戏“撮衬几”（又称“撮泰吉”、“曹腾紧”等），曾在板底乡板底村、新官寨村、炉山镇腊寨村等地流传演出，现仅见于板底裸嘎村民组，传承者也在逐步减少，且大多数已进入中老年。这些老艺人，有的没有徒弟，有的即使带了徒弟，也不甚理想。“阿硕”、“阿妹凯”等民间歌舞在彝族人口较聚居的龙场、大街、法地、龙街、开坪、灼甫、雪山、板底等乡镇还有零星传承，但都主要成活于当地彝族的中老年群体中，年轻人大多只会跳一点“恳洪呗”。在毕节市彝族地区，20世纪80年代以来，普宜镇大河口彝族村出外打工的年轻人不断增加，在家的年轻人没有一个愿意去学习吹“莫轰”，传统的“莫轰”曲目将随着老一辈人的离世而失传。目前，在织金县彝族地区，除三塘镇大方寨松树坪彝族村自今还在延续着当地彝族传统的婚丧习俗，每年的农历六月二十四日还在举行火把节外，其他乡镇的彝族生活方式已基本上汉化，并且这些乡镇的彝族大多信基督教，传统的民间音乐文化已被现代流行音乐和基督教的赞美诗取而代之。

我们应该明白，民众的文化品位、认识水平、生活诉求是需要加以正确引导的，如果一味迎合所谓民众的意愿，就可能导致真正有价值的民族民间音乐文化的灾难。地方民众是民族民间音乐文化真正的负载者和传承的主体，现实的困境往往使他们产生一种无奈感，这就需要强化主体性，激发他们文化保护的自觉意识，因为民族文化源源不断的真正活力源自民族内部的文化自觉以及自我确证的自信力。

认知与保护对少数民族民间音乐文化来说，是一对紧密相关的因果问题。没有对少数民族民间音乐文化生存根基的深层认知，没有对少数民族民间音乐文化传承主体“文化自觉”行为的准确把握，少数民族民间音乐文化的保护行为就是不全面和不彻底的。黔西北彝族民间音乐文化的存在直接取决于黔西北民俗活动中“局内人”（传承主体）的传承与“局外人”（相关的保护部门与保护者）的保护行为。“局外人”的保护行为必须在“局内人”约定俗成的民俗活动的基础上进行，要抛弃各种理想化的设想，回到黔西北彝族民间音乐文化生态真切的现实中来，以“局内人”为认知主体，弄清楚黔西北彝族民间音乐文化的根源和来龙去脉后再进行合理的保护，将保护的最佳切入点锁定在民俗载体和传承主体的“文化自觉”行为之上。

四、文化纵横

贵州彝族文化研究 20 年

郭宸利

彝族是我国民族大家庭中一个历史悠久、人口众多、支系繁杂的少数民族之一。我国彝族现有 780 多万人，主要分布在滇、川、黔、桂四省区。2000 年第五次全国人口普查数据显示，贵州的彝族人口为 842 744 人，集中分布于西部的威宁、赫章、毕节、大方、黔西、纳雍、织金、金沙及六盘水等县市。彝族有自己的文字，彝文典籍内容丰富，卷帙浩繁，总括历史、宗教、哲学、神话、诗文、历法、艺术、医药等各方面，有重要的史料和研究价值。这些在其悠久的历史长河中留下的灿烂历史和丰富的文化遗产，得到了大批国内外学者的瞩目，彝学研究应运而生。其研究内容包括彝族族源、历史、风俗、宗教、文学、艺术、天文、语言等方面。彝学成为一门多学科、国际性的研究领域已有百年历史，在国内外学者的共同努力下，彝学研究的队伍越来越发展壮大，取得了丰硕的研究成果。

近二十年来，贵州彝族文化研究成就十分显著，硕果累累。改革开放以来，国内再次掀起彝学研究的热潮。进入 20 世纪 90 年代，有更多的彝族学者投入到彝族史的研究之中，研究成果逐渐增多，除公开发表相关学术论文外，也出版了不少专著。进入 21 世纪后，彝学研究的交流与合作更呈现出繁荣和多样的局面，贵州的彝族研究也随之进入了一个全新的历史时期。这一时期，贵州的彝学研究凸显出综合性研究这一特点，不仅在深度和广度方面得到提升，研究队伍不断扩大，并且同相关各学科领域密切结合，不断将彝学研究引向深入。诸如彝文古籍文献的整理、彝族语言文字探究、彝族宗教信仰、彝族社会历史、彝族哲学思想、彝族文学、彝族艺术以及结合体质人类学的医学研究等方面，均有了重大进展。从事彝族文化研究的各界专家、学者对彝族各个方面的研究和开发利用都取得了空前的成就。大量彝族研究成果，包括彝族族源历史、宗教信仰、哲学思想、语言文字、文学创作、风俗民情、社会组织、文化艺术、教育、医学等诸多方面的论文在《贵州民族研究》、《贵州文史丛刊》、《贵州民族学院学报》、《毕节学院学报》等刊物上发表，各种专著层出不穷。

一、传统哲学思想、道德规范方面

远古彝族先民创造了独具特色的伦理哲学思想，在自成一体的宇宙观和传统思想道德规范的基础上，又汲取不少汉族传统哲学中的积极成果，兼容贯通，逐渐形成了一套颇具民族色彩的哲学思想体系。尤其是在探寻万物起源、宇宙本原、对人类发展的认识过程中，有着鲜明的朴素唯物辩证的特点。这在相当多的古籍文献记载中都可以找到佐证。司亚勤、王路平的《论古代彝族的宇宙论》① 一文，认为广泛流传于贵州毕节地区的彝族哲学、历史典籍《宇宙人文论》、《彝族源流》和《西南彝志》是古代彝族宇宙论哲学的代表作，它系统地阐述了彝族先民对宇宙本原、人类和万物起源及发展变化的认识，蕴涵了古代彝汉文化交流的大量信息。关于朴素辩证思想的特点，王德习于1995年发表的《浅论彝族先民的神创万物观和原始的朴素辩证思想》②一文中就有所论述，他从彝文古籍文献中探讨了彝族先民的神创论和朴素辩证思想，从神造万物的角度对彝族先民的原始宇宙观进行了初步探讨。

探究彝族的伦理哲学体系构架，陈英的文章《论彝族先民天、地、人“三界”哲学、科学体系》③ 的说法很具特色，认为远古时期的彝族先民古夷人是最早注目到“三界”这个哲学、科学范畴的。远古以来，举凡哲学观念的形成和科学技术的创兴，都导源于天、地、人“三界”的探索，而且是循着这一哲学、科学体系不断发展的。伦理道德思想，在众多彝文古籍和民间文学作品以及彝族日常生活习俗中都有所反映。很多学者对蕴涵在日常生活习俗中的传统道德规范加以分析总结，如郑宜君的《威宁彝族传统社会公共生活准则探析》④，就是从威宁彝族日常生活的各个方面，探究了威宁彝族传统社会公共生活准则的两个主要方面的内容及其特点。另外，姜中毅的《试论贵州彝族的道德伦理思想》一文，提出彝族的传统伦理道德思想，对民族生存、繁衍和发展，对经济和生产力的发展，对处理人与人、人与社会的关系等方面，

---

① 司亚勤、王路平：《论古代彝族的宇宙论》，载《贵州民族研究》，2002（2）。

② 王德习：《浅论彝族先民的神创万物观和原始的朴素辩证思想》，载《贵州民族学院学报》，1995（1）。

③ 陈英：《论彝族先民天、地、人“三界”哲学、科学体系》，载《贵州民族学院学报》，1994（1）。

④ 郑宜君：《威宁彝族传统社会公共生活准则探析》，载《毕节师范高等专科学校学报》，1999（3）。

能起到法律强制和经济手段所不能替代的教育示范作用。

二、宗教信仰方面

“彝族的宗教信仰是一个以祖先崇拜为核心，集自然崇拜、图腾崇拜和多种信仰为一体的复杂的宗教体系。”① 在彝学研究中，对原始宗教信仰文化的研究尤为重要。但就目前来讲，对彝族宗教方面的研究显得薄弱，表层的叙述性记录比较多，深层次的理论研究却比较少，这是贵州乃至全国的彝族宗教研究都普遍存在的一个问题。

彝族原始宗教有许多禁忌，王富慧的《浅论彝族的信仰与禁忌》②，探讨了彝族信仰与各种禁忌现象，认为这是潜意识的宗教式崇拜的派生现象，并指出其积极因素和消极作用。卢春樱的《试论彝族传统禁忌文化》③ 一文，通过对彝族传统禁忌具体分类、整理分析，探讨彝族传统文化中产生的禁忌及发展原因，并提出正确认识彝族传统文化禁忌与现代化的意义。马廷中写的《彝族古代原始宗教信仰浅论》，根据彝文典籍对彝族原始宗教信仰作了初步的探讨，包括自然崇拜、图腾崇拜、祖先崇拜几个方面的内容。另外，蔡富莲的《彝族的水崇拜》、余宏模的《夜郎竹王传说与彝族竹灵崇拜》等，都是对彝族各种信仰现象的研究。④ 也有学者研究到了巫术的层面，刘郁、王良范的《巫术与心理治疗的意义场域同构——以侗族、彝族的巫术个案为例》⑤，认为巫术作为人类最古老的文化现象之一，寄托着人们战胜和改造自然的强烈愿望，在精神层面上有强大的约束力。尽管存在着消极因素，但可创新性地将心理治疗技术与巫术民俗相结合，起到一定的积极作用。

毕摩文化是彝族原始宗教信仰的核心，内涵丰富，具有多功能的作用，需要再认识和再研究。研究方式主要是围绕毕摩、仪式和经文展开研究。余宏模于1996年发表的《贵州彝族毕摩文化》⑥ 一文，对贵州彝族毕摩及毕摩文化的形成和崛起、毕摩文化的基本内容和特点、彝文宗教经典古籍等进行了十分详细的论述，特别是对贵州彝文典籍进行了不同类别的划分和归纳。之后，张德元的《论彝族毕摩的性质及历史

---

① 参见巴莫阿依、黄建明：《国外学者彝学研究文集》，昆明，云南教育出版社，2000。
② 王富慧：《浅论彝族的信仰与禁忌》，载《贵州民族学院学报》，1996（1）。
③ 卢春樱：《试论彝族传统禁忌文化》，载《贵州民族研究》，1999（4）。
④ 参见蔡富莲：《彝族的水崇拜》，载《贵州民族研究》，1997（2）。
⑤ 刘郁，王良范：《巫术与心理治疗的意义场域同构——以侗族、彝族的巫术个案为例》，载《贵州民族研究》，2003（3）。
⑥ 余宏模：《贵州彝族毕摩文化》，载《贵州民族研究》，1996（4）。

贡献》[①]，针对彝族毕摩的源流进行了探讨，用辩证唯物主义的方法对毕摩的性质进行了分析，并对毕摩的贡献进行了评价。王薇的《彝族毕摩教与纳西族东巴的比较研究》[②]，从异文化的角度，着重从古称谓、历史源流、经书、使用法器、主要职能等方面对彝族的毕摩与纳西族的东巴进行比较研究。开发利用彝族毕摩文化，将其作为文化产业来发展，是近年来的新提法。卢天玲、王挺之的《论彝族毕摩文化的旅游价值及其开发方式》[③]，论述了彝族毕摩文化的现状及价值，并以美姑县为例，提出一些关于毕摩文化在旅游开发中如何发展的建议。

作为彝族宗教研究，对彝族地区的基督教发展状况研究，也是一个重要方面。东旻的《川滇黔彝族同基督教的冲突与调适》[④]，就谈及了云南、贵州部分彝族皈依基督教，但逼迫基督教本土化的问题。吴道军的《黔西北地区基督教现状调查分析》[⑤]也涉及彝族地区基督教的发展现状。

三、古籍整理研究方面

彝族是一个大杂居小聚居的民族，支系繁多，分布广泛，所以各地均有自己的彝族古籍文献，这些典籍内容十分丰富，主要用于相关的献祭、祈愿、诅咒、占卜、述源、丧葬、历法等。据不完全统计，目前已收集到分布于国内外的彝文古籍约 15 000 册，仅贵州就有 16 个单位收藏有彝文古籍 8000 余册。[⑥] 党的十一届三中全会以来，彝文古籍翻译、整理工作取得了前所未有的丰硕成果。就贵州来说，由于有着丰富的彝文古籍，挖掘、整理、翻译和保护彝文古籍文献，成了众多彝学研究者的重点，这就使得贵州的彝族研究在这一方面成果丰硕。

彝文古籍整理翻译是贵州的一大优势，最早成立的机构是毕节地区彝文翻译组（现改名为毕节地区彝文翻译中心）。毕节地区彝文翻译中心累计翻译出版了 80 多部 120 卷彝文古籍，共 3000 多万字。其中《西南彝志》、《彝族源流》、《彝文典籍目

---

① 张德元：《论彝族毕摩的性质及历史贡献》，载《贵州民族研究》，2002（4）。

② 王薇：《彝族毕摩教与纳西族东巴的比较研究》，载《贵州民族研究》，2005（6）。

③ 卢天玲、王挺之：《论彝族毕摩文化的旅游价值及其开发方式》，载《贵州民族研究》，2006（5）。

④ 东旻：《川滇黔彝族同基督教的冲突与调适》，载《毕节师范高等专科学校学报》，2003（6）。

⑤ 吴道军：《黔西北地区基督教现状调查分析》，载《贵阳市委党校学报》，2008（3）。

⑥ 参见张学立：《彝学研究》，北京，民族出版社，2009。

录》、《黔西北彝族美术》、《彝文金石图录》等曾在全国和省各类评比中获奖。从1955年到1966年，共整理、翻译了《西南彝志》等25部52卷，译文约80万字，加上音标、字译、句译、注释，共200余万字。1986年以来，公开出版了其中的《西南彝志》、《彝族源流》等62部120余卷，共1826万字。国家重点科研项目《彝文典籍目录·贵州卷》等一批成果连获省部级以上大奖。1986年至2007年，在威宁、赫章、大方等县的民族部门内，都成立有古籍办公室、彝文翻译组、文献研究中心等机构。近年来，毕节地区彝文翻译组取得了10余项重要成果，出版了10余部书，共420余万字。其中，《彝文文献翻译与彝族文化研究》1集，30万字；《彝文金石图录》第三辑1部，46.5万字；《布默战史》1部，42万字；《载苏》1集，34万字；《彝文文献释名集》1部，34万字；《彝族创世史诗》1部，15万余字；云南省楚雄彝族自治州《彝族毕摩经译注》收录了3部译作，计100余万字；《彝族古歌》1部，60余万字；《彝族原始信仰文献研究》40余万字；完成《中国少数民族古籍总目提要·彝族卷·贵州彝族卷》条目2500余条，100余万字；合作出版《贵州彝文古籍整理翻译研究》1部，21万字。此外，还成功申报《彝族源流》二十七卷并被列入《首批国家珍贵古籍名录》。毕节地区彝文翻译中心在全国乃至全世界的彝学界有着举足轻重的地位和影响，丰富的研究成果向人们充分展示了中国彝族源远流长的文明史，为彝学研究的发展发挥着重要的作用。

王富慧的《彝文文献的历史渊源、文化价值及搜集整理》①，对彝文古籍文献的历史发展渊源进行了追溯，总结了彝族古籍文献在民族历史、文化、经济等方面的历史文化价值，并对彝文古籍文献有关整理、搜集和翻译等问题提出了见解。贵州文献会的丁椿寿写的《彝文与彝族历史文献》②，详细分析了彝文文献中记载的各类内容。陈世鹏的著作《黔彝古籍举要》③，融合数10本彝文古籍，对彝文古籍的内容、收集、整理、翻译和出版情况进行了梳理、介绍和研究，并对每本古籍加以评述。

毕摩经文是彝文古籍文献中的重点部分，其内容囊括了哲学、历史、地理、天文历法、伦理、文学、医药、语言文字、风俗等各方面，甚至完整记载了彝族的各种神话传说、历史事件、动植物来源，具有较高的学术研究价值，为研究彝族宗教的产生、发展及其演变的规律提供了较翔实的典型材料。但是由于内容繁杂，语言晦涩难懂，使毕摩经文研究的任务更加艰巨。余宏模的《贵州彝族毕摩文化与彝文典籍类例》④，探讨了毕摩和毕摩文化的形成、崛起过程，毕摩文化的基本内容与特点，归

---

① 王富慧：《彝文文献的历史渊源、文化价值及搜集整理》，载《贵州民族研究》，1998（3）。

② 丁椿寿：《彝文与彝族历史文献》，载《贵州文史丛刊》，1996（5）。

③ 陈世鹏：《黔彝古籍举要》，贵阳，贵州民族出版社，2004。

④ 余宏模：《贵州彝族毕摩文化与彝文典籍类例》，载《贵州民族研究》，1996（4）。

类列举了贵州彝文宗教经典和民众文献。敖行维的《黔西北彝族〈指路经〉与苗族〈指路〉的比较研究》①，分析了两者的差异及其原因。庹修明写的《黔西北彝族毕摩经典中的文化图象》② 一文，对毕摩经文中的一些图像符号进行了深入分析。类似的还有王富慧的《彝文献图画符号之起源、功能及价值考证》，也对彝文献的图画符号进行分类，将彝汉图画符号进行对比，分析了其起源、功能和价值。

近年来，各地彝学研究者积极响应国家关于保护和抢救少数民族古籍的号召，投入到彝文古籍的整理和译注工作中，组织出版了很多系列书籍。2008 年，由贵州少数民族语言文字办公室编的《贵州彝文古籍整理翻译研究》③ 一书，总结了 20 世纪 80 年代以来彝文古籍整理、翻译、编辑和出版的基础理论和基本方法，介绍了贵州彝文古籍的概况，并作了分类，对彝文古籍的源与流进行了探索，追述了明清以来的彝文古籍整理翻译史，探讨了贵州彝文古籍整理的规范化和科学化问题。2009 年，盘县少数民族古籍整理办公室和盘县彝学会编著的《盘县彝语地名考释》④，对盘县各个彝语地名进行了搜集、整理、解释，注明其发音和意义及其一些相关的历史演变、神话传说。最近，《跨世纪的彝学研究》一书中收录的苏世成、王秀平的《赫章县彝族古籍录》一文，列举了赫章县彝文古籍整理小组所取得的巨大成就，包括在该县收集的各类书籍概况、翻译编写的书目，如《彝族创世纪》、《赫章彝族大词典》、《三套集成赫章卷》等，这些重大突破弥补了中国历史在西南地区的空白。

四、语言文字方面

语言文字作为民族文化的载体，是民族研究范畴中的重点之一。彝族各个支系之间的语言都有一些差异，文字书写也有很大区别，因此彝族语言文字的研究工作也是比较困难的一项工作。

贵州彝族语言文字研究的新局面始于 1989 年破译的在贵州威宁中水汉墓群发掘中获得的 51 个类似象形文字的刻画符号。接着，1991 年贵州省彝学会等编纂了《简

① 敖行维：《黔西北彝族〈指路经〉与苗族〈指路〉的比较研究》，载《贵州民族研究》，1995（2）。

② 庹修明：《黔西北彝族毕摩经典中的文化图象》，载《民族艺术研究》，1997（3）。

③ 贵州少数民族语言文字办公室编：《贵州彝文古籍整理翻译研究》，贵阳，贵州民族出版社，2008。

④ 盘县少数民族古籍整理办公室、盘县彝学会编：《盘县彝语地名考释》，贵阳，贵州民族出版社，2009。

明彝汉字典》，王正贤、张和平出版了《贵州彝族语言文字》①。之后的贵州彝族语言文字工作不断加强，取得了可喜的成就。王继超的《功在千秋：将福祉留给后世——记贵州省毕节地区彝文翻译组》，列举了长期以来毕节地区彝文翻译组的25部80卷成果。2009年，王子尧根据贵州省赫章县阿候毕摩世家祖传的《同音字典》注音、剖析、释读集成了《彝文字释》② 一书，共收录6000多个单字，300个音节，以国际音标注音，由彝文字义转换为汉字字义，以期从中说明古彝文的造字历史和文字构造，呼吁规范和统一通用彝文。

各种彝文字的历史记载，是考证历史史实的重要途径。陈世军的《修文县洒坪乡蜈蚣桥彝文碑译考》③，根据修文县蜈蚣桥彝文碑所译出的内容，结合桥的实际及地方志中关于建桥的记载和各种资料证明了修建桥的人物，也考证了修建的起止时间。王正贤的《彝文金石述略》④，分析了各种彝文金石及其三个方面的资料价值。同时，借鉴语言学的理论，以彝族语言文字为切入点是深入研究彝族民俗文化的必要前提。田铁阿闹在《水书与彝文的对比研究》⑤ 中指出，通过对水书和彝文在创制年代、传承方式以及文字类型等方面特征的共性研究和对两种文字在成熟程度、典籍类别和载体等方面的差异对比，能够更好地呈现贵州特色鲜明的民族传统文化。陈世鹏在《彝语部分称人词汇的文化信息透视》⑥ 一文中，以彝语人称词汇作为切入点，具体分析了亲属称谓制度、父子联名制等，解读出了大量文化信息。

彝族语言文字的信息化是当前彝学研究最为前沿的领域，彝族文字的信息化处理直接影响着彝族的信息化和现代化进程。在几十年的研究历程中，规范彝文字信息处理技术产生了一大批令人鼓舞的成果，彝文信息处理在信息化建设的浪潮中正开拓前进。彝族文字库的推出标志着彝族语言文字正式进入现代信息领域，这将会有力地推动彝族文字和文化的保护与发展。毕节学院彝学研究院的吴勰在《通用彝文信息化字库建设》⑦ 一文中提出，要在彝语六大方言的基础上，按“固定字形、字义，各按方言念读”的原则，整理出滇、川、黔、桂四省区皆能使用的通用彝文字形，结合True Type技术设计出独具特色的彝文字体，以此建立通用彝文信息化字库。

---

① 王正贤、张和平：《贵州彝族语言文字》，贵阳，贵州民族出版社，1999。
② 王子尧：《彝文字释》，贵阳，贵州民族出版社，2009。
③ 陈世军：《修文县洒坪乡蜈蚣桥彝文碑译考》，载《毕节师范高等专科学校学报》，2004(3)。
④ 王正贤：《彝文金石述略》，载《贵州民族研究》，2002（2）。
⑤ 田铁阿闹：《水书与彝文的对比研究》，载《贵州社会科学》，2008（3）。
⑥ 陈世鹏：《彝语部分称人词汇的文化信息透视》，载《 毕节学院学报》，2008（6）。
⑦ 吴勰：《通用彝文信息化字库建设》，载《毕节学院学报》，2010（9）。

为了进一步推进彝文的规范化、标准化和信息化，云南、四川、贵州、广西四省区决定统一编撰《中国规范彝文字典》。其中《中国规范彝文字典·贵州卷》的编写工作由贵州省少数民族语言文字办公室负责、贵州民族学院王子尧教授具体承办，该卷已于2010年3月顺利完成，共有168页，每页注音、彝文、汉字共有208字，合计字数共34 946字。《中国规范彝文字典》的编撰工作得到了教育部语言文字信息管理司的直接关心与支持，特别是全国彝族彝语术语标准化工作委员会的在西南民族大学正式成立，为《中国规范彝文字典》的审订工作提供了保障。大力加强彝族语言文字的信息化处理研究，对推动彝族语言文字工作全面步入规范化、标准化、信息化进程，保障彝族语言文字的健康发展等方面都具有重要的现实意义和深远的历史意义。

五、族源历史方面

每个民族历来都重视追根溯源。目前，在彝族史研究中，各派学者各执己见，呈现出百家争鸣的局面。余宏模的《彝族在贵州高原的古代历史变迁》①，从古文献记载探讨了彝族在贵州高原的古代历史变迁过程。柳爱江在《盘县彝族先民源流探索》② 得出的结论是：盘县世居彝族是“笃慕”氏系的后裔，从云南东部迁徙、发展而入，有史为据。也有源自古“濮人”一说的，如李相兴的《彝族与古濮人关系论析》，③ 以史籍资料和民族学田野调查资料相结合，论证了彝族与古“濮人”之间的关系，得出古“濮人”是形成现代彝族的主要源流之一。

目前，关于夜郎古国的争议成为学术讨论热点，彝学研究者也将彝族史的视点放到了夜郎历史的研究中。白兴发的《夜郎、可乐文化与彝族古代先民》④，通过结合《史记》、《汉书》等众多史志分析，回答了夜郎文化、可乐文化与彝族古代先民有无关联的问题。朱文旭的《夜郎为彝说》、王继超的《彝族与夜郎古国的渊源关系》等，都是关于夜郎与彝族关系的考证。

系统研究彝族史，目的是要从整体上把握彝族历史的发展脉络。王正贤的《试论

① 余宏模：《彝族在贵州高原的古代历史变迁》，载《贵州民族研究》，1996（2）。

② 柳爱江：《盘县彝族先民源流探索》，见贵州省彝学研究会、贵州民族古籍整理办公室编：《跨世纪的彝学探索》，贵阳，贵州民族出版社，2009。

③ 李相兴：《彝族与古濮人关系论析》，载《云南民族大学学报》，2003（3）。

④ 白兴发：《夜郎、可乐文化与彝族古代先民》，见张学立主编：《彝学研究》，北京，民族出版社，2009。

彝族古代氏族部落的形成》[①]，论述了彝族古代氏族部落起源和形成的诸种因素，并叙述了彝族氏族部落的兴起。王继超在《试论古代彝族在黔西北的迁徙发展》[②] 一文中指出，彝族是黔西北地区最早的原住民，其呈交换场地般分布的特点，即是其延续不断的分布历史的证明。

土司制度是历代中央王朝为维护封建专治统治而建立的一种治理少数民族的特殊政治制度。历史上，毕节彝族地区存在过水西土司、乌撒土司、扯勒土司等。关于水西土司的一系列研究成果很多。贾霄锋的《二十多年来土司制度研究综述》[③]，以总论性研究、区域研究、族别研究、改土归流的研究为分类，对近二十多年来土司制度的研究概况做了一个综述。王勇的《试论土司制度的衰落及其原因》[④] 一文，追溯了土司制度在明清时期的盛衰史，分析了其衰落的原因。符太浩的《〈明史·贵州土司传〉考异》[⑤]，依据《明实录》对贵州民族史研究中存在的一些重大误漏，进行了初步订正，其中也包括对水西土司的一些列考证。王兴骥的《播州土司与水西土司关系之研究》[⑥]，对水西安氏土司和播州杨氏土司这两个在贵州历史上举足轻重的大土司进行了全方位研究，探讨了两者的密切关系以及他们与朝廷之间的关系。黄卫华、陈燕英的《毕节地区彝族土司历史文化研究导论》[⑦]，系统研究了历史上毕节地区各个彝族土司经历的历史铺垫、形成、发展、终结四个历史阶段。吴正光的《大屯彝族土司庄园》[⑧]，分析了大屯土司庄园的建筑形制、艺术特征等，进而追溯了毕节彝族土司的历史。

对水西土司制度的深入分析，王军的《毕节地区彝族土司则溪制度述论》[⑨] 认为，则溪制度是毕节地区彝族历史文化在政治和法律方面独特性的集中体现，它是军政合一的政权组织形式。则溪制度、家支制度、九扯九纵共同构成了毕节地区彝族社会“三位一体”的内部政治、经济、文化结构。陈世鹏的《南诏国和水西土司与中央

---

① 王正贤：《试论彝族古代氏族部落的形成》，载《贵州民族研究季刊》，1998（2）。

② 王继超：《试论古代彝族在黔西北的迁徙发展》，载《毕节学院学报》，2011（4）。

③ 贾霄锋：《二十多年来土司制度研究综述》，载《中国边疆史地研究》，2004（4）。

④ 王勇：《试论土司制度的衰落及其原因》，载《学理论》，2010（17）。

⑤ 符太浩：《〈明史·贵州土司传〉考异》，载《贵州民族研究》，2002（4）。

⑥ 王兴骥：《播州土司与水西土司关系之研究》，载《贵州社会科学》，2001（6）。

⑦ 黄卫华、陈燕英：《毕节地区彝族土司历史文化研究导论》，载《毕节学院学报》，2010（10）。

⑧ 吴正光：《大屯彝族土司庄园》，载《贵州文史丛刊》，2004（3）。

⑨ 王军：《毕节地区彝族土司则溪制度述论》，载《毕节学院学报》，2010（10）。

王朝战争比较研究》[①]，对南诏、水西土司与中央王朝的战争进行了比较分析，指出了两者在治军方法上的异同。温春来的《中央王朝的开拓与少数民族地方政权承袭制度的演变——对明代贵州水西彝族宗法制的再思考》[②] 一文，梳理、考辨了有关彝、汉文献，认为水西彝族本来采用的是轮替继承的承袭制度，嫡长子继承制是在明代中央王朝的干预下才逐渐形成的。

关于贵州宣慰使的探讨，陈世军在《明代贵州宣慰使安贵荣墓考》[③] 一文中，根据贵阳市修文县大石布依族乡大屯村安氏古墓的规格和有关传说，结合各种史书和地方志记载和该地及周边地区彝族的历史、人物、习俗进行比较、研究和论证，认为安氏古墓乃明代贵州宣慰使封昭勇将军赐从三品加贵州布政司右参政安贵荣墓。余宏模的《明代贵州宣慰使“赐姓安氏”例证》[④]，考证了明代朝廷给水西土司“赐姓为安”这一历史事件。朱屏的《贵州宣慰使是明正统七年赐姓安氏的》[⑤]，也通过各种古籍文献史料，对这一历史进行了考证，最后提出贵州宣慰使是明正统七年（公元1442年）“赐姓安氏”的这一说法。

改土归流的研究一直是一个热点。秦中应的《建国以来关于“改土归流”问题研究综述》[⑥]，从改土归流的历史背景、原因与目的、措施、影响、历史地位等方面进行了总结和分析。张滋润的《试论明代改土归流的影响》[⑦]，认为明代的改土归流对各民族地区社会政治、经济、文化产生了较大的积极影响，但也伴随着武力征服，具有不彻底性，带来了新的民族压迫，增加了行政经费。范同寿的《“改土归流”的成功与失败》[⑧]，评论了改土归流的功与过，认为这既是顺应时代的举措，有利于社会的发展进步，也给少数民族带来了深重的苦难。张晓松的《论元明清时期的西南少数民族土司土官制度与改土归流》[⑨] 认为，土司土官制度既是皇权统治下二元结构的职官制度，也是最终将少数民族纳入统一职官制度管理的一种过渡和准备。吴展渊的

① 陈世鹏：《南诏国和水西土司与中央王朝战争比较研究》，载《贵州民族学院学报》，2009（5）。

② 温春来：《中央王朝的开拓与少数民族地方政权承袭制度的演变——对明代贵州水西彝族宗法制的再思考》，载《贵州民族研究》，2004（3）。

③ 陈世军：《明代贵州宣慰使安贵荣墓考》，载《贵州民族研究》，2005（4）。

④ 余宏模：《明代贵州宣慰使“赐姓安氏”例证》，载《贵州文史丛刊》，1998（1）。

⑤ 朱屏：《贵州宣慰使是明正统七年赐姓安氏的》，载《贵州文史丛刊》，1997（4）。

⑥ 秦中应：《建国以来关于“改土归流”问题研究综述》，载《边疆经济与文化》，2005（6）。

⑦ 张滋润：《试论明代改土归流的影响》，载《金陵科技学院学报》，2010（2）。

⑧ 范同寿：《“改土归流”的成功与失败》，载《当代贵州》，2010（2）。

⑨ 张晓松：《论元明清时期的西南少数民族土司土官制度与改土归流》，载《中国边疆史地研究》，2005（2）。

《明代贵州基层社会变迁与改土归流——兼论民族沟通机制的建立及意义》[1] 提出，在明代，贵州一些地区的基层社会组织结构发生了变迁，推动了改土归流进程，同时产生了一套民族沟通机制，动摇了土司制度存在的基础。陈怡的《评雍正时期西南地区“改土归流”的历史作用》[2]，认为改土归流在政治上削弱了西南地区的割据势力，加强了中央集权，在经济上调整了生产关系，在文化上有利于文化教育的发展。虽然存在一些弊端，但必须肯定其积极作用。

六、传统习俗方面

李兴秀著有《贵州西部彝族礼俗研究》[3]，全书共分五章，内容包括了贵州西部彝族生育、婚姻、丧葬习俗，原始宗教信仰习俗，祭祀祖宗习俗，毕摩文化等礼俗。沈乾芳、万永林的《明代至清初黔西地区彝族习俗对其他民族的影响》[4]，写的是明代至清初，以彝族为主的黔西地区，作为主体民族的彝族在婚姻、丧葬、节日、着装等习俗方面对当地其他民族产生的重要而深远的影响。《盘县非物质文化遗产描述与研究》[5]，综合展示和研究了盘县的彝族传统文化，包括丧祭文化、婚姻文化、歌舞文化、服饰文化等各方面内容，是对贵州彝族文化研究的一个突破。

关于彝族的婚俗、丧葬习俗方面，研究成果很多。李相兴的《贵州盘县彝族丧仪文化生态调查研究》[6]，详细描述了盘县彝族丧礼完整的过程，从中分析了这一现象的存在发展与当地特定的文化生境之间的必然联系，提出了一些很具代表性的观点。程发根的《贵州彝族婚姻、丧葬研究》一文，主要研究了贵州彝族新中国成立前的婚姻和丧葬的制度、习俗及其蕴涵的伦理观念宗教、哲学思想。余宏模的《中国彝族铜鼓礼俗与〈铜鼓王〉》，就彝族的铜鼓礼俗进行了分析研究。李平凡的《贵州彝族古

① 吴展渊：《明代贵州基层社会变迁与改土归流——兼论民族沟通机制的建立及意义》，载《黔南民族师范学院学报》，2009（5）。

② 陈怡：《评雍正时期西南地区“改土归流”的历史作用》，载《黑龙江农垦师专学报》，2001（2）。

③ 李兴秀：《贵州西部彝族礼俗研究》，载《贵州民族出版社》，2009。

④ 沈乾芳、万永林：《明代至清初黔西地区彝族习俗对其他民族的影响》，载《贵州民族研究》，2009（1）。

⑤ 盘县文物风情丛书编委会编：《盘县非物质文化遗产描述与研究》，贵阳，贵州大学出版社，2009。

⑥ 李相兴：《贵州盘县彝族丧仪文化生态调查研究》，见《生态环境与民族文化专论》，贵阳，贵州民族出版社，2009。

代妇女的婚姻家庭》，较全面地叙述了贵州彝族古代妇女的婚姻、家庭状况，同时从社会性别的角度，对妇女在婚姻家庭中的历史背景、婚恋现象、角色转变以及所处地位作了理论上的探索。柳远超的《彝族丧葬文化保护与旅游开发》①，认为对彝族丧葬习俗的保护可以采取旅游开发的方式，既能增加经济收入，又能实现民俗资源在原生态环境下良性循环，起到真正的保护作用。

现今，傩文化研究已成为热点，“撮泰吉”是彝族原始傩戏的一种形式，很多学者也对此进行了研究。长白雁的《贵州彝族的原始傩戏雏形“撮泰吉”》，记述了“撮泰吉”的表现形式、历史由来，总结了其特点和深层含义，得出“变人戏”的确是一种相当古老、带有原始特征的摊戏雏形的结论。另外还有潘朝霖的《世界唯一的原始傩戏——“撮泰吉”》、陈世鹏的《撮泰吉文化现象溯源》等。

对彝族传统习俗的研究应该顺应时代的需求，以探寻经济发展的途径，陈世鹏的《彝族文化在黔西北旅游资源开发中的地位》，阐述了黔西北自然旅游资源与彝族文化的关系，指出应以彝族文化为龙头，发展黔西北的民族文化生态旅游业，并提出了具体的开发原则。

七、歌舞、服饰艺术方面

贵州彝族人数不多，分布较散，且多与布依、仡佬、回、汉、苗等兄弟民族杂居。丰厚的彝族文化的积淀，再加上在长期的发展过程中与各民族频繁的文化交流，使得歌舞艺术文化比较发达，民间艺术极富特色。对这一方面的研究，创新发现层出不穷。

陈世军的《试论彝族唢呐与彝族民俗的关系》②，通过对彝族地区唢呐与民俗的描写，阐明唢呐与彝族民俗及彝族音乐的关系，揭示唢呐文化在彝族人民生活中的地位和作用。李建荣的《贵州彝族铃铛舞试析》，对彝族铃铛舞的体育渊源、变迁等进行研究，并对铃铛舞的社会价值进行了拓展。

对彝族歌曲的专业研究成果也很多。严冬的《贵州彝族民歌的转调手法》，选择了贵州彝族民歌当中一些有代表性的曲目进行转调分析。崔有昌的《贵州彝族民歌调式特征浅析》③，就威宁、赫章等地的彝族民歌调式特征作了粗浅的分析。另外还有

① 柳远超：《彝族丧葬文化保护与旅游开发》，载《贵州民族学院学报》，2005（6）。
② 陈世军：《试论彝族唢呐与彝族民俗的关系》，载《贵州民族学院学报》，2006（4）。
③ 崔有昌：《贵州彝族民歌调式特征浅析》，载《六盘水师专学报社会科学版》，1997（2）。

聂庆元的《威宁彝族婚俗音乐"酒礼歌"及其现状思考》、张贵华的《试析贵州彝族民歌旋律的发展》等。

彝族服饰的研究也逐渐成为热点。李相兴的《盘县彝族服饰描述与研究》①，详尽描述了盘县的彝族服饰，在此基础上探讨其历史渊源，探究其流变，突出其特性，并提出了可将盘县彝族服饰列为彝族服饰一大类型这一新观点。黄瑾的《浅谈彝族服饰的变迁与传承因素》②，探寻了彝族服饰变迁因素，指出生态环境的稳定性和彝族文化价值观的相对稳定性，促成彝族服饰主要的文化要素传承了下来。韩佳格的《浅谈贵州赫章彝族服饰》③，对赫章彝族独特的服饰特征、纯手工制作工艺以及赫章彝族服饰自然状态中的本土化的特征作了深入分析。

除了以上几个方面的研究外，还有部分专家学者就彝族社会经济、组织制度、文学等方面进行研究，比如潘先林的《民国彝族上层统治集团与滇川黔边彝族社会变迁》、温春来的《中央王朝的开拓与少数民族地方政权承袭制度的演变——对明代贵州水西彝族宗法制的再思考》、陈国生和杨晓霞的《明代贵州民族地域性研究》、吴雪瑞的《四川凉山和贵州威宁彝族家支特征及影响》④、王明贵的《夜郎故国——彝族英雄史诗的圣地》⑤、柳爱江的《边缘的意义——新时期彝族诗歌简论》、东人达的《世界最早的史学理论——黔西北彝族古代史学评述》等。

另外，其他综合性的彝族研究成果，也相继问世。贵州省彝学研究会编著的《贵州彝学》⑥，共收录了《彝族古代史初探》、《古芒部彝族的源和流》、《九重宫殿不在安顺》、《彝族习惯法初探》、《彝族传统文化与现代化》等30余篇有关彝族学研究的论文。黄美贤主编有《建国五十周年贵州彝族历史文化文学选粹丛书：诗歌卷、文化卷、散文卷、小说卷、文献卷、历史卷》⑦。贵州民族学院民族研究所1985年编有《贵州彝族研究论文选编》。张学立主编的《彝学研究》⑧，精选了2006年以来发表在《毕节学院学报》彝学专栏的一些论文结集出版，内容涉及了彝学研究的诸多领域。

---

① 李相兴：《盘县彝族服饰描述与研究》，见贵州省彝学研究会、贵州民族古籍整理办公室，《跨世纪的彝学探索》，贵阳，贵州民族出版社，2009。

② 黄瑾：《浅谈彝族服饰的变迁与传承因素》，载《贵州民族学院学报》，2006（5）。

③ 韩佳格：《浅谈贵州赫章彝族服饰》，载《贵州大学学报》，2008（1）。

④ 吴雪瑞：《四川凉山和贵州威宁彝族家支特征及影响》，载《毕节学院学报》，2007（3）。

⑤ 王明贵的：《夜郎故国——彝族英雄史诗的圣地》，载《毕节学院学报》，2008（1）。

⑥ 贵州省彝学研究会编：《贵州彝学》，北京，民族出版社，2000。

⑦ 黄美贤：《建国五十周年贵州彝族历史文化文学选粹丛书：诗歌卷、文化卷、散文卷、小说卷、文献卷、历史卷》，北京，今日中国出版社，1999。

⑧ 张学立：《彝学研究》，北京，民族出版社，2009。

《跨世纪的彝学探索》①，作为全国第八届彝学研讨会的会议文集，收录了参会学者的80余篇论文，集中展现了贵州乃至全国彝学研究领域的前沿动态。

八、结语

纵观近二十年来贵州彝族文化研究的进展，是一个突飞猛进的飞跃，在各方面的研究都取得了长足的进步，整体上迈上了一个新的平台。但是在新的历史时期，贵州的彝学研究也出现一些新的趋势，面临着一些新问题和新挑战。就2009年11月下旬在贵州省贵阳市花溪区召开的全国第八届彝学研讨会、贵州省彝学会第四届三次年会、滇川黔桂彝文古籍整理出版第十三次协作会来看，全国各地彝族研究者聚集一堂，进行了为期四天的学术交流活动，很多参会的专家、学者都充分展示了各自在某些研究领域取得的最新成果，从中可以看出贵州彝族文化研究的一些新的发展趋势，总结起来就是“三性”：一是广泛性，各个相关学科相互渗透，综合研究；二是开放性，有很多别族的专家、学者参会，进行跨文化交流；三是严谨性，更注重以严谨的科学态度进行研究，更具学术价值。

但是，在与全国其他省份的彝学研究对比之后，贵州彝族文化研究所存在的问题就凸显出来。主要是三方面的问题：一是政府部门对彝学研究的重视程度不够，对彝学研究机构的投入不够，使得科研资金薄弱，制约了研究进程；二是科研人才缺乏，特别是精通彝文的研究者更为稀缺，在研究群体当中大部分是不懂得彝文字的，只能根据汉文古籍记载来作研究，而很少引用彝文古籍的丰富内容，造成从本位视角研究的少，他位视角研究的较多；三是研究深度有所欠缺，历时性研究较多，应用性研究不够。很多学者只注重研究彝族历史文化，而较少关注现实价值，没有充分把彝族文化的价值开发利用起来，为现实社会发展服务。

在进一步的研究上，我们应该实现研究理念的转变，注重理论构架的建立，要积极去打破学科界限和壁垒，实现多学科的融会贯通，不断开创新的研究方法。大力培养科研人才，重点培养掌握彝文字的科研人员，以便更好地进行科研工作。同时，要放宽研究视野，敢于借鉴国内外先进理论，并将外来理论本土化，逐渐实现兼容并蓄、海纳百川的研究气度，促进彝学研究不断向前发展。

---

① 贵州省彝学研究会、贵州民族古籍整理办公室编：《跨世纪的彝学探索》，贵阳，贵州民族出版社，2009。

建国以来毕节彝族历史文化概述

安 静

新中国成立以来，毕节彝族同胞在中国共产党的领导下，在党的民族政策的光辉照耀下，实现了两大历史性跨越：一是社会制度发生了变革，广大彝族同胞翻身做主人，走上了社会主义道路；二是社会面貌焕然一新，改革开放和现代化建设顺利推进，呈现出经济加快发展、社会政治稳定、民族和睦团结、人民生活显著改善、文化繁荣发展的可喜局面，彝族人民在历史文化厚重的毕节大地上传承和发展着灿烂多彩的彝族历史文化。

一、新中国彝族人民翻身做主人

彝族人民在解放毕节的征程中作出了积极贡献。威宁游击团、盘县游击队等彝族武装力量在中国共产党的领导下，发动革命武装斗争，广大彝族青年踊跃参军，为解放大西南，尤其是解放毕节作出了重要贡献，涌现出了陆宗堂、安启崇、禹志超、吴德章等先进革命分子。1950 年正式成立毕节专区，专区驻毕节市，辖毕节、大方、金沙、黔西、织金、纳雍、水城（1970 年将水城县改为水城特区，划归六盘水地区管辖），威宁（1958 年威宁彝族回族苗族自治区改为威宁彝族回族苗族自治县）、赫章、百里杜鹃管理委员会（2007 年组建）等 9 县（市、区）。彝族同胞在中国共产党的领导下推翻了压在头上的三座大山，党和国家废除了阶级压迫和民族压迫，确立了各民族平等、团结互助的社会主义民族关系，彝族同胞建设社会主义的积极性空前高涨，经济迅速发展，生活不断改善。在中国共产党的关怀下，在六十余年的大规模建设中，毕节彝族地区发生了翻天覆地的变化，农业生产水平迅速提高，工业建设快速发展，城镇化进程不断加快，文化建设蓬勃发展，彝族人民成为社会主义建设推动者之一，为毕节经济社会的可持续发展作出了积极贡献。

二、新中国成立初期的彝族社会历史调查

党和政府高度重视民族问题和民族工作，为了进一步摸清彝族的社会历史状况，抢救行将消失的彝族历史文化资料，1953 年，全国人大民族委员会和中央民族事务委员会组织开展了全国性的民族识别调查。1956 年又开始少数民族语言、少数民族社会历史调查，中央派中国科学院少数民族语言调查第四工作队，对云、贵、川、桂四省区彝语文进行了全面的调查研究。1955 年毕节成立了彝文翻译组，翻译注释了《西南彝志》等一大批彝族文化典籍，受到学术界的极大关注。① 当时，彝族文化的研究者主要进行语言调查、民族调查，为民族识别和彝文找依据；从事社会历史研究，则多倾心于对阶级关系和政治、经济方面的考察分析。这个时期还培养了一批中青年学者，为彝族传统文化研究和彝文典籍整理工作的再度振兴积蓄了力量。如 20 世纪 50 年代，中央民族学院培养的彝语文专业学生充实到了有关教学科研单位；第四语文工作队的调查与实践也锻炼了一批彝汉学者，为 20 世纪 80 年代彝学的崛起作了许多必要的准备工作；著名彝文典籍翻译家罗国义先生在这个时期从事《西南彝志》等一批彝文典籍的翻译注释工作，积累了丰富的古籍整理与翻译注释经验，编纂出一部收录 7000 多字的彝文字典。

三、"破四旧"及"文化大革命"对彝族文献文化的破坏

彝族地区获得解放后，许多偏僻落后、长期封闭的地区与外界有了更多的接触，外界也有更多机会和条件深入彝族地区了解彝族社会历史与传统文化。彝族作为中华民族大家庭的一员，彝族传统文化也是整个中华文化的重要组成部分，在新中国的发展中彰显出浓郁的地域风格和民族特色，使彝族文化得以振兴。然而，在"左"倾思想以及民族文化虚无主义和民族文化落后论的影响下，彝族文化和彝文典籍不但没有得到重视，而且还横遭指责，彝文被诬为"奴隶主文字"，彝文典籍被斥为"宗教迷

---

① 参见《中国少数民族社会历史调查资料丛刊》修订编辑委员会：《四川贵州彝族社会历史调查》，北京，民族出版社，2009。

信书籍”，彝文研究一时间成为社会科学研究的禁区。

20世纪五六十年代，毕节“破四旧”运动在彝族农村如火如荼地开展，反对“封建迷信”，禁止彝族毕摩从事宗教活动，没收并烧毁彝文经书，强迫他们进学习班接受改造，并且进一步打击家支势力，禁止继续沿用习惯法处理民事纠纷和刑事案件，改革被认为是落后的风俗习惯。“文化大革命”期间，大批彝族干部及知识分子受到冲击，特别是彝族上层爱国人士和一些被扣上“地方民族主义分子”帽子的人，被批斗、监督劳动、判刑，甚至迫害致死，彝文被视为巫师文字，彝文古籍被斥为“封资修”的东西，许多散存于民间的彝文古籍和毕节彝文翻译组的彝文古籍原本被没收、烧毁、散失，翻译人员被打成“牛鬼蛇神”，彝族固有的传统社会精英和知识精英基本覆灭，其自身文化的内在活力被完全抑制，丧失了彝族发展的主体性和文化自觉性。

1966年8月，毕节彝文翻译组被撤销后，全体工作人员被下放到农村，彝文翻译组的原稿和译稿被没收烧毁，散落的也为数不少，造成不可挽回的损失。尽管如此，还是有敢闯禁区的勇士，更有审时度势、施展谋略的老将在为之奋斗。赫章县的王兴友老先生就千方百计把彝文古籍珍本《彝族源流》保存下来，他的贡献为彝学的崛起奠定了雄厚的基础，从中也透露出彝族文化研究高潮即将到来的一线曙光，预示着一门独立而崭新的现代彝学即将诞生。1966年至1976年，“文化大革命”结束后，为救书、救人、救学科，1977年恢复毕节彝文翻译组。党的十一届三中全会后，国家落实了宗教政策，允许宗教信仰自由，尊重民族风俗习惯，不干涉家支内部合法的事务，使彝族人民重新焕发生机与活力。

四、改革开放30年来彝族人民的新生活

党的十一届三中全会后，工作重心从频繁的阶级斗争、政治运动向以社会主义经济建设为中心转变，在党和政府的领导下，彝族人民忠实贯彻执行党的路线、方针和政策，沿着国家制定的“坚持以经济建设为中心，坚持四项基本原则，坚持改革开放”的基本路线前进，积极参加改革开放和现代化建设。党和政府推进了政治体制和经济体制改革，实行家庭联产承包责任制，在实施改革开放和社会主义市场经济体制的进程中努力解放和发展生产力，发展彝族地区农村经济，使彝族地区经济社会和文化空前发展，呈现出生产发展、生活改善、乡风文明、社会进步的局面。

农村的改革和发展较为迅速。从1981年起，毕节彝族聚居区革除了平均主义——吃“大锅饭”的弊端，普遍实行土地家庭联产承包责任制，抛弃粗放耕作，彝

族乡村掀起了科技兴农热潮，如绿肥聚垄套作，小麦与烤烟套作，油菜和水稻、小麦、水稻连作，杂交玉米营养坨育苗定向移栽，玉米与豆类、马铃薯、麦类、向日葵、瓜菜混作方式，提高了彝族农村的农业耕作产量。彝族聚居区的产业结构进一步调整，农、林、牧、副、渔协调发展，第一、二、三产业发展较为协调。

城镇建设及经济改革稳步推进。1993 年，毕节实施撤区并乡建镇后，全区 245 个乡镇中，彝族分布在 102 个民族乡范围内，各乡镇建立了集贸市场，彝族群众因地制宜，走各具特色的小城镇发展道路，有的重点发展旅游业，有的重点发展种植业、养殖业和农副产品深加工业，有的重点发展交通业、商贸业，有的重点发展工业等，如烤烟种植已成为彝族地区的重要支柱产业之一。随着彝族农村经济的发展和集贸市场的开放，商业贸易日趋活跃，彝族剩余劳动力的一部分从事了商业、服务业等第三产业，部分彝族人还创办了乡镇企业，有的开办公司，彝族群众的生产生活环境不断改善，为彝族乡村的和谐发展积蓄了力量。依托毕节煤、磷、铁、铅、锌、硫、铁矿较为丰富的资源优势，乡镇企业成为彝族地区经济发展的重要力量，毕节彝族地区各地金融业务日益扩大，信贷数额逐年增加。由于地理条件和经济发展落后的原因，仍有一部分彝族群众住在土墙瓦板房和茅草房里，冬难遮风，夏难避雨，人畜共居的现象时有发生。为了帮助彝族群众改善生活条件，政府把改善群众居住条件作为一项重要的民生工程，加强领导，加大投入，实施少数民族危房改造工程，让不少居住条件恶劣的彝族群众改善了居住环境，过上了新生活。①

彝族人民的生活质量不断提高，教育事业蓬勃发展。党委和政府将有关彝族群众切身利益的就业、社保、教育、医疗、住房、饮水、交通、生态环保及社会治安的优惠政策惠及彝族山村，帮助彝族群众致富增收，广大彝族群众了获得实惠，切实解决了生产生活困难。第五次全国人口普查资料显示，毕节彝族人口有 468 800 人，其中，毕节市 48 094 人、大方县 92 295 人、黔西 60 420 人、金沙县 20 696 人、织金县 31 420 人、纳雍县 37 840 人、威宁彝族回族苗族自治县 95 629 人、赫章县 82 406 人，系毕节人口较多的少数民族。彝族地区沟壑纵横、山高坡陡、人居分散，过去群众就医难，把小病拖成大病，为了让彝族群众看病不再难，国家大力推行农村医疗救助，推进县、乡镇、村三级医疗卫生服务网络体系建设，改善就医设施条件，提高医疗服务水平，切实解决彝族群众看病难、就医难问题，实施了农村医疗保险。针对义务教育阶段，对经费保障机制进行了改革，免除农村义务教育阶段学生学杂费，免费提供课本，对彝族寄宿制学生生活实行补助政策，对义务教育阶段农村贫困家庭寄宿制学生提供生活费补助。关心残疾儿童，让残疾儿童获得受教育的机会。如今的彝族农村，

① 参见《彝族简史》编写组编：《彝族简史》，北京，民族出版社，2009。

条条道路纵横交错，各村各寨逐渐通电通水，家家户户忙奔小康，广大彝族同胞在建设社会主义现代化的进程中正在发挥着重要的作用。

五、彝学的勃兴

彝学作为一门独立的学科，国际性的彝学研究已有近百年的学术史，国际彝学研究于19世纪下半叶起，经过一个多世纪的曲折发展，与国际藏学、蒙古学、纳西学、苗学、瑶学等学科并肩而立，深受国内外学术界的关注与众多学者的瞩目。20世纪80年代以来，中国彝学研究在科学意义上进入学科建构，在学术走向上则由语言、文字、历史的研究渐进到彝族文化的各个层面，进而扩及宏观的彝学理论探讨。更多的本民族青年学者成长起来，与其他民族学者一道共同拓展，使彝学朝着一门既体现中国彝族人文传统，又汲取世界先进人文理论的现代学科方向发展，毕节彝学研究正是在这样一个发展征程中突显了独有的文化内蕴。

彝学研究机构不断增多。1955年，贵州毕节成立了全国最早的彝文翻译组，由毕节专员公署民族事务委员会直接领导。1966年8月，毕节地区彝文翻译组被撤销，"文化大革命"期间被迫解散，1977年10月恢复原毕节彝文翻译组的建制，2008年更名为"贵州省毕节彝文文献翻译研究中心"。彝文翻译组从成立的那一天起，它的工作始终走在全国同行的前面，曾受到过周恩来总理的关注。已故全国人大副委员长费孝通还亲自为当时的彝文翻译组题写过单位名称。现贵州省毕节彝文文献翻译研究中心编制为14名，有人员15人，其中译审职称2人、副译审职称2人、翻译职称3人。从1955年至1966年的10年间，搜集翻译工作取得了丰硕成果，共计翻译了彝文古籍25部、51卷彝文，约80万字，加上音标、字译、句译、注释，共有200余万字①，被誉为"彝族文化百科全书"的《西南彝志》就是在该期间翻译的。

1986年以来，毕节彝文文献翻译研究中心（原毕节地区彝文翻译组）整理翻译100余部2000多万字的彝文古籍，公开出版了其中的《西南彝志》、《彝族源流》等62部120余卷，共1826万字，国家重点科研项目《彝文典籍目录·贵州卷》等一批成果连获省部级以上大奖。其中《彝文典籍目录》（1部、35万字，国家重点科研项目）获国家图书提名奖、国家民族图书一等奖、贵州省优秀社科成果二等奖；《彝族源流》（27卷、254.1万字，国家重点项目）1～4卷获贵州省社科优秀成果四等奖，

---

① 参见陈光明、李平凡主编，贵州省少数民族语言文学办公室编：《贵州彝文古籍整理翻译研究》，贵阳，贵州民族出版社，2008。

7~8 卷获国家民族图书二等奖，9~12 卷获国家民族图书提名奖，其余获省彝学会及毕节社科优秀成果二等奖以上；《西南彝志》（14 卷、216.5 万字，国家重点项目）1~2 卷获贵州省社科优秀成果三等奖，5~6 卷获国家民族图书三等奖，7~8 卷获省图书二等奖，其余获省学会及地区一等奖；《彝族指路丛书》（7 卷、33.2 万字，国家重点科研项目）获省社科优秀成果三等奖，地区一等奖，等等。① 这些彝文古籍的公开整理出版，让彝文古籍展示了无穷的文化魅力，使《中国彝族通史》古代史部分有了文献作依托，而这些成果的推广应用，推动和繁荣了学科建设，让品牌文化遗产得到了弘扬，扩大了毕节在国内外的知名度。作为具有区域特色的贵州省毕节彝文文献翻译研究中心，从组建之日起便承载着挖掘、传承、弘扬彝族历史文化的使命，凝聚和培养了一批彝学研究专门人才，彝学研究队伍不断壮大，薪火相传，翻译、整理、出版了数千册彝文古籍，让底蕴深厚的彝族历史文化熠熠生辉，在现代经济社会发展，尤其是毕节试验区民族文化旅游产业中绽放出跃动的生命力，为地方党委、政府打造特色文化提供了重要依据。

继毕节彝文文献翻译研究中心成立之后，又建立了毕节民族研究所，大方、威宁、赫章等县先后在民族与宗教事务委员会成立了古籍办、彝文翻译组、文献研究中心等机构，毕节学院建立了彝学研究院，依托贵州省彝学研究会的领导，毕节于 2003 年成立了彝学研究会，大方、金沙、威宁、赫章、纳雍、百管委、毕节市的彝学研究会也宣告成立，这些彝学研究机构均有自己的研究队伍，卓有成效的彝学研究新成果不断涌现。1984 年毕节彝文翻译组被地委、行署评为“民族团结先进集体”，被省委、省政府评为“贵州省民族团结先进单位”；1990 年被毕节地委、行署评为“第二次民族团结进步表彰会先进集体”，被国家民族事务委员会评为“全国民族团结进步先进集体”。中央电视台、中央人民广播电台、《光明日报》、《贵州日报》、《毕节日报》等新闻媒体对他们所做出的成绩曾作过多次报道。

彝学研究队伍不断增强。经过 20 世纪五六十年代的积累，在王兴友、罗国义、陈英、余宏模等彝学老前辈的引领下，毕节通过送出去、引进来的方式培养彝学研究人才。毕节广大彝族青年奋发攻读，通过高考考取了中央民族大学、西南民族大学、云南民族大学、贵州民族学院、毕节学院等高校的彝文专业，毕业后充实到民族事务工作部门和民族研究机构，贵州省、毕节彝学会也凝聚了较为雄厚的彝学研究队伍，即使是工作在党政机关的部分同志也热衷于彝学的研究，形成了彝族和各民族、彝学研究机构和各社团及社会各界共同研究彝学的团队。目前，毕节有彝学研究高级职称

---

① 参见王继超：《贵州毕节地区彝文古籍收集、整理、翻译、出版情况》，载《毕节地区彝学通讯》，2010（3）。

的专家10余人，有博士学位的2人，在读博士2人。

彝学研究成果硕果累累。广大彝学研究专家开掘着毕节卷帙浩繁的7000余册彝文古籍富矿，翻译出了《西南彝志》、《彝族源流》等一大批在全国有影响力的成果，各项成果获奖捷报频传。彝学专家在《民族研究》、《民族文学研究》、《贵州民族研究》、《中国彝学》、《贵州彝学》及各相关高校的学报上发表数量颇丰的彝学研究论文，《彝学研究》、《彝族三段诗研究》等著作深受读者的喜爱，后者还成为文学人类学专业博士生必读参考书。《毕节学院学报》专门开辟了“彝学专栏”，为彝学研究成果提供了园地，每一次省、地彝学会上都会收到数以百计的彝学研究论文。毕节学院院长、教授张学立博士主持的《毕节彝族历史文化研究》、毕节学院宣传部副部长卢玲副教授主持的《毕节彝族土司历史文化研究》获2009年贵州省省长资金项目立项，由毕节地区彝文文献翻译中心主任王继超译审、地委政策研究室副主任王明贵申报的《彝族诗歌格律研究》课题获2010年国家社会科学基金项目批准立项，实现了毕节国家社会科学基金项目零的突破，毕节彝学研究科研立项项目和成果正逐渐取得新成果。

彝学研究喜逢盛世，欣欣向荣。目前，国际彝学研究已召开了四届会议，全国彝学研究已召开了八届会议，贵州省彝学研究召开了四届三次会议，毕节地区彝学会已召开了二届二次会议，毕节彝学研究队伍都有代表参加了这些彝学研究的高规格会议并提交了质量较高的论文。毕节彝学方兴未艾，广大彝学研究者正在为规范彝文作努力，承担了《中国彝族通史》部分章节的编撰工作，毕节学院正在积极申报传统彝文编码，传统彝文输入计算机也将成为现实，由滇川黔桂部分彝文协作组与毕节学院彝学研究院合编的《通用彝文字典》正紧锣密鼓地进行。

毕节彝学依托毕节地区彝学会这个平台和主阵地，毕节地区彝学会举办了首届彝族毕摩文化培训班，创办《毕节彝学通讯》刊物、开展彝族火把节和彝族年系列活动，传承和弘扬彝族文化，把毕节彝族谱牒的收集、整理与研究纳入研究计划，提出了编写毕节彝学研究论文集的计划。同时，地区相关部门还组织专家编排了新的乌蒙彝舞，拍摄了彝族敬酒歌、阿西里西等光碟，彝族歌舞正在毕节的彝族聚居区传播和使用，毕节梦溪湾、泰和山庄等餐点还将彝族歌舞融进了饮食文化中。大方幕俄格城堡的重建并落成使用，电视剧《奢香夫人》的成功拍摄，用彝族文化元素命名支格阿鲁湖、阿西里西山旅游景点等一系列蕴涵彝族文化的政府举措，助推了毕节彝族文化的繁荣发展。毕节的彝学研究正在以毕节彝族聚居区的经济社会发展实际为研究对象，不断加强多边协作与学术对话，扎扎实实地研究一些亟待解决的现实问题，积极为地区、市、县各级政府的科学决策出谋划策，为促进经济繁荣、民族团结、文化沟通作出贡献。

彝族土司在传播和推广儒家文化中的作用

孟群红

中国自古以来就是一个统一的多民族国家，以孔孟学术思想为核心的儒学（儒家文化）在“统一的多民族国家”的形成过程中发挥了重要作用。先秦时期，在神州大地上生活着许许多多文化习俗存在差异的民族，生活在中原一带的称华夏（今汉族前身），分布在华夏四周偏远地带的民族，史书中称“四夷”，即南蛮、北狄、东夷、西戎。华夏文化较先进，他们视“四夷”为“化外”（没有接受过文化教育）之落后民族。由于华夏与四夷之间存在着先进与落后以及风俗等方面的差别，因此，中原王朝在对四夷的政治管理上也相应地采用了特殊的方法，那就是羁縻政策和土司制度。这两种政治管理方法又统称“以夷治夷”，即中原王朝利用少数民族的头人管理少数民族内部事务，王朝则通过掌控民族头人达到对少数民族实行间接统治的目的。元朝创建的土司制度是世界政治制度史上的一大创举，它对巩固祖国领土完整、维护民族团结、形成统一的多民族国家起到了重要作用。从文化思想方面来看，“教化”起很大作用。所谓“教化”，就是中原王朝向少数民族传播、渗透正统的儒家文化，让少数民族接受儒家文化的教育和熏陶，从而达到把少数民族的礼仪、思想、行为规范、历法等各方面都统一到中原正统文化体系中来的目的。中原王朝在向少数民族传播儒家文化中，土司起到了桥梁和推动的作用。

一、彝族土司概况

公元1279年，蒙古族入主中原，建立元朝。蒙古族属于“四夷”中的北狄，当时社会发展相对中原汉族而言，经济、文化比较落后，尤其缺乏管理国家政权的经验。他们执政掌权后，基本上沿袭宋朝的政权管理体制，并作适当的调整和修改。民族划分等级，推行民族歧视和民族压迫政策。地方行政区按万户、千户、百户、十户为单位编制。行省以下的行政区为路，路下设府、州、县。少数民族地区的路、府、州、县，委任民族头人、首领掌管，史称土司制度。在管理民族事务方面，明代沿袭元朝的土司制度，并进一步发展。土司制度的推行促进了民族地区社会经济和文化的发展，同时也增强了地方土司势力，对中央王朝构成一定的威胁。因此，明中叶以后，中央王朝采取了“改土归流”的措施，从此，土司走向衰败。然而，直到民国时期，彝族地区仍有土司存在。

彝族土司的来源有两种：一是家支和部落首领演变为土司；二是明初跟随黔国公征战有功的彝族将领被委以土司。土司均由皇帝委任，赐官印，享有政治、军事、司法等权利。土司是彝族百姓与朝廷之间沟通的桥梁。一方面，土司臣服于朝廷，执行诏书，上贡方物，传播和推广儒家文化，教化彝民，维护地方社会稳定。另一方面，土司要谙熟彝俗民情，尊重彝族风俗习惯，在民族内部，即彝族土司之间联姻，代表彝族利益。土司实行世袭制。明朝时期，彝族地区产生了许多大大小小的土司和土目。其中，势力强大的土司有云南武定凤氏土司、大姚高氏土司、巍山左氏土司、镇雄陇氏土司、宣威普氏土司、红河纳楼土司；贵州毕节地区的奢（后改余）氏土司、安氏土司、禄氏土司；四川凉山彝族自治州境内的阿卓土司、岭土司、阿都土司、安土司等。这些土司各自为政，臣服于朝廷，土司之间最重要的关系是联姻关系，彼此之间有共同利益，又存在利害冲突。

二、土司传播和推广儒家文化

（一）带头习儒学创办学校

儒家文化在彝族地区的传播首先是中原王朝的行为，而非彝族的主动自愿吸纳，其间经历了数百年的艰难传播过程。汉至隋，中原王朝对西南彝族实行郡县制和羁縻制加以管理。设置郡县后，王朝从内地选派流官任郡守和县令，同时迁来内地移民进行屯田，开办儒学，谋求改变彝族的民风民俗。由于各方面原因，传播面窄，力度不大，收效甚微。因彝多汉少，汉族移民反而大多被彝族同化。唐初，彝族先民建立了南诏国，曾得大唐王朝的帮助，南诏与中原文化的交流得到加强。南诏统治者为了巩固政权，积极学习和吸收儒家文化，倡导王室成员及各级官吏学习儒经，尊儒经，循儒礼。于是，王室内外开始逐渐形成了习儒经、行儒礼的良好社会风气。据《南诏德化碑》载，阁罗凤“不读非圣人之书，尝学字人（王羲之——引者）之术”，细奴罗还“劝民间读汉儒书，行孝悌忠信礼仪廉耻之事”。诏主盛罗皮在“开元十四年，效唐建孔子庙”。① 唐朝统治者为了教化南诏国民，使之归顺，而积极倡导和帮助南诏国学习儒家经典。南诏王室一方面派遣大批王室子弟到成都学习汉文化，有数千人之多，另一方面请汉族儒士教南诏国贵族子弟研习儒经。于是，儒家文化开始在南诏上层社会有所传播，但并未深入下层社会。据《蛮书》卷一记载，生蛮阿夔、暴蛮、卢鹿蛮、磨弥殿诸部落，“皆东爨乌蛮也。男则髽髻，女则散髢。见人无礼节拜跪，三译四译，乃与华通”。南诏国败亡后，儒学在彝区的传播受到挫折。及元代，赛典赤任云南行省长官，积极创办儒学建孔庙，推广儒家文化。《元史·赛典赤传》记载，云南“子弟不知读书，……（赛典赤）创建孔子庙，明伦堂，购经史，授学田，由是文风稍兴”。《世祖本纪》云：“至元二十九年四月辛卯设云南诸路学校，其教官以蜀士充之。”《忽辛传》说：“大德元年，改云南行省右丞，下诸郡邑遍立学校。”中庆路、建水路、临安府、澄江府、曲靖路、武定路、马湖路等先后办起了学校，为明朝云南儒学的兴起和推广奠定了基础。

及明朝，彝族土司兴起，朝廷对彝区的军事控制进一步加强，大量内地汉族移民进入云南、贵州大部分地区垦殖，据史料统计数字，明代移民云南的汉族人口有200多万，成为云南永久居民，改变了云南的民族结构和区域分布。明军征服云南、贵州彝区之后，加大了儒学的推广力度，强化了儒家文化统治。明太祖朱元璋深知“治国以教化为先，教化以学校为本”的道理，洪武二十六年（公元1393年），朱元璋诏谕礼部说：“边境土官，皆世袭其职，鲜知礼仪，治之则激，纵之则玩，不予教之，何由能化？云南、四川边境土官，皆设儒学，选遣子弟孙侄之俊者以教之，使其知君臣父子之义，而无悖理事斗之事，亦安边之道也。”② 成化十七年（公元1481年），又“令土官衙门，各遣应袭子弟于附近府学读书，使知忠孝礼仪”③。明初在京师设有国学（国子监），地方设府、州、县学。明王朝广泛动员彝族土官派子弟到国子监读书，从公元1387年起，建昌、水西、乌撒录宁等地彝族土司都遣子弟入京读书，他们在南京受到特别照顾。为了推广儒学，1392年到1433年间，朝廷先后在贵州宣慰司、普定和云南楚雄、武定、寻甸、姚安、广西等府，四川乌撒、乌蒙等府设置了儒学，至此，儒学在彝族主要聚居区普遍建立。在这种历史背景下，为顺应历史发展潮流，彝族土司带头学习儒学，吸收儒家文化，吸取内地汉族先进的农业生产技术。黔西北扯勒土司自明初奢香夫人袭职后，积极提倡学习汉文化，首派其子安的进京请学于太学。在任期间，先后设贵州宣慰司学、乌撒卫学、毕节卫学等，且不分子弟、夷汉和

① 参见尤中：《僰古通纪浅述校注》，32页，昆明，云南人民出版社，1988。

② 《礼部志稿》卷一、卷九十二。

③ 同②。

辖域，愿者皆可入学受教，大兴儒学风气，鼓励和推动了贵州水西地区儒学的发展。在其境内，府设试院，州设立书院、学馆、义学和学堂，为了保障学校开支，开辟学庄，以学庄谷祖为学专用。① 巍山县左氏土司是南诏后裔，始于元，是滇西著名的彝族土司。从明弘治十六年（公元1503年）到清光绪二十三年（公元1898年），在长达395年时间里，左氏家族以文著称。这时期先后袭任蒙化土知府的左正、左文臣、左柱石、左近蒿、左星海、左嘉谟、左麟哥、左元先、左长泰、左荫曾等11位土官，都偏重于文才，以文治政。能广纳文人学士，知贤而任。其中，左正是左氏土官中很有文采的土知府，广交四方文人，与杨升庵、李元阳、朱光霁等学界名流结为知交。他严于教育左氏门中的后代，扩建学宫，置儒学，让子孙接受汉文化，参加科举考试，外出做官。从他开始，左氏家族崇儒习文，人才辈出，先后出了不少进士、学人和岁贡。② 明代姚州（今大姚、姚安）同知府高氏土司、滇南纳楼土司也都非常推崇儒学，他们的子孙都有儒士风范，著书立说，宣扬儒家文化。武定凤氏土司也不甘落后。《武定凤氏本末》载："（凤）英之在官也，正己爱民，勤于政务，四礼正家，一经教子，开辟田野，教民稼穑。""四礼"指儒家的伦理道德规范，"一家"指儒经，"教民稼穑"指劝彝民学习汉族的先进农业生产技术。明朝早期，武定、禄劝彝族以畜牧业为主要经济生产部门，农业发展较落后。故土司教他们发展农业生产。到清朝，儒学已蔚然成风，"然富者多聘汉儒为师，习六艺，补博士弟子次则学为吏典。衣服冠带如汉仪，讳言其夷，丧葬多如汉礼"③。

（二）推行儒家礼制

儒家文化传入之前，彝族的礼制与汉族有别，不利于彝汉之间的交往和交流。为了加强联系，促进彝汉之间的交流，就必须对彝族传统礼制进行改革，以儒家礼制为准则。内容包括严格的等级制度、作揖礼、"三跪九叩"、宗族制度、五服礼（服孝礼）、迎宾礼仪等。礼制的改革和实施先由土司带头执行，然后推及民间百姓。

（三）变民俗

彝族人名的命名制度是父子连名，即父名的末音节作为子名的开首音节，如南诏王名字为细奴罗—罗盛皮—皮阁罗……命名制本身并不存在优劣之别，实际上只是一种代表符号，但从文化观念来讲，存在差异就会产生心理隔阂。儒家主张"一统"思

---

① 转引胡庆钧：《明清彝族社会史论丛》，132～133页，上海，上海人民出版社，1981。

② 参见薛林：《巍山彝族左氏土官社会历史调查》，见国家民委《民族问题五种丛书》云南省编辑组编：《云南巍山彝族社会历史调查》，55页，昆明，云南人民出版社，1986。

③ ［清］檀萃：《农部琐录 · 种人志》。

想，统一才能做到和睦相处，形成团结、和谐的社会局面。作为儒家文化传播使者的土司，当然有责任改革彝族固有的命名制，实行汉族的姓氏，且率先垂范。土司使用的汉族姓氏有的为皇帝所赐，如武定凤氏、贵州水西安氏等，有的则是借用汉姓。土司将汉姓推广到民间百姓。所以，今云南、贵州彝族都使用汉姓，唯四川凉山彝族仍保留父子连名制。彝族自古以来实行火葬，而且不立墓碑，不写碑铭。火葬习俗在儒家看来是大逆不道、不敬不孝的行为，与儒家伦理道德相违背。所以，明太祖朱元璋曾下诏禁止火葬。土司集团带头执行，并将改革推广到民间。土司集团大致在明中叶以后改行土葬，民间普遍改行土葬是清乾隆以后的事。此外，土司还向百姓灌输儒家文化重视农业、勤俭持家、讲诚信、循规蹈矩等思想观念。

三、儒家文化对彝族社会的影响

儒家文化的传播和渗透，对彝族社会经济、社会组织、宗教信仰、风俗习惯、天文历法等各方面产生深远的影响，它促进了彝族社会发展，加强民族团结，巩固边疆社会稳定。概括起来，其影响主要表现在四个方面。

第一，促进生产力发展。彝族在明代以前以畜牧业为经济支柱，农业技术十分落后，生活条件极其艰苦。自儒家文化传入后，带来了较先进的农业生产技术和治家理财新观念，社会经济得到较快的发展，奴隶制经济、封建农奴制经济明显向地主经济转变，百姓的生活条件明显改善。畜牧业生产条件下的居处由不固定转向农业生产的稳定定居，形成大聚落群体，集市和贸易兴起，推动了社会的发展。

第二，为彝汉传统文化注入了新的内涵，实现文化重构，不仅丰富和繁荣了彝族文化，而且使彝族文化充满活力，适应能力增强。

第三，促进彝汉之间的交往和交流，加深相互了解，消除民族之间的隔阂和民族冲突所带来的社会灾难，增加彼此之间的信任，加强民族团结，和平共处，共同繁荣进步。

第四，文化和民族同化。儒家文化的传播和推广，产生文化和民族化现象，既有彝族同化汉族，又有汉族同化彝族，以后者为普遍，形成彝族有汉族血统，汉族也有彝族血统的彼此交融的共性关系。

四、结　语

总之，土司是彝族历史上善于学习吸纳汉族先进文化的一个群体，他们在传播儒家文化、引进先进技术、改革彝族陈旧风俗、维护社会秩序、加强民族团结、维护祖国统一等许多方面作出了一定的贡献，在族人中享有一定的威望。新中国成立后，党和政府团结土司阶层的进步人士，吸收他们担任各级地方政协委员会的委员，他们为建设新中国献计献策，在维护国家、民族的统一和团结中起到过一定的积极作用。

对彝族土司在传播和推广儒家文化中的作用进行研究，旨在说明彝族文化和汉文化有过相互学习和相互交流的历史，彝族文化只有吸收汉民族的先进文化，才能使自身文化得到又好又快的发展，并共同推动国家不断向前发展和进步。

清代彝文石刻的繁荣及原因探析

王 显

彝族是拥有自己民族文字的少数民族，彝文创制的时间较为悠久。有万年说①；有半坡时代说，即与西安半坡遗址出土的陶刻符号同时代②，龙山时代的陶文也可能是古彝文③；有汉代说，晋人常璩在《华阳国志》中有“今南人言论，虽学者亦半引夷经”之说，马学良也推断“彝文就可上推到东汉，从而表明彝族也是我国有较古文化的民族之一”，朱文旭等也持此说④；唐代说则多见于汉文方志中，《大定府志》等方志较多此说；另外还有元代说，明代说；等等。⑤ 不过这些持论孰是孰非，在贵州省赫章县出土的汉代彝文铜手碓（亦称擂钵）被确证为是古彝文后⑥，彝文在汉代之前已经产生，得到了学术界的公认。此前，有学者认为，贵州省威宁县中水出土的殷商时期的陶刻符号也可以用彝文进行识读。⑦ 那么，可以说，从殷商时期到汉代之间，是彝族文字的创制形成时期。彝文创制之始，正是彝文书法之源，也正是形成彝文典

---

① 参见朱琚正：《贾湖刻符与中华彝族万年文明史》，载《彝族文化》（年刊），1996；参见黄克文：《彝文文源头，西文始祖——访研究古彝文专家刘志一教授》，载《贵州民族报》，1991 年 12 月 16 日。

② 参见李乔：《一个千古难解的哑谜》，载《彝族文化》（年刊），1991；参见李乔：《三论半坡陶文》，载《凉山彝学》，2000（10）。

③ 参见冯时：《龙山时代陶文与古彝文》，载《光明日报》，1993 年 06 月 06 日。

④ 参见王明贵：《彝族文化之谜》，见王明贵：《鹰翎撷羽》，21 页，香港，天马出版有限公司，2005。

⑤ 参见王明贵：《彝族文化之谜》，见王明贵：《鹰翎撷羽》，20 页，香港，天马出版有限公司，2005。

⑥ 参见龙正清：《赫章出土的汉代铜器铭文实为彝文》，载《贵州民族研究》，1995（2）。

⑦ 参见王子尧：《威宁中水出土的殷商陶刻符号可用彝文识读》，见刘胜康、熊宗仁、王子尧主编：《中国西南夜郎文化研究文集》，106 页，贵阳，贵州民族出版社，2005。

籍的开端。这些彝文文献，可以书之于木牍、竹简、布帛、皮革，也可以镂之于金，刻之于石，在现代社会还可以形成电子文件。[①] 所以，除去那些还有争议不能确定为彝族文字的刻画符号之外，从有确证的汉代彝文铜器铭文开始，种种彝族文字典籍就不断地在此后的各个历史时期出现，如蜀汉时期的《妥阿哲纪功碑》，魏晋南北朝时期的《彝族诗文论》、《彝语诗律论》等文艺理论，直到明清时期形成了彝文典籍的繁荣，出现了《成化钟铭》、《水西大渡河建桥碑》、《新修千岁衢碑》、《摩史苏》等金石木刻文献和《西南彝志》、《彝族源流》等彝文巨著，特别是在清代出现了一大批蔚为壮观的彝文石刻。在清代，如果说彝文纸书文献相对来说是贵州较多，那么石刻则遍布云南、贵州等西南彝族聚居区，这是一个十分值得研究的现象。

一、繁荣的清代彝文石刻

彝文石刻，是指以彝文的形式书写后錾刻，或者直接用彝文形式錾刻在石质材料之上的彝文文献。

清朝立国到雍正年间，一直在西南彝族地区实行全面的“改土归流”（也称为“改土设流”、“废土设流”等）政策，即废除原来一直沿袭的任用地方民族上层领袖作为土司、土目，给予宣慰使、土知府、土千总等官职以通过地方民族土官管理地方少数民族的政策，推行由中央任命外地官员到地方上来直接管理地方事务及少数民族。自从实行“改土归流”政策以后，西南彝族地区的彝文石刻逐渐多起来，形成了一个繁荣的时期。据有关专家统计，贵州境内的彝文石刻，20 世纪末期调查统计到的有 490 余通，主要集中在黔西北的毕节地区和六盘水市，其中以大方县为最多，发现了 346 块。[②] 而这些石刻的绝大部分都是清代所錾刻。云南省楚雄彝族自治州 20 世纪末对武定、元谋、双柏等县进行了彝文石刻的实地普查，至 1992 年，查实尚存的纯彝文碑刻 500 余块。这些还不包括在“文化大革命”被“专以寻砸碑刻为革命”的人所毁坏的不计其数的彝文碑刻。[③] 相对来说，四川所发现的彝文石刻较少，目前知道四川省叙永县天台山有一处彝文摩崖，大书彝文“天根基”（又译作“天梯”）三字，书法如汉字北魏书法的《始平公造像》，[④] 另外还有几块山界碑等。从目前可以看到

---

① 参见王明贵：《跬书年谱甲编》，见王明贵：《鹰翎撷羽》，4 页，香港，天马出版有限公司，2005。

② 参见王明贵：《贵州古彝文碑刻》，载《民族艺术》，1997（4）。

③ 参见朱琚正：《彝文石刻译选 · 前言》，昆明，云南民族出版社，1998。

④ 参见龙吟：《中国彝文书法选》，9 页，昆明，云南美术出版社，1998。

的这些统计数字来计算，现存的彝文石刻有1000多通。这些石刻从錾刻的年代来看，绝大多数都是清代所刻。据有关专家对贵州省纳雍县和大方县的彝文石刻进行分析研究，认为“在清朝曾经有过一个碑刻繁荣时期”①。

这些石刻，有着十分重要的多方面的文献价值，可以为研究者提供彝族历史、宗教、哲学、文化、艺术、语言文字、书法、绘画、雕刻等多方面的研究，其真实性为一般的纸质文献所不能及。因此，近年来，云南、贵州对这些石刻进行了进一步的调查、收集、整理，并且就其中的一部分进行翻译、出版，以提供给专家学者进行研究。例如《彝文金石图录》（第一辑）中收入的贵州的彝文碑刻一共20幅，其中石刻就有15幅，而刻于清代的就有12幅（还不包括未记年号的3幅）②；《彝文金石图录》（第二辑）中收入的贵州的彝文碑刻一共40幅，全部是石刻而且绝大部分是碑刻，其中除了3幅明代的以外，其余37幅全部是清代的碑刻③；《彝文金石图录》（第三辑）是赫章县的专辑，其中收入的贵州省赫章县的彝文碑刻一共36件，石刻占了其中的35件，而清代的石刻占了其中的32件。④《彝文石刻译选》收入的云南的彝文刻制作品一共40幅，其中除了3幅木刻作品外，其余37幅全部是石刻作品，这些石刻除了1块是明代的、9块是民国时期的，其余全部是清代的。⑤ 根据《韪书年谱甲编》统计，明确年代的清代石刻有107块，疑其年代为清代的石刻13块，两者相加为120块。⑥ 而这一编中所录韪书即彝文书法作品，只是部分公开出版物上所著录的作品（不包括《彝文金石图录》第三辑，后来公开出版的出版物中韪书作品被收入《韪书年谱乙编》，未刊），还不包括没有被公开出版、散存于山野之中的石刻。

清代彝文石刻的繁荣不只是体现在数量上，而且体现在类型较多，功用多样，内容丰富等方面。

由于彝文石刻丰富多彩，内容和形式多种多样，提供了各个方面的功用，在彝族社会生活中逐渐被广大人民群众接受，成为一种被彝族人民所认识的运用表达形式。一些研究者对彝文石刻进行了分类研究，从不同的研究角度进行了多方位多维度的归纳。根据彝族刻石习俗信仰的情况，有的专家把彝族石刻分为：（1）纪功类，如今在

---

① 王明贵：《贵州省纳雍县境内的彝文碑刻》，见王明贵：《虎尾捉风》，23页，北京，华艺出版社，2000。
② 参见陈长友：《彝文金石图录》，第一辑，1~2页，成都，四川民族出版社，1989。
③ 同②。
④ 参见王继超、王世忠、龙正清：《彝文金石图录》，第三辑，1~2页，成都，四川民族出版社，2005。
⑤ 参见朱琚元：《彝文石刻选择·前言》，昆明，云南民族出版社，1998。
⑥ 参见王明贵：《韪书年谱甲编》，见王明贵：《鹰翎撷羽》，4页，香港，天马出版有限公司，2005。

贵州省毕节市境内，錾刻于清嘉庆八年（公元1803年）的《李雨铺四棱碑》等；（2）盟约类，如今在贵州省大方县境内，錾刻于清康熙四年（公元1665年）的《发摩启封山碑》等；（3）指示类，如錾刻于四川省西昌市北山的罗洪家族开疆辟土标明地界的彝文石刻等；（4）图腾类，如今在贵州省毕节市境内，錾刻于清乾隆五十二年（公元1787年）的《李氏墓碑》等；（5）信仰类，如今在贵州省纳雍县境内，錾刻于清乾隆二十九年（公元1764年）的《扯垲箐摩岩刻石》等；（6）谱系类，如今在贵州省大方县境内，錾刻于清道光三年（公元1823年）的《安玉奇墓碑》等；（7）交通类，如今在贵州省大方县境内，錾刻于清乾隆二十一年（公元1756年）的《长寿桥岩刻》等；（8）墓葬类，如今在贵州省纳雍县境内，錾刻于清乾隆二十七年（公元1762年）的《李伲脚夫妇墓碑》等；（9）天文类，如前述《李雨铺四棱碑》，其墓的顶部有彝族传统的指示天象的凹口等；（10）其他石刻。① 根据彝族石刻的档案价值，有的专家把彝族石刻分为：（1）墓碑类，如今在云南省罗平县境内，錾刻于清乾隆三十九年（公元1774年）的《小拢戛彝文碑》等；（2）修路建桥碑，如今在贵州省大方县境内，錾刻于清乾隆二十四年（公元1759年）的《何家桥碑》等；（3）源流碑，如今在贵州省大方县境内，錾刻于清道光二年（公元1822年）的《额旺把祖源碑》等；（4）日历碑，如今在云南省南涧县虎街后移至云南省南华县摩哈苴村的《十二兽日历碑》（未记錾刻日期，疑为清代）等；（5）纪功碑；（6）山神碑，如今在云南省武定县东坡乡的《矣赤丹山神碑》，彝文落款为“民国二年（1913年）二月十五日重修”；（7）山界碑，如今在云南省武定县发窝分多村，錾刻于清咸丰六年（公元1856年）的《咪哩莫彝文山界碑》和四川省凉山彝族自治州发现的少量残缺的彝文山界碑等；（8）乡规民约碑，如今在云南省武定县的《大西邑彝族村乡规民约碑》；（9）焚书台碑，如今在贵州省织金县的《罗氏焚台碑》。②

彝文石刻的内容也十分丰富，这是清代彝文石刻繁荣的另一方面的表现。清代彝文石刻功用的分类，大致也是其内容不同的区分。盟约一类的彝文碑刻，就是一种规范的约定，明确了利益相关各方的权利人的权属和责任等，这种形式的碑刻有各种山界碑和发现于贵州省织金县的《宣慰岩石刻》，这一岩刻的内容实际上是一篇买卖土地的契约。指示一类的彝文碑刻，最多的是各种指路碑，是为行人指明道路和辨别方向的。这类碑刻与修路碑、修桥碑等，其中往往有许多宗教、信仰、道德风尚的内容，引导人们行善除恶，信仰神灵，坚定信心，祈求福禄，祛避灾殃等。不管是修路

① 参见王明贵：《彝族刻石习俗概观》，见贵州省彝学研究会编：《贵州彝学》，154～160页，北京，民族出版社，2000。

② 参见华林：《西南彝族历史档案》，75～93页，昆明，云南大学出版社，1999。

还是建桥，其中比较大型的工程，往往都是当时的统治者或者有钱财、有名望的地方上层人物所为，因此在刻石立碑的时候往往对这些人物有诸多的褒美和颂赞。同时，这类碑刻有的还详细记载有参加修桥筑路的主要人物、捐献钱财的人的名字和捐献的数量，工作人员的分工和工程起迄年月等内容，如贵州省大方县的《新修千岁衢碑记》和《大渡河建桥记》等。有的石刻还记述了佛教传入彝族地区的一些情况，如贵州省织金县的《卷洞门岩刻》等。源流一类石刻和许多墓碑类石刻中，有关于彝族历史、家支历史、家族迁徙和创业乃至主要谱系的记载，是很好的彝族历史研究的资料，对于认识彝族传统社会结构、家支制度、父子连名制等古代民俗很有帮助。日历碑一类石刻比较稀有，但也不是仅见。据有关研究，“与《十二兽日历碑》相同的还有在云南楚雄县属罗摩哨山神庙中发现一方《母虎日历碑》”，“在云南景东县属者干地区东屏哀牢山的一个高峰也发现一块供置于山神庙中的《母虎日历碑》。山神庙房宇破落，石碑已断为两截，现仅存上半截。残存碑题‘母虎日’三字和十二兽两行起首的‘虎’、‘猴’各一字。散落在地面的碎片中，有一片碑石上还可辨认出一个‘猪’字”①。这类石刻虽然稀少，其研究价值却十分重要，它反映了彝族独特的历法，对认识彝族独有的文化传统有着特殊的意义。纪功是彝族古代的一个传统，举凡重大的战事活动或有值得纪念的重大事件，都要书之于纸，勒之于石，因此早在蜀汉时期就刻立了《妥阿哲纪功碑》（又称为《济火纪功碑》，今在贵州省大方县），反映了彝族历来都看重身名荣誉、注重建功立业、希望传名后世的思想。有的石刻之中，还有关于民族关系的内容，这反映出到了清代，各个民族集团之间的社会交往是历史进程中的一个重要方面。总之，清代彝文石刻的内容是相当丰富的。

就目前被研究者所发现，并且被收集、整理、翻译、出版的以各种公开媒介的形式传播的彝文石刻来看，清代的彝文石刻主要以碑刻的形式为多，特别是墓碑的形式最为普遍，而摩崖、岩刻等形式较少。与此前各个历史时期相比，明代以前的彝文墓碑相对较少，目前的出版物中所见的明代以前（包括明代）的彝文石刻，主要以摩崖、岩刻为多。

二、清代彝文石刻繁荣的原因探析

清代彝文石刻繁荣的原因是多方面的，可以大致从外因和内因两个方面给予择要分析。外因主要是外部的政治力量、军事手段、人口移民、文化渗透等方面，造成了

---

① 参见华林：《西南彝族历史档案》，90页，昆明，云南大学出版社，1999。

彝族地方社会结构、人口比例、文化消涨等的重大改变。长时期的彝族地方统治政权被摧毁，人口比例减少，以彝族文化传统为主流的情况彻底改变，激发了彝族上层人士对民族文化消亡的忧虑，从而变成了一种被迫传承民族文化的行动。内因则是彝族在历史大潮的冲击下，主动向先进文化学习，同时看到本民族文化的优秀部分，自觉承担起传承和复兴民族文化的大任，开始使用自己的民族文字进行大量著述的传播行为，而石刻则是其中的一种较通用的载体选择。

明代至清代时期，是彝族传统社会发生重大变革的时期。彝族由于居住地域相对分散，在历史上虽然建立过一些方国（如南诏国、罗殿国、罗施国、自杞国、滇国等），也曾经有长达千年以上的地方政权统治一方（如从蜀汉即已经受封的水西安氏方国的统治，从蜀汉建兴三年即公元225年，直到清康熙四年即1667年灭亡，统治时限长达1474年），但是没有完全统一的国家的形成。中央王朝对彝族地区从元代由封地方方国首领为王的郡国并行制度，逐渐转向实行以地方民族首领为地方州府长官的郡县土司并行制度，甚至在多数地方就已经开始实行“改土归流”或“废土设流”等政策，力图革除土司制度的痼疾，推行统一的行政管理体制。但是由于各地土司的激烈反对，真正的“改土归流”或“废土设流”在清朝雍正年间强制推行的基础上才得以完成。雍正时期在滇东北的昭通一带和黔西北的古乌撒地区强行推行了“改土归流”这一政策，死亡的人口相当多，给社会生产力造成了很大的破坏。特别是云贵总督鄂尔泰在永善等地实行的大规模屠杀，不论彝族人、汉族人一概诛灭的屠戮政策，在历史上刻下了血淋淋的印记。从历史发展的规律上说，“改土归流”能够推动历史前进的车轮，但是激烈的军事手段对社会发展和民族文化的破坏也是同时并见的，人口的锐减、少数民族文化的消灭、汉族移民的增多、地方族群结构的改变、少数民族文化的消灭、民族风俗习惯的强制改变、汉文化的输入等，都是不可逆转的。①清代道光年间修纂的《大定府志》记载，“改土归流”之前，贵州省黔西北地区的人口是“夷多汉少”，而“改土归流”之后该地区的人口是“汉多夷少”；同时还记载了强制推行土葬方式以改变彝族传统的火葬方式。② 土葬方式的强制推行，又带来了立碑刻石纪念墓主的汉文化形式。而墓碑的刻立，既有纯用汉字刻石立碑的，又有纯用彝文刻石立碑的，还有彝汉文同时并刻于墓碑之上的。这便同时带来了墓碑的流行，这就是清代的彝文墓碑特别多的重要原因之一。“改土归流”在造成彝族统治者的消灭之后，彝族传统的统治模式“兹、摩、布”三位一体政权结构也随之消失，再

① 参见陈本明、傅永祥：《昭通彝族史探》，211页，昆明，云南民族出版社，2001；余宏模：《试论清代雍正时期的改土归流》，载《贵州民族研究》，1997（2）。

② 参见贵州省毕节地区地方志编纂委员会点校：《大定府志》，839页，北京，中华书局，2000。

也没有了“君司令，臣断事，师（布）祭祀”的职能分工。作为垄断着彝族文字的使用权，又是彝族文化传承人的布摩，在失去了统治者“君长”这一依靠之后，其地位就从统治阶级下降为平民，他所服务的统治阶级没有了，只能转而为民间服务，因此逐渐强化了文化传承的功能。有关专家指出：“彝族社会在经历了改土归流这一刀光剑影、血与火的洗礼之后，各地土司政权、兹莫统治地位就日渐削弱以至消失。过去长期依附于土司、兹莫统治的毕摩，政治经济地位相应显著下降，纷纷退居乡里，参加农事活动。……有的则在农闲时候，开办乡学，教授彝文，或专心致力于撰写、辑录、译著各类彝文典籍，对于普及彝文和编著、整理、保存传播彝文文献，起到极大的作用，所以现在能够见到的大量彝文典籍和彝文文物，多系明清时期流传下来的。”① 这些情况，刺激着彝族上层人士，他们开始意识到政权的失去已经不可逆转，失去的天堂不会再来，然而更为危险的是民族特征的丧失，民族文化消灭的危险性在逐渐加剧。因此，对于能够最大限度地传承民族文化的彝族文字的认识也加深了。外部形势的变化，使这些上层人物看到了民族文化在强大的外来文化面前的脆弱，于是就促成了他们开始学习和使用彝文来传承自己的文化。大量地使用石刻，正当其值地成为除了纸质文献之外的很好的一种载体选择。同时，明、清以来佛教传入彝族地区，促成了一些信众的积善行德等公益行动，并且用彝文石刻把这些功德记录下来。从外界传输进来的商品经济思想的萌芽，土地买卖的出现，所有权意识的增强，经济意识的提高，使所有权人不但写下纸质的彝文田契为凭，而且还刻立彝文田契、地契岩刻和山界碑等以示之盟约坚固。②

从内因方面看，明初，奢香夫人为了促进彝汉文化交流，学习汉族先进文化，曾经送其子安的入明太学学习，彝族地方长官送子入京城太学学习的风尚自此风行一时，不单是水西地区，即是附近的乌撒、乌蒙、芒部、扯勒等地区的彝族地方政权首领，也纷纷遣子弟入京城太学学习，汉文化的传入从彝族上层开始，逐渐浸润了西南彝区。后来阿哲氏族作为贵州宣慰使入朝进贡，明朝皇帝因其习俗赐其姓安，从此世代以安为姓。于是彝族更改父子连名习俗而崇尚汉姓便成一种时尚，成为向先进文化学习的象征。③ 奢香夫人本身就是学习汉文化的典范，根据有关传说她还以七律的形式创作了一首《回水西纪事》诗。④ 安氏统治家族的后裔们也秉承这一传统，把学习汉文化作为一件大事。其他的彝族上层人物，如四川的彝族扯勒氏（汉姓余），云南

① 余宏模：《古代彝族布摩刍议》，载《贵州文史丛刊》，1981（3）。

② 参见余宏模：《清代水西彝族土目和彝文田契试析》，载《贵州民族研究》（创刊号），1976。

③ 参见余宏模：《明代贵州宣慰使“赐姓安氏”例证》，载《贵州文史丛刊》，1998（1）。

④ 参见一鹍：《奢香夫人的一首遗诗》，载《毕节日报》，2000年08月06日。

彝族左氏、高氏等，也都在努力学习汉文化，并且卓然有成。余氏一门在清代就产生了4个诗人；左氏、高氏等的文学成就也很高。① 他们的诗文被录入地方史志，后来被写入《彝族文学史》。② 汉文化中的石刻文化历史悠久，在清代彝族社会普遍地学习汉文化的浓厚氛围中，石刻文化自然就是学习的内容之一。这是彝族向外界学习而形成的清代石刻繁荣的一个重要原因。同时，这种主动性还体现在向外界传播本民族的文化，特别是最有特色的彝文典籍。因之，清代的彝族上层开始向外介绍本民族文字和典籍。《大定府志》卷五十记载了《德初土目安光祖所译（夷书）四则》和《白皆土目军安国泰所译（夷书）七则》等内容。这些翻译的夷书的内容，正是用彝族文字记载的被晋人常璩称为《夷经》古籍的部分内容，同时也有后人的著述，包括《乌撒八大部》、《乌撒四大部》等。③ 同时，明代、清代时期出现了大量的彝文著作，包括著名的《西南彝志》、《彝族源流》等巨著，大多成书于这个时期。另外，一批有识之士还用彝文撰写大量的石刻作品，如阿载默和希阿则书写的《新修千岁衢碑记》、阿哲遮麦所书的《水西大渡河桥碑》等。④ 除布摩自行进行彝文教育外，彝族上层人士同样也重视彝族文字的教育。清光绪年间的贵州水城诸生安家元的《翻译夷书》一诗云："闲课儿童读爨书，千岁虫篆复虫鱼。莫嫌言语侏离陋，水木根源见太初。"这一系列情况表明，彝族在清朝时期，不但主动向外学习先进的汉文化，同时也把优秀的彝族文化不断地、主动地向外界作了大量的翻译介绍，并且在这一时期创造了大量的彝文文献，其中包括大量的彝文石刻。

三、结　语

从公开的和内部的出版物来看，从20世纪50年代开始，政府和民间分别开始重视对彝文文献的搜集整理、翻译出版工作。通过实地调查得到的彝文石刻的数量，在云南和贵州都有几百件的记录，从中可知清代时期的彝文石刻数量巨大，在千数以上。这些石刻，最早被出版公之于众的要数丁文江编撰的《爨文丛刻》和后来由马学

---

① 参见余宏模：《赤水河畔扯勒彝》，1～2页，香港，天马图书有限公司，2003。

② 参见左玉堂、芮增瑞、郭思九、陶学良：《彝族文学史》，633～670页，昆明，云南民族出版社，2006。

③ 参见贵州省毕节地区地方志编纂委员会点校：《大定府志》，1012～1013页，北京，中华书局，2000。

④ 参见丁诗建、王继超、李玉平编：《明清彝文书法汇辑》，2页，贵阳，贵州教育出版社，1998。

良领衔重新编纂的《增订〈爨文丛刻〉》。而收集的数量最多的是已经公开出版的《彝文金石图录》第一辑至第三辑和《彝文石刻译选》。从这些公开的出版物中也可以得到印证，清代确实有过一个彝文石刻的繁荣时期，这也得到有关的研究者的印证。

清代彝文石刻繁荣的原因可以从外因和内因两个方面进行分析。外因是清代对彝族地区实行“改土归流”之后，彝族地方统治政权机构全面终结，外来移民数量多于本地少数民族数量，改变了彝族地区的社会结构；汉族文化全面进入彝族地区，取代了彝族传统文化的主流地位，改变了彝族地区的文化结构。这些都迫使彝族上层人士开始重新审视彝族文化的兴衰存亡问题，产生了明显的忧患意识，推动了彝族文明成果的传承。彝族统治集团的垮台，促使原本属于统治阶级又为统治者服务的布摩失去了依托，回归民间，从事彝族传统文化的教育和彝文著述，也形成了一个短暂的彝文文献繁荣的景象。从内因方面分析，彝族精英阶层在主动学习先进汉族文化的同时，开始从更为宽广的视野中来审视彝族传统文化，认识到本民族的优秀文化如果不加以继承和弘扬，势必在历史的大潮中被淹没。因此，通过各种形式，如翻译介绍本民族经典文献，创造各种文献成果，花大力气学习和使用本民族文字等，想方设法地传承彝族文明成果。这些文明成果的载体，首先是纸质的文献，其次，最常用的也是经常使用到的就是石刻了，因为石刻比纸质的文本更能传之久远，又是彝族生存区域容易找到的方便使用的材料，利用石质材料来传承文献便成了彝族的一个重要选择。这些，都是清代彝文石刻繁荣的原因。

清代彝文石刻的繁荣，是前人创造的宝贵文化财富，具有不可复制的特性，并随着历史的前进，其价值也越来越高。但是，就目前的情况看来，除了“破四旧”和“文化大革命”造成大量的彝文石刻毁坏和损失之外，近年来，全球化和以经济建设为中心的思潮席卷中国，相关人士只关注发展经济和积累财富，对文化特别是传统文化重视不够，对彝文石刻的投入严重不足，保护措施相当缺乏，造成了大量的彝文碑刻或被毁坏（如纳雍县维新镇的盐井彝文碑等），或被掩埋（如著名的纳雍县左坭戛乡的《扯凯箐摩崖彝文碑刻》等），各种原因造成了清代彝文碑刻数量人为的减少，这是值得引起严重关切的大事。希望各级政府响应党的十七大提出的大力繁荣社会主义文化的号召，以科学发展观为统领，把保护彝文碑刻作为一项重要的民族工作和文化工作，多为社会主义文化建设与和谐社会建设献计出力。

黔西北彝区当下人文考察研究

——田野中的黔西北彝族文化

马　辉　罗紫元　余　舒

一、田野中的认识

如何认识黔西北彝族文化的价值，就目前来看，很多时候只从地域的层面去研究，很少把它提高到中国彝族文化整体发展的高度去考察，这也是当下彝学的一大失误。从整个彝学的角度去看，当下的彝学，总是逃不出“小范围研究，各自研究”的传统模式，结果出现了越研究越陌生的情况，除问题说不清楚外，还制造了新的文化障碍。因此我们一定要放眼整个民族，树立彝族文化整体观，任何局部的研究都应该为这个整体服务。纵观各个地域的彝族文化，它们之间存在差异，造成这种情况的原因，不是一种文化的“根”所致，而是这种同源文化的“母体”被渗透了新的文化，其实民族的文化底色是不变的。黔西北彝族文化本身的价值，在于它文化根基比较深厚，其思想能使人们解读彝族文化的许多根基和源头。

（一）历史的根性深

如何认识黔西北彝族古文化的价值，首先从其历史的根性说起。黔西北彝族古文化不仅丰富，更重要的它是打开彝族文化不解之谜的一把金钥匙。

首先，从神话起源的角度看，这里的神话人物更清醒，更符合“人类”概念的逻辑定义。比如，关于彝族神话英雄人物“支格阿鲁”（四川凉山称“支格阿尔”）的解说，这里比任何地方都清楚，而且威宁县语委组织人员撰写了《支格阿鲁王传》。在这本书里，清楚地记载了“支格阿鲁”的族谱和具体住地。不管确凿与否，这在彝族历史文化上是一大发现，填补了一个空白：四川凉山把“支格阿鲁”纯粹当做了一个半人半神或完全是一个神，虽说是鹰与人的偶合，但他的人类逻辑定义无法理解和完成的动作行为掩盖了其人性的一面，致使神性大于了人性，甚至扮演了主角；而黔西北对于“支格阿鲁”的理解符合“英雄”这个概念，他首先是一个实实在在的人，而后来人们对其有神话般的传说，是因对他膜拜所以进行了夸张的形容。“支格阿鲁”是滇、川、黔、桂彝族社会中家喻户晓的神话英雄人物，可想而知，他在彝族传统文化中地位是很高的，因此一个能为“支格阿鲁”写传的地方也肯定很不寻常。

其次，谱牒叙述很清晰。谱牒是彝族对“根”的保存方式，彝族的谱牒实行“父子连名”制，从这个意义上看，在更大层面上，更为具体地保存和传承了彝族的文化。彝族向来视“家支”为家或归属，而“父子连名”式的谱牒是彝族家支文化的传承载体，因此它显得很讲究和很严肃。在历史上，人们在对待这块文化是很谨慎的，也把它当做了彝族人生命归属的组成部分。在乌撒古书《彝族源流》中，说明了六祖每个支系的来由，并对某些小支系进行了简单明了的叙述，并让人们了解“兹祖普乌”以前的很多历史。凉山彝族很多时候只知道“兹祖普乌”（昭通一带）以后的历史，在民间流传里，甚至把这一带作为祖先的发源地，比如凉山彝族《指路经》的送祖仪式里，最终的归宿点只说到了“兹祖普乌”一带。其实，“兹祖普乌”以前还有一段很漫长的彝族历史，并且这段历史在黔西北彝族人的历史文化记忆里较清晰。在黔西北彝族地区，人们的姓名和凉山彝族有很多相似之处，如“阿鲁”和“阿尔”、“奥吉”和“奥杰”、“布默”和“布雾”等。这里只是汉字书写的不同而已，其实都是一个音，这给人们的第一个怀疑就是：他们是不是一个支系的呢？而今天凉山彝族在述说家谱的时候，要么从“母乌”（天）说起，要么从“滋”（彝族上层）说起，这是大有问题的，至少说明家谱的源头是模糊的。这就让我们不得不考虑这些家支间的渊源关系。要解决这些问题，必须从田野出发，而黔西北是田野调查点的最好选择，因为它的彝文古籍保存的数量和质量在全国来说都是独一无二的，并且通过这些古籍能解释上述的许多疑难问题。

（二）时间的保存性丰富

“时间常常用来量度运动在空间的展示”①，从文化的层面讲，时间在文化运动中是一种契机，同时也是对一种文化运动的展示。凡能经得住时间考验的文化肯定不是一般的文化。至少其根基深厚或其内容包罗很多关于人类未来的想象。黔西北彝文古籍丰富，是其他彝族地区所不及的。这是不争的事实。比如，很多彝族的重要文献都

① 柯云路：《人类时间——透视人类文化现象》（上下册），168 页，北京，改革出版社，1999。

出自这里，如《彝族源流》、《物始纪略》、《西南彝志》和《宇宙人文论》等。从整个彝学研究的状况来看，主要问题是缺少深层次的讨论和交流。贵州的彝学界和贵州彝族文化人已经做了很多工作，且出了很多成果，但其他地方的彝学界或文化人对这地方的文化没引起足够的认识，更谈不上行动。一个直接的原因是他们没有体验到这个区域段文化的实感。即便有些人来了，很多是带着“采风”或“目的性”来的，看看或写写，几天就走了。我们的田野考察经历告诉我们，除了有种故地重游的感觉外，更重要的是需要进行深入的科学考察和广泛研究。因此在两年的田野经历中，我们觉得自己遇到的总是文化的回归和回忆。而历史、地域和现代的很多因素阻碍了我们的眼睛，很难一时破解。我们想这也只能从田野考察中去解决。

二、田野中的保护

21 世纪的彝学或彝族文化建设很需要田野的方法，这就需要我们走出书斋，脱离关在屋子里闲编故事的怪圈，真心实践一种文化的固有心境。切忌成为抓表面成文化的造谣者。一个民族或一种文化需要的是踏实的步入或历史的参与，而不是图一时之需。因此在我们看来，对彝族文化的研究必须激活“田野”这块瑰宝。黔西北彝族文化田野中的保护主要从以下几方面做起。

（一）文献田野

在我们面对无法阐释清楚历史给我们留下的很多东西时，我想最好的方法是从文献入手。针对彝族文化中关于迁徙和族源等一些比较模糊的环节，我们只能从彝族古文献的学习和研究做起。尽管文献也有粗糙的地方，但“有”总比我们凭空想象好，且我们可以从历史文献分析法进行处理。这里我们要说的是田野的重要性。从目前的情况来看，毕节地区彝文翻译组和贵州彝学在彝文文献翻译这方面做了很多工作，且硕果累累。但在作这种地域性研究的同时必须站在整个彝学的高度去阐释这片古文化。这就需要其他彝区的彝学研究者或人到这里来取经。要加强取经意识，付出踏实的行动。利用丰富的黔西北彝族古文化资源，作深刻的彝族文化研究。尤其是作“自观”和“他观”相结合的研究，所谓的自观方法是站在被调查的对象的角度，用他们自身的观点去解释他们的文化。他观的方法是站在局外立场，用调查者所持的一般观点去解释所看到的文化。因此作为彝学或彝人来说，我们首先要梳理好自己的文化，即从文化自观的角度出发，梳通在历史变化中的一切牵强附会的东西，打开路子，让这种文化更好的面向未来。同时从他观的角度出发，不断吸收和开拓新的文化生态空间。趁“黔西北彝文古籍”丰富的契机，我们觉得很有必要回到黔西北发现彝族文化之谜。面对远去的历史，当我们都说不清的时候，文献不愧是活的历史，大家都虔诚的回到文献中来也许会更好。

（二）文化人员田野

文化与人同在。有时人延续了文化，有时文化又延续了人。因此人在文化的研究中自始至终是唱主角的。如果一片古文化是宝，那读懂此文化的人是金子。然而时间无情，在世界任何角落每天不知会失去多少这样的人，而“传统”需要人传承，因此我们觉得对文化人员的保护显得非常的急迫。所以打开黔西北彝族文化的历史智慧，做好黔西北彝族文化的田野工作，首先要保护好其文化人，尤其是那些年迈黄昏的文化人，因为他直接维系了一个民族的传统，所以有句话叫“不要欺负老人”，这不是没有道理的。然而现实告诉我们，很多时候人去世后，我们才听说他的故事或似乎对他有兴趣。这样的现象致使我们不得不反思文化考古。当一个民族或文化被考古时，除了美其名曰“历史悠久”、“文化灿烂”之外，更多的应该是伤心，因为至少它的文化活性已值得怀疑。因此对于文化人员的田野保护是多么的重要。

（三）生活田野

一个民族的文化重心在民间，民间是任何一个民族的文化源头，民间的“文化活性”是衡量一个民族文化状态的重要指标。“博物馆”式的文化除了对一个民族的历史的灿烂总结外，也难免略显对其未来黯然失色的信心，因此在这转型的年代，文化的民间抢救和保护显得非常重要。也因此对于任何文化来说，必须立足民间，抢抓当下正在产生变化的社会历史机遇，通过当下人的当下文化田野，实现对本民族文化的良好保护和传承。黔西北彝族文化丰富，这是不争的事实，这是我们不必担忧的事实。但我们担忧的是如何保护好。也许从当下的立场出发，仔细记录好每个文化事实，传承好每个文化细节，是最大的保护。问题是这样的事或工作由谁去做呢？也许这个问题不该这样问，因为当文化的传承已被说成是一种“工作”的概念的时候，说明这种文化的传承和保护从某种意义上说是被动的了，而靠一种被动（他者）的方式来传承是很脆弱的，甚至是不可能的。因为文化说到底是一种信仰的东西，传承一种文化说到底也是传承其信仰的精神和内在的气质，而解决这种东西很多时候要靠文化的主位来实现，因此我们需要从文化“自观”的角度，从目的性的研究转变为自如的文化田野行动，一切从实际出发，一切从当下出发，充分享受自身文化的权益，即为保护。

民族传统节日的现代变迁与传承思考

——彝族葫芦笙节个案研究

李 珍 普 珍

文化是一个国家或民族的灵魂与血脉，文化多样性是民族独特性的生动体现。现代中国，随着经济的快速发展，文化成了公众生活的普遍需求和主要消费方向，因而文化旅游也是一种巨大的产业资源并日趋成为国民经济新的增长点。面对省内外文化旅游持续升温的大好局面，楚雄彝族自治州党委、政府果断决策，把文化旅游作为“十一五”规划的五大重点产业之一。为实现“打造彝族文化精品、发展彝族文化产业、建设彝族文化名州”的战略目标，州内各县市根据乡土文化特色，在新农村建设中顺势推出多个民族传统节日。民间传统节庆林林总总，在彝族地区说得上是月月有节庆、天天有歌舞。其节庆活动所承载的民俗内容和礼仪形式已深深地内化为民族的情感与精神，即民族文化因子之根脉也因传统节日的复兴和整合而得以延续。现笔者就以姚安左门彝族葫芦笙文化节的举办为例，对民族传统节日的现代变迁与文化传承的适时选择作一个初步探讨。

一、民间文化的历史传统与时代背景

楚雄彝族自治州辖9县1市，103个乡镇，总人口256万，有26个民族，其中彝族人口66.3万人，占总人口的25.9%，境内各县市都有彝族分布，一般呈大分散、小聚居的状态，居住在海拔2000米左右的山区或半山区。由于历史和地域等方面的原因，在这块神秘的红土地上，分布着彝族的十三个支系，楚雄彝族各支系所操彝语，包括彝族东部、南部、西部、北部、中部和东南部六种方言，其中境内楚雄、南华、姚安、大姚、永仁等地使用中部方言，各个方言区的彝语，有的差别很大，甚至难以通话，但语法结构基本相同，同源词汇可达60%以上，说明分布很广的各个支系的彝族有着共同的历史渊源，他们在相互依存、相互补充的长期生活劳作中创造了丰富多彩的彝族文化。

彝族的古代文化，往往和追寻根谱的神话传说有着密切的联系。彝族口传神话史诗《梅葛》则是楚雄彝族自治州非物质文化遗产宝库中绚丽的珍品和杰出的代表。“梅葛”一词是彝语的音译，“梅”意为“口”，“葛”意为“咀嚼”或“回转”，其含义可引申为“说古”，意为唱述过去的事。因以唱述为特点，“梅葛”又成为调子的名称。其内容包罗万象，反映了彝族人民生活历史的全貌，被视为彝家的“根谱”，堪称彝族文化基因库。其中“老虎化乾坤”、“葫芦开宗祖”、“万物雌雄观”、“十月太阳历”、“葫芦笙礼俗”、“毕摩经传习”等，皆是重要的文化因子。总体上看，史诗《梅葛》所传承的这些彝族文化要素包含了更为古老的文化观念，保留着光芒四射的历法结晶，彰显出彝族先民的宇宙观、人生观和认识论，体现了彝族文化的本色特征。从某种意义上说，彝族创世史诗已成为彝族民众赖以依存和发展的精神源泉和文化资源。然而，“梅葛”没有文字记载，完全靠口耳相传保存下来。它广泛流传于楚雄境内楚雄市、南华县、姚安县、大姚县、永仁县的彝族支系中，形成了一个“梅葛”文化圈，其中姚安县官屯乡马游及邻乡左门等彝族乡村是主要流传地，素有“梅葛”故地的美誉。20世纪50年代初，在云南省委宣传部的领导和重视下，民族文化工作者深入到左门、官屯乡马游地区搜集和整理了“梅葛”早期的原始材料，最后形成《梅葛》一书向社会公开出版发行。可以说，它是目前彝族民间口头流传的文学作品中记叙比较完整、保留彝族文学风格较好的一部史诗。正是“梅葛”滋养了一代又一代的彝家人，才使彝族文化的血脉得以千古不竭，而“梅葛”古歌的传唱也因葫芦笙的伴奏得以世代延续，至今在彝族中仍可闻笙歌飞扬。

关于葫芦笙的来历，彝族民间有其神话传说：相传，在很古很古的时候，人心不好，天神发下一场洪灾，顿时洪水滔天，人间全被淹没。仅剩下聪明善良的俩兄妹（有说是“伏羲女娲”），躲在大葫芦里难中求生，当葫芦漂落到一处山脚，幸而遇有一蓬竹子，但无法上岸。好心的麻雀看到此景，主动飞来帮忙，一边呼叫同伴，一边集中到竹尖上，硬把竹尖压弯，让两兄妹上了岸。从此，竹尖便成了弯垂的了。两兄妹避过洪水，经天神指点婚配成亲，繁衍后代成为人祖。于是，兄妹二人在民间被视为是海中之王——龙和山中之王——虎的化身，其子孙因此而自认是“龙虎族”。①由于氏族分衍，彝族中便有了崇“龙”、崇“虎”的各个支系，而姚安左门的彝族就是“龙虎”一族中崇虎的一支。人们为了答谢麻雀的善举，让麻雀住在房屋的墙洞里以避风雨；为了感谢有功的竹子，就把竹子称颂为龙竹；为了不忘葫芦的救护之功，

---

① 参见哀牢山彝区传说，其神话流传地属于“梅葛”文化圈。

彝族人祭祖时门楣悬挂虎头葫芦瓢以示敬意，为此彝家便把象征中华“虎龙”寓意的葫芦和竹子制成葫芦笙，以葫芦笙吹奏“虎龙”和谐之音，世世代代沿袭下来。并在新世纪与各族携手唱响中华“虎跃龙腾”之民族腾飞与和谐发展的时代主旋律，这也正是举办“中国彝族葫芦笙文化节”，传承历史根脉和时代精神之依据所在。因此，小小葫芦笙不仅仅是一把外显物化的民族乐器，它所承载的更是一条连接各民族情感的龙虎纽带，由之彰显出中华民族团结、活力与腾飞的文化象征意义。

俗话说得好：树有根，水有源。要了解左门乡彝族葫芦笙的历史传统和古老习俗，就需要到“梅葛”古歌里去寻找答案。让我们走进左门，共同倾听远古神话的历史回声，去领略和揭示欢乐古朴的葫芦笙乐器及其文化内涵。《梅葛》史诗共分为“创世”、“造物”、“婚事和恋歌”、“丧葬”四个部分。它的每一部分均由许多篇组成，每一篇又可以独立成章。尤其是在“芦笙”一篇中专门讲到了彝家葫芦笙的起源：“彝家出了两个人，一个叫阿省莫若，一个叫阿底莫若，他俩有竹子种，他俩有葫芦种……竹子长大了，葫芦长好了。竹子砍成节，葫芦挖成洞，竹片做舌头，放进竹节里，竹节安在葫芦上，公配母来母配子，五个竹节各有音。葫芦配竹节，做成葫芦笙。”自从有了葫芦笙，彝家人的生活也变得丰富有趣了，狩猎和放牧时，彝族人会随身携带着它来增添情趣，“梅葛”中唱道：“山野放猪没有伴，山野放羊没有伴，放猪没有伴不要怕，放羊没有伴不要怕……放猪放羊，葫芦笙作伴。”彝族人雌雄观认为人世间万物都是阴阳相对，男女相配，人类万物成双成对。于是在“相配”篇中便出现了“芦笙吹一对，唢呐吹一对，笛子吹一对，跳神匠来一对……”的热烈场面。在彝族社会生活中，婚嫁是人们生活中的头等大事，娶亲时也是少不得要吹奏葫芦笙的。《梅葛》“说亲”一节中强调，男方家娶亲要做到“日子择定了，高山砍树枝，搭起棚子来，杀猪又宰羊……芦笙吹得响，唢呐吹得响，吹吹打打讨媳妇”。客人前来祝贺，主人要在家中摆设“芦笙宴”。这里所谓的“芦笙宴”也就是芦笙舞，《梅葛》“抢棚”中，客人问主人：“大理草帽头上戴……我们爱玩爱跳，你家喜欢不喜欢？”主人答：“我家也爱玩，我家也爱跳，怎么不喜欢。听见一个声音，不像人的声音，不像鸟的声音，那是什么声音？”客人道：“那是葫芦笙，芦笙吹起来，玩也玩得成，跳也跳得成。”接下来主客还要吟唱关于葫芦笙起源的来龙去脉，以至于即兴唱出芦笙歌舞的欢乐情景。《梅葛》当中所反映出来彝家人喜爱吹奏葫芦笙的各种场景，在现今的左门乡彝族社会生活中仍是随处可见。

葫芦笙是左门乡传统节日歌舞的主要伴奏乐器。当地葫芦笙由葫芦和长短不等的竹管制成，其制作葫芦笙的材料是：一个葫芦瓜，五根金竹，竹簧片（做响舌），半斤黄蜡。当地的芦笙只有五管，通常为六寸、九寸、一尺一寸、一尺二寸四种型号，葫芦笙的音调主要靠竹管的长度来控制，够吹奏出 72 个音调曲目，现代曲调也可以被简约地吹奏。一对葫芦笙按照音调的高低被分为雌雄配，在同一个场合吹奏葫芦笙，只能双，不能单，这是因为雌雄葫芦笙的竹管长度全部相同，音色也相对较为和谐。即使在集市上买卖葫芦笙，也是按照只双不单出售的。学习制作葫芦笙的艺人，必须为男性，以师传徒的形式教授技艺，学艺者，必须学会吹笙，未成家娶妻的男子，禁忌在葫芦笙斗上开眼。吹奏葫芦笙时，左门彝族群众少则几人，多则上千人手携手、肩并肩地聚集在一起跳葫芦笙舞。葫芦笙吹奏者需头戴鸡尾帽，身穿羊皮褂，嘴叼猪头骨、口吹（或鼻吹）葫芦笙。左门彝族地区有“逢喜必吹笙”的习俗，凡是逢年过节、婚嫁礼仪、起房建屋，均要以吹奏葫芦笙助兴，起舞前，由“梅葛”歌手唱诵了以祈求六畜兴旺、五谷丰登、平安幸福。平日里不吹奏葫芦笙时，必须把它悬挂在家中堂屋房梁的左下方（传统习俗以左为大），不能随意摆放。左门乡的地索村委会是一个不超过1平方公里的山间微型盆地，每年农历正月初一，当地都会举行一个非常特别的“竖秋杆”仪式。这一天由“坐庄”（轮流“坐庄”）的3户人家来负责此事，主祭人先到土主庙前祭祀，然后由村民们排着长队跟在吹葫芦笙、竹笛的男人后面，缓缓地返回村寨的大场坝去竖秋杆。他们把秋杆竖成三角架形状（三棵杆代表天、地、人三合），然后在三棵秋杆上着色。秋杆竖好后，男人们还要吹奏着葫芦笙和竹笛，挨门逐户地走一遭，为各家各户送去欢乐，并召唤着人们来参加这一年一度的踏歌。第二天夜晚，全村男女老幼都会走出家门，围聚在秋杆下，随着葫芦笙的音律载歌载舞，通宵达旦。左门彝族地区传统的葫芦笙与桂滇边区和凉山彝族地区的葫芦笙基本特点是相同的（同为五管），不同的是，左门彝族地区的葫芦笙只限于喜庆场合使用，而桂滇边区和凉山彝族地区却很重视丧葬吹笙的礼俗。旧时，家里若死了老人，四方乡邻，都不约而同地聚集到死者家里吹奏葫芦笙，跳葫芦笙舞。丧葬必须以吹葫芦笙为主乐，仪式上若缺少葫芦笙，则会认为是被薄礼相待。彝族如此看重吹笙，有其悠远的历史文化渊源。

葫芦笙是中华葫芦文化的构成要素之一。史载伏羲造《驾辩》之曲（见《楚辞·大招》），即伏羲谱制了名叫《驾辩》的乐曲；而诚如《礼记·明堂位》所说，女娲“承伏羲制，始作笙簧”。这就是说，葫芦笙及其乐曲是由伏羲、女娲制作的，基于此，伏羲、女娲，也进而被推崇为中华多民族的原始共祖。那么，如何解读被奉为生育女神的女娲即是中国葫芦笙的发明者？汉族关于“女娲作笙簧”的神话，据袁珂先生的解释，“笙簧”乐器名，即笙；笙之所以叫“笙”，据说是为了人类的繁衍滋生，其意同“生”。原来笙的本意是生。而古代笙用葫芦（匏）制作，这里葫芦象征了孕育人类的母体，把母体与葫芦等同起来，是因为葫芦瓜不仅以它的浑圆，形似孕育胎儿的母体，且以它籽粒多，象征了人类的繁衍。如今关于人从瓜出之说，在彝族创世史诗《梅葛》中仍有生动表达：当虎尸解成宇宙天地万物之后，又从象征母体的葫芦里孕育出彝、汉、傣、傈僳、苗、藏、白、回、傣各族。正因为如此，我国许多民族的葫芦笙，若隐若显地同象征母体的葫芦崇拜相关联。所以，古人吹响葫芦笙，即有祈生的意味。这与古代彝族先民的心理习惯正好相符。究其婚丧吹笙习俗的实质，说到底依然是通过强化人生礼仪，以达到祈盼与祝福“种”的繁衍之根本目的。这里“笙”即生，神话用浑圆的葫芦隐喻人类的母体，实际上这个葫芦代表的已不是血缘的母体，而是演变为各族共同的文化母体。这充分表明中华民族大家庭各成员自远古伏羲、炎帝、黄帝（三皇）起，在文化上就是一个整体，其历史悠久、厚重。随着历史的演进，人们把福、禄、寿、喜、财“五福”纳入葫芦之中，并祈求人祖（伏羲、女娲）护佑子孙，赐福后代。这是民间寻根认祖与吉祥文化的趋同，也是当今构建和谐社会、造福民生所应关注的民族文化背景和大众心理需求。当下，由彝族《梅葛》史诗表达的葫芦母体认同，不仅具有厚重的历史文化价值，而且还具有新时期民族团结与和谐发展的现实意义。

二、从传统走向现代的彝族葫芦笙节

左门乡传统的“赶秋节”是“彝族葫芦笙节”的前身。在左门乡流传着关于“赶秋节”的传说，其中讲述了“二十四对彝族青年强行摆脱父母包办的婚姻，为了追求婚姻自由而携手出逃，最后在美丽、空旷的山野中化作二十四座山峰”。为了纪念这二十四对年轻人，当地彝族群众于每年的农历八月八日，都要固定在二十四丫口过传统的“赶秋节”。二十四丫口位于左门乡政府以北约十多公里处，由24座山峰组成，地势起伏，森林茂密，行政区域分属于两州三县（楚雄州彝族自治的姚安、大姚，大理白族自治州的祥云）。据说，凡到这一天，周边的彝族群众都会不约而同地集中到此地参加节庆传统活动，人们通过祭祀礼仪、传唱“梅葛”、跳芦笙舞、集市贸易、交游娱乐等来交流信息、增加感情、寻求佳偶。

从新中国成立初期至2007年之间，左门乡的“赶秋节”经历了一次又一次的变迁，展现了“赶秋节”生长、衰弱、复兴、发展的历程。这个历程大致可以分成以下五个阶段。

第一阶段是新中国成立初期至1965年。每年农历八月八日举行，称为“立秋街”，彝族群众自发地聚集到二十四丫口集会。当时，由于彝族地区生产力发展较为低下，物资匮乏，交通不便，平日里买不到所需物品，就只有通过固定的时间、地点带着土特产品来进行“以物易物”的传统交易，交易多限于彝族群众内部之间开展。

第二阶段是1966年至1979年。“文化大革命”，原始宗教被视为封建迷信活动被破除，传统文化的传承者毕摩受到残酷迫害，山神树、土主庙、祖先灵牌等传统民俗实物均遭到不同程度的摧毁，流传于彝族民间的创世史诗《梅葛》也被封杀，一切歌舞娱乐活动都被禁止，左门乡已经看不到“立秋街”以往的欢乐景象。这场历经十余年的浩劫，使当地彝族大部分古老的传统文化消失了。

第三阶段是1980年至2005年。改革开放的春风吹拂大地，每年农历八月八日，左门乡的彝族群众又自发地到二十四丫口赶集，从1980年起，“立秋街”被彝族群众称为“赶秋节”。随着社会经济的逐年增强，1988年县乡级公路修通，彝族人民的生活质量得到改善，与外界的联系增多，一些汉族商人带着商品进入彝族地区交易，汉文化渗透较快，节日变得更加开放、活跃，其中商品交易的表现最为突显。

第四阶段是2006年。历8月7日，秋节移位。左门乡政府为聚集人气，把原来在二十四丫口举行的“赶秋节”搬迁到乡政府驻地（干海子），并更名为“秋山会”。由乡政府向社会各界发出邀请的方式办节。

第五阶段是2007年。历8月8日，从提升节日品牌效应考虑，左门乡政府将节日正式命名为“中国彝族葫芦笙文化节”。传统节日完全由政府主导，并由乡政府引导、招商，扩大民族商品物资交流。

自2006年起，县、乡两级政府决定，由乡政府组织举办“首届秋山会”，并利用民族集会推出葫芦笙歌舞，演唱“梅葛”调。由于“首届秋山会”举办规模不大、内容单调、演出场面混乱、社会效益收获甚微，没能引起外界人士的关注。于是，2007年姚安县党委、政府又在县里重新调整了举办节日的思路，6月召开了关于打造“中国彝族葫芦笙生态文化”旅游品牌的筹办会议，会议重新确定了节日名称：2007“中国·彝族葫芦笙节”；时间安排：2007年8月8日至8月9日；主办单位：中共左门乡委员会、左门乡人民政府；主题：体验生态秘境，感受葫芦（福禄）文化。为了让外界能够获得更多、更广有关举办“中国·彝族葫芦笙节”的信息，左门乡政府采取了网站、电视、广播、报纸、杂志等多种媒体的宣传攻势。县领导总结了上一年办节的不足经验，意识到节日特色仅凭葫芦笙歌舞、“梅葛”演唱是单调的，为了能够扩大节日的可开发性，必须还要依靠其他丰富的彝族文化内涵来烘托节日氛围，要依托文化就必须求助于专业研究人员，于是由主办单位左门乡政府特别委托了笔者二人共同为节日出谋划策。经过多方的走访调查，笔者针对左门乡现有的民间文化生态资源提出了策划实施要领，即“葫芦笙节，须依托葫芦文化来支撑”，那么到底有哪些彝族传统文化因子需要在此次节日中展示出来，既能让它不失传统性，又可以让它在节日当中得到发掘、传承和延续，策划人员对当地彝族传统文化因子进行了系统的分析与提炼。

节日的起源大多都与宗教祭祀有关，原始氏族社会，人们聚众歌唱舞蹈，以歌舞娱神，祈求神灵暗中护佑，风调雨顺，平安吉祥，宗教祭祀对传统节日的延续起着稳定、推动的作用。左门地区的彝族宗教信仰包括自然崇拜、图腾崇拜、祖先崇拜，历来盛行土主文化，但“文化大革命”期间遭到严重摧毁，各村现只有土主庙遗址或破庙遗存，庙内还摆放着依稀可见的女神神位，这与“梅葛”文化区域彝户家堂和山野神庙中供奉的古朴神圣的“葫芦女神”相呼应。对此，笔者建议节日当中应当恢复“葫芦女神”的祭祀活动表演。左门乡民间传统的“葫芦女神”一般为纯木质，高20厘米左右，脸部镶嵌在葫芦上方，上下形态都是葫芦。节日当天，笔者得以目睹了“葫芦女神”的风采，女神神像用一米左右高的木料雕刻，人形全部凸出在外，头部留长发髻，身穿对襟长裙，怀抱葫芦，脚踏祥云，全身上下都涂抹了油漆，黑色头发，红色嘴唇，红色长裙，其中已融入了汉文化装饰元素。主办方还专门为女神设计了一顶大红色花轿，轿顶安放一个葫芦，女神放置在花轿内，由八名男子负责抬轿，采用长号开路，抬着花轿绕场一周，最后把轿子供放在三棵秋杆内，葫芦笙队围住秋杆进行祭祀仪式，整个场面中未见毕摩出场举行祭祀仪式。节日现场气氛热烈，观众并没有表现出反感或排斥情绪，反而还愉快地接受了。节日结束后，笔者采访到，“葫芦女神”是由乡党委书记李成龙（彝族）专门请当地彝族木匠雕刻的，并已由他个人自费800元购买了这尊神像。调查中我们发现，已经消失的民间宗教信仰是可以得到恢复的，恢复当中，由于许多传统文化特征已经受到现代新观念的影响，彝族群众不可能再对传统形态进行准确地认识及把握，于是便做出了彝族神像趋同汉族形态的结果。

究其笙队由来，其实在左门历史上从未有过葫芦笙队，彝族群众在传统节日中都是“随笙起舞”，率性而为地进行歌舞展示，这个状态是从容自如的。然而，从2006年起，乡政府在驻地修建了表演场地，原本由彝族群众自发融入的歌舞节目也被强迫性地改变为舞台表演。“关于文化变迁可以提出两个带有普遍性的问题：文化新特质的源泉是什么？为什么人们会受到激发而接受新特质？新特质的源泉可能在社会的内部也可能在社会外部。这就是说，一种新观念或新行为可能产生于社会内部，也可能是从另一个社会借取而来或由另一个社会所强加的。新观念或新行为有可能变成文化的观念或行为，得到人们广泛的接受，因为人们多少是自愿接受，但也可能多少带有强迫性。”① 这种新观念或新行为的突然出现，有时既是被动的，又是十分尴尬的。

访谈实例：徐某某（女，汉族，姚安县花灯剧团副团长）给我们讲述了这样一段情景：“2006年乡政府首次把节日歌舞搬到舞台上表演，并聘请我和另外一名男同志

① 参见［美］C. 恩伯，［美］M. 恩伯：《文化的变异》，杜杉杉译，531页，沈阳，辽宁人民出版社，1988。

担任节目主持，报幕开始后，我们用普通话请表演队入场，他们没有任何反应地站在场地旁边，再呼唤几次也没有动静，最后是乡文化站的魁德寿（彝族）用彝语召唤，彝民们才陆陆续续地走到舞台中央吹起葫芦笙，跳起舞。表演完，再用普通话请他们退场，他们仍停留在场地中，采用彝语指挥，他们才互相跟着退出场地。当时，舞台秩序很混乱，彝民听不懂普通话，必须用彝语表述，才能进行指挥。”上舞台表演的全是左门当地的彝族群众，他们平时在家务农，大部分人连彝家山寨都没有走出过，突然间让他们站到舞台上表演所熟悉的葫芦笙，确实让他们感到很紧张，不适应。

那么乡政府又是怎样来组织这些葫芦笙队的？首先由乡政府通知各个村委会组织排练节目，再由村委会组织人员具体排练，排练的节目内容是按照文艺编导事先编排好的节目单进行的，排练的时间不是很长，一般在临近节期一星期左右完成。到了节日当天的拂晓，由各个村委会主任带队前往参加节日会演，每个队伍 20 人，男女队员各 10 人，参加演出的人员每人补助 20 元。20 世纪 90 年代中期以后，采集野生菌成为当地彝族群众的一项主要经济收入。每年七八月正是野生菌的旺盛季节，许多人忙于野生菌的采集、交易，据说，大部分村民每天的收入可以达到两三百元。因此，对于村委会组织人员排练节目以至于演出都是比较困难的，究其原因就是嫌演出费用太低，影响了他们可观的季节性收入。

葫芦笙表演队对着装并没有统一固定的要求，而是各具特色的。2007 年的节日当中，男子服饰就呈现出了异彩纷呈的传统彝族服饰场面。其中苤拉队和毕叭队头戴传统的雉鸡帽、仰拉队戴绿军帽、地索队则戴印有红色葫芦图案的草帽、左门队却以平头出现。地索队的草帽是由村委会统一定做的，村民说，现在因国家法律禁止打猎，村里为了保护自然生态，已把过去传统的雉鸡帽改变为今天的式样了。过去，左门当地毕摩传统的服饰为头戴神符帽，身穿蓑衣、披毡子等，而现今的节日服装则由乡政府统一定制成黑色瓜皮帽、黑色长衫、红色腰带。在所请到的六位毕摩中，年龄最长的老毕摩从头到脚都按照政府要求穿戴，其余五位身着长衫、系腰带，头部却各有风格，其中有的在绿军帽上系神符，有的则在瓜皮帽上系神符，从外观看，已经很难再有祭司的神秘感。

2007 年 8 月 8 日这一天，游客来自省内外的各行各业，其中美国游客也到左门乡参加了节日庆典，尤其是本乡及周边乡镇的群众更多，有近万人参加节日活动，左门街商品物资交流活动非常火暴。外地客商纷至沓来，昆明信威进出口有限责任公司派出专人参加节庆活动，并进行核桃收购与加工的项目洽谈，为当地农户拓宽了生财之路。在交易活动中，摩托车等大型商品、民族刺绣等手工艺品十分受欢迎，仅摩托车的交易就超过了 30 辆，民族刺绣手工艺品交易上千件，其他商品销售一空。据初步统计，活动期间的3天，商品交易额超过50万元。① 整个节日均在传统与现实的交汇中发展。

三、彝族葫芦笙节的传承思考与对策建议

左门民间的传统节日“赶秋节”，在国家政策的主导下，由传统到现代，发生了根本性转变。这种转变在经济全球化的今天是不可避免的，但传统文化向现代性的变迁是不能盲目进行的，在这个过程中，一定要对本地区、本民族的主体定位有所选择，否则会加速民族文化在现代化进程中的消亡。值此，我们特别关注及应对的要点是：

（一）彝族葫芦笙节的延续与传统文化传承的自觉意识

中国近代启蒙学者梁启超认为：“民族成亡之唯一的要素，在‘民族意识’之发展与确立。何谓民族意识？谓对他而自觉为我。”② 其中“对他而自觉为我”是民族自我意识的体现。左门传统的“赶秋节”在受到地方行政操控后，失去抗衡力而变迁为“彝族葫芦笙节”。于是，就在这样的意识形态下传统节日由封闭走向了开放，这种不自觉的意识，使节日变迁过程中出现了许多明显不足的文化现象。民间文化传承是多方面的，民族自我意识状态是民间文化传承的重要基础，没有这个基础或脱离了这个基础，民族传统节日的延续、民族传统文化的传承都是不切实际的空谈。节日中，笔者采访周某（男，彝族）：“我原来是左门乡仰拉岔河村委会的，三年前由于乡上搞水利工程，政府组织我们村搬迁了13户，到了草海（县城附近），政府给每户盖了一幢二层楼的砖房，分给每人七分地，现在我在广州灯饰厂打工。每年我们都要上来过节（特指“赶秋节”）。”当问及“你喜欢过城里的节还是乡下的节”时，他回答说：“各有各的好，城里发展得好，交通好，彝族的风俗太多了，汉族没有太多风俗，更自由一些，生活还是要跟汉族一样才好。但我觉着自己是彝族，更应该过彝族节，这里是我生长的地方，有我的亲戚朋友，还是喜欢看自己家乡传统的东西，很亲切，很热闹。”这里，维系他们（像他一样外出、移居的彝民）回家过节的原因，就是因为所熟悉的山、水、人情让他们有亲切感，置身在这样的环境中才能产生民族自豪感。选择回家过节，这种选择主要存在于心，也是一种自然的真情选择，它不在于传

① 全文数据由左门乡政府提供。

② 参见杨知勇：《宗教 · 神话 · 民俗》，44～45页，昆明，云南教育出版社，1992。

统节日外部形式的变化，而在于这种选择是对本民族传统的一种坚守和认同。面对节日逐年的“对外开放”，政府对此还应当做一些科学的研究和指导，既要顺应时代发展，又要尊重当地彝族群众的心理需求，让他们在这个开放过程中，自觉认识到自身价值与本民族文化的重要性。政府不能只是为了搞面子工程，而采取强制手段盲目上项目，如果严重损害到彝族群众的自尊心，摧毁了彝族群众自觉的传统文化价值意识，彝族传统节日是很难被延续的，彝族文化纽带一旦断裂，其传统文化也是不能够被承传久远的。

（二）毕摩与彝族民间艺人的自我保护机制

在整个民族文化生态系统中，传统文化的保护不仅仅是心理、情感、价值取向，还应实现以人为主导的文化生态的协调发展。在“葫芦笙节”中，笔者始终未见到毕摩在当中对传统文化所起到的主导性作用，他们的一切活动都是按照文艺编导设定的要求进行的，主要以站队、摆姿势为主。举办者关心的只是外显的社会效益，却忽视了在现代化的强势覆盖下，像毕摩与彝族民间艺人这样的文化传承链，已经出现了不可抵挡的断链脆弱性。目前，整个左门区域内尚有毕摩传人十余人，而制作葫芦笙的技艺传人，也仅存一人，邻近三乡技艺传人也不过三人，其传习已到了濒危的境地。然而，左门乡唯一的葫芦笙技艺传人，现在也未带传人，主要在乡政府里做厨师。乡政府对此应当引起高度的重视，重视对毕摩与彝族艺人的承传和培养。这就需要在原生地实施有效、可行的保护措施，这个措施不能只是口头的，要在不断发展中来调适，以适应新的社会环境。建议在左门区域内开展毕摩、艺人民间组织，政府每月给予毕摩、特殊艺人适当的补助，帮助组织建立传习场所，准许他们收徒、教学，进行普及式教育，这样才能形成自我保护的有效机制。除此，还要挖掘当地较有影响力的彝族艺人及毕摩传人参加节日庆典，让他们共同参与节日策划，并在节庆之后对他们的独特技艺给予保护，对于有突出表现的艺人应当积极向县、州、省各级文化部门推荐，来增强毕摩传人与民间艺人传人对本民族文化的认同感和归宿感，从而激发他们把优秀传统文化与现代文明相结合，实现社会、经济、文化的和谐与可持续发展。

四、举办节日出现的经济困扰与矛盾调适

左门乡政府作为节日主办单位，从财政上要自行独立承担节日举办的各种费用开支。2006 年为了修建节日主会场，乡政府已经欠下村民 5 万元的劳务费。2007 年县政府拨了节日专项款 2 万元，专款主要用于搭建舞台、装饰会场、购买道具、演出人

员费用、贵宾接待等的一些开支上。左门乡属于贫困乡，每年的财政拨款十分有限，又因地处偏僻的高寒山区，乡政府很难从外部找到更多的赞助资金，因此，办节的资金缺口仍然很大。政府两年的主导办节，已经把原本自发的山野节日，转变为政府与村民之间“给钱办事”的契约关系，彝族群众开始讲实惠了，传统节日也逐步具有了功利性。如何调适它们之间出现的经济矛盾，这项工作需要政府来做，组织专人深入到左门乡的各村各寨进行系统的彝族文化资源调查，并建立起相应的民间文化档案，把最具有开发价值的项目挖掘出来，向文化开发商提供参考，积极推荐，争取外部企业加大对内部文化的资金支持，来缓解办节耗资的巨大压力。只有当本地彝族群众意识到传统文化给他们带来的有利商机或巨大价值时，他们才会自觉、自愿地去维护它、保护它，使它成为发展自身经济的内趋动力，这时，失落的传统文化也才能够真正得到发掘、保护和延续。

五、突显节日特色，继承、弘扬彝族传统文化

左门乡政府要想把“葫芦笙节”办得有特点、有质量，就需要将本土民间文化与彝族文化要素整合好、运用好。节日当中涵盖了音乐、舞蹈、器乐、服饰、饮食、传说、体育等内容，有关部门应当对所涉及的这些内容进行统一的收集、整理，并汇编成册，为民族风情旅游提供依据。在节日的开发和创新上，一定要围绕“葫芦笙节”的特色主题来进行打造，千万不能生搬硬套地搞大众化、普遍性的节日模式。

绚丽多彩的服饰是节日中的亮色，也是主体民族的文化符号。在节日打造中，不仅要鼓励彝族群众穿着彝族服饰，还应当要求乡领导和主持人都要率先示范，坚持穿戴。另外，领导不能凭主观意识去改变毕摩的传统服饰，要尊重毕摩的本真性着装，这样才符合彝族群众对本民族服饰正确的审美价值观，也才能够把彝族服饰原汁原味地传承好、保护好。为适应现代社会的发展，贴近现代人的心理需求，彝族传统器乐的艺术性有待提高，器乐创新要在原生态器乐基础上去做，在保护传统器乐上，政府应该划拨一些相应资金，结合当地的实际情况，培养一批当地手艺人，就地取材，制作原生态工艺品，对原生态器乐赋予新生，制成葫芦笙等器乐艺术品投放到市场销售。一定要抓住现代人返璞归真的心态，把传统彝族文化与旅游产品开发相结合，只搞本地、本民族特色，不搞大批量、大规模生产，吸引外界各地人士对本地工艺品的艺术鉴赏及审美情趣，扩大购买需求，这样既增添了节日的丰富性，又传承和保护了民族文化。

左门“竖秋杆”是本土文化的特色活动。在三棵秋杆上，一定要整合彝族的三色

文化基调：红、黄、黑，并用三色分别涂染三棵杆。红、黄、黑三色文化是彝族特有的传统，它来源于远古时期的自然崇拜。其中，红色是神圣的象征，黄色象征善良和友谊，黑色象征刚强坚韧。历史上，属于古羌的远古伏羲氏族虎图腾发生裂变分支，虎图腾被分衍为黑虎、黄虎、白虎等，同属于古羌遗裔的彝族、白族、土家族、哈尼族、纳西族等彝语支民族，都不同程度地保留着崇虎习俗。其中彝族、纳西族崇拜黑虎；白族、土家族崇拜白虎。传承彝族文化一定要从表现特征入手，绝不能随意改变彝族崇虎尚黑的基础色调，否则长期混淆基色会造成彝族文化的变味消亡。左门彝族地区传统的婚姻习俗非常有特点，尤其是成亲时的背新娘、三道茶、哑巴舞、葫芦笙舞四道礼俗更是别具风格。若是把左门婚俗舞台化，一来可以增添节日热闹的氛围，二来对传承、延续传统婚俗起到活态保护的作用，让彝族群众看了有亲切感、认同度，并在潜移默化的状态下自觉、自愿地接受它、承传它。

纵观全文，各民族的传统文化多姿多彩，每一个民族都有自己的宇宙观、人生观和由此生发出的风俗、礼仪、饮食、居住、服饰、节日等，由此构成了独具魅力的人文风景。可以说，彝族的节日习俗丰富多彩，既有宗教方面的，更有世俗方面的；既有农牧方面的，也有以娱乐竞技为内容的，其社会功能和文化价值不可低估。但凡一种古老的文化传统，均是在特定的文化背景中形成，在千百年的历史进程中不断整合、繁衍发展而来的，它既需要面对传统，又需要面向现实。在继承传统的同时，又要受到现实的制约与选择，所以任何一种传统都不是一成不变的。随着时代的发展和各族交流的加深，彝族文化不可能独立封闭起来，必须同中华文化互补，以吸收人类创造的一切优秀文明成果，主动融入开放的时代潮流中去。在这种历史条件下，如何吸收其他民族的长处，同时又保护、传承好本民族的特点，这是彝族节日文化面临的一个重要课题，需要我们不断地进行研究和探索。民族传统节日，也只有理性思考、审时度势、整合资源、适时选择、保护到位，彝族节日文化之根脉延续，才能在民间薪火相传，魅力再现。

来自“局内人”的真实讲述

——读阿里瓦萨《文化传承与民族教育田野调查——三十三位凉山彝人访谈录》

黄龙光

阿里瓦萨攻读博士期间，就凉山彝族家支及其教育进行了几乎是开创性的教育人类学的调查研究，最后学位论文获评“优秀”，也是实至名归。说其“开创性”，是就其调查研究专题的现实难度而言。彝族传统家支问题，是一个复杂的问题。如今，其《文化传承与民族教育田野调查——三十三位凉山彝人访谈录》一文，再次冲击了我的眼球，震撼了我的心灵。从没写过书评（森严的学术等级制度，使我们这样的年轻后生不可能也不能），但读完后一直想说点什么，于是就形成了以下这些文字。

一、“局内人”的讲述

人类学从马林诺夫斯基时代开始，田野作业强调参与观察（participant observation），最后才能写出科学的民族志报告。后来，解释人类学家格尔茨反思马氏“科学的民族志”范式，主张人类学家要以“局内人”的身份，最大可能地接近文化真实，写出无数可能之一的“真实的民族志”，人类学家没有必要也不可能成为当地人。不论科学的民族志、真实的民族志，还是后来的实验民族志，都是西方人类学语境下对民族志范式思考、反思的成果，我们如要借鉴这些代表了国际人类学界权威的前沿理论与方法，可能还需要经历较长时间的中国化历程，因为中国是一个具有悠久传统的大国，具有浩如烟海的文献典籍和国家制度语境，与西方人类学研究的无国家社会或酋邦（chiefdom）社会不同。作为一个统一的多民族国家，无论研究作为整体的国族（中华民族），或是具体单一的少数民族文化，都固有其特殊性和复杂性。

从最后的研究成果来说，《文化传承与民族教育田野调查——三十三位凉山彝人访谈录》是阿里瓦萨博士学位论文《凉山彝族家支文化传承的教育人类学研究》的姊妹篇。从研究逻辑来说，书的内容则是研究的过程，是作者的田野在场，是作者与彝人访谈的全程记录。因为这是田野作业访谈录，所以形式上没有要求学位论文烦琐的“八股”格式。它所要做的很简单，就是把对话内容完整而真实地呈现出来。作者的这本田野访谈录，可以说是一个彝族局内人讲述自己的文化集子，这得益于作者是自己研究自己的民族，而作者的家支身份也给他提供了不少便利。同时，令人欣喜的是，作者不是“挂名的”少数民族，他不仅能背诵自己的家谱，而且能操一口流利的彝母语，在田野交流过程中不仅完全消除了语言障碍，而且拉近了与局内家支和民族之间的距离。从语言载体到民族家支感情，这样可以重新做回到“局内人”（事实上，因为作者的学力和经历等不可能真正做回当地人了）。有了这样的亲缘田野关系，作者获得了外来学者难以获得的信任和亲近，于是这样的局内家支地位，使报告人毫无顾忌地敞开心扉侃侃而谈，最终使我们得以在这本访谈录中读到真实、震撼的访谈。

> 宁蒗县彝族叛乱的时候，我在民改工作队工作……我实际上是当兵的。在当兵期间，在宁蒗这些大山里，天天打仗，跟我们彝族人打，跟我们家支人打，心里很难受的。我想，人们的斗争太凶了，不勇敢，搞不好要丢命；勇敢的话，会打死我家支的人。家支的人又是我身上流的血的一部分，打死了就像自己身上的血被放出来一样，怎么受得了啊。这段时间，我确实头痛。勇敢打仗，这一条我不怕。但是，我家支在的这些地方，我是最头痛的。不想去。但是不去也不行。①

这是健谈的金古五斤老人面对作者，讲述自己在民改工作期间同家支人打仗时的痛苦心路历程。当时，他作为新中国民改工作队的一员，要履行好自己的职责，但对不理解共产党政策的家支成员，有时不得不兵刃相见，这确是任何一个注重家支认同的彝族人所难以抉择的。然而时代的背景、历史发展的趋势，只能将个人以及家支的情感和利益暂时置之脑后，顾大局舍小家，这么多年来事实上也证明了这一点。如果不是建立在被访谈人与作者的认同和信任基础上，双方打破各种心理防备和认同阻隔，这样的访谈信息是不会轻易提供出来的。而这样局内人的讲述，是一个真实的讲述，也是民族志所孜孜以求的品性之一。

---

① 阿里瓦萨：《文化传承与民族教育田野调查——三十三位凉山彝人访谈录》，227～228页，北京，中央民族大学出版社，2010。

二、真实的田野

田野的真实，首先要求人类学家进入田野，尽量以当地人的主位视角阐释当地人的文化。人类学是一门极具浪漫气质的学科，因为田野调查是它的学术利器，也是它的学术魅力所在。我们平日在主流的世界里生活，被现代性搅得身心俱疲历经磨难，内心冲动要到远方去做田野，去拜访那些文化他者（the others），去参与他们的文化，最后写出关于他们和我们自己的文化的解读和诠释，以期通过"我看他——他看我——我看我"的反复回旋式，审读他人达到反观自身，以拯救人类固有的种种苦难，与他者共建一个文化多元、和而不同的世界。不过，田野也是艰苦而孤寂的，这也不假。总体上，田野调查是一种旅行，固然可以游山玩水闲情逸致，但我们肩负学术研究目的。旅途的展开往往是以一个人的旅行开始和结尾的，人类学家天生就注定是一个孤独的旅行家和调查人。对当地人不停地发问关于口头叙事、民间仪式、亲属称谓等与己无关的内容。不论是建立田野关系还是在异域日常生活，对于人类学家而言，都是一个又一个的挑战。而获取真实而有效的访谈信息，则达到田野调查挑战的极限。

田野的浪漫首先是想象的，田野的真实却是现实体验的。既然真实的田野访谈，对于人类学研究是一个关键要件，那么访谈的方法和技巧，是获取真实有效信息的一个保证。很多时候，调查时往往眼光向下，低估了当地人的智力、知识和社交能力。其实，我们在调查他们的时候，他们也在观察我们。人类学的知识生产，一定程度上就在人类学家和当地人的自观和他观之间展开。作者博士论文的田野调查行程，主要截取了从2006年6月23日到2006年8月6日23天共33位彝人的访谈内容进行呈现。作者的田野访谈中，不仅是访谈人与被访谈人之间的文化对话和交流，同时有至少一位在场人作证。被访谈人也不是固定的，在旁的人随时会插入到对话中来，只要是自己感兴趣的话题或是觉得被访谈人信息提供有误或模糊时，这样就从设定的双方变为了多方之间的访谈。这样做，一是符合田野访谈的真实语境和实况，二是可以获取更多有效而真实的信息。对于同一个话题，不仅有多声部的反应和回答，同时多方之间会有争论和辩解，有助于对主题多方、多次讨论和论证，以此接近话题的真正内涵和意义。

作者力图从具体的时间、地点、人物的安排和设定等形式上还原到真实的田野访谈过程，这体现在本书图文并茂的展现以及访谈格式的精心布置上。同时，作者倾心以真实形式入手，获取一个真实的田野访谈过程，在真实的访谈信息数据上进行独到的分析，提供一个关于凉山彝族家支、文化传承与民族教育之间关系的真实解答。在更多的时候，主要将话语权交给被访谈对象。但话轮不拘泥于某一个访谈对象或作者自己，有时候碰上能说会道的善谈之人，自己也会主动抢占话轮长篇大论，不过这是极少数的。由于生怕触犯人类学田野调查中的话语暴政，作者尽量做到平等对话，自己基本上就是少说多听。

作者：师资情况怎么样？

沙玛书记：原则上没有代课教师，实际上代课教师很多。有私人请的，也有校方请的，也有政府请的。

作者：什么是私人请的？

沙玛书记：私人请，就是老教师年纪过大，身体不好，教课受不了，他就自己请来私人帮他代课，从自己的工资里给他报酬。还有以前招聘来的，没有教师资格证的，没有专业资格的人也在代课，普通话不行，教课也不行，汉语拼音不太好，存在很多误教误学的现象。①

教师还可以请私人代课，没有教师资格证的人也可以上课，这就是今天民族地区教育的真实状况。“我宁愿了解真实的文化生存状况，也不愿被那些虚假而光鲜亮丽的数据蒙蔽了双眼。”作者这种孜孜还原文化真实面貌的态度和果敢，无疑是令人敬佩的。这样的田野访谈过程是一次真实的学术历练，对于作者来说，则更是一次民族文化传承和教育现状倾听后的洗礼，所以这些访谈信息才倍加珍贵。

三、爱恨交织的家支

彝族是一个具有悠久文字历史的少数民族，对于民族学家来说，凉山彝族的家支问题，确实是一个剪不断理还乱的难题。试想，如果换了一个真正的外来学者来研究彝族的家支，其难度可想而知。家支是作者研究的关键词之一，这也是对作者勇闯学术禁区的吸引力所在。在国内，民族是一个政治的概念。20 世纪 50 年代的民族识别，其目的之一是为了体现国家“民族平等、民族团结、共同发展”的政治理念和实践。彝族作为一个共同体，从学术上进行严格的比对和梳理，当然可以从族源、宗教、文字、习俗等方面建构一个整体的同一性，以此进行彝族认同。但彝族内部支系繁多，

① 阿里瓦萨：《文化传承与民族教育田野调查——三十三位凉山彝人访谈录》，296 页，北京，中央民族大学出版社，2010。

历史上囿于自然阻隔、文化变迁等，家支的认同往往高于民族的认同，而家支的认同相对而言比较狭隘，家支之间既有开亲、互助等亲缘关系，同时也有很多冲突和矛盾，这不仅冲击了彝族的整体认同，而且也损害了家支间内部的认同。对于家支，不论是学者还是家支成员，都是一种既爱又恨的态度。作者正是怀着一颗既爱又恨的心，回归到一个既爱又恨的家支文化圈，着手研究一个既爱又恨的问题。

凉山彝族的家支，是彝族社会有效的结构单位，是维护彝族社会政治经济生活的有效运行组织形式。家支与家支之间有着严格的等级制度，家支内部也有着严格的等级制度。彝族人生为某一家支的人，死亦为这个家支的鬼。对于凉山彝族人来说，没有家支的人是难以想象的，没有根也没有家，是不可能生存、生活下去的。没有家支的人形同那些从外族掠来的奴隶、娃子等，地位极其低下。同一家支的人，拥有共同的始祖，他们亦以此进行血缘认同。家支内部这种高度一致的认同感，使家支成员紧密地联结在一起，成为一个家支大家庭。成为家支的一员，意味着既能享受家支的待遇、权利，同时要承担家支相关的义务。这些待遇包括家支内部互助互济、纠纷调解、死后归祖等，义务则包括为家支利益而战，家支成员婚丧嫁娶时必须出尔普。有时这种义务，甚至不惜用神圣的禁咒来规约：“古时就说尔普落下了，就不是家支成员了，落下尔普有可能家里死人的。所以，一般情况下，每个人都能做到，除非有特殊的事情发生。”① 在过去族群纷争的年代里，只要家支头人振臂一呼，凉山彝人可因家支而生，为家支而亡。家支的利益永远大于个体及家庭的利益。家支认同必须依靠的家谱很重要。于是背诵家谱、传承自己的谱系，就是一代代凉山彝族人的“必修课”。从三五岁开始，每个凉山彝族男孩就必须背诵家谱。能背诵家谱，就能分清家支归属及自己的身份，也就能行走社会了。因为在家庭教育中耳濡目染地自然传习，所以家谱的传承效果极佳。访谈对象都说自己是在父亲的怀里、火塘边、床沿上学会背诵家谱的。

作者：你们家支有无对儿童进行口传教育家支谱系呢？

金古甲哈：口传教育是有的。男孩肯定有，必须教的。女孩也教，但男孩是必须教的。

作者：怎么教？

金古甲哈：主要是晚上睡觉前，父亲抱在怀里，一串串、一代代教给孩子的，然后孩子自己传诵。由父亲说给儿子听，两三个晚上不停地教。当儿子能背

① 阿里瓦萨：《文化传承与民族教育田野调查——三十三位凉山彝人访谈录》，169页，北京，中央民族大学出版社，2010。

一点一点时，再进一步加强和巩固。①

家支文化的积极意义，不仅在于维持彝族社会的正常运行，在于一代代彝族人礼德教育及其践行，还在于如杨洪林博士在其家支内部组织的“虎日盟誓”禁毒这样的现代意义。但是家支文化有其固有的保守和落后的一面。家支内部的认同毕竟比较狭隘，而且家支内部也是不平等的。“其实，现在有些价值活动确实很糟糕，以强凌弱，家支大的欺负家支小的，甚至嘲笑没有家支的人。这本身就是一种不公平。”② 在国家进入法治社会，强调构建公民身份的今天，如何扬弃民族地区传统文化的制约和束缚，将其进行有效筛选和严格过滤，促其尽快转型和改良，为民族经济社会进一步发展提供文化软实力，这是我们民族学家需要思考的现实问题。目前，彝族家支文化历经“文化大革命”时期的打压，随着近年彝族地区经济基础的提高，有逐渐上升、兴盛之势。家支文化的发展和兴盛期，总的来说，徘徊在历史上经济地位低下和经济基础提升的两极之间。现代教育制度，使人们多少进入了科层制语境，很多人凭借个人后天的努力改变了自己的命运。对于家支的依赖，不像过去那么严重了。新一代的彝族知识分子，离开了家支土壤和空间，开始施行彝汉通婚等。这要在过去，别说彝汉通婚，就是自由恋爱而缔结婚姻，也是不合法，不道德的。近年凉山彝族家支文化的复兴，最狭隘的家支活动，莫过于对地方政治生活中的干预和影响。“以多欺少，以强欺弱的也不少，体现在村长换届选举时较为突出。以我而言，不管怎么说，我家支的某个成员参加选举的话，这个成员再差我也要投票给他。另一个人比我这个家支成员有能力、有本事，我也不投他的票。”③ 本书关于家支的访谈信息，也为我们披露了鲜为人知的彝族家支文化以及彝族家支成员对家支文化的认知、态度和参与。关于家支，彝族人可能一直怀着爱恨交织的情感走下去，当然是在面对历史长河的淘洗和时代的考验中走下去。

四、学者的理想与当地人的现实

作为民族文化学者，我们对民族总怀有深厚的情感。面对优秀民族传统文化的消

① 阿里瓦萨：《文化传承与民族教育田野调查——三十三位凉山彝人访谈录》，83 页，北京，中央民族大学出版社，2010。

② 阿里瓦萨：《文化传承与民族教育田野调查——三十三位凉山彝人访谈录》，382 页，北京，中央民族大学出版社，2010。

③ 阿里瓦萨：《文化传承与民族教育田野调查——三十三位凉山彝人访谈录》，171 页，北京，中央民族大学出版社，2010。

逝，为什么我们会如此的悲伤，那是因为我们深爱着自己的民族。特别是当我们自身就来源于这个民族群体的时候。民族文化学者，基本上来说就是一群具有浓重怀旧情结的人。我们更多地活在过去，而不是当下。我们不请自去，到遥远的一个地方与一群完全陌生的当地人打交道，参与他们的生活，书写他们的文化，因为我们胸怀雄图大志，试图为人类痛苦寻找救赎的处方良药。但当我们从都市出发，奔向广袤的田野后往往失望地发现，土著人正在踌躇满志地步入城市化、主流化的生活方式，他们从来没有离开过这个世界。其实，中心和边缘、主流和非主流、现代和传统、文明和野蛮，这些二元谬论都是我们对异邦想象过后的结论。我们自己也从来没有完全脱离过传统，传统是流动的，过去和现在犹如一条长河，从未断流过。传统只不过是改变了本来面貌，以我们所熟知的都市模式出现了，而我们则往往对此熟视无睹。都市里的土著人和摩登的原始人，其实并存于同一个历史天空下，我们所缺乏的只是互相了解。

作者的研究专题是彝族家支文化传承与民族教育，在奔赴田野之前，作者的学术假想可能是：家支文化是优秀的，应该进行传承。在中小学教育中开展双语教育，以免彝族学生不适应全新的汉语文教育，同时穿插进更多的彝族优秀的如尔比等礼德教育内容。但是就这个问题，进入田野后我们发现，作者的学术理想和民众的现实态度形成了强烈的反差。特别是那些地方的政治精英与知识精英，不太赞成全面或单一推行彝语文教育，认为接受现代主流知识教育，是改变个人及民族命运的途径。彝族文化，则交给如作者一样的专家进行研究就可以了。

> 彝族要发展，关键的问题、核心的问题、根本的问题就是发展教育。长远看也好，近期看也好，要死死抓住教育不放……现在一时一刻都不能丢的是汉族文化、外国文化……如果现在把汉文化放下，只重视彝族文化，是不行的，是跟不上世界发展的脚步的。①

抛开这里的“汉文化”和“外国文化”界定的狭义性不说，这些地方精英急切地想融入世界体系中。事实上，不管你承认不承认，今天我们都已卷入了资本一体化的世界中去了。当民间祭坛上摆上了可口可乐、牧人腰别全球通手机赶着马车的时候，已经没有一个与世隔绝独立发展的“文化岛屿”了，我们已俨然成为地球村一员了。对于当地人来说，传统文化束缚了他们的现代发展，而我们学者能做的，除了在一定程度上延缓传统文化消逝的步伐、尽可能多地记录和保存传统文化资料外，好像

---

① 阿里瓦萨：《文化传承与民族教育田野调查——三十三位凉山彝人访谈录》，229页，北京，中央民族大学出版社，2010。

就只能眼睁睁地看着他们急速地抛弃自己的传统文化。

当然，也有一部分具有文化自觉意识的人，走上母语文化的回归之路，正如家支复兴一样。

> 我学会第一句汉语时，不是感到痛苦，而是高兴，非常高兴。因为我懂得了其他民族的语言，能够与其他民族进行交流了。现在，有一种悲伤和痛苦，我回到彝族地区，叫我用彝语完完整整地表述或说明一个问题，某种程度上，我已经表达不清了。这个时候，我感到很难受。①

也许这种语言的转换，必须经历先抛弃自己的母语学习他人的东西，然后才能重燃对自己文化的热爱这样一条苦痛的文化回归之旅。但是在这一过程中，无疑将会丧失很多优秀的传统文化。而且民族文化的回归之路，并不都像犹太人复兴古希伯来语一样的成功。也许学者的使命，就在于尽力使作为文化主体的民众，在完全丢弃自己的文化之前，摆事实讲道理，让他们意识到自身文化的重要性，帮助其建立文化自觉意识并践行之。这也是作者在书中所暗含，并希望能够引起读者共鸣的地方。读者当然包括当地被访谈对象及整个当地人群体。虽然学者的理想显得与这个现实社会格格不入，但是我们既然选择了民族文化研究，必然要始终心怀理想和追求，而反差过后的心理痛苦则完全留给我们自己承受。

总之，作为“局内人”的阿里瓦萨，通过真实的田野调查，不仅挖掘到了鲜为人知的彝族家支文化信息，同时避免了狭隘民族主义的做法，将其全部抖搂了出来，不仅没有美化、修饰自己的民族，反而有点自曝家丑似的来了一个真实的呈现。这不仅需要极大的学术勇气，同时也是一种负责任的研究态度。“局内人”，也因作者的民族、家支身份而得以敞开心扉，知无不言，侃侃而谈。于是，使我们读到了关于凉山彝人家支、文化传承与民族教育方面极具震撼的东西。当然，因篇幅有限，就本书的著作权、田野调查彝汉语言的转译、调查的范围和时限，这些问题可能作者没有更多地谈及。不管怎么说，这是一本少有的真实的田野对话录，是来自“局内人”真实的讲述。

---

① 阿里瓦萨：《文化传承与民族教育田野调查——三十三位凉山彝人访谈录》，356页，北京，中央民族大学出版社，2010。

试述彝族服饰中的原始文化遗存

王春艳

彝族是一个具有悠久历史、古老文化的民族，世世代代居于云贵高原和青藏高原南部边缘的高山河谷间，因地理环境、社会经济、交通条件等种种因素，使其服饰的款式、纹样、图案、色彩更多地保留着原始性、古朴性，带有奇异、鲜明的民族特色。究其所包含的文化内容，大都与原始自然崇拜有关，主要表现为巫术崇拜、图腾崇拜、自然崇拜、祖先崇拜等，他们把曾畏惧或崇拜的物象用抽象、简化或写实的手法，将之图案化或符号化，并附之于神话和传说，使它们有了崇高和神秘的意味，装饰于身体的各个部位，就可以得到神灵的保佑，使人们平安无灾，康泰吉祥，益寿延年。

一、彝族服饰中的巫术崇拜

巫术是原始宗教中的活化石，迄今穿越了数千年时空的彝族，巫术对他们仍有传达神意的审美魅力。他们从祖辈传承的神灵意识中，深信世间一切均受神灵的左右，冥冥之中的神灵与人类一样有情欲，只要深信和尊崇，神灵就可以被感知。因此他们对巫术、巫师产生了强烈的神秘感、敬畏感和依赖感，而巫师——毕摩的服饰和一些特别的符号最能显示本民族神灵崇拜特色。

（一）毕摩法衣

毕摩是彝族宗教活动的祭司，有的地方又写作“笔姆”、“笔磨”、“白马”等。在彝语里，“毕”是举行宗教活动时的祝赞诵经之意，“摩”意为长老或老师。彝族中有许多关于毕摩的祖先是从天而降、能沟通人神的传说。毕摩的主要职能为主持祈求神灵护佑的各种祭祀活动，其中又以祭祀祖先的安灵和送灵仪式为主。除此之外，还有禳灾、祈福、驱鬼、治病、招魂、占卜种种，毕摩履行上述职能是穿着法衣通过若干宗教仪式或法术来进行的。因为“法术”的存在，使得毕摩专门的法衣颇具神秘色彩。楚雄毕摩法衣由法帽、衣、披毡组成，外配鹰爪、麂皮包等配饰。法帽，彝语称“毕罗波”或“呗嘎兰”，由竹、藤、篾混合编织成斗笠状，外敷一层黑色薄毡，内层编织成网状，两侧分悬一对鹰爪及饰带。法衣为一种特制的斗篷，分为羊毛织品、棉或麻织品，有黄、红两色，丧事祭祀时用黄色，婚嫁喜事时用红色。如今毕摩的斗篷多已不存在，改穿为黑色长衫，有的则披一件羊毛披毡。鹰爪是毕摩的护法物，也是毕摩神力的象征物，他们说，不佩鹰爪，向神祈祷的一切都通达不了上天。有的解释鹰与彝族祖先阿鲁举热有关，这一祖先是“鹰与龙的儿子”，篾帽上挂上鹰爪可避灾驱邪，同时也是对祖先的崇敬。又有解释说：洪水泛滥时兄妹避难的木桶（或葫芦）里放一个鸡蛋。洪水退后，木桶悬挂在岩上，兄妹上不了天，下不了地，非常着急，这时刚出壳的小鸡“唧唧喳喳”叫唤，召来老鹰。老鹰扑向小鸡，把木桶震动了，掉了下来，兄妹始能在大地上活动。木桶掉下来时，被竹丛托住，才没被摔死。由于鹰和竹救了兄妹，所以要用竹子编帽，帽上挂鹰爪。这样毕摩作祭时才具有神力。毕摩的法衣是代代相传的，是具有“法力”象征的衣饰，不仅一般人不能随便穿戴，既使触摸一下都不行，平时供奉在堂屋正壁的神台上，毕摩做法事时才能穿戴。①

（二）“卍”、“十”符号的巫术作用

彝族服饰上的“卍”流水纹、“十”字纹不是简单的纹饰，它蕴涵着丰富的内容，是吉祥纹饰，彝族认为其能避邪，能给人带来好运。“卍”字纹最早见于青海省柳弯出土的一批陶器上，距今有七千多年的历史。在彝族服饰中，“卍”符号是一种比较常见的纹样。武定、大姚、楚雄、双柏等地的俚颇及聂苏颇等支系，在其衣襟、环肩、袖口、围腰、飘带及帽上都有“卍”字流水纹，多以之做框边纹饰。“卍”、“十”、“×”发端于彝族的羊角占卜宗教性活动。“卍”或“十”在彝族文化中，表示一对相交的羊角。彝族祭司以羚羊角作为占卜法器，祭司猎获羊，取下羊角，截去角根，连角尖刻成两半，平面为阴，凸面为阳。祭司以羚羊角法器占卜时，阴阳相交为吉卦（一截去顶部阴阳仍相交）。阴阳两两平行不相交为平卦，两阳或两阴为凶卦。

① 参见文艺、俚若：《彝山之霞——楚雄彝族服饰漫谈》，69～77页，昆明，云南民族出版社，2001。

“十”字图纹归根结底是阴阳相交的反映……。[①] 可见，在彝族看来“十”、“×”、“卍”都寓有阴阳相交的寓意，并以此为吉，从另一个侧面也可反映出彝族的生殖崇拜。其他如服饰上的“石榴”、“葫芦”纹也多蕴涵有多子多福的观念。至于妇女、儿童帽上镶嵌有银、铝的佛俑，诸如观音、菩萨，中老年妇女帽上刺绣的八卦阴阳、八卦符号等图案，衣服上连绵不绝的“寿”字纹、银“寿”扣等，则是受佛教、道教及汉文化的影响及渗透，一方面反映出彝族文化的包容性，另一方面反映出彝族与其他民族一样，以吉祥、平安、多子、长寿作为人生的追求和向往。

二、彝族服饰中的图腾崇拜

图腾崇拜即是对兽化或植物化图腾物的崇拜。图腾信仰是人们用与自然关系密切的动物或植物来解释本氏族的来源，认为本氏族与某一动植物有血缘关系，并将之作为氏族的徽号和保护神，受到敬仰、膜拜。弗雷泽说：“图腾民族的成员，为了使其自身受到图腾的保护，就有同化自己于图腾的习惯，才穿着图腾动物的皮毛或其他部分，或辫结毛发，割伤身体，使其类似图腾，或取切痕，黥纹涂色的方法，描写图腾于身体之上。彝族由于分布广，分支较多，现存在服饰中的图腾遗迹非常丰富。”

（一）虎图腾崇拜

从古至今，在彝族传统服饰中，虎纹和虎皮是重要的装饰。《新五代史》：“昆明，其人椎髻跣足、披毡，其首领衣虎皮。”唐樊绰《蛮书》云：“异牟寻披波罗皮。”“波罗”意为“虎”。大姚县桂花乡彝族俚颇女子的上衣、裙子、腿套上多用红、白、黄、绿等色布交错拼贴二方连续纹饰，图纹纵横交错，从后看，俨然一件披着的老虎皮。武定法窝一带彝族妇女还喜欢佩带一块绣有虎头纹的围腰，多以色布拼贴和彩线刺绣纹样结合，虎须及“王”字都特别具体生动，充满立体感。牟定的彝族老年男子穿虎头鞋，据说能延年益寿。各地彝族儿童均戴虎头帽，帽上以镶、绣、滚等多种工艺饰以虎眼、鼻、口、“王”字等，有的还喜欢在帽檐饰以雪白兔毛，使整顶帽子更显形象生动。据彝族老人说，儿童戴虎头帽，能驱恶避邪，保佑儿童茁壮成长。武定、牟定、大姚等地彝族妇女喜欢用一块绣有“四方八虎图”的裹背背小孩，该图以一块黑色或白色方形棉布为背布心，上面的纹饰呈方形组合，外四方内套内四方，内四方每方一树二虎，共四树八虎。与八虎相对应，衬以八朵彝族喜爱的马樱花，象征

---

① 参见刘小幸：《母体崇拜》，116页，昆明，云南人民出版社，1990。

着四方、八方吉祥如意。黑虎是彝族的原生图腾崇拜物，彝族创世史诗《梅葛》记载，是虎尸解而形成了天地万物。彝经《什列谱系》说："什列之始祖，乃天上虎神，婚配民间女，后裔为虎氏族。"① 如今，虎作为图腾物的崇拜遗迹，反映在生活的方方面面。

（二）龙图腾崇拜

在楚雄大姚、永仁，红河石屏等地彝族服饰中存在着一种普遍现象，即对臀部的装饰，一般称为"尾饰"。这种风俗，实际上也是远古龙图腾崇拜的反映。楚雄大姚三台、昙华的彝族妇女以多条绣花飘带为饰，她们在飘带上用各种色彩的丝线和色布做成精美的图案，垂挂于臀部，花花绿绿，十分鲜艳；永仁直苴和红河石屏的花腰彝则系腰带为饰，腰带未端呈箭头状，上面绣满色彩斑斓的图案，将其覆盖于臀部，亦称为"尾巴"，十分招人喜爱。大姚桂花俚颇姑娘大而方正的衣后幅，自然也是一种尾饰，其历史渊源可追溯到很古老的时代。据《后汉书·西南夷传》记载，古哀牢夷者，曾以龙为图腾崇拜物，他们的子孙后代皆文面文身，像龙纹，"衣服制裁皆有尾形"。"衣饰尾"是古代西南夷的主要服饰特征。东汉许慎《说文解字》："尾……古人或饰系尾，西南夷皆然。"《天下郡国利病书》载："黑罗罗……多以青缎为套头衣，曳地尺许，背披羊皮……""妙罗罗，妇女衣胸背妆花，前不掩胫，后带曳地，衣边弯曲如旗尾。"时至今日，尾饰仍然是楚雄、红河等地彝族妇女服装中一道亮丽的风景线。

（三）马樱花图腾

生活在楚雄、石屏一带的彝族妇女，喜欢全身上下绣满马樱花。马樱花是彝族心目中最美的吉祥物，是战胜邪恶的象征。大姚彝族流传着这样的传说：彝族始祖阿普笃慕时洪水泛滥，他按天神指点，用马樱花树做成独木舟，乘之躲过洪灾，彝族才得以繁衍生息。彝族先民认为马樱花树救了人类始祖，使笃慕部族得到繁衍发展。马樱花树是彝族的保护神，不能随便砍伐，更不能火烧马樱花。毕摩如此解释："马樱花插在房门上一家人就清吉平安，插在畜厩门上牛羊牲口昌盛，插在米柜上大米吃不完。"大姚彝族不仅视马樱花为图腾，用马樱花树制作祖灵牌，并把每年的农历二月初八定为插花节，人们相互插花、赠花，互道吉祥。②

---

① 参见文艺、俚若：《彝山之霞——楚雄彝族服饰漫谈》，51 页，昆明，云南民族出版社，2001。

② 参见张瑛：《西南彝族服饰文化历史地理》，97 页，北京，民族出版社，2005。

在彝家人心目中，马樱花不仅美丽，它还是神灵，正如彝族妇女唱的绣花调一样："万里杜鹃花，马樱花为王，马樱花为贵，马樱花为美，马樱花救祖先，马樱花做祖灵。马樱花人人爱，亲手绣树花，身佩马樱花，马樱花佑人。"从中我们可以看出彝族人对马樱花的崇拜和热爱，也就不难理解彝家姑娘为什么戴马樱花形状的帽子、穿刺绣有满身马樱花纹饰的衣裳了。

三、服饰中的自然崇拜

自然崇拜是最早出现的宗教信仰。远古时期，人们的生产力极其低下，不能把握事物发展的规律，在消极地适应自然的过程中，认为强大的自然物如日月星辰、山川木石、鸟兽虫鱼等，神秘的自然力如风雨雷电、霓虹云雾等都具有至高无上的灵性，往往能主宰人的命运，改变人们的生活。因此，为了求福避祸，通过种种仪式，对它们加以膜拜。彝族先民的自然崇拜在今天的服饰中仍留有许多遗迹。

（一）火崇拜

火纹、火镰纹是彝族较为喜欢的装饰图案，武定彝族多用其装饰衣襟和环肩，色彩明快，图案醒目，像彝家人性格一样奔放、热烈。石屏、峨山两县交界处的彝族尼苏人，女子衣袖、肩和下摆等处用镶补工艺镶嵌有火焰图案和太阳图案；红河、绿春彝族女子的衣袖肘处也镶有滚动的火球纹样。对火的崇拜产生于原始社会时期，是火使人类结束了茹毛饮血的愚昧时代，是火给人类带来了光明与幸福。于是，火成为彝族先民崇拜物就不足为奇了。每年农历六月二十四日是彝族古老的祭火节，俗称"火把节"。当夜幕降临，彝族人皆燃起松木，手持火把照明村寨，照明田地，驱逐邪魔，扑灭虫害，祈求丰收。有的彝寨还要全村杀猪宰牛祭火神，抱鸡抱鸭到田里去祭田公地母。火是彝族先民的圣物，他们用火取暖、照明、御寒、除虫、熟食。在生活中，火塘是家庭议事的中心，接待宾客的会议厅，无论春夏秋冬、白天黑夜，都不让其熄灭，以示烟火不断，繁荣昌盛。严禁人畜触踏和跨越，否则便视为不祥。他们吃在火塘边，睡在火塘边，对火的依赖特别强烈。久而久之，关于火把节的传说越来越多，祭火神的活动越来越丰富，并不断地增加内容。但不管如何改变，点燃篝火，男女老幼手拉手随三弦节拍边歌边舞的形式永远不会改变。这便是彝族服饰上绣得最多的图案——"人形舞蹈图"。①

① 参见钟仕民、周文林主编：《中国彝族服饰》，15～16页，昆明，云南美术出版社，2008。

（二）羊崇拜

与氐羌部族有着一定渊源关系的彝族，至今仍然有许多与游牧民族相似的习俗，在服饰上也留有羊崇拜的遗迹。楚雄山区的彝族，男女都喜欢穿一件由两张完整羊皮做成的羊皮褂，以色黑毛长为贵。至今有许多地方的姑娘出嫁时羊皮褂是必备的嫁妆，平时人们外出劳动、走亲串友都少不了披件羊皮褂。大姚县昙华山俚颇支系彝族妇女盛行戴一顶以黑布包裹而成的包头，包头于耳侧打垂一角，上面绣有鲜艳的马樱花，称之为羊角帽。此帽与方便、实用、美观没有直接联系，显然是羊崇拜遗俗的表现。四川、贵州的彝族妇女还喜欢把羊角纹刺绣在服装上以作装饰，或又称为“涡纹”，多以彩布镶贴于衣襟、环肩、围腰上，充满动感，具有强烈的装饰效果。在彝家人心目中，羊不仅是财富、吉祥的象征，还意味着多子多福。元谋小凉山诺苏姑娘的换裙仪式，必须在羊圈里举行，暗示她会像羊一样拥有众多的子女。可见，这些都是彝家人对羊这种动物所表现出来的喜爱，对他们来说，穿着一件羊皮褂或一件刺绣有羊角纹的外衣，不仅是一种美的表现，而且还象征着平安、吉祥、幸福、富有。

（三）公鸡崇拜

生活在楚雄、永仁，昆明阿拉乡、红河、金平、元阳等地的彝族，普遍喜欢戴一顶公鸡帽。楚雄、昆明的鸡冠帽做工考究，色彩明艳，上面用精美丝线绣一朵红色或蓝色多瓣牡丹纹，两侧绣有凤鸟、花卉等图案，帽顶大大地绣一圆形“寿”字，在帽子的边沿多镶钉有银花泡、银铃、银须，帽后垂三色飘舞着的彩绸带。红河、金平、元阳等地的公鸡帽以银饰为主，全用桂花小银泡来镶饰，银光闪闪，形状逼真。公鸡在彝族的传统文化观念中是一种吉祥物，能驱魔避邪，趋利避害。彝文经典《夷僰榷濮》记载，彝族先民在创世神话中谈到，远古时天地之间没有光明，无白昼黑夜，是慧鸡不停的啼叫才使光明降临大地，天空变得碧蓝。武定彝族认为，鸡是有智慧的禽鸟，是正义战胜邪恶的代表。在当地流传着一则传说，曾有一对彝族青年，他们深深地相爱，当他们在森林中约会时被魔王发现，小伙子被魔王杀死，姑娘不愿遭受凌辱而逃跑，当姑娘跑到寨子边时，寨中的雄鸡正好高声叫起来，魔王不敢再追，姑娘知道魔王惧怕雄鸡，就抱着雄鸡来到森林中，雄鸡一叫，小伙子便复活了，从此彝家姑娘戴上鸡冠帽就不再惧怕魔王的危害。① 公鸡是他们崇拜的对象，是光明代替黑暗的象征，是正义战胜邪恶的代表。雄赳赳的鸡冠帽象征着避邪、吉祥，帽顶四周镶缀的银泡象征黎明前的星星和月亮，是彝族服饰古老而神秘文化内涵的体现。

---

① 参见张瑛：《西南彝族服饰文化历史地理》，111 页，北京，民族出版社，2005。

（四）崇拜太阳和彩虹

生活在滇南峨山、石屏一带的彝族女子，不论年龄大小，都喜穿一件夹层绣花坎肩。坎肩的领口是圆圈形太阳纹，太阳的红色光芒向四面喷射，照在肩峰银泡组成的晶莹剔透的露珠上，折射到背后用白、红、蓝、绿、赤五色布带合成的彩虹带上，逼真地投射出一幅自然景观，以示太阳是女性的化身和绣花女是彩虹的化身。女性化为太阳和彩虹，这是与其他民族不同的审美观。根据彝族传说，太阳是一个叫“申白娓”的姑娘所变，传说她变太阳之前，因胆小且害羞，变月亮晚间出来害怕，变太阳白天出来害羞，于是天神“格兹”吩咐她做太阳，白天出来如果有人看她害羞时，将随身带的三包银针刺眼，于是没人敢看她了，她也用不着害羞了。又据另一传说，彩虹是一个叫“阿妮”的绣花姑娘所变，传说她绣什么像什么，绣花花就香，绣鸟鸟会飞，绣鸡鸡会叫……灵秀的阿妮被山官看中，欲强行抢占，阿妮不从，绣条火龙，烧尽衙门及山官，上天变成了彩虹。从此彝族姑娘便在衣服上绣太阳和彩虹，以示吉祥。①

四、服饰中的祖先崇拜

彝族相信万物有灵，并且灵魂生生世世不死。人活着时灵魂附着在人体内，人死后灵魂或独立存在或栖息于他物，或往来于阴间和阳间，或游离于死者的村寨、住所附近。他们相信只要敬畏亡灵，就会得到他们的保佑。四川凉山彝族男子至今仍保留着两千多年前便已流行的传统头饰“英雄结”，这便是祖先崇拜的最好佐证。传说很久以前，彝族四处迁徙，到处作战，一次敌方打来，一个彝族男子怀抱祖灵，想将之藏起来，但敌人已到家门口，无处藏身，他灵机一动，将祖灵用黑布缠在头上，顿时他觉得浑身有用不完的力量，便挥刀迎战，杀得敌方片甲不留，由此认为是获得了祖灵的力量。从此彝族男子无论老少，皆于头顶留一绺头发，彝族称为“助尔”，意为父亲灵魂的居住地，以黑布缠之为斜角状，神圣不可侵犯。②

滇东北及滇西等地彝族青年以拥有火草领褂为荣，这种领褂做工精致、美观、舒适、耐用，但做起来费工、费时，要跑遍九岭十八坡才能采集到一件火草衣的原料。彝族之所以钟爱火草衣，据说是为了纪念彝族的“莲母老祖”。在云南鹤庆彝族中流

① 参见张瑛：《西南彝族服饰文化历史地理》，113 页，北京，民族出版社，2005。

② 唐楚臣：《从图腾到图案——彝族文化新论》，350 页，芒市，德宏民族出版社，1996。

传着这样一则传说：彝族的莲母老祖九百岁时，她与子孙居住的小凉山起火，彝族面临绝灭之灾，一群蜜蜂驮着莲母老祖和幸存的十人飞出火山，在金沙江失散，莲母老祖被蜂王驮到朝霞山。她想念失散的儿女，每日站在山头上吹竹管呼唤儿女，口吹干了，唇吹破了，鲜血落于地上，变成一朵朵小花，当地人称之为“火草”。莲母死后，她的两眼化作两股泉水。失散各地的子孙约定时间会集朝霞山，模仿老祖，用竹管数支对天长鸣，声声呜咽。人们涌向泪泉，饮水思源，然后子孙们分别到山中采集火草拿回家晒干，取出纤维纺成线，掺以棉、麻线，织成奇异的火草布。火草是莲祖老母的血泪之情，不论走到哪里，不论什么家支，只要穿上一件祖血所化的火草衣，立刻有一种无形的力量使他们聚合在一起，这种美，血融于水，震撼人心。

随着岁月的流逝，彝族和许多其他民族一样，一些原始崇拜已逐渐淡化、模糊或遗忘，但这些原始文化所衍生发展而来的记忆符号，却深深扎根在沉淀深厚的彝族传统服饰中，成为了彝族独有的审美特色。

守望文化——彝族居住模式的文化解析

——以大姚县昙华乡松子园村为例

张源洁

活态的物化符号：传统与现代相结合的“双宅式”居住特色

居住文化又称民居文化，指人工住所建造及生活过程中的一些习俗文化事象，作为民族物质文化的重要事象而形式各异。在长期历史发展的过程中，我国少数民族创造了丰富多彩的居住文化，表现出具有鲜明民族特色的文化习俗。居住文化作为民族优秀物质文化的组成部分，其文化的特质性对文明的传承有着鲜活的特征表象意义。①

民居不仅随着人类社会的发展而演进、复杂和完善，而且各民族因地理环境及文化的差异，形成了各具风格的建筑形式和技艺。② 世居山区的昙华彝族，“依山而建、靠山而居”是其独特而传统的居住风格。昙华松子园是一个古老而典型的彝族村寨，该村以彝族为主体，自称为俚濮，操彝语中部方言的俚濮土语，日常交际用语全部都使用彝语。

《元阳县志》说：“彝族多居住在山川壮丽、资源丰富的山区，村寨依山傍水，四周梯田层层，村后有山可供放牧，村前有田可供耕种，多数村寨都有一条水沟从中流过。”正如《元阳县志》的描绘，由于昙华山多平地少，整个松子园老村依山而建，坐落在向阳背风、有树有水、环境优美的山坡上，取其用柴、用水之便，利于安排生

① 参见王茜、吴琼：《新疆少数民族社区居住文化的传承与变迁研究》，载《新疆大学学报》（哲学社会科学版），2005（5）。

② 参见杨甫旺：《云南彝族民居文化简论》，载《中南民族学院学报》（哲学社会科学版），1995（2）。

活。居民均相对集中而不分散，建筑类型基本统一，多为土木结构。建筑形式则多样化，包括瓦房、土掌房、闪片房、麻秸房、垛木房等。这些传统的彝家建筑形式尽显于松子园老村，老村民居承载着厚重、丰富的彝族文化内涵，是整个昙华彝族古老居住文化的璀璨明星。

随着时代的变迁，松子园出现了一种交织在传统与现代间的独特居住模式——“双宅式”。一部分是旧址老村，另一部分则是2003年地震后新修建的彝园新村。新村“彝园”是充满现代化气息的独立庭院楼阁建筑，坐落在海拔较高的昙华山腰，依山势走向而建，中间为街道，住房建两旁，错落有致。老寨和新村相互守望，交相辉映，传统与现代交织，形成一副独特的居住文化图景。这样一种“双宅式”的居住模式，既是人们与自然界不可抗力博弈的选择，同时也是昙华彝族对传统居住文化的守望和创新。

（一）传统的彝族文化表征——老寨

居住方式的选择，与自然条件有直接关系。因松子园村地处山区，老村的房屋建筑大都依地势分布，高低错落，韵味古朴，并无固定格局，垛木房、闪片房在老村中保留得比较完整。垛木房是一种简单的木结构住房，楚雄地区多集中于南华、大姚的哀牢山一带，这些地方海拔较高，丰富的林木资源为垛木房的大量兴建提供了条件。垛木房亦称为木楞房，其内墙和外墙都是用去皮圆木或砍成的方木叠加砌成，在木楞的接触面局部砍削，利于叠合紧密以利防水。垛木房四周墙壁用一根根原木，经过修整、打榫垛积而成，墙上抬梁，梁山覆盖木片再用竹篾或石块固定；闪片房房顶是用成片树皮或木板铺成；麻秸房则采用麻秸铺盖。现在村民都有环保意识，也为了房屋的牢固，新房已经不再用木头、树皮或麻秸做材料，村中的垛木房、闪片房、麻秸房都是用于饲养牲口或堆放草料。村民的住房大多采用泥土和瓦片盖房，但人们盖房时仍然采用垛木房的建筑方法，把泥土一截一截舂打着往上垛积，保留了彝族民居特有的“垛”文化特色。这种独具特色的彝家垛木房冬暖夏凉，舒适宜人，尤其适合老人居住，而且蓄养牲畜也十分便利。

（二）时代变迁的产物——新村

松子园的彝园则是中央及地方各级支援灾区震后恢复建设的典型工程。该项工程始建于2003年12月，竣工于2005年3月。灾后重建不仅是一种政府行为，同时也是人类在面对自然界不可抗力时的应对和选择。2003年，昙华地区相继发生了里氏6.2级和6.1级两次强烈地震，给当地人民造成了巨大的生命和财产损失。许多有形的民族文化因子也随之流失在突如其来的灾难中，民居建筑是其中最显著的一项。而松子园彝村的新建在恢复重建的推力下成为了昙华彝族居住文化最为灿烂耀眼的星星。

新建的彝园，是在保留了原松子园建筑格调和民居特色的基础上发展起来的。整个园区的规划设计和建筑样式都具有浓厚的彝族传统民居特色。目前，该区共居住彝家住户 120 户、彝民 480 人，整个彝园房屋的设计分为三种类型，均为砖混结构的两层式建筑，瓦盖封顶，水泥粉墙，以突出民族特色。

为永远记住地震灾害带给人们的惨痛教训，让彝族人民记住党和人民对灾区的关怀和支持，在彝园建设中，有意对一些建筑做了象征意义的规划设计。街道铺设了 8888 平方米的石板路，这吉祥的四个“8”字，预示着此园建成后不要再遇灾难，让昙华彝族人民过上四平八稳、兴旺发达的生活；经商能财源大发、日进八斗；出门能四通八达、八路通顺。整个彝园村落依山势而建，设有山门，民房自上而下排列，错落有致，形成民居一条街，街中有溪流穿行而过，四季山泉奔流劲涌，房前屋后，花木丛生，展示了彝族庭院依山傍水、林木簇拥的居住特色。从山门到街尾分九层台阶，共 999 级，预示着彝族人民幸福生活通达九霄云外、地久天长。每幢民居在建筑样式上也极具彝族风格，与以住的塔形垛木房、麻秸房和闪片房样式相仿。房屋开间，阳台设置，门上也保留了原来的造型，还配上了彝族图腾标志。每户均有四道门，每道门上有四个虎头图案，共有十六个虎头。这是因为相传老虎是彝族的祖先，天地万物都是用老虎的肢体来造的。在昙华地区流传着这样一则传说：相传在昙华山一带彝族中，尊虎为“百兽之王”，并自称为“虎族”，或“龙虎的民族”，当“天还在摇晃”，“没有撑天柱”时，格滋天神说：“山上有老虎，天下的东西要算虎最猛。引老虎去，哄老虎来，用虎的脊梁骨撑天心，用虎的脚干骨撑四边。”于是“造天的五兄弟”，上山把猛虎捉住，“牵着老虎往家来”。大家又把猛虎杀了，用虎的“四根骨做撑天的柱子”，“肩膀扛东南西北四角”，才把“天撑起来，天也稳实了”。用虎的左眼作太阳，右眼作月亮，虎须作阳光，虎牙作星星，虎油作云彩，虎气作雾气，虎肚作大海，虎血作海水，硬毛变树林，软毛变成草，骨髓变金子，虎肺变成钢，虎肝变成铁，大虱子变成老水牛，小虱子变成猪羊。大至虎皮虎骨，小至虎毛虎须，都是万物之源，一切有生物和无生物的形成，几乎都是由虎肢体变生来的。因为虎为人类作出了无法比拟的贡献，在彝族人民心目中，虎就成了他们崇拜和赞美的对象。

另外，每幢房屋基本设计也与传说中的莱西拉“天仙园”四合院结构相仿。彝园中有多少处造型奇特的建筑，就有多少动人的传说。整个彝远的设计，不仅体现出了设计者对彝族人文景观和民族文化的博学精深，而且展现了施工人员独具匠心的创意，从山门到街尾共分为四个平台、五层阶梯，预示着彝族人民四季平安、风调雨顺、五谷丰登、家畜兴旺。第一台为葫芦广场，记载了“人类起源于葫芦”的传说；第二台为日月潭，记载了“日月穿梭追逐和彝人射日”的传说；第三台为水碓场，反映出了彝族人祖先利用水利从事生产劳动的场面；第四台为马樱园，承载了米依鲁的传说故事。另外，月池浅潭有着月华印彩潭的故事，半月池记载着《半夜羊叫》的剧情故事。

二、文化多透镜：浓缩的文化空间

居住模式是一面文化多透镜，折射出了绚丽多彩的民族文化内涵，它将一个民族的物质文化空间、精神文化空间以及传统与现代交织的文化都浓缩在有形的建筑物和无形的人类行为中间，形成了一幅交汇的民族文化图景。

“经济发展方向和地理环境在很大程度上决定着各民族人民的物质文化特点，决定着他们的居住地和住房的类型，交通工具和搬运重物的方式以及饮食和用具、衣服、鞋帽和装饰等”，“每一个类型的文化特征首先取决于该类型所处地理条件所规定的经济发展方向”。① 这一经济文化发展理论，一方面说明经济因素和地理条件对居住文化的决定性作用，另一方面说明人类的居住行为再现了其所属地理环境下的物质文化与精神文化内涵。

（一）物质文化与精神文化的交汇空间

松子园老寨的传统住房多为院落式，正房住人，两厢多做磨坊和畜厩。正房一般分为左、中、右三间。右边住人，左边做厨房，中间做堂屋，堂屋一般都有一个火塘，塘内火种常年不熄。火是人类创造的第二种光照，它在文化史上的意义不亚于太阳的光芒，人第一次支配了这种自然力，从而最终把自身与动物界分开。② 彝族有火崇拜的习俗，视火塘为圣洁。所以在彝家做客，一般不能从火塘上跨过，不能向火塘吐口痰或投放秽物。火塘上置铁三脚可以支锅，或放吊锅，用来煮菜做饭。火塘是沟通精神空间与物质空间的媒介和交汇点。它具有强烈的向心趋势，是最原始的建筑空间形态，先民及现代彝族的一切活动空间都围绕火塘展开。③ 堂屋是家庭餐饮、会客、举行祭祀的地方，而这些活动都要围绕火塘来进行。在火塘烧木柴须先烧根端，木柴顶端顺对屋门口一方，以火塘为中心，上方为主人座位，左方是来宾座位，右方是妇女座位，下方是儿童座位，等次分明，不得违反。看似小小的火塘，在昙华彝族人民

---

① 林耀华：《民族学通论》，80页，北京，中央民族大学出版社，2003。

② 参见朱狄：《原始文化研究：对审美发生问题的思考》，440页，北京，三联书店，1988。

③ 郭东风：《彝族建筑文化探源——兼论建筑圆形及营造深层观念》，88页，昆明，云南人民出版社，1996。

的心目中却有着十分重要的地位，它是人们的精神寄托。火塘还具有一定的社会功能，每一个火塘代表一个家庭，分家则另立火塘。堂屋上方一侧，多安置男性家长寝榻，堂屋正上方的壁前，设有供桌做祭祀祖先之用。供桌上方壁上挖一洞，内置祖灵，祖灵是家中最神圣的空间，它具有沟通人神的作用，一般人不得看视。正屋前端，接一厦子，做家务杂事之用。

在老村，除了以上谈到的居住空间、厨房空间、祖灵空间之外，还有两个重要的物质空间，那就是储粮空间和牲畜空间。储粮空间位于堂屋上方的楼上，目的是保持粮食的干燥以便能长久保存，同时也暗示着昙华彝族对粮食的重视。粮食不仅是果腹之物，也是彝家人希望的寄托，“粮食丰收”预示着富足兴旺的生活。其次，世居山区的彝家人没有其他更多的财物，牲畜是他们最为重要的物质财富。牲畜的多寡代表其贫富，在过去甚至是权利的象征，所以牲畜往往被视为家中的核心财产而受到珍视。过去是从住房中隔一小间畜养牲畜，现在牲畜空间已经被分离出来。村中的垛木房、闪片房、麻秸房都用于饲养牲口或堆放喂养牲口的草料。尽管牲畜空间是整个村落居住模式中最简陋的一种，但它的作用和地位是十分重要的。

（二）传统文化与现代文化的交汇空间

灾后重建的彝园虽然是充满现代商业气息的建筑，但仍然是在原松子园老寨的建筑格调和民居特色基础上发展起来的。整个园区的规划设计和建筑样式都具有浓重的彝族传统文化特色。独立楼阁式的建筑、洁白的粉刷墙壁、水泥地板、西式阳台，再加上迎街的商铺，小桥流水、花草缤纷，看似有些别墅山庄的感觉。然而，剥去彝园现代化的外壳，呈现在眼前的依然是昙华传统的彝族文化特色。象征圣洁的火塘文化被完好地保留了下来，人们依然可以围绕火塘议事、聊天、吃饭。祖灵空间依旧被安排在堂屋中最显眼的位置，以示它的神圣和重要。在彝园，彝族服饰、手工艺——刺绣、羊皮褂、弦子等最为传统的彝族文化随处可见。商业化建筑带来的便利使得松子园拥有了自己的刺绣小店、羊汤锅店，在改善物质生活质量的同时，也继承和发扬了本民族的传统文化。此外，彝园弥补了老寨一直缺少娱乐空间的遗憾。“葫芦广场”是整个彝园最宽敞、平坦的地方，集娱乐休闲、文化交流为一体。喜爱唱歌跳舞的松子园村民，每逢喜庆之日都会换上彝族服装，不约而同地齐聚在葫芦广场打跳。若是在插花节、火把节或是过年的喜庆日子里，整个昙华乡的彝族同胞也都会来到松子园，在葫芦广场尽情欢跳。彝园已经成为松子园，甚至整个昙华乡最大的经济文化交流中心。

昙华彝族的原始宗教、图腾崇拜、自然崇拜等宗教文化意识浓厚，这些文化在彝园的建筑中留下了深深的印记。在彝园民居建筑中，从平面布局到各个主要部件上都体现出人与神鬼同在的观念。每一家的门楣处都刻有日、月、鸟、兽等象征自然界灵物的图案。大门的门面上雕刻有虎头像，屋内的梁坊、拱架等也雕刻有牛羊的头和角、鸟兽、花草等线脚装饰，这些装饰图案承载了昙华彝族的原始宗教信仰文化。当地彝族人喜爱黑、红二色，装饰色彩时也多以黑色和红色来体现质感美。此外，中国哲学思想和传统文化在居住建筑民俗中也随处可见。“太级”和“八卦”是我国古代哲学智慧的结晶，经过长期的流传，它们已成为我国传统文化的重要组成部分，在居住和建筑民俗中，起到了重要作用。① 彝园新村部分经商人家的正大门上端就挂有八卦图，中间还画有财神爷的图案，象征“招财进宝”之意。

彝园新村的建成相较于老村有了更多的现代化气息，然而老一辈的村民却更愿意生活在老村，因为老村的村落布局、房屋结构更能满足他们对逝去生活方式的依恋。这种依恋，其实就是一种文化情结。在年轻一代人身上，这种文化情结看似不甚浓厚，似乎追求的更是一种现代性的生活，具体表现在对于居住地的选择上是愿意在彝园新村生活，然而事实却是作为文化持有者新生力量在面对传统与现代的对接时，采取一种怎样的态度。新村彝园的建成是人们顺应社会发展规律，适应自然并战胜自然的必然结果，是对原有居住文化的再创造。对老寨的依恋也绝不是昙华彝族的落后和愚昧，而是他们对于本民族文化的守望，正是这种坚定的守望，昙华彝族文化因子才不会流失。

三、共存的文化：在“双宅”之中

松子园彝村“双宅式”居住模式是传统文化与现代文化融合与共生的表现。两种文化得以共存绝不是能动的修建行为使然，而是人们对本民族文化守望和调适的结果。透过老寨和新村的建筑外壳，剖析深藏的内核，才能更好地理解传统与现代两种文化如何在“双宅”之中得以共生。

由于特殊的地理位置，楚雄民族文化始终是开放型的，即它从古至今一直对外来文化开放，楚雄民族文化一次次接受外来文化的冲击、影响，不断吸收、融入外来文化，使本地民族文化始终处于扬弃、涵化、重组和转型之中，形成了今天相依互存，互相依附的开放性民族文化格局。② 昙华彝族居住模式在对外来文化表现出同他们民族性格一样的豁达大度，采取兼容并蓄的态度。彝园的修建，正是当地人对现代文化

① 参见钟敬文：《民俗学概论》，97页，上海，上海文艺出版社，1998。
② 参见杨甫旺：《楚雄民族文化的保护与传承》，28页，昆明，云南民族出版社，2004。

元素积极接受和吸纳的表现。而现代化的建筑形式也不是随意的、强制性的介人，而是与昙华当地的自然景观、人文景观相协调统一的。它承接了传统的彝族村落建筑格局，让昙华彝族的信仰文化、起居文化、审美文化和吉祥文化等都融入了其中，使传统文化与现代文化在相互调适和兼容统一中呈现出昙华彝族居住文化的多姿多彩。

文化的调适与共存还突出表现在满足人类需求的功能上。老寨和新村在居住功能上是互补共存的关系。新村为村民提供了便利的交通、完善的供电供水设备，还有宽阔的娱乐休闲空间。新的商业式建筑还为世代以农业求生存的山区彝族提供了新的、现代化的生计模式，人们可以通过经营小卖部改善生活质量。而老村，在现代化彝园的映衬下并非失去它的光芒，反而能凸显它传统的畜养功能优势——牲畜空间。彝园的设计规划中将牲畜空间忽略了，而老村特有的垛木房、麻秸房等建筑，依旧可以发挥牲畜空间的优势，弥补了新村的不足。

文化的发展是需要多元性而非统一性和唯一性的。而这种多元文化的存在需要人类主动、自觉、积极地去调适。现代与传统绝不是对立矛盾的两个词语，而是可以完美地统一于一体的。习惯于传统彝村居住模式的村民，当在自然界不可抗力下被动地选择了现代化的居住形式时，他们也懂得主动积极地调适自己以适应新的文化。他们在对原来传统文化保持强烈认同的同时，也渐渐对新的生活方式产生认同感。“双宅式”的居住方式在无形之中改变着松子园村民的观念、行为和认识。两种不同风格的建筑，不同形式的房屋布局交相辉映，相互守望。传统衬托出现代气息，现代又彰显出传统的内敛和深邃。

松子园“双宅式”居住模式是一种传统文化与现代技艺的完美结合，有着独特的内涵特质和艺术韵味，是地域民族文化的一朵奇葩。老寨和新村的“双宅式”居住格局，使地区优秀的建筑文化在现代地域建筑中重新获得生命的活力，有机地、自然地将地域居住特点和民族传统的丰富内涵融会到现代居住模式中。民族传统文化与现代文化在“双宅式”的居住格局中相互守望，和谐统一，创造出既有时代气息，又具有地域民族特色的居住文化。

浅析彝族土掌房的文化内涵及其保护价值

——以云南省泸西县城子村为例

平　慧

彝族土掌房是彝族先民的传统民居，距今已有几百年的历史，房屋层层叠落，相互连通，远远看去甚是壮观。云南省泸西县城子村的土掌房被当地人称为“梯子上的城堡”，土掌房的建筑结构和文化内涵都烙上了历史的印迹，后期彝汉混居，又融合了部分汉族民居的特点，逐步形成具有鲜明地方特色的民居建筑。

一、城子村土掌房概况

泸西城子村位于泸西县城南永宁乡境内大永宁行政村，因为优越的气候条件和得天独厚的地理位置，整个城子村依山而建，层层而上的土掌房，形成一级级台阶。现在全村670多户2680多人中，彝族人家已不足300户，大部分居住在南飞凤山，均以赵氏、李氏、张氏、曾氏为主。但其居住的土掌房仍占90%以上，其中南飞凤山400余户中，土掌房占99%，其中有700至900余年历史的约占15%，有400至700年历史的占35%，有100至400年历史的约占40%，有100年以下历史的约占10%。

“城子村曾是彝族先民白勺部的聚居区，清末大批汉族民众迁入”①，在彝汉杂居期间为免受歧视彝族先民均改为汉姓，其中赵氏居多。由于汉族人不断迁入，房屋样式也随着汉文化建造技术的进入而发生改变，房屋逐渐变成了“一颗印”样式，即一正房、二耳房和天井，土掌房便形成了彝汉建筑风格的完美结合。深得汉式建筑精髓

① 云南省泸西县志编纂委员会编：《泸西县志》，326页，昆明，云南人民出版社，2000。

的将军第①就是汉式门头及坡顶建筑，而屋顶与外墙的建造依旧保持传统彝族土掌房的特征。因此，城子村因自然及历史的发展，完整而真实地保存了不同时期民居的特点及发展过程，为民居建筑史的发展研究提供了一部活教材，堪称民居建筑文化与建造技术发展史上的“活化石”。

同时，在明清社会政治经济的影响下，土掌房形成了土司官署式和民居式两种建筑样式。前者以昂土司府遗址②和将军第为典型代表，其房屋建筑为土掌房屋顶，屋檐下皆雕梁画栋，极尽天工，它有彝族土掌房粗犷朴实的特点，又具有汉族细腻的雕镂风格，可谓彝汉建筑艺术风格珠联璧合。其中将军第为典型的“三间两耳一天井”式的两层土掌楼房。后者是民居式，村寨的整体布局依山就势而行、层层叠落，西高东低、背山面水，几百户人家自然相连与山坡融为一体，充分体现了人与自然和谐相处，达到了人与自然共生共存的完美境界。

二、土掌房的建筑特点

彝族建盖房屋，须择日动土，土掌房的建筑材料都是就地取材，主要是土、石、木，墙基以砂石、青石等为料，筑墙主要是砌土坯墙，其墙体平整、光滑、美观且十分紧固，适合雨水较多的地区，土掌房房顶用三合土，较为光滑，便于晾晒谷物。当地土掌房一般由楼房及平房两部分组成。“楼房是正房，三开间，耳房也叫厢房，一至两间。外墙无窗或仅有小窗，正房内（也有在耳房的）设灶、火塘，家人常聚于此取暖、议事、聊天。青年夫妇住楼下，老人小孩住楼上，粮食堆在楼上仓内。耳房可做灶房，可住人，也可关牲畜。”③

总的来讲，当地的土掌房可分为单体式和组合式两种类型。单体式土掌房即指仅有正三间的土掌房，正房为堂屋并兼做厨房，中间有火塘，次间为卧室，二楼为卧室并堆放粮食。这种类型的土掌房，其面积和可利用空间小，结构简单，其特点是容易建盖，具有很强的适应性。组合式是由正三间、左右耳房和中间天井组合而成，在城子村，组合式的土掌房居多，组合式土掌房主要包括曲尺型、完整型、瓦檐土掌房三种。其一，曲尺型建筑由正三间楼房与单边耳房简单组合形成，前面一间耳房一般做

① 将军名叫李德魁，字鼎斋，清朝咸丰、同治年间人。他因军功显赫，获朝廷“锐勇巴图鲁”封号，所住居宅称“将军第”。

② 明成化年间，广西府（今泸西县）彝族土知府昂贵所建的土司府。昂贵败亡后，土司府大部分房屋被大火焚毁，已面目全非，只留下一点遗址。

③ 李永生：《彝族的土掌房》，载《云南社会科学》，1995（6）。

卧室或厨房，这种类型的建筑，其面积相对扩大，可利用的空间增多，正三间的结构和摆设及用途等与单体式土掌房并无大的差别。其二是完整型建筑，是当地传统土掌房民居的完美形式，也是典型的“一颗印”样式，它包括正房、耳房、天井。其正房是三开间二层平顶土房，前带廊或无廊，耳房为平顶土房，屋顶设有一漏口，晒过的粮食直接由此装进粮仓，既方便又省事。其三是瓦檐土掌房，它是改进型建筑，多由组合型土掌房改进而成，主要是在土掌房的正面及耳房前加瓦檐而成。在城子村，只有经济条件好的家庭才有能力建盖瓦檐土掌房，它也是当地彝汉文化融合的历史结晶。

三、土掌房的文化内涵

土掌房的文化内涵是凸显彝族精神文化的重要表现形式之一，它真实地反映了彝族先民在千年的文化母体中的流变，同时在具备了土掌房这一物质文化现象之后，极大限度地主宰了彝族人的传统文化理念，从更深的层次形成了民族文化心理，该文化心理一直以来以无形的方式影响着他们的宗教意识观、生存观、社会道德观和审美观。

（一）土掌房反映的宗教意识观念

费尔巴哈曾说：“自然崇拜是宗教的最初原始对象。”彝族先民对自然物注入了人类的亲族观念，因而土掌房依山而建，层层叠落形成一级级台阶，当地人称山体为自家的“母体”。依照地势的特点和传统风水学说，当地的土掌房有了许多变化，构成了城子村特有的民居建筑。

明成化年间，由于商业经济的繁荣，土掌房的建造理念逐渐融入了佛教思想，比较典型的是昂土司率先在土司府的建造过程中结合了佛教中的风水学说，因而土掌房不仅蕴涵着丰富的自然崇拜观，而且还渗透着佛教观念，这也是彝汉文化融合的具体呈现。

城子村随之在村寨的选址建设过程中，体现了佛教中的传统风水学。中国古代风水歌吟：“……城子村背依高山，且山势蜿蜒曲折，是为来龙；中大河流经村头，并在村头弯作环形；飞凤坡前地势平坦、宽阔，是为明堂宽大……站在村后山向下俯视，可见村前有朝山、案山，且案山作三台之形，左右分布日、月二山，左青龙属木，右白虎属金，上朱雀属火，下玄武属水……”① 城子村在遗址与建设上多处符合中国传统风水学说，是传统风水学说指导村寨建设的一个典型案例。

（二）土掌房中火塘反映的生存观

彝族土掌房作为一种物质文化载体或符号，它的背后才是彝族先民传统精神文化的体现②，其中火塘就是重要的文化符号。土掌房一层居中为堂屋，堂屋中设有火塘，火塘设在正堂屋的左下方或右下方的位置，它是每一户彝族家庭生活的重要角色。火塘上面放有一个三脚架（又称为“锅庄”），女人筹备一家人的伙食依赖于此。由于彝族人多居高寒山区，冬天尤为寒冷，全家人就围坐在火塘周围，商量家中的大小事情，如老人的丧事、儿女的婚姻、来年的生产计划等。同时，火塘也成为彝族文化传播的摇篮，小孩围着家中的长者坐着，听长者讲述彝族民间的神话、传说和故事，在一代一代人的讲述中，彝族文化影响和激励着年轻的彝族人，让他们更深刻地了解自己的民族，在成长的过程中不断汲取彝族文化，在生为彝族人之后逐渐成为真正的彝族人。另外，彝族人的性格也如同火塘中跳跃的火苗一样奔放热情，彝族人好客，所以待客也很讲究。这主要体现在宴席的座次上，家中的女性不能上席，由男主人招呼客人，最尊贵的客人要坐在进门火塘位置的最上面的位置，如果客人很多，就按照客人的身份、辈分或其他依次坐在左边，主人家的男主人则坐在火塘最上面的位置与客人相对，以此方便招呼客人吃饭。此外，家中有祭祀活动也是安排在火塘的旁边，其中驱鬼的祭祀表现十分突出。彝族人认为火塘神圣至极，具有强大的力量，所有不干净的东西都不敢靠近而远离火塘；“接祖”仪式更加有力地证明了火塘的中心地位，彝族人从出生到死亡都围绕在火塘边，要让亡魂找到自己家，就要让他找到他生前所熟悉的火塘才能顺利地回家。

彝族人的饮食、取暖、照明、会客、议事以及宗教活动都源于火塘。城子村人认为火塘是家庭的象征，火塘中的火一年四季不熄灭，预示着家人的生活长年红火。若是火熄灭了，则认为是触犯了火神，家中就要举行盛大的宗教活动，以此来表达对火的崇敬之心。由此看来，彝族人的确是火的民族，每个彝族人的一生都与火存在着不解之缘，因此，彝族谚语说：“生于火塘边，死于火堆上。”

（三）土掌房反映的社会道德伦理观

彝族人的道德伦理观是彝族人识别于他种民族的无形准绳，从彝族人家庭结构中

---

① 土掌房［EB/OL］. http：//baike. baidu. com/view/895631. htm.

② 参见张含、谷家荣：《简论云南彝族土掌房的文化内涵——写在云南石屏麻栗坡树村土掌房调研之后》，载《中南民族大学学报》（人文社会科学版），2004（8）。

的房间的分配就能看出这一点。堂屋两侧各有两个房间，左侧靠里的房子归长子，靠外的归次子，右侧靠里的归三子，靠外的归四子。若有更多的儿子，还可以住耳房。如果还不够住的话，父母就要想办法建造新房子。若只有两个儿子，则左侧两间归长子，右侧两间归次子；"若为独子，则居于左侧两间，右侧归父母住。儿子们的房子都是给他们准备的新房，只有在其结婚后才能真正占有。堂屋楼上为'正楼'，是供奉祖先牌位的地方。若新婚人住'正楼'，那是不懂规矩，不尊敬祖先"①。

如果客人留宿主人家，最尊贵的客人就住左侧靠里长子的卧室，长子则同次子住或到朋友家住。由此可见，城子村彝族人的尊卑长幼分得很清，不可颠倒，不得越次。同时，从土掌房的空间秩序、居住安排以及主人接待客人的习惯来看，都很符合儒家尊卑、长幼、亲疏、男女、内外不同的礼制秩序。

土掌房家家相连、户户想通的房屋结构也搭建了彝族人人际交往的平台，亲戚、朋友交往频繁，同时寻求帮助也很方便，如果有哪家需要帮忙只需喊一声，周围的邻居就会赶来帮忙。正是因为存在这样紧密的联系，在一定程度上抑制了偷盗等犯罪行为的发生，维护了城子村的安宁与和谐。

土掌房的空间布局反映了彝族人的家庭结构和严格的伦理秩序，同时，"传统民居土掌房的住居行为体现了中国住宅文化中'长幼有序，内外有别'的家庭制度和规范社会道德的伦理文化"②。

（四）土掌房反映的审美观

城子村的生存环境、历史文化渊源及其发展演变对当地彝族人的心理、性格和审美意识造成影响，使他们有着不同于其他民族的审美追求，从而深刻地影响土掌房的风格，具体表现在对建筑材料和房址的选择及房屋基本构架和结构形式的确定。反过来说，彝族人的性格、精神风貌、审美意识，甚至历史文化也在土掌房中得到明显的体现。与白族的"三坊一照壁"民居所体现的明快大方、精巧雅致的审美心理，藏族碉楼所追求的崇高审美意识，傣族竹楼所反映的含蓄内敛的民族性格相比，彝族土掌房层层错落、水平伸展所显示的雄伟壮观则表现了彝族热情坚韧的民族性格；曾经富丽堂皇的昂土司府与苍劲古朴的将军第镶嵌在古村落之中，也体现了彝族人对统治者的忠实与诚恳的民族心理。

---

① 朱凌飞：《对电影〈花腰新娘〉的人类学解读》，载《民族研究杂志社》，2007（1）。

② 李朝旺：《石屏彝族民俗》，68页，北京，中国文联出版社，2002。

四、土掌房的保护价值

土掌房是原始古老的彝族建筑，它之所以长期存在，究其原因有以下两点：

第一，自然因素。据彝文经典《村落歌》记载："河谷有傣家，山果住扑拉，田坝有尼苏，林边有哈尼，高山有苗家，林中住瑶家。"到城子村，你就会发现土掌房是一种比较适应山高坡陡的自然环境的民居建筑，具有自身的某些优点。首先是经济实惠，就地取材，山区拥有的丰富资源，不需到外地搬运和购买。建筑材料的丰富，是促成土掌房长期存在的重要原因。其次是冬暖夏凉，居住舒适。

第二，经济技术因素。村中彝族和汉族接触较多，彝族已受到汉族的影响，土掌房已经逐渐被瓦房所取代。明清以前城子村在封建统治下封闭而保守，对当地的社会进步和经济发展形成极大的制约和阻碍。由于缺乏改造居室的实践活动，建筑技术也难以进步发展，只能沿袭世代的传统，发展十分缓慢。土掌房的长期存在，实际上从一个侧面折射出城子村的贫困。

土掌房是少数民族建筑中的瑰宝之一，它传递给人们的信息，不仅是彝族人简单的居住条件与形式，还是一个民族在历史变革中奋勇前行的历程。因此，对于土掌房的现代保护，将从以下四个不同的视角来探讨。

从文化保护的角度来看，土掌房是彝族人智慧的结晶，城子村土掌房如同滇南其他地区的土掌房一样，有着自己特别的发展历程，聪明的城子村彝族人根据当地气候、地形等条件，建造出赋有"梯子上的城堡"之美称的城子村。这就是各少数民族所具有的独特技能，他们做到了因地制宜，创造出了灿烂的少数民族建筑文化，如傣家竹楼、苗家吊角楼、蒙古人的蒙古包、藏族的藏式碉楼等。土掌房的功用及结构特点决定了其适应于城子村的自然环境，适合于当地的农业生产生活所需。此外，彝族土掌房采取木构架和土墙同时承受屋顶重量的办法，对战争、地震等灾害有一定的抵御作用。随着社会经济的发展，土掌房正在逐渐消失。在过去，城子村彝族人微弱的经济能力导致他们不可能有经济实力改造居室，落后的交通也限制了他们与外界的交往。但近年来在建设社会主义新农村的浪潮下，村村通公路解决了城子村的交通问题。交通的改善促进了城子村社会经济的发展，村民的收入增加了，他们有钱改造自己的居室了，在原来的地基上翻盖新居。他们效仿当地的汉族建盖瓦房，瓦房逐渐取代了土掌房。在国家文化遗产保护的政策下，当地政府应及时采取措施保护即将翻新和还未翻新的土掌房，使之得以保存下来。与此同时，政府在老村落的对面规划土地，建盖新房的村民可以通过合法且简单的程序申请到土地。

从生态环境保护的角度来看，土掌房的保留在一定程度上保护了当地的生态环境。土掌房在符合了当地自然条件和经济条件要求的同时，虽然存在着经常漏雨、木构架易于腐烂、更换周期短、耗费大量木材等问题，但由于每年城子村的彝族人都会在村长的带领下大量种树，这样不仅保证了每家每户建房所需的木料，解决了耗材大的问题，而且还起到了保持水土和涵养水源的积极作用。除此之外，每户人家都要出一个劳动力参与保护村子里的树不被砍伐，同时还制定了相关的规章制度来约束乱砍滥伐等不法行为的发生，促进了森林环境的保护。因此，土掌房在得以保留与传承的同时，森林资源也得到了有效的保护和合理的开采与利用，从而实现了人与自然的和谐与共生。

从物质文化遗产保护的角度来看，城子村的土掌房已有几百年的历史，这里原是彝族先民白勺部的聚居地。后来，汉族居民逐渐迁入，土掌房便成了彝汉风格的完美结合。城子村的人对这种土掌房情有独钟，他们觉得，“不住这土筑房子不习惯，不住这土筑房子不舒服”。有的人认为，“宁蒗县泸沽湖畔摩梭人的婚姻生活是原始‘走婚制’的化石，泸西县城子村的土掌房就是原始唯美主义建筑的琥珀”。城子村里独特的彝族民居，引起在此考察的一些专家的关注。他们认为，城子村的民居建筑具有很高的科学研究价值和观赏价值，是罕见的民居建筑群，是古代文明与现代文明交融的一种奇观，其建筑基本上符合世界文化遗产的标准，有独特的历史价值和审美价值。与此同时，这种独特的城子村土掌房彝族民居既体现了一种人与人之间团结和睦、信任友善、互助和谐发展的良好关系，又节约了占地面积，顺应了山势，保护了生态环境的完整，充分表现出劳动人民的聪明才智和创造精神。

从旅游开发的角度来看，土掌房历史悠久、造型独特、民族特色浓郁、颇具韵味，并且整个村落景色优美、民风淳朴，具有独特的审美价值。笔者认为，要充分开发城子村的旅游资源，就要与物质文化遗产保护相结合，突出城子村的地方特色，使之资源优势最大化。泸西县委、县政府为做好保护与开发工作，先后投入了20多万元，对城子村进行了规划建设，修建了停车场，改善了环境卫生，对“将军第”、“姊妹墙”、昂土司府等景点进行了原始性修复，制定了景点游览线路。目前，城子村已与石林风景区、泸西阿庐古洞、九溪山森林公园、丘北普者黑风景区连成一条旅游线路。旅游线路的开通促进了城子村经济的长足发展，提高了当地农民的生活水平，部分家庭已经达到小康水平，旅游业的不断发展使城子村人民找到了致富奔小康的新路子，充分体现了社会主义新农村建设的宗旨和指导思想。

综上所述，云南省泸西县彝族民居土掌房在历史演变过程中，形成了独特的彝汉结合的建筑风格，它顺应山势的建造和结构无不向人们传递着城子村彝族人经过百年汉文化的浸透，已经由最初的自然崇拜不断发展为多元文化信仰。同时，在审美观念上土掌房也是兼容并包，房屋的结构循序渐进地吸纳汉式房屋的建造元素，也不失彝族原有的风格，昂土司府和将军第就是建筑群中的典型代表。然而，在伦理道德伦理观和生活礼仪中，仍然不失彝族人祖祖辈辈传承下来的有序秩序，依旧保留了朴实的彝族人男尊女卑、长幼有序、热情好客的传统。这些都毫无掩饰地证明了彝族文化在传承中得以发扬，可谓取其精华去其糟粕。此外，通过了解和认识土掌房的特点和文化内涵，我们可以从文化保护、生态环境保护、物质文化遗产保护和旅游开发的角度来研究土掌房的现代保护价值。彝族民居土掌房体现了彝族人无穷的智慧和巨大的创造力，是一份极其厚重而珍贵的历史文化遗产，“它比用文字记述的历史更真实、更具体、更富有价值”①。

① 参见杨庆：《试论云南民族建筑的文化特征》，载《云南民族大学学报》（哲学社会科学版），2007（1）。

五、社会发展

彝语支民族婚姻家庭形态

朱文旭

一、彝语支民族文化中反映的血缘婚

恩格斯根据摩尔根《古代社会》一书中对类别式亲属称谓制相应的古代婚姻曾出现过“血缘家庭”的结论而加以肯定地说：“血缘家庭——这是家庭的第一个阶段。在这里，婚姻集团是按照辈分来划分的。……这种家庭的典型形式，应该是一对配偶的子孙中每一代都互为兄弟姊妹，正因为如此，也互为夫妻。”① 人类在早期社会自然选择过程中，逐渐意识到父母子女间的两性关系会造成不良后果，于是第一步便排除了父母与子女间的两性关系。这样，便出现了按照辈分划分婚姻集团，即集体共居的同辈男女之间既是兄弟姊妹，又互为夫妻，而禁止不同辈分的男女之间的婚姻。摩尔根在《古代社会》一书中说，最简单、最古老的五等亲属制是早已绝迹了的“血缘婚”的例证。

源远流长的神话传说虽然使今天的人们觉得荒诞离奇，然而其中的很多内容和现象反映了今日人们很难理解的人类古代社会所经历过的历史事实。神话是原始社会的特有产物，马克思说：“由于血缘的联系（尤其是一夫一妻制产生后）已经湮没。而过去的现实看来是反映在神话的幻想中。”② 蜀、滇、黔彝族地区都或多或少地流传着古代洪水泛滥时只剩兄妹两人，兄妹结成夫妻繁衍子孙的神话故事。我国西南其他民族也普遍传说“兄妹成婚”的神话故事。这些神话故事反映了人类早期的血缘家庭

① 《马克思恩格斯选集》，第四卷，31页，北京，人民出版社，1972。

② 马克思：《摩尔根〈古代社会〉一书摘要》，169页，北京，人民出版社，1965。

现象。

彝语支民族兄妹成婚神话说，洪水泛滥后只剩下兄妹二人，后来天神让兄妹到山头滚石磨、滚簸箕，用这种占卜的方式看看是否能成亲。兄妹二人只好听从神的旨意结合，世上便有了人。

彝语支民族兄妹成婚神话，一方面反映了血缘婚姻家庭的历史事实，正如马克思所说："在原始时代，姊妹曾经是妻子，而这是合乎道德的。"① 另一方面通过占卜，如"滚石磨"、"滚簸箕"、"滚筛子"、"穿针线"、"山头点火"等占卜来决定婚姻，从中可以说明人们逐渐认识到它的不合理性而产生的抵触情绪。关于兄妹成婚神话，还反映在一些民族传统文化习俗上。据说文面与血缘婚有关。台湾泰雅族人传说：远古只有姐弟二人。姐姐担心人类如何繁衍问题，想和弟弟结婚以传子孙。弟弟认为姐弟不能结婚。姐姐只好骗弟弟说："明天傍晚，有一个女人在山下等你，她就是你未来的妻子。"弟弟信以为真，欣然赴约。到了约定的时间和地点，姐姐拿了黑灰涂上脸颊，弟弟认不出眼前的女人。两人终于结婚，人类因而繁衍。泰雅族人的文面习俗就这样流传了下来。同时，这些神话在否定血缘婚时，却认为兄妹成婚是天神的旨意，神的安排。但氏族看到长期延续的血缘婚的后代脆弱。达尔文从生物学角度指出："近亲之间连续若干代的近亲交配，在同样的条件下，几乎永远招致身体的缩小，衰弱和不育。"因此氏族实行氏族外婚，禁止血缘婚。认为兄妹婚是不合人伦、风规的。同时我们看到在兄妹成婚后，生下的后代不是哑巴就是肉坨、肉团等。这些情节都是对血缘婚的否定。

二、彝语支民族母系氏族走婚制婚姻形态

人类婚姻家庭发展史上的第二个进步就是摩尔根所指的"普那路亚"氏族外婚制婚姻家庭形态。这种普那路亚婚姻形式就是同一集团内的同辈男女中，男子必须以外氏族的女子为妻，女子必须以外氏族的男子为夫，即一群兄弟成为外氏族一群姐妹的共同丈夫，而一群姐妹成为外氏族一群兄弟的共同妻子。女子是氏族内的基本成员，男子只是到女方处过婚姻生活，由于是群婚，故所生子女"只知其母，不知其父"。

云南、四川交界的泸沽湖摩梭人地区盛行男不娶、女不嫁的走婚生活。"阿夏"有的地方叫"安达"或"阿注"，纳西族语中意为"情侣"。建立阿夏关系的男女双方各居母家，男子夜晚到女阿夏家偶居，次日清晨返回母家生产与生活。建立阿夏婚

① 马克思：《摩尔根〈古代社会〉一书摘要》，169页，北京，人民出版社，1965。

的男女所生子女归女方，属于女方家庭成员，由女方家庭成员抚养教育。生父与子女不在一个家庭生活，经济上没有必然联系。

走婚的男女双方各居母家，彼此分属于不同的生产生活单位，没有共同的经济基础，因而双方彼此约束力较小。阿夏关系的建立主要基于性生活和传宗接代的需要。阿夏关系的建立和解除十分简便和自由，只要男女双方同意，即可建立阿夏关系，不必举行任何仪式。男女双方不再来往即表示阿夏关系的解除。

建立阿夏关系的男女双方虽然没有共同的财产，生产、生活分开，但相互间仍有一定的经济联系，如男女双方互相馈赠礼物，双方家庭在生产生活中互相帮助等。随着男女双方经济联系的加强，阿夏关系亦日益巩固。阿夏关系有短到几个月或几天的，也有长达几年甚至几十年的。建立临时阿夏关系的男女双方多不公开其阿夏关系，男女公开其阿夏关系后，一般即开始稳定下来。

有一些建立阿夏关系的男女双方，走婚期间产生了一定的感情，而又需要彼此关照。在这些基础上，他们往往出于双方自愿，不必举行任何仪式而建立同居关系。此时，男女双方不再是各居母家，而是同居一家，共同劳动，共同生活，共同抚养和教育子女。这种从阿夏走婚发展起来的阿夏同居婚，属于对偶婚的范畴。

纳西族母系家庭其世系以母系血缘关系为纽带，由母系计算，即传宗接代的继承人是女儿而不是儿子。在永宁纳西族社会里，妇女不仅是母系家庭血缘纽带的核心，而且是母系家庭的生产和生活的组织者和管理者，在家庭中和社会上都享有崇高的地位。母系家庭都有一个家长，负责生产安排、劳动分工、财产管理、生活安排和宗教祭祀，一般都由年长或能干的妇女担任。

在彝族民间神话传说中，也有以走婚和母系家庭为中心的母系氏族家庭的反映。神话传说《支格阿尔》说，支格阿尔在滇池北边有一个情人，在滇池南边有一个情人。他经常骑着天马飞越滇池走婚。后来滇池南边的情人想留住支格阿尔，悄悄剪断了天马的翅膀，支格阿尔不知情，在飞越滇池时掉入滇池而亡。彝族创世史诗《勒俄特依》说：“远古的时候，吾哲施南一代生子不见父……石尔俄特八代生子不见父。石尔俄特啊，要去买父亲，要去找父亲。”这说明彝族社会经历了漫长的母系氏族婚姻家庭形态。

三、彝语支民族父系氏族对偶婚婚姻形态

彝语支民族的姑舅表婚和姨表不婚的氏族外婚制的特点是：“禁止族内婚就排除了同胞兄弟和姐妹的结婚，也排除了同胞姐妹之子女的结婚，因为他们都是属于同一

氏族。”① 兄弟的子女彼此之间是兄弟和姐妹，姐妹的子女也处于同样的亲属关系中，所以禁止他们结婚。但是到第二代，兄弟们的子女和姐妹们的子女则可以相互结为夫妻。因为他们已经属于几个不同的外氏族。

恩格斯提到对偶婚时说：“它是在野蛮时代的中级阶段和高级阶段交替的时期从对偶家庭中产生的；它的最后胜利乃是文明时代开始的标志之一。”② 对偶婚的主要特点是男女配偶间的同居关系逐渐形成，也就是在人们对于群婚逐渐感到厌恶的情况下，要求有较为稳定的婚姻关系。这样，在自然选择中结合起来的男女配偶同居关系逐渐形成一个男子在许多“妻子”中有一个主妻，一个女子在许多“丈夫”中有一个主夫。但这种男女之间的婚姻关系还不是牢固的，并非独占同居，男子只是暂时到女方氏族过一个时期的“从妻居”生活而已。这种婚姻关系没有什么保障，没有共同的经济基础，个人及其物品均属各自的母系氏族，所生子女也自然是“只知其母，不知其父”，世系和财产继承权仍按母系确定。

（一）兄弟共妻

兄弟共妻和姐妹共夫是群婚残余，群婚是实行集团婚配的。马克思说：“一群兄弟有共同的妻子，一群姐妹有共同的丈夫。”③ 在四川木里藏族自治县俄亚纳西族自治乡的婚姻形式主要是一夫一妻制，同时保留了多夫制和多妻制，兄弟共妻和姐妹共夫。兄弟共妻的结婚仪式同一夫一妻制婚相同。结婚时，婚礼由媒人主持，共妻兄弟一道参加，每人赠给新娘一件礼物，有项圈、手镯、腰带、手帕、头巾、衣服等，并轮流到岳父家向岳父母及长辈亲属磕头致谢，取得共妻的权利。三天后，新娘即回娘家长居，保留了“不落夫家”的习俗。在此期间，共妻兄弟可以轮流到岳父家走访，白天帮岳父干活，晚上同妻子偶居，保留了短期的从妻居。

新娘在实行从夫居后，兄弟共妻的夫妻生活主要由妻子来安排。各兄弟和妻子分别有自己固定的卧室。平时，他们各在自己的小房间休息。当妻子决定当晚同某夫偶居时，则穿戴上该夫送的礼物。入夜，这个丈夫可以到妻子的卧室偶居。妻子也可以在门前挂一个信物，暗示某丈夫今晚可以同她过夜。有的妻子轮流到各个小房间，与住在该房的丈夫同居。某丈夫想同妻子偶居时须在夜深人静时，轻轻地步入妻子的卧室过夫妻生活，事毕即回。为防止其他兄弟破门而入，须在门前挂一信物，以示房内有人，切勿闯入。所以，各兄弟同妻子过偶居生活时，互相要克制谦让，其嫉妒心理

---

① 马克思：《摩尔根〈古代社会〉一书摘要》，169页，北京，人民出版社，1965。
② 《马克思恩格斯选集》，第四卷，31页，北京，人民出版社，1972。
③ 同①。

要受到抑制，以维护兄弟和夫妻间的团结和睦。

在多夫的家庭中，妻子成为家庭的主妇，占有较高的地位。她协助丈夫处理各种家务，对财产的处理有发言权。妇女在家庭中的地位，体现了母权制时代妇女的崇高威信。多夫制家庭中，男子名义上是共妻，不能完全满足多夫的性要求时，实际上他们可以去结交阿夏过性生活。俄亚纳西族的兄弟共妻相当普遍。兄弟共妻有两兄弟共妻、三兄弟共妻和四兄弟共妻三种。两兄弟共妻的夫妇情况比较多。

（二）姐妹共夫

在四川木里藏族自治县俄亚纳西族自治乡，姐妹共夫婚姻的形成主要因为妻子久婚不育，或只生女孩、不育男孩，为了解决继嗣需要，男子才再娶一妻，实行多妻制。有的不育妇女，担心丈夫娶别家女子为小妻影响自己的地位，便说服或支持丈夫续娶自己的姐姐或妹妹为妻，实行姐妹共夫，有女无儿的人家，既缺男劳力，又无继承人，只能由女儿招婿上门。有两个女儿的人家，为防止女儿因分家产闹纠纷，便由二女共一夫，实行姐妹共夫。姐妹共夫一是亲姐妹共夫；二是非亲姐妹共夫。姐妹共夫，男子无须支付女方彩礼和花费较多的结婚费用，可享受多妻制的生活。上门的男子要改从妻方的家名，成为女方的家庭成员。

兄弟共妻、姐妹共夫的婚姻形态，流行范围包括俄亚纳西族乡的苏达村、卡瓦村、立碧村和鲁司村。这种一夫多妻、一妻多夫的婚姻形态是从什么时候在这里兴起的，已无从考证。但是，它的生命力确是经得起时间考验的。数百年来，俄亚人从不会因为争妻或争夫而导致家庭的不和。在大村，无论是兄弟共妻，还是姐妹共夫，都有一个共同的特点，就是将对方娶回家，共同生活在这个大家庭中，这里没有男尊女卑，娶回的不管是妻，还是夫，只要他们有管理家庭的能力和智慧，那么在新的家长更替中，他们就有可能成为这个家庭新的家长。千百年来，人们心甘情愿地遵守着这个约定俗成的婚姻习俗，这和阿夏走婚的存在有着密切的关系，它们既相互影响，又相互补充，它们共同存在于这个相当封闭的特殊环境中，才会出现几种婚姻形态同时存在的局面。

（三）“不落夫家”婚姻习俗

母系氏族家庭时代的婚姻是从妻居，父系氏族家庭时代的婚姻是从夫居。所以，从母系氏族转变为父系氏族是从妻居改为从夫居，子女的血统由母系改为父系。妇女被迫出嫁，实行从夫居，从而失去在母权制时代的地位和旧时的性交自由。这引起妇女的反对，她们极力阻挠和推迟从夫居，保留各种形式的从妻居，出嫁姑娘“不落夫家”就是其中的一种形式。

俄亚纳西族的婚姻主要实行从夫居。但是，姑娘在从夫居前保留了较长时间的留居娘家的“不落夫家”的习俗。当地习俗，新娘在婚后三天即回娘家长住，同自己的父母、兄弟一块劳动，共同生活。逢年过节或农忙时，男方派人来接她回夫家暂住数日，而后又回娘家，一般在生儿育女后才回夫家长住。有的女子生儿育女后，仍留住娘家一段时期，新娘在“不落夫家”期间，新郎可以不定期到岳父家走访，白天帮岳父劳动，晚上同妻子偶居，建立短期的从妻居。在“不落夫家”期间，男女双方都可以结交情人，恢复婚前的社交自由。姑娘在“不落夫家”期间怀孕，要回夫家分娩，象征这孩子为其夫所出。俄亚纳西族姑娘在不落夫家期间怀孕，不一定要回夫家去生产，可以留在娘家分娩，所有这一切都是母权制遗风的反映。

（四）双系家庭

纳西族的双系家庭可以说是群婚的残余，也是早期对偶婚的萌芽。双系家庭中既有母系成员，又有父系成员，从而产生了母系亲属和父系亲属。这类家庭通常有两种情况：一种是现存的家庭成员中，其中一代或两代有男成员正式娶妻及引进女阿夏同居，又有一代或两代男不娶、女不嫁，过阿夏婚姻形式的生活，于是家庭成员中便有一代或两代的血统从父，又有一代或两代的血统从母。另一种是在一代人之内，一部分男子娶妻，一部分女子不嫁，从而在下一代的成员中，既有血统从母的成员，又有血统从父的成员，两类血统的成员并存于一个家庭之中。

在父系家庭为主的纳西族社会里，有些地方男女间只要不违背通婚禁例，都可自由结交“情侣”，其方式是多种多样的。已婚男女结交“情侣”是不公开的，要回避自己的配偶、父母和兄弟姐妹，秘密进行。一般由男子在夜深人静时，悄悄地来到女家的屋顶阳坝上，按事先约好的暗号 进行联系，女子闻声后便出来迎接他，在她专用的卧室内偶居。秘密结交的男女，时间一长，村民是会知晓的，不过他们对结交不会非议。随着关系的公开化，只要双方父母同意，他们可以正式结婚成为夫妻关系。男女之间维持“情侣”关系的时间视双方的感情和需要而定。一个男子可以结交几个“情侣”过“多妻”的生活，一个女子可以结交几个“情侣”过“多夫”的生活。这种“多夫”与“多妻”具有早期对偶婚的特点，保留了群婚的残余。

彝语支民族经历的“普那路亚”婚姻家庭形态的情况在《华阳国志》中有所记载。《华阳国志·南中志》载：“其先有一妇人，名曰沙壶，依哀牢山下居，以捕鱼自给。忽于水中触有一沈木，遂感而有娠。度十月，产子男十人。时哀牢山下复有一夫一妇，产十女，元隆兄弟妻之。元隆死，世世相继，分置小王，往往邑居，散在溪谷，绝域荒外，山川阻深，生民以来，未尝通中国也。南中昆明祖之。”

四、彝语支民族转房婚姻习俗

近代凉山彝族社会曾盛行转房制婚姻，这是彝族社会发展史上一定条件下形成的产物。它主要表现在五等亲属制中，即自身、父辈、祖父辈、子辈、孙子辈。妻子作为父系的家庭财产，夫死后可以转房。凉山彝族称转房“西莫石”，意为“领娶他妻”，这一习俗在新中国成立前的凉山彝族社会极为流行。妇女死去丈夫以后，一般在40岁以前的生育年龄，特别在没有小孩的情况下，要转嫁给丈夫的兄弟和其他人。根据“兄死弟在，牛死厩存”的习惯，先转同胞兄弟，如没有同胞兄弟则按血统近远顺推，至平辈兄弟中没有适当人选，也可以转给长辈或晚辈，但上下以不超过三代为限。侄媳可以转嫁给叔父，后母可以转嫁给儿子，儿媳可以转嫁给公公。但姑表亲不能转给丈夫的父亲，因为姑姑的女儿是父亲的外甥女。亲生母不能转给儿子。

转房是一个家族内部的事情，由亡夫的父亲或兄弟与家支头人共同商议确定人选，多不征求妇女本人同意，最后以头人的名义作出决定。一般在遗体火化后要经历一段时间才能举行，但为避免有第三者争夺或其他事情发生，也可在火化当天或第二天举行。

转房可以视为丈夫家族的一种权利，实际上把妇女视为丈夫家族可以转让的财产，因而转妇的意愿很难受到尊重，双方年龄可以出现很大的差距。

转房也是丈夫家族的一种义务。如男方不按规矩转房，女方认为是一种耻辱，可把女儿接回娘家，从此不通往来。如男方找不到适当的转房对象，妇女可以改嫁，但应由男方给予适当赔偿。不过女方如已有子而不愿转房者不能强迫。

转房时采取从妇居或从夫居，这取决于其中一方是否拥有财产。如转夫家中没有财产，而转妇有财产，应取从妇居即前往转妇家中上门，这明显地带有原始社会的群婚残余。如转夫家中有财产，而转妇的财产由儿子继承，如转妇无子则由其家门吃绝业，转妇从夫居即前往转夫家中成为父系制下男子娶来的妻子。

如果一个男子原已娶妻，由于转房出现了事实上的多妻，但应与前述的一夫多妻加以区别，因为这不是少数头人或富有者的特权，而是一般人户乃至贫穷人户之间都很流行的婚姻制度。

如果男子原已娶妻，则原妻成为大妻而转妇成为小妻，只能留在亡夫家里由转夫前往上门，以后两妻分住在不同的地点，而转夫来往于两妻家中，这又明显地显示一夫多妻制对转房的影响。

如果男子原已娶妻，转房时应向原妻赔礼，数目因等级与辈分的高低不同而有区别。以等级来说，在黑彝中，一般规矩是送 9 钱金子、50 两银子、1 匹绸子，妻的姊妹共送 50 两银子，妻的兄弟送 30～50 两银子，此外还要打酒杀牛款待。实际执行时多有伸缩。一般曲诺只须送少数礼物。至于辈分，一般转给长辈彩礼较重；同辈互转，彩礼较轻；弟弟娶嫂，彩礼更轻。

由于非同辈转房，同母所生的子女对母亲的称谓虽未变，对母亲原夫与现夫则称谓上各有不同。彼此之间，虽可按母论兄弟，但因彝族地区实行父子连名制，在将来背家谱算辈分的时候，仍可依其生身之父的辈分论高低。

在父系制与父权制度下面，转房制的存在虽然表明妇女地位的低下，但是如在男方家族内找不到合适的对象，应对寡妇的地位给予必要的尊重，不能引诱或强迫。如有违反，应以赔礼的方式受到惩处。不过，新中国成立前有的奴隶主也强迫自己的娃子转房。凉山彝族的转房制度已经深深地打上了奴隶制的烙印。

民国《西昌县志》：“倮夷兄死，弟可妻嫂；弟死，兄可妻婶，谓之转房，甚至叔纳侄妇，子纳父妾，不以为非，唯生身之母，则贱避不敢乱。”

云南兰坪县、维西县白族那马人有转房的习俗，兄死，其弟可转寡嫂为妻。若弟尚有配偶，则不能再纳寡嫂。弟死，其兄无论有无配偶，均不能娶弟媳为妻。那马人认为，“弟娶兄妻，天下有；兄纳弟媳，天下丑”。丽江县九河一带的白族和碧江县的白族勒墨人也保留着这种转房的习俗。

五、彝语支民族抢婚习俗

新中国成立之前，在彝语支民族中盛行抢婚习俗。抢婚习俗是一定历史时期的婚姻家庭形态。恩格斯说：“随着对偶婚发生时，便开始出现抢劫和购买妇女的现象，这是发生了一个深刻得多的变化的普遍现象。”①

有关抢婚习俗的起源和发展，一方面，抢婚习俗是由母系氏族社会过渡到父系氏族社会的产物，这一习俗在人类历史发展过程中各地曾普遍地存在过。当原始社会向奴隶社会过渡以后，父系制代替母系制，男子在社会中占据了越来越重要的地位，婚姻上要求打破母权制以确立父系制度。男子用武力抢婚，不仅从敌对氏族部落中抢夺妇女，而且从传统的通婚氏族部落中也抢夺妇女做妻子。于是抢婚逐渐发展成某些氏族部落的婚姻家庭形态中一种习俗。另一方面，由于社会经济的发展，当时的抢婚实质上不仅是抢掠妻子，也是一种抢掠财富的手段。因为妻子也意味着是一种财产。正

① 《马克思恩格斯选集》，第四卷，43 页，北京，人民出版社，1972。

如恩格斯所说："男子寻找妻子不以自己本部落甚至友好的部落为限，他们从敌对的部落用暴力劫掠妻子。"① 其实，我国各地区、各民族从奴隶社会、封建社会沿袭下来的买卖妇女的婚姻现象就是把妻子看做是一种财产的遗习。

抢婚习俗也是一定历史时期人们对客观世界进一步认识的结果。经过长期的观察和认识，人们觉察到近亲关系的婚姻所生的后代人种健康水平明显下降，而没有近亲关系的婚姻所生的后代，其体质和智能比近亲婚姻所生的后代要好。在民间有关于这方面的谚语可以参照，如凉山彝族谚语"三代同母姓，子孙像猴子"。意思是说，三代人连续开亲其母亲都是娶自一家人，那么因为近亲关系而生出畸形儿女。这些民间谚语对今天的《中华人民共和国婚姻法》所宣传的禁止近亲结婚的精神是不谋而合的。马克思曾根据摩尔根民族学资料说道："没有血缘亲属关系的氏族之间的婚姻，创造出在体质上和智力上都强健的人种。"② 抢婚是一种带有强制性的结婚方式，一般发生在两种情况下：一是小伙子看中了某家姑娘，经密谋后抢婚；另一种是某家姑娘从小已定婚，长大后悄悄与其他小伙子相好，男女双方早已相爱，两相情愿，抢婚只是一种形式罢了。

今天的彝族婚俗中都或多或少地保留了古代抢婚习俗。同时这种现象在历史文化中各地都或多或少地流传有以抢婚为内容的叙事长诗，如凉山《阿诗甘伟》、云南撒尼《阿诗玛》，还有各地彝族的《哭嫁歌》等，都与古代抢婚习俗有关。

凉山彝族抢婚习俗除反映在婚礼习俗中的"抢婚"娱乐形式以外，更主要的是反映在真正意义上的"抢婚"。凉山彝语称"抢婚"叫"西莫尔"。"西莫"意为"妻子"；"尔"意为"抢"。娶妻叫"西莫雨"，"雨"意为"捉"。从这些词语中可以看出彝族历史上抢婚习俗的盛行。近代在门当户对的情况下，男方看上女方以后不经过媒妁之言，自己带上亲友事先埋伏在女方必经之路或在一些场合，等女方路过时喊一声"西莫尔"便把她强行背回男方家里。当晚就杀猪宰羊举行婚礼，与此同时，男方家派人前往女方家通风报信。如果女方家同意这门婚事，就派一名"使者"到男方家回话，而且另外选择日子再举行婚礼。如果女方家不同意这门婚事，则毫无回音，男方家只好送回被抢女子。即使有的女方家不同意，男方家也把被抢女子强行留下来做老婆，但是要承担很大的风险。特别是已定婚的女子被抢以后，其身价钱往往使抢婚的家庭付出巨大的经济代价。

云南东部和西南部山区彝族仆拉泼、姆基人至今还有抢亲的习惯。当一个男子看上一个女子后，如果要把她抢为自己的妻子，那就得事前做好两件事。首先要调查了

---

① 《马克思恩格斯选集》，第四卷，31页，北京，人民出版社，1972。

② 马克思：《摩尔根〈古代社会〉一书摘要》，169页，北京，人民出版社，1965。

解这位女子是否已有丈夫，如果没有，就得准备财物。这些都了解和准备就绪后，就着手抢亲。要顺利地把新娘抢到手，得事前了解新娘出入的地方，如早晚挑水的路和时间、外出赶场的必经路途等。然后，新郎邀约一伙青年，埋伏在僻静的地方等候。当女子路过的时候，他们一拥而上，把她抢回家，安置在严密的房间里，用好菜好饭招待，用好言好语相劝。接着，新郎家就杀猪宰羊设宴，庆祝抢婚成功。次日再通知女方家，使女方父母知道女儿的下落，不必担心。第二天，新郎家又托媒人到女方家说亲，按照当地的规矩举行一定的仪式。当女方家得知女儿被抢后父母如果同意这门婚事的话，一般要的彩礼就少些，反之则故意要得多来为难新郎家。遇有男女双方私自定亲，女方父母阻挠或男方无钱筹办婚事等原因，可采取抢亲方式娶回新娘，抢亲前双方约定“抢亲”时间、地点。新郎率伙伴四五人将新娘抢到家中，成亲后，托人向新娘父母赔礼道歉，议定礼钱，新娘父母因生米煮成熟饭只好承认新郎为女婿。也有一相情愿的，女子被抢走后，不喜欢这个男子，就得设法逃走。男方家就得向女方家送去一些酒肉表示赔礼。需要指出的是，习惯法严格规定不能抢有夫之妇，否则将受到一定的严厉惩罚。

新中国成立前，云南兰坪县、维西县白族那马人的抢婚有两种情况。一种是青年男女相爱，女方父母不同意，姑娘又钟爱自己的情人，一对情侣便商定通过抢婚的形式来达到成亲的目的。由男方邀请一些小伙子，伺机将姑娘抢走，姑娘要假装呼喊几声，让父母和邻居知道。待邻居追赶时，抢亲者将事先准备好的财物撒在路上，追赶者只顾俯身去捡地上的东西，抢亲者早已逃之夭夭。追赶者只佯追一阵，便回村去。男方把姑娘抢来后，或不举行婚礼就同居，或先将姑娘藏起来，第二天才请媒人去女方家提亲。女方父母往往先是破口大骂，拒不同意，经媒人反复疏导，好言相劝之后，在生米已经煮成熟饭、无可奈何的情况下，只得被迫同意这门亲事。但女方可借机向男方索取更多的彩礼。此后一对情人便正式举行婚礼，结成夫妻。另一种情况是男女双方事先并无婚约，而由男子单方面通过抢婚形式来达到成亲目的。这类抢婚在那马人的现实生活中为数不多，主要是抢寡妇，因为抢未出阁的姑娘容易引起冲突，发生械斗。抢寡妇一般是男方通过媒人暗中与寡妇的公婆和叔伯商量好，付给一定的彩礼，然后由男方派人在女子处于完全不知情的情况下，伺机将她抢走，不举行婚礼即结为夫妻。

综上所述，彝语支民族婚姻家庭形态呈现出人类社会所经历的多种婚姻家庭形态。包括血缘婚、母系氏族走婚制、兄弟共妻、姐妹共夫、父系氏族对偶婚、一夫一妻、转房婚、抢婚等各种不同的婚姻形态。其中兄弟共妻、姐妹共夫等一些婚姻习俗受当时社会文化发展的制约，是一些落后的婚姻习俗，这些落后的婚姻习俗与现代国家法律、与科学的婚姻形态相违背，但研究彝语支民族婚姻家庭形态和婚姻习俗，对考察人类社会婚姻家庭的形成和发展具有一定的参考价值。

彝族传统家庭教育对现代教育的影响

马史火

每个民族都有自己独特的传统文化，即民族思想信念、道德观念、价值取向、风俗习惯以及思维和生活方式等。这些民族传统文化，对现代教育具有强烈的影响功能。彝族人民在长期的教育实践过程中，经过积极探索、反复总结，逐渐形成了独具特色的家庭教育思想体系。由于没有教育机构，在彝族传统社会中，家庭实际上承担着教育的职能。家庭教育对整个凉山彝族社会的发展、稳定和进步无疑起着不可替代的作用。尤其是传统家庭教育中主张早期教育，重视实践教学，提倡学以致用，注重榜样教育，并根据受教育者不同的年龄阶段施以不同教育内容的重要思想，至今对彝族地区现代教育起着较大的影响。但与任何其他民族的传统文化一样，作为彝族传统文化有机组成部分的家庭教育，由于受历史环境的局限，在对彝族地区教育发展有着积极作用的同时，也存在着一定的负面影响。

一、彝族传统家庭教育对现代教育的正面影响

（一）注重道德品质教育的思想

彝族有“无父能生存，无母可生存，没有道德无法活”的谚语，把道德教育与孩子一生的幸福联系起来，认为一个缺乏道德感的人，就是拥有再多的知识和财富，也不值得羡慕和尊重。彝族传统家庭十分注重思想品德、为人处世和伦理道德方面的教育，提倡仁爱之心，树立诚实、善良、正直、勇敢、文明、勤俭、尊老爱幼、尊重妇女、助人为乐的品德。这些丰富的道德教育资源，对现代彝族地区实施青少年道德教育具有重要的指导意义。实践证明，在现代彝族家庭中，那些受过良好传统家庭教育理念熏陶的儿童，在人际交往、学习深造过程中，容易纳入社会主流，事业成功的概

率明显高于未受良好家庭教育的孩子。因此，理性吸收和借鉴彝族传统家庭道德教育中优秀的教育方法和成功的育人理念，对加强青少年道德教育，对提高民族思想道德素质，无疑是一种有益的尝试。

（二）提倡依龄施教的教育思想

彝族传统教育经典文献《玛牧特依》① 将一个人从幼年到青年的成长过程分为四个阶段来表述，要求父母或长辈在实施家庭教育中，根据孩子成长过程中的不同阶段施以不同的教育内容。

一是“生后一两岁，伸手抓母胸，起脚跟母跑”②。详尽地勾勒出了一个在母亲怀抱中牙牙学语的幼儿形象。认为这个阶段是儿童模仿父母、大人，学习语言的初始阶段。

二是“生后六七岁，好问天地理，人往高处走，火朝高处烧，兔儿往上跳，火星往上窜，竹筐往上编，成长时期莫学坏，成长时期若学坏，子孙后代难成才”③。认为这个年龄段的孩子好奇心最强，可塑性也强，但辨别是非能力很差，最容易受外界的影响，处于可以往好的方面发展，也可以朝坏的方面转变的特殊阶段。要求父母或长辈抓住教育孩子的好时机，莫错过了奠基性教育的最佳时期。

三是“一轮十三岁，长骨肉未丰，人生无知识，少年想不周，马驹踏不稳，驹子伤栏闩，孩童只图玩，一天奔九处”④。指出这个年龄阶段是孩子身体成长和知识增长的关键时期。儿童天性好玩，自控能力弱，需要大人进行一定的管教，作为父母或长辈要管教有方，严慈相济、松中有紧，才能使儿女晚辈不失教育和成才的良机。

四是“二轮十六、十七岁，着装会打扮，姻亲择四方，广交天下友；山上打猎处，草甸放牧处，江河我捕鱼，坪坝我种稻；勇士出我家，美女我家长，集会扬我名，幸福伴左右”⑤。认为这个年龄段是一个人从家庭走上社会、从个体走向群体，逐步实现社会化的关键时期，作为父母或长辈，要正确引导孩子积极参与社会实践，深入生活实际，尽快完成社会化过程。

千百年来，彝族传统家庭始终遵循《玛牧特依》的要求，根据受教育者不同的年龄阶段施以不同的教育内容，主张依龄施教、循序渐进的教育原则。这种教育方法符

① 《玛牧特依》（罗家修整理，成都，四川民族出版社，1985）一般译成《教育经》、《训世经》、《训世诗》或《教育经典》，是凉山彝族地区一部著名的教育经典文献。

② 罗家修整理：《玛牧特依》，10～15页，成都，四川民族出版社，1985。

③ 同②。

④ 同②。

⑤ 同②。

合人类教育的基本规律，承认孩子在不同的年龄阶段有不同的认知活动方式，有不同的行为特征。能帮助教育者有针对性地实施教育教学，有利于孩子身心和谐发展、学业逐步完成，为彝族地区现代教育的发展提供珍贵的理论参考。

（三）注重早期教育的思想

提倡早期教育是彝族传统家庭教育的特点之一。《玛牧特依》中说："早的好啊早的好，早晨早起好，起得早就早饭早，早饭早就放牧早，牛羊放牧早，牲畜得发展；早的好啊早的好，庄稼种得早，庄稼早收获；早的好啊早的好，儿女早教育，见识超伙伴。"① 从孩子牙牙学语开始，彝族父母或长辈就着手对孩子进行行为习惯的养成教育，认为错过了孩子接受教育的最佳时机，就等于毁掉了他们的前程。这种教育方式有利于开发儿童的智力，发现儿童潜在的特殊能力，提早制定人才培养的有效方案，提高教育的针对性和预见性。现代教育实践证明，实施早期教育能促进儿童智能的均衡发展，使儿童获得成才的难得机会。

（四）注重实践教学的教育思想

彝族传统家庭从一开始就十分重视儿童的社会化教育，把理论上的灌输与实际生产生活的需要有机地结合起来，采取边做边教、边做边学的方法进行教育，教育与实践结合得十分紧密。

彝族教育经典《玛牧特依》说："不说一段成不了德古②，不拔一剑成不了勇士。人若走得宽，知识比友多；雄鹰飞得远，所见比友多；虎豹走得宽，食物比友多。没有九个鼻孔的猎犬，没有九条腿的骏马，也没有九根舌的德古，更没有九颗心的英雄。"③ 强调人类的知识来源于实践，实践是人类获取知识的主要手段。

这种教育方法，教育的目的性和实用性十分明确，可以避免人才培养目标上的盲目性和教学内容上的重复性，减少不必要的资源浪费。不少彝族地区的现代学校教育，正积极吸收或借鉴彝族传统家庭教育中这种切实可行的教育方法，强化学生的社会实践技能，提高他们的实际动手能力。

（五）注重榜样教育的思想

彝族传统家庭教育注重言传身教、潜移默化的教育方法，十分重视父母或长辈的

---

① 罗家修整理：《玛牧特依》，10~15页，成都，四川民族出版社，1985。

② "德古"是彝语的音译词。民主改革前，在凉山彝族社会中，人们把那些足智多谋、能处理彝族社会内部各种纠纷，看问题尖锐、准确又能仗义执言的人称为"德古"。

③ 同①。

言行举止对孩子的影响作用，坚持身体力行、从我做起，为孩子做榜样。彝族尔比[①]讲："父母善言教，子女言谦和；行为美的人，所到之处都体面，言语美的人，所到之处朋友多。母亲偷盐巴，女儿就会偷辣椒。父母不文明，儿女话粗鲁。"[②] 要求父母或长辈在平日的家庭生活中，为孩子率先垂范、做出表率，帮助孩子从小养成良好的道德品质。彝族尔比指出："荒地烧得好就出粮，小孩教得好就聪明，牛羊放得好就发展。"[③] 这种教育理念能促使孩童积极效仿父母，从身边学起，从小事做起，从小养成良好的行为习惯，从而促进孩子身心健康的发展。

（六）提倡多语种交流，注重双语教育

彝族尔比讲："同彝族人在一起，能说满口流利的彝语；与汉族人在一块，可讲一口标准的汉语。"[④] 历史上，彝族人民世居祖国西南地区，与其他兄弟民族和睦相处，彼此有着广泛的语言和经济文化交流，于是双语或多语成为这一民族杂居区的语言文化现象。[⑤] 彝族传统家庭对这一语言文化现象进行了充分肯定，在家庭教育中鼓励孩子学习多种语言。由于提倡双语教育，民族杂居区内的彝族同胞大多能使用两三种语言，有的甚至精通四五门语言，从而促进了民族团结和经济文化的不断交流与进步。

二、彝族传统家庭教育对现代教育的负面影响

（一）重视传统文化的传承，忽略先进文化的兼收并蓄[⑥]

彝族社会传统家庭教育注重文化的传承，在日常的饮食起居和与人交往方面有一套严格的礼仪规范，说话的语气措辞、行动举止都要合乎各自的性别和地位的角色要求。重视孩子的社会化教育，有利于提高孩子的社会交往能力和适应能力。

彝族尔比强调"祖先制法，子孙守法；前人不说尔比，后人言语贫乏"[⑦]，教育子女遵循祖先传下来的规矩即习惯法，背诵本家支祖先的光荣业绩，追寻血缘的来

---

① "尔比"或"尔比尔吉"，相当于汉语中的格言、谚语。
② 马德清：《中国民间文学集成 · 凉山卷 · 谚语卷》，凉文出（1995）字第057号，91～12页。
③ 马德清：《中国民间文学集成 · 凉山卷 · 谚语卷》，凉文出（1995）字第057号，91～12页。
④ 马德清：《中国民间文学集成 · 凉山卷 · 谚语卷》，凉文出（1995）字第057号，91～12页。
⑤ 参见罗洪瓦达：《谈彝族尔比的教育思想》，载《民族教育研究》，1999（4）。
⑥ 参见关荣华：《四川少数民族传统文化与教育》，119页，成都，四川大学出版社，1997。
⑦ 马德清：《中国民间文学集成 · 凉山卷 · 谚语卷》，凉文出（1995）字第057号，91～12页。

源，重视根骨的延续。其怀旧情结较浓。而对于周围先进文化的传入，则采取冷漠、抵制的态度。尤其是凉山彝族地区由于深受历代反动统治阶级民族压迫制度的迫害，笃信“彝强吃汉，汉强吃彝；石头不能当枕头，汉人不能做朋友”的格言，对汉族及其他外来文化一概加以排斥。① 严重影响了彝区对先进文化的吸收，致使文化教育发展徘徊不前，民族素质提高缓慢。

（二）重视口头文学的学习，忽略书面语言能力的培养

彝族传统家庭教育偏重社会交往能力、口头文学、演讲能力的培养，而忽略书面语言的训练和深层次文化内涵的挖掘，教育方式比较模式化，灵活性不强，不利于个别人才的脱颖而出。

（三）重视管理人才的教育，忽略技能人才的培养

凉山彝族地区传统家庭崇尚德古和苏依（家支头人）教育，许多家长望子成龙心切，希望子女，尤其是男性儿童长大后也能成为德高望重的德古或能统领一方的家支头人，忽视对子女进行科学技术知识方面的教育和培训。在传统社会中，许多权贵家庭，尤其是诺伙家庭耻于对子女进行毕摩文化、工匠技能等方面的传授，认为身为贵族，从事毕摩和工匠职业是一种不光彩、不体面的行为。这种观念在现代彝族家庭中仍顽固地支配着不少家长的头脑，给其子女发出一种错误的信号，片面地认为读书的目的就是为了当干部，若当不上干部读书就是一种得不偿失的行为。有学者撰文指出，彝族地区由于地理环境险恶，交通、信息十分闭塞，现代化程度较低，许多书本上学到的知识与现实生活严重脱节，派不上用场，由此滋生了“唯有当干部”读书才有用的观念。当读书当干部的目的无法实现时，就会走向反面，产生读书无用的思想。彝族老乡常说：“人家干部都下岗了，读书还有何用途?”② 他们看到周围邻居的子女大中专毕业后找不到工作，仍在家中闲着时，就设法阻止自己的子女上学，上了学的也被拉了回来。这种观念是目前造成彝族乡村适龄儿童入学率十分低下、学生辍学、失学现象日益突出的重要原因之一。

这种崇尚德古和苏依教育思想反映在学科人才的培养上，直接表现为重文轻理。彝族地区城市化进程十分缓慢，城市人口在彝族总人口中所占比例甚少，至今农村人口占整个民族总人口的90%左右。因此，农村家庭的教育状况和家长的教育观念直接

---

① 参见关英华：《四川少数民族传统文化与教育》，120页，成都，四川大学出版社，1997。

② 徐静、洛边木果：《彝族传统教育及其对现代教育的影响》，载《凉山大学学报》（增刊），2001。

制约着彝族整体素质的提高。农村的许多彝族学生家长认为只有读文科才能当干部，读理科者只能从事一些技术性的工作或当教师，孩子文理分科时，不少彝族家长纷纷要求子女选读文科，而不支持选读理科。在这种意识的支配下，凉山彝族地区各类人才的培养严重失衡，理科人才紧缺，从而制约了科技事业的健康发展，致使彝族地区经济文化发展严重滞后。

综上所述，我们应本着科学务实的精神，认真挖掘、整理与传承彝族传统家庭教育理论中的精髓，结合彝族地区的实际和现代教育的发展趋势，合理借鉴、吸收先进的民族传统教育思想，以促进彝族地区教育事业健康、持续的发展。

构建红河州农村生态文明的彝族生态文化建设

徐丽华

当代环境问题面临诸多问题，甚至是环境危机。环境问题不仅影响到了当代人的生计，更影响到了人类的可持续发展。政府更多地是从技术和制度层面来解决环境问题，而学者注意到文化与环境之间的密切关系，并得出了文化可以作为一种手段去解决环境问题的结论。

红河哈尼族彝族自治州（以下简称红河州）总面积3.29万平方公里，其中山地面积占85.9%，彝族人口占全州总人口的24%，占少数民族人口的55%以上①，彝族分布在广大的山区农村，解决彝族地区的生态环境问题，是构建全州农村生态文明的重中之重。农村是集民族、山区、贫困于一体的特殊地域，从技术和制度层面来解决环境问题往往鞭长莫及。因此，从彝族生态文化建设的角度去理解和化解环境问题，具有一定的可行性和重要意义。

一、彝族生态文化与生态文明建设的互动

彝族传统生态文化在许多方面与当代生态文明特征相吻合。一是在村寨的选址上，“下面宜耕、中间宜居、上面宜牧”的谚语透视着民族与环境的密切关系。二是彝族的自然崇拜与人地的统一，彝族村的“神树”、“神山”等传统信仰强化了人们对树木和土地的保护。三是彝族的祖先崇拜与生态环境相统一，彝族祭拜的“祖桶”

---

① 参见云南省统计局：《云南统计年鉴2008》，北京，中国统计出版社，2008。

按传统要安放在夕阳阴影投射不到村寨的附近高山的“祖灵洞”里，“祖灵洞”要求向阳周围森林茂密，人们不易接近森林的环境，表现了一种与自然融为一体的观念。四是以“林”为本的民族文化，这从彝族的居家建筑和火塘文化都可看出，彝族与森林有着密不可分的关系。森林具有固土、蓄水的功能，是彝族从事农耕生产的前提。森林里的野生菌和药材也是村民重要的经济收入来源之一。① 可见，森林对彝族人民生活的重要，因此爱林、护林一直成为彝族自觉的行为。五是经济活动、生产活动与自然环境的统一。彝族人有使用农家肥的传统，不仅经济实惠，而且不污染环境，土地肥力不容易下降。

生态文明强调人的自觉与自律，强调人与自然环境的相互依存、相互促进、共处共融。彝族传统生态文化与当代生态文明特征相吻合，它所提供的生态系统观念，崇敬自然、敬重生命的价值观，与自然相适应、相和谐的活动和简朴的生活方式，为建设生态文明提供了一整套可供参照的价值体系。可见，生态文化是可持续发展的需要，是生态文明建设的需要。

二、红河州农村环境问题现状

随着工业化的不断深入，农村往往被称作为城市的“后花园”，但是随着生产方式的改变、人们的过渡开垦、文化变迁等原因，农村的环境问题也日趋严重，主要体现在面源污染严重和生态破坏严重等方面。

（一）面源污染和土壤污染比较严重

化肥、农药的施用成为提高土地产出水平的重要途径，而这种“现代化”的农业生产是面源污染最为重要的来源。2004 年，红河州化肥年使用量为 148 201 吨，按播种面积计算，化肥使用量达到了 31.3 吨/平方千米，远远超过发达国家为防止化肥对土壤和水体造成危害而设置的 22.5 吨/平方千米的安全上限，并且化肥施用量还呈逐年递增的趋势（见图 1）。化肥利用率只有 30% ~40%，其余 60% ~70% 进入生态环境，导致土壤有机质降低、理化性状变。农药也只有约三分之一能被作物吸收利用，大部分进入了水体、土壤及农产品中，使红河州耕地遭受不同程度的污染，并直接威胁到相关人群的健康。由于面源污染难以有效控制，会造成湖泊等水体的富营养化，面源污染的严重性因此逐渐显现出来。除了湖泊富营养化外，面源污染还造成地下水

① 参见杨立新：《论生态文化建设》，载《湖北社会科学》，2008（3）。

污染甚至食品污染。另外，农用地膜带来的土壤污染和秸秆、垃圾燃烧产生的污染也造成了相当程度的环境危害。

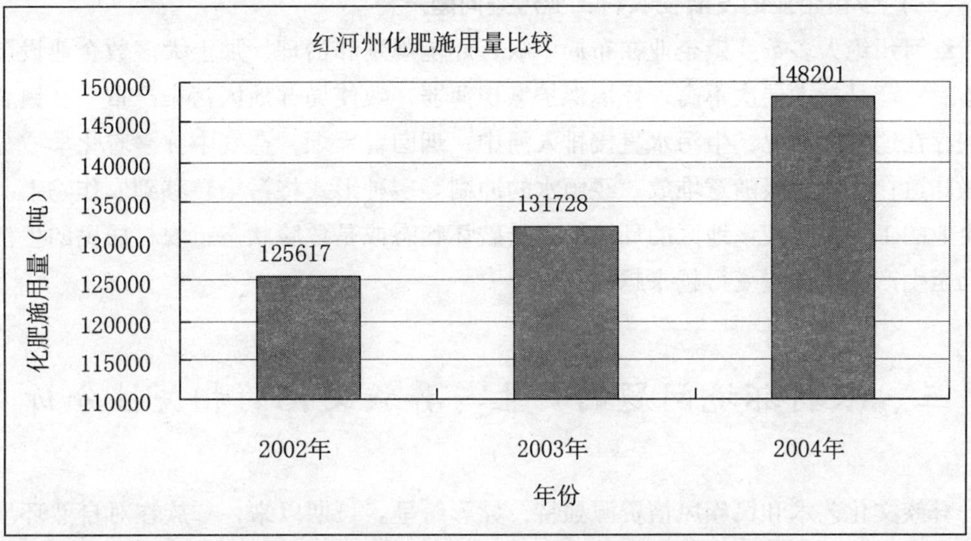

图1　红河州2002—2004年化肥施用量比较

资料来源：云南省统计年鉴（2003—2005）

（二）过渡开发导致生态破坏严重

近年来，由于红河州的彝族社区基本处于长江上游的“天然林保护工程”和珠江上游的“珠江防护林工程”范围，森林覆盖率有了大幅度的提高，但是同时也存在很多问题，以牺牲生态环境为代价换取短期利益的情况比较突出，尤其是在热区资源的开发上，毁林种香蕉、菠萝、香茅草等经济作物导致热区森林资源急剧减少，大量林地流失。这种盲目追求眼前经济效益的举措破坏了森林的自我恢复能力，导致地区生态失衡、水土流失、土壤侵蚀等问题。严重的水土流失致使流域内裸岩石砾地随处可见，出现了“石漠化”现象，加剧了洪涝灾害。据测定，红河流域水土流失面积占土地总面积的25%以上，河水含沙量为0.726千克/立方米，流域土壤年均侵蚀模数为1622吨/平方千米。建水、蒙自、弥勒、开远、个旧、泸西、屏边、河口8个县市水土流失面积78.03万平方千米，占8个县市国土面积的42.74%；土壤侵蚀总计2380万吨。8县市缺水人口达38万余人，尤其以蒙自、建水、泸西、弥勒4县为重，建水县50万人口中缺水人口就有9万余人。据2004年红河州发改委组织的调查，8县市石漠化面积共5929.1平方千米，占8县市国土面积的32%。其中，重度石漠化面积2444.1平方千米，占石漠化面积的41.2%；中度石漠化面积2430.07平方千米，占石漠化面积的40.9%；轻度石漠化面积1055.66平方千米，占石漠化面积的17.9%。[①]

（三）乡镇企业的发展使农村工业污染问题严重

红河州绝大多数乡镇企业在布局中缺乏环境规划和治理，加上大多数企业设备相对落后，产品技术层次不高，环境保护意识薄弱，致使局部地区污染严重。乡镇企业普遍存在这样的情况：生污水直接排入河中；烟囱冒黑烟，空气中弥漫着化学成分的刺激味道；固体垃圾随意堆放，经雨水的冲刷等多种形式将污染转移到农作物上。乡镇企业的工业污染使该地区的环境处于受破坏状态或是危险状态，农村居民的生活环境乃至生产环境质量变得越来越糟。

三、农村环境问题的产生与彝族文化的相关性分析

彝族文化艺术和民族风情资源独特，异彩纷呈。长期以来，彝族在对自然环境的依赖和利用的实践中，积累了朴素的生态维护经验和人与自然和谐相处的智慧。但是，从红河州农村存在的环境问题进行分析，很多问题都与人们的文化有着密切的关系，随着经济社会的发展，彝族的生态文化观正不断地变迁、演变、淡化，甚至消亡，因此导致了环境问题的产生。

（一）为追求经济利益，彝族生态文化受到冲击

彝族是以“林”为本的民族，每个村寨旁，都有一片浓郁的村寨风水林，它们是彝族撒尼人原始的生态保护小区。但是由于发展观的偏差，人们重经济指标，轻社会进步，重眼前利益，轻长远利益，一味地向自然索取，以破坏和掠夺自然来求得所谓的发展，最终导致了对生态环境的肆意破坏，造成了今天的生态环境危机。如图2所示，从2002年到2006年，红河州农作物播种面积和烤烟的播种面积都呈不断上涨的趋势，而农作物和烤烟播种面积的增长是以森林的破坏为代价的，特别是以木材作为烤烟的燃料，消耗掉的木材数量惊人，从长远看，其对生态环境的负面作用是不言而喻的。可见，受这种短期经济利益的驱使，彝族人民完全摒弃了对“山”、“林”的自然崇拜，其传统的生态文化受到了严重的冲击，进而导致了农村生态问题的产生。

---

① 参见红河州林业局：《红河州石漠化工作情况汇报材料》，2007。

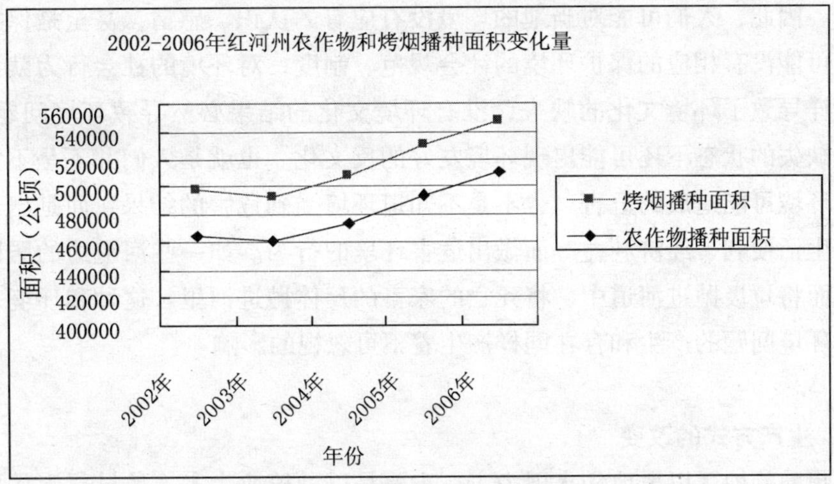

图2　2002—2006年红河州农作物和烤烟播种面积变化量

资料来源：云南统计年鉴2003—2007

（二）当地居民原有的环境相关文化在当代社会中淡化或丧失

任何民族在千百年的发展过程中，都会与当地环境有人地的互动关系，发展起与当地环境相适应的文化。文化属于意识形态范畴，意识形态是相对稳定的，虽然不会立即引起信念的转变，但人们也会试图发展出新的、适应其经验的合理解释。作为人与自然的许多正式的制度安排，包括政治运动、人口的急剧增长等，使各少数民族传统生态信念受到冲击，并日趋淡漠，不同程度地失去了其对民众原有的规范和约束功能，造成了民众对生态保护的机会主义行为①。尤其是对于年轻人，由实践经验获得的新的意识形态比老年人更快，使传统生态文化的约束力变弱小。如农村出去打工的年轻人，受现代时尚商品和生活消费方式的冲击，使他们不少人过分追求流行文化而与本民族的文化传统渐行渐远，他们很少有人会再去进行“山神”、“树神”的祭拜仪式，在他们的观念里，可能挣钱比祭拜更重要。可见，彝族生态文化的淡化或丧失使人与自然和谐发展的信念和文化中一些优良传统受到了严重影响。

（三）文化环境的缺失

由于交通条件的改善，彝族社区不断有外来者涌入，本地居民也不断走出去，使得当地居民的结构进行了重新组合。在这样的境遇下，居民与当地环境的关系是表浅的，甚至没有形成当地的环境相关文化，缺乏相关的环境文化作为居民与当地环境之

① 参见郑晓云：《当代的环境问题及其文化背景——云南几个实例的人类学分析》，载《云南社会科学》，2008（5）。

间的纽带。因此，人们可能对当地的环境没有应有的认识、感情，甚至是保护的生态观念，也可能没有相应的保护环境的社会规范、制度，对环境的社会行为就可能没有约束。这样导致了环境文化的缺失，没有环境文化的结果必然导致环境问题的出现。环境文化缺失的状态下还可能出现环境友好的反文化。也就是人们并不是不知道自己的行为对环境可能造成的危害，也不是不知道环境受到危害的结果，而是出于某些习惯、自己生活便利、经济利益等而做出危害环境的行为。如一些河道边的居民为了自己的方便而将垃圾抛进河道中，将死亡的家畜的尸体抛进河里。这种和环境友好相反的文化对环境问题的产生和存在同样产生着不可忽视的影响。

（四）生产方式的改变

红河州彝族地区以旱地和水田为主，主要是以种植业为主。最早彝族是采用刀耕火种的生产方式，其实刀耕火种有一定的规矩，并非毫无节制地砍树烧山。另外，刀耕火种地一般采用轮歇休耕的办法，有的地耕种一年后轮歇，有的地耕种2～3年，轮种不同的作物后让该片土地轮歇。彝族的以户为单位的小农经营的生产方式，主要施用农家肥。可见刀耕火种和小农经营都不足以导致生态环境的破坏。但是。随着产业化的推进，规模化生产成为发展趋势，粗放的生产模式仅仅是通过不断的开荒，对土地和森林资源进行大规模的掠夺来实现规模化生产，带来的是森林遭到大面积破坏，大量化肥、农药的使用。如在南溪河流域，大规模种植香蕉、菠萝，甚至砍伐了多年的橡胶林，往日亚热带风光被成片的香蕉地、菠萝地取代，一到雨季，泥石流、滑坡频频发生。

四、构建农村生态文明的彝族生态文化建设的对策

（一）加强对彝族传统生态文化的挖掘和传承

首先，挖掘和传承彝族的生态文化应该做到大力宣传。一是充分利用报刊、广播、电视等媒体和互联网、手机短信等新兴媒体和方式，以及在公共场所设立公益广告牌、宣传栏、展览等，全面深入、系统地宣传生态文化的丰富内涵，传播生态文化人类进步和社会发展的积极作用。特别要注重发挥网络传播教育的巨大作用，让先进的生态文化思想在网络传播阵地占据重要位置。二是把生态环境教育在各类学校中展开，培养具有生态环境保护知识和保护意识的一代新人。三是在各级党校开展生态环境教育，使生态建设和环境保护成为政府决策和企业经营的自觉行动。四是充分调动广大农民的积极性，切实发挥其主体作用，在全州开展以“建设生态环境、发展生态

经济、培育生态文化”为内涵的生态文明村创建活动，将生态文明的理念渗透到生产、生活的各个层面，渗透到千家万户，增强全民的生态忧患意识、参与意识和责任意识，树立全民的生态文明观、道德观、价值观，形成人与自然和谐相处的生产方式和生活方式，在全社会树立生态立省的信念，营造生态文明建设的良好社会氛围。五是鼓励各类社会团体或组织编印生态文化普及读物，结合“植树节”、“世界地球日”、“世界环境日”、“全国土地日”、“世界水日”等纪念日开展形式多样的生态文化传播活动，建立健全形式多样、覆盖广泛的生态文化传播体系。六是通过实施“请进来、走出去”的办法，办好各种节庆活动，加大宣传力度。

其次，制定在自然崇拜基础上形成的村规民约传承彝族生态保护的传统。村规民约因为符合村民的共同利益，又是大家商议通过的，也就很容易执行。村规民约在村寨的管理中起到不可低估的作用，可以把它刻在石碑上，立于众人能看到的地方，以求村民共同遵守。

（二）解决经济利益与文化的冲突

利益作为一种不以人的意志为转移的客观存在，产生于人类的需求之中，要保证人们在追求经济利益的同时，也能把本民族的文化发扬光大，就要处理好经济利益与文化之间的关系。彝族在现代化进程中的自我认同淡化和缺乏文化自觉，这是因为在现代化进程中少数民族经济社会发展滞后，对本民族文化信心不足所致。因此，要通过依靠自己的文化带来的经济社会发展，增强民族的自信心和认同感，唤醒其文化自觉意识。

首先，要发展生态文化产业。发展生态文化产业是文化发展的大势所趋，生态文化本身是一种无形的经济资源，可以借之形成经济品牌。充分挖掘特有的生态文化资源，珍惜、保护、开发好我们拥有的生态文化资源，积极发展生态文化，变生态文化资源优势为生态文化产业优势，进而整合生态文化资源优势为生态文化资本强势，引资合资，进行产业开发，树立起一些过硬的品牌，这样文化才具有强劲的生命力。

挖掘彝族的火塘文化、树文化等物质文化产业，也要发展生态影视、音乐、书画等精神文化产业，通过电影、文艺演出、音乐创作等形式将彝族的文化打造成具有鲜明特色的艺术作品来向外推广。

最后，设立生态文化建设专项资金，建立严格的基金管理制度和审核制度，专款专用，确保在生态文化建设中的资金投入。已进行生态县建设规划的县市，要严格按照规划划拨生态文化建设费用，及时审核监督资金去向，保证与之相应的农村生态文化建设顺利进行。对在“天然林保护工程”和珠江上游的“珠江防护林工程”范围内的彝族地区要进行适当的生态补偿。

（三）发展生态农业改变生产方式

生态文化建设要与农村经济发展相结合。应改变传统落后的生产、生活方式，从增产型农业向质量效益型农业转变，从依靠传统农业技术向传统技术和现代技术的结合转变，从劳动密集型向劳动密集与资源和知识相结合转变，从资源消耗型的增长方式向重视生态保护、可持续发展的增长方式转变。培育和发展适合当地条件的生态农业、绿色农业。生态农业发展要选择更加科学、合理的化肥、农药的生产和技术，使污染在生产过程中即被消除掉，以生产出足够的绿色农产品、绿色食品，又不至于破坏资源环境，真正使发展经济与防治污染有机地结合起来。发展生态农业，一是大力推广多样性栽培，减少化肥、农药施用量；二是建设无公害产品基地；三是加大农村能源、环保设施建设。

长期以来，彝族的生态文化与生态环境是和谐统一的关系。但是，因经济和现代文化的冲击等原因，彝族的生态观在不断地变迁和淡化，由此导致了一系列的环境问题，特别是在彝族聚居的农村，生态环境问题日益突出。要解决农村生态环境问题，政府除考虑技术和制度层面外，还要从彝族生态文化的建设上下工夫，只有从根本上改变人们的意识形态，才能真正构建农村的生态文明。应把生态文化作为社会主义精神文明建设的重要组成部分，开展生态意识和法制意识教育，普及生态科学知识和生态法律法规知识，培育和引导生态友好的生产方式和消费行为，倡导节约和保护环境的价值观念，力求达到人人建设生态文化、人人共享生态文化。加快推进农村生态文化建设，对于落实科学发展观，推动生态文明建设，建设社会主义新农村，实现农村经济社会可持续发展具有十分重要的意义。

滇中彝区易地扶贫搬迁移民的社会适应

——以永仁县彝族移民为例

李 娜

易地扶贫搬迁，是国家为加快西部地区生活在自然条件严酷、资源贫乏、生态环境恶化地区贫困人口脱贫致富进程，促进贫困地区扶贫开发和生态环境有效结合的重大举措，是实施西部大开发战略的重要任务。这是因为在中国高寒地区，沙漠化、石漠化等地区，或是常年严重干旱缺水；或是地表水渗透严重，无法利用；或是高寒阴冷，有效积温严重不足；或是山高坡陡，水土流失严重，自然灾害频繁。恶劣的自然环境造成“生态环境恶化—贫困—生态环境进一步恶化—贫困加剧”的恶性循环，使得这些地区不具备基本的生存条件。在常规扶贫政策难以取得效果或成本太高的情况下，易地扶贫搬迁就成为缓解当地环境压力和改善群众生产生活条件的有效途径。

对于什么是社会适应，不同的学者从不同的研究视角出发给予了不同的定义。李廷宪等人认为，社会适应就是指就个体对变化的事物（包括主体自身的变化）通过生理调节、心理调整，进而通过行为活动使自身在现实生活环境中维持良好、有效的生存状态的过程，包括家庭生活适应、职业适应、人际关系适应和社会文化适应。① 郝玉章、风笑天从社会化的角度来进行定义，认为所谓社会适应性是指行动者通过继续社会化，调整其行为模式和心理状态，使之适合于新环境的过程。这种适应既包括现实的客观状况，也包括移民主体的主观感受。② 而就人类社会而言，社会适应是一个不断社会化的过程。在这个过程中，个人通过社会化，“明确了自己的社会权利与义务，形成了与社会要求相适应的知识、技能、价值观和性格，就会在社会交往与社会行动中采取符合社会要求的行动。反之，如果不能很好地适应社会环境，就会陷入困

① 参见李廷宪：《社会适应论》，63页，合肥，安徽人民出版社，1999。

② 参见郝玉章、风笑天：《三峡外迁移民的社会适应性及其影响因素研究——对江苏227户移民的调查》，载《市场与人口分析》，2005（6）。

惑之中。人的一生就是不断适应环境的过程。”①

20世纪中叶，人本主义心理学创始人马斯洛（Abraham H. Maslow）提出了需要层次论。马斯洛认为，人类的需要依照由低到高不断递进的顺序分为若干个层次，层次越低的需求，其强度越弱。只有当较低层次的需要得到满足后，较高层次的需要才会出现并要求得到满足。他认为，人的需要由低到高分为生理需要（包括饮食、睡眠、性欲等与人类生存密切关联的需要），安全需要，归属与爱的需要，尊重的需要，认知的需要，审美需要和自我实现的需要。② 根据以上理论分析，结合需求理论提出的：“人类的需要依照由低到高不断递进；只有较低层次的需要得到满足后，较高层次的需要才会出现并要求得到满足。”笔者将社会适应量化为生产适应、生活适应和心理适应三个指标，认为生产适应和生活适应属于较低层次的需要，满足了这两方面的需求后，才会要求更高层次的“心理”适应的需求。本文以云南永仁县彝族移民为个案，探讨易地扶贫搬迁移民的社会适应。

一、永仁县异地扶贫搬迁的基本情况

永仁县地处滇中北部，滇川要塞，跨东经101°14′～101°45′，北纬25°51′～26°30′之间。东临金沙江与四川省会理县隔江相望，西北隔金沙江与丽江市华坪县相邻，北连四川省攀枝花市。全县辖4乡3镇63个村委会652个村民小组，总面积2189平方公里，其中，山区占96%、坝区占4%。境内有汉、彝、傣、回、傈僳等19个民族，总人口10.5万人，少数民族人口占总人口的60.8%，彝族人口占总人口的51.68%。永仁县是楚雄彝族自治州内彝族人口比例最大的山区县，山区海拔1600米～2200米间，年平均气温17.5℃～19℃，年降水量800毫米～960毫米，蒸发量大，干旱极为突出。全县山区耕地面积10.77万亩，占全县耕地总面积的79.2%，属山区的村委会有49个，占全县村委会总数的77.8%，属山区的自然村有533个，占全县自然村总数的83%，山区人口8.28万人，占全县总人口的76.5%。③

永仁县搬迁居民多处贫困山区，这里群山逶迤，山高谷深，自然条件恶劣，交通不便，经济不发达，是集偏远、高寒、贫困为一体的彝族聚居地，泥石流、洪涝、旱灾、滑坡等灾害频繁发生。由于生态条件恶化，粮食产量低，农民只有采取多开荒、

① 王康主编：《社会学词典》，352页，济南，山东人民出版社，1988。

② 参见［美］马斯洛：《动机与人格》，许金声译，129页，北京，中国人民大学出版社，2007。

③ 资料来自：永仁县人们政府公众信息网，http：//www.yongren.gov.cn/。

多种地的办法维持生活，人畜争地、争食的矛盾日益尖锐，既不能发展畜牧业，又不能搞好生产。有的村寨严重干旱缺水，人畜饮水要到数公里的地方人背马驮，基本丧失了生存条件，无法承担脱贫任务，不得不选择异地搬迁以求生存和发展。①

永仁县国家西部异地扶贫搬迁试点项目工程2001年1月10日正式启动以来，总体布局为4个片区9个居民点的一、二、三期工程项目已完成了计划的90%以上，将近2000户贫瘠穷苦地区的彝族及其他民族的居民约7000多人口搬迁到国家主要投资的适宜生活、交通便利的新居生活，莲池乡、永定镇是永仁县贫困移民的集中安置点，集中搬迁安置了5041人。目前安置点已实现了水、电、路、沼气、土地五到户：完成4片9点的人饮主体工程；架通高压输电线路11.3公里，低压输电线路8.95公里；修通了连接4片区的环形弹石公路26.6公里；完成居民房建设1232套（250平方米/户，户均补助8000元）；开垦耕地4320亩，并按要求将土地按人均1.2亩分配到了农户；修建小（一）型水库2座，坝塘、拦沙坝35座；支砌田间沟渠39186米，完善了水利工程配套设施；修建文化室6个，学校2所等。②

二、移民搬迁后的社会适应

（一）生产方式的适应

生产方式是指人们为了生存而谋取物质资料的方式。从一个熟悉的环境搬迁到另一个新的环境，首先面临的就是如何生存下来的问题。因此，到了一个新的地方，就要选择一种适合的生产方式进行劳作，以便能够获得生存的资源。生产方式的适应性是移民融入当地社会生活的重要条件，也是他们整个社会适应过程的客观基础。

永仁县易地扶贫搬迁彝族移民的迁出地大多处于偏远、高寒、自然条件恶劣、交通不便、自然灾害频繁发生的贫困山区，兼营种植业和养殖业。在迁入地，以种植、养殖为主的生产方式仍被沿用，但是随着环境、气候、土地的变化，种植的作物、收成等发生了变化。大多彝族移民在原居地种植玉米、荞麦、萝卜、土豆等农作物。到了新的居住地，除以上农作物外，土地还用来种植水稻、小麦、烤烟、葡萄等。农作物从原来的单一变得多元。从收成来看，原居住地山高坡陡、气候寒冷、土地贫瘠，农作物生长周期长、产量低，一年不够半年食，常出现“种一山坡，收一箩箩”，“收

① 参见杨甫旺：《易地扶贫搬迁与文化适应——以云南省永仁县易地扶贫搬迁移民为例》，载《贵州民族研究》，2008（6）。

② 资料来自楚雄彝族自治州政府网站，http：//www.cxdz.gov.cn/。

来的粮食还不够糊田埂”的状况，且投入不足、管理粗放，产业效益不明显，无法实现帮助当地居民增产增收、脱贫致富的效果。现居住地土地更为肥沃，气候较原居住地热，适应农作物生长，土地循环使用，农民还可以根据市场需要，在不同时节选择种植不同的农产品。这样一来，不仅提高了土地的利用率，而且还增加了家庭经济收入。养殖方面，原居住主要饲养羊、牛、猪等牲畜，喂养方式多为放牧和敞放，很少圈养。牲畜主要用于出售、自食及宗教祭祀，是家庭收入的主要来源。而在现居住地，由于草地、林区较少，畜牧只是作为家庭副业，并且数量较少。

在彝族移民迁入地以种植业和养殖业为主的生产方式虽然还在沿用，但是搬迁后，由于大量的科技培训在迁入地举办，让彝族移民学习到了更多科学种植和养殖的方法。永仁县根据搬迁农户的实际情况及不同生产季节，对搬迁小组农户进行过多次培训。据统计，仅2004年，县里就举办了科技培训92场次，培训人数6500人次。①科技人员编写了大春生产种植技术要点、玉米秸秆还田技术要点、蓝花子种植技术要点等科技材料印发给农户。彝族移民在吸收并应用这些方法之后，农业生产逐步实现高产、高效。由此可以看出，新的生产方式、方法在冲击着移民所习惯的传统的生产方式、方法。

此外，对彝族移民而言，搬迁所带来的一个明显变化就是搬迁后外出打工的人数增多。由于现居地较接近城镇，出行相对方便，商业活动较多，个体经商情况的出现等使得打工人数、频率逐年增加。打工也成为彝族移民家庭收入的主要来源。如永仁县引进了格瑞甫园艺有限公司和星茂公司两户企业，种植葡萄、石榴，养鸡、养猪，年产值达到5000万元，公司吸纳了附近移民村的近百个劳动力进场打工。彝族移民进场打工除增加经济收入之外，还掌握了大量的种葡萄和养殖的新技术。随着家庭收入的增加，移民对将来发展家庭经济的信心越来越大，并为将来更好地发展家庭经济做出规划。据调查，移民的规划主要包括外出打工，种植粮食作物（稻谷、玉米等），种植果树（主要是葡萄、芒果等），种植经济作物（蔬菜、烤烟），家庭饲养（猪、牛、羊），短途运输等。

从搬迁前后看，总的来说，生产方式是从单一向多元、传统向现代科技的转变。而这种改变对家庭经济收入的影响表现为增加收入来源的渠道、提高家庭收入、改善移民生活质量、增强对将来发展家庭经济的信心，为将来更好地发展家庭经济做出规划。

---

① 资料来自楚雄州彝族自治政府网站，http：//www. cxdz. gov. cn/。

（二）生活方式的适应

生活方式指的是生活过程中形成的一切固定或半固定的习惯方式，如食物、住房、交通、语言、风俗习惯等。我国是一个多民族国家，各地区的生活习惯多种多样，不论何种原因形成的居民迁移，迁移的距离近或是远，都会造成一定的生活方式的改变。

“民以食为天”，饮食在生活方式中首先被提及，因为它可以直观地显示人们的生活水平，反映出一定的文化特征和经济文化传统。迁出地山区彝族传统的饮食主要以大米、包谷、荞等为主。肉食有牛、羊、猪、鸡，蔬菜有土豆、萝卜、大豆等。喜欢喝茶、饮酒。搬迁后，饮食的主体虽然没有太大的变化，但食物结构中，肉食的比例提高、蔬菜的种类增多。另外，食物的营养和卫生与原居住地相比都有所改变。这与生活环境是息息相关的。自来水的使用也让他们的生活更方便，饮食更卫生。搬迁后，食具的变化是最为明显的，原来的土锅、木勺等都被电饭煲、大铁锅、电炒锅等所代替。

衣着是民族文化的载体，反映了民族的生活环境和生活方式。在迁出地的直苴和永兴彝族居住地区，过去彝族都穿着传统的彝族服装。直苴彝族妇女的服装多为宽边大袖的左衽衣服，在衣服的胸襟、背肩、袖口或整件衣服上，用红色、金色、紫色、绿色等颜色的丝线挑绣各种花纹图案，在衣领上还镶嵌有银泡。未婚女子多戴鲜艳的缀有红缨和珠料的鸡冠帽。永兴的凉山彝族妇女的服饰则以雍容典雅见长，一般中青年妇女多头顶一块绣花的瓦式方帕，老年妇女则头戴一盘包裹得非常整齐的黑布包头。上身穿镶有色布或绣有花边的右衽大襟衣，下身穿用多层色布环绕拼接而成的百褶裙。永仁彝族妇女擅长挑花刺绣，能否绣出美丽的服饰，以前是衡量彝家女子是否心灵手巧的重要标志。搬迁后，传统服饰只在民族节日时穿，甚至大部分的年轻人已不再穿着民族服装。此外，挑花刺绣也成为增加家庭收入的来源之一。搬迁后的居住地比原居住靠近城镇，随着上街机会的增多以及在镇中学读书的学生，他们所带回来的穿衣风格的选择，都在影响着年轻的男孩和女孩们。衣着的改变不仅仅只是汉化，而且是对时尚的追求。衣着的款式、色彩也成为挑选的条件。牛仔裤、休闲装、运动鞋等服饰开始被彝族小伙子、小姑娘所接受和喜爱。

居所是人类生存的基本条件之一。迁出地山区彝族传统的房屋建筑形式主要有垛木房、闪片房、土掌房、土坯房和茅草房。室内不开窗，屋里光线较暗，陈设简单，有火塘、三脚架、竹编的用具，供有土主、祖灵等。由于生活的贫困、住房简陋，称得上的家具的就是睡觉的木板床、吃饭的桌子，除此之外就没有其他的摆设。彝族人视火塘为家庭的象征，认为火与家庭的命运、祸福休戚相关，故火塘的火不能熄灭，称之为“万年火”。而搬迁后，他们全部住进了砖混结构的住房。每户都添置了电视机，沙发、组合柜等家具。如此形成了原始、朴素的传统木质家具向现代化家具的转变。搬迁的过程不仅改变了移民原来的居住环境，而且也带给了他们更多现代化的冲击。

语言既是一个族群文化的载体，也是现时人们相互进行交流的工具。不同民族之间最明显的文化差异就是语言。据调查，搬迁前的大部分彝族居民都会说汉话，只有少部分老人听不懂。在现居住地，大部分移民同当地汉族打交道时都讲汉话，而移民之间则讲彝语。语言的适应让他们在生活中避免了沟通的障碍，一定程度上缓解了搬迁带来的冲击。

风俗习惯是指人们在群体生活中逐渐形成并且共同遵守的习惯和风俗，是人类在日常活动中世代沿袭与传承的社会行为模式。彝族信奉“万物有灵”的原始宗教，自然崇拜、图腾崇拜、祖先崇拜、土主崇拜等形式的宗教信仰还普遍存在于迁出地的社会生活之中。认为神灵掌握着人畜的祸福，人也是有灵魂附身的，祖先的在天之灵，能左右子孙后代的兴衰贫富。搬迁后的彝族仍保留着家堂、祖灵等，但大多只是作为一种摆设。由于迁入地同一家族的人少了，宗教祭祀活动的规模、时间、人数也随之减少，人们的宗教观念逐渐淡化。

（三）心理适应

移民的人际交往是反映移民心理适应的一个重要指标。迁居坝区的彝族移民，集中居住在一个地方，大家有了更多的交往条件和机会。茶余饭后串门聊天已成为生活中的一部分。邻里之间的来往、亲戚之间的走动，搬迁后认识的新朋友等。他们在一起聊生产生活中的难题，聊对迁出地的想念，聊对未来的打算，增进了彼此的关系和了解。相反，彝族移民与当地居民之间的来往则相对较少，大多限于“串门聊天”，而当“有事请帮忙”的时候，移民通常会找同乡、亲戚和移民朋友，找当地居民帮忙解决问题的很少。当地居民也表示，他们与移民之间并没有什么矛盾，和移民或多或少还是有接触的，偶尔也会串串门，比较熟悉的人家，逢年过节时，做了民族特色的食物等都会互送。而在调查过程中，经常听到当地村民把搬迁移民统称为“搬迁户”，而把自己称为“老户”，由此可以看出，当地居民虽说能接受搬迁移民，但还是与他们保持了一定的距离。由此得出，彝族移民的这种人际交往模式仍然表现出了明显的内倾性（交往的对象为同乡、亲戚、朋友）和表层性（与周围居民的交往更多限于业缘关系，生活联系少，情感上的交流也很少）。

归属感也就是移民是否已从心理上对迁入地产生了某种认同，是他们心理发展水平的一种体现，是反映社会适应的一个较高层次。当移民搬往一个不能确信是否适合自己生存的陌生地方，生活上需要一个适应的过程，在此过程中，移民对迁入地是否适合自己生存给予审视和判断，对搬迁前后的生活状况予以比较，其判断和比较的结果决定移民能否认同迁入地，对其产生归属感，并以最基本的形式表现出来，即能够稳定地居住在安置区，不返迁或再迁往他地。据调查得知，从来没有返迁和迁往他地想法的彝族移民占到大多数，但也有一部分移民发出了不同的声音，他们还没有完全认同这个地域和这个地域内的人。想返迁但终究没有返迁，既有归属感又缺乏归属感的表现也反映出了彝族移民心态的自我矛盾性：认为现居住地很好，但还是会有返迁的念头；觉得迁入地居民是好相处的，但本能地拒绝和他们有过多的来往；对迁移之后的生活，有感觉到不习惯的地方，却也觉得可以去适应。出现种种矛盾的心理，除了心态、归属感的原因，还应该考虑时间的问题。社会适应是一个不断社会化的过程，这个过程是渐进的，不是一蹴而就的。当彝族移民搬到一个新地方，他们要去面对全新的生产、生活，要去调整自己的情感、心理和行为来接受这些新事物。这样一个继续社会化的过程，还需要更多的时间。

三、移民的社会适应分析

易地扶贫搬迁是基于人口迁移理论的一种社会实践活动。人口迁移理论认为，在一定时期内，人口与自然环境之间需要保持相对平衡，如果这种平衡长期得不到有效保持，必然导致整个系统被破坏。永仁县易地扶贫搬迁也正是由于自然环境的恶劣、生态系统遭到破坏，使当地彝族缺乏基本的生存环境，并导致极端贫困，为了改变这种现状，故采取了易地搬迁的形式。搬迁后，移民们面对新环境，开始新生活的过程实际上是一个继续社会化的过程。他们从一个熟悉的地方搬到一个陌生的地方，必然面临着来自生产、生活和心理等方面的挑战，能否经受住这种挑战，取决于他们在迁入地的适应状况。通过对永仁县移民安置区彝族移民的社会适应状况的考察，得出以下结论：

从生产适应的角度看，彝族移民搬迁前后的生产方式没有发生质的变化，这有助于移民的生产适应过程。调查结果显示：超过一半的彝族移民已经适应了现居住地的生产方式，对现在的家庭收入表示满意，对未来提高家庭收入有信心，并为将来更好地发展家庭经济做出了规划。

从生活适应方面来看，大多数彝族移民也表示对现居住地的饮食、住房、衣着等都很适应。

从心理适应角度看，绝大多数彝族移民中没有出现返迁或迁往他地的情况，被访移民与原居住的亲戚、朋友等之间的联系没有因搬迁而受到影响。另外，彝族移民和当地居民都认为双方没有矛盾，觉得是好相处的，但移民之间的交往远比移民与当地居民的交往频繁。这样一种内倾性的交往模式暂时无法打破。由此可以看出，彝族移民的社会心态稳定，对移民安置区形成了一定的归属感，不能绝对认为全部移民已经实现心理适应，但可以说他们中的大部分人已经实现心理适应。

总之，彝族移民在迁入地安置区总体的社会适应良好，适应了现居住地的生活，并开始规划未来家庭的发展，实现了永仁县易地扶贫“搬得出，稳得住，逐步能致富”的目标。而在整个社会适应过程中，生产、生活、心理适应三者相互影响、相互作用。生产适应是社会适应的基础、前提；生活适应是对生产适应的最直观的反映，心理适应的实现则要建立在前两者的适应的基础之上，三者的共同作用，推动了社会适应过程的完成（详见下图）。

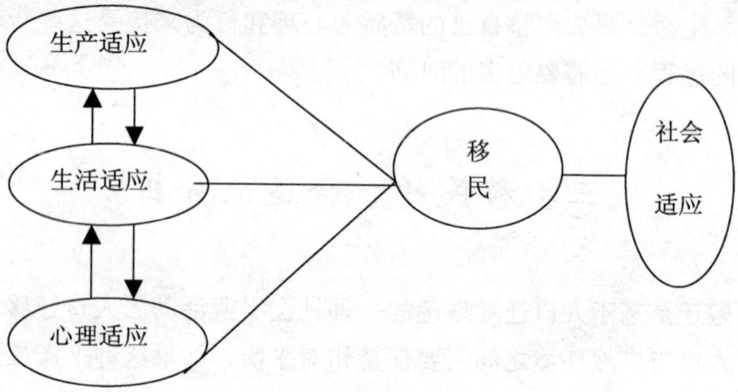

图1　生产、生活、心理三者相互作用图

综上所述，社会适应可以说是一个继续社会化的过程，即随着社会生活环境的变化和个体生存方式的变化，不断学习、接受新的文化内容及适应角色变化的过程。由于搬迁这个社会事实让他们面对一个新的生存环境，担任了另一种不同的社会角色。这种环境和社会角色的变迁，迫使着他们进行自身调整，在经济生活、社会交往、价值观念方面都发生变化，以更好地适应新的社区环境。显然，移民对安置区的适应就是他们在新的环境下的一种继续社会化的过程。而这个过程是一个长期的、渐进的过程，搬迁后的移民要完全实现生产、生活、心理的适应，还需要一段很长的时间。

民族地区妇女参与产业扶贫的问题分析和政策建议

——以凉山彝族自治州美姑县为例

叶　宏　马海五达　木乃铁哈

20世纪80年代中期以来，经过20多年的扶贫开发，我国少数民族地区农村的贫困面貌发生了相当大的改变。但是，地处交通不便的边远地带以及自然生态相对恶劣的少数民族农村地区的贫困面仍然较大，贫困程度仍然较深，贫困原因仍然较复杂。目前，产业扶贫是我国大力提倡的、反贫困的主要措施之一。其主要思路是，以当地资源条件为基础，大力发展特色种植、养殖和加工业，使广大农牧民脱贫致富。在民族地区开展产业扶贫，将对广大民族地区的可持续发展具有决定性的意义。

凉山彝族自治州美姑县是国家级贫困县，具体表现为贫困人口多，贫困面大，贫困程度深。美姑也是凉山彝族传统文化的代表区域，号称毕摩之乡。近年来，随着农村劳动力的不断输出，彝族妇女在当地的产业扶贫发展中扮演着越来越举足轻重的角色。对美姑县彝族妇女参与产业扶贫的问题分析，可以为民族地区未来的产业扶贫规划提供有益的参考。

一、美姑县的产业扶贫概况

“十一五”期间，美姑县加快了农业、牧业、林业和农村经济结构调整，注重引导和推动更适合美姑县县情的产业模式，取得了一定的成绩。

（一）种植业

“十一五”期间，美姑县共投入资金310万元，实施3.1万亩马铃薯产业化建设，使项目区农民三年人均增收213元、户均增收1065元，产生了良好的经济效益和社会效益。“十一五”期间，美姑县建成了以二半山以上地区为主的苦荞麦生产基地。目前，全县初步形成了高山荞麦和马铃薯区，二半山玉米、马铃薯、荞麦区，低山良种杂交玉米、水稻、小麦种植区，县城、乡（镇）附近蔬菜生产区四个区域。从马铃薯、苦荞米、蔬菜种植情况来看，2010年全县马铃薯种植基地建设11.68万亩，总产量19.71万吨，总产值达2.37亿元以上。鲜薯加工营销4万吨，商品率达20.31%。2010年全县苦荞米种植基地建设1010亩，其中春荞410亩、秋荞600亩，产量达101吨。蔬菜种植规模也进一步扩大，种植面积达9300亩，产量达9177吨，实现新增收入116.1万元。①

（二）畜牧业

美姑县具有发展畜牧业的传统优势。近年来，美姑县制定了“稳定发展养猪业，积极发展养鸡业，突出发展养羊业”的畜牧业发展总体思路，组织科技人员技术攻关，成功选育出了繁殖能力强、生长发育快、饲养方便、味道鲜美、饲养效益好的优良地方牲畜产品品牌——美姑山羊。到2009年，全县美姑山羊存栏已达8万多只。同年11月，“美姑山羊”获得全国农产品地理标志登记证书，成为四川省首个获得农产品地理标志证书的畜产品。据统计，2010年全县包括美姑山羊在内的四畜存栏和出栏分别达90万头（只）、59.47万头（只），比上年分别增长10.2%、5.6%；家禽存栏132.39万羽，出栏130.48万羽；肉类总产量达3.29万吨。全县畜牧业产值达5.05亿元。②

（三）林业产业建设

美姑县林业资源非常丰富。1998年全面停止天然林采伐以来，按照中央《关于加快林业发展的决定》，美姑县抓住了“退耕还林”政策机遇，以“生态建设产业化，产业发展生态化”为目标，依托天保、退耕还林和野生动植物保护三大工程，加快林权制度改革，尽力保护好现有的森林资源。广种核桃、花椒、白杨“三棵树”，陆续建设了核桃、花椒、苹果等基地。目前，全县森林蓄积达791.78万立方米，森林覆盖率达50.01%。随着林业生态环境的不断改善和林业产业的快速发展，林业经济在地方经济中的作用日益凸显。2010年，全县核桃、花椒等经济林产量和产值分别达653万斤、6445万元，实现林业总产值1.54亿元，比上年增长10%，农民人均林业

① 数据来自《美姑县农业局工作报告》（内部资料）。
② 同①。

新增纯收入50元。①

综合来看，美姑县的产业模式较好地体现了因地制宜，无论农业、牧业、林业都紧紧依托凉山彝族的传统生计方式。在适应美姑县情的基础上科研为先，培育地方良种，并建立基地，试点推广。目前，美姑县产业扶贫面临的主要问题有：（1）受到资金的制约，产业扶贫规模尚小；（2）受到项目申报时间、地点等外部条件制约，部分项目与农户需求结合不够；（3）恶劣的自然条件，自然灾害等影响产业扶贫的发展；（4）道路等基础设施差，影响了产业扶贫的市场运作和销售链；（5）劳动力不足以及劳动力素质偏低；（6）项目进程中的生产、管护技能培训有待加强；（7）各职能部门间还缺乏有效的沟通配合；（8）对于妇女和弱势群体参与产业扶贫的关注度不够，缺乏相应的政策和专项项目；等等。② 本文主要根据美姑县产业扶贫开展过程中彝族妇女参与产业扶贫出现的问题进行分析。

二、产业扶贫中的彝族妇女

（一）彝族妇女参与产业扶贫的两个案例

个案一：××阿古嫫，女，29岁，美姑县农作乡甲谷村③村民。阿古嫫的丈夫××尔坡，33岁，常年在成都打工。夫妻俩育有三个孩子：两个儿子，一个8岁，一个6岁，另有一个3岁的小女儿。家庭主要收入来自丈夫打工和土地出产。阿古嫫不懂汉语，也说不清家里的经济收入。她认为自己家的经济情况在村里属于一般水平。家庭的主要困难还是经济方面，例如粮食要去花钱买，孩子们没钱买新衣服等。2010年，因为经济困难等原因，阿古嫫曾服毒自杀，后在医院抢救获救，此项医药费花销4000余元。

① 数据来自《美姑县林业局工作报告》（内部资料）。

② 阿培拉门、孙学元：《贯彻落实科学发展观，推进农业产业化进程——美姑县农业产业化发展问题探讨》，美姑县政府内部资料。

③ 甲谷村有315户778人，其中贫困户92户、五保户5户。据调查，当地贫困户致贫的原因是多方面的，有的是因为疾病，有的则是因为懒惰或者酗酒。2010年开始，在农科局和畜牧局的帮扶下，本村农户参与了种洋芋、养羊以及果树种植的项目。其中，村内每户都参与了洋芋种植，472亩洋芋示范田，让该村农户通过种新品种洋芋每年能够获利5000元。有100多户参与了多胎山羊的养殖。果树杏、李等项目也在村中开展，计300多亩，农民需要贷款配套完成果树栽培，每年每户需要还贷278元。这个项目也有100多户参加，其中包括40多户贫困户。

2009年，阿古嫫家就参加了村里的李子栽种项目，获得了县扶贫办每亩地60株树苗的帮扶。目前，李子树还没到结果的年限时间。相比其他项目，栽种李子的技术要求不是很高。2011年，阿古嫫家种植了3亩新品种洋芋“丽薯3号”，获得了县农科局为甲谷村村民提供的每亩500斤的洋芋种子。新品种洋芋达到了每亩6000斤。调查组来的时候，她家的洋芋正在收，洋芋多到仓库里放不下，住屋里也堆了一地。对比旧的洋芋，新品种的技术要求更高，虽然如此，阿古嫫表示还是喜欢种新品种洋芋，毕竟产量要高出一倍。阿古嫫希望以后能开展更多的产业扶贫项目，从而增加家庭收入。

个案二：

曲伍，女，47岁，候古莫乡候古莫村①村民。曲伍的丈夫今年46岁，在外打工。曲伍不懂汉语，问及她丈夫和儿女去了何处打工。她回答说，只知道是汉族的地方，具体哪里不清楚。夫妻俩育有两个女儿和两个儿子，大女儿24岁，去年出嫁；二女儿23岁，外出打工；大儿子14岁，和丈夫一起在外打工；小儿子10岁，将上小学一年级。家中地少，只有3亩。有住房两间，一间是土木结构的，一间是砖木结构。土地的出产不够自用，粮食都要花钱购买。虽然属于超生户，但是产业项目还是惠及了她家。2010年8月，县畜牧局支持了她家10只母羊和1只公羊。②

2008年，曾有个来自佐戈依达的老板，以开砖瓦厂集资为名，从他们家里骗走了20多万元钱。这20多万也是曲伍的丈夫从亲戚家借的。当时被骗的有十几户人，但每家都只有两三万元，只有她家被骗去的钱最多。为了这个事情，夫妻俩没少拌嘴。到2011年，这笔欠款也只还了几千块钱。2010年，家庭的主要收入来自于丈夫打工和女儿出嫁的彩礼5万元；2010年家里只卖了一只羊，价值300多元。修建羊圈，家庭贷款1.2万元。③ 曲伍丈夫的一次胆手术花掉了家里

---

① 候古莫村有295户1370人。其中特困户14户、贫困户63户。调查发现，该村的致贫原因是多方面的：首先是自然环境恶劣容易发生干旱、泥石流等自然灾害；其次就是教育的问题，很多人读到小学就不读书了，出去打工；劳务输出的增加，也导致村里的劳动力缺乏；还有就是基础设施建设很差，自来水短缺；同时该村的耕地也不足。该村的主要产业项目有美姑山羊、核桃、小麦、玉米、土豆，但规模都不大，主要以家庭经营为主，还没有建设基地。参与美姑山羊养殖的示范户共有17户，其中含贫困户3户。美姑山羊是多胎山羊，一年可以产两胎，每胎可产2~3只，半年就可以出栏一次，现在的市场价是每斤15元，一只羊大概35斤左右就可以出栏，经济效益可观。

② 母羊价值每只600元，公羊价值每只800元。候古莫村的种羊项目由县里补贴70%~80%。

③ 羊圈于2010年8月修建，用地占用农户3~4分的耕地。羊圈图纸由美姑县畜牧局统一设计。由产业扶贫项目资助修羊圈费用的80%，农户自筹余下20%，并且投工投劳。

近3万元。

曲伍家面临的困难是：（1）土地少。家里只有3亩地，主要种植玉米和洋芋，出产远不够维持家里的生活和牲畜的饲养。(2) 劳动力不足。目前家里只有她一个人，最多也只能养20只羊。曲伍表示，产业扶贫项目很好，自己喜欢参加。目前由于条件的限制导致养殖规模小，希望以后能够扩大养殖规模，能获得更多的资金和项目。

（二）彝族妇女参与产业扶贫的问题分析

1. 劳动力大量输出，彝族妇女逐渐成为参与产业扶贫的主体

近年来，中国广大农村的“打工热”，形成了包括民族地区在内的男性劳动力大量输出。在美姑县，截至2007年6月，劳动力输出17 500人，其中男性14100人、女性3400人。① 上述个案中的阿古嫫和曲伍这两个家庭，丈夫每年都要外出打工，打工收入是家庭收入的主要来源。在凉山彝族地区，男性青壮年作为输出劳动力主体，持续外流，势必造成了农村劳动力结构的变化。

正如甲谷村村长介绍，该村村民参与产业项目的积极性很高，除去因为修路造成的本村饮水困难之外，劳动力不足已经成为该村产业扶贫较难推进的主要原因。像凉山的其他村寨，甲谷村的青壮年男性多出外打工，现在的主要劳动力多为妇女和老人。在这样的情况下，村里安排民兵帮助劳动力不足的农户发展种植。

在美姑县的很多乡村，正在开展的多数农、林、牧业产业扶贫项目都是由妇女作为主要劳动力完成。少数民族妇女越来越在产业扶贫中发挥主体作用。

2. 彝族妇女普遍基础教育水平偏低，生产技能低下

上述个案中的阿古嫫和曲伍，就像美姑县的大多数彝族农村妇女一样，没上过学，也不懂汉语，这也是造成当地贫困的主要原因之一——劳动力素质低。据统计，1996年凉山彝族自治州彝族女童入学率只达60.27%，而美姑县在1997年时彝族女童的入学率仅为32.42%，且流失率大。② 西南师范大学2005年对美姑县教育调查资料显示，2004年度美姑县全县7～12岁周岁适龄儿童未入学的1352人，其中女童1183人，13～15周岁适龄生未入学的6052人，其中女童2997人。小学阶段适龄儿童入学率94.09%，其中女童入学率89.18%，但流失率很高；初中阶段入学率为17.31%，

① 数据来源：《美姑县劳务输出的主要做法》［EB/OL］，美姑县人民政府美姑政务网，http://mg.lsz.gov.cn/mgzw/zwdt/2007-07-19/232.html. 2007-07-19。

② 参见潘正云、马林英：《凉山彝族女童教育面临的问题和发展对策》，载《贵州民族研究》，2000（4）。

其中女生入学率为13.88%。① 在当地，彝族妇女的受教育机会远低于男性，多数彝族妇女为文盲，没上过学，也不会讲汉语。基础教育的缺失将使产业扶贫发展的技能培训成为一纸空谈。未来，彝族女性的基础教育、劳动技能教育将是当地产业扶贫能否顺利开展的关键。

3. 传统文化在产业扶贫中的双重作用

（1）家支②制度在村寨、家庭产业扶贫互助中的作用

"血缘因素或者说血缘纽带是决定凉山彝族等级制度的基础。"③ 可以说，血缘观是彝族文化的深层结构，具体表现为以家支制度为凉山彝族的主要社会组织。在一个村寨里，居民基本属于同一家支，或有姻亲关系及相对密切关系的家支集团，随着交通的便利，慢慢有外迁而来的家庭融入村寨生活。在凉山彝族习惯法中，有关家支内部之间的团结互助有着明确的说明。这就为产业扶贫项目的开展提供了便利条件，也为村民形成互助组以及消减劳动力不足引发的问题提供了便利条件。例如，在上述个案中，阿古嫫的丈夫即为本村村长，而曲伍是候古莫村村长的婶婶。彝族特有的家支制度，也使更多的弱势家庭在产业扶贫中受益。

另外，家支内之间的团结互助也势必造成对家支外部弱势群体的忽视。例如，在上述两个村子，都有村民反映，与村干部不是亲戚的家庭就未获得产业扶贫项目的资助，也因此造成了农户之间、村干部与农户之间的矛盾。

（2）产业扶贫带来的彝族妇女家庭地位的变迁

在凉山彝族传统婚嫁习俗中，由于长期实行"家支外婚，等级内婚"，以致彝族妇女的婚姻从经济学的角度看，形似买卖婚姻，这直接影响着妇女在家庭生活中的地位。在彝族定婚过程中，男方要给女方大量的"身价钱"，妻子实际上是男方用彩礼换来的"家庭财产"。④ 如个案二中，曲伍的女儿出嫁时的身价钱为5万元，这成为2010年曲伍家的主要经济收入。发展产业扶贫，将会增加家庭的经济收入，也会对传统婚俗中的高彩礼陋习有所冲击。

---

① 数据来源：《四川省凉山彝族自治州美姑县教育调查》［EB/OL］，教育部人文社会科学重点研究基地西南师范大学西南民族教育与心理研究中心工作简报，http://epc.swu.edu.cn/jianbao/0523.htm，2005-12-10。

② 家支：彝语为"此伟"，是一种父系继嗣的世系群，与汉族的"宗族"类似，但又相当不同。家支是指拥有同一个父系祖先，成员彼此可通过父子联名制的谱系而相互认同的奉行外婚制的血缘集团，有些文献将其译作"氏族"。（周星：《家支·德古·习惯法》，刊于《社会科学战线》，242页，1997年第5期。）

③ 林耀华：《凉山彝家的巨变》，138页，北京，商务印书馆，1995。

④ 参见沈良杰、杨忠秀：《对凉山彝族妇女社会地位的思考》载，《西昌学院学报》，2008（3）。

在传统的彝族家庭生活中，“丈夫占有支配性的地位，妻子必须无条件的服从于丈夫，没有权利干预任何事务。”① 即使在今天的凉山，彝族人的家庭格局并未有太大的改变。普遍的情况是，男性掌管家中的财产，妇女多数不知道家里的收入情况。以阿古嫫家和曲伍家为例，两个主妇都说不清家里的具体收支情况。彝族谚语“自己土地上的石头不要捡，真话不能对自己的老婆说”，正体现出了妻子在家庭中的从属地位。发展产业扶贫将逐渐凸显彝族女性在生产发展中的作用，将会在一定程度上改变传统家庭中女性的从属地位。正如美姑县林业局索铁阿洛副局长所说：“发展产业扶贫，增加了妇女们的收入，同时也提高了她们在家庭中的经济地位。”

此外，上述个案中的两个家庭，主要的家庭矛盾都与经济条件差和贫困有关，发展产业扶贫，也将对民族地区的家庭和谐起到一定的促进作用。

可见，在发展产业扶贫的过程中，应重视农村彝族妇女的“人力资源和人文资源的发掘、研究和利用，使之与现今政府出台的扶贫政策有机地结合运用”②，充分发挥彝族妇女在凉山扶贫中的重要作用。

三、政策建议

美姑县彝族妇女在参与产业扶贫发展中所产生的问题，可以说是广大民族地区妇女参与产业扶贫的缩影。现根据对彝族妇女参与产业扶贫的问题分析，提出民族地区妇女参与产业扶贫的一些政策建议。

（一）扶智为先，增加少数民族妇女的受教育机会

妇女的文化和科技水平与致富能力密切相关，因此，要加大对民族妇女的扫盲力度，提高妇女的文化教育水平，制定切实可行的计划，从根本上解决少数民族女童入学率低的问题。比如，对于支持学龄女童入学的家庭提供产业项目支持，对于升入高级中学以上的女童进行学杂费的减免，对其家庭进行生产和生活帮扶等。

同时，重视少数民族妇女的非正规教育发展。对那些因种种原因不能上学或上不起学的少数民族女性，应采用多样化的教育形式，如村级妇女夜校、村产业技能培训班等，适应她们需求的非正规教育。

① 沈良杰，杨忠秀：《对凉山彝族妇女社会地位的思考》，载《西昌学院学报》，2008（3）。
② 马林英：《凉山农村彝族妇女可持续发展研究》，载《西南民族学院学报》，2000（10）。

（二）突出妇女主体地位，开展更多适合妇女参与的产业扶贫项目

帮助少数民族妇女更新观念“换脑子”，掌握技能“长本事”，提高法律意识“壮胆子”。在对民族地区妇女现状调查研究的基础上，加大政策倾斜和资金投入，确保少数民族妇女的教育、保健、计划生育能落到实处。

加大对民族地区妇女产业扶贫项目资金的投入，利用扶贫专项资金建立一批适合农村少数民族妇女的产业扶贫项目，如小型畜牧养殖、加工，经济作物种植和家庭手工业等。项目设计要尽量直接面向贫困妇女，使更多的贫困妇女直接参加、直接受益。

（三）资金扶持，在小额信贷中关注妇女利益

一方面，可以适当降低少数民族妇女申请小额信贷的门槛，通过小额无息或者低息贷款，能够使贫困的少数民族妇女在种植、养殖和加工业的前期投入中获得资助，以便较为顺利地发展产业。另一方面，可设置专门针对妇女的小额信贷，鼓励和吸引更多的少数民族妇女参与产业扶贫。

（四）突出示范作用，培养妇女带头人

利用各种媒体，宣传产业扶贫中有突出贡献的少数民族妇女自强不息、建功立业的优秀事迹。提供更多的对外交流和学习的机会，体现对少数民族女性人才的专项培养。

（五）重视少数民族语言在技能培训中的作用

鉴于大多数少数民族妇女受教育水平偏低的现状，在产业扶贫技能培训中，要以少数民族语言为主。针对民族地区产业发展过程中的语言障碍问题，国家要不断鼓励和发展一些服务本民族地区农村基层的双语人才，同时在地方也要不断推进双语教育。要加大科学宣传力度，在民族地区、特困地区，更要组织人力、财力，用少数民族语言、文字，翻译和宣传有关技术培训和生活、科学、卫生、法制、环境等方面通俗易懂的材料、手册，对她们开展教育和培训。

（六）整合资源，协助发展妇女互助组

劳动力不足是当下民族地区开展产业扶贫中的主要困难之一。整合现有资源，协助当地发展妇女互助小组，一方面可以解决农忙季节劳动力不足的问题，另一方面对于培养农村基层组织，倡导村民自治，均有促进作用。以凉山彝族为例，历来在家支

内部有互助合作的传统，在推行产业扶贫项目的过程，应该正确利用地方传统的优势建立更趋有效合理的帮扶组织，使家支内部贫困的妇女、老人或弱势群体等得到其他有能力的家支成员的引导和帮助。

（七）项目设计中要兼顾产业扶贫发展可能会对给民族地区的传统文化和社会结构带来的影响

发展产业扶贫将会对民族地区的传统社会结构带来一定影响。以凉山彝族自治州美姑县为例，发展产业扶贫将逐渐凸显彝族女性在生产发展中的作用，也在一定程度上改变了传统家庭中女性的从属地位。因此，在民族地区的产业扶贫项目设计中要更加以人为本，突出民族地区参与的主体性。对于扶贫项目可能对民族地区传统文化、社会结构造成的影响以及带来的变迁，要有一定的预见性和防范措施。

综上，产业化扶贫为扶贫开发提供了最好的载体，将在扶贫开发中发挥日益重要的作用。在产业扶贫中，充分发挥少数民族妇女的主观能动性和创造性，将是民族地区扶贫工作顺利推进的关键之一。

六、彝文信息化

论黔西北彝文古籍文献数字化建设

禄玉萍　吴　勰　黄卫华

彝族是中国人口较多的少数民族，2000 年第五次全国人口普查有 776.23 万人。贵州有 84 万，其中黔西北地区（毕节地区和六盘水地区）占 90% 以上，有 70 多万。彝族先民在黔西北地区居住的历史久远，根据 20 世纪 70 年代在威宁自治县中水出土的战国至西汉的刻画陶文符号，经有关专家认定是彝族文字，可见至迟在西汉已有彝族先民进入黔西北。① 由于彝族地区地方政权相对稳定，经济发展也较快，致使黔西北成为彝族文化比较发达的地区之一，彝族先民和其他民族一道为开发黔西北作出了卓越的贡献，神奇秀美而广袤丰饶的黔西北大地养育了一代代彝族人，也孕育出彝族人悠远的历史和朴素而多彩的民族文化，卷帙浩繁的彝文古籍，经典多，质量好，在彝族地区乃至全国都屈指可数。

新中国成立后，特别是党的十一届三中全会以后，党中央、国务院十分重视保护和弘扬民族文化，高度重视少数民族古籍工作。当下，随着社会文化的不断发展、人们不断追求精神文化多样化以及国际间文化交流的频繁，古籍文献受到了更高视野的关注，在开发保护方面也取得了显著成绩。更多的人也清醒地认识到鲁迅先生说的“只有民族的，才是世界的”的深层内涵，古籍保护工作提上了一个更高、更远、更深的战略位置。彝族人民流传下来的灿烂文化和千古典籍也正在备受国内外专家和学者的关注。然而，在彝文古籍的开发保护工作方面，现状的确令人堪忧：从民族迁移、战争年代到“文化大革命”时期，彝文古籍历遭浩劫，受到不同程度的流失和损毁，诸多经典成为传说。历史发展告诉人们，需要敬畏，对历史文化的敬畏；需要寻根，寻历史文化的根。因此，保护、抢救、搜集、整理、翻译、出版、研究好存世流

---

① 参见陈光明、李平凡：《贵州彝文古籍整理翻译研究》，1 页，贵阳，贵州民族出版社，2008。

传的彝文古籍，施之以科学的保护和开发手段，乃是一件功在当代、利在千秋的伟业。信息时代的到来和不断深化，为从事彝文古籍整理工作提供了先进的技术条件，彝文古籍的保护工作迎来了科学的春天，存世诸多的彝文古籍将会以数字化形式走出“深闺”，化身百千，永久传承。

一、彝文古籍文献数字化的概念和内涵

关于古籍年代的界定，汉文古籍一般下限定 1911 年，而少数民族古籍的年代下限可延伸到 1949 年。①彝文古籍广义指用彝文写成的各种古书和各种古代的彝文金石碑刻等，一般没有具体的作者和写作年代，多为民间手抄本，木刻本很少。② 彝文古籍数字化是伴随信息技术的进步而发展起来的一个新领域，与彝文古籍整理、彝文文献保护、彝族文化传承紧密相关。彝文古籍文献数字化的概念和内涵是进行彝文古籍文献数字化研究和开发的核心问题，其概念和内涵可引申汉文古籍数字化的概念和内涵，汉文古籍和少数民族古籍两者间记载内容有不少相通、相同、相互关联和相互补充的关系，中华远古文明的老根子留存于彝文古籍当中。③ 同样是古籍，而数字化形式是实现古籍保护的共同措施，差异在于文字的不同，文化背景存在一定差异，最大的特点都在于便于检索。古籍数字化的理论问题比技术问题更为重要，因为一旦理论发生了偏差，技术越高明，则解决方案越是难以成功。④ 古籍数字化（彝文古籍数字化）就是从利用和保护古籍的目的出发，采用计算机技术，将常见的语言文字或图形符号转化为能被计算机识别的数字符号，从而制成古籍文献书目数据库和古籍全文数据库，用以揭示古籍文献信息资源的一项系统工作。⑤ 彝文古籍数字化是对已存古籍的再现和加工，属于古籍整理的范畴，是古籍整理的一部分，遵循一定的原则，最终形成彝文古籍书目数据库和全文数据库，达到开发利用和保护的目的。

---

① 参见《少数民族古籍：从民间走出，进入公众视野》［EB/OL］，中国民族文学网，http：//www.iel.org.cn。

② 参见陈光明、李平凡：《贵州彝文古籍整理翻译研究》，1 页，贵阳，贵州民族出版社，2008。

③ 参见陈英：《陈英彝学研究文集》，253 页，贵阳，贵州人民出版社，2004。

④ 史睿：《论中国古籍数字化与人文学术研究》，载《国家图书馆学刊》，1999（2）。

⑤ 参见毛建军：《古籍数字化的概念和内涵》，载《图书馆理论与实践》，2007（4）。

二、黔西北彝文古籍文献资源概况

存世的彝文古籍分布国内外，国内主要分布于“川、滇、黔、桂”四省（区）以及北京等地，尤以黔西北数量居多，其彝文古籍文献存量至今还是一个概数。黔西北的彝文古籍在毕节和六盘水两地的各有关收藏单位大概在万部以上，其中毕节地区7000部以上、六盘水3000部以上①，均不包括民间个人收藏、记录数以千计的金铭石刻或收藏在其他地方属于黔西北的彝文古籍，可谓卷帙浩繁，其载体之多、内容之广、种类之繁，在少数民族古籍文献中并不多见。其载体主要有竹、木、帛、石、金、纸等，内容涉及哲学、政治、法律、军事、经济、文化等。由于彝族古代印刷技术和书写材料的限制，流传至今的彝文古籍，很少有竹简、木刻、帛书等形式，而多半以摩崖、石刻、金铭和手抄本的形式流传下来。黔西北彝文古籍历史悠久，弥足珍贵，在《国家珍贵古籍名录》里面，毕节地区就有20部，即《彝族源流》、《彝族诺沤书》、《彝家宗谱》、《摩史诺沤苏》、《爨文丛刻·玄通大书》（二卷）、《摩久苏》、《摩史丧仪书》、《摩史叙史书》、《祈福习俗书》、《苏巨黎咪》、《算天罡》（一卷）、《宇宙人文论》、《阿鲁玄通书》、《扯勒丧仪经》、《洪水泛滥记》、《那史释名经》、《彝家大通书》、《水西彝族解冤经》、《祈福消灾大经》、《彝史辑录》。其中，地区彝文文献翻译研究中心收藏有17部、地区档案局和地区彝文文献翻译研究中心退休译审王子国与威宁县李幺宁各收藏1部。② 这些彝文古籍的佼佼者以及没有进入珍贵行列的彝文古籍，因黔西北地区位于南方地带，温度、湿度对于彝文古籍的防霉、防湿、防蛀等较为不理想，致使发生虫蛀、鼠啮、霉蚀、粘连、絮化、老化等状况；其现行的保护条件不够科学，由于彝文古籍的载体形式多样，采取保护的措施就应当不同，但由于种种原因，一些收藏和保护单位却只当一般图书搁置，因年久受损需修复的彝文古籍不能得到科学的处理，修复古籍人才稀缺；再者因彝文古籍内容广泛，能通识古彝文的人不多，加之现在对彝文古籍的分类没有系统、科学的分类标准，存在检索的不便。从20世纪30年代开始，我国的一些学者也开始重视彝文古籍的搜集、整理和研究工作。50年代初，黔西北地区各地的彝学翻译机构纷纷成立，开始了有领导、有组织的彝文古籍整理工作，但“文化大革命”期间受到很大的冲击，致使彝文

---

① 参见陈光明、李平凡：《贵州彝文古籍整理翻译研究》，3~15页，贵阳，贵州民族出版社，2008。

② 参见《毕节20部彝文古籍进入珍贵古籍名录》［EB/OL］，中国凉山州新闻网，http://www.lszxc.cn，2010-06。

古籍整理工作走入低谷。改革开放后，在国家一系列文件和政策的正确指引下，彝文古籍的收集、整理、翻译和研究工作得到迅猛的发展，先后编著、翻译了一大批古籍文献，如《西南彝志》、《彝族源流》、《宇宙人文论》等，有的被翻译成汉文，有的被编制了古籍目录举要出版，黔西北乃至全国的彝学专家为彝文古籍保护工作奠定了坚实的基础，作出了不朽的贡献。

三、黔西北彝文古籍文献数字化的必要性

南通大学的姜光斗教授在首届中国古籍数字化国际学术研讨会上即席赋词《兰陵王·赞古籍数字化》："为学问，曾见几番，白首穷经不离册。当今新技术，谁积？倚马片刻！……举天下无敌。数亿字光盘，查检即得！"可见，彝文古籍通过数字化之后，无论在保存、利用等方面都做到了方便快捷，未数字化古籍不可比拟。

彝文古籍是彝族祖先留给我们的精神遗产，蕴藏着无穷的智慧，具有较高的学术价值。利用数字化手段保护和传播彝族古籍，是历史的使命和时代的选择。彝文古籍文献数字化对充分开发利用民族文献，促进民族文化事业向现代化和国际化方向发展具有重要作用。

彝文古籍是一笔宝贵的精神财富，同时也是中华民族文化大餐中的一道精品。对于黔西北来说，打造地方特色资源，建立地方特色数据库，是地方经济、文化乃至教育、科学技术发展的增长因子，具有较高的经济效益、社会效益和教育效益。

实施彝文古籍数字化，是实现彝文古籍有效保护和利用的重要举措，同时也是当下和未来彝文古籍保护的发展道路。

彝文古籍数字化对各地彝族文化网站平台资源建设提出新的课题，对彝文古籍电子图书数据库建设具有一定的参考价值。

四、黔西北彝文古籍文献数字化的原则

彝文古籍数字化是一项系统工程，进行彝文古籍数字化必须与黔西北地区经济发展相结合，在开发过程中要遵循一定的原则，方可健康、可持续地向前推进。

一是要坚持彝文古籍整理的基本原则。在具体工作中切实克服重利用、轻保护，重眼前、轻长远的倾向，防止盲目的、过度的，甚至破坏性的开发，更不能片面追求经济效益和社会效益，急功近利，竭泽而渔。

二是优选、保护和利用相结合的原则。正确处理好抢救保护与开发利用的辩证关系，优选和保护的目的是为了更好地利用，彝文古籍的特殊性决定了它具有一般文献无法替代的文献价值和社会作用。彝文古籍的原始文献价值的确定，是对彝文古籍进行优选的前提，通过有用的评价体系，衡量彝文古籍的各种效益，对彝文古籍历史价值、现实价值评价高的优先进行加工，在优先选择的彝文古籍文献中，有些文献具有代表性，里面的知识和信息点的关联性强，开发人员必须通过知识点牵引知识面，实现相关信息链，提高彝文古籍数字化文献的利用率，避免直接使用原始文献。

三是民族性和协调性原则。在对彝文古籍实施数字化的过程中，必须充分考虑民族性的问题，既要凸显民族特色，又要确保它的地域文化特性。同时，要高度认识并思考如何努力把彝文古籍变成地方文化发展的优势和经济发展的增长因子。

四是标准性和前瞻性原则。彝文古籍数字化必须坚持统一著录标准，编制标准的古籍目录是建设古籍机读目录和古籍数字化资源共享的基础，同时彝文古籍数字化最大的特点是便于检索。彝文古籍数字化的内容是核心，数字化是技术、是形式。彝文古籍是古老的，是中国的，数字化则是年轻的，是世界的。因此，黔西北彝文古籍数字化要立足于本地方政治、经济、文化、教育和科技的发展，着眼于未来，实现资源建设的可持续发展。且应成为实用的、开放性的、与时俱进的体系，借助于国内外先进的科学技术、人才以及设备，包括各地彝学专家、信息化专家们共同探讨的标准，具有开放性，可与国际接轨，这样，未来的发展空间就更大。①

五、黔西北彝文古籍文献数字化的技术选择

实现黔西北彝文古籍文献数字化的方法和途径的研究具有很强的实践性。近年来，我国信息管理现代化取得了较大进展，逐渐形成了“信息技术是手段，内容建设是基础”的认识，但对于信息内容建设应采用什么样的技术与方法却各有各的见解。彝文古籍文献数字化建设需要通过专业的识别、标引、分类检索、互联网发布系统整合建成数字化的利用环境，利用权限访问机制以供读者远程实时调用阅览。其数字化目的就是要实现检索利用，需要采用识别、压缩、合成、标引等环节生成一定的格式，使其成为数字图书。

---

① 参见贵州省彝学研究会、贵州民族古籍整理办公室：《跨世纪的彝学探索》，427～430页，贵阳，贵州民族出版社 2009。

（一）数字化技术的选择

1. 录入技术

录入技术为常见的文献数字化方法和技术，即通过各种录入方式将书刊转化为文本后，用 HTML 语言（超文本标记语言）编辑上网。这种方式节省空间、投入低、技术含量低、耗时长，效率低、错误率高，其校对和审核工作繁重。目前，文本格式主要有 PDF 格式。PDF（Portable Document Format）文件格式是 Adobe 公司开发的电子文件格式，这种文件格式与操作系统平台无关，也就是说，PDF 文件不管是在 Windows、Unix，还是在苹果公司的 Mac OS 操作系统中都是通用的。CEB 格式即 Chinese eBook，是完全高保真的中文电子书的格式。由北京方正阿帕比技术有限公司开发的全新的电子图书阅读工具——方正 Apabi Reader 使用的格式，它能够保留原文件的字符、字体、版式和色彩的所有信息，包括图片、数字公式、化学公式、表格、棋牌以及乐谱等，同时，该格式对文字图像等进行很好的压缩，文件的数据量小。还有 PDG（超星电子图书格式）、CAJ（清华同方期刊全文数据格式）、TXT、DOC、EXE 格式等。①

2. 扫描技术

扫描技术具有节省空间和便于网络传送的特点。采用光学扫描仪或相机将文献资料经模数转换成位图，这种方式可以实现彝文古籍文献的预数字化、扫描成图像格式、编制目录文件、刻录成光盘资料、建立光盘数据库，可以有效地对原始文献进行保护。但没有进一步与相关数字化软件结合。目前这种处理方式已经有了实践成果，为利用更为先进的技术作了一些积极性探索，同时也作了较好的经验总结。

3. 数字化加工系统

随着信息技术的不断深化和文献数字化建设的推进，很多文献数字化处理系统不断被研发出来，还提供比较可行的数字化解决方案，利用到各大图书馆、档案馆以及出版社等单位的馆藏书刊、档案数字化建设以及电子出版物加工。如中易公司开发的《中易汉神 E》应用平台系统，方正古籍资源开发及数字化加工系统可以把古籍资源转换成影像数据和全文数据，然后以数据库、专题光盘等多种应用模式进行保存，使古籍资源可以有效保存并且方便使用。此外，北京天宇智通古籍资源数字化系统，可进行古籍资源的全文数字化处理，为读者提供全文阅读、全文检索或智能分析服务，根据全文数字化的技术处理情况，可以将其分为图像版、文字版、图文版。对图像的扫描处理我们一般采用 JPEG、TIFF 格式，经过 OCR 识别、人工校对后生成可以全文

---

① 参见吴慰慈：《图书馆学基础》，244～251 页，北京，高等教育出版社，2004。

检索的双层 PDF 文件，既便于用户阅读、检索，又便于数据共享和传输，如数字图书加工拓扑图：

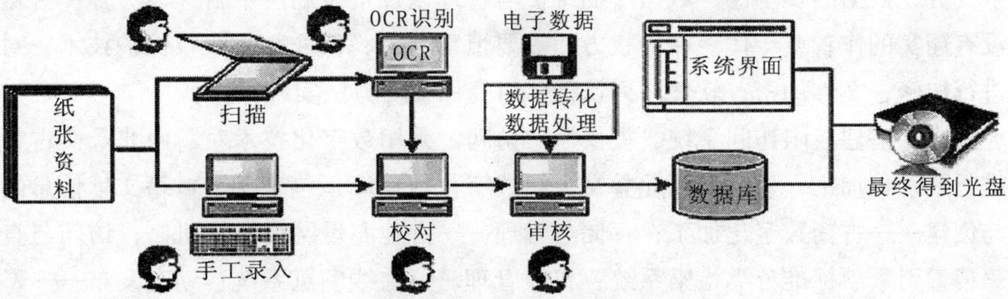

光学字符识别 OCR 技术①

根据 OCR 技术操作，彝文古籍文献数字化工作需按部就班，达到一定的要求。

其一，对彝文古籍文献的整理。对搜集的彝文古籍需要进行全面清理，分门别类地进行初步甄别，按优化的原则整理出序列，为下一步扫描工作做好有序准备。

其二，对彝文古籍文献的扫描。具有能识别古彝文字的信息平台，也就是说，只有进入了古彝文字环境，扫描后，OCR 系统才能识别，才能生成文本文件。目前，OCR 技术可以识别常见的简体汉字、繁体汉字、英文，也可以识别日文、韩文、俄文、德文、法文等 190 多种文字，识别准确率高达 99.8%。没有古彝文环境，则无从识别。现在，只有四川规范彝文进入 ISO10646 编码。彝文古籍文献数字化，无论是建立数据库还是网络传送，都需要一个能够运行相应程序的具有国际统一标准编码的文字平台。② 对扫描仪的性价比来说，最好是选择零边距快速扫描仪，因为该扫描仪具有自动纠偏、自动裁减、自动识别大小、扫描幅面较大、分辨率高等性能，其扫描元件为 CCD，接口为 USB2.0。

其三，数据格式的确定。最后生成的文件格式选择直接影响到数据的利用。

其四，系统设置数据标引。对扫描数据进行元数据组织和描述，信息组织是根据信息资源检索的需要，以文本及各种类型的信息源为对象，通过对其内容特征等的分析、选择、标引、处理，使其成为有序化集合的活动。信息描述亦称信息资源描述，是指根据信息组织和检索的需要，对信息资源的主题内容、形式特征、物质形态等进行分析、选择、记录的活动。③ 在传统文献检索系统的编制中，信息描述又称为文献著录或书目著录，是信息资源组织的重要内容。信息描述的结果，是获得描述记录亦

① 参见：《古籍全文数字化》[EB/OL]，天宇智通，http://www.hbd88.com/，2008-09。

② 参见包和平：《关于少数民族文字文献的数字化思考》，载《图书馆论坛》，2004。

③ 参见马张华：《信息组织》，1~26 页，北京，清华出版社，2001。

即元数据，用作信息资源的代替物组织检索系统，建立方便、快捷的检索、链接目录体系，需要专业的人员完成。

其五，数据的安全性、数据库的维护与管理以及资源利用平台建设。彝文古籍文献没有翔实的作者或年代，在版权方面需要慎重考虑，采取数字版权保护技术，对数据进行加密，文件加密，软件序列认证、口令保护等方法实施保护。

其六，搭建权限访问系统，提供用户访问。采用数字化技术对黔西北彝文古籍文献进行数字化加工，建立黔西北彝文古籍数字化数据库，包含彝文古籍文献信息的获取与创建——古籍数字化加工；存储与管理——搭建海量网络存储机制；访问与查询——搜索引擎、标准分类检索系统；权限管理——在线阅览系统；动态发布——WEB数据库、中间件等系统工程，需要整合资源、各种配套设备、软件的准备，技术人员的培训、大量资金的投入以及动态维护和管理，是一项科学系统、要求较高、投入较大、具有重要意义的工程。

当前，黔西北的彝文古籍资源具备了资源保障，但人才储备不足，技术落后，缺乏大局观念，思想较为保守。就现在黔西北各彝学研究单位的条件和人员来看，距黔西北彝文古籍实施数字化还有一定距离，但可以加强与图书数字化技术成熟的公司，如超星、清华同方、方正等公司进行技术合作，推进黔西北彝文古籍数字化建设的进程。

通用彝文信息化字库建设

吴　勰

一、必要性和可行性

彝文字作为人类六大古老文字之一，彝族先民用彝文编著了卷帙浩繁的文献典籍，是人类字数最多、体量最大的古文字。彝文古老而具有强大的生命力，是传承彝族文化瑰宝的重要载体。在彝族语言文字传承与发展的历史长河中，由于社会、语言、地理环境等多种因素的影响，彝文以同音假借字为用字的主要手段；同时，由于彝族先民不断向四面八方迁徙，彝语逐渐形成六大方言 25 种土语之差；各地族人习惯按自己所操的方音口语混用同音字写书或抄书，因而造成同一彝文而异体字甚多的情况。此外，由于彝族先民以手抄本方式传播彝文，加之传抄者个人随意性较强，有的使用者还删减笔画，有的改变字形，甚至于自创字形，使得同义多形的字不断增多，造成彝文书不同文。长期以来，这种书不同文的状况不仅极大地阻碍了彝族各方言区人民的广泛交流和深层次研究，而且在信息化全面渗透的时代，更不利于彝文的传承和发展。因此，在滇川黔桂四省区彝文协作组整理的“通用彝文字典”的基础上构建通用彝文字库，既是实现彝文在滇川黔桂四省区的共同信息化的基础，更是实现滇川黔桂四省区彝文“书同文”之路的必需。

在彝文信息化道路上，四川和云南早已走在前列。四川已经取得了一系列成果，如《信息交换用彝文编码字符集》、《信息交换用 15×16 彝文点阵字模集及数据集》（以上两个标准于 1992 年由国家技术监督局同时颁布实施）、《信息交换用 24×24 彝文点阵字模集及数据集》（1997 年由国家技术监督局发布）。其中《信息交换用彝文编码字符集》已于 1999 年 12 月被批准成为国际信息标准，并收入了国际信息标准集

2000年版①。楚雄彝族自治州在2005年已成功研发了本地彝文输入法软件，建立了大型字库，该字库涵盖了楚雄州境内所使用的彝文单字共计9438个，在广泛借鉴汲取彝文研究成果和彝族文化内涵基础上，开发出了美观大方、张弛有度的细体和黑体两种彝文字体②，得到了楚雄彝族自治州政府大力推广，该项成果被广泛运用于彝文经书的录入编排、出版印刷、报纸杂志、影视传媒等方面，极大地提高了彝族文化的影响力。但是这些工作都仅局限在各自的区域范围内，均不能在六大方言区通行。据此，通过近几年的不懈努力，毕节学院在滇川黔桂《彝文字集》基础上，制作了涵盖滇川黔桂四省区8万余字的超大型彝文字库，向彝文字统一信息化迈出了坚实的一步，为构建滇川黔桂四省区都能通行的通用彝文字库，提供了强有力的技术保障。

二、选字规则

（一）确定蓝本

1995年，滇川黔桂彝文协作组邀请四省区的彝文专家，按“固定字形、字义，各按方言念读”的原则，共同考证、校正古籍记载的内容，对文献典籍中的混用字进行广泛而深入的整理，编著了超方言《彝文字典》。该字典里所收录的彝文字都固定了字形、字义，并且均标注了各方言区的参考音，使得这部字典的选字在彝语的各方言区均能运用，从而规范了四省彝文用字以实现书同文。据此，该字典的选字为建立通用彝文字库提供了必不可少的蓝本。

（二）增补彝文字

为实现通用彝文信息化处理，需在通用彝文字典蓝本的基础上，进一步系统地整理出能满足多方面、多层次所需的语言文字。根据语言文字在广大人民群众日常生活中使用的广度和频度，除需涵盖彝族人民吃、穿、住、用、行所需的日常用语和古籍文献典籍的常用字外，还要收录表示人名、地名的专用名词，如大定府、支嘎阿鲁、奢香夫人等，为满足古籍文献整理所需，还要考虑补充多字形的异体字和罕见字等所必需的彝文字。因此，在字典蓝本所收彝文字的基础上，需根据古籍整理、教学科研

---

① 参见杜拉：《我国彝文信息处理进入国际信息标准——彝文信息处理国际标准研制简述》，载《西南民族学院学报》（哲学社会科学版），2000（8）。

② 参见《楚雄州成功研制开发出“彝文输入软件”》［EB/OL］，楚雄市工商业联合会，www. cxgsl. com.

和彝文信息化处理实际应用的需要，再增加一定量的彝字。从 2004 年 4 月起，在陈英先生主持下对原超方言《彝文字典》开展增补义项和彝字工作，经过滇川黔桂四省区彝文专家的不懈努力，已在原固定字形、字义的 2600 多个彝文字的基础上，增补了 2000 多个彝文字。①

（三）整理异体字

由于历史、地理环境、人为等多方面因素的综合影响，使得各地域彝文使用者和传承人，习惯按自己所操的方音口语混用同音字写书或传抄彝文文献典籍。而不同地方的读者又按自己所操方音口语去解读与理解书中所记载的内容；加之，有些毕摩在书写彝文字过程中随意增减笔画和改变字形，千百年以来在语言用字上出现了严重的一字多形现象，如滇川黔桂彝文古籍中所写“天、地、人”三字，不同的“天”字各有 20 多个，“人”字各有 30 多个，“地”字各有 70 多个。《简明彝汉字典》（贵州本）中，编列表示“胃”的异体字就有 43 个。② 面对异体字多而且用字异常混乱的现状，异体字的整理无疑成为规范彝文用字的必要工作，这就要按照彝文造字法的要求，选择使用范围广泛和利用率高、易于学习和使用的字形，尽可能地保持原彝字形态，在缩减彝字字量的基础上，整理出合理、有效和实用的异体字。

三、字形整理

（一）标准化

通用彝文字库针对彝文字在千百年使用过程中随意书写现象，对彝文字形进行系统化校正，在固定彝文字的字义和标注参考字音的基础上，辨认、识别所整理的异体字和通假字字形，确证字形的横式、倒式、增笔、减笔等笔形，去除那些不符合使用规范的用字，查清通假代用字使用情况和改变一切变体字，从而克服过去因随意造字和任意借用同音字所造成的紊乱状态，使通用彝文字形标准化，为实现通用彝文的正字法奠定了基础。③ 同时，可以大幅度地减少彝文字的数量，降低记忆难度，从而大大提高彝文字的使用效率和利用频率。

---

① 2004 年 4 月 18 日，滇、川、黔、桂彝文协作组正式给毕节学院彝学研究院陈英发委托书，由毕节学院彝文古籍研究所承担，在陈英先生主持下对原超方言《彝文字典》开展增补义项和彝文字工作，成果编撰成《通用彝文字典》出版。

② 参见陈英：《陈英彝学研究文集》，221 页，贵阳，贵州人民出版社，2004。

③ 参见丁椿寿、朱文旭编著：《现代彝语》，76 页，北京，中央民族学院出版社，1991。

（二）规范化与系统化

要打破人们对彝文字不规范使用对其交际功能的严重限制，建立一套统一、标准的彝文使用规则，就需要对整理出的通用彝文选字，按照彝族文字学原理对字形进行全面而系统的规范，主要是对彝文字的笔画类型、笔画数、构字方式和书写笔顺等用字的主要方面进行规范化、整理和简化千百年沿用的大部分传承字，纠正错别字和不规范字，剔除大量的异体字。把规范出的彝文字以笔画和部首进行系统化排序，即按照部首笔画数从少至多进行排序，依次递增，对彝文字进行系统化排序，避免重复字形的多次出现，便于有系统地进行快捷查阅。

四、创建通用彝文字库

（一）设计通用彝文字体

彝文是记录彝族语言的一种抽象视觉符号，是传递信息的载体，以“形”的方式展现。对古老而具有强大生命力的彝文进行字体设计，有利于用彝文独具民族特色的形体之美，将彝族文化的精髓进行最直接、最有效的视觉信息展现，是信息时代的必然选择，也是实现彝文信息化处理的必然要求。

彝文书法字体与彝文字共同成长，经过几千年的历史变迁与发展，早已形成了独具彝族风格的字体艺术，其早已自成一套独立的体系，具有丰富多彩的书法字体作品，其中有很大一部分作品造诣极高，如《西南彝志》、《六祖源流》、《宇宙人文论》等著作的原稿手抄本中的字体是彝文书法字体艺术的极品。现在我们设计彝文印刷字体需在彝文书法字体艺术的基础上进行塑造和提升，在彝文实际应用过程中不断地发掘和探讨出有利于彝文信息化处理的现代化彝文字体。

彝文字体设计是指利用专业字体软件将彝文字进行图案化、装饰化处理，使其更为美观。其蕴涵两方面的内容：一方面是指制作出彝文字形；另一方面是需对字形进行美化、装饰化。① 彝文属于方块表意性古老文字，象形、指事、会意为其构字的基本原理，形、音、义是彝文的构成要素。彝文是既定的，对其进行美化、加工时需做到内容与形式的统一，除要考虑彝文自身的内容外，还需要考虑如何全面体现彝民族独特的审美情趣，做到彝文在民族特色、视觉传达、识别印象、审美情趣等方面的有效结合，以实现系统而全面的传递信息。

---

① 参见郑军：《字体设计基础》，2页，北京，高等教育出版社，2006。

（二）建立 True Type 通用彝文字库

通用彝文字库采用 True Type 这种新型数字化字形描述技术来建立，这种字体采用几何学中的二次 B 样条曲线直接来描述字体的外形轮廓，每个字由一条闭合的曲线围成，笔画无交叉且圆润丰满。该字体技术充分运用的字型构造、颜色填充、数字描述函数、流程条件控制、栅格处理器、附加提示信息控制一系列丰富的指令来制作彝文字模，对彝文字形进行降噪、修补处理。①

制作彝文字模须紧密结合古老的彝文书法书写艺术，它以毕摩世袭传承为主，有倒置法、反置法、立置法三种书写形式，毕摩在抄写彝文经书中创作出不同的书写风格。从收集整理的岩画、摩崖、铭文、碑刻、木刻、竹简和手抄本等历史文物典籍都是彝文书法艺术珍品，各种书体呈现用笔浑厚、书体端庄、用笔流畅的特点。再结合字体设计“易读性、整体性、协调性、思想性、艺术性”的原则，以点、画为构字的基本元素，在点、横、竖、横弯、竖弯、斜、全圆、半圆、折等基本笔形上，塑造出“平、正、圆、直、匀”的构字笔形和构造出字型间架比例合理、字形清晰的方块、圆形、曲线体相结合的新型现代化彝文印刷字体。因此，研制出的通用彝文正体和黑体两种字体，其字形自然古朴、生动形象而圆润饱满，其笔画简洁古朴、间架向外扩展、饱满充实，具有强烈的时代气息。

True Type 通用彝文字库彝文输出实例

构建的 True Type 通用彝文字库是超大字符集，其跨平台兼容性强，具有所见即所得、支持字体嵌入的优点，使用字体链接技术在不改变系统字库的基础上，能生成若干个与系统字库相链接的通用彝文字库，这样既灵活方便又易于扩充。

① 参见杜伟：《True Type 字形技术简介》，载《印刷杂志》，1994（6）。

五、意　义

彝文字是彝族远古先民上万年文化的智慧结晶，也是整个中华民族的文化瑰宝。在信息技术高速发展的今天，只有将彝族文字和信息技术结合才能使这一古老的文明符号获得新的生机与活力，才能奠定滇川黔桂四省区“彝文同码”的基础，是实现超方言通用彝文网络化处理的关键。因此，通用彝文字库的建设具有实际而深远的意义。

其一，有利于搭建服务于滇川黔桂四省区的共同语言文字平台，推动彝文文献典籍数字化，建立彝文数字化图书馆和数字博物馆，通过网络向世界展示璀璨的彝族文化；

其二，有利于全面服务彝学研究，推动彝文文献典籍的规范化整理和深层次研究；

其三，有利于加快彝文信息化和彝族语言文字学科的建设，提高人才培养的速度和质量，促进彝族语言文字和民族文化的传承与发展；

其四，有利于促进与彝族语言文字相关的信息技术产业和民族文化产业的发展，使彝文的现代化信息处理成果广泛用于通信、影视、新闻和出版等领域，快捷地为社会服务。

建立一个全面而系统的通用彝文字库，实现滇川黔桂四省区在彝文信息化领域中的全面沟通，建立覆盖四省区的彝语语料库、编撰彝文电子词典、构建彝文信息检索系统以及建立彝文网络平台等全面地开展彝文的信息化研究工作，具有现实而长远的历史意义。

现代信息处理技术在彝语文教学中的应用与实践探讨

王成平

目前，以多媒体和互联网为代表的信息技术，正以惊人的速度改变着人们的生活方式和学习方式。面对这种新的境遇，如何开展彝语文教学、有效地提高彝语文教学水平，为彝族地区输送更多、更好的专业人才，是彝语文教学目前面临的一个重要课题。

传统的彝语文教学形式主要以教师为中心，彝语教师讲课文、词汇、语法，学生做练习，对答案，教学方法单一、枯燥，教师始终占主导地位。传统彝语教学方式模式单一、封闭，局限于粉笔、黑板、教材，从而限制了学生学习彝语的积极性和创造性，也抑制了学生学习彝语的趣味性和娱乐性，用这种“填鸭式”的传统教学模式向学生灌输知识，学生是被动的理解、消化、吸收，不利于彝语文教育的推广和发展。

现代信息处理技术是一门与语言学、计算机科学、心理学、数学、控制论、信息论、声学、自动化技术等多种学科相关联的边缘交叉性科学①，是对数据、语言、文字、声音、图画和影像等各种信息进行采集、处理、存储、传输和检索的经验、知识及其手段、工具的总和。②

研究在现代信息技术环境下的彝语文教学方法，是广大彝语文教师面临的一个新课题。其核心是研究如何在彝语文教学中具体应用最新的信息处理技术，特别是用彝文信息处理技术来辅助彝语文教学。

---

① 参见何可抗：《教育技术学》，北京，北京师范大学出版社，2002。

② 参见沙马拉毅：《计算机彝文信息处理》，7页，成都，四川民族出版社，2002。

一、多媒体教学在彝语文教学中的实践与应用

多媒体教学是计算机技术和教学过程进行有机结合的一种教学方式。① 由于多媒体技术具有多样性、集成性和交互性的特点，能将图形、文字、声音、图像等多种信息综合于一体，例如：西南民族大学民族语言文字信息处理研发中心精心设计制作的《轻松学彝语》、《跟我学彝语》等多媒体教学软件，在这方面做了有意义的尝试，并得到广大彝族师生的好评。因此可以说，多媒体技术的应用使彝语文的教学手段、方式、效果都有了一个质的飞跃。

第一，多媒体教学能将抽象、生涩、陌生的知识直观化、形象化，激发学生的学习兴趣，调动其主动学习的积极性。

多媒体教学过程中可以提供许多语言素材，图文并茂，视听并用，这种全信息表达为彝语文教学提供了逼真的表现效果②，彝语文教师可根据教学目的选用一些多媒体教学软件或自己制作多媒体课件，把声音、图像等资料加到演示课件中，使课件集视、听、说为一体，从而使彝语教学过程显得生动、活泼，大大提高教学效果。

第二，多媒体教学能活跃课堂气氛，加深、巩固教学内容，使学生感受到学习的喜悦，寓学于乐，能提高学生的学习兴趣，有利于调动学生学习的积极性。

众所周知，只有激发学生浓厚的学习兴趣，使学生积极参与到学习活动中来，才能保证学生在学习中的主体地位，以达到学生发展的目标。多媒体为彝语文教学提供了极为有利的物质条件，它既保留了计算机的交互特点，又具有视听设备完美地呈现图像和声音的优势。因此具有非凡的表现力，丰富的内容、多样的形式、生动的图像，也有利于发展学生的思维能力，增强记忆，有利于学习效率的提高。③

第三，多媒体辅助彝语文教学有利于创造良好的语言交际环境，提高学生的听说语言能力。

多媒体技术支持下建立的多通道与交互式语言学习环境，能有效整合视、听、说、读、写等多方面的语言资源，在为学生提供大量多通道语言输入的同时，为学生的彝语学习提供输出、交流的机会，并可以进一步进行及时反馈。这就改变了学生在传统教学中相对被动的地位，使学生有机会接触到鲜活、自然的语言素材，为学习语

① 参见黄丽华：《多媒体技术辅助数学教学探讨》，载《中国新技术新产品》，2010（1）。

② 参见王中锋：《论信息技术在外语教学中的应用》，载《硅谷》，2009（5）。

③ 参见朱训玲：《妙用多媒体课件提高课堂教学效率》，载《湖北广播电视大学学报》，2010（1）。

言创设适宜的语言环境。① 西南民族大学2007级硕士研究生沙友福的毕业论文《跟我学彝语多媒体软件的设计与实现》在这个方面为彝语文多媒体教学进行了有益的尝试。

二、网络教学在彝语文教学中的实践与应用

网络教学的狭义定义是指将网络技术作为构成新型学习生态环境的有机因素，以探究学习作为主要学习方式的教学活动，它的教学活动要在传统的课堂、网络等方面同时展开。②

互联网上蕴藏着丰富的信息资源，充分开发和利用这些信息资源已成为现代彝语文教学的重要环节。互联网可以为学生带来全方位、多层次、生动形象的语言信息，可以利用互联网信息的及时性、全面性等特点为彝语文教学服务。

通过网络能为学习者实时和跨地域地提供图文音像并茂的、丰富多彩的人机界面，提供符合人类联想记忆特点的、按超文本结构组织的大规模知识库与信息库，因而易于激发学习者的学习兴趣。③

在教学过程中，学生还可在网上阅读一些教师提供的参考资料，就像我们在学校图书馆中查找资料一样。另外，学生不仅可以在网上同教师交流，还可以通过网络同其他学生或专家进行探讨，教学活动的时间段就会比较灵活多样，每个学生都可以根据自己的实际情况确定学习时间、学习内容和学习进度，可以随时在网上下载学习内容或向教师请教。在网络教学中，通过使用电子邮件、语音信箱、视频等多种媒体技术，实现了一种交互式的教学，师生之间、学生之间不仅可以双方而且还可以多方进行交互式交流。④ 学生之间的人际交往不仅没有减少，相反，还扩大了交往的范围，例如：西南民族大学在学校主页中开辟了教师社区就实现了这些功能，大大提高了学校的教学质量，也赢得了教师和学生的一致好评。西南民族大学2008级硕士研究生郝彧的毕业论文《基于网络的彝语文教学系统的设计》，在这个方面进行了有意义的探讨，也为以后实现彝语文网络教学奠定了坚实的基础。

---

① 参见王中锋：《论信息技术在外语教学中的应用》，载《硅谷》，2009（5）。

② 参见翟元国：《网络环境下互动式教育资源的建设与应用》，载《中国电化教育》，2009（11）。

③ 参见周岩：《区域网络教育资源共建共享的实践探究》，载《中国电化教育》，2009（12）。

④ 参见张晓宁：《网络环境下的学科教学探究》，载《成人教育》，2010（1）。

三、现代信息技术用于彝语文教学中存在的一些问题

虽然目前一些开设有彝语文专业的院校如西南民族大学、西昌学院、毕节学院等，都在积极倡导彝语文教学过程的信息化、网络化，但是信息技术在彝语文教学中能充分发挥其优势的同时，也存在很多值得我们反思的问题，特别是目前一些彝语文教师对信息技术的掌握相对比较弱，这就对彝语文教师提出了更高的要求，不仅要不断提高信息技术应用水平，而且更重要的是要把传统的教学优点与现代信息技术，特别是彝文信息处理技术应用有机地整合起来。另外，由于计算机彝文信息处理技术起步晚，而且目前计算机彝文信息处理技术相关的研究成果还没有跟上彝语文信息化教学的需要，因此多媒体、网络教学的先进性，校园网和网络教室的教学功能在彝语文教学上还没有被真正地发挥出来，这也减慢了现代信息技术在彝语文教学中的普及应用。

现代信息技术的迅速发展和应用，特别是近年来计算机彝文信息处理技术的不断发展，对彝语文教学产生了深刻影响。彝语文教学正在经历着前所未有的深刻变化，运用信息技术，特别是计算机彝文信息处理技术的发展与应用，已成为目前彝语文教学发展的一个客观要求。如何把彝语文教学改革建立在信息技术的平台上，如何运用彝文信息技术的最新成果，把彝语文教学与彝文信息处理技术整合起来，使彝文信息技术与彝语言学科课程有机地结合起来，这已经成为彝语言学科和彝语文教学中不可或缺的部分，只有不断突破传统彝语文教学模式的局限性，实现彝语文教学理念、内容、方式等全方位的现代化，才能不断提高彝语文教学的现代化、信息化水平。

图书在版编目(CIP)数据

彝学研究.第2辑/张学立主编.—北京:民族出版社,2012.9
(毕节学院学术文库.彝学丛书)
ISBN 978-7-105-12394-0

Ⅰ.①彝… Ⅱ.①张… Ⅲ.①彝族—民族学—研究 Ⅳ.①K281.7

中国版本图书馆CIP数据核字(2012)第227488号

策划编辑:罗　焰
责任编辑:千　日
封面设计:孟　龙
出版发行:民族出版社出版发行
地　　址:北京市和平里北街14号
邮　　编:100013
网　　址:http://www.e56.com.cn
印　　刷:民族印刷厂印刷
经　　销:各地新华书店经销
版　　次:2012年10月第1版　2012年10月北京第1次印刷
开　　本:787毫米×1092毫米　1/16　字数:670千字
印　　张:33.25
定　　价:78.00元
ISBN　978-7-105-12394-0/K·2138(汉1199)

该书如有印装质量问题,请与本社发行部联系退换
汉文编辑一室电话:010-64271909　　发行部电话:010-64224782